선禪 수행이란 무엇인가?

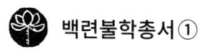
백련불학총서 ①

이해수행과 마음수행

선禪 수행이란 무엇인가?

저자 : 박태원

장경각

머리말

오래 품은 보따리

 선禪 수행이란 무엇인가? 불문佛門을 만난 직후부터 필자가 품어 온 질문이자 지속된 탐구 과제이다. 20대 후반에 선문禪門을 통해 불문佛門 안길에 들어 지금 정년퇴임 후 2년이 지났으니, 근 40여 년이 지나갔다. 이 질문을 굴린 지 40년이 넘은 셈이다. 필자에게는 가장 해묵은 보따리다.

 선문의 길에서 나름대로 쉬는 자리를 확보할 수 있었다. 그때의 환희가 아직도 생생하다. 대학원 진학 후에는 불가佛家에 쌓인 다양·다층의 지혜들을 폭넓게 음미하면서 보따리를 채워 갔다. 원효와 대화하면서는 그의 깊이와 넓이에 경탄하였다. 니까야를 통해 붓다와 대화하면서는 '연기적緣起的 사고'의 의미가 교학 전통에서 제시된 연기 해석학을 넘어선다는 점에 눈이 번쩍 뜨였다. "모든 현상은 조건들에 의해 발생한다."라는 연기법 명제에서 "어떤 현상을 이해하려면 그 현상을 발생시키는 데 관여하는 조건들을 파악해야 한다."라는 의미를 읽고 나니, 모든 게 새로웠다. 12연기, 공空연기, 유식唯識연기, 법계法界연기 등의 연기 교학 어느 하나에도 갇히지 않는 상위의 보편원리가 연기법이라는 점에 환호하였다. 연기적 사유의 의미를 이렇게 읽으니, 니까야가 전하는 붓다의 길에 놓인 모든 것이 거듭거듭 새롭게 읽혔다. 원효와의 대화도 갈수록 새로워졌고, 남북의 모든 교학도 새로운 의미로 다가왔다. 불교 언어를 넘어 일상과 세계의 모든 현상이 연기라는 거울에서 새롭게 드러났다. 동·서양 고금古今의 성찰들을 능동적으로 음미할 수 있게 해 주는 것도 연기적 사유였다. 연기법의 의미가 이렇게 읽히자, 〈선 수행이란 무엇인가?〉에 답해 보려 채워 가는 보따리 안도 풍요로워졌다.

붓다의 길 위에 배열된 보배들의 가치는 연기적 성찰로 읽어야 제대로 드러난다. '보배의 내용을 발생시키는 조건들'을 충분히 읽어낼수록, 보배의 내용과 의미가 제대로 이해된다. 붓다의 길 위에 깔린 보배들을 다루어 온 교학들도, '보배의 내용을 발생시키는 조건들'을 읽어내는 수준에 따라 그 타당성 수준도 결정된다. 붓다의 법설을 다룰 때, 모든 교학이 연기적 성찰을 충분히 적용한 것은 아니다. 특히 '마음수행으로서의 선 수행'에 관한 붓다의 법설에 대해서는, 남북 교학 모두 연기적 성찰이 부족한 것으로 보인다. 사마타, 사선四禪, 사념처四念處, 육근수호六根守護 법설의 알아차림(正知, sampajānāti) 등을 교학적으로 해석할 때, '발생시키는 조건들과의 관계'에서 탐구하는 경우를 목격하기 어렵다. '마음수행으로서의 선 수행'에 관한 언설들이 지칭하는 현상들은, 그것이 어떤 조건들의 인과관계 속에서 발생하는 것인지를 살펴야 선 수행의 길이 보인다. 그 길의 특징, 오르는 방법, 행로, 이정표와 목적지를 전망할 수 있게 된다. 원효나 선종의 마음수행 관련 언어들도 연기적 성찰로 탐구해야 그 언어들이 지시해 주는 길이 제대로 보인다.

붓다는, 자신이 언어로 지칭하는 현상들의 발생 조건들을 분명히 밝히고 있다. 언어를 연기적으로 구사하는, '연기적 언어 용법'을 펼치고 있다. 지칭하는 현상의 발생 조건들을 명확히 하면서 언어를 구사하는 최초의 인물로 보인다. 현상을 관통하는 연기의 이법理法을 깨달았기에 가능했던 일이다. 붓다의 연기적 언어 용법은 그의 모든 법설을 관통하고 있다. 선 수행에 관한 가르침도 예외 없이 연기적 언어 용법으로 펼친다. 선 수행의 목적과 특징, 선 수행에서 발생하는 현상들, 선 수행의 방법 등을 모두 '그것을 발생시키는 조건들'과 관련시키면서 설한다. 니까야를 통해 붓다와 대화할 때는, 무엇보다 붓다의 연기적 언어 용법을 음미해야 한다. 37조도품으로 분류되는 법설을 대할 때, 그 법설의 내용을 발생시키는 조건들이 무엇인지를 유심히 살펴야 한다. 또한 니까야 편집과 전승 과정에서 혹 제자들이나 후학들의 기억이나 이해 문제로 빠져 버린 조건이 있을 가능성, 엉뚱한 조건이 추가되었을 가능성도 염두에 두어야 한다. 필자가 니까야에서 붓다의 육성을 포집하는 방법 가운데 가장 중시하는 것은, '연기적 언어 용법'의 정도와 수준이다.

선정 수행의 내용을 발생시키는 조건들을 읽지 않으면, 선 수행은 흔히 신비능력이나 신비체험을 위한 기법技法으로 간주되어 버린다. 선정 수행을 '대상에 대한 마음집중'으로 처리하는 선관禪觀도 그 산물이다. 선 수행이 특별한 기법으로 이해되고 설해지며 전수해 가는 현상은 선 수행의 왜곡이다. 불교 선 수행을 계승하는 현대 명상 수행도 마찬가지 문제를 안고 있다. 붓다가 일러준 선 수행의 길을 걸으려면, 기법에 대한 관심은 접어두고 선 수행에 관해 설한 붓다의 연기적 언어부터 신중히 음미해야 한다. '선 수행 관련 언어의 내용을 발생시키는 조건들'을 먼저 살펴야 한다. 그래야 엉뚱한 길로 빠지지 않는다.

니까야가 전하는 사마타·사선四禪·사념처四念處·육근수호六根守護 법설을 '그 법설의 언어가 지시하는 내용을 발생시키는 조건들'을 살피면서 음미해 보니, 교학이나 학계의 기존 관점들이 놓치거나 잘못 보았던 대목들이 보였다. 이 책에서 밝힌 선 수행에 관한 소견은 이러한 문제의식과 방법론에 따른 것이다. '발생 조건들을 성찰하는 연기 방법론'에 따라 음미하니, '이해수행으로서의 선 수행'과 '마음수행으로서의 선 수행'이 대비되었고, '마음수행의 길'에서는 〈정념 및 육근수호 법설에서 설하는 알아차림(正知, sampajānāti) → 유식무경唯識無境의 유식관唯識觀 → 공관空觀을 품은 유식관에 의거한 원효의 일심一心 → 선종의 돈오견성頓悟見性〉을 관통하는 연속성이 눈에 들어왔다. 붓다가 설한 '마음수행의 길'은, 그렇게 끊어지지 않고 이어지고 있었다.

원효와의 대화는 그 성과를 기회 있을 때마다 논문이나 저술로 글에 담아왔다. 원효전서의 번역도 그 연장선에서 이루어졌다. 선문禪門의 길에 관한 소견은 『돈점 진리담론–지눌과 성철을 중심으로』(세창출판사, 2016)를 비롯하여 간화선 관련 논문 등으로 간헐적으로나마 피력해 왔다. 그러나 〈선 수행이란 무엇인가?〉라는 질문에 답하는 글은 미루어 왔다. 보따리 속을 좀 더 알차게 채우고 난 뒤에 시도하자며 미루어 왔다. 퇴임하여 연구와 집필에 쏟을 수 있는 시간이 넉넉해졌지만 계속 미루었다.

계기는 대개 예상치 못한 방식으로 다가온다. 성철스님 열반 30주년 기념학술대회에서 「퇴옹은 왜 돈오점수를 비판했을까? – 이해수행과 마음수행의 차이와 관계」라는 주제를 발표하게 되었다. 그런데 문제가 생겼다. 필자가 선택한 방법론에 따라 생각을 글에 담다 보니 분량이 계속 늘어났다. 할 수 없이 학술대회 발표문과 전체 글을 이원화시켜 『선 수행이란 무엇인가? – 이해수행과 마음수행』이라는 책을 저술했다. 오래 품어 온 보따리를 내려놓으니 묵은 숙제 끝냈다는 후련함이 밀려온다.

원효가 사미 시절 낭지스님에게 배우던
울산 문수산 옆 남암산 끝자락 회향재廻向齋에서
불기 2567년 봄에
붓을 들어 가을에 마치다.

차례

【 머리말 】 오래 품은 보따리 … 005

【 내용 개요 】 … 015

1. 궁극실재 - 매혹적 환상 … 073

2. 세 가지 길 … 077

3. 붓다의 길은 궁극실재를 향하는가? … 080

4. 이해와 마음 … 090

    1) 이해 … 093

        가. 언어인간의 등장과 언어능력의 진화 … 093

        나. '이해능력의 발현'과 '인과관계의 이해' … 099

    2) 마음 … 103

        가. 생명의 원초적 창발성과 마음 … 103

        나. 사유의 두 면모 : 이해와 마음 … 105

5. 이해수행과 마음수행 … 115

    1) 이해수행 … 115

    2) 마음수행 … 124

3) 이해수행과 마음수행의 관계와 결합의 정점 … 136

4) 선禪 수행의 두 축 : 위빠사나와 사마타 … 139

　가. 위빠사나와 사마타는 모두 정학定學 선 수행이다 … 139

　나. 현대 위빠사나 명상 … 146

5) 위빠사나와 사마타 수행은 합리주의와
신비주의의 문제인가? … 154

6) 사마타 마음수행은 집중수행인가? … 159

7) 지관止觀 수행론과의 관계 … 166

6. 유식무경唯識無境과 알아차림(正知, sampajānāti) … 171

1) 유식사상을 읽고 있는 관점들과 의문 … 173

2) 유식사상 고유의 관심과 취지 … 176

3) 유식무경唯識無境과 알아차림(正知, sampajānāti) … 189

　가. 유식무경의 의미와 취지 … 189

　나. 알아차림의 의미와 취지 … 194

　　ⅰ) 사념처에서의 관찰(觀, passati)과 알아차림(正知, sampajānāti) … 194

　　ⅱ) '특징적 차이'(相, nimitta) → '개념적 지각/인지'(想, saññā)
　　　→ 알음알이(識, viññāṇa)의 인과적 연관과 두 가지 인과계열 … 200

　　ⅲ) 육근수호六根守護 법설과 알아차림 그리고
　　　심일경성心一境性(cittekaggatā) … 212

　다. 유식무경과 알아차림의 만남 … 222

7. 원효의 일심一心 : 이해수행과 마음수행 융합의 인지적 국면 … 243

1) 일심一心을 읽는 시선과 궁극실재의 연루 … 243

2) 일심一心 현상을 발생시키는 조건들 : 일심에 대한 연기적 독법 … 247

　가. 공관空觀을 품은 유식관唯識觀 … 253

나. 방편관方便觀과 정관正觀 … 256
　　　다. 지관쌍운止觀雙運 … 263
　　3) 이해수행과 마음수행 그리고 일심一心 … 271
　　　가. '공관空觀을 품은 유식관唯識觀'의 의미 … 271
　　　나. '방편관方便觀과 정관正觀'의 의미 … 272
　　　다. '지관쌍운止觀雙運'의 의미 … 272
　　　라. '일심一心'의 내용과 의미 … 275

8. 선종의 돈오견성頓悟見性 : 마음수행의 창발적 전개 … 277

　　1) 돈오견성을 읽는 두 시선 : 이해 독법과 신비주의 독법 … 277
　　2) 돈오견성頓悟見性과 마음수행 … 281
　　　가. 혜능慧能과 돈오견성 … 283
　　　　i) 돈오頓悟와 무념無念 법문 … 285
　　　　ii) 무념無念·무상無相·무주無住 법문 … 302
　　　　iii) 무념無念·무상無相·무주無住 법문의 시사점 … 312
　　　　iv) 좌선坐禪 법문 … 314
　　　　v) 혜능 선 사상의 전승 … 322
　　　나. '무념無念의 돈오견성頓悟見性'과 붓다의 마음수행 … 337
　　　다. 돈오견성의 두 유형 : 미완결형과 완결형 … 341
　　　　i) 돈오 범주에 관한 선행 담론 … 341
　　　　ii) 미완결형 돈오견성과 완결형 돈오견성 … 346
　　3) 마음수행의 창발적 전개 … 357
　　　가. 일깨우고 드러내는 대화법에서의 창발적 특징 :
　　　　직지인심直指人心·견성성불見性成佛의 대화법 … 357
　　　나. 화두話頭 의심과 돈오견성의 결합 : 간화선看話禪 … 367
　　　　i) 돈오견성 방법론의 창발적 전개 – 화두話頭 의심 … 369
　　　　ii) 화두 의심疑心은 왜 돈오견성으로 이어지는가? … 377

9. 성철은 왜 돈오점수를 비판했을까? … 420

   1) 두 가지 쟁점 담론과 성철 … 424
   2) 지눌의 문제의식과 돈오점수 … 427
   3) 성철의 문제의식과 돈오점수 비판 … 435
   4) 돈오점수 비판의 의미
      – '이해수행과 마음수행의 차이'와 관련하여 … 437
      가. 의미 도출을 위한 방법론 … 437
      나. 이해수행과 마음수행의 차이 구분과 성철 … 439
      다. '돈오점수 비판'과 '간화선 돈오돈수' 그리고
          현대 한국 선불교의 문제 상황 … 444
      라. 지눌과 성철이 함께 열어주는 길 … 446

【 부록1 】
고타마 싯다르타(Gotama Siddhartha)는 어떻게 붓다가 되었나? … 449

【 부록2 】
무아는 1인칭의 삭제인가, 새로운 1인칭의 등장인가? … 495

【 후기 】 출간에 즈음하여 … 588

• 찾아보기 … 592

【내용 개요】[1]

:: 세 가지 길과 붓다의 중도

현상세계의 변화와 인간의 오염 행위, 그에 따른 불안과 고통에 대응하는 방식에는 크게 두 가지 유형이 있다. 아예 불변·동일·순수·독자·절대의 주소지로 이주하려는 방식이 하나이고, 변화·관계·차이의 주소에 거주하면서 문제를 풀어가려는 방식이 다른 하나이다. 전자는 궁극적 방식을 대변하고, 후자는 현실적 방식에 해당한다. 문제의 완전무결한 해법을 희구하는 이상주의자들은 흔히 궁극적 방식을 채택하는데, 두 가지 길로 갈린다. 세계 내적 방식과 세계 초월적 방식이 그것이다.

변화·관계·차이의 주소에 거주하면서 문제를 풀어가려는 현실적 방식은 그 행로가 크게 세 길로 나뉜다. 첫 번째는 순응의 길, 두 번째는 합리의 길, 세 번째는 붓다의 중도中道이다. 붓다의 중도는, 변화·관계·차이의 현상세계와 접속하면서도 현상세계가 지닌 변화·관계·차이의 속성을 '사실 그대로, 있는 그대로'(yathābhūta, 如實) 이해하여 관계 맺으면서 걸어가는 길이다.

---

[1] 논의 내용이 방대하고 논점도 많아 독자의 읽기와 이해를 돕기 위해 요점을 먼저 소개한다.

:: 중도를 비추는 거울 – 이해와 마음

붓다의 중도와 이 중도를 계승하려는 불교의 교학 및 수행론을 음미하려면 '이해와 마음'의 문제를 성찰해야 한다. 이해와 마음을 '본질·실체 이해'와 '궁극실재인 마음'으로 읽는 시선이라면, 중도의 길을 궁극실재의 길로 볼 것이다. 이와는 달리 '이해와 마음현상'을 변화·관계·차이와 접속시켜 '사실 그대로, 있는 그대로' 읽는 시선이라면, 중도를 궁극실재의 길에서 탈출시켜 중도 본연의 모습을 드러낼 것이다. 그리고 '이해와 마음의 특징과 차이 및 상호관계'를 어떻게 보느냐에 따라 원효(617-686)의 일심一心과 선종의 돈오견성頓悟見性에 대한 시선도 결정된다. 따라서 일심一心과 돈오견성頓悟見性에 관한 시선을 궁극실재의 속박에서 풀려나게 하는 실마리도 '이해와 마음'의 문제에서 포착된다.

동식물의 경우 생존에 필요한 이로운 현상은 수용하고 해로운 현상은 거부하는 '본능적 기준에 의해 선별·취사·가공된 차이들'을 경험한다. 이에 비해 인간은 이로운 현상과 해로운 현상을 분간하고 취사선택·가공하는 독특한 능력 하나를 발전시켜 감관능력에 추가하였다. 유사한 차이들을 묶어 언어라는 부호에 담아 분류하고 처리하는 능력이 그것이다.

인간 특유의 언어능력은 '감관으로 1차 처리된 차이현상들'을 '언어·문자 기호에 의거하여 재처리하는 능력'이다. 감관에 포착된 '1차 처리된 차이들'을 대상으로, 다시 유사한 차이들을 묶어 언어·문자 기호에 담아 하나의 차이로 재처리하는 것이 인간 언어능력의 출발 지대이다. 유사한 차이들을 한 다발로 묶어 언어·문자 기호에 담아 분류하면, 무수한 차이들의 혼란이 줄어들고 비교가 쉬워진다. 차이들의 비교와 분간이 선명해지면 기억도 쉬워지고 오래간다. 인간 뇌의 복잡하고 효율적인 정보처리 신경 시스템은 이로 인해 가능해진 것이다. 차이들이 언어·문자 기호에 담겨 분류되어 분간과 비교가 쉽고 선명하게 되며 그에 따라 세밀한 기억과 장기 기억이 가능해진다는 것은, 환경에서 발생하는 문제들에 대한 대응력과 해결력이 높아진다는 것을 의미한다. '모든 현상을 개념체계를 통해 포착하여 비교·판단·분석·종합·예측하는 인지능력의 고도화'는 '언어능력의 고도화'와 앞서거니 뒤서거니 하면서 맞물려 있다.

:: 이해

'현상의 법칙·질서·이치에 대한 포착능력'인 이해(理解, understanding)는 '비교된 차이들의 질서와 법칙에 대한 경험'이다. 다시 말해 이해는 '언어·개념에 담아 재처리된 차이들에 대한 법칙적 경험'인데, 이 이해능력의 핵심이 바로 '인과관계에 대한 포착능력'이다. 인과관계를 포착하는 이해능력이 발현되자 인과관계에 대한 이해를 표현하는 '논리'(logic)가 발전하였고, 뒤이어 논리의 체계인 '이론'(理論, theory)이 등장하였으며, 이에 수반하여 비교·판단·평가·종합·분석·추론 등의 능력이 더욱 고도화되었을 것이다. 언어능력의 고도화 과정에서 인간이 확보한 '법칙 포착능력'은 '인과관계에 대한 포착'을 근간으로 삼아 그 내용이 풍요로워진 것이다.

붓다의 연기법緣起法을 흔히 '인과관계에 대한 천명'으로 간주하면서 인과법에 대한 통찰이 불교 고유의 창안인 것처럼 이해하는 것은 부적절하다. 붓다 연기법의 탁월함과 특수성은 인과법을 설했다는 것에 있는 것이 아니라, '원인과 결과를 불변·독자의 본질/실체로 간주하지 않는 비非본질적 인과법'으로 천명했다는 점, 그리고 현상을 이해하고 문제를 해결하기 위해서는 〈'현상 자체'보다 '현상을 발생시킨 조건들' 및 '조건과 현상, 조건들 상호 간의 인과관계'를 파악해야 한다〉라는 점을 알려준다는 점에 있다.

본질/실체를 설정하지 않고서 현상의 인과적 전개를 잘 설명할 수 있는 이론의 개발과 확보가 모든 진리 탐구 영역에서의 최고 관심사이자 현안이 되었다는 점은 의미심장한 현상이다. 인간이 언어능력에 기대어 확보한 '법칙 포착능력의 새로운 진화'를 의미하기 때문이다. '인과적 사유를 축으로 삼는 이해능력의 새로운 진화'가 진행되고 있는 것이다. 그러기에 〈원인과 결과 그 자체도 모두 '조건인과적으로 발생한 관계·변화의 현상'〉으로 보는 인과적 이해를 천명한 붓다의 연기법은 실로 선구적이며 탁월하다. 붓다는 이 비非본질/실체의 인과적 이해에 의거하여 본질/실체 관념의 덫에 걸린 삶과 세상을 치유하는 길을 펼치고 있다. '본질/실체의 동일성·독자성·불변성·절대성 관념을 조건 삼아 발생한 욕망과 이해'(탐욕·분노·무지)가 삶과 세상을 훼손시키는 원점이라는 것을 밝히면서, '왜곡·오염된 실존 현상'(苦)을 치유하는 새로운 인과적 이해의 길로 안내하고 있는 것이다. 붓다의 연기법이 여전히 선구적이고 유효한 이유이다.

:: 마음

언어능력과 이해현상을 발생시킨 것은 무엇일까? 필자는 생명현상의 조건인과적 전개 과정에서 작동하는 '원초적 창발력'이 있다고 본다. 이 원초적 창발력의 발생 조건이 무엇이며 언제부터 존재했는지는 추정하기 어렵지만, 인간 생명의 진화계열에서는 분명히 작동하고 있으며, 진화가 거듭될수록 그 창발력의 수준과 내용도 역동적으로 고도화되고 있는 것으로 보인다. 그리고 '이해현상'은 인간 생명현상의 진화적 전개에서의 조건인과적 계열에서 그 원초적 창발력에 의해 발생하였을 것이라고 본다.

인간의 언어적 처리능력을 발생시킨 원초적 창발력은, 생명체의 개별적 인과계열에서는 '범주적 자기 조직화 능력'으로 작동하는 것으로 보인다. '범주적 자기 조직화 능력'이라는 말은, 생명의 개별적 인과계열에서 여러 조건이나 현상들을 유기적으로 엮어주면서 그 계열 내에서 새로운 조건이나 현상들을 인과적으로 조직해 가는 '조건인과적 자기 조직화의 통합적 중심축' 혹은 '조건인과적 자기 조직화의 통합적 상위 작용'을 지칭한다.

개별 생명의 인과계열에서 발생하는 조건인과적 현상들을 '자기 조직적으로 통합하면서 거듭 새로운 창발적 현상을 가능케 하는 근거'. – 그것을 '범주적 자기 조직화 능력'이라 불러 본다. 이 '범주적 자기 조직화 능력'이 '차이들에 대한 언어적 처리능력'부터 '이해를 직조하는 사유능력'까지의 창발적 발현을 가능케 한 동력이라고 생각한다. 그리고 '언어인간이 된 이후의 범주적 자기 조직화 능력'을 '넓은 의미의 마음', '언어인간이 된 이후의 재인지능력을 조건으로 삼아 발행하는 사유'를 '좁은 의미의 마음'이라 불러 본다.

언어인간이 된 이후 '범주적 자기 조직화 능력'은, '인지적 경험의 모든 것을 대상화시켜 재인지하면서 재구성하는 능력'으로 자신을 표현하는 것으로 보인다. 기존의 관점·견해·이해를 평가하여 수정하기도 하고, 다른 것으로 대체하기도 하며, 새로운 이해를 수립하기도 하는 창발적 현상의 근거로 작용하는 것은 이 '재인지하면서 재구성하는 능력'이다. '이해 사유'의 강력한 규정력에 갇히지 않고 이해 내용을 보완·수정해 가고 새로운 이해로 바꾸어 가는 것은 '재인지 사유의 창발적 구성력'이다. 이 '재인지 사유의 창발적 구성력'을 주목하여, 그것을 '선先이해체계/문법에서 풀려나는 능력' 및 '이해를 이로운 것으로 수정하거나 수립하는 능력'으로 포착한 후, 그 능력을 의도적으로 계발하여 고도화시켜 가는 길을 마련한 분이 붓다였다고 본다. 그리고 '육근수호 및 정념에서 설하는 알아차림(正知, sampajānāti)'에 초점을 두는 붓다의 선禪, 유식무경唯識無境의 유식관唯識觀과 원효의 일심一心, 선종의 돈오견성頓悟見性 선관禪觀은 이 '재인지능력을 펼치는 마음'에 의거하여 〈주객 대상을 붙들지 않아, 새로운 관점과 이해를 수립하고, 기존 관점과 이해를 수정·대체하는 능력〉을 계발하고 완성하는 길에 관한 이정표라고 본다.

:: 이해수행과 마음수행

이해는 '재인지 사유의 창발적 구성력'에 의해 바뀐다. 그리고 '재인지 사유의 창발적 구성력'을 촉발하는 것은 '이해'이다. 생명체의 개별적 인과계열에서 작동하는 원초적 창발력인 '범주적 자기조직화 능력'이 '이해를 직조하는 사유능력'을 발현시켜 정착시킨 이후에는, 재인지 사유의 창발적 구성력을 촉발시키는 강력한 조건은 '이해'이다. 그리고 이해와 재인지 사유의 이러한 상호작용은 '이해 사유'와 '재인지 사유'가 맺고 있는 '별개의 것은 아니지만 같은 것도 아닌 관계'(不二而不一) 때문이다.

재인지 사유의 위상은 이해 사유와 '같은 것은 아니지만 다른 것도 아닌 관계'(不一而不二)에서의 상위이다. 이해를 바꿀 수 있는 것은 이 '재인지 사유로서의 마음작용' 때문이다. 잘못된 이해를 치유할 수 있는 것도 이 '재인지 사유로서의 마음작용' 때문이고, 잘못된 이해를 선택하거나 만들어 낼 수 있는 것도 이 '재인지 사유로서의 마음작용' 때문에 가능하다. 사실에 맞지 않는 이해·관점·견해를 사실에 부합하는 것으로 바꿈으로써 삶과 세상의 근원적 치유와 행복을 구현하려는 이해수행(觀, 위빠사나 행법)은 이 '재인지 사유로서의 마음작용'이 받쳐주어야 완전해진다.

붓다는 '잘못된 이해'를 '사실 그대로에 부합하는 이해'로 바꾸는 데 필요한 재인지 사유의 역할을 주목하여 그의 법설에 반영하고 있다. 육근수호 및 정념 수행의 알아차림(正知, sampajānāti)이 설하는 '붙들지 않아 거리를 확보하는 마음 국면', '기존의 이해 계열에서 빠져나오는 마음 국면'이 그것이다. 이 정지正知의 마음 국면은 '괄호 치듯 대상화시켜 놓고 재검토할 수 있는 좌표로 끊임없이 미끄러지듯 옮겨가는 재인지 사유의 작동 양상'이다.

이해수행은, 〈'변화·관계의 차이현상'과 접속을 유지한 채, '동일성·불변성·독자성·절대성 관념에 의거한 환각적 행복의 무지와 허구에 대한 이해'(苦觀)와 '변함·무본질·무실체·관계·조건인과적 발생에 대한 이해'(무상관無常觀·무아관無我觀·공관空觀·연기관緣起觀)를 수립하여 내면화시킴으로써, '차이현상의 사실 그대로'(如實相, 眞如相)를 이해하여 '사실 그대로의 이해로 인한 개인과 세상의 이로움'을 누리려는 것에 초점을 두는 수행〉이다. 그리고 마음수행은, 〈'변화·관계의 차이현상'과 접속을 유지한 채, '재인지 사유로서의 마음작용'에 의거하여 '차이현상들에 대한 기존의 느낌·이해·인식·경험을 붙들지 않는 마음 국면'을 열어, '기존의 느낌·이해·인식·경험 계열에서 빠져나오는 마음 국면'에서 '사실 그대로에 부합하는 느낌·이해·인식·경험'으로 바꾸고 내면화시켜, '사실 그대로에 부합하는 느낌·이해·인식·경험'에서 발생하는 개인과 세상의 이로움을 누리려는 것에 초점을 두는 수행〉이다.

정지(正知, sampajānāti)를 '이해현상'으로 간주하는 위빠사나 계열의 시선은 재고되어야 한다. 붓다가 설하는 알아차림(正知, sampajānāti)은 〈붙들지 않고 빠져나와 만나는 마음자리'로 옮겨가는 것〉이며, 이 정지正知의 마음 국면이 '잘못된 이해'를 '사실 그대로에 부합하는 이해'로 바꿀 수 있는 근거이다. 그리고 이 점을 포착한 시선들이 불교 전통의 내부에 존재한다. 〈붙들거나 갇히지 않는 마음자리'에서의 '매이지 않는 힘'으로써 잘못된 이해를 성찰하고 '사실에 부합하는 이해'를 선택하거나 수립하는 능력〉을 확보해야 이해 바꾸기 수행이 완성된다는 점을 포착한 통찰들이, 불교해석학 전통 내부에서 목격된다. 대승의 유식관唯識觀, 그에 의거한 원효의 일심一心, 선종 선불교의 돈오견성이 그것이다. 유식관이나 원효의 일심, 선종의 돈오견성에 대한 종래의 일반적 시선으로는 이 점을 포착하기 어렵다.

이해수행은 마음수행과 함께 해야 '사실 그대로에 부합하는 이해'를 향해 머물지 않고 나아갈 수 있고, 마음수행은 이해수행과 함께 해야 그 창발적 구성력이 '사실 그대로에 부합하는 이해'라는 구체적 내용으로 구현된다. 이해수행과 마음수행의 '분리될 수 없는 상호 의존'은 양자의 융합이 고도화되는 단계에서 '상호관계의 정점'에 이른다. 이 정점의 융합 단계에서는, 〈그 어떤 이해도 붙들거나 그에 머물러 제한받지 않으면서 이해를 굴리는 인지능력 지평〉, 〈'사실 그대로에 부합하는 이해'에도 갇히거나 붙들어 집착하지 않는 좌표에 역동적으로 자리 잡으면서 '사실 그대로에 부합하는 이해'를 운용하는 인지능력 지평〉, 〈모든 유형의 관념·느낌·욕망·행위·의지·심리·이해 양상에서 끝없이 풀려나면서 '사실 그대로에 부합하는 이로운 관념·느낌·욕망·행위·의지·심리·이해 양상'을 역동적으로 조정하면서 펼치는 인지능력 지평〉이 밝아진다. 이해수행과 마음수행의 상호 결합으로 구현되는 향상의 정점 범주에 해당한다.

:: 선禪 수행의 두 축 : 위빠사나와 사마타

위빠사나와 사마타는 모두 정학定學 선 수행이다. 사마타와 위빠사나는 'samatha-vipassanā'(지관止觀)라는 쌍 개념으로 사용되는 경우가 대부분이다. 위빠사나와 사마타에 관해 니까야가 전하는 붓다의 법설에서는, 정념 수행 및 위빠사나와 사마타 수행을 모두 선禪(jhāna) 수행과 연결시키고 있다. '행위 수행'(戒學)·'지혜 수행'(慧學)·'선禪 수행'(定學)이라는 수행 범주 분류 가운데 정념 수행과 위빠사나·사마타 수행은 모두 '선禪 수행'(定學) 범주에 속한다는 것이다. 그런 점에서 사마타 수행을 '지止', 위빠사나 수행을 '관觀'이라 번역하면서 지관止觀 수행을 선 수행의 두 축으로 보는 대승의 관점은 붓다 법설의 취지에 상응한다.

그런데 사마타 수행의 구체적 내용에 대해서는 '특정한 대상에 마음을 집중하는 노력'으로 간주하는 시선이 니까야 주석서를 비롯하여 아비담마, 대승교학 일반에서 채택되고 있다. 그리고 니까야에 등장하는 '마음이 하나로 된 상태'(心一境性, cittekaggatā)라는 용어에 대한 이해가 그 근거로 채택되고 있다. 그런데 '마음이 하나로 된 상태'(心一境性, cittekaggatā)라는 용어의 의미가 과연 '대상에 대한 집중 상태를 통한 동요 없음'을 지시하는 것인지는 재고의 여지가 있다. 사마타 수행을 '대상에 대한 마음집중수행'으로 보는 관점도 재고해야 한다.

위빠사나 이해수행과 사마타 마음수행은 붓다 선 수행 법설의 두 축이다. 그리고 붓다의 정학定學 선 수행의 초점은 사마타 마음수행에 있다. 위빠사나 이해수행은 이해와 마음의 분리될 수 없는 상호관계 때문에 선 수행 범주에 포함되는 것이다. 그런데 사마타 수행을 '대상에 대한 마음집중수행'으로 보는 관점은 선 수행의 두 축 가운데 하나인 마음수행 축의 불교적 고유성을 증발시켜 버린다.

위빠사나(觀) 수행 계열과 사마타(止) 수행 계열의 특징을 각각 이해수행과 마음수행으로 구분한다면, 붓다의 선禪·선정禪定 법설에 관한 종래의 이해는 크게 두 유형이다. 하나는, 이해수행을 중심으로 삼는 위빠사나 계열 관점의 연장선에서 붓다의 선禪·선정禪定 수행도 이해수행 유형으로 간주하는 동시에, 선정 수행을 '이해수행을 위한 마음집중'으로 파악한다. 다른 하나는 선정 수행을 신비주의 맥락에서 파악하는 관점인데, 여기서는 마음수행을 '변화·관계의 현상을 넘어선 불변·절대의 궁극실재 체득을 위한 마음집중'으로 간주한다. 이렇게 보면, 붓다의 선禪·선정禪定 법설에 대한 기존의 이해는 세 가지 개념으로 압축된다. '이해수행', '마음집중', '궁극실재의 체득'이 그것이다. 이 가운데 위빠사나 계열의 수행관은 '이해수행'과 '마음집중'을, 신비주의 수행관은 '마음집중'과 '궁극실재의 체득'을 각각 선택하여, 선·선정 법설에 대한 이해에서 양자를 결합시키고 있는 셈이다. 그런데 붓다의 선·선정 법설은 새로운 관점으로 접근할 필요가 있고, 그 관점은 '이해와 마음의 차이와 관계'에 대한 성찰을 통해 드러날 수 있다. 특히 '마음'에 관해서는 새로운 접근이 필요하다.

붓다의 사마타 마음수행은 불교 내부에서도 그 본령을 포착하기 어려운 영역이다. '대상에 대한 집중수행'이라는 해석이 남방과 북방의 교학에서 일반화된 것도, 그런 해석이 이해하기 쉬웠기 때문이다. 붓다의 마음수행을 '대상집중수행'으로 간주하면, 붓다 교설의 고유성固有性과 차별성을 확인할 수 있는 영역은 '무아·연기·공의 이해'가 된다. '대상에 대한 마음집중'이라는 수행·수양은, 세간을 포함한 모든 영역에서 목표 달성을 위한 방법으로 채택되기 때문이다. 그리하여 불교 내부에서 '마음수행에 관한 붓다 법설의 고유성과 차별성'은 왜곡된 해석에 의해 묻혀 버리고, 이해수행은 과도한 지위를 차지하며 교학과 수행론을 장악하였다.

붓다가 육근수호 및 정념 수행에서 설하는 알아차림(正知, sampajānāti)은 이해수행이 아니라 마음수행에 초점을 맞춘 법설이며, 그 내용은 〈'변화·관계의 차이현상'과 접속을 유지한 채, '차이들에 대한 기존의 이해를 붙들지 않는 마음 국면'을 열어, '기존의 이해 계열에서 빠져나오는 마음 국면'에서 '사실 그대로에 부합하는 이해'로 바꾸고, '사실 그대로에 부합하는 이해'에서 발생하는 개인과 세상의 이로움을 누리는 것〉이다. 그리고 대승의 유식관唯識觀, 원효의 일심一心과 그의 선관禪觀, 선종의 돈오견성 선관禪觀은, 위빠사나 해석학과 신비주의 해석학이 놓쳐 온 마음수행의 이러한 의미를 포착하여 계승하고 있다.

:: 지관止觀 수행론과의 관계

사마타와 위빠사나 수행은 지관止觀 수행에 상응한다. 지止는 사마타 선정 수행, 관觀은 위빠사나 이해수행에 상응한다. 따라서 이해수행과 마음수행의 관계는 지관 수행론에서의 '지止와 관觀의 관계'에 배속시킬 수 있다. 지관 수행론은 선禪 수행의 요점을 '지止와 관觀'이라는 두 개념으로 압축하여 그 상호관계를 거론한다. '관觀'이라는 개념을 '이해수행의 범주'로 보는 것은 자연스럽다. 그런데 '지止'를 '마음집중에 의한 망상분별의 그침'으로 파악하는 전통적 이해에 갇히지 않고, 필자가 거론하는 '이해와 마음' 독법에서의 '마음수행의 범주'에 속하는 개념으로 읽는다면, 관觀과 지止의 관계는 고스란히 이해수행과 마음수행의 관계가 된다. 그럴 때 '그침수행과 이해수행의 병행'(止觀雙運, 止觀雙修, 止觀兼修)이라는 전통적 '지관止觀 수행론'은 붓다가 펼치는 수행론 체계의 핵심을 잘 포착하고 있는 수행 담론이 된다. 또한 '지관止觀 수행론'을 '이해와 마음' 독법에서의 마음수행과 이해수행의 관계로 읽을 때는, 지관止觀은 개인의 선禪 수행 범주에서의 특수한 수행 지침이라는 의미에 국한되지 않고, 인간과 세상을 이해하는 유익한 개념 도구 및 개인과 세상의 구체적 문제 상황에 적용할 수 있는 해법이 된다. 그럴 때 지관 수행 담론은 기존의 교학적 서술과 시선에 머물지 않고 더욱 풍요로운 영역으로 나아가게 된다.

이해수행(觀)과 마음수행(止)의 관계는 실제 수행과 관련하여 두 유형으로 구분할 수 있다. 이해수행(觀)과 마음수행(止)의 '비非결합적 유형'과 '결합적 유형'이 그것이다. '비非결합적 유형'은, 이해와 마음의 결합적 구조에도 불구하고, 이해수행과 마음수행 각각의 일면적 특징에 치우쳐 있는 경우이다. 이때의 이해수행은 '수단이 되는 이해수행'(方便觀)이고, 원효에 의하면 보살 수행의 십지十地 이전 단계에서 작동한다. 이에 비해 '결합적 유형'은, 이해와 마음의 결합적 구조에 상응하여, 이해수행과 마음수행 각각의 특징이 융합적으로 결합되는 경우이다. 이해수행과 마음수행의 '분리될 수 없는 상호 의존'이 실제 수행에서도 양자의 융합으로 구현되는 단계이다. 이때의 이해수행은 '온전한 이해수행'(正觀)에 해당하고, 보살 수행의 십지+地 이후에 작동한다. 이 단계는 〈이해수행과 마음수행의 융합이 고도화되는 '상호관계의 정점 범주'〉를 지향하게 된다.

이해수행과 마음수행의 융합 단계에서는 〈그 어떤 이해도 붙들거나 그에 머물러 제한받지 않으면서 이해를 굴리는 인지능력 지평〉, 〈'사실 그대로에 부합하는 이해'에도 갇히거나 붙들어 집착하지 않는 좌표에 역동적으로 자리 잡으면서 '사실 그대로에 부합하는 이해'를 운용하는 인지능력 지평〉, 〈모든 유형의 관념·느낌·욕망·행위·의지·심리·이해 양상에서 끝없이 풀려나면서 '사실 그대로에 부합하는 이로운 관념·느낌·욕망·행위·의지·심리·이해 양상'을 역동적으로 조정하면서 펼치는 인지능력 지평〉이 밝아지면서 고도화되어 간다. 모든 이해를 붙들지 않는 '무분별의 풀려남'(근본지根本智·근본무분별지根本無分別智·무분별지無分別智·여리지如理智)과 '사실 그대로에 부합하는 이해로 판단·평가하는 분별하는 지혜'(후득지後得智·후득차별지後得差別智·분별지分別智·여량지如量智)의 결합적 성취와 운용이, '변화·관계의 차이현상들'과 접속을 유지한 채, 역동적으로 향상해 가는 향상일로向上一路의 단계라 하겠다.

원효에 따르면, 정관正觀/진관眞觀은 지止와 관觀을 하나의 지평에서 융합적으로 펼쳐가는 수행단계이다. '그침(止)과 이해(觀)를 결합적으로 운용하는 수행단계'(止觀雙運)라야 '온전한 이해수행'(정관正觀·진관眞觀)이 된다는 것이다. 그럴진대 이 지관쌍운止觀雙運은 앞서 거론한 이해수행(觀)과 마음수행(止) 관계의 '결합적 유형'에 해당할 것이다. 이해수행(觀)과 마음수행(止)의 '분리될 수 없는 상호 의존'이 실제 수행에서도 융합으로 구현되는 단계이며, 〈이해수행과 마음수행의 융합이 고도화되는 '상호관계의 정점 범주'〉로 나아갈 수 있는 단계라 하겠다.

그런데 원효에 따르면, '그침(止)과 이해(觀)를 결합적으로 운용하는 수행단계'(止觀雙運)인 '온전한 이해수행'(정관正觀·진관眞觀)의 토대는 〈[인간의 지각 경험에서 모든 현상은] 오로지 마음[에 의한 구성]일 뿐 [마음과 무관한] 독자적 객관대상은 없다〉(唯識無境)라는 유식관唯識觀이라야 한다. 왜 유식관이 지관쌍운止觀雙運의 '온전한 이해수행'(정관正觀·진관眞觀)의 토대가 되는 것일까? 유식학에 대한 종래의 교학적 시선이나 근대 이후의 탐구 내용만으로는, 원효가 '유식무경唯識無境의 유식관唯識觀'을 '지관쌍운止觀雙運의 정관正觀/진관眞觀을 가능케 하는 토대 조건'으로 간주하는 의중에 접근하는 데 한계가 명백하다. '유식무경唯識無境의 유식관唯識觀'이 지니는 불교철학적 의미를 기존의 교학적 해석에 매이지 말고 새롭게 읽어 볼 필요가 있다. 원효는 왜 '유식무경唯識無境의 유식관唯識觀'에 그토록 중요한 위상을 부여하고 있는 것일까?

:: 유식무경唯識無境과 알아차림(正知, sampajānāti)

유식학唯識學 탐구의 첫 관문이자 마지막 출구는 '유식무경唯識

無境'이라고 본다. '유식무경唯識無境'을 어떤 의미로 읽느냐에 따라 복잡하고 다채로운 유식학 이론들의 출발점과 출구가 포착된다. 필자는 〈오직 식識일 뿐 객관적 실재는 없다〉라는 유식무경唯識無境을, 〈주관과 객관의 모든 현상을 괄호 쳐서, 그것들에 '붙들거나 갇히지 않는 자리'로 옮겨, 그 자리에서 주관·객관의 현상들을 만나는, 정지正知의 '빠져나와 만나는 마음 국면'〉을 일깨워 주는 기호로 읽는다. 유식학에 심취했던 원효도 그렇게 이해하였고, 유식학의 마음 통찰에 의거하고 있는 선종 선불교의 선관禪觀도 마찬가지라고 본다. 유식무경唯識無境, 원효의 일심一心, 선종 선불교의 돈오견성은 그 점에서 흥미로운 상통성을 지닌다. 그리고 그런 이유로 〈유식학과 원효 및 선종의 선관은 붓다의 법설, 특히 육근수호 및 정념의 알아차림(正知, sampajānāti)이 지니는 의미를 새롭게 읽을 수 있는 창을 열고 있다〉라고 생각한다.

근대 이후 유식사상에 대한 탐구는 '관념론 계열의 인식·존재론적 맥락'에서 읽는 방식이 지배적 경향이다. 〈모든 존재와 현상은 마음/주관/분별에 의한 구성일 뿐 외부 실재는 없다는 것을 알려주는 관념론 계열의 통찰체계이며, 그런 점에서 지각의 장막에 갇힌 인식의 '닫힌 체계'에 관한 성찰이고, 그런 통찰을 단지 사변적 성찰이 아니라 해탈을 지향하는 선정 수행을 통해 수립한 것〉이라고 이해한다. 현재 유식사상에 대한 학계의 이해는 관념론적 해석과 현상학적 해석으로 나뉘어 상호 간 논박이 가열되고 있다. 유식무경을 관념론적 일원론으로 해석하거나 '자아와 타자의 상호주관성의 이론'으로 읽으면서 유아론의 문제나 외부 타자의 존재 문제, 주관과 객관의 상호관계에 대한 문제를 유식사상에서 해결해 보려는 것은 유식사상을 인식론·존재론의 관심과 성찰 전통에 편입시켜 탐구하는 방식이다. 일종의 격의적格義的 탐구 방법론이다. 그런 점에서 출발선부터 유식사상 고유의 맥락과는 상응하지 않을 수 있고, 그들이 난제로 삼고 있는 문제들도 '맥락 일탈로 인한 잘못된 문제 설정'일 수 있다.

붓다의 법설은 주·객관과 관련한 인간의 경험이, 비록 대상세계와의 관계 구조를 지니지만, 결국은 '지각의 장막 위에 올려진 현상에 대한 식識의 해석과 구성의 산물'이라는 점을 말하고 있다. 〈인식능력의 주체가 인식 기관 밖으로 나가 외부에 있는 대상세계를 직접 확인할 수 없는 것이 인간의 인식 및 경험의 구조라는 것, 아울러 인식 기관 외부의 어떤 대상세계에 대한 유무 판단과 논증은 붓다의 관심사가 아니라는 것, 인간의 인식능력은 이미 현상에 대한 근본무지(無明)를 품고 있다는 것, 인식능력에 의한 현상의 해석과 구성에는 근본무지가 깊숙하고도 강력하게 개입하고 있다는 것, 지각에 올려진 '차이현상들'(相)과 관계 맺는 방식 여하에 따라 근본무지의 치유와 악화가 결정된다는 것, 또한 그 관계 방식에 따라 삶과 세상의 진실과 허구, '사실 그대로에 의거한 이로움'과 '왜곡적 허구에 의거한 해로움'이 발생한다는 것〉 – 이것이 붓다 법설을 관통하는 취지로 보인다.

흥미롭게도 유식사상은 이러한 붓다 법설의 취지와 의미에 상응하는 통찰과 이론을 펼치고 있다. 붓다 법설에 대한 아비달마 해석학에 의해 교란되고 굴절되었던 붓다의 법설을 제 길에 올리고, 중관의 공 해석학에서 간과할 수 있는 붓다의 통찰을 드러내려는 새로운 해석학적 선택이다. 〈감관을 통해 주·객관의 특징적 차이(相)들을 인식하는 현상'은 인식능력/마음이 감관 외부에 있는 대상의 주·객관 차이들을 직접 만나는 것이 아니다. 지각하는 대상의 차이는 식識에 내면화되어 있는 해석 방식에 의해 1차 처리된 결과물이며, 식識은 그 해석된 차이를 대상으로 삼아 2차, 3차 거듭 해석하면서 주·객관 세계에 대한 경험을 구성해 간다. 그런 점에서 인식능력/마음은 인식적 구성물을 대상으로 재인식하는 것이다.〉 - 유식사상의 이러한 통찰은 붓다 법설과의 연속적 상응이라 평가할 수 있다. 유식사상이 거론하는 '식에 내면화되어 있는 선先이해방식'은 동일성·독자성·불변성·절대성 관념에 오염되어 있으며, 이 오염은 근본무지(無明)에 의한 것이다. 그리고 동일성·독자성·불변성·절대성 관념은 언어능력에 수반되어 발생한 부작용이라는 점에서 근본무명은 인간의 언어능력과 연관되어 있다.

유식무경唯識無境은 붓다 법설에 대한 유식학 계열의 이해를 압축하고 있는 명제이다. 그리고 이 명제에 담긴 통찰의 연원은 니까야/아함이 전하고 있는 붓다 법설의 취지와 상응한다. 그리고 '인간의 지각 및 인식의 능력'(육근六根), 그에 의거한 '세계 경험의 발생'(12처處, 18계界), '자아 정체성 현상의 관계·변화적 구성'(오온五蘊)에 관한 붓다의 법설이 지닌 유식적唯識的 의미는, 붓다의 '육근 수호 및 8정도의 정념에서 설하는 알아차림(正知, sampajānāti)' 법설에 그대로 반영되어 있는 것으로 보인다.

:: 사념처四念處에서의 관찰(觀, passati)과
  알아차림(正知, sampajānāti)

사념처 법설에서는 수행하는 인지적 국면과 관련하여 두 가지 용어가 동시에 등장한다. 관觀이라고 한역漢譯되고 한글로는 〈보다, 관찰하다〉로 번역하는 'passati'와, '정지正知'라고 한역漢譯되고 한글로는 통상 〈알아차린다〉라고 번역하는 'sampajānāti'가 그것이다. 이 두 용어는 '8정도 정념 수행에 관한 사념처 법설'에서 수행 국면의 인지 상태를 알려주는 열쇠에 해당하는 말이다. 그러나 두 용어는 모두 인간의 인지국면을 나타내지만, 그 의미와 맥락은 구분되어야 할 것으로 보인다. 사념처 수행법을 설하는 압축적 문장에서 수행의 동사적 인지국면의 어떤 특징적 양상을 지시하는 'passati'와 'sampajānāti'가 한 문단 내에서 동시에 사용되고 있다는 것은 무엇을 의미하는가? 이 두 용어는 모두 사유능력의 인지적 양상을 지시하면서도 그 지시 내용에서는 서로 구분할 수 있는 초점을 지니고 있다고 보는 것이 자연스러운 추정이다.

'passati(보다)'는 '이해를 위한 관찰 국면', 'sampajānāti(알아차리다)'는 이해를 포함한 모든 인지적 경험현상을 재인지의 대상으로 삼는 '재인지국면'을 지시하는 기호로 보인다. 'passati(보다)'와 'sampajānāti(알아차리다)'는 '이해와 마음' 혹은 '이해수행과 마음수행'의 특징을 각각 반영한 용어인 것이다. 달리 말해, 'passati(보다)'는 위빠사나 수행, 'sampajānāti(알아차리다)'는 사마타 수행의 핵심을 알려준다. 이렇게 보면 사념처 법설은 'passati(보다)'와 'sampajānāti(알아차리다)'라는 용어를 통해 '이해수행인 위빠사나'

와 '마음수행인 사마타'를 모두 반영하고 있는 것이 된다. 정념 수행의 내용인 사념처 법설이 '이해수행인 위빠사나'와 '마음수행인 사마타'를 모두 반영하는 구조로 이루어져 있다는 것은, 붓다가 위빠사나와 사마타 수행을 모두 선 수행과 연결시키는 것과 일맥상통한다.

'sampajānāti(알아차리다)'의 마음수행(알아차리는 마음 국면을 순일하게 간수해 가는 선 수행, 사마타 수행)은, 인식의 대상이 되는 주·객관에 대한 모든 이해·판단·평가·관점·이론에 갇히거나 매이지 않을 수 있는 좌표를 발생시켜 이해·판단·평가·관점·이론을 수정·보완·대체할 수 있는 능력을 굳건히 다져가는 수행으로서 재인지 능력의 연장선에 있다. 이 재인지의 마음 국면은 '신체 현상'(身)·느낌(受)·'마음상태'(心)·'개념적/이법적 경험현상'(法)과 '접속하면서도 갇히지 않는/빠져들지 않는/붙들지 않는 자유의 자리를 확보하는 인지국면'이다. 이 재인지 마음 국면은, 기존의 관점·견해·이해·판단·평가를 수정하고 새로운 내용으로 바꾸면서도 '그 어떤 이해나 경험에도 갇히거나 매이지 않을 수 있는 좌표'를 확보할 수 있게 하는 창발성의 원천이다.

:: **육근수호六根守護 법설과 알아차림**(正知, sampajānāti)
   그리고 심일경성心一境性(cittekaggatā)

육근수호六根守護 법설, 다시 말해 '경험을 발생시키는 여섯 가지 감관능력을 잘 간수해 가는 방법에 관한 설법'은, 감관능력을 통해 지각에 올려진 '특징적 차이'(相)와 어떤 방식으로 관계 맺는가에 따라 '무명의 길'과 '지혜의 길'로 갈라진다는 것, 그리고 지혜의 길로 접어들기 위한 수행의 핵심은 알아차림(正知, sampajānāti)이라는 것을 알려주는 가르침이다.

이러한 육근수호 법설의 핵심은 두 가지이다. 하나는 〈눈·귀·코·혀·몸·의식/마음이 그에 상응하는 대상과 관계 맺을 때 그 대상의 '전체적 차이/특징'(nimitta, 相)과 '부분적 차이/특징'(anuvyañjana, 細相)을 움켜쥐지 말라〉는 것이고, 다른 하나는 〈'전체적 차이/특징'(nimitta, 相)과 '부분적 차이/특징'(anuvyañjana, 細相)을 움켜쥐지 않을 수 있으려면 모든 경험현상을 알아차리면서 행하라〉(sampajānakārī hoti, 正知)는 것이다. 언어적 의미로 본다면, 'sampajānāti'는 〈모두 묶어서 앞으로 둔 채 아는 인지국면〉을 지칭하는 용어로 볼 수 있다. 그것은 '모든 것을 괄호 치듯 대상화시켜 놓고 재검토할 수 있는 좌표로 끊임없이 미끄러지듯 옮겨가는 재인지 사유의 작동 양상'이라 할 수 있다. 다시 말해 '이해를 비롯한 과거·현재·미래의 모든 현상을 붙들지 않아 거리를 확보하는 마음 국면', '기존의 인식·경험·이해 계열에서 빠져나오는 마음 국면'을 일깨워 주려는 용어이다.

정학定學은 선 수행 범주로서 마음수행이 그 핵심으로 보인다. 그런데 정념 수행의 구체적 내용인 사념처 법설에서는 'passati(보다)'의 이해수행과 'sampajānāti(알아차리다)'의 마음수행을 모두 설하고 있다. 이것은 '이해와 마음의 분리할 수 없는 상호관계' 및 8정도 수행이 지니는 '계학·정학·혜학의 상호작용 구조'를 반영하기 때문이다. 그런데 육근수호 법설에서는 'sampajānāti(알아차리다)'만을 〈'특징적 차이현상'을 움켜쥐지 않는 인지적 국면〉으로 설하고 있다.

사념처 법설의 'sampajānāti(알아차리다)' 국면은 '이해'도 아니고 '대상에 대한 마음집중'도 아니다. 기존의 수행론에서는 없었던 전혀 새로운 내용의 마음수행이다. 그런 까닭에 사념처 법설의 'sampajānāti(알아차리다)' 국면이 어떤 내용인지를 알려주는 부연 설법이 필요하다. 육근수호 법설이 그 역할을 하는 것으로 보인다. 육근수호 법설에서는 〈'특징적 차이현상'을 움켜쥐지 않는 인지적 국면〉으로서 'sampajānāti(알아차리다)'만을 설한다. 현상이 지니는 '특징적 차이'(相)의 지각과 관련시켜 'sampajānāti(알아차리다)'의 수행 국면이 어떤 것인지를 구체적으로 알려준다. 〈사념처 법설에서 말하는 '호흡·동작 등 신체의 현상'(身)·'느낌'(受)·'마음상태'(心)·'이해·판단·평가·관점·이론 등 개념적·법칙적 경험현상'(法)은 곧 모든 지각을 비롯한 인지적 경험현상이 지니는 '특징적 차이'(相)를 지시한다〉라는 것을 알려주는 동시에, 사념처 법설의 'sampajānāti(알아차리다)' 수행이 어떤 국면의 마음인지를 '특징적 차이'(相)의 지각·인지와 관련시켜 알려주려는 것이 육근수호 법설의 취지로 보인다. 따라서 육근수호 법설은 정념의 사념처 법설을 두 가지 측면에서 보완하는 법설로 볼 수 있다.

〈'특징/차이'(相, nimitta)와 '개념적 지각/인지'(想, saññā)의 인과적 전개가 지니는 치유적 양상〉에 관해, 니까야가 전하는 붓다의 수많은 법설은 크게 두 가지 치유 양상을 설하고 있다. 하나는 '위빠사나 이해수행에 의한 치유 양상'이고, 다른 하나는 '사마타 마음수행에 의한 치유 양상'이다. 번뇌 치유 효과가 있는 '특징적 차이/특징을 지닌 대상'(相)에 마음의 시선을 두어 치유 효과를 발생시키는 수행법은 '선정을 위한 대상집중수행'이 아니다. '특징적 차이'(相, nimitta) → '개념적 지각/인지'(想, saññā) → 알음알이(識, viññāṇa)의 인과적 연관을 활용한 방편적 치유수행이다. 또 심일경성心一境性(cittekaggatā)이라는 용어도 '대상에 대해 마음을 집중하는 국면이 한결같아진 상태'가 아니라, 'sampajānāti(알아차리다)'의 마음 국면이 한결같아진 상태, 즉 〈과거·현재·미래의 관점·느낌·경험·판단·평가를 '모두 묶어서 앞으로 둔 채 아는 인지국면'/'이해를 비롯한 모든 현상을 붙들지 않아 거리를 확보하는 마음 국면'/'기존의 인식·경험·이해 계열에서 빠져나오는 마음 국면'이 한결같아진 상태〉이다.

:: 유식무경唯識無境과 알아차림(正知, sampajānāti)의 만남

유식사상 형성에 참여한 사람들 가운데, '심일경성心一境性'에 대한 전통적 해석에 따라 선 수행을 '대상에 대한 마음집중'으로 이해하지 않고, 새로운 관점을 천명한 경우는 없었을까? 그리하여 그 새로운 관점을 '유식무경唯識無境'의 의미로 생각한 경우는 없었을까? 〈'대상집중'이라는 선관과는 다른 선관이 존재하였으며, 이 새로운 관점이야말로 붓다의 선 법설에서 최상위의 지위를 차지하는 중요한 내용을 포착하고 있고, 기존의 선 해석학에서 간과하고 있던 내용이다〉라는 것이 필자의 소견이다. 이러한 소견을 지지해 주는 대표적 사례는 『대승기신론』에서 목격된다.

『대승기신론』은 유식사상의 유식무경唯識無境 통찰에 의거하여 '지止 수행'에 대한 관점을 펼치고 있는데, 그 요점과 의미는 이렇게 요약할 수 있다. ―〈'인식의 문법'과 무관한 외부 실재나 실체는 인식의 직접 대상이 될 수 없고 인간은 지각에 올려진 현상들을 인식의 대상으로 삼을 뿐이다. 그리고 중생이 갖춘 '인식의 문법적 틀'에 의한 대상 인식은 '대상에 대한 인지적 오염'을 행한다. 따라서 '사실 그대로에 상응하는 앎·인식'을 성취하여 개인과 세상의 '사실 그대로에 상응하는 이로움'을 이루려면, 근원적으로 '대상에 대한 인지적 오염'을 제거해야 한다. '불변·독자의 본질/실체가 있다는 관념'과 그에 수반한 '동일성·독자성·불변성의 환각'을 뿌리에서 치유하려면, 그 원점에서 오염의 뿌리를 잡아야 한다. 대상을 대하는 중생 인간의 '인식 주체'(마음)는 언어에서 비롯된 '동일성·독자성·불변성의 환각'을 깊숙이 내면화하고 있다. 그러므로 대상을 좇아가는 마음에 따라 대상으로 나아가 대상세계를 처리하지 말아야 한다. 만약 마음에 따라 대상을 좇아가 처리하면, 그 마음에 이미 자리 잡은 '동일성·독자성·불변성의 환각' 때문에, 대상에 대한 느낌·이해·판단·평가의 왜곡과 오염이 순식간에 확산된다.(치산馳散, 망상적 분별과 그 확산) 그러므로 대상을 좇아 나가는 마음을 멈추고 그 방향을 돌이켜(지止와 회광반조廻光返照), 대상에 대한 느낌·이해·판단·평가에 빠져들지 않는 마음자리에 서야 한다.(섭래攝來, 알아차림, sampajānāti) 이것이 붓다가 설한 '지止 수행'의 핵심이다.〉

〈식識 내면에 심층적으로 누적된 '근본무지로 인한 동일성·불변성·독자성·절대성의 허구 관념과 그에 의거한 이해방식'(분별망상)

이 인간의 모든 주·객관 경험을 구성적으로 왜곡·오염시키고 있으며, 인식의 모든 주·객관 경험은 식識 자신의 왜곡적 구성물을 대상(境)으로 삼고 있다〉라는 것이 유식무경唯識無境의 핵심 의미이다. 그리고 '모든 것을 괄호 치듯 대상화시켜 놓고 재검토할 수 있는 좌표로 끊임없이 미끄러지듯 옮겨가는 재인지 사유의 작동 양상'이 알아차림(正知, sampajānāti)이다. 따라서 유식무경唯識無境과 알아차림(正知, sampajānāti)은 '이해를 비롯한 모든 현상을 붙들지 않는 마음 국면', '기존의 인식·경험·이해 계열에서 빠져나오는 마음 국면'에 눈뜨게 해 주는 언어적 장치라는 점에서 상통한다. 이렇게 본다면, '사념처와 육근수호 법설에서 설하는 알아차림(正知, sampajānāti)의 마음수행'은 '유식사상의 유식무경唯識無境' 통찰이 계승하고, 이것을 『대승기신론』이 수용하여 '지止의 수행론'을 펼치는 것이 된다. '유식무경唯識無境과 알아차림(正知, sampajānāti)'은 이렇게 만난다.

:: 일심一心 현상을 발생시키는 조건들 : 일심에 대한 연기적 독법

〈모든 현상을 '조건에 따른 성립/발생'으로 보아 '성립/발생의 조건들'과 '조건들의 인과적 연관'을 포착하려는 사고방식〉이 연기의 원형 사유로 보인다. 그리고 〈현상을 이해하고 문제를 해결하려면 그 현상을 발생시킨 조건들과 그들의 인과관계를 성찰하라〉는 것이 이러한 연기적 사유의 철학적 의미라고 생각한다. 원효 저술에서 거론되는 '일심一心'의 내용과 의미도 연기적 사유로 탐구하려면, '일심'이라는 기호로 지칭하는 마음현상을 발생시키는 조건들,

다시 말해 '일심 발생의 연기緣起'를 주목해야 한다. 일심을 궁극실재의 자리에 안치한 후 일심 관련 구절들을 연역적으로 기술하는 형이상학적 논술이 아니라, '일심 현상에 대한 연기적 독법'이 필요하다. 일심 현상의 발생 조건으로서 원효의 저술에서는 세 가지가 눈길을 끈다. '공관空觀을 품은 유식관唯識觀', '방편관方便觀과 정관正觀', '지관쌍운止觀雙運'이 그것이다. 이 세 가지에 관한 원효의 통찰이 '일심에 관한 연기적 독법 구성'의 핵심 조건으로 보인다.

원효의 저술에서 이해/이해수행은 '모든 현상에는 불변·독자의 본질/실체가 없다는 이해'(공관空觀)와 관련된 통찰과 이론들로 나타나고, 마음/마음수행은 〈[인간의 지각 경험에서 모든 현상은] 오로지 마음[에 의한 구성]일 뿐 [마음과 무관한] 독자적 객관대상은 없다〉(唯識無境)는 '유식무경唯識無境의 유식관唯識觀'과 관련한 통찰과 이론으로 펼쳐진다. 일심 현상을 발생시키는 근원 조건은 '이해/이해수행'과 '마음/마음수행'인 것이다. 따라서 원효가 '공관空觀을 안은 유식관唯識觀'을 펼쳤다는 것은 '이해/이해수행을 안은 마음/마음수행'을 중시했다는 의미가 된다.

『대승기신론소·별기』를 비롯하여 『금강삼매경론』에 이르기까지 원효는 '현상에 대한 사실 그대로의 이해와 그 이해에 의거한 수행'(觀行)을 두 가지 유형으로 구분하고 있는데, 하나는 방편관(方便觀, 수단이 되는 이해수행)이고 다른 하나는 정관(正觀, 온전한 이해수행)이다. 원효에 따르면, 자리행과 이타행을 하나로 결합시킬 수 있는 관행이면 '온전한 이해수행'(正觀)이며, 그렇지 못하면 그런 경지에 접근하기 위해 '수단이 되는 이해수행'(方便觀)이다. 정관은 진관

(眞觀, 참된 이해수행)이라고도 하는데 '현상의 참 그대로 측면'인 진여문眞如門에 들어가게 되는 것은 정관에 의해서이다. '수단이 되는 이해수행'(方便觀)은 자아를 포함한 대상들(所取)에 대한 '실체 관념'(相)의 제거를 겨냥하는 것이고, '온전한 이해수행'(正觀)은 대상들에 대한 실체 관념뿐 아니라 '실체 관념을 제거하는 마음(能取) 자체에 대한 실체 관념'마저 제거하는 것이다. 그럴진대 '공관의 이해수행'은 '수단이 되는 이해수행'(方便觀), '공관空觀을 품은 유식관唯識觀의 마음수행'은 '온전한 이해수행'(正觀, 眞觀)에 해당한다. 또 〈[인간의 지각 경험에서 모든 현상은] 오로지 마음[에 의한 구성]일 뿐 [마음과 무관한] 독자적 객관대상은 없다〉(唯識無境)는 유식관唯識觀에 의거하여 '그침'(止) 국면과 '살핌/이해'(觀) 국면을 동시적으로 펼쳐 가는 수행단계가 '온전한 이해수행'인 정관正觀/진관眞觀이다. 정관正觀/진관眞觀은 지止와 관觀을 하나의 지평에서 융합적으로 펼쳐 가는 수행단계이며, '그침(止)과 이해(觀)를 결합적으로 운용하는 수행단계'(止觀雙運)라야 '온전한 이해수행'이 된다는 것이다.

일심一心이라는 인지적 현상이 이처럼 '공관空觀을 품은 유식관唯識觀'과 '방편관方便觀과 정관正觀' 및 '지관쌍운止觀雙運'을 발생 조건으로 삼는다는 것은, 〈'이해/이해수행'과 '마음/마음수행'의 상호관계와 상호작용을 고도화시켜 가는 과정에서 생겨나는 것이 '일심'이라 부르는 현상〉이라는 것을 의미한다. 일심이라 부르는 현상은 〈이해/이해수행과 마음/마음수행의 상호관계와 상호작용이 고도화되는 과정에서 역동적으로 펼쳐지는 인지적 국면〉이다. '변화·관계의 차이현상들'과 접속을 유지한 채 '사실 그대로에 의거하여 발생하는 개인과 세상의 이로움'을 전방위적으로 고도화시켜 가는 것이 일심 현상이다.

:: 선종의 돈오견성頓悟見性 : 마음수행의 창발적 전개

i) 돈오견성頓悟見性을 읽는 두 시선 : 이해 독법과 신비주의 독법

근대 이후 불교학과 학인들이 '한꺼번에 깨달아서 [사실 그대로 보는] 본연에 눈뜸'(頓悟見性)의 의미를 읽는 시선은 크게 두 유형이다. 〈불변·독자의 본질/실체 없음'(空) 및 돈오견성 언구言句의 뜻을 이해하는 것〉이라는 시선이 하나이고, 〈성性·자성自性·본심本心·진심眞心·자성청정심自性淸淨心 등으로 지칭되는 궁극실재를 한꺼번에 체득하는 것〉이라는 시선이 다른 하나이다. 전자는 '이해 독법', 후자는 '신비주의 독법'이라 불러 본다. '위빠사나 이해수행'과 '사마타 마음수행'을 모두 인지하면서 '사마타 마음수행'을 '대상에 대한 마음집중'으로 간주하는 학인들은 '사마타 마음수행'에 대한 시선의 타당성 문제를 안고 있고, '이해 독법' 내지 '이해 지상주의'는 '사마타 마음수행'을 간과하거나 외면하는 문제점을 보여준다.

신비주의 독법은, '마음집중수행관'과 '궁극실재를 향한 갈증'이 결합한 것이다. 〈마음집중의 수행으로 궁극실재를 직접 한꺼번에 체득하여 완전하고 변치 않는 궁극실재와의 합일을 이루는 것이 돈오견성〉이라는 관점이다. 이 신비주의 독법은 혜능의 '한꺼번에 깨달아서 [사실 그대로 보는] 본연에 눈뜸'(頓悟見性)에 관한 설법에서 등장하는 '견성見性, 자성심지自性心地, 자본심自本心, 상정자성常淨自性' 등의 표현에서 '성性'·'자성自性'·'본심本心'이라는 용어를 궁극실재에 관한 표현으로 읽는다. 그럴진대 혜능의 법문은 '궁극실재에 관한 불교적 변주'가 되어 아트만 사상과의 차별화가 어렵게 된다. 혜능의 설법을 따라 전개된 선종 선불교도 '불교 내부의 신흥 아트만 사상'으로 읽히게 된다. 선종의 언어가 구사하는 공, 무아, 연기 등의 불교 언어들은 궁극실재를 꾸미는 장식물이 되고 만다.

성性·자성自性·본심本心 등을 궁극실재로 읽는 신비주의 독법은, 〈견성見性은 궁극실재를 직접 보는 것이고, 돈오頓悟는 그 궁극실재를 한꺼번에 체득하는 것〉이라고 생각한다. 궁극실재는 '변화·관계·차이의 현상 이면이나 너머에 실재하는 불변·동일·순수·독자·절대의 속성을 지닌 참된 존재나 상태'를 말하는데, 그런 궁극실재는 원래 없다. 궁극실재에 관한 주장은 경험적 근거를 지닐 수가 없는 공허한 명제이다. 그렇다면 돈오견성頓悟見性의 기치 아래 궁극실재의 체득을 추구하는 구도 행각은 성공할 수가 없다. 세속을 뒤로 하고 모든 관심과 노력을 온통 돈오견성에 쏟아붓는 구도행이, 목적지에 도달할 수 없는 방황의 여정이 되고 만다. 길을 잘못 선택한 것이 아니라, 목적지와 이정표를 잘못 읽었기 때문이다.

'궁극실재와의 합일을 추구하는 신념'을 신비주의라고 한다면, 돈오견성을 궁극실재의 체득으로 읽는 경향이 커질수록 선종 선불교에서는 신비주의가 득세하기 마련이다. 그리하여 궁극실재에 관한 다양한 착각과 허세가 설 자리를 얻는다. 특히 비일상적 경험이나 능력을 궁극실재의 체득과 연관 짓는 무지가 자신과 세상을 기만적으로 농락한다. 이런 신비주의 풍토에서는 '현상의 조건인과적 발생'을 성찰하려는 연기적 지성이 '쓸모없는 지식놀음', '무지의 알음알이', '궁극실재를 가리는 분별'로서 경멸의 대상이 된다. 〈한 소식 했다〉, 〈깨달음을 맛보았다〉, 〈신비 체험을 했다〉라는 식의 체험 주장이, 연기적 성찰이 열어주는 지성과 합리의 자리를 차지해 버린다. 그리하여 그런 체험 현상을 발생시키는 조건들과 그 인과적 연관의 성찰에 대해서는 무관심하다. 변화·관계·차이의 세계를 떠나지 않으면서도 변화·관계·차이의 현상에서 발생하는 문제를 '조건인과적 사유'로써 풀어가려는 길은 아직도 한산하다.

ii) 돈오견성頓悟見性과 마음수행

선종 선문禪門의 특징과 내용에 대한 탐구는 '곧바로 사람의 마음을 가리킴'(直指人心)과 '한꺼번에 깨달아 견성함'(頓悟見性), 이 두 명제에 집중된다. 그런데 이 두 명제는 '한꺼번에 깨달아 견성함'(頓悟見性)이 바로 마음수행(直指人心)의 문제라는 것을 알려주고 있다. 결국 〈돈오견성이라는 마음수행은 어떤 것인가?〉라는 물음에 답하는 것이 선종 선불교 탐구의 핵심 과제이다. 선 수행의 두 축은 이해수행과 마음수행이며, 이해수행의 성취와 마음수행의 성취가 결합하고 상호작용하여 완전한 깨달음의 장場을 구현한다. 그리고 선종의 수행체계는 이해수행을 포함하지만, 마음수행인 돈오견성에 목표와 초점이 맞추어져 있다.

혜능과 선종은 '무념無念의 돈오견성頓悟見性'을 통해, '육근수호의 알아차림(sampajānāti)과 사마타 마음수행 → 유식사상의 유식무경唯識無境 → 공관을 품은 유식관에 의거한 원효의 일심一心'을 관통해 온 마음수행의 본령을 이어가고 있다. 따라서 돈오견성만으로 부처가 되는 완전한 깨달음을 성취한다고 말하기는 어려울 것이다. 더 이상 퇴행하지 않는 수준인 '완결형 돈오견성'을 성취한 것이 바로 부처의 경지라고 보는 것은 무리다. 돈오견성은 완전한 깨달음을 성취하여 부처가 되는 중요한 필요조건이지 충분조건은 아니라고 본다.

돈황본 『육조단경』 가운데 혜능 선 사상의 요결을 잘 담아내고 있는 '무념無念의 돈오견성頓悟見性' 법문에는 '진여본성真如本性·자본성自本性·자성심지自性心地·자본심自本心·본심本心·자성自性'으로 표현되는 긍정 기호들이 등장한다. 문맥으로 볼 때 이 용어들은 같은 의미맥락에서 채택된 다채로운 표현들이다. 만약 이 용어들을 '가변적 현상 이면에 있는 불변·독자의 완전한 궁극실재'로 읽는다면, 혜능과 선종의 가르침은 '불변·독자의 완전한 궁극실재와의 합일을 추구하는 신비주의'가 된다.

법문의 전후 맥락을 고려하면, 이 기호들은 분명 '마음' 및 '마음현상'과 관련된 것이다. 그러나 그 마음은 '불변·독자의 완전한 궁극실재'가 아니며, 마음현상은 그 궁극실재의 작용을 가리키는 것이 아니다. 그 마음은 동일 내용을 타자 배제적으로 보존하는 '명사형 마음'이 아니다. 변화와 관계에 열린 채 역동적으로 흘러가는 '동사형 마음'이다. '닫혀 있고 정지해 있는 명사형 마음'을 지시하는 것이 아니라 '열려 있고 움직이는 동사적 마음 국면'을 지시하는 것이다.

불교 문헌에 등장하는 용어·개념들을 탐구할 때 가장 조심해야 할 점은 모든 용어·개념을 '명사형'으로 읽는 태도이다. 불교 용어와 이론뿐 아니라, 인간이 구사하는 모든 언어를 읽을 때는 '명사형 용법이 지시하는 현상의 실제는 동사적 사태'라는 점을 유념해야 한다. 명사형 언어가 지시하는 내용을 '불변·동일·독자의 정지된 사태'로 간주하는 것은 인간이 품은 언어적 환각이고, 이로부터 인간 세상 특유의 양지와 음지 현상이 모두 발생하였다. 붓다는 〈인간의 모든 언어 용법이 지시하는 현상을 '변화·관계의 동사적 사태'로 읽어야 언어 환각의 덫에서 풀려난 이로움을 누리게 된다〉라는 것을 설한 최초의 선각자였던 것으로 보인다.

혜능에 따르면, 무념은 〈모든 현상을 무아나 공으로 이해하여 '실체 관념에 의한 판단과 평가'(분별)를 그치는 마음이나 생각〉이 아니다. 무념은 '모든 현상과 만나면서도 그 현상들을 붙들지 않는 마음이나 생각'이다. 그리하여 〈모든 현상에 불변·독자의 실체/본질이 있다는 생각으로 현상을 가공하던 마음작용의 계열을 멈추고 '실체/본질 관념의 왜곡이 사라진 사실 그대로'를 보는 마음자리를 회복하여 보전하는 것〉이 무념 수행이다. '현상의 사실 그대로'는 본래부터 무실체·무본질·관계·변화의 사태이다. 이 '본래의 그러함'(本然), 그 상실된 고향으로 회귀하는 수행이 '무념無念이라는 마음수행'이다. 무념은, '불변성·동일성·독자성을 부여하는 언어의 속성에 지배된 인식작용'(分別)으로 인해 잊혀진 '현상의 본래 그러한 고향'을 되찾는 발길이다. 이 귀향의 발길은, 〈현상에 대한 '마음의 왜곡적 인지 작용'(분별)을 그치는 마음 국면〉을 열어 확립하는 행로이다. 〈모든 현상에 불변·독자의 실체/본질이 있다는 생각으로 현상을 가공하던 마음작용의 계열을 멈추는 것〉이 무념의 행각이다. 이 무념의 마음 국면에서는 현상의 '본래 그러함'(本然)을 만날 수 있다. 그래서 〈'실체/본질 관념의 왜곡이 사라진 사실 그대로'를 보는 마음자리를 회복하여 보전하는 것〉이다. 유념해야 할 것은, '현상을 사실 그대로 보는 본연의 마음자리'는 불변의 명사형 좌표가 아니라 역동적으로 수립되는 동사형 좌표라는 점이다. 마음을 비롯한 모든 현상은 역동적이기 때문에, '견성의 마음자리'(自性心地)에 자리 잡는 것도 역동적 선택과 지속적 간수 능력의 문제이다.

'차이들을 왜곡하던 마음 방식을 붙들지 않는 마음 국면'인 무념無念은, 붓다가 설한 정념正念과 육근수호 법설의 알아차림(sampajānāti)을 다시금 변주하고 있다. 〈생각하면서도 [사실을 왜곡하면서] 생각하지 않는 무념無念〉, 〈차이에 있으면서도 차이[에 대한 차별]에서 벗어나는 무상無相〉, 〈[사실 그대로 보는] 본연의 면모가 되어 생각마다 [집착으로 현상에] 머물지 않는 무주無住〉가 결합된 '무념無念의 돈오견성頓悟見性'은, 붓다가 설한 마음수행의 본령을 잘 포착하여 계승하고 있다. 혜능과 선종은 '무념無念의 돈오견성頓悟見性'을 통해, '육근수호의 알아차림(sampajānāti)과 사마타 마음수행 → 유식사상의 유식무경唯識無境 → 공관을 품은 유식관에 의거한 원효의 일심一心'을 관통해 온 마음수행의 본령을 이어가고 있다.

혜능은 무념의 의미를 무상無相과 무주無住라는 개념과 연관시켜 부연 설명한다. 혜능의 설법에서 특히 주목되는 내용은 무념無念·무상無相·무주無住에 대한 정의定義이다. 그에 따르면, 무념無念

은 〈생각하면서도 [사실을 왜곡하면서] 생각하지 않는 것〉(於念而不念)이고, 무상無相은 〈차이에 있으면서도 차이[에 대한 차별]에서 벗어나는 것〉(於相而離相)이며, 무주無住는 〈'인간의 [사실 그대로 보는] 본연의 면모'(人本性)가 되어 생각마다 [집착으로 현상에] 머물지 않는 것〉(爲人本性, 念念不住)이다.

혜능의 좌선 법문은 무념無念·무상無相·무주無住 법문의 변주變奏다. 좌선의 의미와 내용을 채우는 것은 〈'생각하면서도 [사실을 왜곡하면서] 생각하지 않는'(於念而不念) 무념無念〉과 〈'차이에 있으면서도 차이[에 대한 차별]에서 벗어나는'(於相而離相) 무상無相〉 및 〈'인간의 [사실 그대로 보는] 본연의 면모가 되어 생각마다 [집착으로 현상에] 머물지 않는'(爲人本性, 念念不住) 무주無住〉이다. 혜능은 좌선에 몰두하는 수행자들의 선정 수행이 마음수행의 본령에서 벗어나고 있다는 비판 의식을 지니고 있던 것으로 보인다. 그래서 좌선 수행의 본령을 일깨워 주려고 한다. 좌선이나 선정 수행을 부정하는 것이 아니라, 좌선과 선정 수행 본연의 맥락과 내용을 밝혀준다. '변화·관계의 차이현상'(相)과 접속을 유지한 채, '차이현상에 대한 왜곡·오염의 분별을 발생시키는 마음의 조건들'을, '차이현상을 사실 그대로 보는 인식과 사유를 펼치는 마음의 조건들'로 바꾸는, 무념無念·무상無相·무주無住의 마음수행이 좌선이고 선정이라는 것이다.

불교에 대한 시선의 전반적 문제이기도 하지만, 특히 선종의 선사상을 읽을 때 '차이 초월의 신비주의 독법'을 채택할 경우, 깨달음과 차이현상에 대한 무관심은 근원적 수준에서 결합한다. 무상

無常·무아無我·공空에 대한 이해를 통해 깨달음을 이루어 해탈하려는 이해 독법의 경우에도 유사한 현상이 목격된다. '무상無常·무아無我·공空에 대한 이해'가 자칫 '차이현상과 결합되어 있는 현실의 증발'로 이어지곤 한다. 그리고 그 결과는 '차이에서 발생하는 현실문제에 대한 근원적 무관심'이다. 그리고 이것은 '차이 문제로 채워진 삶과 세상'에 대한 성찰 지성과 문제 해결 의지에 대한 무관심으로 이어지고, 심지어 그런 성찰 지성과 문제 해결 의지를 '분별을 키우는 일'이라며 경시하는 경향까지 부추긴다. 깨달음과 세간의 근원적 불화이다. 존재하지도 않는 궁극실재에 시선이 박혀 '차이현상에서 발생한 문제로 채워진 세간 자체'를 송두리째 초월하려 하거나, 무상無常·무아無我·공空에 대한 이해를 '세간 문제를 일거에 내려놓는 해법'으로 소화하기 때문이다.

이것은 무지이고 기만이다. 붓다의 길, 공空과 마음에 관한 대승교학의 통찰, 원효, 선종의 선문禪門을 '차이현상의 부정이나 초월의 길'로 읽는 것은 오독誤讀이다. 딛고 있는 땅은 보지 않고, 먼 하늘만 쳐다보며 딴청을 부리는 어리석음이다. 기만적 내려놓기이고, 도피적 초월이다. 혜능의 무념無念·무상無相·무주無住 법문은 이해 독법과 신비주의 독법의 이런 문제점을 비추는 거울이다.

인간 세상의 차이 문제는 언어·사유·욕구와 결합되어 발생한다. 그리고 인간의 인식과 경험은 처음부터 끝까지 '언어·사유·욕구와 결합된 차이'(相)들을 조건으로 삼아 발생한다. 붓다의 길(中道)은 이 차이들과의 만남을, '불변성·동일성·독자성·절대성 환각의 덫'을 풀고 '변화·관계의 차이들과 사실 그대로 관계 맺기'로 바꾸는 길이다. 중도의 길에서 이해수행과 마음수행은, 차이현상 및 그로부터 발생한 문제 자체를 내려놓는 것이 아니라, 문제 해결을 방해하는 '차이현상에 대한 무지의 왜곡과 가공'을 내려놓고 문제를 제대로 푸는 능력을 확보하는 것이다. 무지의 환각에 가려 제대로 보지 못하고 엉뚱한 길에서 헤매던 무거운 발걸음을, 사실 그대로 밝게 보면서 진실의 이로움을 향해 나아가는 경쾌한 발걸음으로 바꾸는 것이다.

원효는 붓다의 길을 탐구하여 '언어·사유·욕구와 접속해 있는 차이'(相)를 성찰하고, 이 차이(相)를 '불변·독자의 본질/실체 관념에 포획되어 왜곡·오염된 차이'와 '불변·독자의 본질/실체 관념에서 벗어난 차이'로 구분하는 동시에, '왜곡·오염되어 부당하게 차별된 차이와 그 해로움' 및 '제대로 이해된 사실 그대로의 차이와 그 이로움'에 관한 통찰을 밝혀 삶과 세상을 치유하는 길을 자신의 언어와 몸짓으로 펼쳤다. 혜능은, 무념無念·무상無相·무주無住 법문을 통해 기존의 선관禪觀과 마음수행에 대한 통념의 문제점을 지적하면서, 깨달음과 차이현상을 재결합시키고 있다. 붓다와 불교를 따라 원효와 혜능이 걸어간 길에 대한 시선과 탐구는 전면적으로 재검토할 대목이 많다.

iii) 미완결형 돈오견성과 완결형 돈오견성

만약 돈오견성이 〈폭 없는 경계선을 한 번 넘거나 돈오견성이라 할 수 있는 영역 범주에 한 번 들어가기만 하면, 더 이상 퇴행이 없는 것〉이라면, 돈오견성은 1회의 체득으로 완결된다. '완결형 돈오견성'이다. 이와는 달리, 돈오견성이 〈폭 없는 경계선을 넘거나 돈오견성이라 할 수 있는 영역 범주에 들어갈지라도, 이전으로 퇴행할 수 있는 것〉이라면, 돈오견성은 더 이상 퇴행하지 않을 수 있는 수준이 될 때까지 성숙시켜 가는 지속적 노력을 요구하게 된다. '미완결형 돈오견성'이다. '이해수행으로 수립한 이해'에 대해서도 마찬가지로 말할 수 있다. 지눌(普照知訥, 1158-1210)의 돈오점수頓悟漸修 천명과 성철(退翁性徹, 1912-1993)의 돈오점수 비판은 모두 이 두 가지 질문에 대한 나름의 대답이다.

필자는, 붓다의 길에서 이루는 '이해 깨달음과 마음 깨달음을 통한 향상의 여정'이, '깨달음이라 할 수 있는 영역 범주로의 진입'과 '마지막 경계선을 넘는 것'을 모두 포함한다고 본다. 또한 마지막 경계선을 넘기 이전까지는, 누구나 언제든지, 변화되기 이전의 상태로 퇴행할 수 있다고 본다. 이해수행으로 수립한 '사실 그대로에 상응하는 이해'와 마음수행으로 체득한 '붙들지 않는 마음자리'는, 모두 깨달음 영역 범주로의 진입이 선행되고 이후 마지막 경계선을 넘어섬으로써 완결된다고 본다. 따라서 깨달음 영역 범주에 진입한 이후로는, 마지막 경계선으로 나아가는 '익힘의 행보'가 필요하다. 돈오견성의 경우, '돈오견성 영역 범주 진입 이후 마지막 경계선 문턱'까지의 범위에 해당하는 돈오견성은 '미완결형 돈오견성'이다. 그러나, 퇴행을 부추기는 환경적 조건과 맞물려, 이 '익힘의 노력'을 스스로 포기하거나 약화시킬 때는, 누구나 언제든지, 진입한 '돈오견성 영역 범주' 이전으로 퇴행할 수 있다. 또한 언제든지 노력에 따라 재진입할 수도 있다. 그러나 마지막 경계선을 넘어서면 더 이상의 퇴행은 없다. 이해수행으로 수립한 '사실 그대로에 상응하는 이해'와 마음수행으로 체득한 '붙들지 않는 마음자리'의 결합 및 상호작용 수준이 정점에 이를 때, 이 마지막 경계선을 넘어선다. 깨달음의 완결적 이룸이다. 붓다가 된다.

그런데 이 '깨달음 영역 범주로의 진입'과 '이후의 마지막 경계선 넘기' 과정에는, 특히 금생에서 이루어지는 과정에는, 개인별 편차가 있는 것으로 보인다. 고타마 싯다르타의 경우에는 이 두 단계를 단기간에 연속적으로 성취한 사례이다. 그러나 구도 학인의 대부분은, '깨달음 영역 범주로의 진입' 이후 '마지막 경계선 넘기'까지 부단한 익힘과 성숙의 노력이 필요한 미완결형 깨달음에 해당할 것으로 보는 것이 현실적이다. 따라서 대부분의 수행자는, 이해수행에 의한 성취이든 마음수행에 의한 성취이든, '깨달음 영역 범주 진입' 이후에도 언제든지 깨달음 영역 이전으로 퇴행할 수 있으며 또 재진입할 수 있다. 앙굿따라 니까야의 『코끼리 조련사의 아들 경(Hatthisāriputta-sutta)』(A6:60)은 〈사선四禪과 무상無相삼매를 얻는 자도 언제든지 퇴행할 수 있으며, 또 언제든지 이전 성취 영역으로 재진입할 수 있다〉라는 것을 설하고 있다.

마음수행인 돈오견성의 길에서 '돈오견성 영역 범주로의 진입'과 '이후의 마지막 경계선 넘기'의 두 단계를 모두 성취한 것이 '완결형 돈오견성'이다. '완결형 돈오견성'이라 할지라도, 두 단계의 성취를 단기간에 연속적으로 성취하는 경우도 있고, '돈오견성 영역 범주로의 진입' 이후 '익힘의 시간'을 두면서 성취한 경우도 있을 것이다. 그러나 마지막 경계선을 넘어 더 이상 퇴행함이 없는 '완결형 돈오견성'을 성취했다고 해도, 그것을 부처가 되는 완전한 깨달음을 성취한 것이라고 보기는 어렵다. 부처의 경지에 매우 근접한 것이라 보는 것이 무난할 것이다.

iv) 마음수행의 창발적 전개

혜능이 천명한 '무념無念의 돈오견성頓悟見性'은, 후학들의 계승 과정에서 '창발적'이라 부를 만한 특징을 보여준다. '마음수행의 창발적 전개'라고 할 이 특징적 양상으로 필자는 크게 두 가지를 지목한다. 하나는 '일깨우고 드러내는 대화법에서의 창발적 특징'이고, 다른 하나는 '화두話頭 의심과 돈오견성을 결합시킨 간화선看話禪의 등장'이다.

'무념無念의 돈오견성頓悟見性'은 강서江西의 마조도일과 호남湖南의 석두희천 및 그들의 문하에서 배출된 선사들의 활농에 의해 조사선祖師禪이라 일컫는 특징적 양상의 전개로 이어진다. '인간 본연에 대한 긍정적 표현들', '깨달음의 생활세계적 구현' 등이 두드러지는 조사선의 전개 과정에서는, 스승과 제자, 혹은 선승들 사이에서 이루어지는 '특징적인 대화법'이 있다. 돈오견성 깨달음을 돈발頓發시키거나 드러내기 위해 사용되는 이들의 대화법은 일반적 대화법이나 기존 불교 전통의 대화법과는 차별화되는 특징을 보여준다. 가히 창발적이라 할 만한 이 특징은 새로움을 더해 가면서 이어지는데, 크게 두 단계의 양상으로 구분할 수 있다. 하나는 '간화선 이전의 대화법'이고, 다른 하나는 '간화선 이후 공안公案 언구들을 채택하면서 전개되는 대화법'이다.

마조 선사와 학인들의 대화에서 두드러지는 것은, 일대일 대면 대화에서, '무념의 마음 국면'을 '바로 그때 그 자리'(卽今)에서 일깨워 주는 독특한 화법이다. 예컨대 〈지금 나에게 묻는 자는 누구인가?〉, 〈듣는 이것은 무엇인가?〉라는 식이다. 상대방이 그 자리에서 펼치고 있는 마음작용을 바로 지적하여, '대상을 붙들고 나가는 마음'을 알아차려 그치고 '붙들고 나가는 마음 행보를 그친 마음자리', 그 무념의 마음 국면을 '바로 그때 그 자리'(卽今)에서 포착하게 한다. 이런 대화법에 사용되는 것은 음성 언어에 국한되지 않는다. 때리거나 발로 밟는 등의 몸짓 언어도 거리낌 없이 동원하여 '무념의 마음 국면'을 '바로 그때 그 자리'(卽今)에서 알게 한다. 〈한 입에 서강西江의 물을 다 마시면 알려 주겠다〉라는 식의 비非일상적·비非논리적 언어를 동원하기도 한다. '대상을 붙들고 나가면서 왜곡시키는 분별의 가공 작업'에서 작동하는 일상화된 논리와 언어방식을 차단하고, 무념 국면을 펼치는 논리와 언어로 자리를 옮기게 하려는 언어 기법이다. 또 '원 모양'(圓相)과 같은 시각 언어를 사용하여 무념의 마음자리에 대한 서로의 안목(見處)을 확인하기도 한다.

마조에 이르면, 대중 집회에서의 상당上堂 법문은 혜능의 설법 방식과 같지만, 일대일 대면 상황에서는 일상 화법은 물론 몸짓 언어와 시각 언어까지 채택하여 '무념의 마음 국면'을 '바로 그때 그 자리'(卽今)에서 일깨워 주는 창발적 언어방식을 펼치고 있다.

임제 때에는 고함(喝)이나 몽둥이질(棒), 주먹질, 일상의 도구(拂子) 등을 사용하는 방식이 부각된다. 고함 소리 듣는 마음, 몽둥이 맞아 아픈 줄 아는 마음, 주먹질에 아픈 줄 아는 마음, 먼지털이 채를 보는 마음을, '바로 그때 그 자리'(卽今)에서 알아차리게 한다. 그리하여 그 마음들이 소리·아픔 등과 관련된 분별 과정에 빠져드는 것을 그치게 하고, 분별 과정에 빠져들지 않는 마음 국면에 눈 뜨게 하여 그 마음자리를 챙기게 한다. '생각하면서도 분별에 빠져들지 않는 마음 국면(無念)에 눈떠 돈오 깨달음 영역에 들게 한다.

'간화선 이후의 대화법'은 기본적으로 간화선 이전의 대화법이 지닌 특징적 양상을 계승하면서 공안公案 연구들과 관련한 대화법을 추가하고 있는데, 필자가 보기에는 지나칠 정도로 이중, 삼중의 관문關門을 시설하는 양상을 보여준다. 이러한 현상은 '간화선 이전의 대화법'이 보여주는 간명한 양상의 효용성을 망가뜨리는 부작용이 있다.

'화두 의심을 통한 돈오견성'이라는 간화선의 등장은 돈오견성의 방법론을 제시하였다는 점에서 실로 획기적 전환이다. 스승으로부터 설법을 듣거나 일대일 대화를 통해 그 자리에서 돈오견성하는 것이 아니라, 그 뜻을 쉽게 헤아리기 어려운 '선사들의 깨달음과 관련된 일화나 언구'(機緣)들을 표준(公案)으로 삼아 그 공안에서 의심/의정疑情을 일으켜 돈오견성을 체득하는 방법이다. 공안에서 일으킨 의심을 '화두話頭 의심'이라 하고, 화두話頭 의심을 간직해 가는 것을 〈화두를 간看한다〉라고 한다. 그래서 간화선看話禪이다. 화두 의심/의정을 오롯하게 챙겨 가다가, 마침내 더 이상 오도가도 못하는 은산철벽銀山鐵壁에 갇힌 것과 같은 상태와 같은 '의심 덩어리'(疑團)가 되었을 때, 어떤 계기를 만나 홀연 이 의심 덩어리를 깨뜨리면 돈오견성하게 된다는 것이, 간화선이 수립한 돈오견성 방법론의 요점이다.

선종 전개의 어느 시점부터 선종 구성원들 사이에서는 '누구나 공유할 수 있는 돈오견성 방법론'에 대한 요구가 비등하였을 것으로 추정된다. 설법이나 대화를 통해, 말 끝나자마자 '바로 그때 그 자리'(卽今)에서 돈오견성하는 것은 사실상 매우 희소한 경우였다. 따라서 공유할 수 있는 '돈오견성 방법론'에 대한 갈증이 고조되었을 것이다. 이 요청에 대한 응답이 화두 의심을 방법론으로 주목하는 통찰들로 방향을 잡았고, 이러한 흐름을 계승·종합하여 집대성한 인물이 대혜였던 것으로 보인다.

v) 화두 의심疑心은 왜 돈오견성으로 이어지는가?

〈간화선 화두 의심은 왜 돈오견성으로 이어지는가?〉라는 문제에 대한 종래의 전형적인 대답은 크게 두 유형이다. 하나는, 〈모든 문제 해결은 의심에서 비롯된다. 부처님이 깨달은 것도 결국 인생사에 대한 궁극적 의심에서 비롯된 것이다. 돈오견성을 지향하는 수행자들이 화두에 대해 품는 의심도 결국 그러한 것이다. 그러므로 화두에 대해 크게 의심을 내어 몰두하면 그 해답으로서의 돈오견성이 성취된다〉라는 식의 설명이다. 화두 의심을 '인생의 궁극적 과제에 관한 근원적 의문의 연장선'에 있는 것으로 보는 시선의 설명 방식이다. 다른 하나는, 〈화두 의심에만 집중하면 모든 분별심이 억제되니, 이런 집중 상태가 지속되다 보면 어느 순간 탁 트여 돈오견성의 국면에 돌입하게 된다〉라는 식의 설명이다. 화두 의심을 '분별심을 제어하기 위한 마음집중의 통로나 매개'로 보는 시선이 채택하는 설명 방식이다. '인생의 궁극 과제에 대한 답을 알고자 하는 근원적 문제의식'과 '일체 사량분별심을 조복하는 몰입/집중을 위한 방편'이라는 두 가지 관점이, 화두 의심에 관한 종래의 이해와 설명을 장악하고 있다.

간화선 화두 의심과 돈오견성의 인과관계에 대한 근대 이후 학계와 학인들의 설명은 이 두 유형을 통합하거나 그중 하나를 선택하는 것으로 보인다. 그러나, 화두 의심과 돈오견성의 인과관계를 설명하기 위해, 화두 의심을 '모르는 해답을 알고자 하는 탐구적 의심'으로 보거나 '분별심 억제를 위한 마음집중'으로 보는 것은, 모두 성공할 수 없다. 두 가지 견해 모두 화두 의심과 돈오견성의 인과적 상관성을 파악하는 데는 부적절하거나 불충분하다.

화두 의심은 '무념의 돈오견성'이 지닌 내용을 생겨나게 하는 원인 조건이어야 한다. 이때 주목해야 할 것은, 무념의 돈오견성이 〈'불변성·동일성·독자성을 부여하면서 차이현상들을 왜곡하는 인식작용'(分別)을 그쳐, 그 계열과 범주에서 한꺼번에(頓) 빠져나오게 한다〉라는 점을 주목해야 한다. 화두 의심은 이러한 돈오견성의 두 가지 특징적 내용을 모두 발생시킬 수 있어야 한다. '불변성·동일성·독자성을 부여하면서 차이현상들을 왜곡하는 인식작용'(分別)을 그치게 할 수 있어야 하는 동시에, 분별의 계열과 범주에서 한꺼번에(頓) 빠져나오게 할 수 있어야 한다. 화두 의심이 이러한 역할을 할 수 있어야 돈오견성을 성취하는 방법이 된다.

대혜는 『서장』에서 화두 의심을 간수해 갈 때 흔히 범하는 잘못들을 누차 역설하고 있다. 이른바 '간병론揀病論'(화두 수행의 잘못을 간별해 주는 이론)의 원형이다. 화두 의심이 분별 사유의 덫을 푸는 이유는 화두 의심의 특성에서 찾아야 한다. 이와 관련하여 필자는 간화 선병禪病들 가운데 특히 〈마음으로 깨트리기를 기다리는 것〉(存心待破)/〈마음으로 깨달음을 기다리는 것〉(將心等悟), 즉 '모르는 답을 알려고 하는 마음으로 깨달음을 기다리는 병'(將迷待悟病)을 주목한다. 이 병이 '화두 의심을 잘못 간수하는 오류'의 원천인 동시에, 화두 의심의 특성이 무엇인지를 비추어 내는 거울이라 보기 때문이다. 화두 의심을 간수해 가는 수행에서 범하기 쉬운 잘못들을 몇 가지로 분류하든 간에, 모두가 '모르는 답을 알려고 하는 마음으로 깨달음을 기다리는 병'(將迷待悟病)의 다양한 변주라 할 수 있다. 그런 점에서 장미대오병은 화두 의심이 어떤 것이며 왜 분별 사유의 덫을 풀 수 있는가를 가장 압축적으로 일러준다.

'장미대오병將迷待悟病'을 직역하면 '미혹함을 가지고 깨달음을 기다리는 잘못'이 된다. 이때 '미혹'(迷)이란 '깨달음에 대한 미혹'이다. 따라서 장미대오將迷待悟란 〈'아직 깨달음을 몰라 미혹하다'는 생각으로 깨달음을 알려고 하는 마음상태〉를 지칭하는 말이다. '장미대오將迷待悟'라는 말은, 대혜가 말하는 〈마음으로 깨트리기를 기다리는 것〉(存心待破)/〈마음으로 깨달음을 기다리는 것〉(將心等悟)을 달리 표현한 것이다. 그러므로 '장미대오병將迷待悟病'을 뜻으로 풀어 번역하면, '모르는 답을 알려고 하는 마음으로 깨달음을 기다리는 잘못'이라 할 수 있다. 장미대오병은 왜 '모르는 답을 알려고 하는 마음으로 깨달음을 기다리는 것'을 치명적 장애(病)

라고 할까? 〈아직 깨달음을 몰라 미혹하다'는 생각으로 깨달음을 알려고 하는 마음상태〉(將迷待悟)가 돈오견성의 길에서는 왜 잘못이고 장애일까?

〈일상적 의미에서의 의심인 '알지 못하는 것을 알고자 하는 마음'은 두 가지 측면이 결합되어 있다〉라는 점을 주목하면 해답의 실마리가 잡힌다. '알지 못함'과 '알려고 함'을 구분하여 '알지 못함'의 측면만을 주목할 때는, '의심'이라는 현상이 지니는 또 하나의 면모가 포착된다. '답을 확정하지 않는 측면'·'내용을 규정하지 않는 측면'이 그것이다. 아직 해답이 확정되지 않아 개념적 구획이 설정되지 아니한 '무규정의 마음상태'가, 탐구적 의심이 지니는 또 하나의 면모이다. 의심이라는 말의 통상적 용법에서는 간과하고 있는 면모이다. 돈오견성의 방법론을 수립하려는 선사들이 주목한 것이 바로 의심이 지닌 '답을 확정하지 않는 마음 국면'이었고 '내용을 규정하지 않는 마음 국면'이었다.

간화선의 화두 의심이 지닌 특성은, '답을 확정하기를 거부함'이고 '내용을 규정하기를 거부함'이다. 화두에서 솟구치는 의심에서, '답을 정하려 하지 않는 마음 국면'/'내용을 결정하지 않는 마음 국면'을 확보하는 것이, 간화선 화두 참구의 첫걸음이다. '알지 못하는 마음'에만 그치고, '답을 알려고 하는 마음'과의 연결을 자발적으로 끊는 것. – 이것이 간화선 화두 의심의 길이다. 〈오직 모를 뿐!〉의 마음 국면만을 지속적으로 간수해 가는 것. – 이것이 화두 의심 공부의 행보이다.

장미대오병將迷待悟病을 통해 알려주려고 하는 화두 의심의 특성은 밝혀진 셈이다. 남은 질문이 있다. 〈화두 의심의 특성이 '답을 정하려 하지 않는 마음 국면'/'내용을 결정하지 않는 마음 국면'에 있고, '답을 알려고 하는 마음'과의 연결을 자발적으로 끊는 것이라면, 이러한 화두 의심이 어떻게 돈오견성을 가능하게 하는가? 화두 의심이 어떻게 분별分別을 그치게 하는 동시에 분별의 계열과 범주에서 한꺼번에(頓) 빠져나오게 하는가?〉에 답해야 한다.

알아차림(正知, sampajānāti)과 유식무경唯識無境, 원효의 일심, 혜능의 무념을 관통하는 것은, 〈'불변성·동일성·독자성 관념에 오염된 인식·경험·이해'(分別)의 인과계열 및 범주에서 한꺼번에 통째로 빠져나오는 마음 국면에 눈뜨게 하는 것〉이다. 그리하여 〈현상의 차이(相)들을 왜곡하여 차별하지 않고 '사실 그대로' 관계 맺을 수 있는 마음자리에 역동적으로 자리 잡을 수 있는 능력〉을 열어주는 것이다. 그런데 일상의 탐구적 의심은 '알지 못하는 것을 알고자 하는 마음'인 동시에, 대부분 '불변성·동일성·독자성 관념에 오염된 인식·경험·이해'(分別)의 인과계열 및 범주 안에서 작동한다. 따라서 '모르는 것을 알고자 하는 의심'을 통해 결정하는 답 역시 '불변성·동일성·독자성 관념에 오염된 인식·경험·이해'(分別)의 변주變奏가 된다. 그 답은, '불변성·동일성·독자성 관념에 오염된 인식·경험·이해를 수립하고 변형·발전시키면서 관리해 가는 마음 방식'(心生滅門)에 종속되어 있다. '모르는 것을 알고자 하는 의심'(將迷待悟)으로써 확보하는 어떤 해답도, '분별의 인과계열'을 전개하는 '심생멸문心生滅門의 마음 방식' 손아귀에 있다.

그렇다면 '분별 계열'의 덫에서 벗어나는 방법, '심생멸문心生滅門 마음 방식'의 성城에서 탈출하는 방법은 분명하다. '알지 못하는 것을 알고자 하는 마음'으로 이런저런 해답을 기웃거리는 마음의 행로를 그치지 않으면 출구로 다가설 수 없다. 출구로 나아가려면, 의심에서 '알고자 하는 마음'으로의 연결고리를 끊고, 오직 '알지 못하는 마음 국면'을 지켜 갈 수 있어야 한다. '알고자 하는 마음'에 끌려 그 어떤 그럴듯한 답을 마련한다 해도 '분별 계열'의 덫에 걸려드는 행보이다. 분별 계열의 덫에 걸리지 않으려면 '알고자 하는 마음'을 자발적으로 거부해야 한다. 그리고는 '모르는 마음 국면'만을 지켜 가야 한다.

화두 의심을 간수한다는 것은, '모르는 것을 알려고 애쓰는 마음'도 아니고, '의심하는 마음의 집중력을 간수해 가는 일'도 아니다. '변화·관계의 차이현상들'을 '불변·독자의 본질이나 실체'로 왜곡하는 분별 관념의 소용돌이 안에 빨려 들어가기를 거부하는 것이, 화두 의심을 지켜 가는 것이다. '불변성·동일성·독자성 관념에 의한 규정 짓기'를 거부하는 '오직 모를 뿐'의 의심 국면을 지켜 가는 것이, 화두 참구이다. 〈불변성·동일성·독자성 관념에 의한 해답 마련'을 거부하는 '오직 모를 뿐'의 마음 국면〉을 지켜 감으로써, 분별 관념의 회오리바람 안에 끌려들지 않는 힘을 확보해 가는 것이, 화두 의심의 간수이다.

화두 언구에서 돈발頓發한 의심에서, '답을 결정하려는 것을 거부하는 마음 국면'에 초점을 맞추어 순일하게 지켜 가면, 대상을 불변성·동일성·독자성 관념으로 처리하는 분별의 범주에 휘말려

들지 않는 마음 국면이 드러난다. 분별적 구성 체계에서 빠져나오는 마음 국면, 혹은 빠져나온 마음자리가 포착된다. 이 마음자리는 불변의 좌표가 아니라, 관계 속에서 끊임없이 변하는 현상들과의 관계 속에서 역동적으로 확보되는 자리이다. 그리고 이 지점은, 8정도 정념正念 수행 및 육근수호六根守護 법설에서의 '알아차림'(正知, sampajānāti)으로 수립되는 '분별 범주/체계에 휘말려 들지 않는 마음자리'와 같다. 8정도의 정념正念은, 인간의 경험현상들, 즉 '호흡·동작 등 신체의 현상'(身)·느낌(受)·'마음상태'(心)·'이해·판단·평가·관점·이론 등 개념적·법칙적 경험현상'(法)을 '괄호 치듯 알아차려', 경험현상들에 대한 분별적 구성에 휘말려 들지 않는 마음 국면을 수립하는 길을 설한다. 그리고 간화선은, 의심에서 '답안 결정을 거부하는, 오직 모르는 마음 국면'을 포착하고, 이를 통해 '분별 계열에 휘말려 드는 마음을 그치는 마음 국면'과 '분별 범주에서 빠져나오는 마음 국면 및 빠져나온 마음자리'를 수립하게 하고 있다. 이렇게 정념과 화두는 그 긴 시공의 거리에도 불구하고 경이롭게 통한다.

화두 의심에서 '오직 모를 뿐'의 마음 국면을 놓치지 않고 빈틈없이 간수해 가면, 화두 의심을 지켜 가는 힘이 세질수록 출구에 다가선다. '분별 계열 내에서의 답안 작성' 유혹을 거부하고 '오직 모를 뿐'을 지속시켜 가다 보면, 어느덧 '분별의 심생멸문心生滅門 마음 방식'이 통치하는 성城에서 탈출하는 문 앞에 도달한다. 더욱 힘내어 한 걸음 더 나아가 성문을 밀치고 나간다. 화두 의심으로써 분별의 덫을 한꺼번에 풀고 돈오견성의 장場에 몸을 싣는 순간이다. ─ 이렇게 하여 화두 의심은 돈오견성의 방법적 소임所任을 다하고, 화두 의심과 돈오견성의 인과적 연결이 완성된다.

분별의 족쇄가 채워져 있던 심생멸문(心生滅門) 성 안에서는 '불변성·동일성·독자성을 지닌 본질이나 실체로서 취급되어 차별받던 차이현상들'(分別相)이, 성문 밖에서는 '변화·관계의 사실 그대로인 차이현상들'(眞如相)로서 각자의 자리에서 빛난다. 성문 밖에 나서면, 불변성·동일성·독자성 관념에서 해방된 차이현상들과의 새로운 관계가 펼쳐진다. 차이현상들을 '사실 그대로' 판단하고 평가하며 관계 맺는, 언어·사유·감정·욕구·행동의 새로운 춤사위가 서로 어우러진다. 원효가 추던 무애(無碍)의 춤판, 차이들이 서로 이로움을 주고받는 '호혜(互惠)와 통섭(通攝)과 화쟁(和諍)의 축제'에 참여하게 된다.

:: 성철은 왜 돈오점수를 비판했을까?

동북아시아 돈점(頓漸) 담론(談論) 속에서 돋보이는 두 분의 한국 구도자가 있다. 지눌(普照知訥, 1158-1210)과 성철(退翁性徹, 1912-1993)이다. 지눌은, 선종의 돈점론을 체계적으로 종합하여 돈오점수(頓悟漸修), 즉 '한꺼번에 깨닫고 점차 닦음'을 깨달음(悟)과 닦음(修)의 선불교적 표준으로 확립한 분이다. 그리고 성철은, 한국 선불교의 수행 표준으로 수용되어 온 지눌의 돈오점수를 비판하면서 '간화선 돈오돈수(頓悟頓修), 즉 '간화선 화두 참구를 통해 한꺼번에 깨닫고 한꺼번에 닦음'을 천명한 분이다. 두 분의 사유로 인해 물꼬가 트인 돈점 담론의 전개는 현대 한국 사상계가 자부할 만한 진리 담론이다.

i) 지눌의 문제의식과 돈오점수

지눌은, 화엄의 십신초위十信初位에서 '자기 마음의 근본보광명지'(自心根本普光明智)를 깨닫는 것을 돈오頓悟에 배정시키고 이에 의거하여 점수漸修를 설명한다. 그런데 '자기 마음의 근본보광명지'(自心根本普光明智)를 깨닫는 것은 '이해를 통한 돈오'(理智現의 돈오)라는 점에서 이 경우의 돈오는 '이해수행에서의 돈오'라 할 수 있다. 그렇다면, 돈오라는 창窓을 매개로 삼아 화엄과 선의 통로를 마련하는 맥락에서는, 지눌의 돈오점수론頓悟漸修論은 이해수행의 맥락이다. 즉 화엄과의 관계에서 그의 돈오는 '이해수행에서의 돈오'이다. 성철이 지눌의 돈오점수를 〈'이론불교'(敎家)의 수행방법인 '이해에 의한 깨달음과 그에 의한 점차적 닦음'(解悟漸修)〉이라고 평가한 근거가 여기에 있는 것으로 보인다. 그렇다면 이 점에서 성철의 비판은 정확하다. 그러나 지눌의 돈오가 '이해수행에서의 돈오'에 한정되는 것으로 보이지는 않는다. 그의 돈오는 '이해수행에서의 돈오'와 '마음수행에서의 돈오', 두 층으로 이루어져 있다고 하는 것이 타당하다고 본다.

지눌은 선문의 길에서도 돈오점수 이론에 대한 선호를 보여 준다. 선종이 역설하는 '마음수행에서의 돈오'에서, 〈한꺼번에/통째로 깨달은 후에 점차 닦는다〉(頓悟漸修)는 관점은 '미완결형 돈오견성'에 무게 중심을 두는 시선이다. 지눌 자신의 구도 여정이 '미완결형 돈오견성'에 그친 것인지, 아니면 '미완결형 돈오견성'에서 시작하여 '완결형 돈오견성'에 이른 것인지는 알 수 없다. 다만 '미완결형 돈오견성'에서 시작하여 '완결형 돈오견성'까지 나아가는 것이 구도의 현실을 더 충실히 반영하는 것으로 판단했을 가능성은 높아 보인다. 그리고 이런 관점은, 비록 비非궁극적이라는 한계를 지니지만, 현실적 타당성과 호소력에서는 장점이 돋보인다. 『간화결의론』을 저술한 시기는 지눌의 말년으로 추정된다. 돈오점수라는 '미완결형 돈오견성'은 간화선에도 적용될 수 있는 것이기에, 만약 지눌이 『간화결의론』을 저술할 때에도 돈오점수를 선호하였다면, 그의 말기사상은 '간화선 돈오점수'인 셈이다. 그리고 이 점에서 성철의 '간화선 돈오돈수'와 대비된다.

ii) 성철의 문제의식과 돈오점수 비판

선종의 돈오가 '마음수행에서의 돈오'라는 점을 선문禪門 내에 못박아 두려는 것이, 성철이 지닌 문제의식의 핵심으로 보인다. 성철은 그 문제의식을 두 가지 쟁점과 관련하여 양면으로 펼친다. '이해수행과 마음수행의 차이' 및 '미완결형 돈오견성과 완결형 돈오견성의 차이'가 두 가지 쟁점이다. 그리하여 '이해수행과 마음수행의 차이에 관한 문제의식'은 돈오점수 비판으로 펼치고, '미완결형 돈오견성과 완결형 돈오견성의 차이에 관한 문제의식'은 오직 삼관三關(動靜一如/夢中一如/熟眠一如)을 돌파한 전증全證만을 돈오로 인정하는 돈오돈수로 펼친다. 성철 문제의식의 이러한 양면적 전개가 귀결되는 곳이 '간화선看話禪 돈오돈수론頓悟頓修論'이다.

성철은 '이해수행과 마음수행의 차이'를 선명하게 구분했던 것으로 보인다. 또한 〈선종의 돈오는 '마음수행에서의 돈오'이며, 선문의 이 마음수행 돈오는 '완결형 돈오견성'이어야 한다〉라는 점을 분명히 해야 한다는 문제의식으로 일관하고 있다. 그래야 〈이해수행과 마음수행이 분간 없이 뒤섞여 어지러워진 선종 선문의 길이 말끔해지고, 선종 돈오 본연의 생명력이 부활한다〉라는 신념이 성철의 문제의식을 떠받치고 있다. 그리고 한국 선불교의 경우, 이해수행과 마음수행이 구분되지 않고 뒤섞여 버린 시발始發로써 지눌의 화엄적 돈오점수를 지목하여 비판에 나선 것이다.

iii) 돈오점수 비판의 의미
– '이해수행과 마음수행의 차이'와 관련하여

〈'화엄적 근거 위에 수립하는 돈오점수'는 분별 범주에서 벗어나지 못하는 '지적 이해를 통한 깨달음'(解悟)〉이라고 비판하는 성철의 논거와 의중에 접근하려면, 성철의 주장을 수립하고 있는 조건들의 지형地形을 선명한 해상도解像度로써 가급적 높은 곳에서 넓게 살펴보아야 한다.

필자가 그 지형을 조망하기 위해 선택한 조건들은, '이해와 마음의 차이와 관계'·'이해수행과 마음수행의 차이와 관계'·'붓다 이래 마음수행에 대한 시선의 굴절'·'알아차림(正知, sampajānāti)이 알려주는 마음수행의 본령本領', 그리고 이 마음수행의 본령을 계승하는 '유식무경唯識無境 → 원효 → 선종'의 연속성 등이었다. 지눌과 성철의 문제의식과 관점을 이러한 조건들로 이루어진 지형도地形圖 위에 올려놓고 세밀하게 살필 때라야 그들의 의중에 접근할 수 있다고 판단했기 때문이다. 또 이런 방법론으로 탐구하면, 그들의 문제의식과 주장을 보편적 의제議題로 올려놓고 오늘의 관심과 언어로 성찰할 수 있으며, 그들의 문제의식과 관점이 현재적 문제 해결력을 발휘하게 할 수 있다고 판단했기 때문이다.

〈선문禪門의 마음수행은 불교 교학뿐 아니라 선종 내부에서도 제대로 간수되지 못하고 있다. 이런 상황에서 이해수행을 선문禪門의 마음수행과 섞어 버리면, 마음수행의 길이 혼탁하고 어지러워져 더욱 제 길을 보전하기가 어렵게 된다. 이해수행과 마음수행의 차이를 분명히 해야 마음수행의 길이 드러난다. 그런데 지눌이 역설하는 돈오점수는 화엄의 '이해수행에 의한 깨달음(解悟)'을 선문의 돈오에 연결시키려는 시도이다. '이해수행에 의한 돈오점수'가 선문 안에 득세하는 상황을 그대로 방치하면, 선종이 소중히 복원하여 간수해 온 '마음수행의 길'이 다시 막힌다. 이해수행과 마음수행을 결합시키려는 해오점수解悟漸修는 선종을 살리는 것이 아니라 죽일 수 있다. 차이를 분명히 가려내어 마음수행의 길을 보존해야 하겠다.〉 - 필자가 헤아려 보는 성철의 의중이다.

iv) '돈오점수 비판'과 '간화선 돈오돈수' 그리고 현대 한국 선불교의 문제 상황

성철의 '돈오점수 비판'과 '간화선 돈오돈수'는 현대 한국 선불교의 사상적 문제 상황과도 맞물려 있다. 선종에 대한 학계나 학인들의 시선을 장악한 것은 사실상 '이해 독법'과 '신비주의 독법'이다. '이해 독법'은 선종의 마음수행을 이해수행으로 치환하고 있고, '신비주의 독법'은 마음수행을 〈집중수행을 통해 불변·절대의 궁극실재인 마음과의 합일을 성취하는 길〉로 읽고 있다. 선종 선문이 애써 밝히고 간수해 온 마음수행의 본령이 이 독법들에 의해 지속적으로 굴절되고 있다. 성철의 돈오점수 비판과 간화선 돈오돈수는 '이해 독법과 신비주의 독법에 의한 선종 왜곡'에 제동을 건다는 의미를 지닌다.

v) 지눌과 성철이 함께 열어주는 길

지눌의 문제의식과 대안은 타당한 맥락이 있다. 또한 성철의 지눌 비판과 대안도 타당한 맥락이 있다. 문제의식 등 '각자의 관점과 견해를 발생시킨 조건들의 인과 계열'(門)을 구분하여 성찰하면, 두 경우 모두 간과해서는 안 될 '나름의 타당성'(一理)을 지닌다. 이 '나름의 타당성'(一理)들은 모두 현대 한국불교가 안고 있는 문제들에 대한 적실한 해법이기에 더욱 소중하다. 외견상 대립하고 충돌하는 내용으로 보이지만, 사실상 지눌과 성철은 합세하여 새로운 길을 열어주고 있는 셈이다. 그들이 함께 열어주는 길을 포착하여 가세하는 것은 우리의 몫이다. '이해수행과 마음수행의 차이와 관계'가 그 길의 내용과 의미를 알려준다.

지눌이 가리키는 길은, '이해와 마음의 관계'가 선 수행의 길에서 활발하게 상호작용하는 전망에 초점이 맞추어져 있다. '이해의 의미 규정력'이 없다면 마음이 비게 되고, 마음의 '이해 구성력'이 없다면 이해의 물이 썩는다. 지눌의 시도는, 이해수행과 마음수행이 역동적으로 상호작용하면서 서로에게 힘을 보태는 길을 전망하게 해 준다. 이에 비해 성철이 가리키는 길은, '마음이 차지하는 근원적 상위上位의 역할'이 선 수행의 길에서 제대로 작용하는 전망에 초점이 맞추어져 있다. 마음은 '모든 이해현상을 가능케 하는 근거로서 이해를 포괄하고 있는 상위의 지위'이기에, 마음수행은 이해수행으로는 이르지 못하는 상위 범주에서의 성취를 가능케 한다. 성철의 길은 굴절되고 묻혀온 마음수행의 길에 눈뜨게 한다. 오염되고 가려진 마음수행의 길을 다시 드러내고 보전해 가게 한다.

지눌과 성철이 합세하여 열어주는 길은, 〈이해수행과 마음수행이 각자의 구분되는 역할을 제대로 보전하면서도 상호관계와 상호작용이 고도화되는 길〉이다. 이해수행과 마음수행은 각자의 구분되는 역할을 제대로 드러내면서 활발하게 상호작용해야 한다. 그래야 이해수행은 '사실 그대로에 부합하는 이해'를 향해 머물지 않고 나아갈 수 있고, 마음수행은 그 창발적 이해 구성력을 '사실 그대로에 부합하는 이해'라는 구체적 내용으로 실현할 수 있다.

이해수행과 마음수행이 이렇게 상호작용하면, 양자兩者의 차이가 통섭通攝되고 고도화되면서 정점을 향한다. 그리고 정점의 융합 단계에서는, 〈그 어떤 이해도 붙들거나 그에 머물러 제한받지 않으면서 이해를 굴리는 인지능력 지평〉, 〈'사실 그대로에 부합하는 이해'에도 갇히거나 붙들어 집착하지 않는 좌표에 역동적으로 자리 잡으면서 '사실 그대로에 부합하는 이해'를 운용하는 인지능력 지평〉, 〈모든 유형의 관념·느낌·욕망·행위·의지·심리·이해 양상에서 끝없이 풀려나면서 '사실 그대로에 부합하는 이로운 관념·느낌·욕망·행위·의지·심리·이해 양상'을 역동적으로 조정하면서 펼치는 인지능력 지평〉이 밝아진다. 지눌과 성철이 함께 열어주는 길에서 피어나는 만다라曼陀羅의 장관壯觀이다. 오래전 붓다가 열어준 중도中道의 길이면서 지금 우리가 넓혀 가야 할 길. – 그 '오래된 새길'의 풍경이다.

이해수행과 마음수행
선禪 수행이란 무엇인가?

선 수행은, 변하는 파도와 접속한 채 자신도 끊임없이 변하면서 자유와 평안의 유희를 누리는 파도타기와도 같다. 파도타기를 즐기는 사람은, '파도가 그쳐 잔잔한 상태'나 '파도에서 아예 떠난 평온'을 구하지 않는다. 생멸·변화하는 파도와 같은 세계에 몸담을 수밖에 없는 인간, 파도를 떠나면 삶도 없어지는 인간, 그런 인간이 세계 속에서 추구하고 또 누릴 수 있는 안락은, '파도타기의 능력'이고 '파도 타고 노는 유희'이다. 선 수행은 이런 능력과 즐거움을 가능케 한다. 이 책은 이런 역동적인 선관禪觀을 펼친다.

1. 궁극실재 - 매혹적 환상

인간이 경험하는 현상은 변화무쌍하다. 좋은 느낌을 발생시키던 조건들은 잠시도 멈추어 주지 않아 행복감을 앗아간다. 비교 우위를 발생시켰던 조건들은 비교 열등을 겪게 하는 조건들로 대체된다. 그에 따라 우월의 만족감은 열등의 불만감으로 변한다. 반대 현상도 변화로 인해 발생한다. 고통과 불행을 발생시키던 조건들이 변하여 안락과 행복 경험을 발생시킨다. 질병의 고통을 건강의 안락으로 바꾸는 것도 심신이 변화하기에 가능한 일이고, 빈곤에서 벗어나 부를 누리게 되는 것도 모든 것이 변화하기에 가능한 일이다. 인간의 행·불행 경험은 모두 변화 때문에 발생한다. 그런데 인간의 기억과 시선은 안정감의 상실과 훼손 현상에 편향된다. 아마도 생존하기 위해 문제를 해결해야 하는 진화 여정의 축적된 경험 때문일 것이다. 인간은 변화를 불안으로 경험하게끔 조건지워져 있는 존재이다. 아직 도래하지 않은 미래의 상실마저 현재로 당겨와 스스로 불안과 고통의 족쇄를 채우는 것이 인간이다. 죽음에 대한 불안은 아직 도래하지 않은 미래의 상실을 현재로 당겨온 것이다.

언어능력으로 인해 발현된 장기 기억능력은 현실 이해와 분석의 토대 조건이 되는 동시에, 미래 예측을 가능하게 하는 조건이 되기도 한다. 과거에 대한 장기 기억과 현재에 대한 질서 있는 이해, 미래에 대한 예상은 서로의 발생 조건이 되면서 복잡하게 얽혀 있다. 그리고 이 삼세의 경험은 '변화로 인한 상실과 박탈'의 불안 쪽에 치우쳐 있다. 인간이 언어 기호를 통해 차이들을 임의로 분류하는 능력을 발현시켜 고도화하고, 변화·관계·차이를 불변·독자·동일로 치환해 버리는 언어의 속성에 종속되었기 때문이다. 그래서 **통상의 언어인간은 변화의 불안에 대응하기 위해 '불변·동일의 것'을 갈구한다. 그리고 그 불변·동일의 것은 언어의 속성과 맞닿아 있다.**

현상세계는 인간 특유의 지적 무지와 욕망으로 오염되어 있다. 그리고 그 오염은 개인과 사회를 끝도 없이 할퀸다. 타자에 대한 제한 없는 적개심과 배타심은 그 오염의 산물이다. 인간은 변화하는 현상세계 속에서 배제와 정복의 태도를 불합리하게 증폭시켜 가게끔 조건지워져 있는 존재이다. **비자연적인 폭력, 인위적으로 증폭된 폭력을 주고받는 존재로 살아간다. 폭력의 방식과 내용도 끝없이 발전시킨다. 그래서 인간은 '완전한 순수'를 꿈꾼다.**

개인의 삶은 자신의 자율적, 의도적 선택의 범주를 벗어나는 조건들에 의해 압도된다. 변화하는 현상은 예외 없이 조건들의 상호의존적 관계로 생성·소멸한다. 그 조건들의 상호의존 관계는 '자기 내부'에 국한되지 않고 내·외부가 전방위적으로 열린 채 상호 얽힌다. '자기 내부'의 조건들이라 해도 뜻대로 관장할 수 없다. 신체(色)의 형태와 기능은 거의 결정되어 있다. 느낌(受), 의도(行), 의식(識) 등 정신 현상도 대부분 과거의 조건이나 외부 조건들의 영향력이 압도적이다. **인간의 경험은 '자기 선택으로 수립한 언어능력'과 '조건 선택에 관한 원천적 선택능력'[2]**

---

2) '이해와 마음'이라는 원천적 선택능력을 지칭한다. 이하의 논의에서 상론할 것이다. 필자는 인간이 자기 경험을 자율적으로 구성할 수 있는 원점적 근거가 이 '이해와 마음능력'에 있다고 생각한다. 이 근거가 없이 모든 현상이 내·외부의 외

을 그 원점 조건으로 하는 것이라는 점을 십분 감안한다고 해도, 현실의 인간 경험은 대부분 비자율적 조건들에 압도되어 있다. 그래서 인간은 그 어떤 조건들에 의해서도 영향받지 않는 '독자적 자유의 집'으로 이주하려는 충동을 내면화시켜 왔다.

조건들과 얽혀 있는 현상세계에서는 견해도 상대적 지위를 면할 수 없다. 현실에서의 주장은 조건적 타당성·부당성을 숙명으로 한다. 그래서 옳음과 그름의 주장은 절대적 타당성을 갖지 못한다. **자기주장의 무조건적·절대적 타당성을 확보해야 이익이 극대화되는 현실에서, 견해와 주장의 조건적·상대적 지위는 언제나 목에 걸리는 가시처럼 불편하다.** 그래서 인간은 조건에 구애받지 않는 '절대적 자리에서의 무조건·절대의 지위'를 꿈꾼다.

그리하여 인간은 불변·동일·순수·독자·절대를 희구한다. 그리고 불변·동일·순수·독자·절대에 대한 갈망은 그러한 속성을 지닌 존재가 실재한다는 관념을 발생시킨다. 궁극실재의 등장이다. 필자가 채택하는 '궁극실재'라는 개념에서, '궁극'이라는 말은 '변화·관계·차이의 현상 이면이나 너머'를, '실재'라는 말은 '불변·동일·순수·독자·절대의 속성을 지닌 참된 존재나 상태'를 지시한다. 궁극실재란 '변화·관계·차이의 현상 이면이나 너머에 실재하는 불변·동일·순수·독자·절대의 속성을 지닌 참된 존재나 상태'를 말하는 것이다. 이 궁극실재를 철학이나 인문학에서는 '실체' '본질' '본체' '이데아' 등으로 부르고, 신앙종교에서는 '절

적·타율적 조건에 의해 발생하는 것이라면, '해탈 경험'이나 '인간에 의한 인간의 희망'도 무의미하다.

대·유일·전능의 신'이라 부르며, 수행종교에서는 '아트만·브라흐만' '본성' '참된 마음' '순수 영혼' 등으로 부르곤 한다. 지각 경험 범주에서 검증할 수 있는 것은 '변화·관계·차이의 현상'일 뿐이다. 이 현상 이전이나 너머에 존재할 것이라 설정하는 궁극실재는 요청된 개념이지 경험 가능한 존재가 아니다. **궁극실재에 관한 주장은 변화·관계·차이의 현상세계에서 겪는 혼란과 불안을 해소하기 위해 채택된 형이상학적 상상이고, 경험세계에서는 그 진위가 검증될 수 없는 무의미한 명제이다. 그 누구도 이 궁극실재를 경험적으로 증언한 경우는 없다. 궁극실재는 본래 없고, 궁극실재에 관한 주장은 경험적 근거를 지닐 수가 없는 공허한 명제이기 때문이다.** 궁극실재를 주장하는 브라만들에 대한 붓다의 비판은 단호하다. 〈그런 사례가 있으면 말해 보라〉는 것이다. 필자는 붓다의 안목에 동의한다. 궁극실재를 경험했다는 주장은 착각과 무지이거나 기만이다. 그러나 궁극실재에 대한 언어인간의 갈증은 〈아직 목격하거나 경험하지 못했을 뿐 언젠가는 확인될 수 있을 것〉이라며 자기최면을 건다.

궁극실재의 존재를 선호하는 이들은 이렇게 항변할 것이다. 〈만약 불변·동일·순수·독자·절대의 실재가 없다면, 변화무쌍하고 인간에 의해 속속들이 오염된 현상세계의 불안과 고통에서 벗어날 길이 없지 않은가? 그 실재가, 세계 내 현상 이면이나 너머에, 혹은 사후의 다른 세계에서라도 있어야 삶의 궁극 희망이 확보되지 않는가? 만일 그런 실재가 없다면, 삶은 시종 고통과 허무이고 체념적 무기력이 유일한 선택이 아닌가? 궁극실재를 부정하면 어떤 대안을 희망으로 제시할 수 있는가?〉 이에 대해 어떻게 답하는가에 따라 인문·철학·종교·문화의 행로가 달라진다.

2. 세 가지 길

　현상세계의 변화와 인간의 오염 행위, 그에 따른 불안과 고통에 대응하는 방식에는 크게 두 가지 유형이 있다. 아예 불변·동일·순수·독자·절대의 주소지로 이주하려는 방식이 하나이고, 변화·관계·차이의 주소에 거주하면서 문제를 풀어가려는 방식이 다른 하나이다. 전자는 궁극적 방식을 대변하고, 후자는 현실적 방식에 해당한다.

　문제의 완전무결한 해법을 희구하는 이상주의자들은 흔히 궁극적 방식을 채택하는데, 두 가지 길로 갈린다. 세계 내적 방식과 세계 초월적 방식이 그것이다. 해법을 세계 내에서 적용해 보려는 경우는, '현상 이면이나 너머의 궁극실재'를 설정하고 논리나 수행을 통해 그 궁극실재를 확인하려 한다. 논리의 길에서는 형이상학이, 수행의 길에서는 신비주의가 만개한다. 현상세계 안에서는 궁극의 해법이 통하지 않는다고 여기는 경우는, 그 해법이 완벽하게 구현되는 '사후의 다른 세계'를 설정하여 이주를 권한다. 이 길에서는 이주권을 둘러싼 신앙문화가 이런저런 꽃을 피운다. 특히 이 후자의 길에서는 소유와 권력의 강자가 되려는 충동이 극대화되기 쉽다. 궁극실재에 부여한 절대·불변·독자·완전·전능의 관념과 소유·권력의 충동이 결합하기 때문이다. 궁극실재 관념과 세속적 욕망의 완전한 성취 욕구는 쉽게 결합하기 마련이다. 그럴 때는 '절대권력을 지닌 완전한 소유자가 되려는 탐욕'이 '궁극실재를 향한 신앙문화의 언어'로 포장되고 미화되어 세상을 기만하는 일이 발생한다.

변화·관계·차이의 주소에 거주하면서 문제를 풀어가려는 현실적 방식은 그 행로가 크게 세 길로 나뉜다. 첫 번째는 순응의 길이다. 이 길은 변화·관계·차이의 현상세계에서 대면하는 불안과 고통, 오염과 속박의 상처에 체념적으로 적응해 가는 세속적 현실주의자가 걷는 길이다. 변화로 인한 상실의 고통을 역시 변화에 수반하는 망각 효과에 의지하여 덜어내거나 상실의 빈자리를 새로운 대체물로 채우며 걸어가는 길이다. 또한 소유와 권력을 향해 강자와 승자의 자리를 차지하려는 각축전, 성공한 자들의 오만과 폭력, 약자와 패자의 고통과 분노, 원한과 체념적 적응 등이 어지럽게 교차하는 길을 운명으로 알고 적응하는 여정이다.

두 번째는 합리의 길이다. 언어능력이 선물한 이해·분석·비교·평가·예측·수정의 이지적 성찰력에 기대어 변화·관계·차이의 현상세계에서 맞닥뜨리는 문제들을 해결해 가려는 성찰 지성들이 걸어가는 길이다. 이 길을 걷는 이들은 문제들을 일거에 완벽히 해결하는 방식에는 회의적이다. 또한 경험세계에서 확인할 수 없는 궁극실재를 세계 내적 혹은 초월적으로 설정하는 방식에도 비판적이다. 성찰 지성의 길을 선택한 이들은 불합리한 문제들의 합리적 성찰과 해결을 지적·윤리적으로 추구하고, 그 해결을 점진적·경험적으로 구현해 간다. 소유와 권력의 과잉 충동과 폭력적 양상을 비판적으로 성찰하고, 관점과 욕망의 개인적·사회적 불화와 충돌을 합리적으로 조정하는 길을 모색한다. 인간의 향상과 세상의 진보는 대부분 이 성찰 지성의 길에서 이루어진 것이다. 이 길을 걷는 이들은 자기의 행로마저 끊임없이 재성찰하여 수정·보완·대체하는 자기 점검과 비판의 힘을 보여주기 때문에 지속적으로 그 수준과 힘을 향상시켜 간다. 이 길은 언어인간이 언어로 인해 발현시킨 인간 특유의 면모에 의거하기 때문에 보편적 호소력을 보여준다. 언어능력으로 획득한 '도구 지성'을 향도하여 이롭게 운용하는 힘도 이 '성찰 지성'에서 나온다. 지속적·집중적으로 소중히 가꾸어 가야 할 길이다.

변화·관계·차이의 거주지와 결별하지 않으면서도 변화·관계·차이의 현상에서 발생하는 문제를 풀어가려는 세 번째 길은 붓다의 중도中道**이다. 변화·관계·차이의 현상세계와 접속하면서도 현상세계가 지닌 변화·관계·차이의 속성을 '사실 그대로, 있는 그대로'**(yathābhūta, 如實) **이해하여 관계 맺으면서 걸어가는 길이다.** 이 길은, 소유와 권력 충동의 범람, 그에 수반하는 불안과 및 고통이, 인간이 품은 특유의 '변화·관계·차이현상에 대한 무지'에서 발원하고 있다는 점을 포착한다. 그리하여 그 무지를 치유하여 '변화·관계·차이현상과의 새로운 관계'를 펼치는 길을 연다. 이 길은 '합리의 길'과 연접하면서도 새로운 내용을 추가한 길이다. '합리의 길'이 겨냥할 수 있는 수준의 정점으로 보인다. 중도의 길은 합리의 길과 연접하고 있기에 성찰 지성의 특징적 면모를 고스란히 품는다. 아울러 중도는 합리의 길에 수행의 길을 더하여 더 넓고 더 이로운 길을 펼친다.

3. 붓다의 길은 궁극실재를 향하는가?

인간이 변화·관계·차이의 현상을 '사실 그대로, 있는 그대로' (yathābhūta, 如實) 이해/경험[3]하지 못하는 것은 언어능력의 후유증 때문이다. '유사한 차이들'을 단일 기호에 담아 분류함으로써 가변적이고 뒤섞여 있는 차이들의 일관된 분간과 비교를 가능케 하는 것이 언어이다. 인간이 언어능력을 발현시켜 지속적으로 고도화시켜 간 것은 차이현상들의 질서 있는 처리방식을 확보하기 위해서였다. 인간이 대면하는 환경과 세계의 문제는 차이현상들에서 발생한다. 이로운 차이들에는 긍정 대응을, 해로운 차이들에는 부정 대응을 적절하게 할 수 있어야 생존력이 극대화된다. 그리고 긍정 혹은 부정 대응을 적절히 하려면 차이들의 분간이 선명하고 일관되게 이루어져야 한다. 그래야 차이들의

---

[3] '이해/경험'이라는 용어를 채택한 것은 〈인간의 모든 지각과 인식 및 경험은 어떤 방식, 어떤 정도로라도 언어와 이해에 연루되어 있다〉라는 것을 지시하고자 한 것이다. 차이현상들을 언어에 담아 분류하여 비교·판단·평가·분석한다는 것은, 세계를 질서나 법칙을 통해 파악하는 능력의 발현과 그 능력의 고도화를 의미하며, 이 능력의 특성은 바로 법칙적 경험인 '이해'이다. 언어인간이 된 이후로 느낌을 포함한 인간의 모든 지각과 관념, 인식과 경험은 언어에 연루되었다. 가장 원초적 형태의 본능적 지각도 언어/이해와 무관하지 않다고 생각한다. 직관直觀도 이해적 경험의 한 유형일 뿐이다. 필자는 '실재에 대한 비언어적 체득'을 설정하는 인식론에 동의하지 않는다. 필자가 〈사실 그대로, 있는 그대로' 만난다〉, 〈'사실 그대로, 있는 그대로' 본다〉라는 등의 표현을 할 때는 '언어와 무관한 직접 대면'을 의미하는 것이 아니다. 이런 관점을 담기 위해 '이해/경험'이라는 표현을 사용해 본다. 필자가 『원효의 통섭철학-치유철학으로서의 독법』(세창출판사, 2021)에서 개진한 논의(pp.339-359)도 이와 관련된 것이다.

비교·평가·판단·분석을 통한 문제 해결력이 높아져 차이들로 인한 문제를 해결하고 이로움을 확보할 수 있다. 따라서 언어는 '가변적·관계적 차이현상'을 '불변의 독자적 차이'로 가공하는 장치이다. 차이현상이 동일성·독자성·불변성을 지닌 것처럼 가공하는 언어의 기능은 인간의 생존력 고도화를 위해 요청된 것이다. 언어에 담긴 특징과 차이를 동일·독자·불변의 것으로 간주하는 인간의 관념과 인식은 생존을 위한 선택이었다. 따라서 현상에는 본래 존재하지 않는 동일성·독자성·불변성은 언어적 가공이자 요청된 허구이다.

이 언어적 허구는, 비록 사실에 대한 무지이자 치명적 후유증을 예고하는 것이었지만 매우 강력한 문제 풀이 능력을 보여주었기에, 관념과 인식에 깊숙이 내면화되었다. 인간이 품은 '동일·독자·불변의 본질·실체 관념'과 그에 의거한 인식은 인간의 사유와 문화 및 문명에서 의심받거나 도전받지 않는 맹주의 자리를 굳건히 할 수 있었다. 그 맹주의 권위와 권력의 허구성을 통찰한 경우가 없지만 않았다. 붓다·노자·장자는 그런 통찰을 보여주었고, 붓다는 허구의 비판과 대안을 철저한 수준에서 펼쳤다. 서구의 경우, 근대 이후에야 본질·실체 관념에 대한 비판적 성찰이 표면화되고 작금에 이르러 적어도 지성계에서는 일반적 경향으로 자리 잡는다. 언어의 동일성 허구는 인간의 인식과 행동, 문화와 문명을 장악해 왔으며, 이 허구의 성은 아직도 튼튼하다. 이 성을 방어하는 가장 강력한 무기는 종교이다. 동서와 고금을 막론하고 종교를 지탱하는 관념과 제도의 핵심이 불변·동일·순수·독자·절대성이기 때문이다. 언어의 동일성 환각으로부터 자유로워진 새로운 문화와 문명 및 종교의 가능성은 열려 있지만, 과거와 인습의 강력한 저항이 난관일 것이다.

붓다는 개인적 삶과 세상을 해롭게 하는 인간의 잠재적·현실적 성향을 탐욕(貪, lobha)·분노(瞋, dosa)·무지(癡, moha)의 세 가지로 압축한다. 탐욕(lobha)은 '무한 증폭의 소유욕', 분노(dosa)는 '무자비하고 불합리한 타자 부정의 충동', 무지(moha)는 '사실 그대로에 대한 이해의 왜곡'을 핵심으로 한다. 그리고 '변화·관계·차이의 현상'을 '불변·동일·순수·독자·절대의 본질/실체'로 왜곡하는 '무지'를 해로운 성향의 가장 원천적 발생 조건이라 간주한다. 이 무지를 12연기에서는 무명(無明, 팔리어 avijjā, 산스크리트 avidyā)이라 하는데, '현상의 사실 그대로'에 대한 '근원적 무지'를 지시한다. 지각이나 관념 및 인식을 포함한 인간의 모든 경험현상은 언어적 분류에 연루되어 있다는 점, 또한 차이현상들을 언어에 담아 분류하여 비교·판단·평가·분석하는 것은 세계를 질서나 법칙을 통해 파악하는 능력인 '이해'라는 점을 고려하면, 무명은 '이해를 속성으로 하는 범주의 현상'이다. 12연기의 무명을 이해 영역이 아닌 신비 영역으로 간주하여 접근하는 것은 부적절하다. 무지와 무명을 구분하자면, 무명은 모든 무지를 포괄하는 상위 개념이다. 왜곡된 이해는 다층적이기에, 무명은 왜곡된 이해의 모든 층을 포괄하는 개념으로 보인다.

변화·관계·차이의 현상세계와 접속하면서도 현상세계가 지닌 변화·관계·차이의 속성을 '사실 그대로, 있는 그대로'(yathābhūta, 如實) 이해하여 관계 맺으면서 걸어가는 길이 붓다의 중도中道이다. 무아, 연기, 4성제/8정도, 육근수호 법설 등 다양·다층으로 변주되는 붓다의 설법이 이 중도를 채운다. 교학에서는 이 변주 양상을 총 37가지로 정리하여 37조도품助道品이라 부른다. **중도는 언어능력으로 인해 품게 된 '동일·독자·불변의 본질·실체 관념과 인식 및 그에 의거한 행위'에 대한 비판**

과 치유 및 대안의 길이다. '변화·관계·차이의 현상 이면이나 너머에 존재하는 불변·동일·순수·독자·절대의 속성을 지닌 것'은 중도의 길에서 치유해야 할 대상이다. 따라서 궁극실재는 중도의 길 어디에서도 설 자리가 없다. 만약 중도를 '궁극실재를 향한 길'로 읽는다면, 궁극실재에 대한 희구심으로 붓다의 길을 분칠해 버리는 무지이다. 불교 제도와 교학 구성 및 구도 현장은 이런 분칠 작업에서 얼마나 자유로울까?

붓다의 중도中道는 〈변화·관계·차이의 현상에서 떠나지 않으면서도 변화·관계·차이의 현상에서 발생하는 문제를 풀어가는 길〉이다. '변화·관계·차이의 현상세계와 접속한 채' 인간의 무지에 의한 삶과 세상의 오염과 고통을 근원적 수준에서 치유하는 길이다. 그 길은, 허구의 설정에 의한 환각적·기만적 치유가 아니라, 변화·관계·차이의 현상을 '사실 그대로, 있는 그대로'(yathābhūta, 如實) 이해하고 관계 맺음으로써 구현하는 사실적·합리적 치유의 길이다. 따라서 붓다의 중도를 음미할 때 먼저 유념해야 할 것은 '변화·관계·차이의 현상세계를 벗어나지 않고 문제를 해결하는 길'이라는 점이다.

궁극실재를 설정하는 시선들은 예외 없이 '변화·관계·차이의 현상세계와 궁극실재의 분리'를 설정한 후 '궁극실재와 현상세계의 관계'를 설명하는 방식을 취한다. 불변·동일·독자·절대·전능의 궁극실재를 설정한 후, 그 궁극실재에 의한 세계의 발생과 소멸, 인간의 고통과 구원을 설명하는 유일신 종교나 아트만·브라흐만 신비주의는 그 전형이다. 그런데 유사한 시선이 불교 교학 내부에서도 목격된다.

붓다 법설에 대한 아비달마阿毘達磨 해석학에서 유력한 지위를 차지한 부파불교部派佛教 설일체유부說─切有部에서는, 모든 현상의 이면에 있으면서 현상을 생성·소멸시키는 '바탕 실체'(基體)이고 항상 존재하는 궁극실재(法體)를 설정한다. 그리고 이처럼 시간에 연루된 '조건인과적'(緣起的) 궁극실재로서 72종의 유위법有爲法을 분류한다. 아울러 시간과 무관하며 '조건인과적'(緣起的)인 존재가 아닌 궁극실재로서 3종의 무위법無爲法을 따로 분류한다. 총 75종의 궁극실재를 설정하여 이에 의거하여 모든 것을 설명하려는 것이다. 이 체계에서는 궁극실재를 '시간적·연기적으로 존재하면서 작용하는 유위법'과 '비非시간적이고 비非연기적으로 존재하는 무위법'으로 양분하는데, 불교의 궁극목표인 열반은 무위법에 배속된다. 열반을 '비非시간적이고 비非연기적인 독자적·항구적 궁극실재'로 보는 관점이다. **'시간성과 관계성을 초월한 열반'**이라는 발상이 불교 내부에서 등장한 것이다. 그러나 이런 시선이 과연 붓다의 법설에 부합하는 것인지는 의문이다. 만약 열반이 무시간적·독자적인 것이라면 인간에게 열반의 성취는 불가능하다. 인간이 미혹의 주체에서 열반의 주체로 변신하는 것은 시간적·관계적 조건에 따른 변화이며, 열반으로 나아가는 모든 노력도 시간적·관계적 조건에서 발생하기 때문이다. 열반의 성취는 예외 없이 모두 시간적·관계적 조건들과 관련되어 있다. 따라서 느닷없이 열반을 시간 및 조건과 분리시키는 설일체유부說─切有部의 시선은 '변화·관계와 무관한 불변·절대의 궁극실재'에 대한 열망의 표현일 뿐이다. 그리고 그런 열망은 명백히 비非불교적이다. 경량부經量部가 '무시간적인 무위법'을 부정한 것은, 열반을 '무시간적인 무위법無爲法'으로 보는 설일체유부의 관점을 비판한 것이기도 하다.

설일체유부가 설정하는 유위법으로서의 궁극실재(法體)들은 각자 자기 동일성을 유지하면서 과거·현재·미래에 걸쳐 영속적으로 존재한다. 그런데 궁극실재가 시간에 따라 변하지 않는다는 점에서 '무시간적'이지만, 그 궁극실재들을 기체基體로 삼아 발생하는 현상세계는 변화하는 시간적인 것이다. 따라서 무시간적 궁극실재(法體)가 시간적 현상의 기체로 작용한다고 주장하기가 어렵게 된다. 변하는 현상을 발생시키는 작용을 하기 위해서는 자신도 변해야 하기 때문이다. 모든 작용은 스스로 변화해야 가능하다. '변하지 않는 것'은 '변하게 하는 작용'을 할 수가 없다. 그렇다면 '시간과 무관하게 자기 동일성을 유지하는 궁극실재(法體)'가 '변하는 현상의 기체적基體的 요소要素'가 된다는 것을 어떻게 설명해야 하는가? 이 난제를 해결하기 위해 설일체유부는 시간적 양상을 초래하는 네 개의 구성요소를 설정한다. 시간적 양상을 초래하는 네 개의 구성요소는, '발생하게 하는 구성요소'(生法)·'지속하게 하는 구성요소'(住法)·'달라지게 하는 구성요소'(異法)·'없어지게 하는 구성요소'(滅法)이다. 궁극실재(法體)는 이 구성요소의 배후에서 구성요소들을 작동시키는 역할을 한다는 설명이다. 이렇게 되면 '변하는 현상'과 '불변하는 궁극실재(法體)'를 직접 연결시키지 않을 수 있다는 발상으로 보인다.

그러나, 어떤 방식으로 작용할지라도, '존재하는 그 무엇'이 작용을 일으키기 위해서는 자기 스스로 변해야 한다. 네 개의 구성요소로 하여금 시간적 양상을 일으키게 하는 역할도 '자신이 변해야 가능한 역할'이다. 어떤 설명 방식을 취하더라도, '불변하는 것'은 작용을 일으키지 못한다. 따라서 설사 설일체유부의 주장대로 '시간과 무관하게 자기 동일성을 유지하는 궁극실재(法體)'가 존재할지라도, 그 궁극실재는 '변하는 현상의 기체적基體的 요소要素'가 될 수 없다.

〈열반은 시간성을 초월한 무위법無爲法이다〉라는 발상, 그리고 〈'시간과 무관하게 자기 동일성을 유지하는 궁극실재(法體)'가 '변하는 현상의 기체적基體的 요소要素'가 된다〉라는 설일체유부說一切有部의 시선은, 명백히 붓다의 길을 벗어나 버린 것으로 보인다. '변화·관계·차이의 현상 세계를 벗어나지 않고 문제를 해결하는 붓다의 중도'에서 일탈해 버린 것이다. 중도의 종착지인 열반은, 변화·관계·차이의 현상과의 접속을 유지한 채 그 현상을 '사실 그대로, 있는 그대로'(yathābhūta, 如實) 이해하고 관계 맺음으로써 구현되는 역동적 경험 지평으로 보아야 할 것이다.

니까야 어느 곳에서도 붓다는 '불변의 궁극실재'를 설하지 않는다. 그런데 붓다의 길에 대한 후학들의 해석에서는 '불변의 궁극실재'에 대한 노골적 혹은 은밀한 접근이 목격된다. 그것도 니까야의 붓다 법설을 빙자하면서. 붓다는 시종일관 '인간의 감관능력(六根)을 조건으로 발생하는 현상들의 범주'에서 무지와 고통을 말하고 지혜와 해탈·열반의 안락을 설한다. 그리고 무지와 고통, 지혜와 해탈·열반을 발생시키는 조건들은 모두 변하는 것들이며, 그런 점에서 시간적인 것이다. 정지 상태를 지속하는 불변의 독자적 존재는 세계에 원래 없다. 우주 자체는 복잡하게 얽힌 동적動的 시스템으로 보인다. 만약 불변의 독자적 존재가 있다고 한다면, 그런 존재는 우주 시스템에 참여할 수가 없다. 정지하여 완전히 소멸해 버린 듯이 보이는 현상도 사실은 또 다른 '생겨나는 현상의 조건'으로 작용하고 있다. 우주는 그렇게 유기적으로 연결된 시스템이다. 동일성을 유지하면서 영원한 정지 상태를 지속하는 불변의 독자적 존재는 우주의 구성 원리상 있을 수가 없다. 그것이 세계와 우주의 '스스로 그러함'(自然)이다. '불변의 독자적 궁극실재'는 원래 없다.

언어의 개념적 구획에서 발생하는 '불변성·동일성·독자성 환영' 위에 수립된 거대 환영일 뿐이다.

'불변의 궁극실재'라는 관념은 현상세계의 실제에도 맞지 않고 불교적 사유에도 맞지 않는다. **현상 이면의 궁극실재를 설정하지 않고, '변화'(無常)와 '독자성·동일성의 부재'(無我) 및 '조건인과적 발생'(緣起)에 대한 통찰과 수행법으로 현상과 접속한 채 삶과 세상의 문제를 풀어가는 것. — 그것이 붓다의 길이라는 점은 명백하다. 그런데 불교 내부에서, 그것도 교학 수립의 초기 단계에서, '불변의 궁극실재'로 향하는 이러한 비非불교적 시선이 이론적으로 체계화되어 교학적 영향력을 행사할 수 있었다는 것은 무엇을 뜻하는가?** 불변의 궁극실재를 설정하여 문제를 풀어가려는 사유 방식이 인간의 내면 깊숙이 보편적 본능처럼 각인되어 있다는 것을 의미한다. 어떤 방식으로든 궁극실재를 기웃거리는 불교 내부의 양상들은, 무지에서 발생하여 뿌리 내린 보편적 본능에 의거하여 붓다의 가르침을 이해하려는 행보이다. **'동일성·독자성·불변성이라는 언어적 환영에 홀린 행보'로써 '그 환영을 깨는 길'을 걷는 기이한 부조화. — 이 잘못된 만남이 논리와 이론의 옷을 걸치고 그 부조화의 어색한 몸짓을 감추고 있는 꼴이다.**

더욱 주목되는 것은, **궁극실재를 기웃거리는 불교 내부의 행보가 교학 이론에 그치지 않고 수행의 이론과 방법에도 반영된다**는 점이다. 남방불교 위빠사나 수행 현장에서는 '관찰을 통해 이해를 계발하는 수행'과 '삼매를 계발하는 수행'이 수행자의 선호에 따라 비중을 달리하면서 병존한다. 그런데 삼매 수행을 '대상에 대한 집중'으로 간주하면서 선정 수행을 선택하는 경우, 설일체유부 교학의 궁극실재가 수행론에 반영되고 있다. 〈대상집중을 통한 삼매를 이루면 정신과 물질의 궁극실재를 직접 볼 수 있다. 그럴 때 정신과 물질의 무상·고·무아를 저절로 확연하게 알 수 있다〉라는 식의 수행 이론이 그것이다. 그리고 〈남방의 불교 수행 센터에서 가르침대로 선정 수행을 했더니 삼매 상태에서 정신과 물질의 궁극실재를 직접 볼 수 있었다. 그리고 정신과 물질 현상의 무상·고·무아를 그대로 알 수 있었다〉라는 식의 수행 체험담이 이런 수행 이론에 의거하여 발설되어 학인들을 유혹한다. 〈'**정신과 물질의 궁극실재**'가 정신과 물질의 무상·고·무아를 일으키는 **기체基體**로 작용하는 것이다. 그러므로 궁극실재들을 직접 만나면 무상·고·무아의 원천을 만나는 것이고, 그에 따라 저절로 무상·고·무아를 완전하게 알게 된다〉라는 발상이다. 〈'시간과 무관하게 자기 동일성을 유지하는 궁극실재(法體)'가 '변하는 현상의 기체적基體的 요소要素'가 된다〉라는 설일체유부의 관점이 남방불교 수행 현장의 삼매 수행 이론과 방법에 반영되고 있는 것이다.

이러한 선정 수행론은 두 가지 문제를 안고 있다. 하나는, 삼매 수행을 '대상에 대한 집중'으로 보는 관점이 지닌 문제이다. 이 점은 뒤에 다시 거론한다. 다른 하나는, '현상의 속성을 발생시키는 궁극실재'를 설정하는 관점이 지닌 비非불교적 전제이다. 자기 동일성을 영속적으로 유지하면서 가변적 현상의 속성을 발생시키는 궁극실재는 없다. 따라서 〈궁극실재를 직접 볼 수 있다〉라는 주장은 거짓 명제이고, 〈삼매에 들어 궁극실재를 직접 보았다〉라는 체험담은 허세나 착각이다. 또 무상·고·무아에 대한 통찰은 무상·고·무아 현상의 기체基體인 궁극실재의 체득에 수반되는 것이 아니다. 〈궁극실재를 보면 무상·고·무아를 '완전히 그리고 저절로' 알게 될 것이다〉라는 기대는, 궁극실재를 향한 갈증의 자기 최면일 뿐이다. 전능의 궁극실재를 향한 짝사랑이다. 이 짝사랑은 비단 남방불교 교학뿐 아니라 북방 대승불교 교학과 현대 불교학에서도 다양한 형태로 목격된다. 불변·독자·전능의 궁극실재는 없다. 붓다의 길, 그 중도에 오를 때, 무엇보다 먼저 분명히 간택해야 할 문제이다.

4. 이해와 마음

　붓다의 법설과 그에 대한 후학들의 이해 체계인 교학은, 그 내용도 방대하거니와 유형도 다채롭기 이를 데 없다. 인간 사유의 거의 모든 유형이 망라되어 교직交織되어 있다. 다양하게 변주되고 있는 붓다의 법설과 교학들을, 그 다양한 언어의 의미를, 총괄적으로 음미하고 평가할 수 있게 하는 거울은 무엇일까? 이 거울을 '37가지로 종합한 초기불교 교설 체계'(37助道品)나 '대승의 공空·유식唯識'과 같은 교학적 개념으로 대체하는 것은 부적절하다. 교학의 특정 언어와 체계 안에서는 총괄적이고도 치우침 없는 음미와 평가가 어렵기 때문이다. 이 거울은 모든 교학적 개념과 이론 체계를 공평하게 비추어 내면서도 인문의 보편적 관심에 호응할 수 있어야 한다. 필자는 '이해와 마음'이 그 거울의 역할을 할 수 있다고 본다. **교학과 수행론을 비롯하여 중도를 담아내기 위해 선택된 모든 언어를 음미하려면 '이해와 마음'의 문제를 성찰해야 한다.**

　붓다는 8정도의 여덟 항목을 다시 계학戒學·혜학慧學·정학定學의 세 가지로 분류하여 자신의 교설이 행위·이해·마음의 궁극적 향상을 위한 것임을 밝히고 있다. 중도의 길에 올라 걷게 하는 수행인 8정도가 '행위능력을 향상시키는 공부'(戒學)와 '이해능력을 향상시키는 공부'(慧學) 및 '마음능력을 향상시키는 공부'(定學)의 지침으로 구성되어 있다는 것은, 인간에 대한 붓다의 기획이 행위·이해·마음이라는 세 현상 범주의 구분 아래 이루어졌다는 것을 의미한다. 인간에 대한 기획이 성공하려면 '인간이 보여 주는 특유의 현상'에 초점을 맞추는 것이 효과적인데, 붓다는 그 인간 특유의 현상을 '행위·이해·마음'에서 포착하고 있는 것이다. 이러한 붓다의 인간 이해는 정곡을 찌르고 있다. 인간 고유의 특이점은 결국 행위와 이해 및 마음의 현상에서 발견되기 때문이다. **인간이 자신의 노력과 선택으로 해결할 수 있는 문제의 근원은 '행위·이해·마음'이며, '행위·이해·마음을 조건 삼아 발생하는 문제의 근원적·궁극적 풀이'를 과제로 삼은 것이 붓다의 기획이다.**

이렇게 보면 붓다의 교설과 불교의 교학을 총괄적으로 비추는 거울도 '행위·이해·마음'일 수 있다. 그런데 **다른 생명체의 행동과는 구별되는 인간 행위의 특이점은 모두 '이해와 마음'에서 발생한다.** 개인적, 집단적 행위에서 목격되는 그 어떤 '인간 특유의 행위'도 '이해와 마음'을 조건으로 삼아 발생한다. 인간 특유의 탐욕적 욕망 행위나 금욕적 행위, 이기적 행위와 이타적 행위도 '이해와 마음'을 발생 조건으로 한다. 인간 특유의 긍정적·부정적 행위, 복합적·중층적 행위는 예외 없이 인간 특유의 '이해와 마음' 때문이다. **인간의 행위를 향상시키려는 그 어떤 기획도 이해와 마음의 문제로 귀결되기 마련이다. 따라서 붓다의 교설과 불교의 교학을 총괄적으로 비추는 거울은 '이해와 마음의 문제'로 축약된다.**

변화·관계·차이의 현상세계와 접속하면서도 변화·관계·차이의 본연적 양상과 속성을 '사실 그대로, 있는 그대로'(yathābhūta, 如實) 만나려는 것이 중도이다. 인간이 자신의 선택과 노력으로 그 중도의 길에 올라 걸을 수 있는 것이라면, 인간이 지닌 어떤 능력이 그것을 가능하게 하는 것일까? 인간이 품은 어떤 가능성과 자질을 계발하고, 어떻게 향상시켜야 중도행이 이루어지는 것일까? 붓다의 평생 설법은 사실상 이 질문에 대한 응답이며, 이 응답의 중심축은 '이해와 마음'이라 할 수 있다. 이해와 마음을 '본질·실체 이해'와 '궁극실재인 마음'으로 읽는 시선이라면 중도의 길을 궁극실재의 길로 볼 것이다. 이와는 달리 '이해와 마음현상'을 변화·관계·차이와 접속시켜 '사실 그대로, 있는 그대로' 읽는 시선이라면, 중도를 궁극실재의 길에서 탈출시켜 중도 본연의 모습을 드러낼 것이다. 그리고 '이해와 마음의 특징과 차이 및 상호관계'를 어떻게 보느냐에 따라 원효의 일심一心과 선종의 돈오견성頓悟見性에 대한 시선도 결정된다. 따라서 일심一心과 돈오견성頓悟見性에 관한 시선을 궁극실재의 속박에서 풀려나게 하는 실마리도 '이해와 마음'의 문제에서 포착된다.

'이해와 마음현상의 특징과 차이 및 관계'에 관한 필자의 관점과 성찰은 일종의 작업가설이다. 붓다의 교설과 불교의 교학을 총괄적으로 비추어 내는 데 유효한 거울을 제작하는 작업, 그 거울로 비추어 내는 작업을 수행하기 위해서는, 작업을 위한 이론이 필요하다. 이 이론은 '작업을 위해 선택한 가설'이다. 이 작업가설의 타당성은 집단 지성의 지속적 검토를 통해 결정될 것이다. 필자는 '이해와 마음'에 관한 작업가설적 논의를 개진한 바 있다.[4] 기존 논의를 계승하면서 이 작업가설의 핵심을 정리해 본다.

---

4) 『원효의 통섭철학』, pp.233-322.

1) 이해

가. 언어인간의 등장과 언어능력의 진화

인간이 보여 주는 모든 특이점 발생의 원점에는 언어능력이 있다. 그리고 현재 우리가 구사하는 고도의 언어능력은 처음부터 완결된 형태로 인간에게 장착된 것이 아니다. 인간의 언어능력은 지구 위에 등장한 인간의 진화적 변신에 상응하면서 점차 고도화된 것이다.

약 150억 년 전에 빅뱅으로 우주가 생겨나고, 약 47억 년 전에 생성된 지구에서 인간이 살 만한 환경이 갖춰진 시기는 불과 수천만 년 전이며, 약 6-8백만 년 전에 인류의 조상인 유인원으로의 진화가 이루어졌고, 약 360만 년 전에 유인원 중 하나가 두 발로 걷기 시작하였으며, 두 발로 걷게 되자 인간은 두 손의 자유를 얻었고 발성기관의 변화로 목소리가 나왔으며, 현생인류의 조상이라 할 만한 인간이 출현한 것은 대략 4만 년 전으로 추정된다. 그리고 약 5-6천 년 전에야 가장 단순한 문자인 그림문자가 일반화된 것으로 보인다. 그림문자가 표의문자가 되고 다시 표음문자로 발전하여 마침내 현재 우리가 구사하는 고도의 언어능력이 자리 잡는다. 이렇게 보면 현재 인간이 구사하는 언어능력의 나이는 지구와 인간의 나이에 비교할 때 매우 젊다. 단기간에 역동적으로 발전해 온 특수한 현상이다. 컴퓨터 인공언어의 새로운 발전과 더불어 향후 인간의 언어 면모가 어떤 내용으로 진화해 갈지 자못 흥미롭다.

두 발로 걷고 두 손으로 도구를 만드는 존재로 진화한 이후에도, 인간은 한동안 표정이나 몸짓, 음성으로 의사를 교환했을 것이다. 좋음과 싫음, 위험과 안전을 알리는 단순한 발성 단계로부터, 현상의 특징적 차이와 의미를 선명하고도 복잡하게 분절하는 개념적 언어를 구사하는 단계로 진화하다가, 급기야 그 개념 구사력이 문자라는 유형적 기호의 조작 능력과 결합하는 단계에 접어들면서, 비로소 진정한 '언어인간'의 시대가 개막되었을 것이다.

모든 생명체가 감관을 통해 마주하는 일차적 사태는 '무수한 차이들'이다. 그리고 생명체의 안위와 생존 여부는 그 차이현상들과의 관계에서 결정된다. 그래서 생존에 이로움을 주는 차이현상들과는 '수용의 긍정 관계', 해로움을 주는 차이현상들과는 '배제의 부정 관계'를 형성한다. 또 그 긍정과 부정 관계의 양상과 내용은 다채롭다. 다만 '이로움을 극대화하는 방식의 관계를 수립하려는 경향성'은 공통의 본능적 지향성이다. 생존 이익의 확보와 확대에 유효한 긍정·부정 관계의 수립에 성공한 종種과 개체만이 살아남거나 번영한다. 따라서 생명체의 본능적 최대 관심사는 '이로운 차이현상과 해로운 차이현상의 적절한 구분을 가능케 하는 능력의 확보'이다. 그 구분 능력의 적절성 수준에 따라 긍정·부정 관계의 수립과 대응 수준도 결정된다. 따라서 생명체의 진화는 이 능력의 확보 및 그에 따른 긍정·부정 관계 방식의 수립을 위한 자기 변신의 과정이라고도 할 수 있다.

'이로운 차이현상과 해로운 차이현상의 적절한 구분 능력 확보와 그에 수반하는 긍정·부정 관계의 수립'이 어떤 조건적 인과관계에 의해 어떤 내용과 양상으로 변해 왔는지는, 진화생물학의 주요 관심사일 것이다. 그 진화과정이 어떤 것이었는지 간에 생명체는 지구에 등장한 이래 초기부터 '이로운 차이현상과 해로운 차이현상의 구분과 대응의 방식'을 발현시켜 감관에 장착했을 것이다. 모든 생명체는 감관으로 대면하는 차이현상들을 분류하여 선택적으로 반응하는 장치를 갖추고 지속적으로 진화시켰을 것이다.

인간을 비롯한 모든 생명체가 감관을 통해 마주하는 일차적 사태는 '무수한 차이들'이며, 모든 생물종은 '이로운 차이현상과 해로운 차이현상의 구분 능력과 관계 방식'을 나름대로 갖추고 있다. 그런데 그 차이의 구분과 관계 방식 및 장치에서 인간은 다른 종들과는 차별화되는 특이점이 있다. **동식물의 경우 생존에 필요한 이로운 현상은 수용하고 해로운 현상은 거부하는 '본능적 기준에 의해 선별·취사·가공된 차이들'을 경험한다.** 이에 비해 인간은 이로운 현상과 해로운 현상을 분간하고 취사선택·가공하는 독특한 능력 하나를 발전시켜 감관능력에 추가하였다. 유사한 차이들을 묶어 언어라는 부호에 담아 분류하고 처리하는 **능력이 그것이다.** 이와 관련하여 필자는 이렇게 언급한 바 있다.

"감관을 통해 대면하는 차이현상들은, 동물과 인간 모두에게, '현상 자체의 모습과 내용'이 아니다. 감관이라는 필터를 통해 '여과된 현상'을 지각한다. 살아있는 유기체의 감관은 환경에서 제공되는 무수한 차이현상들을 생존에 유리할 수 있도록 선별·취사·가공하여 지각한다. 유기체의 감관은 그 선별·취사·가공 능력을 발전시키는 방향으로 진화해 온 것으로 보인다. 예컨대 청각의 경우, 모든 소리를 그대로 지각하는 것이 아니라 종種에 따라 음파의 영역과 감지 거리를 달리하면서 선별적으로 감지한다. 시각, 후각, 피부감각 등도 마찬가지이다. 인간의 귀도 모든 음파, 모든 거리의 소리를 그대로 감지하지 않는다. 생존에 필요한 내용만을 선별적으로 감지하는 구조로 진화해 왔다. 역동적으로 변하는 환경에서 제공되는 무수한 차이 정보들에 대해 '생존에 유리한 방식으로 선별·취사·가공하는 방식'을 적절히 진화시켜 온 종種은 살아남았고, 그렇지 못한 종은 소멸했다고 볼 수 있을 것이다. 인간의 감관능력도 이러한 생물학적 요청 속에서 진화해 온 것이다. 인간뿐 아니라 모든 생물은 감관이라는 그물망을 통과한 차이들을 지각하는 것이며, 그 그물망 씨줄과 날줄의 크기와 짜임새 등은 저마다 다르다.

따라서 감관기능을 지닌 모든 생명체의 '지각하는 차이 경험'과 '외부세계의 차이현상'은 동일한 것이 아니다. **생명체의 지각에서 발생하는 차이 경험은 '생존 이익을 위해 선별·취사·가공된 차이들'이다.** 어떤 생명체도 외부세계의 차이현상들을 거울에 비추어 내듯 고스란히 그대로 경험하지 않는다. 인간도 예외가 아니다. 인간이 아무리 고도화된 인지능력을 지녔을지라도 그 인지능력/정신이 감관 밖으로 나가 외부세계의 현상들을 '있는 그대로' 확인하는 것은 불가능하다. 인간의 경험은 감관조건에 의존할 수밖에 없으며, 따라서 인간의 지각에서 발생하는 차이 경험들도 다른 생명체들처럼 **'선별·취사·가공된 차이들에 대한 경험'이다.** 붓다에 의하면 기억·비교·분석·종합·추리 등을 행하는 인지능력(意根)도 하나의 감관능력이며, 이 인지능력의 경험내용은 다른 다섯 가지 감관능력과 연관되어 있다. 인간의 정신·사유·인지능력이 아무리 복잡하고 고도화된 것일지라도, 다른 신체적 감관들과 연계하여 외부세계의 차이현상들을 선별·취사·가공한 후 경험한다. 인간의 지각 경험은 감관에 직조되어 있는 조건들에 갇혀 있다. 대승의 유식학唯識學은 이 점을 잘 통찰하고 있으며, 칸트는 이 문제를 '구성적 인식론'으로 확인하고 있다."[5)]

생명체의 감관능력은 조건화되어 있고, 감관을 통해 발생하는 경험현상은 조건들에 의해 그 범주와 내용이 제한된다. 이것은 '스스로 그러한 자연적 이법'이다. 감관에서 발생하는 현상의 범주와 내용을 제한하는 물리적·생물학적 조건들은 오랜 진화적 변이의 산물이고 인간의 경우도 그러하다. 임의로 바꾸거나 삭제할 수 없다. 그러나 인간이 부가한 '지각 경험의 언어적·관념적 조건들의 영향력'을 바꾸는 일은 임의적 선택에 의해 가능하다. 붓다의 육근수호 법설, 일심의 성취와 돈오견성은 이와 관련되어 있다. 깨달음은 이미 수립된 생물학적 조건들에서 탈출하거나 조작할 수 있는 신비적 절대능력의 성취가 아니다. 대승불교에서 말하는 의생신(意生身, 의지에 따라 생겨나는 몸)이라는 개념은, 중생을 위하는 의지(意)와 바람(願)을 '조건화된 감관을 운용하는 주력'으로 삼겠다는 서원誓願이나 그런 삶을 운용해 가는 몸을 지칭하는 것으로 보아야 할 것이다.

인간은 '이로운 차이현상과 해로운 차이현상의 구분 능력과 관계 방식'을 다른 종種들의 그것과는 차원이 다른 수준으로 발전시키는 진화적 성취를 이룬다. '언어능력의 발현'이 그 도약을 가능케 하였다. 이로운 차이현상과 해로운 차이현상의 분명하고도 일관된 구분은 차이현상들에 대한 적절한 대응과 관계 능력 수립에 필수적이다. 그러자면 무수한 양상을 보이는 차이현상들의 혼란을 줄여야 한다. 인간 이외의 생명

---

5) 같은 책, pp.339-340.

체들은 감관에 새겨진 생물학적 기준과 본능적 기억으로 이 문제를 해결한다. 그런데 인간은 전혀 새로운 방식을 이에 추가한다. 유사한 것들을 한 다발로 묶어 하나의 기호에 담아 다양한 차이들의 혼란을 최소화하고 필요에 따라 적절히 분류하는 방식이 그것이다. 분절된 음성의 차이를 이용하거나 유형의 부호를 사용하여 이 방식을 발전시켜 간다. 음성언어와 문자언어가 고도화되면서 이 방식의 효율성도 증대한다. **인간 특유의 언어능력은 '감관으로 1차 처리된 차이현상들'을 '언어·문자 기호에 의거하여 재처리하는 능력'이다. 감관에 포착된 '1차 처리된 차이들'을 대상으로, 다시 유사한 차이들을 묶어 언어·문자 기호에 담아 하나의 차이로 재처리하는 것이 인간 언어능력의 출발 지대이다.**

유사한 차이들을 한 다발로 묶어 언어·문자 기호에 담아 분류하면, 무수한 차이들의 혼란이 줄어들고 비교가 쉬워진다. 차이들의 비교와 분간이 선명해지면 기억도 쉬워지고 오래간다. 인간 뇌의 복잡하고 효율적인 정보처리 신경 시스템은 이로 인해 가능해진 것이다. 차이들이 언어·문자 기호에 담겨 분류되어 분간과 비교가 쉽고 선명하게 되며 그에 따라 세밀한 기억과 장기 기억이 가능해진다는 것은, 환경에서 발생하는 문제들에 대한 대응력과 해결력이 높아진다는 것을 의미한다. '모든 현상을 개념체계를 통해 포착하여 비교·판단·분석·종합·예측하는 인지능력의 고도화'는 '언어능력의 고도화'와 앞서거니 뒤서거니 하면서 맞물려 있다.

결과적으로 **인간은 두 가지 유형의 '차이 구분과 관계 방식'을 모두 품고 있다. 하나는 '언어인간으로의 진화 이전 단계의 생물적 방식'이고, 다른 하나는 '언어인간이 된 이후의 언어적 방식'이다.** 생물적 방식은 생물학적 필요에 따라 마련된 즉각적·본능적 방식으로 차이현상들에 응하는 방식이다. 이에 비해 언어적 방식은 언어적 구분에 의한 비교·판단·선택·분석·종합·예측 능력에 의하여 이차적·인지적·성찰적 방식으로 차이현상들에 대응하는 방식이다. 인간에게는 이 두 가지 방식이 모두 새겨져 있다고 보아야 한다. 뇌과학에서 거론하는 두 유형의 정보처리 시스템 가운데, 시스템1인 즉각적·본능적·정서적 방식은 차이현상들을 처리하는 생물적 방식에, 시스템2인 이지적·성찰적 방식은 언어적 방식에 배속할 수 있을 것이다. 그런데 인간 뇌의 시스템1이 비록 시스템2에 비해 즉각적·정서적 방식을 보여 주지만, 언어적 방식과 무관한 별개의 정보처리 시스템이라 하기는 어렵다. 언어인간이 된 이후로 인간의 모든 정서와 본능적 충동은 어떤 수준과 방식으로든 언어적 방식에 연루된다고 보는 것이 타당하다. 인간의 본능적 충동과 정서, 감정이 다른 생물의 본능적 현상에 비해 현저하게 풍요롭고 복잡하며 의지적 선택에 열려 있다는 점이 근거가 될 수 있다.

나. '이해능력의 발현'과 '인과관계의 이해'

인간 특유의 인지능력은 언어능력에 의한 인지력이라는 점에서 '언어적 인지력'이다. 그리고 이 언어적 인지력의 특징은 '이해능력'이다. **이해는 '현상의 법칙·질서·이치에 대한 포착능력'이다.** 영어 'understanding'보다는 한자 '理解'가 이 능력의 특징을 더욱 적절히 표시하고 있다. 인간은 현상을 이법적으로 포착한다. 현상이 보여 주는 질서와 법칙성을 포착해 내는 이해능력이야말로 차이현상들에서 발생하는 복잡다단한 문제들을 해결해 내는 인지능력의 핵심이다. 그리고 **인지능력이 언어능력에 의해 발생·수립된 인지 현상이라는 점에서, 이**

해능력 역시 언어능력을 조건으로 삼아 발생한 것이다. 또 이해능력이 펼치는 모든 이해의 토대는 '인과관계에 대한 이해'로 보인다.

언어인간은 차이들과의 만남에서 발생하는 문제들을 해결하기 위해 언어라는 그릇에 유사한 차이들을 담아 특징의 구분을 쉽게 하였다. '언어 기호에 의해 분류된 차이들'(개념)은 선명하고 일관된 비교를 가능케 하였다. 차이 비교는 이로운 것과 해로운 것을 구분하여 선택적으로 대응하려는 것이었다. 그리하여 '언어에 담아 분류된 차이들'의 이로움과 해로움을 판단하고 평가하는 기준의 수립이 요청되었을 것이다. 개념들을 판단·평가하는 기준선이 바로 관점(觀點, view)이다. 관점이 확보되자, 관점을 토대로 한 비교·판단·평가·선택의 고도화 과정에서 '일관성을 지닌 질서와 법칙'이 포착되었을 것이다. 그렇게 포착된 질서와 법칙의 핵심이 '인과관계'였을 것이다. 〈'a라는 언어부호에 담은 차이현상'이 있으면 반드시 'b라는 언어부호에 담긴 차이현상'이 발생한다〉라는 것을 반복적으로 경험하는 과정에서 'a와 b의 인과관계'를 포착하게 되었을 것이다.

'현상의 법칙·질서·이치에 대한 포착능력'인 이해(理解, understanding)는 '비교된 차이들의 질서와 법칙에 대한 경험'이다. 다시 말해 이해는 '언어·개념에 담아 재처리된 차이들에 대한 법칙적 경험'인데, 이 이해능력의 핵심이 바로 '인과관계에 대한 포착능력'이다. 인과관계를 포착하는 이해능력이 발현되자, 인과관계에 대한 이해를 표현하는 '논리'(logic)가 발전하였고, 뒤이어 논리의 체계인 '이론'(理論, theory)이 등장하였으며, 이에 수반하여 비교·판단·평가·종합·분석·추론 등의 능력이 더욱 고도화되었을 것이다. 언어능력의 고도화 과정에서 인간이 확보한 '법칙 포착능력'은 '인과관계에 대한 포착'을 근간으로 삼아 그 내용이 풍요로워진 것이다. 이상의 작업가설을 정리하면 다음과 같다.

※ '언어인간'과 '이해하는 인간'의 등장

【환경에서 대면하는 '차이현상들로 인한 생존 관련 문제' → 생존 이익에 필요한 '차이현상 대응력'의 생물학적 요청 → 이로움은 취하고 해로움은 피하기 위한 '감관의 조건화' → 조건화된 감관을 통한 '차이현상들의 취사선택'(이상 생물적 단계, 차이현상들에 대한 1차적 가공·처리) → '조건화된 감관을 통해 1차 가공·처리된 차이들'을 다시 언어·문자 기호에 담아 재처리하는 능력의 요청(언어인간의 요청) → 유사한 차이들을 언어·문자에 담아 분류 → 개념화된 차이들로 인해 분류·비교·기억 능력의 발달 → 이로움과 해로움을 판단·평가·선택하는 데 필요한 기준선(관점, view) 수립 → 관점을 토대로 한 판단·분석·평가·선택능력의 고도화 → '언어·개념으로 분류된 차이현상들의 관계에서 작동하는 질서와 법칙'을 포착하는 능력이 발현 → '차이들의 질서와 법칙에 대한 경험'인 이해(understanding)의 발현 → '인과관계에 대한 포착능력'을 핵심으로 하는 이해능력의 발전 → 인과적 사유의 수립 → 인과관계에 대한 이해를 표현하는 논리(logic)가 발전 → 논리의 체계인 이론(theory)의 등장 → 비교·판단·평가·종합·분석·추론·예측 능력의 고도화 → 고도의 이해능력을 지닌 '이해하는 인간'의 등장】

붓다의 연기법緣起法을 흔히 '인과관계에 대한 천명'으로 간주하면서 인과법에 대한 통찰이 불교 고유의 창안인 것처럼 이해하는 것은 부적

절하다. 불교의 인과법이 물질현상뿐 아니라 정신현상 및 삶과 세상의 인과적 전개를 총괄적 관계로 묶어 말한다는 점은 특유의 시선이라 할 수 있어도, 인과법 자체에 대한 개안은 진화과정에서 인간이 언어능력에 기대어 발현된 것으로서 붓다 이전에 이미 인간 특유의 능력으로 확보된 것으로 보아야 할 것이다. **붓다 연기법의 탁월함과 특수성은 인과법을 설했다는 것에 있는 것이 아니라, '원인과 결과를 불변·독자의 본질/실체로 간주하지 않는 비非본질적 인과법'으로 천명했다는 점, 그리고 현상을 이해하고 문제를 해결하기 위해서는 〈'현상 자체'보다 '현상을 발생시킨 조건들' 및 '조건과 현상, 조건들 상호 간의 인과관계'를 파악해야 한다〉라는 점을 알려준다는 점에 있다.** 신이라 하건 아트만/브라흐만이라 하건 '유일·절대·전능의 궁극실재'를 최초의 궁극 원인으로 설정하여 자연과 인간 세상을 인과적으로 설명하는 것도 일종의 인과적 사유의 표현이다. 다만 이러한 인과적 설명은 원인이나 결과, 혹은 원인과 결과 모두를 본질로 간주하거나 '가변적 현상 이면에 있는 불변의 실체'를 설정하는 본질/실체주의적 시선에 의거하고 있다. 실재하지도 않는 본질이나 실체를 설정하여 인과적 사유를 표현하고 있는 것이다. 이런 점에서 **사실 그대로의 인과적 설명**이 되지 못한다. 유일·절대·전능의 신적 실재를 설정하는 신학적 설명, 불변·독자·전능의 궁극실재를 설정하는 우파니샤드의 신비주의적 설명, 다양한 자연학의 인과적 설명, 철학적 형이상학의 인과적 설명들도 대부분 본질/실체주의적 시선에 묶여 있다. 인문과학과 사회과학 및 자연과학에서 현상의 인과적 전개에 본질/실체가 없다는 인식이 널리 수용된 것은 그리 오랜 일이 아니다. 다양한 유형과 범주의 본질/실체주의가 깔아놓은 덫에서 탈출하려는 시도가 본격화된 것은 근자의 일이다.

본질/실체를 설정하지 않고서 현상의 인과적 전개를 잘 설명할 수 있는 이론의 개발과 확보가 모든 진리 탐구 영역에서의 최고 관심사이자 현안이 되었다는 점은 의미심장한 현상이다. 인간이 언어능력에 기대어 확보한 '법칙 포착능력의 새로운 진화'를 의미하기 때문이다. '인과적 사유를 축으로 삼는 이해능력의 새로운 진화'가 진행되고 있는 것이다. 그러기에 〈원인과 결과 그 자체도 모두 '조건인과적으로 발생한 관계·변화의 현상'〉으로 보는 인과적 이해를 천명한 붓다의 연기법은 실로 선구적이며 탁월하다. 붓다는 이 비非본질/실체의 인과적 이해에 의거하여 본질/실체 관념의 덫에 걸린 삶과 세상을 치유하는 길을 펼치고 있다. '본질/실체의 동일성·독자성·불변성·절대성 관념을 조건 삼아 발생한 욕망과 이해'(탐욕·분노·무지)가 삶과 세상을 훼손시키는 원점이라는 것을 밝히면서, '왜곡·오염된 실존 현상'(苦)을 치유하는 새로운 인과적 이해의 길로 안내하고 있는 것이다. 붓다의 연기법이 여전히 선구적이고 유효한 이유이다.

2) 마음

가. 생명의 원초적 창발력과 마음

이해라는 현상은 인간이 언어능력을 발달시키는 과정에서 발생한 것이다. 본래 없다가 언어능력이 조건이 되어 형성된 것이고 수립된 것이다. 그런데 이해의 발생 조건인 언어능력을 발현시킨 것은 무엇인가? 다시 말해 **언어능력과 이해현상을 발생시킨 것은 무엇일까?** 제3의 전능자를 설정하여 창조론적으로 설명하는 것은 현상의 내재적 인과관계를 외면하는 불합리한 방식이다. 관찰 가능한 현상들 사이에서 작용하는 내재적 인과관계를 주목하는 것이 모든 탐구의 합리적이고 타당한 방식이라고 생각한다. **필자는 생명현상의 조건인과적 전개 과정에서 작동하는 '원초적 창발력'이 있다고 본다.** 이 원초적 창발력의 발생 조건이 무엇이며 언제부터 존재했는지는 추정하기 어렵지만, 인간 생명의 진화계열에서는 분명히 작동하고 있으며, 진화가 거듭될수록 그 창발력의 수준과 내용도 역동적으로 고도화되고 있는 것으로 보인다. 그리고 '이해현상'은 인간 생명현상의 진화적 전개에서의 조건인과적 계열에서 그 원초적 창발력에 의해 발생하였을 것이라고 본다. '이해현상'을 발현시킨 조건들과 그 인과관계의 정확한 과정이나 시점을 소급하여 알 수는 없지만, 앞서 거론한 '사유 발생의 조건인과적 발생 연쇄에 관한 작업가설'에 따른다면, 적어도 **'차이들을 언어에 담아 처리하는 능력'의 발생이 '이해현상 발생의 선행조건'**이라고 보아야 할 것이다.

인간의 언어적 처리능력을 발생시킨 원초적 창발력은, 생명체의 개별적 인과계열에서는 '범주적 자기 조직화 능력'으로 작동하는 것으로 보인다. '범주적 자기 조직화 능력'이라는 말은, 생명의 개별적 인과계열에서 여러 조건이나 현상들을 유기적으로 엮어주면서 그 계열 내에서 새로운 조건이나 현상들을 인과적으로 조직해 가는 '조건인과적 자기 조직화의 통합적 중심축' 혹은 '조건인과적 자기 조직화의 통합적 상위 작용'을 지칭한다. **개별 생명의 인과계열에서 발생하는 조건인과적 현상들을 '자기 조직적으로 통합하면서 거듭 새로운 창발적 현상을 가능케 하는 근거'.** – 그것을 '범주적 자기 조직화 능력'이라 불러 본다. 이 '범주적 자기 조직화 능력'이 '차이들에 대한 언어적 처리능력'부터 '이해를 직조하는 사유능력'까지의 창발적 발현을 가능케 한 동력이라고 생각한다. 그리고 '언어인간이 된 이후의 범주적 자기 조직화 능력'을 '넓은 의미의 마음', '언어인간이 된 이후의 재인지능력을 조건으로 삼아 발행하는 사유'를 '좁은 의미의 마음'이라 불러 본다.

언어인간이 된 이후 '범주적 자기 조직화 능력'은, '인지적 경험의 모든 것을 대상화시켜 재인지하면서 재구성하는 능력'으로 자신을 표현하는 것으로 보인다. 기존의 관점·견해·이해를 평가하여 수정하기도 하고, 다른 것으로 대체하기도 하며, 새로운 이해를 수립하기도 하는 창발적 현상의 근거로 작용하는 것은 이 '재인지하면서 재구성하는 능력'이다. **'이해 사유'의 강력한 규정력에 갇히지 않고 이해 내용을 보완·수정해 가고 새로운 이해로 바꾸어 가는 것은 '재인지 사유의 창발적 구성력'이다. 이 '재인지 사유의 창발적 구성력'을 주목하여, 그것을 '선先이해체계/문법에서 풀려나는 능력' 및 '이해를 이로운 것으로 수정하거나 수립하는 능력'으로 포착한 후, 그 능력을 의도적으로 계발하여 고도화시켜가는 길을 마련한 분이 붓다였다고 본다.** 그리고, 앞으로 상론하겠지만, '육근수호 및 정념에서 설하는 알아차림(正知, sampajānāti)'에 초점을 두는 붓다의 선禪, 유식무경唯識無境의 유식관唯識觀과 원효의 일심一心, 선종의 돈오견성頓悟見性 선관禪觀은 이 '재인지능력을 펼치는 마음'에 의거하여 〈주객 대상을 붙들지 않아, 새로운 관점과 이해를 수립하고, 기존 관점과 이해를 수정·대체하는 능력〉을 계발하고 완성하는 길에 관한 이정표라고 본다.

나. 사유의 두 면모 : 이해와 마음

인간의 인지능력이 보여주는 가장 현저한 특징은 '사유 활동'이다. 차이를 부호(언어)에 담아 분류한 후, 분류된 차이들을 비교하고 선별하는 기준을 만들며, 선별기준을 정당화시키는 논리와 이론을 마련하고, 논리·이론을 갖춘 견해와 관점을 수립하며, 그 견해와 관점에 의거하여 현상의 법칙적 의미를 파악하는 이해를 펼치는 것. – 이 모든 것이 사유 활동에 속한다. 그래서 인간 존재의 고유한 특징을 지칭할 때 '인간은 사유하는 존재'라는 말이 널리 쓰이곤 한다. 이때 사유(thinking)라는 용어는 '차이현상에 대한 언어적 처리능력을 토대로 삼아 펼쳐지는 정신 현상'이다. 사유능력은 인간의 모든 특이성을 정초한다. 본능적 기준에 매이지 않고 언어적·관념적·추상적 기준에 의해 비교·분석·판단·평가·종합·선택하는 것은 사유능력의 표현이다. 인간은 이미 지나간 과거를 반성하거나 아직 오지 않은 미래를 설정하면서 현재를 재구성한다. 이처럼 과거를 현재로 소환하거나 현재를 미래로 이월시켜 현재의 내용을 풍요롭게 하고 확장하는 것도 사유능력 때문에 가능하다. 여러 관점이나 욕구를 비교·종합하여 새로운 관점이나 욕구를 생성해 내는 것, 과거나 현재의 관점·욕구·행동을 비판적으로 성찰하여 다른 내용으로 변경할 수 있는 것도 사유능력 때문이다. 언어적·관념적 관점과 기준을 욕망과 행동에 반영하여 추상적 욕망과 행동을 생성하고 실행하는 것도 사유능력의 표현이다. '인간다움'이라고 말하는 모든 특이성은 기실 사유능력의 다양한 표현이다.

 인간의 사유를 설명하기 위해, 필자는 '이해와 마음' 및 '이해 사유와 재인지 사유'라는 두 가지 개념의 쌍을 채택하여 맥락에 따라 선택적으로 사용하고 있다. 사유능력의 표현 양상은 다양하고 다채롭다. 그런데 사유능력의 모든 표현 양상은 사유능력이 지닌 두 가지 면모를 발생 조건으로 삼는다. '이해와 마음' 혹은 '이해 사유와 재인지 사유'가 그것이다. 사유는 '이해와 마음' 혹은 '이해 사유와 재인지 사유'의 상호작용에 의해 역동적으로 형성된다.

마음은 '이해현상을 가능케 하는 근거로서 이해를 포섭하고 있는 상위 개념'이다. '이해 사유로서의 마음작용'과 '재인지 사유로서의 마음작용'을 모두 포섭하고 있는 것이 마음이다. 마음은 이해를 수립하고 마음이 지닌 재인지 사유에 의해 이해의 내용을 바꾼다. 이해는 마음에 의해 발생하고 재인지 사유에 의해 수정·보완·대체된다. '이해 사유'는 '이해로 수렴되고 또 이해로부터 규정되는 사유'이고, '재인지 사유'는 '기존의 이해를 대상화시켜 처리하는 사유'이다. 재인지능력으로 인해 사유는 과거와 현재의 이해에 갇히지 않고 기존의 이해를 수정·보완·대체하며 새로운 이해를 수립하는 면모를 보여준다. 따라서 사유의 그릇은 '이해 사유'와 '재인지 사유'의 상호작용으로 역동적으로 채워진다.

마음과 사유에 관한 이제까지의 논의를 요약하면 이렇다. 〈인간의 언어적 처리능력을 발생시킨 원초적 창발력은 생명체의 개별적 인과계열에서 작동하는 '범주적 자기 조직화 능력'이고, 이것이 '차이들에 대한 언어적 처리능력'부터 '이해를 직조하는 사유능력'까지의 창발적 발현을 가능케 한 동력이다. 그리고 '언어인간이 된 이후의 범주적 자기 조직화 능력'을 '넓은 의미의 마음', '언어인간이 된 이후의 재인지능력을 조건으로 삼아 발행하는 사유'를 '좁은 의미의 마음'이라 구분한다. '좁은 의미의 마음'은 '이해 사유로서의 마음작용'과 '재인지 사유로서의 마음작용'을 모두 포섭한다. 이 '좁은 의미의 마음'은 사유라고도 할 수 있다. 재인지능력을 조건으로 삼아 발생하는 '협의의 마음인 사유'는 '이해 면모'와 '마음 면모', 혹은 '이해 사유'와 '재인지 사유'의 상호작용에 의해 역동적으로 그 내용이 형성되는데, 양자는 '별개의 것은 아니지만 같은

것도 아닌 관계'(不二而不一)를 맺고 있다.〉

'사유의 이해 면모'는 '언어·개념으로 분류된 차이현상들의 관계를 질서와 법칙에 의해 포착하는 능력'이다. 이 이해 면모는 인간 사유의 모든 양상을 관통하고 있다. 인간 사유의 모든 내용은 언어적 처리와 관련되어 있고, 따라서 사유의 모든 내용물은 어떤 수준, 어떤 방식으로든 이해에 연루되어 있다고 보아야 한다. 사유 활동이나 그 결과물을 통틀어 '정신 현상'이라 부른다면, 정신 현상은 크게 '정서적·감정적 현상'과 '이성적 현상'의 두 부류로 구분되곤 한다. 그리고 정신 현상의 '이성적 범주'를 이해에, '정서적·감정적 범주'를 마음에 배정하곤 한다. 그러나 인간의 정서나 감정 및 욕망은 언어와 무관하지 않다. 인간의 모든 본능과 정서 및 감정은 동식물의 본능적 현상과는 그 발생 조건과 범주가 다르다. **동식물의 본능적 현상은 '언어를 발생 조건으로 삼지 않는 언어 이전의 범주'이고, 인간의 본능·정서·감정적 현상은 '언어를 발생 조건으로 삼는 언어 이후의 범주'이다.** 인간의 본능·정서·감정의 범주가 '언어 이후'라는 것은 그 어떤 본능·정서·감정일지라도 〈차이현상에 대한 언어적 처리에 연루되어 있다〉라는 의미이다. 그 연루의 정도나 수준 및 방식이 다를 뿐, 모두 언어능력과 연관되어 있다고 보아야 한다. 정신 현상의 '이성적 범주'를 언어적 범주, '정서적·감정적 범주'를 비언어적 범주로 구분하는 것은 타당하지 않다.

'이성적 현상'은 물론이거니와 '감성적 현상' 역시 '이해'와 무관하지 않다. 언어인간이 된 이후, 인간의 모든 지각과 경험은 원초적으로 언어에 연루되어 있기에 '이해'와 연계되어 있다. 이해와 연계된 정도나 양상에 따라 '이성적·지적·이론적·논리적 현상'으로 분류하기도 하고 '감

성적·정서적 현상'으로 분류할 뿐이다. 언어로 차이현상들을 처리하는 능력이 고도화된 이후의 인간 감관에서 발생하는 지각이나 경험은, 그 것이 아무리 본능적이고 감각적이라 해도, '그 어떤 수준과 양상에서의 이해'와 연관되어 있다. 사유라는 그릇은 '지적·논리적·이론적인 이성적 현상들'과 '욕망·감정·느낌·충동·정서 등의 감성적 현상들'을 모두 담고 있지만, 사유의 내용을 근원적/최종적으로 결정하는 것은 '이해'이다. **인간이 펼치는 정신 현상의 '이성적 범주'와 '정서적·감정적 범주'는 모두 사유능력이 지닌 '이해 면모의 다채로운 양상들'이다. 사유의 이성적 현상과 감성적 현상은 모두 '이해한 의미들과 연관된 현상들'이다.**

'사유의 마음 면모'는 사유의 '재인지능력'과 연관된 면모로서, 이해 면모와 연관되어 있으면서도 구분되는 면모이다. 이해 면모와 마음 면모는 '별개의 것은 아니지만 같은 것도 아닌 관계'(不二而不一)를 지닌다. 재인지능력이란 무엇인가? 필자는 다음과 같이 거론한 바 있다.

"**'재인지능력'이란 자신의 경험을 괄호 치듯 대상화시켜 재인지하는 능력이다.** 나는 '내가 먹고 있다'는 현상을 대상 관찰하듯 '알면서' 먹을 수 있다. 먹는 경험현상에 그저 머무는 것이 아니라, '먹는 경험현상을 관찰하는 자리'에 설 수 있다. 그 관찰의 자리로 이전한다고 해서 관찰 대상인 현상이나 행위가 증발하지는 않는다. **인간의 인지능력은 자신의 인지력 범주 안에서 이러한 '자리 이전'을 행한다. 관찰을 위해 이전하는 자리와, 그 자리에서 관찰되는 대상을 '모두 동시에' 인지경험 범주에 동거시킨다. 독특한 면모다.** 경험하는/경험된 모든 것들뿐 아니라 관찰자 자신마저도 대상화시킨다. 이것은 **주/객관의 모든 경험에 갇히거나 매이지 않**

을 수 있는 '거리의 발생'을 의미한다. 이 '거리 발생'은 물리적 거리의 발생이 아니다. 인지 범주 안에서 '재인지를 가능케 하는 좌표의 발생'을 의미한다. '괄호 치듯 대상화시켜 놓고 재검토할 수 있는 좌표로 끊임없이 미끄러지듯 옮겨갈 수 있는 능력'이 '재인지능력'이다. 인간은 이 재인지능력이 고도화되어 있다.

인간의 이러한 재인지능력은 역동적으로 변화하는 환경과 세계 속에서 〈안전/이로움과 위험/해로움의 차이를 선택하는 기준들을 더 좋은 것으로 바꾸어야 환경에 적응한다〉라는 생물학적 요청의 산물이다. (…) 더 적합한 기준과 방식을 확보하기 위해서는 기존의 것에 갇히거나 매이지 않는 능력이 필요하다. 이미 선택한 기준·관점·견해·이해를 재평가하고 수정·보완하거나 새로운 것으로 대체하려면, 기존의 것들과 거리를 두려는 능력이 요청된다. 마치 떨어져서 보듯, 괄호치고 보듯, 이미 확보하여 가동하고 있는 기준·판단·평가·관점·견해·이해로부터 거리를 확보해야 한다. 대상화시켜 재음미할 수 있어야 한다. 이 대상화와 거리두기의 필요에 따라 발현된 것이 '재인지능력'이었을 것이다. 〈안전/이로움은 키우고 위험/해로움은 줄이는 더 좋은 방법과 능력을 지속적으로 향상시켜야 한다〉라는 생물학적 보편 본능의 요청에 응하는 과정에서, 인간 특유의 '재인지능력'이 발생하여 고도화된 것으로 보인다.

대상화/거리두기 능력이 고도화되면서 마침내 인간은 자기에게 발생하는 '모든 경험현상'을 '다시 아는 자'가 되었다. '모든 것'을 '대상'으로 괄호 치고 '그것들을 아는 자리'로 이전하여 자신의 경험을 '재인지'하는 능력자가 되었다. 밥을 먹으면서 '밥 먹은 행위를 아는 자리'에 설 수 있고, 생각하면서 '생각한다는 것을 아는 자리'에 설 수 있는 능력을 확보하였다. 행위나 감정은 물론 지식·

관점·판단·평가·이해 등의 추상적 경험마저도 '재인지의 대상'이 된다. **재인지능력은, '차이들 → 기호·언어에 의한 분류 → 취사선택을 위한 기준의 수립 → 논리와 이론 → 관점과 견해 → 이해'의 조건인과적 연쇄에서 가장 늦게 발현되었지만, 그 계열에 배치된 모든 것들을 재인지의 대상으로 삼을 수 있게 되었다. 심지어 '대상화시켜 재인지하는 현상'마저도 다시 대상화시켜 재인지한다.** 인간이 확보한 인지능력에서 가장 주목할 만한 현상이라고 생각한다. **인간의 모든 위대한 가능성과 희망이 이 재인지 면모에서 비롯된다**고 생각하기 때문이다. 모든 것을 '성찰의 대상'으로 삼는 능력을 소중히 여겨 그 능력을 향상시켜 온 **'성찰 지성의 진보행진'도 이 재인지능력의 표현**이다.

재인지능력은 인간 경험의 모든 것을 대상으로 삼아 재성찰할 수 있게 하여 '사실에 더 맞는 진실'과 '더 나은 이로움'을 만들어 가는 길을 밝히는 등대이다. 그러나 재인지능력이 언제나 희망의 길잡이인 것만은 아니다. 밝은 희망만큼이나 어두운 재앙의 길로도 이끌어 간다. 재인지능력이 '불변·동일·독자의 실체나 본질 관념'을 재인지의 대상에 투영시킬 때가 그 재앙의 출발이다. 신체 현상과 정신 현상, 사회 현상에 실체와 본질의 옷을 입힐 때 재앙의 큰길에 올라선다. 사실을 왜곡하고 오염시키는 정교한 기만, 이 기만을 무기로 삼아 휘두르는 폭력의 칼춤, 그에 열광하는 무지의 광기 – 인간 특유의 이 괴물 같은 면모도 재인지능력에서 힘을 얻는다. **'불변·동일·독자의 실체/본질 관념에 의해 일그러진 이해'를 불교철학에서는 '분별分別'이라 부르곤 하는데, 이 분별의 산출과 확대재생산의 원동력도 바로 재인지능력이다.** 재인지능력은 그야말로 양날의 검이다. 잘 쓰면 인간과 세상을 두루 이롭게 하는 활인검活人劍이고, 잘못 쓰면 닥치는 대로 베어 죽이는 살인검殺人劍이다. 붓다는 이 재인지능력을 활인검으로 쓰는 법을 가장 깊숙한 수준에서 확보하여 일러준 분으로 보인다. 그러기에 그의 길에 동참하려는 학인들은 붓다가 일러준 활인 검법을 제대로 익혀야 한다. 원효는 그 활인 검법을 탐구하여 익힌 후 전수하고 있다."[6]

사유능력이 보여주는 이러한 재인지 현상은 이해현상과 같은 것이 아니다. 재인지 현상은 이해와 결합되어 있으면서도 이해에 갇히지 않는다. '이해조차 재인지의 대상으로 처리'할 수 있는 것이 '재인지 현상'이기 때문이다. 그런 점에서 **재인지 현상과 이해현상은 같은 사유 범주에 속하면서도 동일하지가 않다.** '사유의 마음 면모'는 사유의 '재인지능력'을 조건으로 삼아 발생하는 사유 현상이다. 사유의 그릇이 이해 사유와 재인지 사유의 상호작용으로 채워지는 것과 마찬가지로, 사유의 마음 면모 역시 이해 사유와 재인지 사유가 상호적으로 작용하면서 그 내용이 역동적으로 펼쳐진다. 그러나 필자가 사유 작동의 두 가지 면모를 각각 '이해 면모'와 '마음 면모'라고 구분할 때, 마음 면모는 사유가 보여주는 '재인지능력'에 초점을 맞추는 것이다.

사유의 '이해 면모'와 '마음 면모', 혹은 '이해 사유'와 '재인지 사유'는 같은 것은 아니지만, 양자가 서로 무관한 별개의 것도 아니다. 이 '같지도 않고 별개의 것도 아닌'(不一而不二) 관계에 대해 필자는 다음과 같이 거론한 바 있다.

---

6) 같은 책, pp.240-243.

"재인지 사유와 이해 사유가 동일한 것이라 할 수 없지만, 완전히 무관한 것이라고도 할 수 없다. 어떤 이해의 흠결을 인지하는 사유가 발생했다고 하자. 그럴 때 그 사유 현상은, 흠결 있는 이해를 대상화시켜 처리하는 자리에서 발생하는 것이다. 눈이 눈을 볼 수 없듯이, 그 이해 안에 갇혀 있다면 관찰과 평가가 불가능하다. 눈을 거울에 비추어 대상화시켜야 눈에 대한 관찰이 가능하고 눈 상태에 대한 판단과 평가가 이루어진다. 재인지 사유도 마찬가지다. 재인지 사유는, 거울을 보는 자리처럼, '이해를 대상화시켜 관찰할 수 있는 자리'에서 발생한다. 이런 점만을 고려한다면 재인지 사유와 이해 사유는 범주가 다르기 때문에 다른 것이라 할 수 있다. 그러나 **이해 사유와는 다른 자리에서 발생하는 재인지 사유는 어떤 경우에도 이해 사유와 무관할 수 없다. 대상이 된 이해에 대한 그 어떤 대응과 처리도 그 이해에 기대어 있지 않을 수 없기 때문이다.** '좋은 이해' '맞는 이해'라는 판단·평가도, '좋지 않은 이해' '틀린 이해'라는 판단·평가도, 재인지의 대상이 된 이해를 조건 삼아 발생한다. 또 수정된 이해나 새로운 이해도 기존의 이해를 조건으로 한다. 틀린 이해가 없으면 맞는 이해가 성립할 수가 없다. 이런 점에서는 재인지 사유와 이해 사유는 무관한 다른 것이라고 할 수 없다. **재인지 사유는 이해 사유와 언제나 서로 맞물려 있다.**

이처럼 재인지 사유는 언제나 이해 사유를 조건으로 삼아 발생하고 작용한다. 연기적緣起的 상호의존 관계의 전형이다. 어느 한 쪽이 없으면 다른 쪽도 성립하지 못하며, 그 결과 사유 자체가 제대로 작동하지 못한다. **'이해 사유의 의미 규정력'이 없다면 사유의 그릇이 비게 되고, '재인지 사유의 이해 구성력'이 없다면 사유**

그릇의 내용물이 썩는다. 이해 사유와 재인지 사유는, 원효의 말을 빌리면, '같지 않으면서도 별개의 것이 아닌'(不一而不二) 관계를 맺고 있다. 이해 사유와 재인지 사유는 '같은 것도 아니고 다른 것도 아니다'(不一不異). 마음은 〈이해 사유와 재인지 사유가 '같은 것도 아니고 다른 것도 아닌 관계'로 역동적으로 상호작용하는 '사유의 장場'〉이다."[7]

---

7) 같은 책, pp.244-245.

5. 이해수행과 마음수행

1) 이해수행

　언어인간이 된 이후, 인간 사유의 구체적 내용은 '이해'를 조건으로 발생하며, 사유의 그릇에 담긴 것은 '이해한 의미들의 역동적 체계'라 할 수 있다. 감관이 대면하는 차이현상을 처리하는 언어적 기준과 방식들에 의해 현상의 의미를 이해로써 읽어낸 사유는, 역동적으로 생성 소멸하는 의미들로써 자신을 채운다. 이해에 따라 의미가 달라지고, 그에 따라 사유의 내용물이 달라진다. 이처럼 사유의 내용을 결정하는 원천 조건은 이해이기 때문에, 이해 여하에 따라 사유 그릇에 담긴 내용물의 질이 결정된다. 그리고 언어인간이 구성하는 세상의 개인적·사회적 현상들은 결국 사유의 표현이며, 사유의 내용을 규정하는 원천 조건은 이해이기 때문에, 인간이 언어능력으로 만든 모든 문제의 원인과 해법은 근원적으로 이해로 귀결된다. 언어인간이 구성한 개인적/사회적 세상의 내용과 질, 그 이로움과 해로움의 수준과 양상은, 결국 '이해 수립과 선택'의 문제로 귀결된다. 언어인간들은 이익과 권력의 쟁투 과정에서 지식과 논리와 이론의 우위 확보에 진력하기 마련이다. 이익과 권력을 차지한 자들은 기득권을 방어하는 데 유리한 지식과 논리·이론 확보에 사활을 걸기 마련이고, 도전자들은 비판과 투쟁에 유효한 지식·논리·이론의 수립과 확산에 승부를 건다. 더 나은 삶, 더 좋은 세상을 지향하는 지성의 가치는 '좋은 보편가치 구현에 기여하는 지식·논리·이론과 그에 의거한 더 이롭고 더 나은 이해'에 의해 구현된다. 이런 점에서 인류의 행적을 '이해를 결정하는 지식·논리·이론의 경합'으로 읽을 수 있다. 지금도 그렇고 앞으로도 그럴 것이다. 현상의 물리적 법칙성을 포착하려는 과학적 탐구도 언제나 '더 좋은 이해를 가능케 하는 지식·논리·이론의 계발'을 목표로 삼는다.

삶과 세상의 해로움은 치유/제거하고 이로움은 만들어내어 키우려는 사람들의 모든 노력은, 〈이해가 사유의 내용을 결정하고, 사유의 내용이 삶과 세상의 내용을 구성해 간다〉라는 측면을 주목할 수밖에 없다. 더 좋은 이해의 선택과 수립, 그것을 가능케 하는 지식·논리·이론을 확보해야 그 선의善意가 목표를 성취한다. 문제를 잘 풀어주는 이해, 더 이로운 현상을 발생시키는 이해를 수립하고 선택하며 적용해야 한다. 인간 향상 진화의 관문에는 언제나 '이해 문제'가 문 앞에 버티고 서 있다. **'이해의 수립과 선택 및 적용'을 이로움과 해로움의 분기점으로 만든 것은 인간이 스스로 선택한 독특한 조건이다.** 이 독특한 조건으로 인해 인간은 지구 행성 위 그 어떤 생물종보다도 위대한 가능성을 품게 된 동시에, 가장 끔찍한 공멸共滅의 파멸적 가능성도 품게 되었다. 어느 가능성에 더 힘을 실을지는 전적으로 인간의 선택지이다. '이해의 수립과 선택 및 적용'이 인간 특유의 이로움과 해로움의 분기점이다.

"인간의 경험은 사유에 담긴 이해에 의해 내용이 형성된다. 이해의 종류와 내용에 따라 경험세계의 내용이 결정된다. 그런데 이해에 따라 발생하는 경험현상은 이롭거나 해롭다. 이로움과 해로움에도 각각의 질적 수준 차이가 있고 다양한 유형이 있다. 자기에게는 이롭지만 타인(들)에게는 해로운 것이 있고, 타인(들)에게는 이롭지만 자기에게는 이롭지 못한 것이 있다. 모두에게 이롭거나 모두에게 해로운 것도 있다. 수준 높은 이로움이 있고 저급한 이로움이 있으며, 나쁜 이로움/해로움도 있고 좋은 이로움/해로움도 있다. 이로워도 해로운 것이 있고, 해로워도 이로운 것이 있다. 이로움과 해로움의 내용, 그것을 발생시키는 조건들과 그 조건들의 관계가 복잡하고 가변적인 만큼, 이로움과 해로움을 발생시키는 이해·관점·견해의 유형을 일률적으로 규정하기는 불가능하다. 〈나와 남 모두에게 이로워야 한다〉라는 불교적 이로움(善)의 요청도, 실제 상황을 반영하려면 복잡하고 난해한 문제들에 봉착한다.

그러나 '이로움을 발생시키는 이해'와 '해로움을 발생시키는 이해'를 구분하거나 선택할 수 있는 보편적·근원적 기준이 없다고는 보지 않는다. 인간의 개인적·사회적·역사적 경험들은 이 보편적 기준에 점차 눈뜨게 했다고 본다. 더 좋은 가치를 추구해 온 지성들은 보편적 설득력을 가진 기준이 무엇인지를 성찰해 왔고 또 제안해 왔다. 그 성찰과 제안들이 수렴되는 곳이 있을까? 있다면 어떤 것일까? 철학적 관심으로 볼 때, 그것은 '불변·동일·독자의 실체나 본질을 설정하는 이해'와 '실체나 본질을 부정하고 해체하는 이해'로 압축된다. 붓다의 관점이 대표적이다. 〈탐욕과 분노와 무지'라고 불리는 현상을 발생하는 이해는 해롭고, 그 현상들을 치유하고 제거하는 이해는 이롭다〉라고 하는 붓다의 말도 이런 맥락에서 등장하고 있다.

'모든 유형의 본질·실체주의를 지지하는 이해'는 전반적·근원적·궁극적으로 해로움을 발생시킨다. 일시적으로는 이로워 보여도 근원적·궁극적으로는 이롭지 않으며, 특정 개인이나 집단에게만 이로운 배타적·폐쇄적인 이로움이라서 보편성이 없다. 이런 이해에 의거한 이로움은 강력한 배타적 결집력을 발생시켜 얻은 것이라서 폭력적이고 저질이고 불안하다. 또 아만, 독선, 증오, 배타적 이기심, 소유에 대한 집착, 기만적 무지 등을 발생시키는 이해이기에 해롭다. 이익을 발생시켜도 좋은 이익이나 보편가치에 다가서는 이로움이 되지 못한다. 역사가 넘쳐나는 사례들로 증언한다. 인간의 길에는 본질·실체 환각에 묶인 이해가 펼쳐놓은 그럴듯한 기획들이 가득하다. 날카로운 가시덤불이다.

이에 비해 **'불변·동일·독자의 실체나 본질을 부정하거나 해체하는 이해'는 전반적·근원적·궁극적으로 이로움을 발생시킨다.** 비록 본질·실체주의적 이해로 펼치는 기획처럼 '폐쇄된 이익의 배타적 성취'에는 기여하지 못할지라도, 더 좋고 더 깊고 더 크고 더 보편적인 이로움을 발생시킨다. 일상세계와 역사는 이 점을 증언하는 사례들도 넘치도록 제시한다.

인간의 행위나 욕망, 감정은 어떤 수준 어떤 방식으로든 판단이나 평가에 연루된다. 그리고 판단·평가의 내용을 결정하는 것은 관점·견해·이해다. 따라서 이로움을 생겨나게 하는 관점·견해·이해는 선택하거나 수립하여 힘을 실어주어야 한다. 반면에 해로움을 생겨나게 하는 관점·견해·이해에서는 벗어나야 하고 수정해야 한다. **근원적 수준에서는, '불변·동일·독자의 실체나 본질을 부정하거나 해체하는 관점·견해·이해'는 수립하여 살려야 하고, '모든 유형의 실체·본질주의를 지지하는 관점·견해·이해'는 고쳐야 한다. '이해하는 언어·사유 인간'의 운명적 과업이다.** 언어·사유에 의해 이해하는 능력이 고도화된 이후로 줄곧 이 과제와 씨름해 왔고, 앞으로도 집중해야 한다. 인간에게는 '이해의 치유'가 좋은 삶과 세상을 만드는 근원적 조건이다. **보편가치를 합리적 방식으로 추구해 온 지성의 행보도 결국 '해로운 이해의 극복'과 '이로운 이해의 확보'였다. 붓다는 이 이해의 문제를 가장 깊은 근원에서 다루어 성공했던 것으로 보인다. 따라서 붓다의 길에 동참하려는 불교 전통은 이에 관해 남다른 실력을 펼쳤어야 마땅하다. 이런 요청에 얼마나 성공적으로 부응하였는지를 묻는 것은 현재 학인들의 몫이다.**"[8]

'사유 내용의 구성에서 이해가 행하는 역할'과 '삶과 세상의 구성에서 사유가 감당하는 역할'을 고려할 때, **'사실 그대로에 대한 깨달음'을 성취하고 그 깨달음으로 '무지의 구속에서 풀려나는 삶과 세상의 해탈'을 구현하려는 수행을 '이해 중심으로 파악하는 시선'은 자연스럽다.** 이와 관련하여 필자는 이렇게 거론한 바 있다.

"모든 것을 '불변·동일·독자의 시선으로 보는 이해'를 '변화와 조건인과 관계의 현상으로 보는 이해'로 바꾸려는 노력을 깨달음 수행의 핵심으로 보는 것은, '인간과 사유 및 이해의 관계'를 고려할 때 정당하다. '모든 것은 변한다는 이해를 수립하여 간수해 가려는 노력'(無常觀), '그 어떤 자아 현상에는 불변·동일·독자의 실체나 본질은 없다는 이해를 수립하여 간수해 가려는 노력'(無我觀), '모든 현상은 조건에 따라 인과적으로 발생한다는 이해를 수립하여 간수해 가려는 노력'(緣起觀)을 해탈 수행으로 간주하는 것은, '사유하는 인간'이라는 독특한 조건을 잘 반영한 것이다.

---

8) 같은 책, pp.258-260.

그런데 **이해를 사실에 맞는 것으로 교정하고 바꾸려는 노력이** 단지 '지식습득 수준'에 그쳐서는 그 이해가 실존에서 힘을 발휘하기가 어렵다. '확신할 수 있는 수준'이 되어야 사유와 세상을 바꾸는 힘으로 작동하는 이해가 될 수 있다. 〈몸과 마음의 현상을 면밀히 관찰해야 한다. 그러면 무상無常·고苦·무아無我를 직접 볼 수 있다〉라는 주장은 이러한 요청을 반영한 것으로 보인다. 이른바 **'위빠사나 행법'(관법觀法 수행)이다.** 심신 현상에 대한 주의 깊고 면밀한 관찰은 분명 필요하다. '불변과 독자의 것'으로 보던 이해는 '경험적 근거가 없는 착각'이고 '충족 불가능한 기대'에 불과하다는 점을 자각하고 확신하기 위해서는, 건성으로 선입관에 맡기던 태도에 제동을 걸고 경험현상을 대면적對面的으로 살필 필요가 있다. 그래야 현상을 '변화와 관계의 관점'에서 이해할 수 있는 분석과 판단 능력이 향상·심화되기 때문이다. 그런 점에서 **위빠사나 행법의 지침 가운데 〈몸과 마음의 현상을 면밀히 관찰해야 한다〉라는 주장은 타당하다.**

하지만 위빠나사 행법의 지침 가운데 두 번째 명제인 〈무상·고·무아를 직접 볼 수 있다/보아야 한다〉라는 주장은 그 타당성이 의심스럽다. '무상·고·무아라는 이해'는 차이현상을 언어·기호에 담아 분류하여 비교·분석·판단·평가하는 사유 과정에서 발생하는 현상이지 그것과 무관한 직접경험이 될 수가 없다. 다시 말해, '무상·고·무아라는 이해'는 어디까지나 '차이현상들을 언어·기호적으로 처리하는 과정'에서 발생하는 조건적 현상이지, 이런 과정이나 발생 조건들과 무관하게 이루어지는 경험현상이 아니다. 만일 〈직접 본다〉〈직접 체득해야 한다〉라는 말의 의미를, 〈비교·분석·판단·평가하는 언어·기호적 처리 과정 및 그 발생 조건들을 빼버리거나 그것들과 무관하게 관찰자가 현상을 직접 만나는 것〉이라고 여긴다면 무지다. **인간의 어떤 경험도 언어·기호적 처리 없이 외부 현상과 직접 만나 발생하는 것은 없으며, 이해는 더더욱 그렇다.** 〈분석이나 추론 없이 직접 안다〉라는 '직관'도 '언어·기호적 차이처리 과정'을 조건 삼아 발생하는 하나의 인식 양상이라 보아야 한다. 그럼에도 불구하고 위빠사나 행법을 수용하는 사람들 가운데는, 〈무상·고·무아를 직접 볼 수 있다/보아야 한다〉라는 말을 〈'비교·분석·판단·평가하는 언어·기호적 과정이나 그 조건들'과 무관하게 이루어지는 체험을 해야 한다〉라는 뜻으로 여기면서 그 체험이 '깨달음의 체득'일 것이라고 기대하는 경우가 적지 않은 것 같다.

'차이현상들에 대한 언어·기호적 처리 과정이나 그 조건들'과 무관하게, 마치 눈이 사물을 마주하듯 직접 볼 수 있는 '무상·고·무아의 현상'을, 인간은 만날 수가 없다. 인간의 지각/경험 조건이 그러하기 때문이다. **무상·고·무아의 사태는 볼 수 있는 대상이 아니라 이해의 대상이다.** 〈무상·고·무아라는 현상을 직접 볼 수 있다〉라고 주장하는 사람들은 그 경전적 근거로 니까야/아함에 빈번하게 등장하는 〈'사실 그대로'(yathābhūtaṃ) '보아야 한다'(daṭṭhabbaṃ)〉라는 구절을 제시할지도 모른다. 그러나 이 말이 등장하는 문구의 전후 맥락을 보면 이 말도 '이해'를 조건으로 하는 용법이다. '오온五蘊의 무상·고·무아'를 설하는 법문에서 붓다는 이렇게 말한다.

〈비구들이여, 그러나 색은 무상하고 변화하는 것임을 '알고 나면'(viditvā) 탐욕에서 벗어나고 적멸한다. 과거의 색이거나 현재의 색이거나 그 모든 색은 무상하고, 고이며, 변화하는 것이라고, 이와 같이 있는 그대로 바른 지혜로써 '보게 되면'(passato) 슬픔, 비탄, 고통, 근심, 고뇌인 것들은 사라진다.(이하 受·想·行·識에 대한 반복구도 동일)〉9)

〈비구들아, 색은 무상하다. 무상한 그것은 고다. 고인 그것은 무아이다. 무아인 그것은, '이것은 내 것이 아니고, 이것은 나가 아니며, 나의 실체도 아니다.' 이와 같이 이것은 올바른 지혜로써 '사실 그대로'(yathābhūtaṃ) '보아야 한다'(daṭṭhabbaṃ). (다음의 구문에서 수상행식 반복구 동일…)〉10)

〈'사실 그대로'(yathābhūtaṃ) '보아야 한다'(daṭṭhabbaṃ)〉라는 말은 어디까지나 무상·고·무아라는 것을 '아는/이해하는'(viditvā, vidati) '올바른 지혜'의 작용을 지시하는 것이다. 붓다는 〈무상하다고 '알고' 무아라고 '알아야 한다'〉고 했지 〈무상·무아를 '직접 보아야 한다'〉라고 말하지 않았다. 직관적 이해든 분석적 이해든, 이해의 양

---

9) 상윳따 제22 '존재의 다발' 43(SN.Ⅲ, pp.42-43) ; "rūpassa tveva bhikkhave aniccataṃ viditvā vipariṇāmaṃ virāgaṃ nirodhaṃ. pubbe ceva rūpam etarahi ca sabbaṃ rūpam aniccaṃ dukkhaṃ vipariṇāmadhammanti evam etaṃ yathābhūtaṃ sammappaññāya passato ye sokaparidevadukkhadomanassupāyāsā te pahīyanti."/『잡아함경』(T2, 8b5-10) ; "若善男子. 知色是無常已變易離欲滅寂靜沒. 從本以來, 一切色無常苦變易法知已. 若色因緣生憂悲惱苦. 斷彼斷已無所著. 不著故安隱樂住, 安隱樂住已, 名爲涅槃. 受想行識亦復如是."
10) 상윳따 제22 '존재의 다발' 12-15(SN.Ⅲ,p.22) ; "Rūpam bhikkhave aniccaṃ. yad aniccam taṃ dukkhaṃ. yaṃ dukkhaṃ tad anattā. yad anattā taṃ netam mama neso ham asmi na meso attā ti. Evam etaṃ yathābhūtaṃ sammappaññāya daṭṭhabbaṃ."

상은 다를 수 있어도 '무상·고·무아에 대한 앎'은 모두가 '이해 범주의 현상'이다. 〈이해가 아닌 무상·고·무아의 사실을 직접 보았다〉라고 주장하는 사람이 있다면 무지의 착각이거나 기만이다.

변화와 관계 속에 생멸하는 현상의 모습을 실감 나게 확인하고 싶다면 차라리 고도의 전자현미경으로 관찰하는 것이 나을 것이다. 그러나 전자현미경을 통한 관찰에서 발생하는 경험 역시 이미 '비교·분석·판단·평가하는 언어·기호적 차이 처리과정'이 전제되어 있다. 그러므로 〈몸과 마음의 현상을 면밀히 관찰해야 한다〉라는 것은 타당하지만, 〈무상·고·무아를 직접 볼 수 있다/보아야 한다〉라는 것은 그 말의 의미를 제한적으로 해석해야 한다. 이때 〈직접 보아야 한다〉라는 말은 〈흔들림 없이 확신할 수 있는 수준의 이해까지 나아가야 한다〉라는 정도의 뜻으로 수용해야 한다. 그렇지 않으면 자칫 '언어·사유·이해를 부정하거나 건너뛰려는 신비주의의 덫'에 걸리기 쉽다. 일단 이 신비주의의 덫에 걸리면 '언어·사유·이해와 맞닿아야 발생하는 경험주의적 합리성'은 너무도 쉽게 망실하게 된다. 가장 경계해야 할 대목이라고 본다."[11]

이해수행은, 〈언어에 수반하는 동일성·불변성·독자성·절대성 관념으로 현상을 채색하는 것을 멈추고, '변화·관계의 차이현상'과 접속을 유지한 채, '현상의 사실 그대로에 부합하는 이해'를 수립하여 간직해 가면서 내면화시키려는 노력〉이다. 그리하여 '동일성·불변성·독자성·절대성 관념에 의거한 환각적 행복의 무지와 허구에 대한 이해'(苦觀)와 '변화·무본질·무실체·관계·조건인과적 발생에 대한 이해'(無常觀·無我

---

11) 같은 책, pp.248-251.

觀·緣起觀)로써, '차이현상의 사실 그대로'(如實相, 眞如相)를 직면하여, '사실 그대로의 이해로 인한 개인과 세상의 이로움'을 누리려는 것이 이해수행의 목표이다.

2) 마음수행

'들뜬 마음' '안정된 마음' '화내는 마음' '자애로운 마음' 등, 심리 상담이나 심리 치료 및 마음 치유에서의 '마음'은 마음수행에서 거론하는 '마음'이 아니다. **마음수행에서 '마음'은 '정신 현상의 특정한 상태'를 지시하는 개념이 아니라, 〈'이해 사유'와 '재인지 사유'의 두 측면을 지닌 마음 가운데 특히 '재인지 사유'에 초점을 맞춘 마음〉이다. '재인지 사유로서의 마음작용'인 것이다.**

재인지능력을 조건으로 삼아 발생하는 '협의의 마음인 사유'는 '이해 면모'와 '마음 면모', 혹은 '이해 사유'와 '재인지 사유'의 두 측면을 지닌다. 사유의 내용은 이 두 측면의 상호작용에 의해 역동적으로 형성된다. 이 두 측면은 '별개의 것은 아니지만 같은 것도 아닌 관계'(不二而不一)를 맺으면서 사유의 그릇을 채운다. 그런데 '이해 사유'와는 다른 자리에서 발생하는 '재인지 사유'는 언제나 이해 사유를 조건으로 삼아 발생하고 작용한다. '이해 사유의 의미 규정력'이 없다면 사유의 그릇이 비게 되고, '재인지 사유의 이해 구성력'이 없다면 사유 그릇의 내용물이 썩는다.

사유의 그릇은 결과적으로 '이해'와 '이해에 의한 의미'로 채워진다. '이해 사유의 의미 규정력'이 사유의 모든 내용물을 관통한다. 그런데

이해의 압도적인 '규정적 구성력'은 확정적이지 않다. 내용을 규정할 정도로 강력하지만 닫힌 완결이 아니다. **사유의 〈'이해 면모'와 '마음 면모'/'이해 사유'와 '재인지 사유'〉 가운데 '마음 면모' 혹은 '재인지 사유'에 의해 이해 자체가 바뀔 수 있기 때문이다.** '사실 그대로'에 대한 깨달음으로 '무지의 구속에서 풀려나는 삶과 세상의 해탈'을 이루려는 수행을 이해수행으로 파악하는 위빠사나 행법이 실제 삶을 치유하고 바꾸는 변화를 보여줄 수 있는 것도 '사실과 맞지 않는 이해'를 '사실과 맞는 이해'로 바꿀 수 있기 때문이다.

"그런데 '이해 바꾸기'는 기대처럼 쉽게 이루어지지 않는다. 인간 사유의 그릇 안에는 이미 강력한 '이해의 체계들'이 축적되어 있다. 그 이해체계들은 지각되는 차이현상들을 선별·가공하여 처리한다. 그리고 인간의 경험은 이해체계를 통해 해석된 의미들로 채워진다. 뇌 과학의 서술방식으로 보면, 이 선先이해 체계는 감관을 통해 입력된 정보들을 처리하는 신경 시스템에 해당할 것이다. 뇌에 자리 잡은 신경 시스템의 정보처리 방식은, 비록 재구성 및 변화 가능성을 인정한다고 할지라도, 가소성可塑性보다는 '같은 방식이 재현되는 패턴'이 압도적일 것이다. 마찬가지로, 사유에 내재된 선先이해 체계도 차이현상들의 해석 방식에 있어서 거의 같은 내용을 반복할 정도로 안정적이다. 욕구와 감정, 행동의 방향과 내용을 규정하다시피 하는 이해, 그리고 그 이해들이 얽히고설켜 형성된 체계는, 강력한 관성을 지니고 있다. 같은 방식을 반복하면서 안정적으로 작용한다. 〈사람은 안 변한다〉라는 통념의 근거이기도 하다.

사유에 내면화된 이해체계가 불변으로 보일 정도로 안정적인 것은 자연스럽다. 현재 작동하고 있는 개인적/사회적 선先이해 체계는 장기간에 걸쳐 검증된 환경적응 방식이기 때문이다. 환경적 조건들은 비록 가변적이지만 문제 유형들은 반복적으로 발생하는 경우가 대부분이기 때문에, 그에 대응하여 수립된 이해들은 유사한 문제 해결을 위해 반복적으로 채택된다. 만일 같거나 유사한 문제들에 대해 그때마다 상이한 이해들로 대응한다면, 문제 해결력은 불안정해지게 된다. 게다가 문제에 대응하기 위해 수립된 이해들은 집단적으로 공유되고 전승되는데, 그 과정에서 전통·문화·종교·제도와 같은 지속적/안정적 방식들과 결합된다. 이런 사정들로 인해 사유에 이미 자리 잡은 이해체계는 바꾸기 어려울 정도로 안정적으로 작동한다.

그러나 **아무리 안정적이고 바꾸기 어려울지라도 기존의 이해체계가 불변의 것은 아니다. 원래 없던 '개인적/사회적 선先이해 체계'를, 그 자신도 변하는 '개인적/사회적 마음'이, 역동적으로 구성한 것이기 때문이다.** 선先이해 체계와 마음 모두 역동적으로 변하는 현상이다. '일정한 범주적 능력'인 마음은, 개인적 범주의 것이든 사회적 범주의 것이든, 그 작용과 내용이 역동적으로 변하는 것이기에, '차이들에 대한 언어·기호적 처리능력'부터 '이해를 직조하는 사유능력'까지의 창발적 변화와 구성이 가능하였다. 또한 '이해들과 그 체계'도 그 역동적인 마음에 상응하여 변하면서 수립된 것이다. 그러므로 비록 **안 변할 것처럼 안정적이고 굳건한 '이해들과 그 체계'일지라도 변할 수 있다. 개인적·사회적 마음의 '변화에 열린 작용'에 의해 새로운 내용으로 바뀔 수 있다.** 그 변화 가능성 때문에 문화와 문명도 바뀌어 왔다. 또 그 가능성 때문에 인간은 진보의 희망을 품을 수 있었고, 완만하게나마 실제로 향상 진보의 길도 걸을 수 있었다."[12]

그런데 이해는 어떻게 바뀔까? 기존의 이해가 다른 내용의 이해로 바뀌는 인과적 구조는 어떤 것일까? 이해 바꿈의 인과적 과정에서 핵심 조건은 '재인지 사유의 역할'이다.

"'이해 바꾸기'의 요청에 응하려면 '이해 바꾸는 방법'을 탐구해야 한다. 의지나 요청만으로는 바뀌지 않는다. 적합한 방법론이 확보되어야 성공할 수 있다. 방법의 적절성 여하에 따라 이해 바꾸기의 정도와 성패가 좌우된다. 그런데 **'이해 바꾸기'의 중요성은 강조되어도 방법론에 관한 관심과 탐구는 기대에 미치지 않는다.** 가장 널리 승인되어 온 방식은 '성찰하기' '비판적으로 생각하기' '편견이나 선입견에 지배받지 않기' '다른 이해를 경청하기' '열린 태도' 등이다. **'방법론에 대한 탐구'와 '실험을 통한 검증'이 집중적이고 체계적으로 진행되는 경우는 현재도 목격하기 어렵다. 붓다의 경우는 그런 점에서도 돋보인다.**

이해의 강력한 규정력에 매이지 않고 이해 자체를 바꾸어 간다는 점에서, '마음으로서의 재인지 사유'는 '이해 사유'보다 상위의 지위라 할 수 있다. 그런데 **재인지 사유의 이 '이해 바꾸기 작용'은 구체적으로 어떻게 이루어지는 것일까? '이해 바꾸기의 기능적 구조', 그 '이해 바꿈의 메커니즘'은 어떤 것일까?** 앞서 언급한 것처럼, 재인지 사유는 언제나 이해 사유를 조건으로 삼아 발생하

---

[12] 같은 책, pp.260-261.

고 작용한다. 연기적緣起的 상호의존 관계의 전형이다. 어느 한쪽이 없으면 다른 쪽도 성립하지 못하며, 그 결과 사유 자체가 제대로 작동하지 못한다. '이해 사유의 의미 규정력'이 없다면 사유의 그릇이 비게 되고, '재인지 사유의 이해 구성력'이 없다면 사유 그릇의 내용물이 썩는다. 이해 사유와 재인지 사유는, 원효의 말을 빌리면, '같지 않으면서도 별개의 것이 아닌'(不一而不二) 관계를 맺고 있다. 이해와 마음은 '같은 것도 아니고 다른 것도 아니다'(不一不異). 이해와 마음, '이해 사유'와 '재인지 사유' 양자의 이 '같지 않으면서도 별개의 것이 아닌 관계'(不一而不二)를 주목하면 '이해 바꿈의 메커니즘'을 풀어 볼 단서가 잡힌다.

'재인지 사유'가 보여주는 '이해 바꾸기 작용'은 두 가지 방식으로 작동되는 것으로 보인다. 하나는, 〈어떤 이해가 재인지 사유의 선택작용을 촉발시켜 재인지 사유로 하여금 새 이해를 선택하게 하는 방식〉이다. 예컨대 〈불변·동일·독자의 실체는 없다〉(無我, 空)는 이해가 재인지 사유의 선택작용을 촉발시켜, 마침내 재인지 사유가 〈불변·동일·독자의 실체가 있다〉라는 이해를 〈불변·동일·독자의 실체는 없다〉라는 이해로 바꾸는 경우이다. 〈재인지 사유의 선택작용을 촉발하는 이해의 등장 → 재인지 사유의 선택 → 이해 바꾸기〉의 메커니즘이라 할 수 있다. 다른 하나는, 〈어떤 이해가 재인지 사유의 '붙들려 갇히지 않고 빠져나오는 작용'을 촉발시키면, '빠져나온 자리/붙들지 않는 자리'로 옮아간 재인지 사유가 그 '붙들거나 갇히지 않는 자리'에서 상이한 이해들을 만나고, 그 재인지 자리의 '매이지 않는 자유의 힘'으로 비교·검토하여 좋은 이해를 선택하거나 새로 수립하는 방식〉이다. 예컨대 〈불변·동일·독자의 실체는 없다〉(無我, 空)는 이해가 재인지 사유로 하여금

〈불변·동일·독자의 실체가 있다〉라는 이해에 갇히지 않고 빠져나가게 하는 작용을 촉발시키고, 빠져나감으로써 확보하게 된 '붙들거나 갇히지 않는 자리'에서 '자유의 힘'을 지닌 채 다시 두 상이한 이해들과 접속하며, 마침내 〈불변·동일·독자의 실체는 없다〉(無我, 空)는 이해의 선택이 이루어지는 경우이다. 〈재인지 사유의 '빠져나가는 작용'을 촉발하는 이해의 등장 → '빠져나온 자리/붙들지 않는 자리'의 확보 → 좋은 이해의 선택이나 수립〉이라는 메커니즘이다. 이 두 가지 방식의 '이해 바꾸기'가 가능한 것은, '이해 사유'와 '재인지 사유'가 '같지 않으면서도 별개의 것이 아닌 관계'(不一而不二)에서 상호작용하기 때문이다. 또 기존에 없던 새로운 이해의 발생 현상도, '이해 사유'와 '재인지 사유'가 '같지 않으면서도 별개의 것이 아닌 관계'(不一而不二)에서 상호작용하는 과정에서 이루어지는 것으로 보인다.

뇌과학이나 신경과학이라면 이러한 '이해 바뀜의 메커니즘'을 물리·전기화학적 현상으로 환원시켜 설명할 것이다. '이해'라는 현상, '이해 사유'와 '재인지 사유'의 현상, 재인지 사유가 이해를 바꾸는 두 가지 방식 등을 물리·전기화학적 용어로 바꾸어 그 메커니즘을 가시화시켜 탐구해 볼 수 있을 것이다. 그러나 뇌과학이나 신경과학의 설명 방식이 마지막 안고 있는 난제는 '창발적 현상'으로 보인다. '학습에 의한 뇌 신경시스템의 가소성可塑性'을 인정한다고 해서 이 문제가 해결되지는 않는다. 학습내용의 선택적 차이들도 '이미 주어진 신경시스템 구조와 환경들과의 상호작용'으로 설명해 버린다면, 순환적 결정론에서 벗어나기가 어렵다. 인간의 사유에서 발생하는 '자율적 선택에 의한 창발적 현상'을 설명하기 위해서는 더 좋은 관점의 '창발'이 필요하다."[13]

　이해는 '재인지 사유의 창발적 구성력'에 의해 바뀐다. 그리고 '재인지 사유의 창발적 구성력'을 촉발하는 것은 '이해'이다. 생명체의 개별적 인과계열에서 작동하는 원초적 창발력인 '범주적 자기 조직화 능력'이 '이해를 직조하는 사유능력'을 발현시켜 정착시킨 이후에는, 재인지 사유의 창발적 구성력을 촉발시키는 강력한 조건은 '이해'이다. 그리고 이해와 재인지 사유의 이러한 상호작용은 '이해 사유'와 '재인지 사유'가 맺고 있는 '별개의 것은 아니지만 같은 것도 아닌 관계'(不二而不一) 때문이다.

　깨달음과 해탈의 길을 걷는 행보의 초점을 '이해'로 파악하는 것은 타당하다. 붓다가 8정도의 첫 수행 항목에 '사실 그대로에 부합하는 이해의 수립'(正見)을 배치한 것도 8정도가 결국에는 '이해의 완성'으로 나아가는 길이라는 것을 알려주고 있다. 그리고 붓다의 길을 '사실 그대로에 부합하는 이해를 성취하고 확립하는 수행'으로 파악하는 위빠사나 계열의 관점은 '이해의 중요성'은 잘 포착하고 있다. 그러나 **불교의 이론과 수행을 '무아·연기·공에 대한 이해의 수립'에 초점을 맞추어 파악하는 동시에 선정禪定 수행을 '이해능력의 계발을 위한 대상집중수행'으로 간주하는 위빠나사 계열의 시선은, '잘못된 이해'가 '사실 그대로에 부합하는 이해'로 바뀌는 인과적 메커니즘과 그 과정에서의 재인지 사유가 담당하는 역할, 그리고 이해와 재인지 사유의 상호관계와 상호작용에 관한 성찰이 빠져 있거나 불충분하다.**

---

13)　같은 책, pp.261-263.

붓다는 '잘못된 이해'를 '사실 그대로에 부합하는 이해'로 바꾸는 데 필요한 재인지 사유의 역할을 주목하여 그의 법설에 반영하고 있다. 육근수호 및 정념 수행의 알아차림(正知, sampajānāti)이 설하는 '붙들지 않아 거리를 확보하는 마음 국면' '기존의 이해 계열에서 빠져나오는 마음 국면'이 그것이다. 이 정지正知의 마음 국면은 '괄호 치듯 대상화시켜 놓고 재검토할 수 있는 좌표로 끊임없이 미끄러지듯 옮겨가는 재인지 사유의 작동 양상'이다. 붓다는 '붙들지 않고 빠져나와 만나는 자리'로 옮겨가는 재인지 사유의 면모를 주목하였고, 이 재인지 사유의 면모를 이해 수정 및 교체의 토대로 삼는 수행 방법론을 고안하였으며, 그 수행론의 종합체계가 8정도였다고 생각한다. 그리고 8정도의 정념正念과 정정正定 수행은 정지(正知, sampajānāti)의 국면을 핵심으로 삼는데, 이 정지正知 국면은 재인지 사유의 '빠져나와 만나는 국면'이며, 육근수호 법설은 인간의 여섯 가지 감관능력으로써 '사실에 부합하는 이해'(正見)를 수립하고 완성시켜 가는 핵심 고리가 바로 정지正知 국면이라는 점을 알려주는 법설이다.

위빠사나 계열의 관점에서는 정지(正知, sampajānāti)를 '이해현상'으로 간주하지만, 필자는 관점을 달리 한다. 붓다의 법설을 읽는 위빠사나 계열의 시선과는 달리, 붓다가 설하는 알아차림(正知, sampajānāti)은 〈'붙들지 않고 빠져나와 만나는 마음자리'로 옮겨가는 것〉이며, 이 정지正知의 마음 국면이 '잘못된 이해'를 '사실 그대로에 부합하는 이해'로 바꿀 수 있는 근거이다. 그리고 이 점을 포착한 시선들이 불교 전통의 내부에 존재한다. 〈'붙들거나 갇히지 않는 마음자리'에서의 '매이지 않는 힘'으로써 잘못된 이해를 성찰하고 '사실에 부합하는 이해'를 선택하거나 수립하는 능력〉을 확보해야 이해 바꾸기 수행이 완성된다는 점을 포착한 통찰들이, 불교 해석학 전통 내부에서 목격된다. 대승의 유식관唯識觀, 그에 의거한 원효의 일심一心, 선종 선불교의 돈오견성이 그것이다. 유식관이나 원효의 일심, 선종의 돈오견성에 대한 종래의 일반적 시선으로는 이 점을 포착하기 어렵다. 이 문제는 아래에서 다시 상론하기로 한다.

이해를 조정하고 선택하며 수정하거나 새로운 것으로 바꾸는 위상을 지닌다는 점에서, '마음으로서의 재인지 사유'는 '이해 사유'보다 상위의 지위에 있다고 할 수 있다. 그런데 이 재인지 사유는 언제나 이해 사유와 맞물려 있으며 이해 사유로 인해 '재인지 사유의 창발적 구성력'이 촉발된다. 그런 점에서 **재인지 사유의 위상은 이해 사유와 '같은 것은 아니지만 다른 것도 아닌 관계'(不一而不二)에서의 상위이다.** 이해를 바꿀 수 있는 것은 이 '재인지 사유로서의 마음작용' 때문이다. 잘못된 이해를 치유할 수 있는 것도 이 '재인지 사유로서의 마음작용' 때문이고, 잘못된 이해를 선택하거나 만들어 낼 수 있는 것도 이 '재인지 사유로서의 마음작용' 때문에 가능하다. 사실에 맞지 않는 이해·관점·견해를 사실에 부합하는 것으로 바꿈으로써 삶과 세상의 근원적 치유와 행복을 구현하려는 이해수행(觀, 위빠사나 행법)은 이 '재인지 사유로서의 마음작용'이 받쳐주어야 완전해진다.

'이해 사유로서의 마음'이든 '재인지 사유로서의 마음'이든 그것은 예외 없이 변하는 것이다. 마음수행은 '불변의 마음'을 성취하려는 것이 아니다. 이 점은 의외로 쉽게 간과되곤 한다. 심지어 불교 전통 내에서도 그렇다.

"'불변의 것'이 '변화하는 것'을 만들 수는 없다. 무엇인가를 만들어 내려면 자신도 변해야 한다. '만든다'는 현상은 만드는 것과 만들어지는 것 쌍방의 역동적 상호관계이기 때문에 '변화'를 조건으로 해야 가능하다. 그런 점에서 '불변의 것'은 '변화하는 것'을 만들 수가 없다. 〈불생불멸하는 아뜨만/브라흐만/궁극실재/본체/실체가 생멸·변화하는 현상세계를 만들어 냈다〉거나 〈불생불멸하는 영원한 신이 생멸·변화하는 세상을 창조했다〉라는 발상 자체가 모순이고 오류다. '불변'과 '변화'는 이처럼 결합될 수 없는 것임에도 불구하고, **'변화하는 현상을 만들어 내는 불변의 그 무엇'을 인간은 너무 안이하게 설정하고 너무 오랫동안 붙들어 왔다. '변화의 불안'을 '불변하는 것에 의한 안정'으로 극복하려는 사유가 근거도 없이 위세를 떨쳐왔고 지금도 그러하다.**

특히 마음을 불변의 실재로 간주하는 경우는 예외 없이 신비주의에 빠져든다. 필자가 말하는 '신비주의'는 〈**언어·사유와 무관하게, 그 이면이나 초월의 범주에서, 완전하고도 불변하는 실재가 본래 있고, 수행이나 깨달음을 통해 문득 그 불변의 완전한 실재와 결합하여 하나가 되면, 존재의 완성과 진리구현과 구원이 몽땅 이루어진다〉라는 관점과 신념을 지칭한다.** 이런 내용의 신비주의는 인도 우파니샤드 전통에서 그 오래된 전형이 목격된다. 또 **이런 신념을 경험적 근거가 없다고 비판하고 새로운 대안을 제시하면서 인도 전통사유를 해체시킨 붓다의 집안에서도 여러 변형된 모습으로 빈번하게 목격된다.** 특히 후기 선종의 언어에 기대어 깨달음을 성취하려는 구도자들 가운데서 많아 보인다. 최고 수준의 깨달음을 '불생불멸의 마음과 하나가 된 경지'라 여기고 그 경지에 도달하기 위해 초인적 노력을 기울이기도 한다. 아비담마 교학에 의지하여 위빠사나 혹은 사마타 행법에 몰두하는 구도자들 가운데서도 내심 '변하는 현상 이면에 있는 불변의 실재'(自性)를 보는 것을 궁극목표로 삼는 경우가 드물지 않아 보인다. **모두 '변화의 불안'을 '불변존재의 확보'로 극복하려는 사유의 변주이고, 붓다의 길에서는 벗어나 있다."14)**

마음수행의 목표는 〈**'변화·관계의 차이현상'과 접속을 유지한 채, '차이들에 대한 기존의 이해를 붙들지 않는 마음 국면'을 열어, '기존의 이해 계열에서 빠져나오는 마음 국면'에서 '사실 그대로에 부합하는 이해'로 바꾸고 내면화시켜, '사실 그대로에 부합하는 이해'에서 발생하는 개인과 세상의 이로움을 누리는 것**〉이다. 그런데 '불변성이나 동일성 없는 관계·변화의 차이현상들'과 접속을 유지한 채, '무본질·무실체·무절대성·무독자성인 연기緣起의 사실 그대로에 대한 이해'에서, 어떻게 평안과 이로움을 확보할 수 있는가? 불변·독자·절대의 땅이 아닌 변화·관계·연기의 땅을 딛고 어떻게 흔들림 없는 평안과 행복을 누릴 수 있는가?

"〈동일성을 유지해야 안정이 지속될 수 있다〉라는 생각은 재고되어야 한다. 그런 생각은 경험세계의 현실을 반영하지 못한다. 감관능력으로 지각하는 경험세계 현상 그 어디에도 '동일성의 지속'은 없다. 그럼에도 불구하고 우리는 지속적 안정성을 경험할 수 있다. **'변화와 관계 속에 펼쳐지는 일련의 인과계열 현상에 대한 통합적 자각'을 유지하면서 '지속적 안정성'을 경험한다.** 예컨대, 걸

---

14) 같은 책, p.254.

고 있는 현상을 '알면서 걷고 있는 인지'를 '자각적 선택'으로 유지해 갈 수 있다. 또 '불변·동일·독자의 본질이나 실체는 없다는 이해'를 선택하여 간수해 가면서 '지속적 안정'을 경험한다. 이때 '이해 사유'와 '재인지 사유'의 작용 등, **'지속적 안정의 경험'을 발생시키는 조건들은 모두 역동적으로 변화하는 것이다. 변화하는 조건들, 그리고 그것들에 의해 발생하는 변화하는 현상들 속에서, 우리는 '지속적 안정'을 경험한다.** 이것은 지각경험 범주에서 검증 가능한 일이다. 다만 이 '자각적 선택 국면'을 얼마나 지속시킬 수 있는가의 문제에서 개별별 편차가 발생한다. **인간의 가능성을 토대로, 의지와 노력에 따른 성취에 의거하면서, 그 지속능력을 얼마나 이어갈 수 있는가에 대해서는 알 수가 없다.** 붓다의 경우는 상상하는 것 이상의 수준이나 지평이었을 것으로 추정할 뿐이다. 만약 붓다의 경지를 '동일성이 영속되는 궁극실재와 하나가 되어 해탈이라는 지복至福을 누리는 것'이라고 생각한다면, 그런 생각은 적어도 붓다 법설에서는 근거를 확보하지 못한다. 또 선사의 깨달음이나 '오매일여寤寐一如의 경지'를 그런 경지라고 본다면, 우파니샤드 아트만 사상의 변주일 뿐 불교적 정체성은 상실한다.

'변화하는 차이현상들과 접속한 채, 자신도 변하면서 자유와 평안의 유희를 누리는 길', 그 길에서의 자유와 평안을, '파도타기'에 비유할 수 있을 것이다. 경험 주체도 변하고 경험 대상도 변하면서 양자의 관계에서 주체가 평안과 자유를 누릴 수 있는 것은, 마치 파도를 타고 즐기는 서핑(surfing)과도 같다. 부침하고 생멸하는 파도에 서핑하는 사람(주체)이 빠지지 않으려면, 변화하는 파도에 맞추어 끊임없이 자신의 몸과 정신 상태를 변화시켜야 한다. 서핑 능력자는, 자신도 변하면서, 변하는 파도와 접속한 채 자유와 평온의 유희를 즐긴다. 부침하고 변하는 파도에서 떠나지도 않고 파도에 빠져들지도 않아, 파도와의 만남과 헤어짐을 동시에 이루어 내면서, 역동하는 파도를 타고 자유와 즐거움과 평안을 누리는 실력을 확보했기 때문이다. 그는 '파도가 그쳐 잔잔한 상태'나 '파도에서 아예 떠난 평온'을 구하는 것이 아니다. 그가 보여주는 '파도를 타고 가면서도 파도에 빠져들지 않아 자유와 평안과 즐거움을 누릴 수 있는 능력', '파도 그대로와 만나면서도 파도 상태를 제대로 파악하여 파도에 빠지지 않는 능력'은, 깨달은 자의 능력과 흡사하다. 생멸·변화하는 파도와 같은 세계에 몸담을 수밖에 없는 인간. 파도를 떠나면 삶도 없어지는 인간. 그런 인간이 세계 속에서 추구하고 또 누릴 수 있는 안락은, '파도타기의 능력'이고 '파도 타고 노는 유희'이다."[15]

3) 이해수행과 마음수행의 관계와 결합의 정점

이해수행은, 〈'변화·관계의 차이현상'과 접속을 유지한 채, '동일성·불변성·독자성·절대성 관념에 의거한 환각적 행복의 무지와 허구에 대한 이해'(苦觀)와 '변함·무본질·무실체·관계·조건인과적 발생에 대한 이해'(무상관無常觀·무아관無我觀·공관空觀·연기관緣起觀)를 수립하여 내면화시킴으로써, '차이현상의 사실 그대로'(如實相, 眞如相)를 이해하여 '사실 그대로의 이해로 인한 개인과 세상의 이로움'을 누리려는 것에 초점을 두는 수행〉이다. 그리고 마음수행은, 〈'변화·관계의 차이현상'과 접속을 유지한 채, '재인지 사유로서의 마음작용'에 의거하여 '차이현상들에 대

---

15) 같은 책, pp.277-279.

한 기존의 느낌·이해·인식·경험을 붙들지 않는 마음 국면'을 열어, '기존의 느낌·이해·인식·경험 계열에서 빠져나오는 마음 국면'에서 '사실 그대로에 부합하는 느낌·이해·인식·경험'으로 바꾸고 내면화시켜, '사실 그대로에 부합하는 느낌·이해·인식·경험'에서 발생하는 개인과 세상의 이로움을 누리려는 것에 초점을 두는 수행〉이다.

그런데 '마음으로서의 재인지 사유'와 '이해 사유'는 '같은 것은 아니지만 다른 것도 아닌 관계'(不一而不二)를 맺고 있다. 재인지 사유와 이해 사유는 언제나 맞물려 있다. 이해 사유로 인해 '재인지 사유의 창발적 구성력'이 촉발되며, '재인지 사유로서의 마음작용'으로 인해 이해의 선택과 수정 및 수립이 가능하다. 따라서 **이해수행은 마음수행과 함께 해야 '사실 그대로에 부합하는 이해'를 향해 머물지 않고 나아갈 수 있고, 마음수행은 이해수행과 함께 해야 그 창발적 구성력이 '사실 그대로에 부합하는 이해'라는 구체적 내용으로 구현된다.**

이해수행과 마음수행의 '분리될 수 없는 상호 의존'은 양자의 융합이 고도화되는 단계에서 '상호관계의 정점'에 이른다. 이 정점의 융합 단계에서는, 〈그 어떤 이해도 붙들거나 그에 머물러 제한받지 않으면서 이해를 굴리는 인지능력 지평〉〈'사실 그대로에 부합하는 이해'에도 갇히거나 붙들어 집착하지 않는 좌표에 역동적으로 자리 잡으면서 '사실 그대로에 부합하는 이해'를 운용하는 인지능력 지평〉〈모든 유형의 관념·느낌·욕망·행위·의지·심리·이해 양상에서 끝없이 풀려나면서 '사실 그대로에 부합하는 이로운 관념·느낌·욕망·행위·의지·심리·이해 양상'을 역동적으로 조정하면서 펼치는 인지능력 지평〉이 밝아진다. 이해수행과 마음수행의 상호 결합으로 구현되는 향상의 정점 범주에 해당한다.

필자는 '선정에 관한 설법이 없이 무상·고·무아에 대한 이해를 통한 해탈'을 설하는 초기경전의 관련 구절들은 이해수행, 육근수호와 정념수행에서 설하는 알아차림(正知, sampajānāti)과 선정 구분의 방식들인 4선四禪·8해탈解脫·9차제정次第定 관련 구절들은 마음수행에 관한 '힌트'라고 생각한다. 개인적으로는 4선 법설 정도가 선정의 전개 양상을 연기적으로 구분하는 붓다의 육성에 근접하는 것으로 여기는데, 4선 법설의 전승 내용에는 '이해수행과 마음수행의 상호 결합으로 구현되는 향상의 정점에 관한 힌트'가 포함되어 있다고 본다. 이 점은 아래에서 다시 거론한다.

니까야/아함 문헌의 내용 그대로를 '붓다의 육성'으로 볼 수는 없다. 이들 문헌에 대한 문헌학적 연구성과는 이 점을 충분히 입증한다. 아무리 시기를 거슬러 가는 고층古層의 문헌이라도 마찬가지이다. **니까야/아함은 붓다의 육성에 접근할 수 있는 '가장 가까운 힌트들의 집적'**이라 보는 것이 적절하다. 니까야/아함이 붓다의 육성 그대로가 아닌 '가까운 힌트들을 담은 전승'이라는 점은 결코 간과하거나 과소평가해서는 안 된다. 그 힌트들을 선별해 내고 의미를 해석하여 붓다의 법설을 구성해 내는 것이 학인과 구도자의 몫이다. 다만, 한국을 비롯하여 서양과 동양 학계에서 풍부하게 축적된 초기불교 관련 연구들 가운데, '힌트들이 지닌 철학적 의미'를 심도 있게 탐구한 사례는 기대에 크게 못 미친다. 문헌학과 교학을 결합시키는 방법론만으로 붓다의 법설에 접근하려는 것은 한계가 명백하다. 이미 그 한계와 문제점은 충분히 노출되고 있다. 향후 불교학의 주요 과제라고 본다.

4) 선禪 수행의 두 축 : 위빠사나와 사마타

가. 위빠사나와 사마타는 모두 정학定學 선 수행이다

빨리어 위빠사나(vipassanā)는 '섬세하게, 이리저리, 나눔, 분리, 멀리 떨어진'이라는 의미를 지닌 접두사 vi와 '앎, 통찰, 인지'를 뜻하는 passanā가 결합된 것으로 흔히 '꿰뚫어 봄, 올바로 봄' 등으로 번역된다. 또 빨리어 사마타(samatha)는 '그침, 중단, 고요'의 뜻을 지니는 말이다.16) 위빠사나와 사마타를 각각 관觀과 지止로 번역하는 한역漢譯은 '이해'와 '그침'을 위빠사나와 사마타의 핵심 의미로 선택하고 있다. **언어적 의미와 니까야 문헌에서의 용례 등을 반영할 때, 위빠사나는 '선입견이나 통념에서 벗어나 세밀히 관찰하여 현상을 제대로 이해하려는 수행적 노력'을 지시하는 용어로 보인다. 이해수행이라 부르면 적절할 것이다. 그리고 사마타(samatha)가 지니는 '그침, 중단, 고요'의 뜻은 '번뇌 망상하는 마음의 동요를 그쳐 고요한 마음으로 유지하려는 수행적 노**

---

16) 정준영에 따르면 "'위빠사나(vipassanā. Skt. vipaśyana, 觀)'는 '위(vi)'와 '빠사나(passanā)'의 합성으로 이루어진 여성명사이다. 접두사 'vi'가 'paś'라는 어근을 가진 동사 'passati(보다)'와 결합하여 '분명하게 봄', '통하여 봄', '꿰뚫어 봄' 등으로 강조된 의미를 가지고 있다. 따라서 '위빠사나'는 본다는 의미가 강조된 '통찰(insight)', '직관적 통찰(intuition)', '내적 관찰(inward-vision)', '내적 성찰(introspection)' 등으로 영역되어 사용된다. 때때로 '위(vi)'가 접두사로 사용될 때에는 '다양한(vividha)'의 의미를 나타내기도 한다. 하지만 '위빠사나'의 '위(vi)'는 '다양하다'는 의미보다는 '뛰어나다(visesa)'는 의미로 '빠사나(passanā)'와의 합성을 통해 '뛰어난 봄', '특별한 관찰' 등을 나타내는 불교적 전문용어로 이해하는 것이 적절하다. '사마타(samatha)'는 √śam (to be quiet, 고요해 지다)'에서 파생된 남성명사로서 의미는 '고요함' 또는 '맑음' 등이며 'calm(고요, 평온)', 'tranquility(고요함, 평정)', 'peace(평화, 평온)' 또는 'serenity(평온, 맑음, 청명)' 등으로 영역된다."[「사마타(止)와 위빠사나(觀)의 의미와 쓰임에 대한 일고찰」, 불교학연구 12호, 2005].

력'을 지칭하는 용어로 볼 수 있다. 따라서 마음수행이라 부를 수 있다.

사마타와 위빠사나에 대한 대표적인 정의定義적 법설은『앙굿따라 니까야』「영지靈知의 일부 경(Vijjābhāgiya-sutta)」(A2:3:10)이다. 여기서 붓다는 사마타와 위빠사나를 닦으면 성취하게 되는 이로움에 대해 설명하면서 〈사마타를 닦으면 마음이 계발되고 마음이 계발되면 탐욕이 제거된다. 위빠사나를 닦으면 지혜가 계발되고 지혜가 계발되면 무명이 제거된다. 탐욕에 물들면 마음이 해탈하지 못하고 무명에 물들면 지혜가 계발되지 못한다. 탐욕이 사라지면 '마음에 의한 해탈'(心解脫)이 이루어지고, 무명이 사라지면 '지혜에 의한 해탈'(慧解脫)이 이루어진다〉[17]라고 한다. 주석서에서는 사마타와 위빠사나에 대해 〈사마타는 '마음이 하나로 된 상태'(心一境性, cittekaggatā)이고 위빠사나는 형성된 것들을 (무상·고·무아라고) 파악하는 지혜이다〉[18]라고 해설한다. 사마타는 '마음 국면'(心), 위빠사는 '사실대로의 이해'(慧, paññā)를 계발하는 수행이라는 것, 사마타 수행에 의해 마음 국면이 계발되면 '잘못된 관념에 의한 욕망'(탐욕)에서 풀려나고 위빠사나 수행에 의해 '사실대로의 이해'(지혜)가 계발되면 근본무지에서 풀려난다는 것, 사마타 수행에 의해 마음 국면이 계발되어 '잘못된 관념에 의한 욕망'(탐욕)에서 풀려나면 '마음에 의한 해탈'(心解脫)이 이루어지고 위빠사나 수행에 의해 '사실대로의 이해'(지혜)가 계발되어 근본무지에서 풀려나면 '지혜에 의한 해탈'(慧解脫)이 이루어진다는 것이다. 위빠사나는 이해수행, 사마타는 마음수행이라 부를 수 있는 경전적 근거이다.

---

17) 『앙굿따라 니까야』「영지靈知의 일부 경(Vijjābhāgiya-sutta)」(A2:3:10)(전재성 번역본 제1/2권, pp.382-383.; 대림 번역본 제1권, pp.211-212).
18) 대림 번역본 역주, p.253.

니까야에서 선禪 수행을 지칭할 때 사용되는 대표적 용어는 사마타(samatha), 자나(jhāna, dhyāna), 사마디(samādhi) 등이다. jhāna라는 용어는 사선四禪(cattāri jhānāni)에서의 용법이 대표적이고, samādhi라는 용어는 8정도의 정정正定(samāsamādhi)을 지칭할 때 사용된다. 자나(jhāna)와 사마디(samādhi)는 통용되는 용어로서 그 의미의 엄밀한 구분이 어려워 보인다. 통상 자나(jhāna)는 선禪, 사마디(samādhi)는 삼매三昧나 정정으로 번역된다. 특히 사마타(samatha)는 불교 이전에는 용례를 찾아볼 수 없기에 초기불교에서 처음 사용된 용어로 알려져 있다. 그런데 사마타(samatha)는 자나(jhāna) 및 사마디(samādhi)와는 구별되는 맥락의 용법으로 보인다. 사마타는 위빠사나와 대칭되는 용어로서 '이해/통찰 수행과 구분되는 특징을 지닌 수행법'을 지칭하는 것으로 볼 수 있다. 자나(jhāna)와 사마디(samādhi)가 '수행 결과로서의 상태'에 초점을 맞춘다면, 사마타(samatha)는 '수행 방법으로서의 특징적 내용'에 초점을 둔 용어라 할 수 있다. 사마타와 위빠사나는 '선 수행법', 자나(jhāna)와 사마디(samādhi)는 '사마타와 위빠사나 수행의 결과'로 볼 수 있을 것이다. 수행법으로서의 위빠사나에 대응되는 개념으로 채택되는 것은 사마타(samatha)이지 자나(jhāna)나 사마디(samādhi)가 아니다. 사마타와 위빠사나는 'samatha-vipassanā(지관止觀)'라는 쌍 개념으로 사용되는 경우가 대부분이다. '마음의 그침/고요'(cetosamatha)라는 표현은 사마타가 '마음 국면과 관련된 수행'이라는 것을 알려준다. 이런 점들을 고려하여 필자의 글에서는 위빠사나를 이해수행, 사마타를 '그침 수행' 혹은 마음수행이라 부른다. 이 경우 '그치는 마음수행'이 구체적으로 어떤 내용인지를 탐구하는 것이 과제가 된다. 필자는 '알아차림'(正知, sampajānāti)이 그 내용을 탐구하는 열쇠라고 본다.

위빠사나와 사마타에 관해 니까야가 전하는 붓다의 법설에서는, 정념[19] 수행 및 위빠사나와 사마타 수행을 모두 선禪(jhāna) 수행과 연결시키고 있다.[20] '행위 수행'(戒學)·'지혜 수행'(慧學)·'선禪 수행'(定學)이라는

---

19) 8정도의 정념正念(sammāsati)에서 념念이라 한역한 sati의 언어적 의미는 '잊지 않고 기억함'을 의미한다. 한국어에서의 한자어 '念'은 통상 '생각'이라 번역되지만, 한문 고전어와 중국 구어에서는 '念'이 〈기억하다〉의 의미도 지닌다. 8정도의 sammāsati를 '正念'이라 한역할 때의 '念'은 '기억'의 의미로 사용되었을 것이다. 정념을 '바른 생각'이라 번역하는 것은 부적절하다. 현대 한국불교가 정념 수행의 중요성과 구체적 내용을 본격적으로 주목하기 시작한 것은, 니까야와 각종 해설서를 비롯하여 정념 수행에 관한 남방불교의 자료와 관점들이 소개된 이후의 일이다. 이후 정념의 '念'을 '마음 챙김'이라 번역하는 사례가 점차 일반화되고 있다. 한국 선불교 간화선 수행자들이 사용하던 〈화두를 챙긴다〉라는 말에 착안한 번역어로 보이는데, 〈놓아 버리지 않고 챙겨간다〉 〈놓치지 않고 간직해 간다〉라는 의미를 담으려고 한 것으로 보인다. 니까야 법설에 대해 상좌부 전통에서 축적된 일련의 해석학을 집성하고 있는 『청정도론』에서는 "이것 때문에 기억하고, 혹은 이것은 그 스스로 기억하고, 혹은 단지 기억하기 때문에 마음 챙김(sati)이라 한다. (대상에) 깊이 들어가는 것을 특징으로 한다. 잊지 않는 것을 역할로 한다. 보호하는 것으로 나타난다. 혹은 대상과 직면함으로 나타난다. 강한 인식이 가까운 원인이다. 혹은 몸 등에 대한 마음 챙김의 확립이 가까운 원인이다. 이것은 기둥처럼 대상에 든든하게 서있기 때문에, 혹은 눈 등의 문을 지키기 때문에 문지기처럼 보아야 한다."(대림 번역, 『청정도론』 제2권, 초기불전연구원, 2004, p.468.)라고 해설한다. 또 『대염처경 주석서』에서는 "마음챙기는 자(satimā)라는 것은 (몸을) 철저하게 거머쥐는 마음 챙김을 구족한 자라는 뜻이다. 그는 이 마음 챙김으로 대상을 철저하게 거머쥐고 통찰지(반야)로써 관찰한다. 왜냐하면 마음 챙김이 없는 자에게 관찰이 있을 수 없기 때문이다."(각묵 번역, 『네 가지 마음챙기는 공부』, 초기불전연구원, 2003, p.86.)라고 해설한다.

20) 「몸에 대한 마음 챙김 경(kāyagatāsati-sutta)」(S43:1)에서는 탐욕·성냄·무지의 멸진이 '무명에 조건지워지지 않는 상태인 무위無爲'(열반)이며 무위에 이르는 길이 '몸에 대한 마음 챙김'(身念)(S43:5에서는 사념처라고 함)이라고 하면서 방일하지 말고 '선 수행(Jhāyati)'을 하라고 설한다. 또 「사마타와 위빠사나 경(Samathavipassanā-sutta)」(S43:2)에서는 무위에 이르는 길이 사마타와 위빠사나라고 하면서 방일하지 말고 선 수행을 하라고 설한다. 『상윳따 니까야』(전재성 번역본 제7권, pp.347-349.; 각묵 번역본 제5권, pp.99-103.) 주석서에서는 "'참선을 하라(jhāyatha)'는 것은 ①대상을 통해서 하는 참선(ārammanūpanijhāna)으로는 38가지 대상들을 참선하라 ②특성을 통해서 하는 참선(lakkhaṇūpanijhāna)으로는 무상 등으로 무더기(蘊)와 감각장소(處) 등을 참선하라는 뜻이며, 사마타와 위빠

수행 범주 분류 가운데 정념 수행과 위빠사나·사마타 수행은 모두 '선禪 수행'(定學) 범주에 속한다는 것이다. 그런 점에서 사마타 수행을 '지止', 위빠사나 수행을 '관觀'이라 번역하면서 지관止觀 수행을 선 수행의 두 축으로 보는 대승의 관점은 붓다 법설의 취지에 상응한다.

'행위 수행'(戒學)·'지혜 수행'(慧學)·'마음수행/선禪 수행'(定學)의 세 부류 수행으로 이루어진 8정도에서 '지혜 수행'(慧學)에 해당하는 것은 '사실 그대로에 상응하는 견해를 수립하는 수행'(正見)과 '사실 그대로에 상응하는 생각을 일으키는 수행'(正思)이다. '4성제에 대한 바른 이해'라고 설명되는 정견正見은 그 속성으로 볼 때 이해수행이며, 따라서 정견 수행도 위빠사나 수행의 속성을 공유한다. 그런데 니까야가 전하는 붓다의 법설에 의하면, 8정도의 정념 수행과 위빠사나·사마타 수행은 모두 '선禪 수행'(定學) 범주에 속한다. 그 이유는 두 가지 측면에서 살필 수 있다. 하나는 8정도 자체가 지니는 상호작용 구조이고, 다른 하나는 정견 수행과 위빠사나 수행이 지니는 차이이다.

8정도 수행은 계학·정학·혜학 세 부류 수행의 상호작용 구조로 이루어져 있다. '윤리적 행위를 통한 향상 수행'(계학戒學)은 이해 및 마음의 지지를 받아야 한다. 마찬가지로 '이해를 통한 향상 수행'(혜학慧學)은 행위와 마음, '마음을 통한 향상 수행'(정학定學)은 행위와 이해의 지지를 받아야 한다. 인간의 모든 경험현상은 행위·이해·마음의 상호작용을 통해 펼쳐지며, 8정도는 이 점을 해탈 수행의 구조인 8정도에 반

사나를 증장시켜라고 말씀하시는 것이다."(SA.iii.111)라고 설명하고 있다.(각묵 번역본의 역주) 「우다이 경(Udāyī-sutta)」(A6:29)에서도 수념隨念의 내용으로 사마타와 위빠사나를 모두 설하고 있다.

영하고 있는 것이다. 따라서 혜학의 정견 수행과 상응하는 위빠사나 수행이 정학에 포함되는 것은 '계학·정학·혜학의 상호작용 구조'를 반영하기 때문이다. 정학 정념 수행의 구체적 내용인 사념처 법설에서는 경험현상(신身·수受·심心·법法)을 대상으로 위빠사나와 상응하는 이해수행(passati)과 사마타와 상응하는 마음수행(sampajānāti)을 모두 설하고 있다. 이 점은 다시 거론한다.

정견 수행과 위빠사나 수행의 차이도 생각해 볼 수 있다. 정견 수행이 '사실 그대로에 상응하는 관점/이해/견해의 수립 노력'이라면, 위빠사나 수행은 경험현상(신身·수受·심心·법法)을 정견正見대로 '보려는 노력'(관觀), 다시 말해 정견正見과 현상에 대한 경험을 일치시키려는 수행적 노력이라고 구분해 볼 수 있을 것이다.

사마타 수행의 구체적 내용에 대해서는 '특정한 대상에 마음을 집중하는 노력'으로 간주하는 시선이 니까야 주석서를 비롯하여 아비담마, 대승교학 일반에서 채택되고 있다. 그리고 니까야에 등장하는 '마음이 하나로 된 상태'(심일경성心一境性, cittekaggatā)[21]라는 용어에 대한 이해가 그 근

---

[21] 사선四禪에 관한 정형구에서는 선정을 구성하는 다섯 가지 특징적 현상 가운데 심일경성心一境性(cittekaggatā)이 등장한다. 맛지마 니까야 가운데 삼매三昧(samādhi)에 대한 간단한 정의(cittekaggatā ayaṃ samādhi/마음의 하나가 된 상태 이것이 삼매이다; yā kho, āvuso visākha, <u>cittekaggatā ayaṃ samādhi</u>; cattāro satipaṭṭhāna samādhinimittā; cattāro sammappadhāna samādhiparikkhārā. yā tesaṃyeva dhammānaṃ āsevanā bhāvanā bahulīkammaṃ, ayaṃ ettha samādhibhāvanā./벗이여 비싸카여, 마음의 통일이 삼매이며, 네 가지 새김의 토대가 삼매의 인상이고 네 가지 올바른 노력이 삼매의 도구이고, 이들 가르침들을 공부하고 수행하고 복습하면, 그것이 삼매의 수행입니다. 『교리문답의 작은 경(Cūḷavedallasutta)』(MN44), 맛지마 니까야, 전재성 번역본 제2권, p.542)를 비롯하여 맛지마 니까야 『교리문답의 큰 경(Mahāvedallasutta)』(MN43), 111. 『차례 차례의 경(Anupadasutta)』

거로 채택되고 있다. 대표적으로 『청정도론』에서는 "삼매란 '유익한 마음의 하나됨(kusalacitt'ekaggatā)이다. 삼매의 특징은 산란하지 않음이다. 역할은 산란함을 제거하는 것이다. 동요함이 없음으로 나타난다."[22] 선정에 관한 특별한 관심과 다양한 관점이 집성된 유식사상의 문헌, 특히 『유가사지론』에서도 주요 개념으로 등장한다. **그런데 '마음이 하나로 된 상태'(心一境性, cittekaggatā)라는 용어의 의미가 과연 '대상에 대한 집중 상태를 통한 동요 없음'을 지시하는 것인지는 재고의 여지가 있다.** 니까야 주석서와 아비담마 및 대승교학 일반에서 수립된 사마타(止) 수행에 대한 일반적 관점은 이렇게 요약할 수 있을 것이다. 〈사마타는 마음을 대상에 집중시키는 수행이다. '특정한 대상'(相)에 마음을 붙들어 매어 주시하는 상태를 흩어짐 없이 지속시켜 감으로써 마음의 동요와 산란을 그치고 고요한 마음상태를 유지해 가는 것이 사마타 수행이다. 그리고 '마음이 하나로 된 상태'(心一境性, cittekaggatā)는 마음집중의 선정 상태를 나타내는 용어이다. 호흡 알아차리는 상태에 집중하는 것도 들숨과 날숨을 대상으로 삼은 사마타 수행으로 볼 수 있다. 선정과 삼매는 이러한 마음집중의 수행에 의해 성취된다. 사마타 수행에 의한 마음의 집중 상태와 그로 인한 마음의 고요한 안정은 위빠사나의 이해/통찰 수행의 토대가 된다.〉

그러나 사마타 수행을 '대상에 대한 마음집중수행'으로 보는 관점은

(MN111), 『공(空)에 대한 큰 경(Mahāsuññatasutta)』(MN122), 디가 니까야 『대염처경』(Mahāsatipaṭṭhānasutta)』(DN22) 가운데 4성제 관련 기술 등에서 등장한다. '선정의 다섯 가지 구성요소'(五禪支)는, 향하는 생각(尋, vitakka, 생각)·머무는 생각(伺, vicāra, 고찰)·기쁨(喜, pīti)·행복감(樂, sukha)·마음이 하나로 된 상태(心一境性, cittekaggatā)이다.

22) 대림 번역, 『청정도론』 제1권, pp.268-269.

재고해야 한다. 위빠사나 이해수행과 사마타 마음수행은 붓다 선 수행 법설의 두 축이다. 그리고 붓다의 정학定學 선 수행의 초점은 사마타 마음수행에 있다. 위빠사나 이해수행은 이해와 마음의 분리될 수 없는 상호관계 때문에 선 수행 범주에 포함되는 것이다. 그런데 사마타 수행을 '대상에 대한 마음집중수행'으로 보는 관점은 선 수행의 두 축 가운데 하나인 마음수행 축의 불교적 고유성을 증발시켜 버린다. 이하에서 다시 거론한다.

나. 현대 위빠사나 명상

19세기 중후반부터 20세기 초에 걸쳐 남방 상좌부 전통 미얀마 불교에서는 위빠사나를 명상 수행법으로 체계화시켜 보급하는 운동이 일어난다. **위빠사나 수행의 중흥조라 평가받는 마하시 사야도**(Mahāsi Sayadaw, 1904-1982)가 그 중심에 있다. 8정도 정념 수행의 내용인 사념처 법설을 전하는 니까야의 『대염처경』 및 '니까야에 대한 남방 상좌부의 일련의 해석학을 집대성하여 니까야 탐구의 해석학적 준거로 수용되곤 하는 『청정도론』'에 대한 탐구에 의거하여, 위빠사나 수행법을 체계화시켜 명상법으로 대중화시키는 역할을 성공적으로 수행해 낸다. 마하시 사야도는 몸과 마음에서 발생하는 모든 현상에 '이름을 붙여가면서 알아차리기'를 위빠사나 수행을 일관하는 수행법으로 설한다. 사념처 법설에서 설하는 〈호흡·동작 등 신체의 현상'(身)·'느낌'(受)·'마음 상태'(心)·'이해·판단·평가·관점·이론 등 개념적·법칙적 경험현상'(法)을 관찰하고(passati) 알아차리는(sampajānāti) 수행〉에 대한 구체적 방법을 나름대로 수립한다.

그가 체계화한 위빠사나 수행법은 '대상집중의 사마타 수행관'과 '현상에 대한 면밀한 관찰의 위빠사나 수행관'을 결합시킨 것으로 보인다. 그는 몸과 마음에서 발생하는 모든 현상에 이름을 붙여 알아차리기의 대상으로 삼을 것을 설한다. 특정 대상에만 집중하는 전통 사마타 수행법과는 달리, 역동적으로 발생하는 모든 경험현상에 일일이 이름을 붙여 '알아차려야 할 대상'으로 삼아 선정을 위한 집중력을 키울 수 있다는 것이다. 예컨대 호흡을 알아차림의 대상으로 삼을 경우, '들숨' '날숨' '(배가) 부품' '(배가) 꺼짐' 등으로 호흡 과정에서 발생하는 현상에 이름을 붙여가면서 대상을 명료하게 하여 알아차림을 간수해 간다. 또 걸을 때 오른발을 내디딜 때는 '오른발', 왼발을 내디딜 때는 '왼발'이라 하면서 알아차리고, 알아차림이 명료해지고 세밀해지면 천천히 걸어가면서 걷는 동작의 변화를 더욱 세분하여 이름 붙이면서 알아차린다. 보거나 만지거나 들을 때는 '봄' '만짐' '들림', 생각이 올라올 때면 생각의 특성에 따라 이름 붙이면서 '망상' '회상' 등으로 이름 붙이면서 알아차린다. 이러한 요령으로 일상에서 경험하는 모든 동작과 느낌, 생각 등을 알아차림의 대상으로 하면서 알아차리는 마음상태를 지속적으로 간수해 가는 것이 위빠사나 행법이라는 것이다.

마하시 사야도가 체계화하는 '이름 붙여 알아차리기' 수행에서 '알아차리기(sampajānāti)'는 두 가지 목적을 지닌다. 하나는 '집중력의 증진'이고, 다른 하나는 '관찰력의 향상'이다. 집중력의 증진은 사마타 수행을 대상집중수행으로 보는 관점을, 관찰력의 향상은 위빠사나 수행을 '관찰을 통한 이해수행'으로 보는 관점을 수용하는 것이다. **마하시 사야도는 '알아차리기(sampajānāti)'라는 말을 '집중'과 '관찰'의 두 가지 의미로 이해하는 것으로 보인다.** 〈몸과 마음에서 발생하는 경험현상을 그 특성에 따라 이름을 붙이면 인지의 명료한 대상이 된다. 대상이 명료해지면 그에 대한 집중과 관찰이 쉽다. 대상 알아차림이 지닌 집중의 측면은 선정을 성취하게 하고, 관찰의 측면은 현상의 사실 그대로를 이해하는 힘을 기르게 한다. 이 집중력에 의한 선정과 관찰력에 의한 이해력이 결합하여 위빠사나의 목표인 '무상·고·무아·연기에 대한 이해'를 증득하게 되고 나아가 열반을 증득하게 된다.〉 – 이것이 마하시 사야도가 수립한 위빠사나 수행법의 핵심으로 보인다. 이러한 위빠사나 수행법의 전승 과정에서 '대상집중에 의한 선정 성취'를 우선하는 그룹과 '대상관찰에 의한 이해 성취'를 우선하는 그룹 등의 차이가 발생하기도 하지만, '알아차리기(sampajānāti)'라는 말을 '집중'과 '관찰'의 두 가지 의미로 이해하는 마하시 사야도의 관점은 널리 공유된다. 서구나 미국에서 펼쳐지는 위빠사나 명상 붐, 심리학이나 심리치료 프로그램에서의 위빠사나 수용 등도 모두 '알아차리기(sampajānāti)'에 대한 마하시 사야도의 관점을 수용 내지 응용하고 있다. 위빠사나 명상은 불교라는 종교 범주를 넘어 '자기 관리와 계발 및 자아실현을 위한 새로운 대안문화'로 발전하는 양상을 보여주고 있다.

마하시 사야도가 수립한 위빠사나 수행법을 수용한 실제 수행에서는 '알아차림' 수행의 실제와 관련한 몇 가지 지침이 있다. '집중'과 '관찰'을 위한 수행 지침들이라 하겠다. 예컨대 '지금 여기의 현재 경험으로 돌아오기'·'알아차리는 대상에만 마음의 시선을 두기/붙이기'·'판단이나 평가를 하지 않기'·'거부하거나 억압하지 말고 수용하기'·'면밀하게 관찰하기' 등이 그것이다. 그리고 이러한 지침에 따른 수행의 효과를 나타내는 표현으로는 '현재에 대한 열린 경험'·'자신과 현재에 대한 수용'·'수용으로 인한 화해와 평안'·'오해·선입견·편견의 인지와 극복'·'현상의 속성에 대한 이해' 등이 빈번하게 등장한다. 그리고 이런 효과는 '집중과 관찰'로 인해 발생하는 것으로 여기곤 한다.

현대 위빠사나 명상법의 근간이 되는 마하시 사야도의 '집중과 관찰의 알아차림 수행관'은 8정도 정념 수행에 관한 전통적 이해를 계승한 것이다. 따라서 사마타 선 수행을 '대상에 대한 마음집중'으로 보는 관점은 재고할 필요가 있다. 후술하겠지만, 사념처 법설에서는 'passati(보다)'의 위빠사나 이해수행과 'sampajānāti(알아차리다)'의 사마타 마음 수행을 모두 설한다. 위빠사나 해석학 전통에서는 'passati(보다)'와 'sampajānāti(알아차리다)'를 모두 '이해하다'는 의미로 동일하게 해석하지만, 양자의 의미는 구분되어야 한다. 그리고 사마타 선 수행의 핵심을 담은 'sampajānāti'는 '모두 묶어서 앞으로 둔 채 아는 인지국면'을 지칭하는 용어로 보인다. '모든 것을 괄호 치듯 대상화시켜 놓고 재검토할 수 있는 좌표로 끊임없이 미끄러지듯 옮겨가는 재인지 사유의 작동양상'을 일깨워 주는 기호, 다시 말해 '이해를 비롯한 과거·현재·미래의 모든 현상을 붙들지 않는 마음 국면'·'현재와 기존의 이해 계열에서 빠져나오는 마음 국면'을 일깨워 주려는 용어로 보인다. 사마타 선 수행은 '대상에 대한 마음집중'이 아니라, 이러한 의미의 '알아차리는 마음 국면'을 열어 간수해 가는 수행이라 생각한다. 그리고 위빠사나 명상법의 효과들로 언급되는 '현재에 대한 열린 경험'·'자신과 현재에 대한 수용'·'수용으로 인한 화해와 평안'·'오해·선입견·편견의 인지와 극복'·'현상의 속성에 대한 이해' 등은, '현상에 대한 사실 그대로의 이해'와 더불어 이러한 마음 국면에서 발생하는 것이다. 정념 수행을 '집중과 관찰'로 이해하여 수행하는 현장에서는, 비록 수행자가 인지하지는 못하지만, '이해를 비롯한 모든 현상을 붙들지 않아 거리를 확보하는 마음 국면'·'기존의 인식·경험·이해 계열에서 빠져나오는 마음 국면'의 계발이 은연중에 수반된다. 집중과 관찰을 위해 '지금 여기의 현상'을 마주하려는 노력 때문이다.

인식과 경험의 현재는 언제나 '지금 여기의 현상'을 대상으로 발생한다. 그 대상은 과거와 관련된 것일 수도 있고 미래와 연관된 것일 수도 있다. 그러나 소속된 시제가 어떤 것이든, 인식과 경험의 현재는 '지금 여기로 소환된 것'을 대상으로 삼는다. 그리고 집중이나 관찰은 '현재'에서 '지금 여기의 것'을 대상으로 삼아 일어나는 인지 현상이다. 집중과 관찰은 현전現前의 것을 대상으로 삼는 현재적 현상이다. 따라서 지나간 과거의 것이나 오지 않은 미래의 것을 대상으로 집중과 관찰 현상이 발생할 수는 없다. '집중'이나 '관찰'은 언제나 '지금 여기의 현상'을 대상으로 한다.

온전한 현재 경험은 '지금 여기의 자리'에서 이루어진다. 관점·느낌·경험·판단·평가는 '관계 속에서 역동적으로 변하는 지금 여기의 현상'을 대상으로 삼아야 '사실 그대로에 상응하는 것'이 된다. 마음의 시선이 과거나 미래로 흘러가 과거·미래에 매인 채 이루어지는 관점·느낌·경험·판단·평가는 현재적 사태에 대한 인식과 경험을 제한하거나 왜곡한다. 과거나 미래를 참고하더라도 '현전現前하는 현상'에 상응할 수 있어야 관점·느낌·경험·판단·평가의 사실성과 적실성的實性이 확보된다. '사실 그대로'에 상응하려는 지혜는 그럴 때라야 가능해진다. '지금 여기에 자리 잡으려는 인지적 각성'은 과거나 미래에 매인 관점·느낌·경험·판단·평가에서 빠져나오는 효과를 발생시킨다.

'sampajānāti(알아차리다)'의 사마타 마음수행은 과거·현재·미래의 관점·느낌·경험·판단·평가를 '모두 묶어서 앞으로 둔 채 아는 인지국면'이고, '과거·현재·미래의 모든 것을 괄호 치듯 대상화시켜 놓고 재검토할 수 있는 좌표로 끊임없이 미끄러지듯 옮겨가는 재인지 사유의 작동 양상'이며, '이해를 비롯한 모든 현상을 붙들지 않아 거리를 확보하는 마음 국면'이자 '기존의 인식·경험·이해 계열에서 빠져나오는 마음 국면'이다. '과거·현재·미래의 모든 특징적 차이현상을 붙들지 않는 인지국면'에 초점을 맞추어 의도적으로 그 마음 국면의 수립과 간수 능력을 고도화시켜 가는 것이 붓다가 설한 사마타 마음수행이고, 'sampajānāti(알아차리다)'는 기호는 그 마음 국면을 열게 하는 언어의 문이다. 그런 점에서 'sampajānāti(알아차리다)'의 사마타 마음수행은 '지금 여기에 자리 잡으려는 인지적 각성'의 궁극적 양상이다.

집중과 관찰을 위해 '지금 여기에 자리 잡으려는 인지적 각성'은 과거나 미래에 매인 관점·느낌·경험·판단·평가에서 빠져나오는 효과를 발생시킨다. 그리하여 '현재에 대한 열린 경험'·'자신과 현재에 대한 수용'·'수용으로 인한 화해와 평안'·'오해·선입견·편견의 인지와 극복'·'현상의 속성에 대한 이해' 등의 체험을 발생시킨다. 위빠사나 명상 지침에 따라 수행하는 사람들은 이런 체험 효과를 집중과 관찰의 결과로 여기지만, 체험 발생의 더욱 근원적인 조건은 '이해를 비롯한 과거·현재·미래의 모든 현상을 붙들지 않는 마음 국면'·'기존의 인식·경험·이해 계열에서 빠져나오는 마음 국면'이다. 'sampajānāti(알아차리다)'의 의미를 '집중과 관찰'로 읽는 시선으로는 포착할 수 없는 마음 국면이다. 위빠사나 명상 지침에 따라 집중과 관찰을 위해 '지금 여기의 현상'을 대면하려는 노력은 과거·미래에 매인 관점·느낌·경험·판단·평가에서 빠져나오는 효과뿐만 아니라 '과거·현재·미래의 모든 것을 괄호 치듯 대상화시켜 놓고 재검토할 수 있는 좌표로 끊임없이 미끄러지듯 옮겨가는 재인지 사유의 작동'과도 연결된다. 위빠사나 명상 수행자들이 모르고 있을 뿐이다. 체험 현상은 유사하거나 같은 것일 수 있어도, 근원적인 발생 원인을 알고 체험하는 것과 모르고 체험하는 것은 그 수준과 지향이 다르다. 의미의 초점에 대한 인지 여하에 따라 성취의 수준과 지향이 결정된다. 'sampajānāti(알아차리다)'가 열어주려는 '마음 국면'의 철학적 전망과 가치는 사마타 마음수행의 의미를 어떤 것으로 포착하는가에 따라 확연히 달라진다. 정념 수행을 집중과 관찰로 읽는 현행 위빠사나 해석학은 자칫 붓다의 정념 법설의 가치와 의미를 제한시킬 수 있다.

정념 수행을 집중과 관찰 수행으로 이해하여 수립한 수행 지침은 뜻하지 않은 부작용을 수반하기도 한다. 현대 위빠사나 명상법의 수행 지침 가운데 '판단이나 평가를 하지 않기'는 자칫 판단과 평가를 핵심 내용으로 삼는 사유 활동에 대한 부정적 태도로 이어져 성찰적 사고 능력의 향상을 저해할 수 있다. 그럴 경우 현실 혐오나 회피의 염세주의나 초월적 도피주의의 덫에 걸릴 수 있다. 또한 '거부하거나 억압하지 말고 수용하기'라는 지침은 내면적 상처들과 대면하면서 감당하기 어려운 혼란과 고통을 경험하게 하기도 한다. 집중 상태의 심화는 망각의 베일에 가려 있던 아픈 기억들을 다시 의식의 표면 위에 떠올리게 하는 사례들을 발생시키는데, 그럴 경우 '수용하기'라는 지침은 긍정 경험보다는 부정 경험으로 이어져 걷잡을 수 없는 혼란과 고통을 발생시키곤 한다. 이런 사례들은 위빠사나 명상 지침에 따라 수행하는 현장에서 드물지 않게 목격되며, 마하시 사야도의 위빠사나 명상을 스트레스 완화 프로그램으로 응용한 카밧친(Jon Kabat-Zinn)의 MBSR(Mindfullness

Based Stress Reduction) 프로그램의 임상에서도 부작용 사례로 보고되고 있다고 한다. 이런 부작용은 정념 수행을 집중과 관찰 수행으로 이해하는 관점과 무관하지 않다 보인다. **만약 정념 수행의 두 축을 위빠사나 이해수행과 사마타 마음수행으로 보는 동시에, 'sampajānāti(알아차리다)'의 사마타 마음수행은 〈과거·현재·미래의 관점·느낌·경험·판단·평가를 '모두 묶어서 앞으로 둔 채 아는 인지국면'이고, '과거·현재·미래의 모든 것을 괄호 치듯 대상화시켜 놓고 재검토할 수 있는 좌표로 끊임없이 미끄러지듯 옮겨가는 재인지 사유의 작동 양상'이며, '이해를 비롯한 모든 현상을 붙들지 않아 거리를 확보하는 마음 국면'이자 '기존의 인식·경험·이해 계열에서 빠져나오는 마음 국면'〉이라고 본다면, 이런 부작용들은 사전에 예방되거나 사후에 대처할 수 있는 근원적인 능력을 갖추게 된다.**

사마타·선정·삼매를 '대상에 대한 집중수행'으로 간주하는 전통적 시선, 마하시 사야도에 의해 수립되어 위빠사나 명상의 표준으로 수용되고 있는 현대 위빠사나 수행관은 그 '조건인과적/연기적 설명'과 그에 관한 철학적 성찰이 수반되어야 한다. '이해와 관점에 대한 철학적 성찰'을 소홀할 경우, 자칫 종교 및 교학적 권위에 의지한 기능적 수행 매뉴얼에 그쳐 수행 테크니션들의 지침 역할을 벗어나기 어렵게 된다. 위빠나사·사마타를 비롯한 수행론을 수립하고 있는 관점·판단·평가의 명제들의 전제에 대한 전통 관점에 매이지 않는 근원적 성찰, 그 명제들의 의미와 가치를 거시적·미시적 시야에서 묻고 대답하는 철학적 성찰이 수반되어야 한다. 예컨대 이런 질문에 답하려는 성찰이 요청된다. −〈사마타(samatha)라는 용어가 지시하는 '그침, 중단, 고요'는 어떤 조건에 의해 발생하는 것일까? '번뇌 망상하는 마음의 동요를 그쳐 고요한 마음'은 어떤 조건에 의해 발생하는 현상일까? '대상에 마음의 시선을 묶는 집중'이 과연 그 조건일까? '알아차리기(sampajānāti)'를 '집중'과 '관찰'의 두 가지 의미로 이해하는 마하시 사야도의 관점은 얼마나 타당할까? 위빠사나 명상의 현장에서 발생하는 실제 효과는 '집중'과 '관찰'의 산물일까? '알아차리기(sampajānāti)'의 의미를 달리 읽을 가능성은 없을까? 위빠사나 명상이나 선 수행 효과들의 발생 조건을 달리 파악할 가능성은 없을까? 삼매의 특징으로 언급되는 '마음이 하나로 된 상태'(心一境性, cittekaggatā)는 특정 대상에 대한 집중 상태일까? 불교 전통 내부에서 사마타 및 선 수행의 의미와 내용을 달리 읽은 사례는 없는가?〉

철학적 성찰이 결핍되면, 구도와 수행의 현장은 수행 테크니션들의 단편적 통찰과 이런저런 체험에 관한 증언이 지배하게 된다. 다중多衆은 언제나 체험 증언적 매뉴얼에 끌리게 마련이다. 철학적 성찰을 수반하지 않는 갖가지 '계발과 치유의 프로그램과 지침'은 자칫 철학적 전망을 수반하지 않는 종교적 대증對症 용법 역할에 그칠 수 있다. 게다가 그런 프로그램과 수행 매뉴얼의 언어들은 깨달음·해탈·열반과 같은 궁극 개념을 배경으로 하기 때문에 엄밀한 사유를 요구하는 철학적 성찰의 필요성을 간과하기 쉽고, 체험 증언의 호소력이 성찰의 결핍과 그에 따른 문제들을 은폐시켜 버린다.

5) 위빠사나와 사마타 수행은 합리주의와 신비주의의 문제인가?

초기 경전인 니까야/아함에 나타나는 위빠사나 그룹과 사마타 그룹의 수행론의 차이를 합리주의 그룹과 신비주의 그룹의 긴장으로 보는 시선이 있다.23) '선정에 관한 설법이 없이 무상·고·무아에 대한 이해를 통한 해탈'을 설하는 경문의 구절들은 합리주의 그룹의 관점을, 4선四禪·8해탈解脫·9차제정次第定 같은 선정 관련 경문 구절들은 신비주의 그룹의 관점을 반영하며, 이 두 그룹은 대립적 긴장 관계에 있었다고 하는 관점이다. **이런 관점에 따른다면 지관 수행론은 관계는 신비주의 그룹과 합리주의 그룹의 긴장을 결합시킨 것으로 해석할 수 있다. 그러나 위빠사나 그룹과 사마타 그룹의 수행론의 차이를 합리주의 그룹과 신비주의 그룹의 긴장으로 보는 시선 자체의 타당성은 재고할 필요가 있다.**

우선 실제로 두 그룹이 대립적 긴장 관계에 있었는가에 대해서 학자들의 의견이 일치하지 않는다. 관련된 근거 자료의 의미도 달리 해석할 여지가 있다. 그러나 붓다의 제자들이나 초기 교단에서 '이해 중심의 수행'을 선호·중시하는 그룹과 '선정 중심의 수행'을 선호·중시하는 그룹이 구분될 정도로 차이를 보이는 현상은 실재했던 것으로 보인다. 현존하는 니까야/아함에 이해수행 중심의 설법과 선정 수행 중심의 설법을 각각 편향적으로 편집하여 전하는 내용이 다수 존재한다는 점, 이

---

23) 이러한 시신을 대표하는 깃은 상윳따 니까야의 『꼬삼비 경(Kosambi-sutta)』(S12:68)에 대한 푸셍의 「무실라와 나라다 : 열반의 길」이다. LA VALLÉE POUSSIN, Louis de (루이 드 라 발레 푸셍), KIM, Seong cheol and Jae hyung BAE tr. (김성철, 배재형 공역). 2011. 「무실라와 나라다 : 열반의 길」 ["Musīla et Nārada : Le Chemin du Nirvāṇa"], 불교학리뷰(Critical Review for Buddhist Studies), vol. 10, pp.295-335. 또한 김성철의 「초기경전에 나타난 선정과 반야의 대립과 화해」(『불교학연구』 74, 2023)와 한상희의 「무실라와 나라다는 합리주의와 신비주의의 상징인가」(『불교학연구』 71, 2022)는 이 문제에 대한 논의이다.

해(지혜) 수행에 전념하는 수행자들과 선정 수행에 전념하는 수행자들의 상호 비난을 전하면서 상호 존중을 권하는 경전이 있다는 점, 경전에 등장하는 혜해탈과 심해탈 및 양면해탈이라는 개념, 주석서에 등장하는 건관행자乾觀行者(선정 수행 없이 이해수행만으로 해탈의 자유를 누리려는 수행자)라는 개념 등이 이러한 추정의 근거이다.

위빠사나 그룹과 사마타 그룹의 수행론의 차이를 합리주의 그룹과 신비주의 그룹으로 구분하는 서구 학자들의 관점이 지닌 문제점은, 무엇보다도 선정 수행에 대한 부적절한 이해에 의거한다는 점이다. 특히 그들의 신비주의 관념은 선정 수행에 관한 잘못된 선입견으로 작용하고 있는 것으로 보인다. 그들은 '가변적 현상 이면이나 너머에 존재하는 완전한 궁극실재에 대한 직접경험 추구'를 신비주의라고 부른다. 그리고 니까야에 등장하는 '불사不死의 열반계涅槃界'가 신비주의의 목표인 '가변적 현상 이면이나 너머에 존재하는 완전한 궁극실재'에 해당한다고 보는 것 같다. 또 선정 수행은 '불사不死의 열반계에 대한 직접 체득'을 지향하는 것이므로 신비주의에 해당한다고 간주하는 것이다. 아울러 선정을 통해 '과거 생을 소급해 아는 능력인 숙명통宿命通'과 '미래 삶의 인과적 전개를 예측하는 천안통天眼通' 같은 신비능력을 얻을 수 있다고 하는 니까야/아함의 전승 내용도, 서구 학자들이 선정 수행을 신비주의로 간주하는 근거가 되고 있다.

'불사의 열반계'에서 '불사不死'라는 말은 『초전법륜경』에서 붓다가 자신은 〈불사不死를 발견하였다〉(amatam adhigatam)라고 한 선언에서도 등장한다. 또 12연기 정형구의 마지막 항목도 '노사老死'의 현상으로서 죽음을 거론하고 있다. 따라서 수행과 깨달음의 궁극, 그리고 그것을 지시하는 '열반'을 '불사不死의 경지'로 간주하는 시선은 니까야/아함 전반을 관통한다고 할 수 있다. 그런데 이 '불사不死(amata)'라는 개념을 생물학적 영생불사를 의미한다고 보는 것은 붓다 법설의 취지와 어긋나는 이해이다. 마치 노자의 무위無爲가 영생불사하는 신선의 경지로 오독되는 것과 같은 '의미맥락의 일탈'이다. 어쩌면 불교 내부에서도 일반인에서부터 학자들에 이르기까지 '불사不死의 경지'를 생물학적 영생불사로 보려고 하는 암묵적 선호나 충동들이 폭넓게 작동하는 것인지도 모른다. 죽음에 대한 공포를 극복하는 데는 영생불사의 당근이야말로 강력한 끌림이기 때문이다.

그러나 붓다의 법설에서 '영생불사'를 설하는 내용은 없다. 니까야/아함에서 등장하는 '불사不死'라는 용어는 '죽음에 대한 무지와 공포가 사라진 경지'를 지시하는 기호이다. 그리고 붓다의 법설에서 '죽음에 대한 무지와 공포의 극복'은 영생 성취나 약속으로 이루어지는 것이 아니라, 삶과 죽음이라는 변화 현상과의 접속을 유지하면서 성취하는 것이다. 발생 측면(생연기生緣起)이든 소멸 측면(멸연기滅緣起)이든, 12연기의 모든 항목은 '그것을 발생시키는 조건'과 연관시켜 그 의미를 파악해야 한다. 그럴진대 12연기의 발생 측면에서의 '생사'는 '불변성·동일성을 설정하는 무지를 근본 조건으로 삼는 삶과 죽음 현상'이다. 그리고 12연기의 소멸 측면에서 〈무지에 매인 조건들이 없어지면 마지막으로 생사도 없어진다〉라는 말은 〈불변성·동일성을 설정하는 무지를 근본 조건으로 삼는 삶과 죽음 경험〉이 〈사실 그대로와 부합하는 이해'(지혜)에 의거한 삶과 죽음 경험〉으로 바뀐다는 것을 의미한다. 〈불사不死의 경지에 들어간다〉라는 말이나 〈생사가 소멸한다〉라는 말을, 삶과 죽음에서 벗어나 '불변성과 동일성을 유지하는 영생의 세계'로 들어간다는 의미로 읽는다면, 붓다의 모든 법설이 본연의 의미를 상실한다. 누차 강조하지만, 붓다의 법설을 관통하는 것은 '변화·관계 속에 펼쳐지는 차이현상들과의 접속을 유지한 채, 그 차이현상에 대한 불변성·동일성·독자성 관념으로 구성한 이해·인식·욕망·감성·행위에 빠져들지 않고, 사실 그대로에 부합하는 이해·인식·욕망·감성·행위의 이로움을 누리는 것'이며, 그 이로움은 '불변성·동일성·독자성 관념으로 구성한 이해·인식·욕망·감성·행위에 빠져들었을 때의 무지·혼란·불안·해로움이 그치고, 사실 그대로에 부합하는 이해·인식·욕망·감성·행위의 지혜·평온과 풀려남의 홀가분한 자유를 누리는 이로움'이다. '돈오점수頓悟漸修와 돈오돈수頓悟頓修, 해오解悟와 증오證悟, 제8아뢰야식에서도 풀려남' 등의 문제는, 이 '접속한 채 누리는 이로움'을 얼마나 온전하고 지속적으로 간수할 수 있는지의 문제와 연관된다.[24]

위빠사나(觀) 수행 계열과 사마타(止) 수행 계열의 특징을 각각 이해수행과 마음수행으로 구분한다면, 붓다의 선禪·선정禪定 법설에 관한 종래의 이해는 크게 두 유형이다. 하나는, 이해수행을 중심으로 삼는 위빠사나 계열 관점의 연장선에서 붓다의 선禪·선정禪定 수행도 이해수행 유형으로 간주하는 동시에, 선정 수행을 '이해수행을 위한 마음집중'으로 파악한다. 다른 하나는 선정 수행을 신비주의 맥락에서 파악하는 관점인데, 여기서는 마음수행을 '변화·관계의 현상을 넘어선 불변·절대의 궁극실재 체득을 위한 마음집중'으로 간주한다. 이 신비주의 관

---

[24] 『돈점 진리담론』(2016, 세창출판사)과 「무아는 1인칭의 삭제인가 새로운 1인칭의 등장인가, 새로운 1인칭의 등장인가?」(화쟁연구소 2022 춘계 학술대회 자료집)에 관련 논의와 필자의 견해가 피력되어 있다.

점에서는 마음수행을 '궁극실재 체득을 가능케 하는 방법'으로 볼 것이며, 숙명통이나 천안통 같은 특수한 감관능력을 '궁극실재를 체득한/체득하는 마음수행의 현상'으로 간주할 것이다. 마음수행을 집중수행으로 간주한다는 점에서는 일치하지만, 위빠사나 계열의 관점이 '이해수행을 위한 마음집중'으로 보는 것과 달리, 신비주의 관점은 '궁극실재 체득을 위한 마음집중'으로 간주한다고 하겠다.

이렇게 보면, 붓다의 선禪·선정禪定 법설에 대한 기존의 이해는 세 가지 개념으로 압축된다. '이해수행', '마음집중', '궁극실재의 체득'이 그것이다. 이 가운데 위빠사나 계열의 수행관은 '이해수행'과 '마음집중'을, 신비주의 수행관은 '마음집중'과 '궁극실재의 체득'을 각각 선택하여, 선·선정 법설에 대한 이해에서 양자를 결합시키고 있는 셈이다. 그런데 붓다의 선·선정 법설은 새로운 관점으로 접근할 필요가 있고, 그 관점은 '이해와 마음의 차이와 관계'에 대한 성찰을 통해 드러낼 수 있다. 특히 '마음'에 관해서는 새로운 접근이 필요하다.

6) 사마타 마음수행은 집중수행인가?

니까야/아함에서 목격되는 위빠사나 수행 계열은 이해수행 범주, 사마타 수행 계열은 마음수행 범주에 배속할 수 있다. 그러나 이때의 '마음수행'의 의미는, 사마타 수행을 '신비능력이나 이해 계발을 위한 마음집중수행'으로 간주하는 시선에서의 마음수행이 아니다. 붓다의 선·선정 수행에 대한 새로운 접근이 필요하다. **붓다의 선·선정 법설을 마음수행이라 부를 때, 이 마음수행의 내용은 '마음집중수행'이 아니다.**

붓다의 사마타 마음수행은 불교 내부에서도 그 본령을 포착하기 어려운 영역이다. '대상에 대한 집중수행'이라는 해석이 남방과 북방의 교학에서 일반화된 것도, 그런 해석이 이해하기 쉬웠기 때문이다. 붓다의 마음수행을 '대상집중수행'으로 간주하면, 붓다 교설의 고유성固有性과 차별성을 확인할 수 있는 영역은 '무아·연기·공의 이해'가 된다. '대상에 대한 마음집중'이라는 수행·수양은, 세간을 포함한 모든 영역에서 목표 달성을 위한 방법으로 채택되기 때문이다. 그리하여 불교 내부에서 '마음수행에 관한 붓다 법설의 고유성과 차별성'은 왜곡된 해석에 의해 묻혀 버리고, 이해수행은 과도한 지위를 차지하며 교학과 수행론을 장악하였다.

"사마타 행법을 '마음집중'으로 간주하는 시선은, 삶과 세계에 대한 마음 범주에서의 왜곡 및 오염이 '마음의 동요'에서 비롯된다고 생각하는 것으로 보인다. 그리고 마음 동요의 극복방안으로서 '대상에 마음을 매어 움직이지 않는 집중능력'을 선택한다. 그러나 마음에 의한 삶과 세계의 왜곡·오염은 마음 동요나 산만의 문제가 아니다. 그렇게 보는 것은 의근意根/의식/마음에 의해 펼쳐지는 인식적 사유 현상에 대한 피상적 이해의 표현이다. 의근/의식/마음이라 칭하는 인식범주의 현상은, '설정된 기준들에 따라 마련된 관점·이해와 욕구의 다양한 방식들이 상호적으로 얽혀 중층적으로 누적된 인지기능적 체계'의 작동이며, 지각/인식 경험의 구체적 내용을 구성적으로 채워가는 '해석·가공의 경향적/관성적 메커니즘'의 작용이다. 따라서 마음에 의해 삶과 세계가 왜곡되고 오염되는 것은, 마음작용의 기능적 동요나 산만함 때문이 아니라, 마음 범주 안에 자리 잡은 '설정된 기준들과 그에 따라 분류·선별·

해석·가공하는 방식들' 때문이라고 보는 것이, 더 적절한 인과적 이해이다.

그렇다면 불변·동일의 본질/실체를 설정하는 '이해의 근원적 결핍'(근본무지)에 오염된 마음 범주를 치유하거나 그 지배력에서 벗어나려면, 그 마음 범주의 문법·지평·계열·체계에 '빠져들지 않는 선택'이 필요하다. 그런데 마음집중은 그 선택이 되기 어렵다. 마음작용의 기능적 집중은 여전히 오염된 문법·범주·지평·계열·체계 내부에서의 일일 수 있기 때문이다. 마음집중이 오염된 마음 범주의 정화나 그로부터의 탈출에 무익하다고는 할 수 없지만, 가장 필요한 것은 '현상에 대한 무지'가 유효하게 작용하는 마음 범주의 지평·계열·체계에 '더이상 휘말려 들지 않는 마음자리/마음 국면'의 계발과 확보이다. '마음 범주에 의한 왜곡'은 '마음 범주 속'에서는 그쳐지지 않는다. 무지를 조건으로 형성된 마음 범주의 문법·계열·체제·지평을 '붙들어 의존하고' '따라 들어가 안기고', 그 안에 '빠져들고' '휘말려 드는' 관성(업력)에 떠밀리는 한, 아무리 집중하고 무아·공의 이해를 수립하여 애써 적용한다 해도, 무명의 그늘에서 빠져나오기는 어렵다.

선 수행을 '마음 방식의 수행'이라 부른다면, 그리고 그 '마음수행법'이 '오염된 마음 범주'에 더 이상 농락당하지 않을 수 있는 행법일 수 있으려면, 현상/존재/세계를 왜곡하고 오염시키는 문법으로 작용하는 '마음 범주의 선先계열/체계'에 '빠져들지 않는 마음 국면' '휘말려 들지 않는 마음 국면' '그 마음 범주를 붙들고 달라붙지 않는 국면' '그 마음 계열 전체를 괄호치고 빠져나오는 국면'을 열어야 하고, 그 마음 범주에서 '전면적으로 빠져나오는' 마음자리를 확보해야 한다. 마음의 '범주·지평·계열 차원의 자기초월'

이 이루어져야 하는 것이다."[25]

"과거와 현재를 통틀어 '이해 바꾸기의 의미와 필요성 및 방법론'을 집중적으로 탐구하고 검증해 온 유일한 사례는 붓다의 전통이라고 생각한다. 붓다의 법설과 수행론은 고스란히 '이해 바꾸기의 의미와 필요성 및 방법론에 관한 가르침'이기도 하다. 붓다의 법설과 후학들의 해석학 및 수행론을 이렇게 읽으면, 놓쳤던 의미와 내용들이 새롭게 살아난다. 이른바 계戒·정定·혜慧 삼학三學은 '이해 바꾸기 방법론'의 종합체계로 볼 수 있다. (…) 정학定學은 '마음의 힘에 기대어 어떤 이해에도 갇히지 않으면서 이해를 가꾸어가는 방법론'이다. 여기서 '마음'은 이해를 비롯한 모든 경험현상을 괄호 치고 거기에서 빠져나와 그것을 재처리할 수 있는 재인지 사유의 면모이다. 그리고 '힘'은 이해·욕구·행동·정서 등 모든 경험현상에 갇히거나 매이지 않고 빠져나온 자리에서 관계 맺는 능력이다. 모든 대상, 모든 경험과의 접속을 유지하면서도 그것들에 갇히거나 묶이지 않을 수 있는 힘, 그러기에 더 좋은 현상들과의 관계를 위해 자유롭게 자리를 옮겨가는 유영遊泳의 힘이다. 혜학에서 작용하는 재인지 사유의 힘이 '바꾸는 선택작용'에 그 초점이 있다면, 정학에서 주목하는 재인지 사유의 능력, 그 마음의 힘은, '빠져들지 않고 만나기' '갇히지 않고 접속하기' '붙들려 매이지 않고 관계 맺기'에 그 초점이 있다. 니까야/아함이 전하는 붓다의 선禪·정념正念·정학·육근수호 법설, '공관空觀을 안은 유식관唯識觀'에 입각하여 펼치는 원효의 마음철학과 선관禪觀, 선종의 선관

---

[25] 박태원, 『돈점 진리담론』(세창출판사, 2017), pp.131-132.

禪觀에 대한 탐구를 종합하여 수립한 이해인데, '정학의 의미와 내용'이 여기에 있다고 필자는 생각한다. (…) **정학/선 수행의 초점과 내용은 '대상에 대한 집중'이 아니다. 정학/선 수행의 초점은, 이미 자리 잡아 안정화된 그 어떤 이해들이나 그 이해에 의거한 욕구·행동·정서들에 '붙들려 빠져들지 않는 마음자리' '매여 갇히지 않는 재인지 자리'를 자율의지에 따라 확보할 수 있는 힘을 키우는 노력에 있다.** 또한 그 '붙들지 않고 갇히지 않아 빠져나온 자리'에서 그 대상들과 접속하고 관계 맺어 조정할 수 있는 힘을 키우는 노력에 초점이 있다. 그리하여 그 어떤 이해체계 안에도 매이거나 갇히지 않으면서 더 좋은 내용을 수립하고 선택하며 고쳐가는 자유의 힘을 키우는 일이 정학/선 수행이다. 불교 전통에서 입버릇처럼 사용하는 〈집착하지 않는다〉라는 말은 이런 맥락에서 유효한 것이다.

정학/선정/삼매 수행에서 힘을 얻는다는 것은 집중력이 고도화되는 일이 아니다. 집중력 향상과 무관하지는 않지만, 선 수행의 초점과 내용 및 목표가 집중력은 아니다. **〈선정의 힘을 얻어 '동요하지 않는 평온'을 성취했다〉라는 것은 마음이 분산되지 않는 집중의 힘 때문에 평온을 유지한다는 의미가 아니다.** 특정한 이해나 욕구, 감정이나 행동을 집착하듯 붙들면, 그리하여 그것에 갇히거나 매이면, 그 이해·욕구·감정·행동이 기대와 달라질 때 불안하고 동요하게 된다. 그러다가 **어떤 이해·욕구·감정·행동도 붙들지 않고 빠져나온 자리에서 관계 맺는 힘, 갇히지 않는 자리에서 접속하는 힘을 얻으면, 이해·욕구·감정·행동에 따른 불안과 동요가 근원적으로 잦아든다. 이 '풀려난 자유로 인한 평온'이 선정/삼매/정학의 평온이다.**

정학/선 수행의 초점과 내용을 이렇게 본다면, 〈선 수행으로 깨달음을 성취했다〉든가 〈선정의 힘을 얻었다〉라는 말의 의미도 달리 생각해야 한다. 선정의 힘이나 깨달음의 힘은 '집중력의 유지로 동요하지 않을 수 있는 경지'가 아니다. 이런 부류의 시선은 선정이나 깨달음을 일종의 기능적 힘으로 처리한다. 견해·이해·관점을 선택하여 판단과 평가를 펼치는 '사유와 언어의 힘'은 무시하기 십상이다. 좋은 이해와 가치를 선택하여 추구할 수 있는 지성과 성찰의 힘은 흔히 '쓸데없는 세속의 분별'로 치부된다. 과연 그럴까? 만약 선정이나 깨달음의 힘이 그런 것이라면 추구할 가치가 있기는 할까? '집중력'이라는 힘은 양날의 검이다. 이로움 추구의 집중력으로 쓸 때는 활인活人의 날이 되지만, 해로운 신념과 의지를 집중력을 가지고 흔들림 없이 추구할 때는 살인과 살생의 날이다. 사유의 힘, 이해·판단·성찰의 힘과 무관한 집중력은 매우 위험하다. '대상집중' 훈련을 통해 성취한 집중력이 궁극적 지혜/이해나 해탈지평과 인과적으로 연결될 것이라는 기대는 얼마나 타당한 것일까? 무지의 뻔뻔함, 기만과 폭력의 당당함을 지탱해 주는 '흔들림 없는 집중력'은 '대상집중의 힘'과 무관할까?

선정이나 깨달음의 힘은 '집중력의 유지로 동요하지 않을 수 있는 실력'이 아니라, '**그 어떤 이해·욕구·감정·행동도 붙들지 않고 빠져나오는 자리를 확보하여 그 자리에 관계 맺으면서 더 좋은 이해·욕구·감정·행동을 선택하고 수립하는 힘**'이다. 아무리 강력하게 안정화된 견해나 이론, 이해와 욕구일지라도 그것들에 갇히지 않는 마음자리로 이전할 수 있는 힘을 얻어, 그 풀려난 마음자리에서 접속하면서, 허물은 고치고 장점은 살려내며 부족한 것은 채워 더 이로운 내용으로 바꾸어가는 실력이다. 그러하기에 **선 수행**

을 통해 득력得力하거나 깨달음이라 할 만한 변화를 성취했다면, 수행하지 않은 사람들보다 '성찰과 지성의 능력'을 향상시켜 가는 힘이 수승해야 한다. 자신의 견해에 집착하지 않고 특정한 이해를 고집하지 않는 힘, 언제든지 기꺼이 더 좋은 견해로 옮겨 갈 수 있는 힘, 얼마든지 다른 이들의 더 좋은 이해를 수용할 수 있는 힘이 범부들보다는 나아야 한다. 만약 수행 이력을 내세우면서도 자기 견해에 대한 배타적 고집이 강하고, 이해를 바꾸고 향상시키는 능력이 저하되어 있으며, 성찰하고 판단하는 실력이 수준 이하임에도 부끄러워할 줄 모르고 뻔뻔하다면, 그의 선 수행은 길을 잘못 든 것이다. 집중력은 돋보이지만 좋은 이해를 가꾸어가는 지성의 힘에 관심 없거나 무능하다면 정학의 힘은 아니다. 모든 지적知的 관행과 욕구 전통 및 행동 양식에도 갇히지 않는 자리에 서는 힘, 그 자리에서 이해·욕구·행동과 접속하면서 더 좋은 것들로 바꾸어 가는 힘 – 정학의 힘은 이런 실력으로 표현되어야 한다."[26]

붓다가 육근수호 및 정념 수행에서 설하는 알아차림(正知, sampajānāti)은 이해수행이 아니라 마음수행에 초점을 맞춘 법설이며, 그 내용은 〈'변화·관계의 차이현상'과 접속을 유지한 채, '차이들에 대한 기존의 이해를 붙들지 않는 마음 국면'을 열어, '기존의 이해 계열에서 빠져나오는 마음 국면'에서 '사실 그대로에 부합하는 이해'로 바꾸고, '사실 그대로에 부합하는 이해'에서 발생하는 개인과 세상의 이로움을 누리는 것〉이라고 생각한다. 그리고 대승의 유식관唯識觀, 원효의 일심一心과 그의 선관禪觀, 선종의 돈오견성 선관禪觀은, 위빠사나 해석학과 신비주의 해

---

26) 『원효의 통섭철학』, pp.263-269.

석학이 놓쳐온 마음수행의 이러한 의미를 포착하여 계승하고 있다. 이하에서 다시 거론한다.

7) 지관止觀 수행론과의 관계

사마타와 위빠사나 수행은 지관止觀 수행에 상응한다. 지止는 사마타 선정 수행, 관觀은 위빠사나 이해수행에 상응한다. 따라서 이해수행과 마음수행의 관계는 지관 수행론에서의 '지止와 관觀의 관계'에 배속시킬 수 있다. 지관 수행론은 선禪 수행의 요점을 '지止와 관觀'이라는 두 개념으로 압축하여 그 상호관계를 거론한다. '관觀'이라는 개념을 '이해수행의 범주'로 보는 것은 자연스럽다. 그런데 '**지止**'를, '**마음집중에 의한 망상분별의 그침**'으로 파악하는 전통적 이해에 갇히지 않고, 필자가 거론하는 '이해와 마음' 독법에서의 '마음수행의 범주'에 속하는 개념으로 읽는다면, 관觀과 지止의 관계는 고스란히 이해수행과 마음수행의 관계가 된다. 그럴 때 '그침수행과 이해수행의 병행'(止觀雙運, 止觀雙修, 止觀兼修)이라는 전통적 '지관止觀 수행론'은 붓다가 펼치는 수행론 체계의 핵심을 잘 포착하고 있는 수행 담론이 된다. 또한 '지관止觀 수행론'을 '이해와 마음' 독법에서의 마음수행과 이해수행의 관계로 읽을 때는, 지관止觀은 개인의 선禪 수행 범주에서의 특수한 수행 지침이라는 의미에 국한되지 않고, 인간과 세상을 이해하는 유익한 개념 도구 및 개인과 세상의 구체적 문제 상황에 적용할 수 있는 해법이 된다. 그럴 때 지관 수행 담론은 기존의 교학적 서술과 시선에 머물지 않고 더욱 풍요로운 영역으로 나아가게 된다.

앞서 거론한 '이해수행과 마음수행의 차이'는 이렇다. – 이해수행은,

〈'변화·관계의 차이현상'과 접속을 유지한 채, '동일성·불변성·독자성· 절대성 관념에 의거한 환각적 행복의 무지와 허구에 대한 이해'(苦觀)와 '변함·무본질·무실체·관계·조건인과적 발생에 대한 이해'(무상관無常觀· 무아관無我觀·공관空觀·연기관緣起觀)를 수립하여 내면화시킴으로써, '차이 현상의 사실 그대로'(如實相, 眞如相)를 이해하여 '사실 그대로의 이해로 인한 개인과 세상의 이로움'을 누리려는 것에 초점을 두는 수행〉이다. 그리고 마음수행은, 〈'변화·관계의 차이현상'과 접속을 유지한 채, '재 인지 사유로서의 마음작용'에 의거하여 '차이현상들에 대한 기존의 느 낌·이해·인식·경험을 붙들지 않는 마음 국면'을 열어, '기존의 느낌·이 해·인식·경험 계열에서 빠져나오는 마음 국면'에서 '사실 그대로에 부합 하는 느낌·이해·인식·경험'으로 바꾸고 내면화시켜, '사실 그대로에 부 합하는 느낌·이해·인식·경험'에서 발생하는 개인과 세상의 이로움을 누리려는 것에 초점을 두는 수행〉이다.

그런데 '사실 그대로에 상응하는 이해의 수립과 내면화'에 초점을 두 는 이해수행은 실질적으로는 '재인지 사유로서의 마음작용'이 열어주 는 '기존의 이해를 붙들지 않는 인지적 좌표'에 의거하여 '잘못된 이해 의 수정'과 '사실에 부합하는 이해의 수립'을 이루어 낸다. 그러나 '이해 수행자' 자신은 이러한 마음작용을 모른 채 수행에 전념할 수 있다. 또 한 '마음수행자'도 '기존의 이해를 붙들지 않는 인지적 좌표를 열어주는 마음 국면의 확보'에만 초점을 맞추고 '잘못된 이해의 수정'과 '사실에 부합하는 이해의 수립'에는 힘을 싣지 않는 경우가 있을 수 있다. 모든 이해를 붙들지 않는 '무분별의 풀려남'(근본지根本智·근본무분별지根本無分別 智·무분별지無分別智·여리지如理智)에만 치우쳐 '사실 그대로에 부합하는 이 해로 판단·평가하는 분별하는 지혜'(후득지後得智·후득차별지後得差別智·분별지分別智·여량지如量智)의 성취와 운용에 대한 관심과 노력은 결핍될 수 있는 것이다. 따라서 이렇게 말할 수 있다. 〈'마음으로서의 재인지 사유'와 '이해 사유'는 구조적으로 '같은 것은 아니지만 다른 것도 아닌 관계'(不一而不二)를 맺고 있는 것이지만, 이해수행과 마음수행의 수행 현장에서는 양자의 상호관계와 상호작용이 결합적이지 않을 수도 있다.〉

이렇게 보면 이해수행(觀)과 마음수행(止)의 관계는 실제 수행과 관련하여 두 유형으로 구분할 수 있다. 이해수행(觀)과 마음수행(止)의 '비非결합적 유형'과 '결합적 유형'이 그것이다.

'비非결합적 유형'은, 이해와 마음의 결합적 구조에도 불구하고, 이해수행과 마음수행 각각의 일면적 특징에 치우쳐 있는 경우이다. 이때의 이해수행은 '수단이 되는 이해수행'(方便觀)이고, 원효에 의하면 보살 수행의 십지十地 이전 단계에서 작동한다. 이에 비해 '결합적 유형'은, 이해와 마음의 결합적 구조에 상응하여, 이해수행과 마음수행 각각의 특징이 융합적으로 결합되는 경우이다. 이해수행과 마음수행의 '분리될 수 없는 상호 의존'이 실제 수행에서도 양자의 융합으로 구현되는 단계이다. 이때의 이해수행은 '온전한 이해수행'(正觀)에 해당하고, 보살 수행의 십지十地 이후에 작동한다. 이 단계는 〈이해수행과 마음수행의 융합이 고도화되는 '상호관계의 정점 범주'〉를 지향하게 된다.

이해수행과 마음수행의 융합 단계에서는 〈그 어떤 이해도 붙들거나 그에 머물러 제한받지 않으면서 이해를 굴리는 인지능력 지평〉, 〈'사실 그대로에 부합하는 이해'에도 갇히거나 붙들어 집착하지 않는 좌표에 역동적으로 자리 잡으면서 '사실 그대로에 부합하는 이해'를 운용하는 인지능력 지평〉, 〈모든 유형의 관념·느낌·욕망·행위·의지·심리·이해 양상에서 끝없이 풀려나면서 '사실 그대로에 부합하는 이로운 관념·느낌·욕망·행위·의지·심리·이해 양상'을 역동적으로 조정하면서 펼치는 인지능력 지평〉이 밝아지면서 고도화되어 간다. 모든 이해를 붙들지 않는 '무분별의 풀려남'(근본지根本智·근본무분별지根本無分別智·무분별지無分別智·여리지如理智)과 '사실 그대로에 부합하는 이해로 판단·평가하는 분별하는 지혜'(후득지後得智·후득차별지後得差別智·분별지分別智·여량지如量智)의 결합적 성취와 운용이, '변화·관계의 차이현상들'과 접속을 유지한 채, 역동적으로 향상해 가는 향상일로向上一路의 단계라 하겠다.

원효에 따르면, 정관正觀/진관眞觀은 지止와 관觀을 하나의 지평에서 융합적으로 펼쳐가는 수행단계이다. '그침(止)과 이해(觀)를 결합적으로 운용하는 수행단계'(止觀雙運)라야 '온전한 이해수행'(정관正觀·진관眞觀)이 된다는 것이다. 그럴진대 이 지관쌍운止觀雙運은 앞서 거론한 이해수행(觀)과 마음수행(止) 관계의 '결합적 유형'에 해당할 것이다. 이해수행(觀)과 마음수행(止)의 '분리될 수 없는 상호 의존'이 실제 수행에서도 융합으로 구현되는 단계이며, 〈이해수행과 마음수행의 융합이 고도화되는 '상호관계의 정점 범주'〉로 나아갈 수 있는 단계라 하겠다.

그런데 원효에 따르면, '그침(止)과 이해(觀)를 결합적으로 운용하는 수행단계'(止觀雙運)인 '온전한 이해수행'(정관正觀·진관眞觀)의 토대는 〈[인간의 지각 경험에서 모든 현상은] 오로지 마음[에 의한 구성]일 뿐 [마음과 무관한] 독자적 객관대상은 없다〉(唯識無境)는 유식관唯識觀이라 한다. 왜 유식관이 지관쌍운止觀雙運의 '온전한 이해수행'(정관正觀·진관眞觀)의 토대가 되는 것일까? 원효의 의중을 탐구하려면 통과해야 할 관문이다. 유식학에 대한 학계의 일반적 시선으로는 통과할 수 없는 문이다. 〈유식학의 교학적 위상에 대한 원효의 각별한 평가 때문이다〉라는 대답으로는 철학적 갈증을 해소할 수가 없다. 원효가 유식학에 대한 각별한 관심과 탐구 성과를 보여주는 것은 분명하다. 그러나 **유식학에 대한 종래의 교학적 시선이나 근대 이후의 탐구 내용만으로는, 원효가 '유식무경唯識無境의 유식관唯識觀'을 '지관쌍운止觀雙運의 정관正觀/진관眞觀을 가능케 하는 토대 조건'으로 간주하는 의중에 접근하는 데 한계가 명백하다.** 특히 '지관쌍운止觀雙運의 정관正觀/진관眞觀'이라는 현상을 발생시키는 인과적 조건들과 그 의미를, 이해수행(觀)과 마음수행(止)의 특징 및 내용과 관련시키면서 성찰해 보려는 연기적 탐구의 갈증 해소에는 도움을 주지 못한다. 이 지점에서 우리는 '유식무경唯識無境의 유식관唯識觀'이 지니는 불교철학적 의미를 기존의 교학적 해석에 매이지 말고 새롭게 읽어 볼 필요가 있다. 원효는 왜 '유식무경唯識無境의 유식관唯識觀'에 그토록 중요한 위상을 부여하고 있는 것일까?

6. 유식무경唯識無境과
알아차림(正知, sampajānāti)

유식학唯識學 탐구의 첫 관문이자 마지막 출구는 '유식무경唯識無境'이라고 본다. '유식무경唯識無境'을 어떤 의미로 읽느냐에 따라 복잡하고 다채로운 유식학 이론들의 출발점과 출구가 포착된다. **필자는 〈오직 식識일 뿐 객관적 실재는 없다〉라는 유식무경唯識無境을, 〈주관과 객관의 모든 현상을 괄호 쳐서, 그것들에 '붙들거나 갇히지 않는 자리'로 옮겨, 그 자리에서 주관·객관의 현상들을 만나는, 정지正知의 '빠져나와 만나는 마음 국면'〉을 일깨워 주는 기호로 읽는다.** 유식학에 심취했던 원효도 그렇게 이해하였고, 유식학의 마음 통찰에 의거하고 있는 선종 선불교의 선관禪觀도 마찬가지라고 본다. 유식무경唯識無境, 원효의 일심一心, 선종 선불교의 돈오견성은 그 점에서 흥미로운 상통성을 지닌다. 그리고 그런 이유로 **〈유식학과 원효 및 선종의 선관은 붓다의 법설, 특히 육근수호 및 정념의 알아차림(正知, sampajānāti)이 지니는 의미를 새롭게 읽을 수 있는 창을 열고 있다〉라고 생각한다.** 이런 관점은 유식학이나 원효의 일심 및 선종의 언어를 읽는 기존의 관점과는 그 입각처가 다르지만, 필자에게는 시간이 갈수록 확신처럼 분명해지는 관점이다.

알아차림(正知, sampajānāti), 유식무경唯識無境, 원효의 일심一心, 선종 선불교의 돈오견성에 대한 필자의 관점을 발생시킨 조건들은 선문禪門의 화두 참구에 대한 경험에서 출발한다. 대부분의 불교 학인들이 그런 것처럼, 필자도 불문佛門에 대한 실존적 관심과 관여를 탐구 여정에 포함시키고 있다. 필자의 경우는 그 실존적 탐구의 출발이 선종 선문이었고 그 탐구에서 나름대로 눈뜬 '선 수행의 초점과 그 이로움'이 이후 불교철학 탐구의 일관된 동력이었다. 이 '선 수행의 초점'은 '이해도 아니고 집중도 아닌 마음 국면'이었다. 선종 선문에서 확보한 '선 수행의 초점'은 원효 및 유식관과 대화하면서 더욱 분명해졌고, 니까야가 전하는 붓다의 법설을 만나면서 그 '초점의 발원지'를 육근수호 및 정념의 알아차림(正知, sampajānāti)에서 확인하고는 환희의 전율에 휩싸였다. 아울러 니까야가 전하는 법설을 통해 '조건인과적 발생'을 설하는 '연기緣起 통찰'의 포괄적 의미에 대해 새롭게 접근할 수 있었다. 기존 교학의 연기 해석학에 갇히면 자칫 놓칠 수 있는 연기적 사유의 범주와 의미는 눈앞이 밝아지는 듯한 경이였다. 이 연기 통찰의 의미는 필자가 눈뜬 '선 수행의 초점과 그 이로움'을 발생시키는 조건들과 그 인과관계를 이해할 수 있게 하였다.

문제는 선문禪門과 유식무경唯識無境, 원효의 일심一心, 알아차림(正知, sampajānāti)에 대해 나름대로 일관되게 읽어낸 '선 수행의 초점과 그 이로움'이, 간화선을 포함한 선 수행을 '이해'나 '집중'으로 읽는 기존의 통설적 시선과는 다르다는 점이었다. 무엇이 다르고 왜 다른지, 각각의 이해를 발생시킨 조건인과적 선택들 가운데 어떤 것이 더 나은 것인지를, 자기 편향성을 경계하면서 모든 가능성을 열어놓고 꾸준히 검토했다. 시간이 지날수록 필자의 관점에 무게가 실렸고, 논거와 근거는 더욱 견실해져 갔다. 학술지 논문게재 의무에서 해방된 이제, 필자 나름의 소견을 자유로운 글쓰기 형식으로, 그러나 논리적 견실함은 잃지 않고 개진해 보려는 의욕에 따르고 있다.

1) 유식사상을 읽고 있는 관점들과 의문

　근대 이후의 불교학 탐구는 유식학 뿐만 아니라 모든 불교 이론을 서양철학의 인식론 및 존재론의 맥락에서 탐구하는 경향이 지배적이다. 〈인식이란 무엇인가? 무엇을 인식하고 어떻게 인식하는가?〉를 물으면서 인식의 근거와 내용 및 과정을 탐구하는 인식론, 〈존재하는 것은 무엇인가?〉를 물으면서 존재물의 속성이나 본질, 존재 방식 등을 탐구하는 존재론을, 불교 이론의 분류와 분석의 틀로 즐겨 채용한다. 그리하여 초기불교 문헌이나 아비담마 이론, 중관中觀이나 유식唯識의 이론을 탐구하는 현대 불교학은, '인식론과 존재론'이라는 관심과 이론 범주 속에서 '불교 인식론' '불교 존재론' 등을 즐겨 거론한다. 해탈론이나 수행론을 거론하는 경우에도 인식론·존재론이라는 맥락과 체계에 해탈이나 수행 언어를 결부시키는 방식으로 진행한다. 이런 현상은 서양철학의 관심과 맥락 및 체계를 불교학 탐구에 무비판적으로 이식한 결과이다.

　정신과 마음현상에 대한 불교 심식론心識論 통찰이 서양철학의 인식론적 성찰과 접속하거나 어울릴 수 있는 내용은 풍부하다. 또 연기·무아·공의 통찰이 서양철학의 존재론적 성찰과 맞물리는 내용도 풍요롭다. 현상과 존재에 대한 불교의 심식론적 통찰과 연기적 성찰, 무아·공의 통찰은, 서양철학의 인식론 및 존재론 성찰과 상호 융섭하여 새로운 철학과 성찰 영역을 만들어 낼 가능성이 매우 높다. 실제로 그런 성과들은 다양하게 축적되어 왔고, 향후 더욱 활기를 보여줄 것이다. 그러나 양자의 언어는 그 발생 조건과 맥락이 다르다는 점도 놓치지 말아야 한다. 관심과 목표가 다르기에, 같은 내용과 유사한 이론이라도 맥락이

다르고 의미가 다르며 지향이 다르다. 인식과 존재에 대한 불교 성찰이 서양의 존재론·인식론 성찰과 내용상 겹치거나 유사한 대목도 있고 상생적으로 어울릴 수 있는 내용도 있지만, 동시에 양자는 구별되는 고유의 맥락을 지니고 있다. 불교 이론을 존재론이나 인식론으로 읽을 때는 이 점을 충분히 고려해야 한다.

근대 이후 유식사상에 대한 탐구 역시 대부분 인식론과 존재론을 결합시킨 맥락에서 진행되고 있다. 그리하여 유식사상을, 〈**모든 존재와 현상은 마음/주관/분별에 의한 구성일 뿐 외부 실재는 없다는 것을 알려주는 관념론 계열의 통찰체계이며, 그런 점에서 지각의 장막에 갇힌 인식의 '닫힌 체계'에 관한 성찰이고, 그런 통찰을 단지 사변적 성찰이 아니라 해탈을 지향하는 선정 수행을 통해 수립한 것**〉이라고 이해한다. 근대 이후 학계의 논의는 풍부한 언어학/문헌학적 토대 위에 유식학의 언어와 이론을 정밀하게 체계화시키면서 그 의미를 분석하는 다양한 성과를 축적하고 있는데, **유식학을 '관념론 계열의 인식·존재론적 맥락'에서 읽는 방식이 지배적 경향**이다. '유식唯識'을 '모든 존재와 현상은 마음/주관/분별에 의한 구성적 현시現示일 뿐이라는 주장'이라고 해석하는 것은 인식론적 관심과 직결된다. 또 '무경無境'을 '주관·객관에 관한 경험은 마음 외부에 있는 존재(外境)와의 관계를 반영하는 것이 아니므로 외부의 객관세계는 없다는 주장'이라고 하여 해석하는 것은 존재론적 관심과 관련된다. 이처럼 **인식론적 시선과 존재론적 시선이 결합하고 있다는 점에서 '관념론 계열의 인식·존재론적 맥락의 해석'이라 부를 수 있을 것이다.**

유식사상에 대한 관념론적 해석은 유식무경唯識無境을 〈'모든 현상과 세계를 오직 마음의 구성적 현시로 환원시키면서'(唯識) '타인 등 외부 대상의 실재를 부정하는 것'(無境)으로 이해한다. 따라서 인식론과 존재론의 시선에서는 그들의 관심사인 자심과 타심 및 주관과 객관의 존재와 상호관계에 관한 문제가 발생하게 된다. 〈유식무경唯識無境이 '모든 현상과 세계가 오직 개인 심상의 현시일 뿐이고 그 심상은 외부 대상세계인 외경外境와 무관한 것'이라는 주장이라면, '오직 나의 세계일 뿐'이라는 유아론唯我論의 덫에서 어떻게 빠져나올 것인가?〉를 묻게 된다. 또〈유식무경唯識無境이 '현상과 세계에 관한 주관·객관 심상의 발생은 외부 대상세계와 무관한 것이고 오직 식識 자신에 의한 변현變現일 뿐'이라는 주장이라면, 타인·타심을 비롯한 객관세계를 부정하고 '내적 주관세계와 외적 객관세계의 상호관계'를 부정하는 것이 과연 타당한 주장인가?〉를 묻게 된다. 게다가 유식사상의 문헌 내부에서 목격되는 '타인들의 심상속心相續에 관한 긍정 기술'은 유식무경唯識無境에 대한 관념론적 해석의 일관성에 혼란을 발생시킨다.

유식학의 유식무경에 대한 관념론적 해석은 주관과 객관, 자아와 타인에 관한 모든 인식을 단일한 식識의 층위로 환원하는 일원론이라고 해석하여 관념론적 일원론의 일관성과 정합성을 견지한다. 이러한 관념론적 해석은 식 외부의 타인이나 타자를 부정하게 되고 자칫 유아론의 함정에 빠진다. 게다가 식識 외부의 타인의 마음들을 인정하는 『성유식론成唯識論』 같은 유식 논서의 입장을 어떻게 관념론적 일원론으로 수용할 수 있는가의 문제를 안고 있다. 유식학에 대한 현상학적 해석은 이러한 관념론적 해석을 비판하면서 유식학을 현상학적 통찰에 포섭시킨다. 현상학적 해석은 외부에 있는 타자의 마음들을 인정하는 『성유식론』의 내용 등을 근거로 유식사상은 유아론이 아니며 관념론적 일원론으로 해석하는 것은 적절치 않다고 비판하면서 주관과 객관의 상호관계와 영향력을 설명하기 위해 상호주관성을 주목하면서 유식사상을 현상학적 계열의 통찰로 해석한다. 그런데 이러한 현상학적 해석은 식 외부의 대상들을 인정하는 것이어서 관념론적 해석 진영의 반발과 비판에 직면한다. **현재 유식사상에 대한 학계의 이해는 관념론적 해석과 현상학적 해석으로 나뉘어 상호 간 논박이 가열되고 있다.**[27)]

유식사상에 대한 양 진영의 논란은 기본적으로 서양철학의 인식론 및 존재론의 관심과 사유에 의거하고 있다. 유식무경을 관념론적 일원론으로 해석하거나 '자아와 타자의 상호주관성의 이론'으로 읽으면서 유아론唯我論의 문제나 외부 타자의 존재 문제, 주관과 객관의 상호관계에 대한 문제를 유식사상에서 해결해 보려는 것은 유식사상을 인식론·존재론의 관심과 성찰 전통에 편입시켜 탐구하는 방식이다. 일종의 격의적格義的 탐구 방법론이다. 그런 점에서 출발선부터 유식사상 고유의 맥락과는 상응하지 않을 수 있고, 그들이 난제로 삼고 있는 문제들도 '맥락 일탈로 인한 잘못된 문제 설정'일 수 있다. 필자는 그렇다고 본다.

2) 유식사상 고유의 관심과 취지

관념론적 해석이나 현상학적 해석이 공히 주목하고 있는 '식識 외부에 있는 타인의 마음들'(타자들의 심상속心相續)을 거론하는 『성유식론』의

[27)] 유식사상의 해석을 둘러싼 관념론적 해석과 현상학적 해석의 대립에 대해서는 정현주의 「유식사상 해석논쟁의 비판적 연구 I - 현대 유식사상 연구에서 관념론적 해석과 현상학적 해석의 대립을 중심으로」(『불교학연구』 71, 2022)를 참고할 수 있다.

다음과 같은 문답은 유식무경의 취지가 관념론이나 현상학의 인식론 및 존재론적 관심사와 다를 수 있다는 점을 확인시켜 준다.

"⟨[식識] 외부의 '모양과 색깔을 지닌 존재'(色)는 실제로는 없어서 내식內識의 대상이 아닐 수 있지만 타인의 마음은 실제로 있는데 어찌 자기 [식識]의 대상이 아닌가?⟩ ⟨누가 타인의 마음을 자기 식識의 대상이 아니라고 했는가? 단지 그것이 [식識에 의해] 직접 인식되는 대상이라고 말하지 않은 것이다. 이를테면 식識이 생겨날 때 [외부 대상을 비추는] 실제 작용은 없으니, 손 등이 외부의 사물을 직접 잡고 해 등이 빛을 펼쳐 외부 경계를 직접 비추는 것과 같은 것은 아니고, 단지 거울 등에 외부 대상과 비슷하게 나타나는 것을 '타인의 마음을 안다'라고 부르지 [타인의 마음을] 직접 아는 것은 아닌 것과 같다. '직접 알아진 것'은 [식識] 자신에 의해 전변轉變된 것이다. 그러므로 계경契經에서는 "어떤 것이 [그것의 외부에 있는] 다른 것을 취할 수 있는 일은 없으니, 단지 식이 생겨날 때 [외부의] 그것과 비슷한 모양이 [식에] 나타나는 것을 '그것을 취한다'라고 부른다."라고 하였다. [식이] 타인의 마음을 대상으로 삼는 경우와 같이, [식이] '모양과 색깔이 있는 것'(色)[을 대상으로 삼는 경우]도 그러하다.⟩ ⟨[그렇다면] 이미 [식과는] 다른 대상이 있는 것인데 어찌하여 '오직 식일 뿐'(唯識)이라고 말하는가?⟩ ⟨기이하도다. 고집하면서 부딪치는 데마다 의심을 내는구나. 어찌 유식의 교의가 단지 하나의 식[만 있다는 주장]을 설하겠는가?⟩ ⟨그렇지 않은 것이라면 어떤 것인가?⟩ ⟨그대는 응당 제대로 들을지어다. 만약 오직 하나의 식만 있을 뿐이라면 어찌 온 세상의 범부와 성인, 존귀함과 비천함, 원인과 결과 등의 구별이 있겠으며, 누가 누구를 위해 설하고, 어떤 도리를 어떻게 구하겠는가? 그러므로 '유식唯識'이라는 말에는 깊은 뜻이 있는 것이다. '식識'이라는 말은, 모든 중생에게 각각 '여덟 가지 식'(八識)·'여섯 부류의 마음작용'(六位心所)·'[제8식이] 전변되어 나타난 객관과 주관'(所變相見)·'[실체 없이 가립假立되는 마음현상] 부류의 차별'(分位差別)[인 '마음과 상응하지 않는 작용 현상'(心不相應行法)] 및 '그것들이 불변·독자의 본질/실체가 아니라는 이치에 의해 드러나는 참 그대로'(彼空理所顯眞如)가 있다는 것을 총괄적으로 나타낸다. [여덟 가지 식'(八識)은] 식識의 '자기 면모'(自相)이기 때문에, [여섯 부류의 마음작용'(六位心所)은] 식과 상응하기 때문에, [전변되어 나타난 객관과 주관'(所變相見)은 '여덟 가지 식'(八識)과 '여섯 부류의 마음작용'(六位心所), 이 두 가지에 의해 전변된 것이기 때문에, ['마음과 상응하지 않는 작용 현상'(心不相應行法)은 '마음'(心法)·'마음작용'(心所有法)·'마음의 대상'(色法), 이] 세 가지 부류에 의해 가립假立된 것이기 때문에, ['그것들이 불변·독자의 본질/실체가 아니라는 이치에 의해 드러나는 참 그대로'(彼空理所顯眞如)는 앞의] 네 가지의 '진실한 면모'(實性)이기 때문에, 이와 같은 모든 현상이 다 식識과 분리되지 않으니, [그래서] 총괄적으로 '식識'이라는 이름을 세운다. '오직'(唯)이라는 말은 단지 어리석은 범부가 집착하는 '결정코 모든 식識과 분리되어 실체로 존재하는 물질'(定離諸識實有色) 등[이 있다는 관념]을 차단하는 것이다.〉"[28]

---

28) 『성유식론成唯識論』 권7(T31. 39c9-25). "〈外色實無, 可非內識境, 他心實有, 寧非自所緣?〉〈誰說他心非自識境? 但不說彼是親所緣. 謂識生時無實作用, 非如手等親執外物, 日等舒光親照外境, 但如鏡等似外境現名了他心, 非親能了. 親所了者, 謂自所變. 故契經言, 無有少法能取餘法, 但識生時似彼相現名取彼物. 如緣他心, 色等亦爾〉〈既有異境, 何名唯識?〉〈奇哉. 固執觸處生疑. 豈唯識教但說一識?〉〈不爾, 如何?〉〈汝應諦聽. 若唯一識, 寧有十方凡聖尊卑因果等別, 誰爲誰說, 何法何求? 故唯識言有深意趣. 識言總顯一切有情各有八識·六位心所·所變

『성유식론』의 이 구절은, 유식무경이 '인식의 유아론적 사태'에 관한 주장이 아니라는 점을 분명히 한다. 동시에 타자/객관에 대한 식 경험은, 식 외부에 있는 타자/객관을 직접 대상으로 하는 것은 아니고, 식의 전변적轉變的 구성물을 직접 대상으로 한다는 점에서 유식무경이라는 명제를 수립하는 것이라고 한다. 이 구절에 따르면, 유식사상은 식 외부에 존재하는 다수 타자의 마음들(心相續)을 인정한다. 그러나 타자/객관에 관한 모든 인식은 외부 대상에 대한 것이 아니라 식에 의한 전변적 구성물을 대상으로 한다. 주객 관계에 관한 모든 인식 경험은 '오직 식 범주로 환원되는 현상'(唯識)이고, 그런 의미에서 '외부 대상의 부재'(無境)를 말하는 것이다.

〈주객 관계에 관한 모든 인식 경험은 오직 식 범주로 환원되는 현상이다〉라고 하는 유식사상의 통찰은, 〈인간은 지각 밖으로 나가 외부 대상을 직접 확인할 수 없으므로 지각의 장막 안에 갇혀 있다〉라고 하는 관념론의 인식·존재론적 성찰과 겹친다. 서양철학의 인식·존재론적 관심과 내용을 유식사상 독법에 적용하려는 방법론이 자연스럽게 채택되는 이유일 것이다. 그러나 유식무경의 통찰과 관념론적 성찰은 각각 다른 관심과 목표를 지닌다. 양자의 공통점은 각자의 탐구 과정에서 발생한 유사한 통찰의 한 단면일 뿐이다. 그 유사한 통찰을 발생시킨 관심과 지향 및 맥락은 서로 다르다. 『성유식론』이 확인시켜 주듯이, 인식의 장막 바깥에 대상세계가 실재하는가 아닌가에 대한 논의, 타자의 마음이 있는가 없는가에 대한 논증, 주관과 객관의 연결과 상호관계에 대한

相見·分位差別及彼空理所顯眞如. 識自相故, 識相應故, 二所變故, 三分位故, 四實性故, 如是諸法皆不離識, 總立識名. 唯言但遮愚夫所執定離諸識實有色等.)"

해명, 인간의 경험은 지각의 장막에 갇힌 '닫힌 인식체계 안에서의 현상'이라는 관념론적 혹은 일원론적 설명 등은 유식사상의 실질적인 관심과 목표가 아니다. 유식사상의 관심과 지향은 '인식능력에 의한 삶과 세상의 오염 및 극복'이라는 불교적 전통을 충실히 따르고 있다. 붓다는 삶과 세상을 오염시키고 훼손하는 원인 조건 가운데 인간에게 내면화된 최심층의 조건으로서 근본무지(無明)를 언급한다.

구도자적 학인들 가운데는 이 근본무지(無明)를 성찰하기 어려운 신비 영역으로 밀어 넣고 그 의미에 대한 합리적 성찰을 유보하는 경향이 드물지 않게 목격된다. 이런 태도는 붓다 법설의 위대성을 극대화시키려는 종교적 염원일 수는 있어도 붓다와의 성찰적 대화에는 장애물일 수 있다. 맛지마니까야의 「올바른 견해의 경」(Sammādiṭṭhisutta)에서는 12연기에서 언급되는 근본무지(無明)를 〈괴로움, 괴로움의 원인, 괴로움의 소멸, 괴로움의 소멸에 이르는 길을 알지 못하는 것〉이라고 설명한다.[29] 해탈 수행의 맥락에서 개진되는 설명이다. 철학적 질문이라면 〈괴로움, 괴로움의 원인, 괴로움의 소멸, 괴로움의 소멸에 이르는 길을 알지 못하는 이유는 무엇인가?〉를 묻게 될 것이다. 연기·무아 등 붓다의 모든 법설을 고려할 때, 이 근본무지의 철학적 의미는 〈불변성·독자성·동일성 관념이 지닌 '현상의 사실 그대로에 대한 왜곡'〉이다. 불변성·독자성·동일성 관념의 노예가 되었기 때문에 괴로움·괴로움의 원인·괴로움의 소멸·괴로움의 소멸에 이르는 길을 알지 못하는 것이다. 필자는 이 근본무지를 발생시킨 조건으로서 '인간의 언어능력 발현과 고도화 과정'을 주목하고 있다. 언어와 근본무지의 상관성에 대한 통찰

---

29) 「올바른 견해의 경」(Sammādiṭṭhisutta)(M9).

은 이미 불교 전통의 여러 교학적 통찰 가운데서 다양한 형태로 목격된다. 필자는 언어와 근본무지의 상관성을 인간의 진화과정과 연관시켜 음미하면서 붓다 법설이 지니는 의미를 재조명하고 있다.

불교 교학의 전개는 이 근본무지(無明)가 지니는 의미의 초점과 관련하여 크게 두 가지 선택을 한다. 두 가지 초점은 하나는 '이해'이고 다른 하나는 '마음'이다. 이해에 초점을 맞추는 것은, '불변성·독자성·절대성·동일성 관념에 지배된 이해의 왜곡과 오염'을 근본무지로 파악하고 무아·공의 이해로써 근본무지를 제거하려 한다. 대승의 공空 교학은 이러한 선택의 계열을 대표한다. 그리고 마음에 초점을 두는 것은, '불변성·독자성·절대성·동일성 관념을 일으키고 그 관념에 의거하여 인식의 주·객관 경험현상을 구성해 가는 마음현상'에서 근본무지의 정체를 포착하면서 '불변성·독자성·절대성·동일성 관념에서 벗어나는 마음작용의 전환'(식識의 전의轉依)을 통해 근본무지를 교정하려 한다. 대승의 유식 교학은 이러한 선택을 이론화시켜 체계적으로 수립하고 있다.

12연기에서 거론되는 근본무지(無明)의 의미에 대한 교학의 두 가지 초점 선택을 통해 근본무지의 의미는 풍부한 이론을 갖추면서 명백하게 드러날 수 있었다. 그런데 이 두 가지 초점은 이질적이거나 상호 배제적인 것이 아니라 상호 결합적이고 포섭적이다. 두 가지 초점의 상호 관계를 제대로 소명하지 못할 때는 무아·공 교학과 유식·심 교학이 상호 비판적 논란을 펼치게 된다. 대승 교학사를 뜨겁게 달군 중관과 유식의 이른바 공·유 논쟁이 발생한 이유이다. 근본무지를 '이해'에 초점을 맞추어 포착하려는 무아·공 교학은 유식 교학이 거론하는 '마음'이 혹 불변성·독자성·동일성 관념의 인식론적 표현이 아니냐는 의구심을 제시하게 되고, 유식 교학은 공 교학이 자칫 이해를 수립하고 바꾸는 마음작용을 간과하여 결과적으로 허무주의의 덫에 걸리는 것이 아니냐는 비판을 제기하게 된다. 이른바 공·유 논쟁의 핵심부에는 이해와 마음의 상호관계에 대한 통섭적通攝的 해명의 결핍이 자리하고 있다. 필자는 그렇게 본다. 원효는 중관과 유식 진영의 이 공·유 논쟁의 핵심을 정확히 알고 있었고, 양 진영의 대립에 대한 나름의 통섭通攝 이론을 수립하고 있다. 그의 기획은 장기간에 걸쳐 진행된 것으로 보이는데, 그의 말기 저술이자 대표작이라 할 수 있는 『금강삼매경론』에서 그 완성된 내용을 보여 준다. 그런데 이 원효의 중관·유식 통섭 이론을 이해하기 위해서는 '이해와 마음의 차이와 상호관계'를 성찰해야 한다.

'''유식무경唯識無境·만법유식萬法唯識이라는 이해'는 해탈수행과 관련하여 어떤 기여를 하려는 것일까? 혹은 어떤 길을 열어 줄 수 있는 것인가? 앞서 '이해 바꾸기의 방법론적 성찰'에서 '재인지 사유'가 보여주는 '이해 바꾸기 작용'이 두 가지 방식으로 작동되는 것으로 추정해 보았다. 하나는 〈어떤 이해가 재인지 사유의 선택작용을 촉발시켜 재인지 사유로 하여금 새 이해를 선택하게 하는 방식〉이고, 다른 하나는 〈어떤 이해가 재인지 사유의 '붙들려 갇히지 않고 빠져나오는 작용'을 촉발시키면, '빠져나온 자리/붙들지 않는 자리'로 옮아간 재인지 사유가 그 '붙들거나 갇히지 않는 자리'에서 상이한 이해들을 만나고, '매이지 않는 자유의 힘'으로 비교·검토하여 좋은 이해를 선택하거나 새로 수립하는 방식〉이다.
공관空觀은 첫 번째 방식의 '이해 바꾸기 방법론'에 속하는 것으로 보인다. 〈'불변·동일·독자의 실체는 없다'(空)는 이해(觀)의 제시 → 재인지 사유의 선택작용 촉발 → '불변·동일·독자의 실체는 없다'의 이해를 선택 → 이해 바꾸기의 완성〉을 구현하려는 방법론이다. 이에 비해 유식관唯識觀은 두 번째 방식의 '이해 바꾸기 방법론'에 속하는 것으로 보인다. 〈'모든 현상은 식識에 의해 구성된다'(唯識)는 이해(觀)의 제시 → 재인지 사유의 '붙들려 갇히지 않고 빠져나오는 작용' 촉발 → '빠져나온 자리/붙들지 않는 자리'로 옮아감 → '붙들거나 갇히지 않는 자리'에서 상이한 이해들과 접속 → '매이지 않는 힘'으로 비교·검토하여 좋은 이해를 선택하거나 수립 → 이해 바꾸기의 완성〉을 구현하려는 방법론이다.

이렇게 본다면, '모든 현상은 식識에 의해 구성되는 것'(唯識)이라고 보는 이해(觀)는, 그 어떤 이해·욕구·감정·행동체계에도 '붙들려 빠져들지 않는 마음자리', '매여 갇히지 않는 자리'로 옮아가는 재인지 사유에 힘을 실어 그 자리로 이전하게 하는, '마음자리 이동의 촉매와 사다리 역할'을 수행하는 것으로 보인다. 사유 안에서 그 초점을 '이해에서 마음으로', 다시 말해 '이해 사유로부터 재인지 사유로' 옮아가게 하는 '연결고리 역할을 하는 이해'가 유식관唯識觀이다. 그런데 이해와 마음, 이해 사유와 재인지 사유는 '같지도 않지만 별개의 것도 아닌'(不一而不二) 관계이므로, 이 '옮아감'은 한 집에서 다른 집으로 이사하는 것이 아니다. '사유'라는 한 집 안에서 자리를 옮겨가는 것이며, 그것은 단지 무게중심의 초점을 이동하는 것이다."[30]

유식사상이 설정하는 제8 아뢰야식阿賴耶識[31]은, 모든 관념과 이해

---

30) 『원효의 통섭철학』, pp.282-283.
31) 아뢰야식阿賴耶識 : 유식학의 제8식인 'ālaya vijñāna'는 '阿賴耶識' '阿梨耶識' '阿黎耶識'으로 번역되어 사용되는데, 현장의 법상유식학에서는 '阿賴耶識'을, 『대

의 누적적 경향성(훈습)을 종자처럼 축적하고 그 종자를 원인 조건으로 삼는 인식적 전변 현상을 역동적으로 펼치는 층위의 식 현상이며, 인식능력 및 인식 현상의 개별적 정체성 범주를 구획하는 근거이기도 하다. 또 제7 말나식末那識은 제8 아뢰야식阿賴耶識을 토대로 삼고 여섯 감관의 대상세계를 직접 반연攀緣하여 자아 감각을 형성·지속시키는 역할을 한다. 〈여섯 감관의 대상세계를 직접 반연攀緣한다〉라는 것은, 〈식 외부의 대상을 직접적 인식대상으로 삼는다〉라는 의미가 아니라, 〈몸의 여섯 가지 감관을 통해 지각의 장막에 올려진 '여섯 부류의 어떤 인상'을 대상으로 삼는다〉라는 것이며, 이 '지각의 장막에 올려진 여섯 부류의 어떤 인상'은 식에 의해 전변적轉變的으로 해석된 여섯 부류의 현상들이다. 말나식은 기본적으로 아뢰야식의 종자로부터 생겨나 다시 아뢰야식을 자기 형성과 유지의 토대 조건으로 반연하는 성격을 지닌다. 말나식末那識이 아뢰야식阿賴耶識을 근거로 삼아 형성·지속시키는 자아 정체성 감각이, 아뢰야식에 함장된 동일성·불변성·독자성·절대성 관념 종자들에 의거하여 발생할 때는, '불변·동일·독자·절대적 자아'라는 허구적 자아 정체성 감각을 구성하여 재생산한다. 이것을 '말나식의 자아관념과 상응하는 네 가지 번뇌'(末那四惑)라고 부르는데, '자아가 불변·독자의 본질/실체로서 실재한다는 견해'(ātmadṛṣṭi, 我見/我執), '자아에 대한 잘못된 견해에서 비롯되는 어리석음'(ātmamoha, 我癡), 〈자아에 대한 잘못된 견해에서 비롯되는 '비교를 통한 자기주장'〉(ātmamāna, 我慢), '자아에 대한 잘못된 견해로 인한 애착'(ātmasneha, 我愛)이 그것이다. **아뢰야식·말나식·육식·대상세계의 상호관계·상호작용은 '관점적 1인칭**

『승기신론』에서는 '阿梨耶識'을 채택한다. 그리고 법상유식에서는 '阿賴耶識'을 妄識으로 간주하는 데 비해, 『대승기신론』에서는 '阿梨耶識'을 眞妄和合識으로 본다.

주체/주관성의 경험 형성' 과정이다.[32] 그리고 이렇게 형성되는 '관점적 1인칭 주체/주관성의 경험'은 두 가지 선택에 열려 있는데, 인간 생명의 진화과정에서 창발적으로 현출된 오온의 '의식능력'(意根)이 그 선택을 가능하게 하는 근원이다. 아뢰야식이나 말나식 층위를 설정하는 유식학의 시도는 오온의 '의식능력'(意根)을 이해하는 방식이다.

"아뢰야식은 삶의 연속성과 통합성의 근원이지만 그 범주나 위상이 독자적·자기충족적인 것이 아니다. 아뢰야식 내용의 형성·유지·변화는 말나식과의 상호관계·상호작용에 의해 이루어진다. 말나식의 자아 감각이 대상세계와 관계 맺으면서 발생하는 현상들의 흔적/관성/경향성은 아뢰야식 층위에 종자로서 축적된다. 그리고 그 축적된 흔적/관성/경향성의 종자들은 다시 말나식의 작용에 영향을 끼친다. 그렇게 아뢰야식은 '말나식의 자아 감각이 대상세계와 관계 맺는 방식과 내용'에 개입하여 '자아적 경험의 내용 형성'에 최심층 토대 조건이 된다. 또 **제8아뢰야식·제7말나식·육식·대상세계의 이 모든 상호관계와 상호작용은 인과적 연속성을 지니지만 역동적이며 끊임없이 변하는 것이어서, 아뢰야식·말나식·육식·대상세계의 상호관계·상호작용에 의해 형성되는 '자아적 경험'은 그 어느 시·공간에서도 동일성을 지속적으로 확보하지는 못한다. 비록 '아뢰야식' '말나식' 등의 명칭을 사용하지만, 그 명칭에 해당하는 내용은 예외 없이 '변화·관계에 의한 역동적 형성 과정'이다.**

---

32) 박태원, 「무아는 1인칭의 삭제인가, 새로운 1인칭의 등장인가? – 화쟁과 무아 그리고 원효」(영산대 화쟁연구소 2022 전반기 학술대회 발표자료집, pp.4-54)에 관련 논의가 있다.

아뢰야식·말나식·육식·대상세계의 상호관계·상호작용은 결국 말나식 층위의 핵심인 '자아 감각'을 축으로 삼아 그 내용을 형성한다. 따라서 아뢰야식·말나식·육식·대상세계의 상호관계·상호작용은 '관점적 1인칭 주체/주관성의 경험 형성' 과정이다. 그리고 이렇게 형성되는 '관점적 1인칭 주체/주관성의 경험'은 두 가지 선택지에 열려 있다. 인간 생명의 진화과정에서 창발적으로 현출된 오온의 '의식능력'(意根)이 그 선택을 가능하게 하는 근원이다. 아뢰야식이나 말나식 층위를 설정하는 유식학의 시도는 오온의 '의식능력'(意根)을 이해하는 방식이다. '의식능력'(意根)은 언어와 결합된 언어적 의식능력이다. 언어적 의식능력은, 모든 현상을 언어의 그릇에 담아 개념으로 분류하고 비교·평가·판단·분석·추리·성찰을 통해 처리하는 능력이라는 점에서, '이해·관점·견해의 구성 및 선택능력'이기도 하다. 〈'의식능력'(意根)의 이해·관점·견해의 구성 및 선택〉이 '사실 그대로'에 부합하면서 형성된 자아 현상은 '오온五蘊', 부합하지 않으면서 형성된 자아 현상은 '오취온五取蘊'이다. 이 〈'의식능력'(意根)의 이해·관점·견해의 구성 및 선택〉 내용 여하에 따라 〈아뢰야식·말나식·육식·대상세계의 상호관계·상호작용을 통한 '관점적 1인칭 주체/주관성의 경험 형성'〉은 두 가지로 그 내용이 나누어진다. 하나는 〈사실 그대로에 부합하는 '관점적 1인칭 주체/주관성의 경험'〉이고, 다른 하나는 〈사실 그대로를 왜곡하는 '관점적 1인칭 주체/주관성의 경험'〉이다. 전자는 '사실과 부합하는 이해'(如實智)를 구성·선택하여 발생시키는 자아 경험의 계열이고, 후자는 '사실을 왜곡하는 근본무지'(無明)를 구성·선택하여 발생시키는 자아 경험의 계열이다.

이렇게 보면 **아뢰야식과 말나식은 모두** 〈'의식능력'(意根)의 이해·관점·견해의 구성 및 선택〉에 따라 두 가지 계열의 내용으로 달리 형성된다. 〈'사실 그대로'에 부합하는 내용〉과 〈'사실 그대로'를 왜곡하는 내용〉이 그것이다. 『대승기신론』은 그 두 계열을 각각 '참 그대로인 마음 국면'(心眞如門)과 '[근본무지에 따라] 생멸하는 마음 국면'(心生滅門)으로 구분한 후 양자의 관계에 대해 논하는데, 원효는 그 관계를 불이不二·통섭通攝의 관점에서 해설한다.

아뢰야식과 말나식은 모두 〈'의식능력'(意根)의 이해·관점·견해의 구성 및 선택〉 내용 여하에 따라 〈'사실 그대로'에 부합하는 내용〉과 〈'사실 그대로'를 왜곡하는 내용〉의 두 가지 가능성을 지닌다. 유식학에서는 아뢰야식의 그 두 가지 면모를 청정분淸淨分과 잡염분雜染分이라 한다. 현장玄奘 계통의 법상종法相宗에서는 제8식이 이미 청정淸淨의 일면까지 포괄하기 때문에 별도로 제9식을 건립하지 않는데 비해, 진제眞諦 계통의 섭론종攝論宗에서는 제8아뢰야식阿賴耶識의 잡염분雜染分이 청정분淸淨分으로 바뀐 식識의 층위를 별도로 설정하여 제9아마라식阿摩羅識(아말라식阿末羅識·암마라식菴摩羅識, 무구식無垢識·청정식淸淨識·여래식如來識)이라고 한다. 진제는 의타기성依他起性 및 아뢰야식의 잡염분을 소멸시키고 청정분을 실현시킨 상태를 '제9 아마라식'이라는 별도의 층위로 구별함으로써 적극적으로 부각시킴으로써, 신역新譯 법상유식法相唯識에서는 망妄이, 구역舊譯 섭론유식攝論唯識에서는 진眞이 특히 부각되고 있는 것이다.

유식학에서의 궁극 목표는 아뢰야식이 지닌 두 가지 가능성 가운데 〈'사실 그대로'를 왜곡하는 내용〉(잡염분)을 〈'사실 그대로'에 부합하는 내용〉(청정분)으로 가꾸는 것이다. 그런데 아뢰야식 내용의 형성·유지·변화는 말나식과의 상호관계·상호작용에 의해 이루어진다. 따라서 아뢰야식이 〈'사실 그대로'를 왜곡하는 내용〉(잡염분)과 〈'사실 그대로'에 부합하는 내용〉(청정분)의 두 가능성을 지녔다는 것은, 말나식도 그러한 두 가지 가능성을 지녔다는 의미가 된다. 말나식의 '자아 감각' 그 자체는 가치 중립적이다. 〈'의식능력'(意根)의 이해·관점·견해의 구성 및 선택〉에 따라 말나식의 '자아 감각'이 '자아 관념과 상응하는 네 가지 번뇌'(末那四惑, 말나식의 오염분)가 되기도 하고, '사실 그대로에 부합하는 자아적 현상'(말나식의 청정분)이 되기도 한다. 말나식이 '사실 그대로에 부합하는 자아적 현상'이 될 때, 아뢰야식은 말나식의 〈'사실 그대로'로서의 '관점적 1인칭 주체/주관성 현상'〉의 경향성이 집적되는 범주가 된다. 이 국면을 〈아뢰야식阿賴耶識의 청정분淸淨分이 구현된다〉라고도 하고 〈제9아마라식阿摩羅識이 된다〉라고도 한다. 이때 '아뢰야식의 청정분'이나 '제9아마라식'은 말나식의 청정분인 '사실 그대로에 부합하는 자아적 현상'의 경향성이 집적된 층이므로 이들 역시 '관점적 1인칭 주체/주관성 현상'의 범주로 보아야 한다. 따라서 유식학의 실제적 목표는 말나식의 청정분을 구현하는 일이다. 아뢰야식 층위의 식識 현상은 잠재적·심층적 현상이라 지각의 대상이 되지 않기 때문이다. 유식학의 목표를 이루는 관건은 말나식을 '사실 그대로에 부합하는 자아적 현상'(말나식의 청정분)으로 바꾸는 것이다. 원효는 이 점을 놓치지 않고 있다."[33]

---

33) 「무아는 1인칭의 삭제인가, 새로운 1인칭의 등장인가? - 화쟁과 무아 그리고 원효」(박태원, 화쟁연구소 2022년 전반기 학술대회자료집), pp.22-24.

3) 유식무경唯識無境과 알아차림(正知, sampajānāti)

가. 유식무경唯識無境의 의미와 취지

유식사상의 유식무경은 붓다 법설에 대한 아비달마 해석학을 비판적으로 넘어서는 새로운 해석학적 선택이다. 주목해야 할 것은 유식사상의 통찰과 붓다 법설의 상통 여하의 문제이다. 필자는 니까야/아함이 전하는 초기불교의 주요 개념과 이론들이 유식사상의 통찰과 연계되어 있다고 본다.

인간의 세계 경험 범주를 총칭하는 18계界라는 개념은, '여섯 가지 지각 및 인식능력'(육근六根; 안근眼根·이근耳根·비근鼻根·설근舌根·신근身根·의근意根)과 '상응하는 여섯 가지 대상'(육경六境; 색色·성聲·향香·미味·촉觸·법法) 및 이 둘의 결합적 관계에 의한 '여섯 부류의 식 현상'(六識)을 합한 것인데, **세계에 대한 인간의 모든 경험이 결국에는 식識 현상 범주에 속한다는 통찰**을 담고 있다. 시각능력(眼根)·청각능력(耳根)·후각능력(鼻根)·미각능력(舌根)·촉각능력(身根)·인식능력(意根)이라는 여섯 가지 지각 및 인식능력, 여섯 가지 능력 각각에 상응하는 형상(色)·소리(聲)·냄새(香)·맛(味)·접촉대상(觸)·'언어/개념적 현상'(法)이라는 여섯 가지 대상은, 모두 인식능력(意根)을 매개로 관계 맺어 '여섯 부류의 식 현상'(안식眼識·이식耳識·비식鼻識·설식舌識·신식身識·의식意識)을 발생시킨다. 따라서 **18계界는 결국 '여섯 부류의 식 현상'(六識) 범주의 속성으로 환원된다**. '식 현상 범주로서의 세계 경험'을 발생시키는 연기緣起, 즉 그 발생 조건들과 상호관계를 설명하고자 수립된 개념이 12처處(육근六根과 육경六境) 및 18계界인 것이다.

자아를 설명하는 오온五蘊 법설도 '자아 정체성에 대한 경험은 인식적 현상'이라는 것을 알려 준다. 〈자아 정체성은 '유형적 현상의 다발'(色蘊)·'느낌 현상의 다발'(受蘊)·'개념적 지각 현상의 다발'(想蘊)·'의도적 선택 현상의 다발'(行蘊)·'의식 현상의 다발'(識蘊)이 연기적 상호관계 속에서 역동적으로 변화하면서 구성되는 것〉이며 따라서 〈'자아'라는 것은 내부에 존재하는 불변·독자의 본질이나 실체가 없이 인과적으로 연속되는 '변화·관계의 연기적 응집성/정체성 현상'이다〉라는 것을 알려주는 것이 오온五蘊 법설의 요지이다. 이 오온 가운데 '느낌 현상의 다발'(受蘊)·'개념적 지각 현상의 다발'(想蘊)·'의도적 선택 현상의 다발'(行蘊)·'의식 현상의 다발'(識蘊)은 '식 관여 현상' 범주에 속한다. 또한 '유형적 현상의 다발'(色蘊)도, 그것이 '자아 정체성에 대한 인식적 경험의 발생 조건'이라는 점에서, 다시 말해 〈'유형적 현상의 다발에 대한 지각과 인식'이 자아 정체성 경험을 발생시킨다〉라는 점에서, '식 관여 현상' 범주에 속하게 된다. 따라서 붓다의 오온 법설은 '식 현상으로서의 자아 정체성 경험'을 발생시키는 조건들과 그 상호관계를 알려 준다.

붓다의 법설은 주·객관과 관련한 인간의 경험이, 비록 대상세계와의 관계 구조를 지니지만, 결국은 '지각의 장막 위에 올려진 현상에 대한 식識의 해석과 구성의 산물'이라는 점을 말하고 있다. 〈인식능력의 주체가 인식 기관 밖으로 나가 외부에 있는 대상세계를 직접 확인할 수 없는 것이 인간의 인식 및 경험의 구조라는 것, 아울러 인식 기관 외부의 어떤 대상세계에 대한 유무 판단과 논증은 붓다의 관심사가 아니라는 것, 인간의 인식능력은 이미 현상에 대한 근본무지(無明)를 품고 있다는 것, 인식능력에 의한 현상의 해석과 구성에는 근본무지가 깊숙하고도 강력하게 개입하고 있다는 것, 지각에 올려진 '차이현상들'(相)과 관계 맺는 방식 여하에 따라 근본무지의 치유와 악화가 결정된다는 것, 또한 그 관계 방식에 따라 삶과 세상의 진실과 허구, '사실 그대로에 의거한 이로움'과 '왜곡적 허구에 의거한 해로움'이 발생한다는 것〉 – 이것이 붓다 법설을 관통하는 취지로 보인다.

흥미롭게도 유식사상은 이러한 붓다 법설의 취지와 의미에 상응하는 통찰과 이론을 펼치고 있다. 붓다 법설에 대한 아비달마 해석학에 의해 교란되고 굴절되었던 붓다의 법설을 제 길에 올리고, 중관의 공 해석학에서 간과할 수 있는 붓다의 통찰을 드러내려는 새로운 해석학적 선택이다. 〈'감관을 통해 주·객관의 특징적 차이(相)들을 인식하는 현상'은 인식능력/마음이 감관 외부에 있는 대상의 주·객관 차이들을 직접 만나는 것이 아니다. 지각하는 대상의 차이는 식識에 내면화되어 있는 해석 방식에 의해 1차 처리된 결과물이며, 식識은 그 해석된 차이를 대상으로 삼아 2차, 3차 거듭 해석하면서 주·객관 세계에 대한 경험을 구성해 간다. 그런 점에서 인식능력/마음은 인식적 구성물을 대상으로 재인식하는 것이다.〉 – 유식사상의 이러한 통찰은 붓다 법설과의 연속적 상응이라 평가할 수 있다. 유식사상이 거론하는 '식에 내면화되어 있는 선先이해방식'은 동일성·독자성·불변성·절대성 관념에 오염되어 있으며, 이 오염은 근본무지(無明)에 의한 것이다. 그리고 동일성·독자성·불변성·절대성 관념은 언어능력에 수반되어 발생한 부작용이라는 점에서 근본무명은 인간의 언어능력과 연관되어 있다.

유식무경唯識無境은 붓다 법설에 대한 유식학 계열의 이해를 압축하고 있는 명제이다. 그리고 이 명제에 담긴 통찰의 연원은 니까야/아함이 전하고 있는 붓다 법설의 취지와 상응한다. 그리고 '인간의 지각 및 인식의 능력'(육근六根), 그에 의거한 '세계 경험의 발생'(12처處, 18계界), '자아 정체성 현상의 관계·변화적 구성'(오온五蘊)에 관한 붓다의 법설이 지닌 유식적唯識的 의미는, 붓다의 '육근수호 및 8정도의 정념에서 설하는 알아차림(正知, sampajānāti)' 법설에 그대로 반영되어 있는 것으로 보인다.

유식사상의 핵심 의미는 다음 몇 가지로 요약할 수 있을 것이다. (1) 유식사상의 관심과 지향은 '인식능력에 의한 삶과 세상의 오염 및 극복'이라는 불교적 전통을 따르고 있다. (2) 유식사상은 '불변성·독자성·절대성·동일성 관념을 일으키고 그 관념에 의거하여 인식의 주·객관 경험현상을 구성해 가는 마음현상'에서 근본무지(無明)의 정체를 포착하면서 '불변성·독자성·절대성·동일성 관념에서 벗어나는 마음작용의 전환'(식識의 전의轉依)을 통해 근본무지를 교정하려 한다. (3) 그리하여 유식唯識은 〈식식 내면에 심층적으로 누적된 '근본무지로 인한 동일성·불변성·독자성·절대성의 허구 관념과 그에 의거한 현상 이해방식'(분별망상)이 인간의 모든 주·객관 경험을 구성적으로 왜곡·오염시키고 있다〉라는 것을 알려 주고자 '제8아뢰야식과 그에 의한 제7·제6식의 전변적 왜곡·오염 과정'(심생멸문心生滅門)을 밝힌다. (4) 아울러 식식 자신의 내부 가능성에 의한 '유식무경唯識無境의 통찰'에 의거하여 '제8아뢰야식과 그에 의한 제7·제6식의 전변적 왜곡·오염 과정'을 '사실 그대로에 상응하는 이해를 펼쳐가는 청정한 제8·제7·제6식의 상호작용과 전개'(심진여문心眞如門)를 전망한다. (5) 따라서 유식사상은 제8아뢰야식의 그 두 가지 면모를 설정하게 되는데, 청정분清淨分과 잡염분雜染分이 그것이다. 현장玄奘 계통의 법상종法相宗에서는 제8식이 이미 청정清淨의 일면까지 포괄하기 때문에 별도로 제9식을 건립하지 않는데 비해, 진제眞諦 계통의 섭론종攝論宗에서는 제8아뢰야식阿賴耶識의 잡염분雜染分이 청정분清淨分으로 바뀐 식識의 층위를 별도로 설정하여 제9아마라식阿摩羅識(아말라식阿末羅識·암마라식菴摩羅識, 무구식無垢識·청정식淸淨識·여래식如來識)이라고 한다. 진제는 의타기성依他起性 및 아뢰야식의 잡염분을 소멸시키고 청정분을 실현시킨 상태를 '제9아마라식'이라는 별도의 층위로 구별함으로써 적극적으로 부각시키고 있다. 신역新譯 법상유식法相唯識에서는 망妄이, 구역舊譯 섭론유식攝論唯識에서는 진眞이 특히 강조되는 것이다. (6) 유식무경은 외부 실재의 존재 여부에 대한 인식/존재론적 해명을 관심사로 하는 것이 아니다. 따라서 존재/인식에 대한 극단적 관념론이나 유아론을 주장하는 것이 아니다. (7) 유식무경은, 〈경험이 '지각의 장막에 갇힌 닫힌 인식체계 안의 현상'일 뿐〉이라는 인식/존재론적 성찰에 초점을 두는 것이 아니라, 〈인식의 모든 주·객관 경험은 식識 자신의 관점으로 구성한 것을 직접적 대상(境)으로 삼는 것이지 식識 외부의 대상을 직접적 대상으로 삼는 것이 아니며 이를 이해하는 것이 '인식능력에 의한 삶과 세상의 오염'을 근원에서 치유하는 관문이다〉라는 성찰에 초점을 맞춘다. (8) '식에 의해 관점적으로 재구성된 후 식의 직접적 인식대상이 되는 어떤 것'을 지각의 장막 위에 올려지게 하는 것은 '식 외부의 어떤 것과의 관계'일 수 있다는 점은 유식사상도 인정한다. 동시에 인간의 인식구조상 자신이 식 바깥으로 나가 '식 외부의 어떤 것'을 확인할 수는 없으며, 따라서 인간은 식 외부의 어떤 것을 직접 대상으로 인식할 수 없다는 점을 분명히 하는데, 이 점에서 서양의 인식/존재론적 성찰과 겹치는 것일 뿐이다. (9) 그러므로 유식사상은 〈세계를 지어내는 창조론적 원점으로서의 식 일원론'을 주장하면서 그 식을 '현상 산출의 궁극실재'로 세우려는 신비주의적 일원론〉이 아니다. 〈모든 것은 마음이 지어내는 것이다〉라는 유식적 명제를 창조론적 의미와 신비주의적 맥락으로 해석하는 것은 유식사상의 맥락에서 크게 일탈하는 것이다.

유식학이 수립하고 있는 수행이론 체계는 그 시종始終을 유식무경이 관통하고 있다. 유식무경의 이해가 수행의 동력이 된다는 것이다. 그렇다면 유식무경과 해탈 수행은 어떻게 연결되는 것일까? 또 그 연결은 붓다의 법설과 어떻게 상응하는 것일까? 유식의 대명제인 유식무경唯識無境이 삶과 세상의 근원적 치유와 어떤 관계가 있다는 것일까? 붓다의 무명 통찰을 해석하는 유식무경의 천명이 왜 '인식능력에 의한 삶과 세상의 오염 및 극복'을 가르는 관문이 된다는 것일까? 〈식識 내면에 심층적으로 누적된 '근본무지로 인한 동일성·불변성·독자성·절대성의 허구 관념과 그에 의거한 이해방식'(분별망상)이 인간의 모든 주·객관 경험을 구성적으로 왜곡·오염시키고 있으며, 인식의 모든 주·객관 경험은 식識 자신의 왜곡적 구성물을 대상(境)으로 삼고 있다〉라는 유식의 통찰은, '이해수행과 마음수행'을 통한 무명의 제거에 어떤 소식을 알리려는 것일까? 필자는 이 질문에 대한 답이 〈붓다의 육근수호 법설 및 8정도의 정념 법설에서 설하는 알아차림(正知, sampajānāti)〉에 있다고 본다.

나. 알아차림(正知, sampajānāti)의 의미와 취지

i) 사념처四念處에서의 관찰(觀, passati)과 알아차림(正知, sampajānāti)

사념처 법설에서는 수행하는 인지적 국면과 관련하여 두 가지 용어가 동시에 등장한다. 관觀이라고 한역漢譯되고 한글로는 〈보다, 관찰하다〉로 번역하는 'passati'[34]와, '정지正知'라고 한역漢譯되고 한글로는 통

---

34) Pali-English Dictionary에 따르면 'passati'는 '보다'(to see), '인지하다, 깨닫다, 알다'(to recognise, realise, know : only in combn with jānāti), '찾다'(to find)의 뜻으로 사용된다. (p.726.)

상 〈알아차린다〉라고 번역하는 'sampajānāti'35)가 그것이다. 36) 이 두 용어는 '8정도 정념 수행에 관한 사념처 법설'에서 수행 국면의 인지 상태를 알려주는 열쇠에 해당하는 말이다. **정념 수행에서 중요한 것은 념念의 내용, 즉 '놓지 말고 챙겨가야 할 내용'인데, 그 내용의 핵심을 알려주는 말이 'passati'와 'sampajānāti'이다.**

이 두 용어의 의미를 '관찰, 통찰, 이해, 지혜'라는 동일한 맥락으로 이해하는 것이 일반화된 전통적 관점이다. 『대염처경大念處經 주석서註釋書』에서는 "'몸을 관찰하면서'(身隨觀, kāyānupassī)라는 것은 몸에 대해서 관찰하는 습관이 배었거나 몸을 관찰하는 자를 말한다. (…) '분명히 알아차림(sampajāna)'이란 분명한 지혜(sampajañña)라는 지혜(ñāṇa)를 구족한 것이다."37)라고 하고, 『분별론分別論』에서는 "'관찰하는 [자]'(anupassī)

---

35) Pali-English Dictionary에 따르면 'sampajānāti'는 '알다'(to know)의 뜻으로 (p.1104), 'pajānāti'[pa+jānāti]는 '알다'(to know), '알아내다'(find out), '알게되다'(come to know), '이해하다'(understand), '구별하다'(distinguish)의 뜻으로 사용된다.(p.630.)

36) 「염처경(Satipaṭṭhānasutta)」(M10) "Idha bhikkhave bhikkhu kāye kāyānupassī viharati ātāpi sampajāno satimā vineyya loke abhijjhādomanassaṁ, vedanāsu vedanānupassī viharati ātāpi sampajāno satimā vineyya loke abhijjhādomanassaṁ, citte cittānupassī viharati ātāpi sampajāno satimā vineyya loke abhijjhādomanassaṁ, dhammesu dhammānupassī viharati ātāpi sampajāno satimā vineyya loke abhijjhādomanassaṁ."(비구들이여, 여기 비구는 몸에서 몸을 관찰하며[身隨觀] 머문다. 세상에 대한 욕심과 싫어하는 마음을 버리고, 근면하고 분명히 알아차리고 마음 챙기면서 머문다. 느낌에서 느낌을 관찰하며[受隨觀] 머문다. 세상에 대한 욕심과 싫어하는 마음을 버리고, 근면하고 분명히 알아차리고 마음 챙기면서 머문다. 마음에서 마음을 관찰하며[心隨觀] 머문다. 세상에 대한 욕심과 싫어하는 마음을 버리고, 근면하고 분명히 알아차리고 마음 챙기면서 머문다. 법에서 법을 관찰하며[法隨觀] 머문다. 세상에 대한 욕심과 싫어하는 마음을 버리고, 근면하고 분명히 알아차리고 마음 챙기면서 머문다. - 대림 번역, 『맛지마니까야』제1권, pp.331-332).

37) 각묵 번역, 『네 가지 마음챙기는 공부』, p.81, p.86.

라고 했다. 여기서 어떤 것이 관찰(anupassanā, 隨觀)인가? 통찰지, 통찰함, 간별, 꿰뚫어 간별함, 법의 간택[擇法], 식별, 영민함, 능숙함, 숙달됨, 뛰어남, 사색, 자세히 관찰함, 광대한 지혜, 주도면밀함, 내관, 알아차림, 잣대, 통찰지, 통찰지의 기능, 통찰지의 힘, 통찰지의 능력, 통찰지의 궁전, 통찰지의 빛, 통찰지의 광명, 통찰지의 광휘로움, 통찰지의 보배, 미혹없음, 택법, 정견 - 이를 일러 관찰이라 한다. 이런 관찰을 얻었다, 잘 얻었다, 증득했다, 잘 증득했다, 갖추었다, 잘 갖추었다라고 해서 '관찰하는 자'라 한다. (…) '분명히 알아차리는 [자]'(sampajāna)라 했다. 여기서 어떤 것이 분명히 알아차림(sampajañña)인가? 통찰지, 통찰함, 간별, 꿰뚫어 간별함, 법의 간택[擇法], 식별, 영민함, 능숙함, 숙달됨, 뛰어남, 사색, 자세히 관찰함, 광대한 지혜, 주도면밀함, 내관, 알아차림, 잣대, 통찰지, 통찰지의 기능, 통찰지의 힘, 통찰지의 능력, 통찰지의 궁전, 통찰지의 빛, 통찰지의 광명, 통찰지의 광휘로움, 통찰지의 보배, 미혹없음, 택법, 정견 - 이를 일러 분명히 알아차림이라 한다. 이런 분명히 알아차림을 얻었다, 잘 얻었다, 증득했다, 잘 증득했다, 갖추었다, 잘 갖추었다라고 해서 '분명히 알아차리는 자'라 한다."[38]

　그러나 두 용어는 모두 인간의 인지국면을 나타내지만, 그 의미와 맥락은 구분되어야 할 것으로 보인다. 문학적 내용이라면 같은 의미를 다른 용어로 기술하는 수사법이 유용하겠지만, 해탈·열반의 성취를 가능하게 하는 선 수행의 핵심을 설하는 법설에서는 이해의 혼란을 피하는 방식의 언어 사용이 필수적이다. **사념처 수행법을 설하는 압축적 문장에서 수행의 동사적 인지국면의 어떤 특징적 양상을 지시하는 'passati'**

---

38) 같은 책, pp.89-91.

와 'sampajānāti'가 한 문단 내에서 동시에 사용되고 있다는 것은 무엇을 의미하는가? 이 두 용어는 모두 사유능력의 인지적 양상을 지시하면서도 그 지시 내용에서는 서로 구분할 수 있는 초점을 지니고 있다고 보는 것이 자연스러운 추정이다. 이런 추정이 타당하다면, 그 구분되는 내용상의 초점은 무엇일까?

"'몸/느낌/마음/법에서 몸/느낌/마음/법을 관찰하며'(身隨觀/受隨觀/心隨觀/法隨觀) 머문다."(kāye kāyānupassī viharati/vedanāsu vedanānupassī/citte cittānupassī viharati/dhammesu dhammānupassī viharati)에서의 'passati'(보다)는, '호흡·동작 등 신체의 현상'(身)·'느낌'(受)·'마음상태'(心)·'이해·판단·평가·관점·이론 등 개념적·법칙적 경험현상'(法)의 속성(무상·고·무아)을 관찰하여 이해하는 이해수행(관법觀法 수행, 위빠사나 수행)으로 보는 것이 자연스럽다. 'passati(보다)'의 이해수행(관법觀法 수행, 위빠사나 수행)은 '이해로써 이해를 수정하거나 대체해 가는 인지능력의 발휘라 하겠다.

그리고 "세상에 대한 욕심과 싫어하는 마음을 버리고, 근면하고 분명히 (몸/느낌/마음/법에서 몸/느낌/마음/법을) 알아차리고 (그 마음 국면을) 기억하듯 간수해 가면서 머문다."(ātāpi sampajāno satimā vineyya loke abhijjhādomanassaṁ)에서의 'sampajānāti(알아차리다)'는, '호흡·동작 등 신체의 현상'(身)·'느낌'(受)·'마음상태'(心)·'이해·판단·평가·관점·이론 등 개념적·법칙적 경험현상'(法)을 마치 괄호 치듯 재인지의 대상으로 삼으면서 '접속하면서도 빠져들지 않는 마음 국면'을 수립하고 유지해 가는 마음수행(알아차리는 마음 국면을 순일하게 간수해 가는 선 수행, 사마타 수행)으로 보인다. 알아차림(正知, sampajānāti)이라는 말로써 알려주려는 '인지능력/마음 국면'의 내용과 의미는 무엇인가? 'sampajānāti'는 '알다'라는 뜻의

jānāti(√jñā)에 '함께'라는 의미의 접두어 sam과 '앞으로'라는 의미의 접두어 pa가 결합된 용어이다. 이렇게 본다면, 'sampajānāti'는 〈모두 묶어서 앞으로 둔 채 아는 인지국면〉을 지칭하는 용어로 볼 수 있다. '모든 것을 괄호 치듯 대상화시켜 놓고 재검토할 수 있는 좌표로 끊임없이 미끄러지듯 옮겨가는 재인지 사유의 작동 양상'인 것이다. 다시 말해 '이해를 비롯한 모든 현상을 붙들지 않아 거리를 확보하는 마음 국면', '기존의 이해 계열에서 빠져나오는 마음 국면'을 일깨워 주려는 용어이다.

'passati(보다)'는 '이해를 위한 관찰 국면', 'sampajānāti(알아차리다)'는 이해를 포함한 모든 인지적 경험현상을 재인지의 대상으로 삼는 '재인지국면'을 지시하는 기호로 보인다. 'passati(보다)'와 'sampajānāti(알아차리다)'는 '이해와 마음' 혹은 '이해수행과 마음수행'의 특징을 각각 반영한 용어인 것이다. 달리 말해, 'passati(보다)'는 위빠사나 수행, 'sampajānāti(알아차리다)'는 사마타 수행의 핵심을 알려준다. 이렇게 보면 사념처 법설은 'passati(보다)'와 'sampajānāti(알아차리다)'라는 용어를 통해 '이해수행인 위빠사나'와 '마음수행인 사마타'를 모두 반영하고 있는 것이 된다. 정념 수행의 내용인 사념처 법설이 '이해수행인 위빠사나'와 '마음수행인 사마타'를 모두 반영하는 구조로 이루어져 있다는 것은, 붓다가 위빠사나와 사마타 수행을 모두 선 수행과 연결시키는 것과 일맥상통한다.

'sampajānāti(알아차리다)'의 마음수행(알아차리는 마음 국면을 순일하게 간수해 가는 선 수행, 사마타 수행)은, 인식의 대상이 되는 주·객관에 대한 모든 이해·판단·평가·관점·이론에 갇히거나 매이지 않을 수 있는 좌표를 발생시켜 이해·판단·평가·관점·이론을 수정·보완·대체할 수 있는 능력을 굳건히 다져가는 수행으로서 재인지능력의 연장선에 있다. 이 재인지의 마음 국면은 '신체 현상'(身)·느낌(受)·'마음상태'(心)·'개념적/이법적 경험현상'(法)과 '접속하면서도 갇히지 않는/빠져들지 않는/붙들지 않는 자유의 자리를 확보하는 인지국면'이다. 이 재인지 마음 국면은, 기존의 관점·견해·이해·판단·평가를 수정하고 새로운 내용으로 바꾸면서도 '그 어떤 이해나 경험에도 갇히거나 매이지 않을 수 있는 좌표'를 확보할 수 있게 하는 창발성의 원천이다.

"**'재인지능력'이란 자신의 경험을 괄호 치듯 대상화시켜 재인지하는 능력이다.** 나는 '내가 먹고 있다'는 현상을 대상 관찰하듯 '알면서' 먹을 수 있다. 먹는 경험현상에 그저 머무는 것이 아니라, '먹는 경험현상을 관찰하는 자리'에 설 수 있다. 그 관찰의 자리로 이전한다고 해서 관찰 대상인 현상이나 행위가 증발하지는 않는다. **인간의 인지능력은 자신의 인지력 범주 안에서 이러한 '자리 이전'을 행한다. 관찰을 위해 이전하는 자리와, 그 자리에서 관찰되는 대상을, '모두 동시에' 인지경험 범주에 동거시킨다. 독특한 면모다.** 경험하는/경험된 모든 것들뿐 아니라 관찰자 자신마저도 대상화시킨다. 이것은 **주/객관의 모든 경험에 갇히거나 매이지 않을 수 있는 '거리의 발생'**을 의미한다. 이 '거리 발생'은 물리적 거리의 발생이 아니다. 인지 범주 안에서 '재인지를 가능케 하는 좌표의 발생'을 의미한다. '괄호 치듯 대상화시켜 놓고 재검토할 수 있는 좌표로 끊임없이 미끄러지듯 옮겨갈 수 있는 능력'이 '재인지능력'이다. 인간은 이 재인지능력이 고도화되어 있다."[39]

---

39) 『원효의 통섭철학』, pp.240-241.

ii) '특징적 차이'(相, nimitta) → '개념적 지각/인지'(想, saññā)
 → 알음알이(識, viññāṇa)의 인과적 연관과 두 가지 인과계열

nimitta(相)와 saññā(想)은 밀접한 인과관계를 맺고 있다. 인간의 경험은 감관의 스크린에 올라온 '특징적 차이현상'(相)을 인식능력으로 처리하는 과정과 결과의 총합이다. 특징/차이(相)에 대한 언어적 분류와 그에 의거한 비교·분석·판단·평가·추리·선택의 과정이 언어인간의 인식적 경험 구조이다. 그리고 인간의 모든 욕구·사유·행동은 특징/차이(相)의 비교·분석·판단·평가·추리·선택에서 발생한다. 모든 범주의 인간 경험은 언어·욕구·사유·판단·평가와 접속하고 있다. 만약 언어·욕구·사유·판단·평가와의 접속을 끊고 그것들을 초월한 실재나 세상의 경험을 주장한다면, 인간의 인식과 경험 구조에 대한 무지의 환각이다.

'감관의 스크린에 올라온 특징적 차이현상'(相) 자체가 이미 언어적 분류의 산물이라는 점에서 인간의 모든 경험은 원초적으로 언어에 연루되어 있다. 인식적 처리 과정에서 언어적 가공의 수준과 양상이 다를 뿐, 본능적 범주의 느낌이든 정서적 범주의 느낌이든, 느낌 현상(feeling) 자체도 언어적 가공과 무관하지 않다. 이미 언어적 가공이 개입한 '감관의 스크린에 올라온 특징적 차이현상'(相)에 대한 후속되는 언어/개념적 가공이 소위 인식(cognition)의 과정이다. 따라서 **특징적 차이현상'(相)에 대한 언어/개념적 처리 과정은 인식의 전개 과정이다.** 자아라는 존재를 다수·변화·관계의 관점에서 설명하는 붓다의 '오온五蘊'이라는 용어에도 인식의 전개 과정이 반영된 것으로 보인다. 오온은 '유형적 현상의 무더기'(색온色蘊, rūpa-khandha)·'느낌 무더기'(수온受蘊, vedanā-khandha)·'개념적 지각/인지의 무더기'(상온想蘊, saññākhandha)·'의도 무더기'(행온行蘊, saṅkhāra-khandha)·'알음알이 무더기'(식온識蘊, viññāṇa-khandha)의 순서로 기술되고 있다. 인간은 이 오온에 대한 경험을 '자아'라고 인식하는데, 중생의 자아 인식은 '불변·동일·독자의 본질/실체 관념'에 의거한다. 그리고 중생의 '불변·동일·독자의 자아 관념'은 분명 언어 관념을 발생조건으로 삼는다. '관계 속에서 변화하는 다수의 유사한 현상들'을 '동일성을 지닌 단일·독자의 단위'로 묶어 처리하는 것이 언어능력의 속성이기 때문이다. 변화·다수·관계의 현상에 동일성·단일성·독자성을 부여하여 처리하는 언어 기호의 기본 단위가 개념(conception)이고, 인간의 통상적 자아 경험을 이 언어적 개념에 의거하고 있다. 따라서 '유형적 현상의 무더기'(色蘊)를 비롯한 오온의 모든 경험현상은 기실 어떤 수준과 내용으로든 예외 없이 '언어적 처리'에 연루되어 있다고 보아야 한다. **감관 스크린에 올라온 '특징/차이현상'(相)에 대한 '언어 관념에 의한 유형적 분류의 반응'은 '유형적 현상의 무더기'(色蘊), 특징/차이현상에 대한 '언어 관념에 의한 정서적 반응'은 '느낌 무더기'(受蘊), 특징/차이현상에 대한 '언어 관념에 의한 개념적 지각/인지의 반응'은 '개념적 지각/인지의 무더기'(想蘊), 특징/차이현상에 대한 '언어 관념에 의한 의도적 선택의 반응'은 '의도 무더기'(行蘊), 특징/차이현상에 대한 '언어 관념에 의한 종합적 인식의 반응'은 '알음알이 무더기'(識蘊)라고 할 수 있다. '자아'는 변화·다수·관계의 특징/차이현상에 대한 언어적 처리의 집합물이며 따라서 '불변·동일·독자의 자아'에 해당하는 것은 언어적 환상에 불과하다는 점을 알려주려는 것이 오온五蘊 법설이다. 이 오온의 인간관은 '언어의 동일성·독자성 환각에서 풀려난 채 언어능력의 유용성을 구사하는 새로운 언어인간의 도래에 대한 소식'이기도 하다. 그리고 오온과 그 기술 순서에는 특징/차이현상에 대한 언어적 처리의 전개 과정이 반영되어 있는 것으**

로 보인다.

오온 법설에도 반영되고 있는 〈언어 관념에 의한 '특징/차이현상'(相)의 인식적 처리 과정〉은 〈'특징적 차이'(相, nimitta) ⇄ '개념적 지각/인지'(想, saññā) ⇄ 알음알이(識, viññāṇa)의 인과적 연관〉으로 압축할 수 있다. '특징/차이현상'(相)을 조건으로 '개념적 지각/인지'(想)가 발생하고, 다시 '개념적 지각/인지'(想)를 조건으로 알음알이(識)가 발생하는 이 인과적 연관은, 논리적으로는 일방향이지만 실제로는 쌍방향의 상호적 인과관계로 보아야 할 것이다. 다만 이해의 편의를 위해 일방향의 논리적 인과관계를 중심으로 서술한다.

인식 현상을 발생시키는 초기조건은 감관 스크린에 올라온 '특징/차이현상'(相)이다. 이 초기조건에 의거하여 '지각된 특징/차이(相)에 대한 언어·개념적 인식의 일차 단계'인 '개념적 지각/인지'(想)가 발생한다. 그리고 모든 관점과 이론적 수준의 인식은 이 '개념적 지각/인지'(想)를 구성요소로 삼아 이루어진다. 따라서 nimitta(相)와 saññā(想)의 인과적 연관은 이후의 인식 내용을 결정하며, 이 인식 내용이 경험의 내용을 결정한다. 느낌, 관념, 판단, 평가, 선택하는 의도, 행동과 욕구의 내용과 질을 결정하는 내면의 조건은 'nimitta(相)와 saññā(想)의 인과적 연관'이다. 그리고 'nimitta(相)와 saññā(想)의 인과적 연관'은 결정된 것이 아니라 선택에 열려 있다는 것이 붓다의 입장이다. 그리고 열려 있는 두 가지 선택지의 핵심은 '무지에 의한 삶·세상의 오염과 고통'과 '사실 그대로에 상응하는 이해에 의한 삶·세상의 치유와 행복'이다. 무지(無明)의 핵심은 '불변·동일·독자·절대의 것을 설정하는 착각'이며 이 착각은 언어능력의 부작용이다. 또 '성찰하는 이해의 힘'과 '이해를 수정하는 마음의 힘'이 결합하여 무지를 치유하고 드러내는 '사실 그대로에 상응하는 이해'(지혜, 여실지如實知)는 또한 언어능력의 선물이기도 하다. '언어의 부작용을 치유하고 언어의 순기능을 굴리는 새로운 언어능력의 주체로 다시 진화하는 것' – 이것이 붓다가 권하는 새로운 인간의 길(中道)이다. 이 오염과 치유가 갈라지는 분기점에 'nimitta(相)와 saññā(想)의 인과적 연관에 대한 선택'이 있다.

'nimitta(相)와 saññā(想)의 인과적 연관'에 대한 선택지는 두 가지 계열이다. 하나는 '무지에 의한 삶·세상의 오염과 고통의 길에 접어드는 계열'이고, 다른 하나는 '사실 그대로에 상응하는 이해에 의한 삶·세상의 치유와 행복의 길에 접어드는 계열'이다. 전자를 부정적 선택이라 한다면, 후자는 긍정적 선택이다. 부정적 선택은 특징/차이(相)를 왜곡·오염시키는 분별망상·희론의 계열로 접어드는 것이고, 긍정적 선택은 특징/차이(相)의 왜곡·오염을 치유하는 지혜의 계열에 몸을 싣는 것이다. 전자는 '특징/차이(相, nimitta)를 조건 삼아 수립한 개념적 지각/인지(想, saññā)'가 '특징/차이를 왜곡·오염시키는 지각/인지'(papañca-saññā)가 되어 '불변·동일·독자·절대의 관념으로 사실 그대로를 왜곡·오염시키는 알음알이(識, viññāṇa)'를 수립하고 삶과 세상을 무지와 고통의 덫에 빠져들게 하는 길이다. 〈특징/차이(相, nimitta) → 개념적 지각/인지(想, saññā) → 불변·동일·독자·절대의 관념으로 사실 그대로를 왜곡·오염시키는 알음알이(識, viññāṇa)〉의 인과적 전개를 걷는 길이다. 이에 비해 후자는 '특징/차이(相, nimitta)를 조건 삼아 수립한 개념적 지각/인지(想, saññā)'가 '특징/차이의 왜곡·오염을 치유하는 역할'을 하여 '사실 그대로에 상응하는 지혜로운 알음알이(識, viññāṇa)'(여리지如理智, 후득지後得智)를 수립함으로써 삶과 세상의 지혜와 행복을 증진시키는 길이다. 〈특징/차이(相, nimitta) → 개념적 지각/인지(想, saññā) → 불변·동일·독자·절대의 관념을 치유하여 사실 그대로를 드러내는 알음알이(識, viññāṇa)〉의 인과적 전개를 선택하는 길이다.

이렇게 보면, 〈특징/차이(相, nimitta)에 의거하여 형성한 개념적 지각/인지(想, saññā)〉와 〈개념적 지각/인지(想, saññā)에 의거하여 형성한 알음알이(識, viññāṇa)〉에는 각각 두 가지 양상이 있는 셈이다. 하나는 '오염 양상'이고, 다른 하나는 '치유 양상'이다. 이것의 함의는 이러하다. – 〈인간의 경험은, 인식의 조건인과적 구조로 볼 때, '특징/차이'(相), '개념적 지각/인지'(想), '식별·비교·판단·평가·분석·추리의 종합적 능력인 알음알이'(識)와 무관한 인식이나 경험은 불가능하다. 이들과 접속을 유지한 채 열려 있는 선택의 길에서 '오염의 인과적 계열' 혹은 '치유의 인과적 계열'을 선택하는 것이다. 따라서 그 어떤 지혜나 깨달음도 '특징/차이'(相)·'개념적 지각/인지'(想)·'식별·비교·판단·평가·분석·추리의 종합적 능력인 알음알이'(識)와 연관되어 있고 그것들을 조건으로 삼는 선택 여하에 의해 이루어지는 것이다. 인간의 언어·사유·욕구·느낌·행동은 '차이현상'(相)·변화·관계와의 연루 속에서 발생한다. 따라서 붓다의 길은 '언어·개념·차이·사유·느낌·욕구·변화·관계와의 접속을 유지한 채 무지의 오염 문제를 해결하는 길'이지 '언어·개념·차이·사유·느낌·욕구·변화·관계와의 접속을 끊고 현상 너머/이전의 궁극실재와 만나려는 신비주의의 길'이 아니다. '언어·개념·차이·사유·느낌·욕구·변화·관계의 현상을 버리지 않으면서 그 현상의 오염된 양상과 헤어지는 길', '떼어내 버리지 않으면서 이별하는 길'이 붓다의 중도가 말하는 '염리厭離'의 의미이다.〉

주목되는 것은 〈특징/차이(相, nimitta)와 '개념적 지각/인지'(想, saññā)의 인과적 전개가 지니는 치유적 양상〉에 관한 붓다의 가르침이다. 니까야 문헌에서 이와 관련된 내용은 일일이 열거할 수 없을 정도로 풍부하다. 필자가 보건대, 이와 관련된 수많은 법설은 크게 두 가지 치유 양상을 설하고 있다. **하나는 '위빠사나 이해수행에 의한 치유 양상'이고, 다른 하나는 '사마타 마음수행에 의한 치유 양상'이다.** '위빠사나 이해수행에 의한 치유 양상'은 '아름답지 않는 특징/차이'(不淨相), '아름답지 못하다고 보는 인식'(不淨想, asubha-saññā), '무상하다고 보는 인식'(無常想, anicca-saññā) 등 '이해를 바꾸는 효과를 지니는 특징/차이(相)나 인식(想)들'을 수립하여 치유 효과를 발생시키는 수행이다. 이에 비해 '사마타 마음수행에 의한 치유 양상'은 '특징/차이(相, nimitta)를 움켜쥐지 않는 마음 국면'의 수립을 통해 치유 효과를 발생시키는 수행인데, '특징적 차이에 매임이 없는 삼매'[40](무상삼매無相三昧, animitta samādhi)를 이루는 수행이 그에 해당하는 것으로 보인다. **그리고 '특징/차이(相, nimitta)를 움켜쥐지 않는 마음 국면'을 수립하는 방법을 알려주는 것이 사념처나 육근수호 법설에 등장하는 '알아차림(正知, sampajānāti)'으로 보인다.** 알아차림(正知, sampajānāti)을 통해 그 어떤 특징/차이(相, nimitta)라도 마치 괄호 치듯 재인지의 대상으로 삼으면서 '특징/차이(相, nimitta)와 접속하면서도 빠져들지 않는 마음 국면'을 수립하여 지속적으로 간수해 감으로써 '특징적 차이에 매임이 없는 삼매'(無相三昧,

---

[40] 'animitta samādhi'의 언어적 직역은 '표상 없는 삼매, 특징/차이가 없는 삼매'가 되고 '無相三昧'라는 한역은 직역에 충실한 표현이다. 그러나 의미맥락을 감안하면 '특징적 차이에 매임이 없는 삼매'라고 번역하는 것이 적절해 보인다. 삼매에 든 인식이든 일상 인식이든, 인간의 모든 범주의 경험을 발생시키는 조건은 '현상이 보여주는 특징/차이'이기 때문에, 이 특징/차이가 전면적으로 제거된 인간 경험은 불가능하기 때문이다.

animitta samādhi)를 이루는 것이 '사마타 마음수행에 의한 치유 양상'의 **핵심으로 보인다.** 두 가지 치유 양상과 관련된 내용을 전하는 경전들을 몇 가지 소개해 본다.

상윳따 니까야의 『할릿디까니 경1(Hālidikāni-sutta)』(S22:3)⁴¹⁾은 마하깟짜나 존자가 할릿디까니 장자의 질문에 답하는 형식으로 붓다의 가르침을 전하는 내용이다. 여기서는 '오온에 묶이는 것과 묶이지 않는 것'을 각각 '집에서 유행함과 집 없이 유행함'으로, 〈'여섯 가지 인식 능력의 대상'(육경六境, 형상·소리·냄새·맛·감촉·개념적 현상들)의 '특징적 차이'(nimitta, 相)에서 배회하며 묶이는 것과 배회하지 않아 묶이지 않는 것〉을 각각 '거처에서 유행함과 거처 없이 유행함'으로 구분한다.

붓다는 〈''전체적 차이/특징'(nimitta, 相)과 '부분적 차이/특징'(anuvyañjana, 細相)을 움켜쥐지 않을 수 있는 방법〉으로 위빠사나 이해수행과 사마타 마음수행의 두 가지를 설하였고, 육근수호 법설에서는 특히 알아차림(正知, sampajānāti)에 의한 사마타 마음수행을 강조하고 있다. 앞서 언급한 것처럼, 니까야가 전하는 붓다의 법설에서는 정념 수행 및 위빠사나와 사마타 수행을 모두 선 수행과 연결시키고 있다. 정념 수행과 위빠사나·사마타 수행이 모두 '선禪 수행'(定學) 범주에 속한다는 것은 위빠사나·사마타 수행이 모두 정념 수행에 포함될 수 있다는 것을 의미한다. 이와 관련해 주목되는 것은 상윳따 니까야의 「비구니 거처 경(Bhikkhunupassaya-sutta)」(S47:10)⁴²⁾에서 붓다가 사념처

---

41) 『할릿디까니 경1(Hālidikāni-sutta)』(S22:3), 전재성 번역본 제4권, pp.40-46; 각묵 번역본 제3권, pp.120-129.
42) 「비구니 거처 경(Bhikkhunupassaya-sutta)」(S47:10), 각묵 번역본 제5권, pp.468-473.

수행을 '특징적 차이를 지닌 대상으로 향하게 하는 사념처 수행'과 '특징적 차이를 지닌 대상으로 향하게 하지 않는 사념처 수행'의 두 가지로 구분하여 설하는 내용이다.

「비구니 거처 경」에서 설하는 '특징적 차이를 지닌 대상으로 향하게 하는 사념처 수행'의 요점은 다음과 같다. -〈몸에서 몸을 관찰하며 머물 때 몸에 열기가 생기거나 정신적으로 태만해지거나 밖으로 마음이 흩어진다면 청정한 믿음을 고취하는 대상/표상으로 마음을 향하게 해야 한다. 그가 청정한 믿음을 고취하는 대상으로 마음을 향하면 환희와 희열이 생기고 몸이 고요해지며 행복을 경험하면서 마음이 삼매에 든다. 그러면 다시 대상으로 향하던 마음을 거두어들여 생각(尋)을 일으키지 않고 고찰(伺)을 하지 않으면서 몸 현상을 알아차리며 관찰하는 수행을 한다. 느낌(受)·'마음상태'(心)·'이해·판단·평가·관점·이론 등 개념적·법칙적 경험현상'(法)을 관찰할 때도 마찬가지이다.〉이에 비해 '대상으로 향하게 하지 않는 사념처 수행'은 〈마음이 다른 대상으로 향하지 않는다〉라는 것을 알면서 행하는 사념처 수행이다.

'대상으로 향하게 하는 사념처 수행'에서 '믿음을 고취하는 대상/표상'이란 믿음을 일으키게 하는 부처님의 상호 같은 것이다. 〈생각을 일으키지 않고 고찰을 하지 않는다〉라는 것은, '선정의 네 단계'(四禪) 가운데 두 번째 단계의 선정에서 발생하는 특징적 현상이다. 사선 정형구에서는 〈초선初禪에서는 '생각을 일으킴'(尋)과 '일으킨 생각에 대해 고찰함'(伺)이 있고, 제2선에서는 '생각을 일으킴'(尋)과 '일으킨 생각에 대해 고찰함'(伺)이 없다〉라고 설해진다. 따라서 사선 정형구의 초선과 제2선에서 언급되는 '생각을 일으킴'(尋)과 '일으킨 생각에 대해 고찰함'(伺)의 구체적 내용이 무엇인지를 확인할 수 있다. 대승교학에서도 빈번하게 거론되는 '생각을 일으킴'(尋)과 '일으킨 생각에 대해 고찰함'(伺)이라는 개념의 정학定學 선禪수행 맥락에서의 구체적 의미를 알려주고 있다. 즉, 〈'호흡·동작 등 신체의 현상'(身)·'느낌'(受)·'마음상태'(心)·'이해·판단·평가·관점·이론 등 개념적·법칙적 경험현상'(法)에서 그것들을 '알아차리면서 관찰하는 수행'〉인 사념처 수행 맥락에서는, 관찰의 대상으로 인해 부작용이 발생할 때면 그 부작용을 제거하는데 효과적인 '특징적 대상/표상'을 떠올려 그 대상으로 마음을 향하게 함으로써 부작용에서 벗어나는 것이 '생각을 일으킴'(尋)과 '일으킨 생각에 대해 고찰함'(伺)의 구체적 내용이다. 또 이러한 '대상으로 향하게 하는 사념처 수행'은 부작용을 치유하는 것이 목적이기 때문에, 부작용이 사라져 목적이 달성되면 '대상을 세워 마음을 기울이는 수행'이 불필요하다. 그리하여 대상/표상으로 향하던 마음을 거두어들여 '생각(尋)을 일으키지 않고 고찰(伺)을 하지 않으면서 알아차리며 관찰하는' 사념처 본래의 수행 국면으로 돌아가 자리 잡는다.

『불타오름에 대한 법문 경(Ādittapariyāya-sutta)』(S35:235)[43])에서는, 눈·귀·코·혀·몸·의식/마음이 그에 상응하는 대상과 관계 맺을 때 그 대상의 '부분적 차이/특징'(anuvyañjana, 細相)을 통해서 '전체적 차이/특징'(nimitta, 相)을 움켜쥐어 그의 업식業識(viññāṇa)이 차이/특징의 달콤함에 취한 채 죽음을 맞게 되면 사후에 지옥이나 축생의 길에 오른다고 한다. 아울러 수행자는 여섯 가지 감각기관과 각각에 상응하는 대상 및 이들의 접촉과 느낌 및 여섯 부류의 의식 현상이 모두 '무상無常하다고 이해하여' 그들에 대한 탐욕에서 벗어나면 해탈한다고 설한다.

---

43) 『불타오름에 대한 법문 경(Ādittapariyāya-sutta)』(S35:235), 전재성 번역본 제8권, pp.572-577; 각묵 번역본 제4권, pp.365-370.

특히 '의식/마음이라는 감각기관'(意根)과 그에 상응하는 대상인 '개념적/법칙적 현상들'(法) 및 이 둘의 접촉과 그로 인해 발생하는 느낌 및 의식 현상이 모두 무상하다는 이해는 잠을 잘 때라도 놓쳐서는 안 된다고 설한다. 니까야에 나타나는 일종의 오매일여 법설이다. 〈'전체적 차이/특징'(nimitta, 相)과 '부분적 차이/특징'(anuvyañjana, 細相)을 움켜쥐지 않을 수 있는 방법〉으로서 '무상한 것으로 이해함'(無常觀)을 설하고 있다는 것이 주목된다. 육근수호 법설에서 움켜쥐지 않는 방법으로서 알아차림(正知, sampajānāti)을 설하고 있는 것과 대비된다.

『부정 경(Asubha-sutta)』(S46:67) 및 이어지는 경들에서는 '부정의 인식'(不淨想, asubha-saññā) 등을 통한 이해의 치유 효과에 대해 설하고 있다. 『인식 경(Saññā-sutta)』(A10:217), 『철저히 앎 등의 경 (Pariññādi-sutta)』(A10:219)에서도 유사한 내용이 등장한다. 『출가 경(Pabbajjā-sutta)』(A10:59)[44]이나 『기리마난다 경(Girimānanda-sutta)』(A10:60)[45]에서는 이해의 치유 효과가 있는 '무상의 인식'(無常想, anicca-saññā), '부정의 인식'(부정상不淨想, asubha-saññā) 등 열 가지 인식을 설하고 있다. 〈"[오온에 대해] 무상(無常)이라고 [관찰하는 지혜에서 생긴] 인식, 무아라고 [관찰하는 지혜에서 생긴] 인식, 부정(不淨)이라고 [관찰하는 지혜에서 생긴] 인식, 위험을 [관찰하는 지혜에서 생긴] 인식, 버림을 [관찰하는 지혜에서 생긴] 인식, 탐욕이 빛바램을 [관찰하는 지혜에서 생긴] 인식, 소멸을 [관찰하는 지혜에서 생긴] 인식, 온 세상에 기쁨이 없다는 인식, 모든 형성된 것들(諸行)에 대

---

44) 『출가 경(Pabbajjā-sutta)』(A10:59), 전재성 번역본 제10권, pp.222-223; 대림 번역본 제6권, pp.222-224.
45) 『기리마난다 경(Girimānanda-sutta)』(A10:60), 전재성 번역본 제10권, pp.223-230; 대림 번역본 제6권, pp.224-231.

해 무상이라고 [관찰하는 지혜에서 생긴] 인식, 들숨날숨에 대한 마음 챙김이다."〉

『몸 경(Kāya-sutta)』(S46:2)⁴⁶⁾에서는 '사마타(止, 그침)의 특징/차이'(samatha-nimitta)에 관한 설법이 나온다. '사마타(止, 그침)의 특징/차이'(samatha-nimitta) 혹은 '산란함이 없는 특징/차이'에 대해 지혜롭게 마음을 기울이면 삼매라는 '깨달음의 구성요소(각지覺支)를 일어나게 하고 닦아 성취하게 하는 자양분이 된다는 것이다. 또『자양분 경(Āhāra-sutta)』(S46:51)⁴⁷⁾에서는 '다섯 가지 장애'(오개五蓋)와 '일곱 가지 깨달음의 구성요소(칠각지七覺支)의 자양분과 자양분이 아닌 것을 설하고 있다. 즉 '아름다운 특징/차이'에 지혜롭지 못하게 마음을 기울이면 '감각적 쾌락에 대한 욕망'을 일어나게 하고 더욱 증대시키고, '적의를 일으키게 하는 특징/차이'에 지혜롭지 못하게 마음을 기울이면 '악의'를 생겨나게 하고 더욱 증대시킨다. 반면 '아름답지 않는 특징/차이'(不淨相)와 '자애로운 마음을 통한 풀려남'(자심해탈慈心解脫)은 각각 '감각적 쾌락에 대한 욕망'과 '악의'를 생겨나게 하고 더욱 증대시키는 자양분이 아니다. 또 '권태로움·나른함·무기력함·식곤증·정신적 태만'과 '마음의 불안' 및 '의심스러운 것들'에 지혜롭지 못하게 마음을 기울이면 각각 '해태와 혼침' '들뜸과 후회' '의심'이라는 장애를 일어나게 하고 더욱 증대시킨다. 반면, '마음 챙김'(念覺支)·'판단과 선택능력'(擇法覺支)·'정진 능력'(精進覺支)·'희열 능력'(喜覺支)·'안온 능력'(輕安覺支)·'삼매 능력'(定覺支)·'평정 능

---

46) 『몸 경(Kāya-sutta)』(S46:2), 전재성 번역본 제8권, pp.385-390; 각묵 번역본 제5권, pp.290-299.
47) 『자양분 경(Āhāra-sutta)』(S46:51), 전재성 번역본 제8권, pp.479-488; 각묵 번역본 제5권, pp.359-370.

력'(捨覺支)을 생겨나게 하고 더욱 증대시키는 자양분으로 각각의 능력을 확립시키는 데 기여하는 조건들에 대해서 지혜롭게 마음을 기울이는 것을 설한다. 그리고 여기서도 '삼매 능력'(定覺支)을 생겨나게 하고 더욱 증대시키는 자양분으로 '사마타(止, 그침)의 특징/차이'(samatha-nimitta) 혹은 '산란함이 없는 특징/차이'에 대해 지혜롭게 마음을 기울이는 것을 설하고 있다.

『걸식 경(Piṇḍolya-sutta)』(S22:80)[48]에서는 해탈을 위한 수행으로서 '특징적 차이에 매임이 없는 삼매'(무상삼매無相三昧, animitta samādhi)[49]의 수행과 오온 현상의 무상·고·무아를 이해하는 수행을 동시에 설하고 있다. 『표상 없음 경(Animitta-sutta)』(S40:9)[50]에서는 목갈라나 존자가 수행하는 '특징적 차이에 매임이 없는 마음의 삼매'(animitta cetosamādhi)에 관한 설법이 등장하고, 『병 경(Gilāna-sutta)』(S47:9)[51]은 세존이 입멸 약 10달 전에 겪었던 극심한 병고를 '특징적 차이에 매임이 없는 마음의 삼매'(animitta cetosamādhi)를 통해 극복하면서 입멸 시기를 열 달 늦추는 일화를 전한다.[52]

---

[48] 『걸식 경(Piṇḍolya-sutta)』(S22:80), 전재성 번역본 제4권, pp.232-239; 각묵 번역본 제3권, pp.285-293.
[49] '특징적 차이에 매임이 없는 삼매'(무상삼매無相三昧, animitta samādhi)에 대해 주석서에서는 "'표상 없는 삼매'는 '위빠사나의 삼매'를 말한다. 이것은 항상하다는 표상 등을 뽑아버리기 때문에 '표상 없음'(animitta)이라고 하기 때문이다."(SA. ii.303, 각묵 번역본 역주)라고 하여 '특징적 차이'(상相, nimitta)에 대해 '항상하다'고 하는 관념을 수정하는 위빠사나 이해수행으로 설명하고 있다. 선 수행개념들에 관한 상좌부 주석서들의 관점은 기본적으로 위빠사나 이해수행에 치우쳐 있다. 여기에 '대상집중수행'을 삼매 수행으로 보는 관점을 추가하는 정도이다.
[50] 『표상 없음 경(Animitta-sutta)』(S40:9), 각묵 번역본 제4권, pp.543-546.
[51] 『병 경(Gilāna-sutta)』(S47:9), 각묵 번역본 제5권, pp.462-468.
[52] 디가 니까야의 『대반열반경(Mahāparinibbana Sutta)』(D16)에서도 같은 내용을 전한다.

iii) 육근수호六根守護 법설과 알아차림(正知, sampajānāti)
그리고 심일경성心一境性(cittekaggatā)

　육근수호六根守護 법설, 다시 말해 '경험을 발생시키는 여섯 가지 감관능력을 잘 간수해 가는 방법에 관한 설법'은, 감관능력을 통해 지각에 올려진 '특징적 차이'(相)와 어떤 방식으로 관계 맺는가에 따라 '무명의 길'과 '지혜의 길'로 갈라진다는 것, 그리고 지혜의 길로 접어들기 위한 수행의 핵심은 알아차림(正知, sampajānāti)이라는 것을 알려주는 가르침이다. 다시 말해, '사실 왜곡으로 인해 삶과 세상을 오염·훼손하는 길'과 '사실 그대로를 이해하여 삶과 세상을 이롭게 하는 길'은 감관을 통해 지각의 장막 위에 올려진 '특징적 차이'(相)와 관계 맺는 인식적 선택에 의해 결정되며, 후자의 길에 오르는 인식적 선택의 핵심 내용은 알아차림(正知, sampajānāti)이라는 것을 설하는 것이 '육근수호六根守護 법설'이다.

　변화·관계의 차이현상 이면에 그 어떤 불변의 실체나 궁극실재가 있어 그것을 체득하면 해탈·열반한다는 말을 붓다가 한 적은 없다. 〈감관에서 발생하는 경험현상의 가장 초기조건은 '특징적 차이들'이며, 그 차이들에 어떻게 대응하는가에 따라 삶의 이로움과 해로움이 결정된다〉라는 것, 달리 말해 〈깨달음이나 해탈의 이로움을 누리려면 차이들과 만나는 관계능력을 바꾸어야 한다〉라는 것이 붓다 법설의 요점이다. 육근수호 법설은 이 요점을 압축적으로 설하고 있다. 변화·관계의 차이현상들과 관련하여 이런 소식을 전하는 것은 어떤 철학과 종교에서도 목격할 수 없다. 〈지각의 장막 위에 올려진 '특징적 차이'(相)〉는 언어·개념·사유·욕구·변화·관계를 조건으로 삼아 발생하는 현상이다. 따라서 육근수호 법설은 붓다가 권하는 길(中道)이 '언어·개념·차이·사유·욕구·변화·관계와의 접속을 끊지 않고 무지의 오염 문제를 해결하는 길'이며, 인도 신비주의 시선과의 결별을 가장 명확하게 보여주고 있다.

육근수호 법설은 니까야/아함에서 다음과 같은 내용을 핵심으로 하여 거의 정형구처럼 자주 등장한다.

> "그는 눈으로 형색을 봄에 그 표상(nimitta, 全體相/相)을 취하지 않으며, 또 그 세세한 부분상(anuvyañjana, 細相)53)을 취하지도 않는다. 만약 그의 눈의 기능(眼根)이 제어되어 있지 않으면, 욕심과 싫어하는 마음이라는 나쁘고 해로운 법(不善法)들이 그에게 [물밀듯이] 흘러들어 올 것이다. 따라서 그는 눈의 감각기능을 잘 단속하기 위해 수행하며, 눈의 감각기능을 잘 방호하고, 눈의 감각기능을 잘 단속한다. 귀로 소리를 들음에 (…) 코로 냄새를 맡음에 (…) 혀로 맛을 봄에 (…) 몸으로 감촉을 느낌에 (…) 마노(意)로 법을 지각함에 그 표상(全體相)을 취하지 않으며, 또 그 세세한 부분상(細相)을 취하지도 않는다. 만약 그의 마노의 기능(意根)이 제어되어 있지 않으면, 욕심과 싫어하는 마음이라는 나쁘고 해로운 법(不善法)들이 그에게 [물밀듯이] 흘러들어 올 것이다. 따라서 그는 마노의 감각기능을 잘 단속하기 위해 수행하며, 마노의 감각기능을 잘 방호하고, 마노의 감각기능을 잘 단속한다. 그는 이러한 성스러운 감각기능의 단속을 구족하여 안으로 더럽혀지지 않는 행복

---

53) 전재성은 nimitta를 '인상'으로, anuvyañjana를 '연상'으로 번역하고 있다. 『맛지마니까야』(한국빠알리협회, 2009), p.607.

을 경험한다. 그는 나아갈 때도 돌아올 때도 [자신의 거동을] 분명히 알아차리면서(正知) 행한다. 앞을 볼 때도 돌아볼 때도 분명히 알아차리면서 행한다. 구부릴 때도 펼 때도 분명히 알아차리면서 행한다. 법의法衣·발우·의복을 지닐 때도 분명히 알아차리면서 행한다. 먹을 때도 마실 때도 씹을 때도 맛볼 때도 분명히 알아차리면서 행한다. 대소변을 볼 때도 분명히 알아차리면서 행한다. 갈 때도 서 있을 때도 앉아있을 때도 잠잘 때도 깨어있을 때도 말할 때도 침묵할 때도 분명히 알아차리면서 행한다."54)

이러한 육근수호 법설의 핵심은 두 가지이다. 하나는 〈눈·귀·코·혀·몸·의식/마음이 그에 상응하는 대상과 관계 맺을 때 그 대상의 '전체적 차이/특징'(nimitta, 相)과 '부분적 차이/특징'(anuvyañjana, 細相)을 움켜쥐지 말라〉는 것이고, 다른 하나는 〈'전체적 차이/특징'(nimitta, 相)과 '부분적 차이/특징'(anuvyañjana, 細相)을 움켜쥐지 않을 수 있으려면 모든 경험현상을 알아차리면서 행하라〉(sampajānakārī hoti, 正知)는 것이다. nimitta와 anuvyañjana는 '현상이 지니는 특징적 차이'의 두 가지 양상을 가리키고, '움켜쥠(gāha)'과 '움켜쥐지 않음' 및 '알아차림(sampajānakārī hoti)'은 '현상이 지닌 특징적 차이들과의 관계 방식'을 지시한다. 따라서 〈지각과 인식의 대상이 되는 것은 '특징적 차이현상'이

---

54) 「깐다라까의 경(Kandarakasutta)」(M1:339), 대림 번역, 맛지마니까야 2권, pp.428-429. 이 번역문에서 '분명히 알아차리면서 행한다'라고 번역된 알아차림(正知, sampajānāti)을 필자는 그 의미를 반영하여 〈모든 것을 앞세우듯 하면서 알아차린다〉라고 풀어서 이해한다. 일상의 모든 동작을 '괄호 치듯 묶어 재인지(알아차림)의 대상으로 처리하면서 빠져나오는 국면'을 일깨워 간수해 가면서 그 재인지 자리에서 현상의 특징과 차이들의 연기적 양상을 관찰하는 것이 알아차림(正知, sampajānāti) 행법의 초점이라고 생각하기 때문이다.

다〉라는 것과 〈'특징적 차이현상'과 움켜쥐지 않고 관계 맺는 능력의 핵심은 알아차림(正知, sampajānāti)의 국면에 있다〉라는 것의 의미를 탐구하는 것이 핵심 과제이다.

'언어·개념·차이·사유·욕구·변화·관계와의 접속을 끊고 현상 너머/이전의 궁극실재와 만나려는 신비주의의 길'과 '언어·개념·차이·사유·욕구·변화·관계와의 접속을 유지한 채 무지의 오염 문제를 해결하는 붓다의 길'이 갈라지는 분기점에 위빠사나 이해수행과 사마타 마음수행이 자리하고 있다. 그런데 주목되는 것은, 정형구처럼 나타나는 육근수호 법설에서는, 사념처 법설과는 달리 수행의 동사적 인지국면을 지시하는 용어로서 'sampajānāti(알아차리다)'만이 등장한다. 위빠사나 이해수행 국면을 지시하는 'passati(보다)'는 나타나지 않고 사마타 마음수행 국면을 일러주는 'sampajānāti(알아차리다)'만 나타나는 것이다. 이것은 무엇을 의미할까?

정학定學은 선 수행 범주로서 마음수행이 그 핵심으로 보인다. 그런데 정념 수행의 구체적 내용인 사념처 법설에서는 'passati(보다)'의 이해수행과 'sampajānāti(알아차리다)'의 마음수행을 모두 설하고 있다. 이것은 '이해와 마음의 분리할 수 없는 상호관계' 및 8정도 수행이 지니는 '계학·정학·혜학의 상호작용 구조'를 반영하기 때문이다. 그런데 육근수호 법설에서는 'sampajānāti(알아차리다)'만을 〈'특징적 차이현상'을 움켜쥐지 않는 인지적 국면〉으로 설하고 있다. 이것은 육근수호 법설이 두 가지 측면에서 정념의 사념처를 보완하는 법설이라는 것을 의미하는 것으로 보인다.

하나는 〈사념처 법설에서 말하는 '호흡·동작 등 신체의 현상'(身)·느낌(受)·'마음상태'(心)·'이해·판단·평가·관점·이론 등 개념적·법칙적 경험현상'(法)은 곧 모든 지각을 비롯한 인지적 경험현상이 지니는 '특징적 차이'(相)를 지시한다〉라는 것을 알려주려는 것이고, 다른 하나는 사념처 법설의 'sampajānāti(알아차리다)' 국면이 어떤 내용인지를 현상이 지니는 '특징적 차이'(相)와 관련시켜 구체적으로 알려주려는 것으로 보인다. 전자는 그 이유와 내용이 분명하게 확인된다. 그렇다면 후자는 왜 필요한 것일까? 'sampajānāti(알아차리다)'라는 말로 알려주려는 인지적 국면의 이해와 수용이 쉽지 않기 때문이다.

알아차림(正知, sampajānāti)이라는 말로써 알려주려는 '인지능력/마음 국면'의 내용과 의미는 무엇인가? 'sampajānāti'는 '알다'라는 뜻의 jānāti(√jñā)에 '함께'라는 의미의 접두어 sam과 '앞으로'라는 의미의 접두어 pa가 결합된 용어이다. 언어적 의미로 본다면, 'sampajānāti'는 〈모두 묶어서 앞으로 둔 채 아는 인지국면〉을 지칭하는 용어로 볼 수 있다. 그것은 '모든 것을 괄호 치듯 대상화시켜 놓고 재검토할 수 있는 좌표로 끊임없이 미끄러지듯 옮겨가는 재인지 사유의 작동 양상'이라 할 수 있다. 다시 말해 '이해를 비롯한 과거·현재·미래의 모든 현상을 붙들지 않아 거리를 확보하는 마음 국면', '기존의 인식·경험·이해 계열에서 빠져나오는 마음 국면'을 일깨워 주려는 용어이다.

사념처 법설의 'sampajānāti(알아차리다)' 국면은 '이해'도 아니고 '대상에 대한 마음집중'도 아니다. 기존의 수행론에서는 없었던 전혀 새로운 내용의 마음수행이다. 그런 까닭에 사념처 법설의 'sampajānāti(알아차리다) 국면이 어떤 내용인지를 알려주는 부연 설법이 필요하다. 육근수호 법설이 그 역할을 하는 것으로 보인다. 육근수호 법설에서는 〈특징적 차이현상'을 움켜쥐지 않는 인지적 국면〉으로서 'sampajānāti(알아차리다)'만을 설한다. 현상이 지니는 '특징적 차이'(相)의 지각과 관련시켜 'sampajānāti(알아차리다)'의 수행 국면이 어떤 것인지를 구체적으로 알려준다. 〈사념처 법설에서 말하는 '호흡·동작 등 신체의 현상'(身)·느낌(受)·'마음상태'(心)·'이해·판단·평가·관점·이론 등 개념적·법칙적 경험현상'(法)은 곧 모든 지각을 비롯한 인지적 경험현상이 지니는 '특징적 차이'(相)를 지시한다〉라는 것을 알려주는 동시에, 사념처 법설의 'sampajānāti(알아차리다)' 수행이 어떤 국면의 마음인지를 '특징적 차이'(相)의 지각·인지와 관련시켜 알려주려는 것이 육근수호 법설의 취지로 보인다. 따라서 육근수호 법설은 정념의 사념처 법설을 두 가지 측면에서 보완하는 법설로 볼 수 있다.

'여섯 가지 감관능력'(六根)으로 만나는 '특징적 차이현상'(相)들을 움켜쥐지 않고 관계 맺을 수 있으려면 행위·이해·마음에 의한 대응이 필요하다. 8정도를 구성하는 계·정·혜 삼학의 수행은 '특징적 차이현상'(相)들을 움켜쥐지 않고 관계 맺을 수 있는 행위·이해·마음의 능력을 지향하는 것이라 볼 수 있다. 그런데 행위·이해·마음은 상호적 의존과 상호작용 관계를 맺고 있는 동시에, 언어인간의 모든 행위선택은 근원적으로 이해와 마음에 의거한다. 따라서 이해와 마음은 '특징적 차이현상'(相)들을 움켜쥐지 않고 관계 맺을 수 있는 능력의 원천이다. 위빠사나 이해수행과 사마타 마음수행이 쌍으로 강조되는 이유이다. 그런데 위빠사나 이해수행은 그 취지와 내용을 이해하기가 어렵지 않다. 그래서 이해로써 '특징적 차이현상'(相)들을 움켜쥐지 않는 능력을 키우는 수행은 어렵지 않게 수용된다.

〈대상과의 관계는 이해를 통해 변한다〉라는 것은 일상적 경험을 통해 쉽게 수긍할 수 있다. 붓다가 설한 선 수행 방법을 일관되게 위빠사나 이해수행으로 읽는 시선이 니까야 주석서 이래 불교 전반에 일반화되어 있는 현상은 그런 점에서 자연스럽다. '모든 것은 변한다는 이해'(無常觀), '자아에는 불변·독자의 본질이나 실체가 없다는 이해'(無我觀), '본질/실체 관념에 매인 삶과 세상은 괴로움이라는 이해'(苦觀)로써 관찰하는 것은, '특징적 차이현상'(相)들을 움켜쥐지 않을 수 있는 이해능력을 계발하고 향상시켜 준다. 『불타오름에 대한 법문 경(Ādittapariyāya-sutta)』(S35:235)[55] 등이 그러한 사례에 해당한다.

그에 비해 사마타 마음수행에 관한 붓다의 가르침은 쉽게 이해되지 않는다. 흔히 채택되는 것이 〈사마타 마음수행은 대상에 대한 마음집중수행이다〉라는 선관禪觀이다. 이러한 선관의 문제점은 이미 앞에서 거론하였다. '마음집중'의 수행관은 불교 이전 우파니샤드 전통을 비롯하여 고금 동서양의 모든 수행 전통에서 채택해 온 수행·수양론이고, 일상 세계에서도 자기 계발과 목표 달성을 위한 정신 수양 방법으로 널리 채택되기 때문에 쉽게 이해된다. 또 집중의 실제 효과도 다양한 사례로 입증된다. 만약 붓다의 사마타 마음수행이 실제로 '대상에 대한 마음집중'을 설하는 것이라면 붓다의 마음수행론은 차별화되는 수행론이 아니다. 그러나 위빠사나와 사마타 설법의 내용도 기존의 수행론과는 다르거니와, 사마타(samatha)라는 용어 자체가 초기불교 이전에는 없었다는 점도 붓다 마음수행론의 차별적 고유성을 입증해 준다. 만

---

55) 『불타오름에 대한 법문 경(Ādittapariyāya-sutta)』(S35:235), 전재성 번역본 제8권, pp.572-577; 각묵 번역본 제4권, pp.365-370.

약 붓다가 설한 사마타 마음수행이 실제로 '대상에 대한 마음집중'이라면, 붓다 자신이 사마타 수행을 설할 때 명백히 밝혔을 것이다. 이해하기 어려운 내용이 아니고 감출 것도 아니기 때문이다. 그런데 흥미롭게도 붓다는 사마타 수행을 '대상에 대한 마음집중'이라 공언한 바 없다.

'nimitta'는 표상表相(각묵/대림 번역본), 인상(전재성 번역본) 등으로 번역되고 있는데, 필자는 '특징적 차이' 혹은 '특징/차이'라고 번역한다. 『디가 니까야 주석서』에서 "인식의 원인이 되기 때문에 표상表相(nimitta)이라 한다."[56]라고 하듯이, 인간의 모든 인지적 경험의 초기조건은 현상들이 지닌 '특징/차이'이다. 오온五蘊을 '나'라고 인지/인식하는 것도 오온이 지닌 특징적 차이들 때문이다. **모든 범주의 인간 경험은 인간 내부와 외부의 현상들이 보여 주는 '특징/차이' 때문에 발생한다. '특징/차이들 사이의 관계'와 '특징/차이들과의 관계'가 경험 발생의 초기조건이다.** 그런데 **니까야 주석서들에서 거론되는 'nimitta'는 삼매 수행을 위해 수립하는 영상의 의미로 설명된다.** 삼매 수행을 위해 현상의 특징을 영상으로 수립한 것이 표상으로서의 'nimitta'라는 것이다. 이런 표상으로서의 영상에 마음을 겨냥하여 마치 하나가 된 것과 같은 집중 상태를 이룬 것이 심일경성心一境性(cittekaggatā)이고 그것이 바로 삼매라고 보는 관점이다. 이때 '본격적인 삼매'(본삼매)의 증득은 준비단계의 표상, 익힌 표상, 닮은 표상이라는 세 단계를 거쳐 이루어진다고 설명한다.[57] 삼매에 관한 남방 상좌부의 일반화된 시선이고, 삼매를 '대상집중'으로 간주하면서 그 근거로 심일경성心一境性(cittekaggatā)을 거론하는 북방

---

56) DA.ii.500(『상윳따 니까야』 각묵 번역본 제3권 역주 65).
57) 대림·각묵 공역, 『아비담마 길라잡이』(아미담맛타 상가하 역해) 하권, 초기불전연구원, 2002, pp.738-741.

대승교학에서의 삼매 이해도 그 연장선에 있다. 그러나 필자는 삼매 수행을 'nimitta의 표상에 대한 집중수행'으로 보는 관점에 동의하지 않으며, 심일경성心一境性(cittekaggatā)의 의미에 대해서는 견해를 달리한다. 또한 nimitta를 이런 삼매관을 설명하기 위한 '영상 수립'의 문제로 처리하는 방식에도 동의하지 않는다. nimitta는 인간의 모든 인지적/인식적 경험을 발생시키는 초기조건으로 간주하는 것이 붓다의 입장이며, 따라서 nimitta는 삼매 수행론에서의 특수한 의미에 국한되지 않고 붓다 법설의 모든 영역에서 '모든 내적·외적 현상이 지닌 차이/특징'의 문제로 다루어야 한다고 생각한다.

붓다의 설법 가운데 '대상에 대한 마음집중'이라는 의미와 연관시킬 수 있는 것은 두 가지 정도이다. 하나는, 선정 수행의 전개 양상을 네 부류로 구분한 사선四禪에 관한 설법에서, 선정 내용의 특징적 현상들 가운데 하나로 언급되는 '심일경성心一境性(cittekaggatā)'이라는 용어이다. 그러나 이 용어는 '한결같아진 마음상태'를 의미하는 것으로 보는 것이 자연스럽다. 탐구해야 할 것은 〈그 '한결같아진 마음상태'가 어떤 마음 국면의 한결같아진 상태인가?〉라는 질문이다. 이 질문에 대한 기존의 사마타 해석학은 〈대상에 대해 마음을 집중하는 국면이 한결같아진 것이다〉라고 대답할 것이다. 그러나 필자는 'sampajānāti(알아차리다)'의 마음 국면, 즉 〈과거·현재·미래의 관점·느낌·경험·판단·평가를 '모두 묶어서 앞으로 둔 채 아는 인지국면'/'이해를 비롯한 모든 현상을 붙들지 않아 거리를 확보하는 마음 국면'/'기존의 인식·경험·이해 계열에서 빠져나오는 마음 국면'〉이 한결같아진 것이라 본다.

붓다의 설법 가운데 '대상에 대한 마음집중'이라는 의미와 연관시킬 수 있는 다른 하나는, 심신을 오염시키는 번뇌 양상을 완화 내지 제거하는 데 효과적인 '특징적 차이/특징을 지닌 대상'(相)에 마음의 시선을 두어 치유 효과를 발생시키는 수행법이다. 앞서 〈'특징적 차이'(相, nimitta) → '개념적 지각/인지'(想, saññā) → 알음알이(識, viññāṇa)의 인과적 연관과 두 가지 인과계열〉에서 거론한 내용에 해당한다. 이미 거론했듯이, 〈특징/차이(相, nimitta)와 '개념적 지각/인지'(想, saññā)의 인과적 전개가 지니는 치유적 양상〉에 관해, 니까야가 전하는 붓다의 수많은 법설은 크게 두 가지 치유 양상을 설하고 있다. 하나는 '위빠사나 이해수행에 의한 치유 양상'이고, 다른 하나는 '사마타 마음수행에 의한 치유 양상'이다. 앞서 거론한 관련 내용을 다시 인용해 본다. – 〈'위빠사나 이해수행에 의한 치유 양상'은 '아름답지 않는 특징/차이'(不淨相), '아름답지 못하다고 보는 인식'(不淨想, asubha-saññā), '무상하다고 보는 인식'(無常想, anicca-saññā) 등 '이해를 바꾸는 효과를 지니는 특징/차이'(相)나 인식(想)들'을 수립하여 치유 효과를 발생시키는 수행이다. 이에 비해 '사마타 마음수행에 의한 치유 양상'은 '특징/차이(相, nimitta)를 움켜쥐지 않는 마음 국면'의 수립을 통해 치유 효과를 발생시키는 수행인데, '특징적 차이에 매임이 없는 삼매'(무상삼매無相三昧, animitta samādhi)를 이루는 수행이 그에 해당하는 것으로 보인다. 그리고 '특징/차이(相, nimitta)를 움켜쥐지 않는 마음 국면'을 수립하는 방법을 알려주는 것이 사념처나 육근수호 법설에 등장하는 '알아차림'(正知, sampajānāti)'으로 보인다. 알아차림(正知, sampajanati)을 통해 그 어떤 특징/차이(相, nimitta)라도 마치 괄호 치듯 재인지의 대상으로 삼으면서 '특징/차이(相, nimitta)와 접속하면서도 빠져들지 않는 마음 국면'을 수립하여 지속적으로 간수해 감으로써 '특징적 차이에 매임이 없는 삼매'(無相三昧, animitta samādhi)를 이루는 것이 '사마타 마음수행에 의한 치유 양상'

의 핵심으로 보인다.〉

번뇌 치유 효과가 있는 '특징적 차이/특징을 지닌 대상'(相)에 마음의 시선을 두어 치유 효과를 발생시키는 수행법은 '선정을 위한 대상 집중수행'이 아니다. '특징적 차이'(相, nimitta) → '개념적 지각/인지'(想, saññā) → 알음알이(識, viññāṇa)의 인과적 연관을 활용한 방편적 치유수행이다. 또 심일경성心一境性(cittekaggatā)'이라는 용어도 '대상에 대해 마음을 집중하는 국면이 한결같아진 상태'가 아니라, 'sampajānāti(알아차리다)'의 마음 국면이 한결같아진 상태, 즉 〈과거·현재·미래의 관점·느낌·경험·판단·평가를 '모두 묶어서 앞으로 둔 채 아는 인지국면'/'이해를 비롯한 모든 현상을 붙들지 않아 거리를 확보하는 마음 국면'/'기존의 인식·경험·이해 계열에서 빠져나오는 마음 국면'이 한결같아진 상태〉이다.

다. 유식무경唯識無境과 알아차림(正知, sampajānāti)의 만남

〈'모든 현상에는 불변·독자의 본질이나 실체가 존재하지 않는다'는 관점으로 현상을 대하라〉고 하는 붓다의 무아 법설을 '공空'이라는 개념으로 계승하여 이론화하고 논증적 체계를 수립한 것이 반야공·중관 계열의 공사상이다. 그리하여 공 사상 계열은 '공성空性의 이해 → 지혜(반야)의 성취와 실천 → 해탈'이라는 '이해수행론'을 주축으로 삼기 마련이다. 그런 점에서 공 사상 계열은 〈현상이 지닌 무상無常·고苦·무아無我의 면모를 관찰하여 '사실 그대로의 이해'(지혜)를 이루어 해탈한다〉라고 하는 위빠사나 이해수행의 맥락에 상응한다.

이에 비해 유식사상은 유가행(yogācara), 즉 선정(yoga)을 실천하는 (ācara) 사람들이 선정 수행에서 확보한 통찰을 이론적으로 개진한 것이다. 그리고 유식사상은 한 사람에 의해 일시적으로 수립된 것이 아니라 선정 수행을 중시하는 수많은 사람에 의해 점진적으로 그 체계가 구축된 것이다. 따라서 유식사상 체계에는 선정 수행에 대한 다양한 관점과 체험이 반영되어 있다. 유식사상은 '선정 수행의 중시'라는 관점을 공유하는 일군의 다양한 사람들이 참여하여 점차적으로 형성된 것이기에 다양·다층의 내용으로 이루어져 있다. 따라서 유식사상의 이론이나 선관禪觀 및 수행론을 탐구할 때는 반드시 유식사상 체계의 형성에 참여한 다양한 관점과 체험을 고려해야 한다. 일의적一義的 통찰의 일관된 이론체계가 아닌 것이다.

'유식무경唯識無境'은 유식사상 체계를 일관하는 통찰이다. 이 명제의 의미에 대한 해석은, 현대 불교학에서 그런 것처럼, 유식사상 내부에서도 다양할 수 있지만, 명제 자체는 공유된다. 유식사상의 선관禪觀을 대변할 수 있는 명제인 것이다. 그러나 이 '유식무경唯識無境'이라는 명제의 의미를 해석하는 것은 또 다른 문제이다. '유식무경唯識無境'이 유식사상의 고유성과 정체성을 압축하는 대표적 명제라는 점에는 합의를 이룰 수 있어도, 이 명제의 의미 해석은 다양한 선택에 열려 있다. 현대 불교학에서는 '관념론 계열의 인식·존재론적 맥락의 해석'이 주류를 이루지만, 이에 대한 비판도 고조되고 있고 그 대안으로 현상학적 해석이 거론되기도 한다. 그러나 현대 불교학에서의 이러한 논의가 과연 유식사상의 정체성이나 핵심에 얼마나 상응하는가의 문제부터 되짚어 볼 필요가 있다. 유식사상을 읽는 전통 및 현대의 시선에는 일종의 관념론적 해석을 비롯하여, 모든 현상을 지어내는 궁극실재로서의 마음을 설정하여 그 마음과의 합일을 추구하는 신비주의적 해석까지 목격된다.

붓다의 법설 가운데 선정 관련 내용을 중시하고 수행을 통해 탐구하여 나름의 선관禪觀을 확보한 일군의 대승불교 구도자들은, 그들의 선관을 기존의 불교해석학/교학에 반영시켜 '유식학唯識學'이라는 새로운 교학이론 체계를 수립한다. 그들이 천명한 '유식무경唯識無境'의 통찰은 인식·경험현상에 대한 붓다 법설의 통찰에 대한 해석이며, 이러한 유식적 통찰은 붓다의 오온··6근·12처·18계 법설의 의미와도 상응하는 것이었다. 특히 주목할 것은 '유식무경唯識無境'이 기본적으로 그들의 선관禪觀을 반영한 것이라는 점이다. 붓다의 선 수행 관련 가르침을 중시하여 실천해 보면서, 그들은 선 수행의 원리 가운데 가장 중요한 대목이 '유식무경唯識無境'의 통찰이라 여긴 것으로 보인다.

그렇다면 그들은 붓다의 선禪 관련 법설 가운데 어떤 내용을 '유식무경唯識無境'으로 읽은 것일까? 만약 전통적 관점에 따라 '심일경성心一境性'이라는 용어에 주목하고 그 의미를 '대상에 대한 마음집중의 한결같은 상태'라고 보았다면 그들의 선관은 이러한 것이 된다. 〈선 수행은 '대상에 대한 마음집중'이며 '마음의 한결같은 집중 상태'로 나아가는 것이다. 그리고 이런 '마음집중의 한결같은 상태'에서는 오직 집중하는 마음 국면만 있을 뿐 그 어떤 대상도 존재하지 않는다. 그래서 '유식무경唯識無境'이라 할 수 있다.〉

실제로 유식학 관련 문헌에서는 선 수행을 '대상에 대한 마음집중'으로 설명하는 내용들이 목격된다. 〈유식사상은 '선정 수행의 중시'라는 관점을 공유하기는 하지만, 각자 나름의 선관과 수행 체험을 이론화시키면서 점차적으로 형성된 것이기에 다양·다층의 내용으로 이루어져 있다〉라는 점을 고려하면 자연스러운 현상이다. 유식사상에는 전통적 선관에 따르는 사람들의 관점도 포함되어 있고, 기존과는 다른 새로운 선관을 천명하는 사람들의 관점도 포함되어 있다고 보아야 한다.

유식사상 형성에 참여한 사람들 가운데, '심일경성心一境性'에 대한 전통적 해석에 따라 선 수행을 '대상에 대한 마음집중'으로 이해하지 않고, 새로운 관점을 천명한 경우는 없었을까? 그리하여 그 새로운 관점을 '유식무경唯識無境'의 의미로 생각한 경우는 없었을까? 〈'대상집중'이라는 선관과는 다른 선관이 존재하였으며, 이 새로운 관점이야말로 붓다의 선 법설에서 최상위의 지위를 차지하는 중요한 내용을 포착하고 있고, 기존의 선 해석학에서 간과하고 있던 내용이다〉라는 것이 필자의 소견이다. 이러한 소견을 지지해 주는 대표적 사례는 『대승기신론』에서 목격된다. 유식학의 관점을 주축으로 삼으면서 공空·진여眞如·여래장如來藏 관련 통찰을 집대성하여 대승불교의 통섭通攝 이론체계를 간명하게 수립하고 있는 『대승기신론』은 지관止觀의 '지止 수행'에 관해 다음과 같은 관점을 천명하고 있다.

"어떻게 〈'[빠져들지 않고] 그침'(止)과 '[사실대로] 이해함'(觀)의 수행〉(止觀門)을 익히며 실천하는가? '[빠져들지 않고] 그침'(止)이라는 것은 〈모든 '[불변·독자의 실체로 간주하는] 대상[을 수립하는] 양상'(境界相)[에 빠져드는 것]을 그치는 것〉(止一切境界相)을 말하니, 〈'[빠져들지 않고] 그침을 통해 [사실대로 이해하면서] 바르게 봄'(奢摩他觀, 止觀)의 측면(義)〉(奢摩他觀義, 止觀義)에 따르는 것이다. '[사실대로] 이해함'(觀)이라는 것은 '원인과 조건에 따라 생겨나고 사라지는 양상'(因緣生滅相)

을 이해(分別)하는 것을 말하니, 〈[사실대로] 이해함을 통해 [빠져들지 않고 그쳐서] 바르게 봄'(毗鉢舍那觀, 觀觀)의 측면〉(毗鉢舍那觀義, 觀觀義)에 따르는 것이다. 어떻게 따르는가? 이 두 가지 측면을 점차 익히면서 서로 배제(捨)하거나 분리(離)되지 않게 하여 쌍으로 [함께] 나타나게 하는 것이다.

만약 '[빠져들지 않고] 그침'(止)을 닦는 자⁵⁸⁾라면 [다음과 같이 해야 한다.] 고요한 곳에 자리 잡고 단정히 앉아서 뜻을 바르게 하면서, 호흡에도 의존하지 않고, '모양이나 색깔 있는 것'(形色)에도 의존하지 않으며, 허공(空)에도 의존하지 않고, '땅·물·불·바람'(地水火風)[이라는 육신의 구성요소]에도 의존하지 않으며, '[안식眼識에 의한] 봄과 [이식耳識에 의한] 들음과 [비식鼻識·설식舌識·신식身識에 의한] 느낌과 [의식意識에 의한] 앎'(見聞覺知)⁵⁹⁾에도 의존하지 않아, 모든 '[대상과 양상을 좇아가 붙드는] 생각'(想)을 '[그] 생각에 따르면서도 모두 [붙들지 않고] 놓아 버리며'(隨念皆除), '[놓는 주체인] 놓아 버리는 생각'(除想)마저도 [붙들지 않고] 놓아 버린다.

'[[빠져들지 않고] 그침'(止)을 닦는 자] 모든 현상에는 본래부터 '불변·독자의 실체'(相)가 없어서 생각마다 [그 실체가] 생겨나지도 않고 생각마다 [그 실체가] 사라지지도 않는다[는 것을 알아야 한다.] 또한 [대상을 좇아가는] 마음에 따라 바깥으로 대상세계를 분별하지 말아야 하고, 그 후에 [대상세계의 양상을 붙들어 취하는 것을 허물과 고통이라고 생각하는] 마음으로 [해로운 생각과 갖가지 번뇌의] 마음을 제거해야 한

---

58) 원효는 이 대목을 '明能入人'이라고 과문하므로 '者'를 인칭으로 이해했다.
59) 『阿毘達磨俱舍釋論』 권12(T29, 242c16-18)의 "若眼識所證爲見, 耳識所證爲聞, 意識所證爲知, 鼻舌身識所證爲覺"에 따라 번역했다.

다.[60]

만약 마음이 [잠깐이라도 바깥 대상들을] '좇아가 흐트러지면'(馳散) 곧 '붙들어 와서'(攝來) '[모든 대상과 양상에 빠져들지 않는] 온전한 생각'(正念)에 자리 잡게 해야 한다. 이 '[모든 대상과 양상에 빠져들지 않는] 온전한 생각'을 챙기는 것은, [모든 것이] '오로지 마음[에 의한 구성]'(唯心)이기에 '[불변·독자의 실체인] 외부 대상세계가 없으며'(無外境界), 또한 다시 이 마음에도 '불변·독자의 자기 실체'(自相)가 없어서, '생각마다 [불변·독자의 실체인 외부대상이나 마음을] 얻을 수 없다'(念念不可得)는 것을 알아야 한다.

[또] '[[빠져들지 않고] 그침'(止)을 닦는 자는] 앉은 자리에서 일어나서 가거나(去) 오거나(來) 나아가거나(進) 멈추면서(止) 펼치는 모든 행위의 모든 때에 항상 '[[빠져들지 않고] 그침'(止)을 돕는] '수단과 방법'(方便)을 생각하여 '[그 수단과 방법에] 따르면서 [모든 것을] 관찰하니'(隨順觀察), [이러한 수행을] 오랫동안 익혀 충분히 성숙해지면 '그 마음이 '[[빠져들지 않고] 그침'에] 자리 잡는다'(其心得住).

'마음이 '[[빠져들지 않고] 그침'(止)에] 자리 잡기'(心住) 때문에 [그 '[빠져들지 않고] 그침'이] '점점 힘차고 예리해져서'(漸漸猛利) '참 그대로와

---

[60] "亦不得隨心外念境界, 後以心除心."에 대한 원효의 주석을 반영하여 이렇게 번역하였다. 원효는 "不依氣息, 不依形色, 不依於空, 不依地水火風, 乃至不依見聞覺知, 一切諸想, 隨念皆除, 亦遣除想. 以一切法本來無相, 念念不生, 念念不滅. 亦不得隨心外念境界, 後以心除心. 心若馳散, 卽當攝來, 住於正念. 是正念者, 當知唯心, 無外境界, 卽復此心亦無自相, 念念不可得. 若從坐起, 去來進止, 有所施作, 於一切時, 常念方便, 隨順觀察, 久習淳熟, 其心得住. 以心住故, 漸漸猛利, 隨順得入眞如三昧"를 『유가사지론』에서 말하는 '선정에 든 마음의 아홉 가지 내용'(九種住心/九種心住)에 배대시키는 방식으로 주석한다. 그런데 이 구절은 "또한 [대상을 좇아가는] 마음에 따라 바깥으로 대상세계를 분별하고 그 후에 마음으로 마음을 제거하려 하지 말아야 한다."라고도 번역할 수 있다. 이 번역이 『대승기신론』 지관론의 취지에 더 부합할 수 있다.

만나는 삼매'(眞如三昧)에 따라 들어가게 되며, [그리하여] 번뇌를 깊은 수준에서 굴복시키고 '[네 가지] 믿는 마음'(信心)[61]을 더욱 키워 '물러나지 않는 경지'(不退)를 빨리 이룬다.

오직 '의심과 미혹'(疑惑)[에 빠진 자], '믿지 않음'(不信)[에 빠진 자], '비난과 헐뜯음'(誹謗)[에 빠진 자], '무거운 죄가 되는 행위의 장애'(重罪業障)[에 빠진 자], '[내가 남보다 우월하다는] 교만'(我慢)[에 빠진 자], '해이함과 나태'(懈怠)[에 빠진 자]들은 '['빠져들지 않고' 그침'(止)을 닦는 자에서] 제외하니, '['빠져들지 않고' 그침'을 닦는 수행 길은] 이와 같은 사람들이 들어갈 수 없는 곳이다.

또한 이 [참 그대로와 만나는] 삼매에 의거하기 때문에 '모든 것이 하나처럼 통하는 양상'(法界一相)을 알게 되니, '모든 부처의 진리 몸'(一切諸佛法身)과 '중생의 몸'(衆生身)이 '평등하고 [불변·독자의 실체나 본질에 의해] 둘[로 나뉨]이 없음'(平等無二)을 [드러내는 것을] 바로 '[모

---

61) 네 가지 신심信心: 앞서 『대승기신론』 본문(T.32, 581c8-14)에서 네 가지 '믿는 마음'(信心)을 거론한 바 있다. "간략하게 말하면 '믿는 마음'에는 네 가지가 있으니, 무엇이 네 가지인가? 첫 번째는 '근본을 믿는 것'(信根本)이니, 이른바 '참 그대로인 현상'(眞如法)을 즐겨 생각하는 것이다. 두 번째는 부처에게 '헤아릴 수 없이 많은 이로운 능력'(無量功德)이 있음을 믿는 것이니, 늘 [부처를] 생각하고 [부처를] '가까이 하며'(親近) [부처를] 공양하고 공경하면서 '이로운 능력'(善根)을 생겨나게 하여 '모든 것을 사실대로 이해하는 지혜'(一切智)를 바라고 구하는 것이다. 세 번째는 [부처님의] 가르침(法)에 '크나큰 이로움'(大利益)이 있음을 믿는 것이니, 항상 모든 '[자기도 이롭게 하고 남도 이롭게 하는'(自利利他) 대승의] 구제수행'(波羅蜜)을 '익히고 실천하는 것'(修行)을 생각하는 것이다. 네 번째는 〈수행공동체(僧)가 '올바로 익히고 실천하여'(正修行) '자기도 이롭게 하고 남도 이롭게 한다'(自利利他)〉는 것을 믿는 것이니, 언제나 [자기도 이롭게 하고 남도 이롭게] 하는 모든 보살수행자들을 가까이하는 것을 즐기면서 '사실 그대로 실천함'(如實行)을 구하여 배우는 것이다."(略說信心有四種, 云何爲四? 一者, 信根本, 所謂樂念眞如法故. 二者, 信佛有無量功德, 常念親近供養恭敬, 發起善根, 願求一切智故. 三者, 信法有大利益, 常念修行諸波羅蜜故. 四者, 信僧能正修行自利利他, 常樂親近諸菩薩衆, 求學如實行故).

든 것을] 하나처럼 통하는 것으로 보게 하는 삼매'(一行三昧)⁶²⁾라고
부른다. '참 그대로'(眞如)가 이 삼매三昧의 근본이라는 것을 알아야
하니, 만약 사람이 [이 진여삼매眞如三昧를] 수행하면 헤아릴 수 없이

---

62) 일행삼매一行三昧 : 일상장엄삼매一相莊嚴三昧라고도 한다. 범어는 Ekavyūha-samādhi로서 일반적으로 'Eka'는 '一', 'vyūha'는 '莊嚴'(orderly arrangement)으로 한역되기 때문인 것으로 보인다. 히라이 슌에이(平井俊榮)에 따르면 『문수반야경』의 만다라선曼陀羅仙 역에서는 일행삼매一行三昧라 번역하고, 승가바라僧伽婆羅 역에서는 불사의삼매不思議三昧, 현장玄奘 역『대반야경』에서는 일상장엄삼마지一相莊嚴三摩地라고 번역한다. 『中國般若思想史硏究』(東京 : 春秋社, 1976), p.655 참조. 원효가 일행삼매를 설명하기 위해 인용하는『문수반야경』의 설명에 따르면 일행삼매一行三昧는 〈'하나처럼 통하는 양상'(一相)인 법계法界와 만나는 삼매三昧로서 제불諸佛과 법계法界가 무차별상無差別相임을 아는 것〉이라고 요약된다.(『소』1-729a18~b3; 所言 "一行三昧"者, 如『文殊般若經』言, "云何名一行三昧? 佛言. 法界一相, 繫緣法界, 是名一行三昧. 入一行三昧者, 盡知恒沙諸佛法界無差別相. 阿難, 所聞佛法, 得念總持, 辯才智慧, 於聲聞中雖爲最勝, 猶住量數, 卽有限礙. 若得一行三昧, 諸經法門一一分別, 皆悉了知, 決定無礙, 晝夜常說, 智慧辯才, 終不斷絶. 若比阿難多聞辯才, 百千等分不及其一", 乃至廣說.) 같은 반야계 경전인『마하반야바라밀경』권5에서는 "云何名一行三昧? 住是三昧, 不見諸三昧此岸彼岸, 是名一行三昧."(T8, 252c24~26)라고 하여, 이 일행삼매一行三昧에 머무른다는 것은 모든 삼매三昧의 차안此岸과 피안彼岸을 보지 않는 것이라 설명한다. 그리고 이 설명을 보충하기 위해『마하반야바라밀경』의 주해서인『대지도론』권47에서는 "菩薩於是三昧, 不見此岸, 不見彼岸. 諸三昧入相爲此岸, 出相爲彼岸, 初得相爲此岸, 滅相爲彼岸."(T25, 401b22~25)이라고 하여, 모든 다른 삼매에서는 입상入相과 출상出相 및 득상得相과 멸상滅相 등으로 차안此岸과 피안彼岸을 차별하는데 이 일행삼매一行三昧에서는 그 차별을 보지 않는 것이라고 해설한다.『대지도론』의 같은 곳에서는 "一行三昧者, 是三昧常一行, 畢竟空相應."(T25, 401b20)이라고 하여, 일행一行의 내용이 필경공畢竟空에 상응한다고 설명하기도 한다. 원효가 일행삼매를 설명하기 위해 인용하는『문수반야경』에서 제불諸佛과 법계法界가 무차별상無差別相임을 아는 것이라고 설명하는 내용과 대체로 같은 문맥들이라고 하겠다. 한편『마하반야바라밀경』의 같은 곳에서는 대승 보살이 닦아야 할 삼매三昧들로서 "須菩提. 菩薩摩訶薩摩訶衍, 所謂名首楞嚴三昧, 寶印三昧, 師子遊戱三昧, 妙月三昧, 月幢相三昧, (하략)"(T8, p.251a8~10)라고 하면서 갖가지 삼매三昧의 명칭들을 나열하고 이어서 각각의 삼매三昧에 관해 설명해나가는 대목(T8, pp.251a8~253b16)이 전개되는데, 일행삼매一行三昧는 그 갖가지 삼매들 중의 하나로서 제시된다.

많은 삼매를 점점 생겨나게 할 수 있다.

혹 어떤 중생에게 [지止 수행을 위한] '좋은 능력'(善根力)이 없으면 '온갖 방해하는 것들'(諸魔)과 '[불법佛法과는] 다른 가르침'(外道)과 귀신들(鬼神)에게 현혹되고 [수행이] 어지러워진다. 만약 좌선坐禪하는 중에 [그런 것들이] 모습을 나타내어 두렵게 하거나 혹은 단정한 남자와 여자 등의 모습들을 나타낸다면 '오로지 마음[에 의해 나타난 것]일 뿐'(唯心)임을 생각해야 하니, [그렇게 생각하면] 대상들이 사라져 마침내 괴로움을 당하지 않게 된다."[63]

이러한 『대승기신론』의 설명 가운데 특히 주목되는 것은 다음과 같은 말이다.

"모든 '[대상과 양상을 좇아가 붙드는] 생각'(想)을 '[그] 생각에 따르면서도 모두 [붙들지 않고] 놓아 버리며'(隨念皆除), '[놓는 주체인] 놓아 버리는 생각'(除想)마저도 [붙들지 않고] 놓아 버린다. '[빠져들지 않고]

---

63) 『대승기신론』(T32, 582a12-b7). "云何修行止觀門? 所言止者, 謂止一切境界相, 隨順奢摩他觀義故. 所言觀者, 謂分別因緣生滅相, 隨順毗鉢舍那觀義故. 云何隨順? 以此二義, 漸漸修習, 不相捨離, 雙現前故. 若修止者, 住於靜處, 端坐, 正意, 不依氣息, 不依形色, 不依於空, 不依地水火風, 乃至不依見聞覺知, 一切諸想, 隨念皆除, 亦遣除想. 以一切法本來無相, 念念不生, 念念不滅. 亦不得隨心外念境界, 後以心除心. 心若馳散, 卽當攝來, 住於正念. 是正念者, 當知唯心, 無外境界, 卽復此心亦無自相, 念念不可得. 若從坐起, 去來進止, 有所施作, 於一切時, 常念方便, 隨順觀察, 久習淳熟, 其心得住. 以心住故, 漸漸猛利, 隨順得入眞如三昧, 深伏煩惱, 信心增長, 速成不退. 唯除疑惑, 不信, 誹謗, 重罪業障, 我慢, 懈怠, 如是等人, 所不能入. 復次依是三昧故, 則知法界一相, 謂一切諸佛法身與衆生身平等無二, 卽名一行三昧. 當知眞如, 是三昧根本, 若人修行, 漸漸能生無量三昧. 或有衆生無善根力, 則爲諸魔外道鬼神之所惑亂. 若於坐中, 現形恐怖, 或現端正男女等相, 當念唯心, 境界則滅, 終不爲惱."

그침'(止)을 닦는 자는] 모든 현상에는 본래부터 '불변·독자의 실체'(相)가 없어서 생각마다 [그 실체가] 생겨나지도 않고 생각마다 [그 실체가] 사라지지도 않는다[는 것을 알아야 한다.] 또한 [대상을 좇아가는] 마음에 따라 바깥으로 대상세계를 분별하지 말아야 하고, 그 후에 [대상세계의 양상을 붙들어 취하는 것을 허물과 고통이라고 생각하는] 마음으로 [해로운 생각과 갖가지 번뇌의] 마음을 제거해야 한다. 만약 마음이 [잠깐이라도 바깥 대상들을] '좇아가 흐트러지면'(馳散) 곧 '붙들어 와서'(攝來) '[모든 대상과 양상에 빠져들지 않는] 온전한 생각'(正念)에 자리 잡게 해야 한다. 이 '[모든 대상과 양상에 빠져들지 않는] 온전한 생각'을 챙기는 것은, [모든 것이] '오로지 마음[에 의한 구성]'(唯心)이기에 '[불변·독자의 실체인] 외부 대상세계가 없으며'(無外境界), 또한 다시 이 마음에도 '불변·독자의 자기 실체'(自相)가 없어서, '생각마다 [불변·독자의 실체인 외부대상이나 마음을] 얻을 수 없다'(念念不可得)는 것을 알아야 한다."(一切諸想, 隨念皆除, 亦遣除想. 以一切法本來無相, 念念不生, 念念不滅. 亦不得隨心外念境界, 後以心除心. 心若馳散, 卽當攝來, 住於正念. 是正念者, 當知唯心, 無外境界, 卽復此心亦無自相, 念念不可得)

『대승기신론』은 〈'[빠져들지 않고] 그침'(止)〉을 〈모든 '[불변·독자의 실체로 간주하는] 대상[을 수립하는] 양상'(境界相)[에 빠져드는 것]을 그치는 것〉(止一切境界相)이며, 〈모든 '[대상과 양상을 좇아가 붙드는] 생각'(想)을 '[그] 생각에 따르면서도 모두 [붙들지 않고] 놓아 버리며'(隨念皆除), '[놓는 주체인] 놓아버리는 생각'(除想)마저도 [붙들지 않고] 놓아 버리는 것〉이라 한다. 대상에 마음을 집중시켜 생각이 일어나거나 흩어지지 않게 하는 것이 '지止 수행'이 아니라는 것이다. '생각에 따르면서도 모두 [붙들지 않고] 놓아 버리는 것'(隨念皆除)이 '지止 수행'이며, 구체적으로는 〈[대상을 좇아가는] 마음에 따라 바깥으로 대상세계를 분별하지 말아야 하고. 만약 마음이 〔잠깐이라도 바깥 대상들을〕 '좇아가 흐트러지면'(馳散) 곧 '붙들어 와서'(攝來) '〔모든 대상과 양상에 빠져들지 않는〕 온전한 생각'(正念)에 자리 잡게 해야 하는 것〉이 '지止 수행'이라고 한다. 이때의 '정념正念'은, 8정도의 정념과 무관해 보이지는 않지만, 전후 맥락과 『대승기신론』에서의 용례 등을 고려하면 '〔모든 대상과 양상에 빠져들지 않는〕 온전한 생각' 정도의 의미로 보인다. 또 이처럼 '〔모든 대상과 양상에 빠져들지 않는〕 온전한 생각'을 챙겨야 하는 이유는, 〈모든 경험현상이 '오로지 마음〔에 의한 구성〕'(唯心)이기 때문〉이라고 한다. 즉 〈'〔불변·독자의 실체인〕 외부 대상세계는 없고'(無外境界), 마음에도 '불변·독자의 자기 실체'(自相)가 없어서, '모든 생각에서 〔불변·독자의 실체인 외부대상이나 마음을〕 얻을 수가 없기'(念念不可得) 때문〉이라는 것이다.

만약 '인식의 문법'과 무관한 외부 실재나 실체가 인식의 직접 대상이 될 수 있다면, 그리고 그 외부 실재에 대한 인식이 대상을 오염시키지 않는다면, 인식 주체로서의 마음은 외부 대상들을 좇아가 관찰하고 분석하고 탐구해야 '사실 그대로에 부합하는 앎/인식'을 얻을 수 있을 것이다. 그러나 유식사상의 유식무경唯識無境 통찰에 의하면, 〈'인식의 문법'과 무관한 외부 실재나 실체는 인식의 직접 대상이 될 수 없으며, 중생이 내면화한 '인식의 문법'에 의한 대상 인식은 '대상에 대한 인지적 오염'을 행한다. 구체적으로는 '불변·독자의 본질/실체가 있다는 관념'으로 '실재하지 않는 동일성·독자성·불변성'을 정신적·물질적 현상이나 주관적·객관적 현상을 오염시킨다.〉 그리고 이러한 통찰의 연원은 붓다의 법설이다. 따라서 '사실 그대로에 상응하는 앎·인식'을 성취하려면 근원적으로 '대상에 대한 인지적 오염'을 제거해야 한다. 그래야 '불변·독자의 본질/실체가 있다는 관념' 및 '동일성·독자성·불변성의 환각'이 제거된 '사실 그대로의 대상 인식'이 이루어진다. 중생 인간이 내면화한 '동일성·독자성·불변성의 허구를 품은 인식의 문법'을 방치한 채 진행되는 대상 탐구라 할지라도, '현상에 대한 기능적 문제 해결력을 지닌 이해력'을 고도화시킬 수 있다. '동일성·독자성·불변성을 지닌 본질이나 실체가 존재한다는 설정'은 비록 허구이지만, 현상의 분류와 분석, 판단과 평가, 예측을 위해 유용한 이론과 이해를 산출한다. 자연과학이 압도적 유효성과 설득력을 보여 줄 수 있었던 것은 언어/개념적 허구인 본질/실체 관념의 덕분이었다 해도 과언이 아니다. 그러나 '동일성·독자성·불변성 관념'에 의거한 관점과 이론은 그 원초적 환각에 수반하는 무지와 폭력의 그늘에서 벗어나기 어렵다. 최상위 포식자 자리를 차지할 수 있게 한 인간의 문명과 문화가, 인간 이외 그 어느 생명체에서도 목격할 수 없는 무지의 기만과 폭력을 지속적으로 증폭시켜 온 것은, '동일성·독자성·불변성의 허구를 품은 인식의 문법'을 방치하는 정도와 비례한다. 그나마 '동일성·독자성·불변성을 지닌 본질/실체 관념의 허구성과 폭력성'을 지적해 온, 붓다·노자·장자를 위시한 여러 유형의 동·서양의 지적 전통의 견제와 치유 효과 덕분에, 문화와 문명은 지속적으로 희망을 품을 수 있었다. 인문과학과 사회과학의 희망도 그래서 가능하였다. 최근에는 자연과학도 그간의 발전 동력이었던 '동일성·독자성·불변성을 지닌 본질/실체적 단위'를 폐기하고 '현상의 무본질·무실체·관계·변화를 수용하는 관점과 이론에 의한 탐구 방법론'을 수립해 가고 있다. 자연과학의 희망이다.

『대승기신론』은 유식사상의 유식무경唯識無境 통찰에 의거하여 '지止 수행'에 대한 관점을 펼치고 있는데, 그 요점과 의미는 이렇게 요약할 수 있다. ─〈'인식의 문법'과 무관한 외부 실재나 실체는 인식의 직접 대상이 될 수 없고 인간은 지각에 올려진 현상들을 인식의 대상으로 삼을 뿐이다. 그리고 중생이 갖춘 '인식의 문법적 틀'에 의한 대상 인식은 '대상에 대한 인지적 오염'을 행한다. 따라서 '사실 그대로에 상응하는 앎·인식'을 성취하여 개인과 세상의 '사실 그대로에 상응하는 이로움'을 이루려면, 근원적으로 '대상에 대한 인지적 오염'을 제거해야 한다. '불변·독자의 본질/실체가 있다는 관념'과 그에 수반한 '동일성·독자성·불변성의 환각'을 뿌리에서 치유하려면, 그 원점에서 오염의 뿌리를 잡아야 한다. 대상을 대하는 중생 인간의 '인식 주체'(마음)는 언어에서 비롯된 '동일성·독자성·불변성의 환각'을 깊숙이 내면화하고 있다. 그러므로 대상을 좇아가는 마음에 따라 대상으로 나아가 대상세계를 처리하지 말아야 한다. 만약 마음에 따라 대상을 좇아가 처리하면, 그 마음에 이미 자리 잡은 '동일성·독자성·불변성의 환각' 때문에, 대상에 대한 느낌·이해·판단·평가의 왜곡과 오염이 순식간에 확산된다.(치산馳散, 망상적 분별과 그 확산) 그러므로 대상을 좇아 나가는 마음을 멈추고 그 방향을 돌이켜(지止와 회광반조廻光返照), 대상에 대한 느낌·이해·판단·평가에 빠져들지 않는 마음자리에 서야 한다.(섭래攝來, 알아차림, sampajānāti) 이것이 붓다가 설한 '지止 수행'의 핵심이다.〉

이렇게 본다면 『대승기신론』이 유식사상의 유식무경唯識無境에 의거하여 펼치는 '지止의 수행'은, 〈마음을 좇아 행한 과거·현재·미래의 관점·느낌·경험·판단·평가를 '모두 묶어서 앞으로 둔 채 아는 인지국면'/'마음을 좇아 대상을 처리하는 모든 과정과 결과를 붙들지 않아 거리를 확보하는 마음 국면'/'기존의 인식·경험·이해 계열에서 빠져나오는 마음 국면'을 열어 확립하는 수행〉이다. 따라서 필자가 읽는 'sampajānāti(알아차리다)'의 의미와 만나게 된다. 〈알아차림(正知, sampajānāti)을 통해 그 어떤 특징/차이(相, nimitta)라도 마치 괄호 치듯 재인지의 대상으로 삼으면서 '특징/차이(相, nimitta)와 접속하면서도 빠져들지 않는 마음 국면'을 수립하여 지속적으로 간수해 감으로써 '특징적 차이에 매임이 없는 삼매'(無相三昧, animitta samādhi)를 이루는 것이 '사마타 마음수행에 의한 치유 양상'의 핵심〉이라고 본다면, 놀랍게도 이런 관점을 『대승기신론』이 유식사상의 유식무경唯識無境에 의거하여 펼치는 '지止의 수행'에서 목격한다. 그렇다면 〈**사념처와 육근수호 법설에서 설하는 알아차림**(正知, sampajānāti)**의 마음수행 → 유식사상의 유식무경**唯識無境 **→ 『대승기신론』의 '지**止**의 수행'〉을 잇는 연속성**을 말할 수 있게 된다.

첨언하자면, 『대승기신론』이 펼치는 '지止의 수행'이 유식사상의 연장선에 있다는 것은 분명하다. 『대승기신론』은 '유식무경唯識無境'을 '유심唯心'으로 표현하면서 유식사상의 취지를 새로운 개념들로써 재구성하고 있다. 관련 구절을 두 가지만 소개한다.

> "'깨닫지 못하여'(不覺) '능히 봄'(能見)[인 주관]과 '능히 나타냄'(能現)[인 대상]을 일으켜 [그 주관과 대상을 불변·독자의 실체로 간주하고] [그] 대상(境界)을 붙들어 '[그 대상에 대한] 분별'(念)을 일으키며 '서로 이어 가니'(相續), 그러므로 '의意'라고 말한다. 이 '의'에는 다시 다섯 가지 이름이 있으니, 무엇이 다섯 가지인가?
> 첫 번째는 '[근본무지에 따라 처음] 움직이는 식'(業識)이라 부르는 것이니, '근본무지의 힘'(無明力)에 의해 '깨닫지 못하는 마음'(不覺心)이 움직이기 때문이다. 두 번째는 '[불변·독자의 실체로 간주되는 주관으

로] 바뀌어가는 식'(轉識)이라 부르는 것이니, '움직여진 [깨닫지 못하는] 마음'(動心)에 의거한 '[불변·독자의 실체로 간주되는] 주관[이 자리 잡는] 양상'(能見相)이기 때문이다. 세 번째는 '[불변·독자의 실체로 간주되는 대상을] 나타내는 식'(現識)이라 부르는 것이니, 이른바 [불변·독자의 실체로 간주되는] 모든 대상세계를 나타내는 것이 마치 밝은 거울이 사물의 영상을 나타내는 것과 같다. '[불변·독자의 실체로 간주되는 대상을] 나타내는 식'도 [밝은 거울이 사물의 영상을 나타내는 것과] 같으니, 그 '[[불변·독자의 실체로 간주되는 대상을] 나타내는 식]'에 따라 '다섯 가지 감관대상들'(五塵)이 '[[불변·독자의 실체로 간주되는 대상을] 나타내는 식'에] 대응하여 오면 곧 '[[불변·독자의 실체로 간주되는 대상을] 나타내는 식'이 그 '다섯 가지 감관대상들'(五塵)을 불변·독자의 실체로서] 나타냄에 선후[의 시차]가 없으니, 모든 때에 '인연대로 일어나'(任運而起) 항상 '[[불변·독자의 실체로 간주되는 대상을] 나타내는 식'(現識)] 앞에 있기 때문이다. 네 번째는 '분별하는 식'(智識)이라 부르는 것이니, '오염된 것'(染法)과 '온전한 것'(淨法)으로 분별하기 때문이다. 다섯 번째는 '[분별을] 서로 이어가는 식'(相續識)이라 부르는 것이니, 분별(念)들이 서로 응하면서 끊어지지 않기 때문이고, 헤아릴 수 없는 과거세상에서의 '이롭거나 해로운 행위'(善惡業)를 간직하여 없어지지 않게 하기 때문이며, 또 현재와 미래의 괴롭거나 즐거운 과보를 무르익게 하여 [인과법에] 어긋남이 없게 하기 때문인데, 이미 지나간 일을 현재에서 문득 떠올리고 미래의 일을 자기도 모르는 사이에 망상하여 생각하게 한다.

    그러므로 **'[욕망세계欲界·유형세계色界·무형세계無色界, 이] 세 가지 세계'(三界)는 '실재가 아니며'(虛僞) '오직 마음[의 분별]이 지어낸 것'(唯心所作)이라서, [분별하는] 마음에서 떠나면 곧 [불변·독자의 실체로 간주되**

는] '인식 능력의 여섯 가지 대상'(六塵境界)도 없다. 이 뜻은 어떤 것인가? '모든 현상들'(一切法)은 다 마음을 따라서 일어나고 '잘못 분별하여'(妄念) 생겨나니, 모든 분별은 곧 '분별하는 자신의 마음'(分別自心)이어서 '마음이 마음을 볼 수 없기에'(心不見心) 얻을 수 있는 '별개의 실체'(相)는 없다.[64] 이 세상의 모든 [불변·독자의 실체로 간주되는] 대상세계는 다 중생들이 지닌 '근본무지에 따라 [사실 그대로를] 잘못 분별하는 마음'(無明妄心)에 의거하여 자리 잡게 된다는 것을 알아야 한다. 따라서 [불변·독자의 실체로 간주되는] '모든 현상'(一切法)은 거울 속의 영상과 같아서 얻을 수 있는 실체(體)가 없으니, '오직 마음[에 의한 분별]일 뿐 사실 그대로가 아니다'(唯心虛妄). '마음[에 의한 분별]이 생겨나면 [불변·독자의 실체로 간주되는] 갖가지 현상이 생겨나고, 마음[에 의한 분별]이 사라지면 [불변·독자의 실체로 간주되는] 갖가지 현상이 사라지기 때문이다'(以心生則種種法生, 心滅則種種法滅故)."[65]

---

64) "以一切法皆從心起, 妄念而生, 一切分別即分別自心, 心不見心, 無相可得"에서 '無相可得'을 "얻을 수 있는 '별개의 실체'(相)는 없다"고 번역하였다. 『대승기신론』의 심생멸문心生滅門은 기본적으로 유식학적 통찰을 근간으로 구성된 것이기 때문에 '無相可得'도 중관적 공사상의 맥락에서 '실체 없음'을 말하는 것이 아니라 유식적 맥락에서 '실체 없음'을 말하는 것이다. "能所二相皆無所得, 故言無相可得也"(『소』1-715c18-19)라는 원효의 주석은 그런 점에서 타당하다.

65) 『대승기신론』(T32, 577b5-23). "不覺而起能見能現, 能取境界, 起念相續, 故說爲意. 此意復有五種名, 云何爲五? 一者, 名爲業識, 謂無明力不覺心動故. 二者, 名爲轉識, 依於動心能見相故. 三者, 名爲現識, 所謂能現一切境界, 猶如明鏡現於色像. 現識亦爾, 隨其五塵對至即現, 無有前後, 以一切時任運而起, 常在前故. 四者, 名爲智識, 謂分別染淨法故. 五者, 名爲相續識, 以念相應不斷故, 住持過去無量世等善惡之業, 令不失故, 復能成熟現在未來苦樂等報無差違故, 能令現在已經之事, 忽然而念, 未來之事, 不覺妄慮. 是故三界虛僞, 唯心所作, 離心則無六塵境界. 此義云何? 以一切法皆從心起, 妄念而生, 一切分別即分別自心, 心不見心, 無相可得. 當知世間一切境界, 皆依衆生無明妄心而得住持. 是故一切法, 如鏡中像, 無體可得, 唯心虛妄. 以心生則種種法生, 心滅則種種法滅故."

"또한 〈'참 그대로' 자신의 본연과 능력〉(眞如自體相)이라는 것은 [다음과 같은 것이다.]

[본연의 위대함'(體大)은] 모든 보통사람(凡夫)이든 '가르침을 들어서 혼자 깨달으려는 수행자'(聲聞)이든 '연기緣起를 이해하여 혼자 깨달으려는 수행자'(緣覺)이든 [대승의] 보살이든 모든 부처들이든 간에 [그 본연(體)이] '늘어남이나 줄어듦이 없고'(無有增減) '과거에 생겨난 것도 아니고'(非前際生) '미래에 사라지는 것도 아니며'(非後際滅) 궁극적으로 '언제나 그러한'(常恒) 것이다.

[능력의 위대함'(相大)은] 본래부터 ['참 그대로'(眞如)의] 본연(性)이 스스로 모든 '이로운 능력'(功德)을 가득 채우고 있으니, 이른바 ['참 그대로'] '자신의 본연'(自體)에는 '환한 빛과도 같은 위대한 지혜의 면모'(大智慧光明義)가 있기 때문이고, '모든 현상을 ['항상 있음'(有)과 '아무것도 없음'(無)이라는 치우침 없이] 두루 비추어 내는 면모'(徧照法界義)가 있기 때문이며, '참 그대로 아는 면모'(眞實識知義)가 있기 때문이고, '본연이 온전한 마음의 면모'(自性淸淨心義)가 있기 때문이며, 〈'늘 [사실 그대로] 한결같음'(常) · '[사실 그대로의] 즐거움'(樂) · '[사실 그대로인] 참된 자기'(我) · '[사실 그대로의] 청정함(淨)'의 면모〉(常樂我淨義)가 있기 때문이고, '[번뇌의 열기가 그쳐] 맑고 시원하며 [번뇌에 이끌리지 않아] 동요하지 않고 [번뇌에 속박되지 않아] 자유로운 면모'(淸涼不變自在義)가 있기 때문이다.

갠지스강의 모래알[의 수]보다 많은, 이와 같은 '떠나지도 않고 끊어지지도 않으며 달라지지도 않고 생각으로는 이루 헤아릴 수도 없는'(不離不斷不異不思議) '깨달음의 진리'(佛法)를 남김없이 갖추고 가득 채워 '부족한 것이 없는 면모'(無有所少義)이기 때문에, '여래의 면모가 간직된 창고'(如來藏)라 부르고 '여래의 진리 몸'(如來法身)이라고도 부른다.

묻는다. 앞에서 '참 그대로'(眞如)는 그 본연(體)이 평등하여 '모든 [차별적] 양상에서 떠났다'(離一切相)고 말했는데, 어찌하여 다시 '['참 그대로'의] 본연'에 이와 같은 온갖 '이로운 능력'(功德)이 있다고 말하는가?

답한다. 비록 실제로 이러한 '온갖 이로운 능력을 지닌 면모'(諸功德義)가 있지만 '[불변·독자의 실체나 본질이 있다는 생각에 의거한] 차별의 양상'(差別之相)이 없으니, '똑같이 한 맛처럼 같으며'(等同一味) [모든 '이로운 능력'의 양상(相)들은] '[불변·독자의 실체나 본질이 있다는 생각에 의해 둘로 나뉘지 않고] 오로지 하나처럼 통하는 참 그대로'(唯一眞如)이다. 이 뜻은 어떤 것인가? ['참 그대로'(眞如)의 지평에서는] '[불변·독자의 실체나 본질이 있다는 생각으로] 나누어 구분함이 없기'(無分別) 때문에 '[불변·독자의 실체나 본질이 있다는 생각으로] 나누어 구분하는 양상'(分別相)에서 벗어나니, 그러므로 ['참 그대로'가 지닌 온갖 이로운 능력들의 차이들은] '[불변·독자의 실체나 본질에 의해] 둘[로 나뉨]이 없다'(無二).

[그러면] 다시 어떤 뜻을 가지고 '[불변·독자의 실체나 본질에 의한] 차별'(差別)을 말할 수 있는가? '[근본무지에 따라 처음] 움직이는 식'(業識)에 의거하여 '생멸하는 [차별] 양상'(生滅相)이 나타나는 것이다. 이 ['생멸하는 [차별] 양상']은 어떻게 나타나는가? **모든 현상은 본래 '오로지 마음[에 의한 구성]일 뿐'(唯心)이어서 실제로는 '[분별하는] 생각'(念)이 [별개의 실체나 본질로] 없지만, '[근본무지에 의해 사실 그대로를] 잘못 분별하는 마음'(妄心)이 있게 되어 ['[불변·독자의 실체나 본질에 의해 둘로 나뉘지 않고] 오로지 하나처럼 통하는 참 그대로'(唯一眞如)임을] 깨닫지 못하여 '[분별하는] 생각'을 일으켜 모든 대상세계(境界)를 [불변·독자의 실체로서 있는 것이라고] 보기 때문에 근본무지(無明)[에 의**

해 나타나는 '생멸하는 [차별] 양상'(生滅相)]을 말하게 되지만, '마음의 온전한 본연'(心性)은 [근본무지로 인한 분별을] 일으키지 않으니 이것이 바로 '환한 빛과도 같은 위대한 지혜의 면모'(大智慧光明義)이다.

[또] 만약 마음이 [불변·독자의 실체로 간주하는 대상세계(境界)를] '본다는 생각'(見)을 일으키면 곧 [아무것도] '보지 못한다는 생각'(不見)의 양상이 [짝지어] 있게 되지만, '마음의 온전한 본연'(心性)은 [대상세계를 불변·독자의 실체로 간주하는] 견해에서 벗어나니 이것이 바로 '모든 현상을 ['항상 있음'(有)과 '아무것도 없음'(無)이라는 치우침 없이] 두루 비추어내는 면모'(徧照法界義)이다.

[또] 만약 마음에 [근본무지에 의한] 동요가 있으면 '참 그대로 앎'(眞[實]識知)이 아니어서 [마음] '자신의 온전한 본연'(自性)이 없어지며, [그리하여] [그 마음상태는] '늘 [본연에] 머무름이 아니고'(非常) '[참된] 행복이 아니며'(非樂) '[참된] 자기가 아니고'(非我) '온전함이 아니어서'(非淨) 불타는 고뇌에 묶인 채 쇠퇴하면서 변하여 자유롭지 못하며, 이윽고 갠지스강의 모래알들보다 많은 '분별망상에 오염된 면모'(妄染義)를 갖추게 된다. 이러한 면모에 대비되기 때문에, '마음의 온전한 본연'(心性)에 [근본무지에 의한] 동요가 없으면 곧 갠지스강의 모래알들보다 많은 '온갖 온전한 이로운 능력을 펼치는 양상의 면모'(諸淨功德相義)가 있음이 드러난다.

[또] 만약 마음에 [대상세계(境界)를 불변·독자의 실체로 간주하면서 '보았다는 생각'(見)이] 일어남이 있게 되면 또한 '[불변·독자의 실체로서] 분별되어지는 이전의 것들'(前法可念)을 보는 것에 부족한 것이 있게 되지만, 이와 같은 '온전한 현상이 지닌 무량한 이로운 능력'(淨法無量功德)은 바로 '하나처럼 통하는 마음'(一心)[의 양상들]이어서 다시 '[불변·독자의 실체로서] 분별하는 것이 없기'(無所念) 때문에 ['이로운 능

력'(功德)들이] [부족한 것이 없이] 가득 차게 되니, [이것을] '진리 몸인 여래의 면모가 간직된 창고'(法身如來之藏)라고 부른다."[66]

〈식識 내면에 심층적으로 누적된 '근본무지로 인한 동일성·불변성·독자성·절대성의 허구 관념과 그에 의거한 이해방식'(분별망상)이 인간의 모든 주·객관 경험을 구성적으로 왜곡·오염시키고 있으며, 인식의 모든 주·객관 경험은 식識 자신의 왜곡적 구성물을 대상(境)으로 삼고 있다〉라는 것이 유식무경唯識無境의 핵심 의미이다. 그리고 '모든 것을 괄호치듯 대상화시켜 놓고 재검토할 수 있는 좌표로 끊임없이 미끄러지듯 옮겨가는 재인지 사유의 작동 양상'이 알아차림(正知, sampajānāti)이다. 따라서 유식무경唯識無境과 알아차림(正知, sampajānāti)은 '이해를 비롯한 모든 현상을 붙들지 않는 마음 국면' '기존의 인식·경험·이해 계열에서 빠져나오는 마음 국면'에 눈뜨게 해 주는 언어적 장치라는 점에서 상통한다. 이렇게 본다면, '사념처와 육근수호 법설에서 설하는 알아차림(正知, sampajānāti)의 마음수행'은 '유식사상의 유식무경唯識無境' 통찰이 계

---

[66] 『대승기신론』(T32, 579a12-b8). "復次眞如自體相者, 一切凡夫聲聞緣覺菩薩諸佛無有增減, 非前際生, 非後際滅, 畢竟常恒. 從本已來, 性自滿足一切功德, 所謂自體有大智慧光明義故, 遍照法界義故, 眞實識知義故, 自性淸淨心義故, 常樂我淨義故, 淸凉不變自在義故. 具足如是過於恒沙不離不斷不異不思議佛法, 乃至滿足無有所少義故, 名爲如來藏, 亦名如來法身. 問曰. 上說眞如其體平等, 離一切相, 云何復說體有如是種種功德? 答曰. 雖實有此諸功德義, 而無差別之相, 等同一味, 唯一眞如. 此義云何? 以無分別, 離分別相, 是故無二. 復以何義, 得說差別? 以依業識, 生滅相示. 此云何示? 以一切法本來唯心, 實無於念, 而有妄心, 不覺起念, 見諸境界, 故說無明, 心性不起, 卽是大智慧光明義故. 若心起見, 則有不見之相, 心性離見, 卽是遍照法界義故. 若心有動, 非眞識知, 無有自性, 非常非樂非我非淨, 熱惱衰變則不自在, 乃至具有過恒沙等妄染之義. 對此義故, 心性無動, 則有過恒沙等諸淨功德相義示現. 若心有起, 更見前法可念者, 則有所少, 如是淨法無量功德, 卽是一心, 更無所念, 是故滿足, 名爲法身如來之藏."

승하고, 이것을 『대승기신론』이 수용하여 '지止의 수행론'을 펼치는 것이 된다. '유식무경唯識無境과 알아차림(正知, sampajānāti)'은 이렇게 만난다.

7. 원효의 일심一心

―이해수행과 마음수행 융합의 정점 범주에서의 인지적 국면―

1) 일심一心을 읽는 시선과 궁극실재의 연루

원효(617-686)는 구도의 모든 행보가 일심一心의 지평을 여는 여정임을 기회가 있을 때마다 역설한다. **일심一心은 원효의 길에서 방향타 역할을 하는 핵심 개념이다.** 그런데 일심을 읽는 시선들은 궁극실재의 갈구에 연루된 경우가 많다. 또 일심을 궁극실재와 연관시켜 읽는 독법의 타당성 문제는 본격적 수준에서 거론되지 않고 있어 혼란이 방치되고 있다. 〈아트만 사상의 아류가 아닌가?〉라는 비판과 〈일심은 무아無我·공성空性으로 이해해야 한다〉라고 하는 대안적 언급 이상의 논의는 찾아보기 어렵다. 그러나 이런 정도의 비판과 대안으로는 일심과 대승불교의 긍정형 기호들 및 선종의 견성見性을 궁극실재로 간주하는 독법의 타당성을 제대로 성찰하기가 어렵고 유효한 대안을 확보하기도 어렵다. 〈불교 내부의 아트만 사상이 아닌가?〉라는 의구심과 그에 따른 혼란을 수습하기 위해서는 더욱 본격적 수준의 논의가 필요하다.[67] **무아無我나 공空의 언어에 머물지 않고 일심의 언어가 새롭게 등장한 이유를, 궁극실재 독법과 구분되는 내용으로 제시하는 논의가 요청된다.** 일심이 궁

---

[67] 『원효의 통섭철학』(세창출판사, 2021)에서는 이러한 문제를 비판적으로 성찰하면서 그 대안적 독법을 제시해 보았다. 이 글도 그러한 문제의식의 연장이다.

극실재에 관한 기호가 아니라면, 이 기호를 채용한 의중은 무엇일까? 이 기호는 무엇을 드러내고 싶었고, 어떤 점을 강조하고 싶었던 것일까? 기존의 교학과 수행론들에서 어떤 문제점을 발견하였고 그 대안으로 어떤 내용을 드러내고자 한 것일까? 그리고 이들의 선택은 붓다의 법설과 어떤 내적 연관을 지니는 것일까? 필자가 탐구하는 질문이다.

일심에 관해 즐겨 채택되는 독법은 '일심 신비주의'와 '본체·현상 불이론不二論' 혹은 '기체설基體說'이다. '일심 신비주의'는, 일심을 가변적 생멸 현상에서 벗어난 불변·절대·완전의 궁극실재로 간주한 후 깨달음을 통해 그러한 일심과 합일하는 것이 원효사상의 최종목표라고 이해하는 관점이다. 궁극실재와의 합일을 주장하는 신비주의 시선과 부합한다. **'본체·현상 불이론不二論' 혹은 '기체설基體說'은, 일심의 위상을 '생멸 변화하는 현상 이면'에 위치시키는 동시에 일심을 현상의 생멸을 가능케 하는 본체/기체로서 간주한다. 그리하여 '불생불멸의 본체/기체'와 '생멸의 현상'이 불이不二의 관계를 맺고 있음을 설하는 것이 원효의 일심사상이라고 읽는다.** 불생불멸하는 것이 어떻게 생멸의 근거로 작용하는지에 대한 의문에는 함구하기 때문에 일종의 형이상학적 기술記述이다. 일심을 가변적 현상을 초월하는 궁극실재로 보는 '일심 신비주의', 생멸 현상의 근거인 불생불멸의 본체/기체로 보는 '본체·현상 불이론不二論'이나 '기체설基體說'은, 모두 그 시선이 '지각 경험인 차이현상과의 절연絶緣'으로 향하기 마련이다. **이런 시선으로 읽는 '귀일심원歸一心源 요익중생饒益衆生'은 '변화와 관계의 차이현상' 범주에서 발생하는 경험세계의 문제들과는 접속할 수 없는 형이상학적 구호가 되고 만다. 단지 논리적 정합성만을 지닌 독법에 머물 뿐이다.**

대승불교, 특히 유식·여래장 계열의 불교철학을 읽는 시선들은 이러한 '현상 및 차이 초월의 해석학'을 선호하는 것으로 보인다. 〈현상은 '본체인 일심의 현현'이어서 현상이 그대로 진실/실재가 된다〉라고 하는 설명 역시 변화·관계·차이의 현상을 궁극실재 내지 본체로 환원시켜 현상을 증발시키는 것에 불과하다. 따라서 '지각 경험인 차이현상과의 절연絶緣'을 지향하는 초월적 시선은 그대로 유지된다. 그 결과는 '차이현상들에서 발생하는 경험적 문제 영역에 대한 원천적 무관심'이다.

원효는 언어 구사에 있어서 부정 방식과 긍정 방식을 모두 자유롭게 운용하고는 있지만, 특히 주목되는 것은 '긍정형 기호들'이다. 원효 언어체계에는 긍정형 기호들이 적극적으로 배열되어 있다. 그 긍정형 기호들을 신비주의나 '본체·현상 불이론不二論' 및 '기체설基體說'로 읽어버리면, 원효의 언어는 '현상의 사실 그대로'와는 무관한 형이상학적 기술이 된다. 원효의 언어체계에 긍정형 기호들이 적극적으로 배치된 것은, 그가 마주한 시대에 유포되던 교학의 특징과 관련이 있다. 원효시대 동아시아 대승교학의 두드러지는 특징 가운데 하나는 긍정형 기호들의 적극적 채택이다. 불성佛性, 여래장如來藏, 본각本覺, 진여眞如, 일심一心, 진심眞心, 자성청정심自性淸淨心 등이 대표적인데, 원효의 저술에는 이 대승교학의 긍정형 기호들이 종합적으로 등장한다. 이와 관련하여 필자는 이렇게 언급한 바 있다.

"특히 원효 사유의 기본얼개 구축에 결정적 역할을 한 『대승기신론』의 영향이 컸던 것으로 보인다. 『대승기신론』은 대승교학에서 새롭게 채택한 긍정형 용어들을 거의 망라하면서 강요綱要적 불교 종합이론을 펼치고 있다. '일심一心' '심진여心眞如' '여래장如來藏' '진여眞如'·'진여성眞如性'·'진여정법眞如淨法'·'진여법眞如法'·'진심眞心'·'불생불멸不生不滅'·'심원心源'·'구경각究竟覺'·'본각本覺'·'진각眞覺'·'자성청정심自性淸淨心'·'법신法身'·'여래법신如來法身'·'심체心體'·'자성自性' 등의 용어가 모두 채택되고 있다. 그리고 바로 이러한 이유 때문에『대승기신론』이나 원효사상 및 이런 용어들을 구사하는 동아시아 대승교학과 선종을 향해 불교적 정체성을 묻는 질문이 끊이지 않는다. 현재 한국불교계에서 빈번하게 목격하게 되는 대승교학 비판들도 기본적으로 이런 긍정형 기호들에 대한 의문을 논거로 삼는 경우가 대부분이다. (…) 대승의 언어 속에서는 시간이 갈수록 긍정형 언어들이 등장하여 힘을 얻는다.『열반경』의 상常·낙樂·아我·정淨은 그러한 경향의 한 정점을 보여준다. 특히 유식·여래장 계열의 언어에서 그러한 경향이 두드러진다. 그들은 수행의 근거지점에서부터 궁극지점에 이르기까지, 붓다의 언어전략에서는 채택하지 않았던 긍정언어들을 등장시키는 과감성을 보여 준다. 진심眞心, 진여眞如, 여래장如來藏, 불성佛性, 본각本覺, 일각一覺, 일심一心, 무구식無垢識, 자성청정심自性淸淨心 등의 긍정형 기호들이 이들 계열의 후기로 갈수록 만발한다. (…) 원효는 유식·여래장 계열의 언어가 지니는 의미를 적극적으로 발굴하고, 그에 대해 높은 긍정 가치를 부여한다. 동시에 원효는, 진리로의 접근과 구현을 위한 긍정형 방식과 부정형 방식을 균형 있게 모두 채택하고 있다. 긍정형 방식과 부정형 방식을 상생적相生的, 통섭적通攝的으로 결합시켜 구사한다. 게다가 그 구사력이 자유롭고 치우치지 않으며 정교하고 수준이 고도화되어 있다. 부정방식과 긍정방식의 상호관계를 온전하고 균형적으로 포착해야 붓다와의 대화가 성공할 수 있다는 점을 고려할 때, 원효는 모범적이다. 이 점은 원효 탐구에서 각

별히 주목해야 할 대목이다."⁶⁸⁾

2) 일심一心 현상을 발생시키는 조건들 : 일심에 대한 연기적 독법

일심에 관한 『대승기신론소』와 『금강삼매경론』의 정의적定義的 해설은 다음과 같다.

"'두 측면'(二門)이 [나뉘는 것이] 이와 같은데, 어째서 '하나처럼 통하는 마음'(一心)이라 하는가? 말하자면, 오염되었거나 청정하거나 그 모든 것의 '본연적 면모'(性)는 [본질로서] 다른 것이 아니기에(無二), 참됨(眞)과 허구(妄)의 두 국면은 [본질적] 차이가 있을 수 없으니, 그러므로 '하나'(一)라고 부른다. 이 '다르지 않은'(無二) 자리에서 모든 것을 실재대로이게 하는 것은 [이해하는 작용이 없는] 허공과는 같지 않아 '본연적 면모'(性)가 스스로 신묘하게 이해하니, 그러므로 '마음'(心)이라 부른다. 그런데 이미 '둘'(二)이 있지 않다면 어떻게 '하나'(一)라는 것이 있을 수 있으며, '하나'(一)가 있지 않다면 무엇에 입각하여 '마음'(心)이라 하겠는가? 이와 같은 도리는 언어적 규정에서 벗어나고 [불변·독자의 본질/실체로] 분별하는 생각을 끊은 것이니, 무엇으로써 지칭해야 할지 알 수가 없지만 억지로나마 '하나처럼 통하는 마음'(一心)이라 부른다."⁶⁹⁾

---

68) 『원효의 통섭철학』, pp.54-58.
69) 『대승기신론소』(H1, 705a11-16). "二門如是, 何爲一心? 謂染淨諸法其性無二, 眞妄二門不得有異, 故名爲一. 此無二處, 諸法中實, 不同虛空, 性自神解, 故名爲心. 然旣無有二, 何得有一, 一無所有, 就誰曰心? 如是道理, 離言絶慮, 不知何以目

"첫 번째인 '전체의 취지'(大意)를 기술한 것은 [다음과 같다.] 〈'하나처럼 통하는 마음'이라는 원천〉(一心之源)은 '[불변·독자의 본질/실체로서] 있음'(有)과 '[아무것도] 없음'(無)[이라는 '존재에 대한 환각']에서 벗어나 오로지 온전하며(淨), '불변·독자의 본질/실체가 없는 세 가지 경지'(三空)70)의 바다는 '[성스러운] 진리[의 세계]'(眞)와 '[저속한] 세속[의 세계]'(俗)[의 둘로 나누는 분별을] 녹여 말끔하다(湛然). 둘[로 나누어 보는 분별을] 말끔히 녹였으나 [진眞과 속俗의 차이가 없어진] 하나는 아니며, 오로지 온전하게 '[유有와 무無에 대한 두 가지] 치우친 견해'(邊)에서 벗어났지만 [유有와 무無를 섞어 놓은] 중간도 아니다. [유有와 무無를 섞어 놓은] 중간이 아니면서 '[유有와 무無에 대한 두 가지] 치우친 견해'(邊)에서 벗어났기 때문에, '[불변·독자의 본질/실체로서] 있지 않은 현상'(不有之法)이라 해서 곧 '[아무것도] 없는 상태'(無)에 머무는 것이 아니고, '[아무것도] 없지 않은 양상'(不無之相)이라 해서 곧 '[항상] 있는 상태'(有)에 머무는 것이 아니다. [그리고] [진眞과 속俗의 차이가 없어진] 하나가 아니면서 [진眞과 속俗을] [불변·독자의 본질이나 실체인] 둘[로 나누어 보는 분별]을 녹였기 때문에, 〈'[성스러운] 진리'(眞)가 아닌 현상〉(非眞之事)이라 해서 처음부터 '[저속한] 세속'(俗)[의 현상]이기만

之, 強號爲一心也."

70) 삼공三空 : 인도의 초기·부파불교의 교학에서는 '불변·독자의 본질/실체가 없음'(空), '[불변·독자의 본질/실체로서의] 양상이 없음'(無相), '[불변·독자의 본질/실체적인 것들을] 바라는 것이 없음'(無願)이라는 '해탈의 세 가지 측면'(三解脫門)을 가리키는 술어이다. 그러나 『금강삼매경』에서는 '불변·독자의 본질/실체가 없는 면모 또한 불변·독자의 본질/실체가 없다'(空相亦空), 〈'불변·독자의 본질/실체가 없는 면모도 불변·독자의 본질/실체가 없다는 것' 또한 불변·독자의 본질/실체가 없다〉(空空亦空), '불변·독자의 본질/실체가 없어진 것 또한 불변·독자의 본질/실체가 없다'(所空亦空)의 세 가지를 가리키는 말이다. 이 내용은 '사실 그대로가 온전하게 드러나는 지평에 들어감[을 주제로 하는] 단원'(入實際品)에서 자세하게 나온다.

한 적은 없고, 〈'[저속한] 세속'(俗)이 아닌 진리〉(非俗之理)라 해서 처음부터 '[성스러운] 진리'(眞)이기만 한 적도 없다. [또한] [진眞과 속俗을] [불변·독자의 본질이나 실체인] 둘[로 나누어 보는 분별]을 녹였지만 [진眞과 속俗의 차이가 없어진] 하나가 아니기 때문에, '[성스러운] 진리[의 세계]'(眞)와 '[저속한] 세속[의 세계]'(俗)라는 면모(性)가 세워지지 않음이 없고, 오염(染)과 청정(淨)의 양상(相)[71]이 갖추어지지 않음이 없다. [그리고] '[유有와 무無에 대한 두 가지] 치우친 견해'(邊)를 여의었지만 [유有와 무無를 섞어 놓은] 중간이 아니기 때문에, 있음(有)과 없음(無)의 현상(法)이 만들어지지 않는 바가 없고, [유有와 무無에 대한 판단의] 옳음(是) 그름(非)의 뜻(義)이 두루 미치지 아니함이 없다. 그리하여 '깨뜨림이 없으면서도 깨뜨리지 않음이 없고, 세움이 없으면서도 세우지 않음이 없으니'(無破而無不破, 無立而無不立), 가히 '[한정시키는] 이치가 없는 지극한 이치'(無理之至理)요 '[한정되는] 그러함이 없는 크게 그러함'(不然之大然)이라 할 수 있다. 이것이 이 경전의 '전

---

71) '상相'의 번역어 : '相'은 니까야에서 '구분되는 특징적 차이'를 의미하는 팔리어 nimitta의 번역어로 시작하여 불교문헌들 속에서 다양한 변주를 보여 주는 용어이다. 또한 '相'은 붓다를 위시한 모든 불교적 성찰의 핵심부에 놓이는 개념으로서 이 개념을 어떻게 이해하는가에 따라 불교 언어와 이론을 읽는 해석학적 독법의 내용이 결정될 정도로 중요하다. 원효 저술에서는 불교의 교학/해석학에 축적된 '변주된 相의 용법들'이 망라되어 있으며 맥락에 따라 가변적으로 선택되고 있다. 따라서 '相'으로 지칭되는 구체적 내용은 맥락에 따라 다양하며, 번역에서는 그 다양한 맥락에서의 다양한 용법들 가운데 적절한 것을 역자의 이해에 따라 선택하여 번역어에 반영해야 한다. 원효 저술 속에서 목격되는 '相'의 다양한 용법들에 대한 본 번역에서의 번역어 사례로는 〈차이, 양상, [불변·독자의 본질/실체로 차별된] 차이, 특성, 특징, 면모, 모습, 현상, 대상〉 등이 있다. 그리고 이들 번역어는 모두 '相'(nimitta)이 지시하는 '구분되는 특징적 차이'라는 의미의 '문장 맥락에 따른 다양한 변형'이다. 따라서 이 모든 번역어들을 관통하는 일관된 의미는 '구분되는 특징적 차이'이다. 본 번역에서는 이런 점을 충분히 고려하면서 '相'이 등장하는 문장의 의미맥락에 따라 적절한 번역어를 탄력적으로 선택한다.

체 취지'(大意)이다.

참으로 '[한정되는] 그러함이 없는 크게 그러함'(不然之大然)이기 때문에 '설하는 말'(能說之語)은 [모든 것과 통하는] '고리 가운데'(環中)[72]에 신묘하게 합치하고, '[한정시키는] 이치가 없는 지극한 이치'(無理之至理)이기 때문에 '말에 담겨진 근본도리'(所詮之宗)는 '한정[하는 이치]'(方)를 뛰어넘는다. [이처럼] 깨뜨리지 않는 것이 없으므로 '금강[석金剛石 같은] 삼매'(金剛三昧)라 부르고, 세우지 않는 것이 없기 때문에 '대승大乘[의 이치]를 포괄하는 경'(攝大乘經)이라 부르며, 모든 이치(義)의 핵심(宗)은 이 ['깨뜨리지 않음이 없음'(無所不破)과 '세우지 않음이 없음'(無所不立)의] 두 가지를 벗어남이 없기 때문에 또한 '헤아릴 수 없이 많은 이치의 핵심'(無量義宗)이라고도 부른다. 그리고 [이 가운데] 첫 번째 것을 들어 [경의] 앞머리로 삼았기 때문에 『금강삼매경』이라고 말하였다."[73]

이렇게 기술되는 일심은 어떤 인지적 국면, 어떤 내용의 마음현상일

---

72) 환중環中: 『장자莊子』의 「제물론齊物論」에 나오는 것으로 고리의 가운데에 있는 구멍을 가리키는 말이다. 고리의 구멍은 텅 비어 있으면서도 고리 전체와 연결되어 있으므로 원효는 '금강삼매'의 이치를 비유하는 데 적절하다고 보아 채택한 것으로 보인다.
73) 『금강삼매경론』(H1, 604b6-c1). "第一述大意者, 夫一心之源, 離有無而獨淨, 三空之海, 融眞俗而湛然. 湛然融二而不一, 獨淨離邊而非中. 非中而離邊故, 不有之法, 不卽住無, 不無之相, 不卽住有. 不一而融二故, 非眞之事, 未始爲俗, 非俗之理, 未始爲眞也. 融二而不一故, 眞俗之性, 無所不立, 染淨之相, 莫不備焉. 離邊而非中故, 有無之法, 無所不作, 是非之義, 莫不周焉. 爾乃無破而無不破, 無立而無不立, 可謂無理之至理, 不然之大然矣. 是謂斯經之大意也. 良由不然之大然, 故能說之語, 妙契環中, 無理之至理, 故所詮之宗, 超出方外. 無所不破, 故名〈金剛三昧〉, 無所不立, 故名〈攝大乘經〉, 一切義宗, 無出是二, 是故亦名無量義宗. 且擧一目, 以題其首, 故言『金剛三昧經』也."

까? 무엇보다 주목해야 할 것은 '일심一心'이라는 말로 지칭하는 현상을 발생시키는 조건들이다. **일심의 내용과 의미를 탐구하려면 '일심 발생의 조건들', 다시 말해 '일심 발생의 연기緣起'를 주목해야 한다.** 일심을 궁극실재의 자리에 안치한 후 일심 관련 구절들을 연역적으로 기술하는 형이상학적 논술이 아니라, '일심 현상에 대한 연기적 독법'이 필요하다.

"이것이 있을 때 저것이 있다((imasmiṁ sati idaṁ hoti/此有故彼有). 이것이 일어날 때 저것이 일어난다(imassuppādā idam uppajjati/此生故彼生). 이것이 없을 때 저것이 없다(imasmiṁ asati idaṁ na hoti/此無故彼無). 이것이 소멸할 때 저것이 소멸한다(imassa nirodhā idaṁ nirujjhati/此滅故彼滅)."[74]라는 붓다의 연기 법설 정형구에 대한 해석은 다채로운 불교 교학들의 형성으로 나타났다. 현재 전승되는 모든 교학 이론들은 사실상 다양한 연기 해석학이라 해도 무방하다.

"연기의 원형 사유는, 모든 현상을 '조건에 따른 성립/발생'(緣起, paṭicca-samuppāda, paṭicca/조건으로 삼아·緣하여 sam/함께 uppāda/일어남)으로 보아 '성립/발생의 조건들'과 '조건들의 인과적 연관'을 포착하려는 사고방식이라고 생각한다. 따라서 붓다의 연기법을 파악하기 위한 관문은 '조건에 따른 성립/발생'이라는 말의 의미와 초점이다. 이 말의 의미와 초점을 어떻게 이해하는가에 따라 연기 해석학의 계보들, 즉 '불교의 연기설'들이 갈라진다. (…) 연기법 원형 사유의 의미와 위상 및 적용 범주와 방식을 제한적으로 소화

---

74) 『십력경十力經 1(Dasabala-sutta)』(S12:21), 상윳따 니까야 전재성 번역본 제2권, p.117.;각묵 번역본 『상윳따 니까야』 제2권, p.168.

하고 특화시킨 것이 '불교의 연기설들'이며, 그러한 해석학적 특화와 편향성이 교학의 역사를 통해 나름대로의 권위를 축적시켜 온 것일 수 있다. 만약 그렇다면, 남/북방의 교학전통과 불교는 연기 해석학들의 특수한 유형에 갇혀, '조건에 따른 성립/발생'이라는 원형 사유의 위상과 의미를 혹 상당 부분 놓치거나 놓쳐버릴 위험성에 노출된 것일 수 있다."[75]

〈모든 현상을 '조건에 따른 성립/발생'으로 보아 '성립/발생의 조건들'과 '조건들의 인과적 연관'을 포착하려는 사고방식〉이 연기의 원형 사유로 보인다. 그리고 〈현상을 이해하고 문제를 해결하려면 그 현상을 발생시킨 조건들과 그들의 인과관계를 성찰하라〉는 것이 이러한 연기적 사유의 철학적 의미라고 생각한다. 현재까지 등장한 연기 교학들은 이러한 철학적 의미의 구현 사례들이다. 이 철학적 의미의 적용 범위는 전방위적이기 때문에 새로운 적용과 구현 사례들은 무궁하게 열려 있다.

원효 저술에서 거론되는 '일심一心'의 내용과 의미도 연기적 사유로 탐구하려면, '일심'이라는 기호로 지칭하는 마음현상을 발생시키는 조건들을 주목해야 한다. '일심 현상을 발생시키는 조건들'을 원효의 사유 속에서 발굴하여 그 내용과 의미를 음미하면, 그의 일심철학의 의미가 드러날 수 있다. **일심 현상의 발생 조건으로서 원효의 저술에서는 세 가지가 눈길을 끈다. '공관空觀을 품은 유식관唯識觀', '방편관方便觀과 정관正觀', '지관쌍운止觀雙運'이 그것이다.** 이 세 가지에 관한 원효의 통찰

---

[75] 박태원, 「연기적 사고와 화쟁 – 연기 법설의 화쟁학적 독법」(영산대 화쟁연구소 2021 추계 2차 학술대회 자료집, pp.4-57.), 연기 법설에 대한 불교해석학의 전개 양상과 문제점에 관한 논의는 이 글을 참조.

이 '일심에 관한 연기적 독법 구성'의 핵심 조건으로 보인다.

가. 공관空觀을 품은 유식관唯識觀

대승교학의 양대 축은 공·중관 교학과 유식교학이다. 중관철학이 펼치는 공의 이론과 유식철학이 전개하는 마음의 이론은 대조적 특징이 있다. 〈모든 현상에는 불변·독자의 본질/실체가 없다〉라는 이해를 철저히 논증해 가는 중관철학, 〈모든 현상은 오로지 마음에 의한 구성일 뿐 마음과 무관한 외부 실재는 없다〉라는 통찰을 이론적으로 수립하는 유식철학은, 결국 '이해와 마음'의 문제에 관한 시선들이다. 중관은 '이해수행을 통한 해탈', 유식은 '마음수행을 통한 해탈'에 집중하고 있다. 그런데 이 두 사상은 각자가 선택한 문제 영역의 특성 때문에 상호 비판의 빌미가 발생한다. 중관의 시선에서는 〈유식은 마음·식識을 궁극실재로 간주하여 새로운 본질/실체를 설정하는 것이 아닌가?〉를 묻게 되고, 유식의 시선에서는 〈중관의 '무한부정을 통한 공성空性의 체득'은 공에 관한 이해를 발생시키는 인식적 근거마저 부정하여 결국 허무주의의 덫에 걸리는 것이 아닌가?〉를 묻게 된다. 『대승기신론』은 유식사상을 축으로 삼으면서 공의 통찰을 포섭하려는 대승 통섭通攝의 철학을 수립한다. 그리고 원효는 『대승기신론』의 통찰을 수용하면서, 중관과 유식의 통찰을 포섭하는 나름의 이론 체계를 지속적으로 구축해 간다. 그 정점은 『금강삼매경론』으로 보인다.

원효사상을 평가할 때 가장 흔히 채택되는 것은 '중관과 유식의 종합'이라는 설명이다. 『대승기신론』에 관한 원효의 연구 초록인 『별기別記』에서의 언급을 근거로 삼는 이러한 관점은, 기본적으로 〈원효는 공관空觀과 유식관唯識觀을 각각 천명하는 중관학과 유식학의 지위를 병렬적으로 두고 양자를 종합했다〉라는 이해가 깔려 있다.76) 그러나 원효는 유식관의 우월적 지위를 분명히 천명한다. 그러나 원효의 유식관은 '공관을 안은 유식관'이다. 유식에 대한 그의 평가는 언제나 '공관을 토대로 한 유식관의 우월적 지위'이다.

"원효의 저술에서는 '이해 바꾸기'의 공관적空觀的 방식과 유식관적唯識觀的 방식이 모두 목격된다. 그러나 원효는 이 두 방식을 단순히 병렬시키지 않는다. 그는 도처에서 〈유식관唯識觀이야말로 '본격적인 이해수행'(正觀)이고, 다른 이해수행(觀)들은 '본격적 이해수행에 오르기 위한 보조수단'(方便觀)이다〉라는 견해를 천명한다. 동시에 그는 유식관을 이해수행의 상위上位에 두면서도 공관을 버리지 않는다. 유식관을 펼치고 해설하는 모든 경우에 언제나 공관을 결합시키고 있다. **유식관을 상위에 두면서도 공관을 토대로 삼는 것이다. 이러한 그의 태도를 '공관空觀을 안은 유식관唯識觀'이라 불러 본다.**"77)

그렇다면 원효가 '공관을 안은 유식관'을 펼쳤다는 것은 무엇을 의미할까? 원효의 저술에서 이해/이해수행은 '모든 현상에는 불변·독자의 본질/실체가 없다는 이해'(공관空觀)와 관련된 통찰과 이론들로 나타나고, 마음/마음수행은 〈[인간의 지각 경험에서 모든 현상은] 오로지 마음[에 의

---

76) 필자는 박사학위 논문인 『대승기신론 사상평가에 관한 연구』(고려대, 1990)에서 이 문제를 비판적으로 성찰한 바 있다. 이 학위논문은 『대승기신론 사상연구(1)』(민족사, 1994)로 출판하였다.
77) 『원효의 통섭철학』, p.287.

한 구성]일 뿐 [마음과 무관한] 독자적 객관대상은 없다〉(唯識無境)는 '유식무경唯識無境의 유식관唯識觀'과 관련한 통찰과 이론으로 펼쳐진다. 일심 현상을 발생시키는 근원 조건은 '이해/이해수행'과 '마음/마음수행'인 것이다. 따라서 원효가 '공관空觀을 안은 유식관唯識觀'을 펼쳤다는 것은 '이해/이해수행을 안은 마음/마음수행'을 중시했다는 의미가 된다.

나. 방편관方便觀과 정관正觀

원효 말기의 저술이자 대표저술이라 할 『금강삼매경론』에서 원효는, 『금강삼매경』 핵심 내용의 요점을 '한 맛[처럼 서로 통하는 진리다운] 이해와 [그 이해에 의거한] 수행'(一味觀行)으로 설명한다.

"두 번째인 '경의 핵심 내용을 밝힘'(辨經宗)이라는 것은 [다음과 같다.] 이 경전의 근본(宗)과 요점(要)[을 밝히는 방식]에는 '펼치는 방식'(開)과 '합치는 방식'(合)이 있다. '합치는 방식'(合)으로 말하면 '한 맛[처럼 서로 통하는 진리다운] 이해와 [그 이해에 의거한] 수행'(一味觀行)이 요점이 되고, '펼치는 방식'(開)으로 말하면 '열 가지 진리 전개방식'(十重法門)이 근본이 된다. '[진리다운] 이해와 [이해에 의거한] 수행'(觀行)이라는 것은 [다음과 같은 것이다.] [진리다운] 이해(觀)는 '[시간과 무관하게] 수평적으로 말하는 것'(橫論)으로서 경지(境)[78]와 지혜(智)[79]에 통하는 것이고, [이해에 의거한] 수행(行)은 '[시간이 걸리는] 수직적 측

---

78) 진眞과 속俗에 대한 분별이 모두 없어진 경지.
79) '깨달음의 본연'(本覺)[인 '사실 그대로 앎']과 '['사실 그대로'를] 비로소 깨달아 감'(始覺)의 두 깨달음.

면에서 보는 것'(竪望)으로서 그 '원인과 결과'(因果)에 걸쳐 있다. 결과(果)는 '다섯 가지 현상'(五法)[80]이 완전해지는 것을 말하는 것이고, 원인(因)은 '여섯 단계의 수행'(六行)[81]이 잘 갖추어짐을 말하며, 지혜(智)는 곧 '깨달음의 본연'(本覺)[인 '사실 그대로 앎']과 '[사실 그대로'를] 비로소 깨달아 감'(始覺)의 두 깨달음이고, 경지(境)는 곧 '[성스러운] 진리[의 세계]'(眞)와 '[저속한] 세속[의 세계]'(俗)[에 대한 분별]이 함께 없어진 것이다. [진眞과 속俗이] 함께 없어졌지만 [아무것도 없이] 없어진 것이 아니고, [본각과 시각] 두 가지로 깨달았지만 '[불변·독자의 본질/실체로서] 생겨난 것이 없으니'(無生), '[불변·독자의 본질/실체로서] 생겨난 것이 없다는 [이해에 의거한] 수행'(無生之行)은 그윽이 '[불변·독자의 본질/실체로 차별된] 차이가 없는 지평'(無相)[82]과 만나게 되고, '[불

---

80) 이어지는 내용에 따르면 '오법五法'은, 제9식인 '오염되지 않은 식'(無垢識)이 '온전한 진리 세계'(淨土界)를 드러내는 것과, 대원경지大圓鏡智·평등성지平等性智·묘관찰지妙觀察智·성소작지成所作智의 '네 가지 지혜'(四智)를 이루는 것이다.

81) 십신十信, 십해十解(진제역)/십주十住, 십행十行, 십회향十廻向, 십지十地, 등각等覺의 여섯 단계이다.

82) 무상無相의 번역 : '구분되는 특징적 차이'를 의미하는 '相'은 불교철학의 모든 계보에서 핵심지위를 차지하는 개념으로서 원효 저술에서는 불교의 교학/해석학에 축적된 '변주된 相의 용법들'이 망라되어 있다. 그리고 원효 저술 속에서 목격되는 '相'의 다양한 용법들에 대한 번역어로서 필자는 〈차이, [불변·독자의 본질/실체로 차별된] 차이, 특성, 특징, 양상, 면모, 모습, 현상, 대상〉 등을 선택하고 있다. 그리고 이들 번역어는 모두 '相'(nimitta)이 지시하는 '구분되는 특징적 차이'라는 의미가 문장 맥락에 따라 다양하게 변주된 것이므로, '구분되는 특징적 차이'라는 하나의 핵심 의미가 이들 다양한 번역어들을 관통하고 있다. 그런데 '무상無相'은 '상相'의 부정형이기에 '무상無相'의 의미와 번역은 '상相'의 의미 및 번역어와 맞물려 있다. 특히 '무상無相'은 『금강삼매경』「무상행품無相行品」의 핵심 개념으로 등장할 뿐 아니라 『금강삼매경/론』전체의 철학체계에서 매우 중요한 지위를 부여받고 있기 때문에, 이 용어의 의미를 어떻게 이해하는가에 따라 『금강삼매경/론』 및 원효철학에 대한 이해가 크게 출렁거리게 된다. 필자는 이런 점들을 십분 고려하면서 '무상無相'의 번역어로 〈[불변·독자의 본질/실체로 차별된] 차이가 없음/[불변·독자의 본질/실체로 차별된] 차이가 없는 지평/[불변·독자의 본질/실체로서의] 양상이 없음/차이

변·독자의 본질/실체로 차별된] 차이가 없다는 도리'(無相之法)는 '[깨달음의] 본연[인 '사실 그대로 앎']이 지닌 이로움'(本利)을 차례차례 이룬다. 이로움은 이미 [있는] '[깨달음의] 본연[인 '사실 그대로 앎']이 지닌 이로움'(本利)이라서 '얻었다고 할 것이 없기'(無得) 때문에 '사실 그대로가 온전하게 드러나는 지평'(實際)을 움직이지 않았고, 그 지평(際)은 이미 [있는] '사실 그대로가 온전하게 드러나는 지평'(實際)이라서 '[얻을 수 있는] 불변·독자의 본질/실체'(性)[라는 환각]을 여의었기 때문에 '사실 그대로인 지평'(眞際) 또한 [불변·독자의 본질/실체가 아니어서] 공空하다. 모든 부처와 여래가 이 경지에 들어가 있으며, 모든 보살이 이 [경지] 가운데로 따라 들어가니, 이러한 것을 '여래장如來藏에 들어간다'(入如來藏)고 말한다. 이것이 [『금강삼매경』] 6품(六品)[인 무상법품無相法品, 무생행품無生行品, 본각리품本覺利品, 입실제품入實際品, 진성공품眞性空品, 여래장품如來藏品]의 '전체 취지'(大意)이다.

이 [진리다운] '이해[를 밝혀 가는] 길'(觀門)에는, [보살수행의 52단계의] 처음 [두 단계인] '믿음을 세우는 열 가지 단계'(十信)와, '[진리에 대한 믿음이 이해로 안착하는] 이해의 열 가지 경지'(十解)로부터 '[차이들

가 없음/[불변·독자의 본질/실체로 차별된] 차이를 두지 않음〉 등을 맥락에 따라 선택하고 있다. 크게 보면 '相'을 '차이'와 '양상'으로 번역하는 것을 두 선택지로 삼았는데, 어느 번역어든 '구분되는 특징적 차이'를 반영한 것이다. '면모' '특성' '특징'이라는 번역어들도 마찬가지이다. 원효가 그의 모든 저술에서 '相'과 '無相'의 대비를 통해 드러내려는 통찰의 핵심은 다음과 같이 정리할 수 있을 것이다. ─ 〈구분되는 특징적 차이들/현상/양상'을 '불변·독자의 본질/실체로 간주하는 분별·희론적 사유에서 벗어나 '구분되는 특징적 차이들/현상/양상'의 '사실 그대로' 이해하는 것, 다시 말해 차이들에 대한 '허구의 분별적 차별'을 치유하여 '굴절·왜곡되지 않는 차이들'을 드러내고 그런 차이들과의 이로운 상호관계를 펼쳐 가는 것이 '相-無相'의 통찰이다. 차이현상들을 초월하거나 지워 버리는 것이 아니라 오염되고 왜곡되었던 차이들의 '사실 그대로'를 드러내어 '차이들과의 온전한 관계'를 구성해 가려는 것이다.〉

을] 평등하게 볼 수 있는 깨달음[의 경지]'(等覺)[83]에 이르기까지 '여

---

83) 등각等覺과 묘각妙覺의 번역 : 등각等覺을 "行過十地, 解與佛同"라고 설명하는 『보살영락본업경』의 이해(T24, 1018b2)에 따른다면, '등각等覺'의 한글 번역은 '이해가 부처와 같아진 깨달음[의 경지]' 정도가 무난할 것이다. 그러나 이러한 번역어는 등각等覺의 구체적 특징에 관한 정보를 제공하지 못한다. '부처와 같은 이해'가 구체적으로 어떤 특징적 내용을 염두에 두고 있는 것인지 알려주지 않는다. 번역자의 이해를 명확하게 반영하려는 해석학적 번역을 추구할 때는 이런 모호한 번역어에 그칠 수가 없다. 십지의 초지初地 이상에서 직접 접속하게 된 '진여공성眞如空性'이라는 지평은 무지가 차이현상들에 덧씌우던 '불변·독자의 본질/실체'라는 관념이 해체된 '사실 그대로의 지평'이다. 이러한 의미를 고려할 때 '등각等覺'은, '차이들의 실체적/본질적 차별화를 만들어 내던 무지에 매이지 않고 '차이들을 무실체/무본질의 지평 위에서 실체적/본질적 차별 없이 만날 수 있는 능력이 고도화된 경지'로 풀이해 볼 수 있다. 이런 이해를 반영하여 '등각等覺'을 '[차이들을] 평등하게 볼 수 있는 깨달음'이라고 번역하였다. '등각等覺'의 의미를 이렇게 이해한다면, 등각等覺 이후에 등장하는 묘각妙覺은 '[차이들을] 사실대로 함께 만날 수 있는 깨달음'이라고 번역할 수 있을 것이다. 불교문헌에서 '묘妙'라는 개념을 사용할 때는 '실체적/본질적 구분이 해체되어 차이들이 동거/동행하는 지평'을 지시하기 때문이다. '묘妙'라는 한자어 자체도 '경계가 확정되지 않는 상태'를 지시하는 것이다. 『금강삼매경론』에서는 등각과 묘각에 관련된 내용이 자주 등장하는데, '등각等覺'과 '묘각妙覺'을 각각 '[차이들을] 평등하게 볼 수 있는 깨달음' 및 '[차이들을] 사실대로 함께 만날 수 있는 깨달음'으로 번역하는 것을 지지해 줄 수 있는 『금강삼매경론』의 내용을 몇 가지 소개하면 다음과 같다. "〈[분별하는] 생각'(念)을 그쳐 일어나지 않게 한다〉(靜念無起)라는 것은, '[차이들을] 평등하게 볼 수 있는 깨달음의 경지'(等覺位)에서는 그 '동요하는 생각'(動念)이 '본래부터 [불변·독자의 본질/실체로 보는 분별의 동요가] 그쳐 평온한 것임'(本來寂靜)을 깨달아 일어나지 않게 하는 것이다. 〈마음이 늘 편안하고 평안하다〉(心常安泰)라는 것은, '[차이들을] 사실대로 함께 만날 수 있는 깨달음의 경지'(妙覺位)에 이르러 〈'[하나처럼 통하게 하는] 마음의 근원'(心源)에는 '[분별하는 생각이] 일어남도 없고 사라짐도 없고'(無起無滅) '본래 [분별에 따라] 동요하는 생각도 없으며'(本無動念) '[분별의] 시작됨도 없고 끝남도 없음'(無始無終)〉을 증득하여 본[다는 뜻이]다. '마음의 본원에는 분별하는 생각이] 일어남도 없고 사라짐도 없기'(無起滅) 때문에 '늘'(常)이고, [본래부터] '[분별에 따라] 동요하는 생각'(動念)이 없기 때문에 '편안하고'(安), '[분별하는 생각이] 시작됨도 없고 끝남도 없기'(無始終) 때문에 '평안'(泰)하지 않음이 없다. 이와 같이 수행하여 '궁극적인 깨달음'(究竟覺)을 얻으면 곧 '[근본무지에 매여] 생겼다가 사라지면서 [불변·독자의 본질/실체로 보아 분별하는] 한 생각이 일으킨 [분별망상의] [생기고(生) 머무르며(住) 변이되고(異) 사라지는(滅)] 네 가지 양상'(生死一念四相)이 없으니, 그러므로 〈곧 '[불변·독자의 본질/실체로 보아 분별하는] 한 생각'이 생겨나지 않을 것이다〉(卽無[生]一念)라

섯 단계의 수행'(六行)을 세운다. '여섯 단계의 수행'(六行)이 완전하게 충족될 때, '[분별이 그친 마음지평인] 제9식'(第九識)으로 바뀌어 가면서 [마침내] '[근본무지에 따른 분별에] 오염되지 않은 식'(無垢識)을 드러내어 '온전한 진리 세계'(淨法界)를 이루고, 나머지 여덟 가지 식을 바꾸어 '[거울로 비추는 것처럼 [현상세계를] 온전하게 드러내는 지혜'(大圓鏡智)·'[불변·독자의 본질/실체라는 생각으로 비교하지 않아] 평등하게 보는 지혜'(平等性智)·'사실 그대로 이해하는 지혜'(妙觀察智)·'[중생들이 열반에 이르도록 성숙시키는] 일을 이루어 가는 지혜'(成所作智), 이] 네

고 말하였다."(〈靜念無起〉者, 等覺位中, 覺其動念本來寂靜, 令不起故. 〈心常安泰〉者, 至妙覺位, 得見心源無起無滅, 本無動念無始無終. 無起滅故常, 無動念故安, 無始終故無不泰然. 如是修行, 得究竟覺, 即無生死一念四相, 以之故言〈即無一念〉.『금강삼매경론』, H1, 636b23-c5); "처음[인 '총괄적으로 밝힘'(摠明)]에는 두 가지가 있으니, 먼저는 질문이고 나중은 대답이다. 질문에서 말한 〈이 마음이 온전해질 때에는 [욕망세계·유형세계·무형세계, 이] 세 가지 세계'(三界)도 없겠습니다〉(此心淨時, 應無三界)라는 것은 [다음과 같은 뜻이다.] '[보살수행의 열 가지 [본격적인] 단계](十地)의] 첫 번째 경지'(初地) 이상에서는 '본연의 온전함'(本淨)을 증득하여 보기 때문에, '[본연의 온전함'(本淨)에] 응하여 증득하는 것에 따라 '세 가지 세계'(三界)가 없어진다. [구체적으로는] '세 가지 세계에서의 [분별하는] 현상'(三界事相)은 '[보살수행의 열 가지 [본격적인] 단계](十地)의] 첫 번째 경지'(初地)에서, 혹은 '[보살수행의 열 가지 [본격적인] 단계](十地)의] 여덟 번째 경지'(八地)에 이르러 없어진다. [또] '세 가지 세계의 속성'(三界自性)은 '[차이들을] 평등하게 볼 수 있는 깨달음의 경지'(等覺位)에서 없어지고, '세 가지 세계의 누적된 경향성'(三界習氣)은 '[차이들을] 사실대로 함께 만날 수 있는 깨달음의 경지'(妙覺位)에 이르러서야 없어진다."(初中有二, 先問後答. 問中言〈此心淨時, 應無三界〉者, 初地已上, 證見本淨故, 隨所應得, 三界滅無. 三界事相者, 或於初地, 或第八地, 而得滅無. 三界自性者, 等覺位中, 而得滅無, 三界習氣, 至妙覺位, 方得滅無.『금강삼매경론』, H1, 641b10-16); "또한 이 지혜의 작용은, '[차이들을] 평등하게 볼 수 있는 깨달음의 경지'(等覺位)에 있을 때는 '[사실 그대로] 이해하여 [분별의 왜곡과 동요를] 그치게 하는 지혜'(照寂慧)라고 부르니 '[근본무지에 따라] 생겨나고 사라지는 동요 양상'(生滅之動相)에서 아직 벗어나지 못했기 때문이고, '[차이들을] 사실대로 함께 만날 수 있는 깨달음의 경지'(妙覺位)에 이를 때는 '[분별의 왜곡과 동요를] 그쳐 [사실 그대로] 이해하게 하는 지혜'(寂照慧)라고 부르니 이미 제9식識의 '궁극적인 평온'(究竟靜)으로 돌아갔기 때문이다."(又此智用, 在等覺位, 名照寂慧, 未離生滅之動相故, 至妙覺位, 名寂照慧, 已歸第九識究竟靜故.『금강삼매경론』, H1, 657b18-21)

가지 지혜'(四智)[84]를 이루니, [이] 다섯 가지[85]가 완전해지면 [법신法身·보신報身·화신化身이라는] '부처의 세 가지 몸'(三身)이 갖추어진다.

이와 같은 원인[인 '여섯 단계의 수행'(六行)을 잘 갖추는 것](因)과 [그] 결과[인 '다섯 가지 현상'(五法)이 완전해지는 것](果)은, ['진리의 세계'(眞)와 '세속의 세계'(俗)에 대한 분별이 함께 없어진] 경지(境) 및 ['깨달음의 본연'(本覺)[인 '사실 그대로 앎']과 '[사실 그대로'를] 비로소 깨달아 감'(始覺)의] 지혜(智)를 떠나지 않는 것이며, ['진리의 세계'(眞)와 '세속의 세계'(俗)에 대한 분별이 함께 없어진] 경지(境)와 ['깨달음의 본연'(本覺)[인 '사실 그대로 앎'] 과 '[사실 그대로'를] 비로소 깨달아 감'(始覺)의] 지혜(智)도 서로 다른 것이 아니라서 오직 '한 맛[처럼 서로 통하는 것]'(一味)이니, 이러한 '한 맛[처럼 서로 통하는 진리다운] 이해와 [그 이해에 의거한] 수행'(一味觀行)을 이 경전의 근본(宗)으로 삼는다. 그러므로 [이 경전에는] 대승 교설의 특징이 모두 포섭되고 무량한 뜻의 근본(宗)이 모두 들어가 있으니, '명칭은 괜히 붙여진 것이 아니다'(名不虛稱)라는 것은 이 [경전의 경우]를 일컫는 것이다. '한 맛[처럼 서로 통하는 진리다운] 이해와

---

84) 사지四智 : 유식학파에서 지혜를 네 가지로 구분한 것인데, '거울로 비추는 것처럼 [현상세계를] 온전하게 드러내는 지혜'(大圓鏡智)·'[불변·독자의 본질/실체라는 생각으로 비교하지 않아] 평등하게 보는 지혜'(平等性智)·'사실 그대로 이해하는 지혜'(妙觀察智)·'[중생들이 열반에 이르도록 성숙시키는] 일을 이루어 가는 지혜'(成所作智)를 말한다. 곧, 이 전식득지轉識得智로써 유식唯識의 도리로 들어간다는 것이다. 그런데 이 사지四智 개념은 『해심밀경解深密經』이나 『섭대승론攝大乘論』 등에서는 나타나지 않고, 『대승장엄경론大乘莊嚴經論』 권3(T31, 606c23-607a2)에서 사지四智의 설명이 나오는데, 이 네 가지 지혜를 제8식에서 전5식에 이르기까지 각각을 대응시켜 전식득지轉識得智를 설하는 이론적 체계는 『성유식론成唯識論』 권8(T31, 56a12~26)과 『불지경론佛地經論』 권3(T26, 302c1-11) 등에서 자세한 설명을 찾아볼 수 있다.
85) 제9식인 '오염되지 않은 식'(無垢識)이 '온전한 현상세계'(淨法界)를 드러내는 것과, 대원경지大圓鏡智·평등성지平等性智·묘관찰지妙觀察智·성소작지成所作智의 '네 가지 지혜'(四智)를 이루는 것.

[그 이해에 의거한] 수행'(一味觀行)을 '합치는 방식'(合)으로 논하는 것을 대략적으로 서술하자면 이와 같다."[86]

『대승기신론소·별기』를 비롯하여 『금강삼매경론』에 이르기까지 원효는 '현상에 대한 사실 그대로의 이해와 그 이해에 의거한 수행'(觀行)을 두 가지 유형으로 구분하고 있는데, 하나는 방편관(方便觀, 수단이 되는 이해수행)이고 다른 하나는 정관(正觀, 온전한 이해수행)이다. 원효의 관점에 따르면, 보살 수행의 52단계(52位)에서 십지十地 이전인 십신十信·십주十住·십행十行·십회향十廻向 단계에서의 관행觀行은 모두 방편관方便觀에 속하고, 십지 초지初地부터의 관행은 정관正觀에 해당한다.[87] 그에 의하면, 자리행과 이타행이 하나로 결합되는 분기점은 십지의 초지이며, 십지부터는 자리행과 이타행이 근원에서 하나로 결합하는 경지가 펼쳐지게 되고, 등각等覺과 묘각妙覺에 이르러 그 완벽한 경지가 된다. 또 십지의 초지初地 이상의 지평을 여는 정관正觀의 핵심을 원효는 유식관唯識觀으로 본다.[88]

---

[86] 『금강삼매경론』(H1, 604c2-22). "第二辨經宗者, 此經宗要, 有開有合, 合而言之, 一味觀行爲要, 開而說之, 十重法門爲宗. 言觀行者, 觀是橫論, 通於境智, 行是竪望, 亙其因果. 果謂五法圓滿, 因謂六行備足, 智卽本始兩覺, 境卽眞俗雙泯. 雙泯而不滅, 兩覺而無生, 無生之行, 冥會無相, 無相之法, 順成本利. 利旣是本利而無得, 故不動實際, 際旣是實際而離性, 故眞際亦空. 諸佛如來, 於焉而藏, 一切菩薩, 於中隨入, 如是名爲入如來藏. 是爲六品之大意也. 於此觀門, 從初信解, 乃至等覺, 立爲六行. 六行滿時, 九識轉顯, 顯無垢識, 爲淨法界, 轉餘八識, 而成四智, 五法旣圓, 三身斯備. 如是因果, 不離境智, 境智無二, 唯是一味, 如是一味觀行, 以爲此經宗也. 所以大乘法相, 無所不攝, 無量義宗, 莫不入之, 名不虛稱, 斯之謂歟. 合論一觀, 略述如之."
[87] 『금강삼매경론』, p.611b-c, p.623b, pp.646b-647a, p.660b, p.665a.
[88] 관련 논의는 필자의 「자기이익 성취와 타자이익 기여의 결합 문제와 원효의 선(禪)- 자리/이타의 결합 조건과 선(禪)」(『불교학연구』 40, 2014)에 있다.

다시 말해, **자리행과 이타행을 하나로 결합시킬 수 있는 관행이면 '온전한 이해수행'**(正觀)이며, 그렇지 못하면 그런 경지에 접근하기 위해 **'수단이 되는 이해수행'**(方便觀)이다. 정관은 진관(眞觀, 참된 이해수행)이라고도 하는데 '현상의 참 그대로 측면'인 진여문眞如門에 들어가게 되는 것은 정관에 의해서이다. '수단이 되는 이해수행'(方便觀)은 자아를 포함한 대상들(所取)에 대한 '실체 관념'(相)의 제거를 겨냥하는 것이고, '온전한 이해수행'(正觀)은 대상들에 대한 실체 관념뿐 아니라 '실체 관념을 제거하는 마음(能取) 자체에 대한 실체 관념'마저 제거하는 것이다. 그럴진대 '공관의 이해수행'은 '수단이 되는 이해수행'(方便觀), '공관空觀을 품은 유식관唯識觀의 마음수행'은 '온전한 이해수행'(正觀, 眞觀)에 해당한다.

보살 수행의 단계 가운데 십지十地 이전과 이후의 차이를, 자리행과 이타행의 결합 여하를 기준으로 삼아 구분하는 원효의 관점은 주목된다. 그에 의하면, 자리행과 이타행이 하나로 결합되는 분기점은 십지의 '첫 단계'(初地)이다. 십지의 초지初地 이후부터는 자리행과 이타행이 근원에서 하나로 결합하는 경지가 펼쳐지게 되며, '[차이들을] 평등하게 볼 수 있는 깨달음'(等覺)과 '[차이들을] 사실대로 함께 만날 수 있는 깨달음'(妙覺)에 이르러 그 완벽한 경지가 된다. 따라서 자리와 이타의 동시상응同時相應을 강조하는 대승불교 수행에서의 중요한 분기점은 십지의 초지初地가 된다. 원효는 선禪 수행의 초점도 자리행과 이타행이 하나로 결합되는 지평에 두고 있으며, 십지의 초지가 그 지평이 열리는 분기점이다. 정관이 작동하는 초지 이상의 경지에서 현상과 존재의 사실 그대로인 진여공성眞如空性 지평에 직접 접속하게 되고, 그때 '[사실 그대로'를] 비로소 깨달은' 시각始覺을 증득하여 본각本覺[인 '사실 그대로 앎']과 상통하게 되어 '시각이 곧 본각'이라는 일각一覺의 지평에 올라선다. 이후의 과제는 본각과의 상통 정도를 확장해 가는 것이다. 초지에서 위로 올라갈수록 상통의 원만성이 확대되다가, 등각等覺 경지에서 성취하게 되는 금강삼매에 의거하여 마침내 묘각妙覺 지평이 열려 시각과 본각이 완전하게 하나가 된다고 한다.

다. 지관쌍운止觀雙運

『대승기신론』과 원효가 보여주는 '지관止觀 수행'에 대한 관점은, '이해수행과 마음수행의 관계'를 '지관止觀 수행론'과 연관시키는 성찰의 유익한 근거를 제공한다. 『대승기신론』은 이렇게 말한다.

"어떻게 〈'[빠져들지 않고] 그침'(止)과 '[사실대로] 이해함'(觀)의 수행〉(止觀門)을 익히며 실천하는가? '[빠져들지 않고] 그침'(止)이라는 것은 〈모든 '[불변·독자의 실체로 간주하는] 대상[을 수립하는] 양상'(境界相)[에 빠져드는 것]을 그치는 것〉(止一切境界相)을 말하니, 〈'[빠져들지 않고] 그침을 통해 [사실대로 이해하면서] 바르게 봄'(奢摩他觀, 止觀)의 측면(義)〉(奢摩他觀義, 止觀義)에 따르는 것이다. '[사실대로] 이해함'(觀)이라는 것은 '원인과 조건에 따라 생겨나고 사라지는 양상'(因緣生滅相)을 이해(分別)하는 것을 말하니, 〈'[사실대로] 이해함을 통해 [빠져들지 않고 그쳐서] 바르게 봄'(毘鉢舍那觀, 觀觀)의 측면〉(毘鉢舍那觀義, 觀觀義)에 따르는 것이다. 어떻게 따르는가? 이 두 가지 측면을 점차 익히면서 서로 배제(捨)하거나 분리(離)되지 않게 하여 쌍으로 [함께] 나타나게 하는 것이다."[89]

---

89) 『대승기신론』(T32, 582a) ; "云何修行止觀門? 所言止者, 謂止一切境界相, 隨順奢

원효는 다음과 같이 해설한다.

"처음인 '간략하게 밝히는 것'에서 말한 〈모든 '[불변·독자의 실체로 간주하는] 대상[을 수립하는] 양상'[에 빠져드는 것]을 그치는 것을 말한다〉(謂止一切境界相)라는 것은 [다음과 같은 뜻이다.] 앞서 [불변·독자의 실체나 본질이 있다는 견해에 따르는] 분별 때문에 '[불변·독자의 실체로 간주하는] 온갖 대상들'(諸外塵)을 지어내다가 지금은 '[사실대로] 깨닫는 지혜'(覺慧)로써 '[불변·독자의 실체로 간주하는] 대상들[을 수립하는] 양상'(外塵相)을 깨뜨리니, '[불변·독자의 실체로 간주하는] 대상들[을 수립하는] 양상'(塵相)이 이미 그쳐 [불변·독자의 실체로 간주하여] 분별되는 것이 없다. 그러므로 〈[빠져들지 않고] 그침〉(止)이라고 부른다.

다음으로 말한 〈'[원인과 조건에 따라] 생겨나고 사라지는 양상'을 이해한다〉(分別[因緣]生滅相)라는 것은 [다음과 같은 뜻이다.] '[근본무지에 따라] 생멸하는 측면'(生滅門)에 의거하여 '현상의 [연기적緣起的] 양상'(法相)들을 관찰하는 것이니, 그러므로 〈이해한다〉(分別)라고 하였다. 이를테면 『유가사지론』「보살지菩薩地」에서 [다음과 같이] 말한 것과 같다. 〈이 중에서 보살은 '모든 현상'(諸法)에 대해 [불변·독자의 실체나 본질이 있다는 견해로] 분별하는 것이 없으니 [이것을] '[빠져들지 않고] 그침'(止)이라 부른다는 것을 알아야 하고, 만약 '모든 현상'에서 '[사실대로 보는] 탁월한 내용의 이해'(勝義理)로써 이르는 '사실 그대로 이해하는 참된 지혜'(如實眞智)와 갖가지 한량없이 많은 '언어에 담은 이해'(安立理)로 도달하는 '세속을 사실대로 이해하는 오묘

摩他觀義故. 所言觀者, 謂分別因緣生滅相, 隨順毗鉢舍那觀義故. 云何隨順? 以此二義, 漸漸修習, 不相捨離, 雙現前故."

한 지혜'(世俗妙智)라면 [이것을] '[사실대로] 이해함'(觀)이라 부른다는 것을 알아야 한다.〉

그러므로 '참 그대로인 측면'(眞如門)에 의거하여 온갖 '[불변·독자의 실체로 간주하는] 대상들[을 수립하는] 양상'(境相)을 그치므로 [불변·독자의 실체로 간주하여] 분별되는 것이 없어 곧 〈'[불변·독자의 실체나 본질이 있다는 관점에 의거한] 분별'이 없는 바른 이해〉(無分別智)를 이루고, '[근본무지에 따라] 생멸하는 측면'(生滅門)에 의거하여 '갖가지 [연기적으로 생멸하는] 양상들'(諸相)을 이해(分別)하므로 갖가지 [현상들이] '[연기의] 이치대로 나아감'(理趣)을 관찰하여 곧 '[깨달음을 성취한] 후에 얻어지는 [사실 그대로' 이해하는] 지혜'(後得智)를 이룬다는 것을 알아야 한다.

〈'[빠져들지 않고] 그침을 통해 [사실대로 이해하면서] 바르게 봄'(奢摩他觀, 止觀)의 측면(義)에 따르고, '[사실대로] 이해함을 통해 [빠져들지 않고 그쳐서] 바르게 봄'(毗鉢舍那觀, 觀觀)의 측면에 따른다〉(隨順奢摩他觀義, 隨順毘鉢舍那觀義)는 것은 [다음과 같은 뜻이다.] 그들 [인도인]이 사마타(奢摩他, samatha)라고 말한 것을 이들 [중국인]은 '지止'로 번역하였고, 비발사나(毘鉢舍那, vipassanā)는 이들 [중국인]이 '관觀'으로 번역하였다. 다만, 지금 이 『기신론』을 번역한 이는 '수단과 방법[을 통한 이해]'(方便[觀])와 '곧바로 사실대로 이해함'(正觀)을 구별하려 했기 때문에 '곧바로 사실대로 이해함'(正觀)에 대해서는 그들의 언어[인 산스크리트]를 그대로 쓴 것이다. 만약 모두 이쪽[중국]의 언어를 갖추어 쓴다면 〈'[빠져들지 않고] 그침을 통해 [사실대로 이해하면서] 바르게 봄'(止觀)의 측면에 따르고, 또한 '[사실대로] 이해함을 통해 [빠져들지 않고 그쳐서] 바르게 봄'(觀觀)의 측면에 따른다〉(隨順止觀義, 及隨順觀觀義)라고 말해야 한다. '[빠져들지 않고] 그침'(止)과 '[사실대로] 이해함'(觀)

을 쌍으로 [함께] 운용할 때 바로 '곧바로 사실대로 이해함'(正觀)이 [성취된다]라는 것을 드러내고자 하기 때문에 '[빠져들지 않고] 그침을 통해 [사실대로 이해하면서] 바르게 봄'(止觀)과 '[사실대로] 이해함을 통해 [빠져들지 않고 그쳐서] 바르게 봄'(觀觀)이라고 말한 것이다.

'수단과 방법'(方便)[에 의거하는] 때에는 모든 '[불변·독자의 실체로 간주하는] 대상들[을 수립하는] 양상'(塵相)을 그쳐야 '곧바로 사실대로 이해하는 그침'(正觀之止)에 따를 수 있으니, 따라서 〈'[빠져들지 않고] 그침을 통해 [사실대로 이해하면서] 바르게 봄'[의 측면(義)]에 따른다〉(隨順止觀[義])라고 말했다. 또 '[원인과 조건에 따라] 생겨나고 사라지는 양상을 이해'(分別[因緣]生滅相)할 수 있기 때문에 '곧바로 사실대로 이해하는 이해'(正觀之觀)에 따를 수 있으니, 따라서 〈'[사실대로] 이해함을 통해 [빠져들지 않고 그쳐서] 바르게 봄'[의 측면(義)]에 따른다〉(隨順觀觀[義])라고 말했다.

〈어떻게 따르는가?〉(云何隨順) 이하는 이 뜻을 곧바로 해석한 것이다. 〈점차 익힌다〉(漸漸修習)라는 것은 〈따를 수 있는 '수단과 방법'〉(能隨順之方便)을 밝힌 것이고, 〈[쌍으로 함께] 나타나게 한다〉([雙]現前)는 것은 〈따르게 된 '곧바로 사실대로 이해함'〉(所隨順之正觀)을 밝힌 것이다.

여기서는 '[빠져들지 않고] 그침'(止)과 '[사실대로] 이해함'(觀)의 뜻을 간략하게 밝혔는데, 특징(相)에 따라 논하면 선정(定)은 '[빠져들지 않고] 그침'(止)이라 부르고 지혜(慧)는 '[사실대로] 이해함'이라 부르게 되며, [수행의] 실제내용(實)에 의거해 말하면 선정(定)은 '[빠져들지 않고] 그침'과 '[사실대로] 이해함'에 [모두] 통하고 지혜도 그러하다."[90]

---

90) 『소』(1-727a-b).

원효에 따르면, 〈[인간의 지각 경험에서 모든 현상은] 오로지 마음[에 의한 구성]일 뿐 [마음과 무관한] 독자적 객관대상은 없다〉(唯識無境)는 유식관唯識觀에 의거하여 '그침'(止) 국면과 '살핌/이해'(觀) 국면을 동시적으로 펼쳐가는 수행단계가 '온전한 이해수행'인 정관正觀/진관眞觀이다. 정관正觀/진관眞觀은 지止와 관觀을 하나의 지평에서 융합적으로 펼쳐가는 수행단계이며, '그침(止)과 이해(觀)를 결합적으로 운용하는 수행단계'(止觀雙運)라야 '온전한 이해수행'이 된다는 것이다. 지止는 사마타 선정 수행, 관觀은 위빠사나 이해수행에 상응한다. 그리고 선정 수행인 지止와 위빠사나의 관觀을 각각 필자의 '이해와 마음' 독법에서의 마음수행과 이해수행에 배속시킬 때, 마음수행과 이해수행의 차이와 관계는 지관 수행론에서의 '지止와 관觀의 차이와 관계'에 해당한다. 그럴진대 『대승기신론』의 지관을 읽는 원효의 관점은 주목할만한 통찰을 드러낸다.

이해수행(觀)을 '수단이 되는 이해수행'(方便觀)과 '온전한 이해수행'(正觀)의 두 가지로 구분할 수 있다는 것은 무엇을 의미하는가? 또한 '온전한 이해수행'(正觀)은 자리행과 이타행을 하나로 결합시키는 동시에 '그침(止)과 이해(觀)를 결합적으로 운용'(止觀雙運)하는 수준이며, 그것을 가능하게 하는 조건은 유식관唯識觀이라는 것은 무엇을 의미하는가? 앞서 거론한 '이해수행과 마음수행의 차이와 관계'를 적용하면 해답의 실마리가 잡힌다.

앞서 거론한 '이해수행과 마음수행의 차이'는 이렇다. – 이해수행은, 〈'변화·관계의 차이현상'과 접속을 유지한 채, '본질/실체 관념에 매인 삶과 세상은 괴로움이라는 이해'(苦觀)와 '변함·무본질·무실체·관계·조건인과적 발생에 대한 이해'(무상관無常觀·무아관無我觀·공관空觀·연기관緣起

觀)를 수립하여 내면화시킴으로써, '차이현상의 사실 그대로'(如實相, 眞如相)를 이해하여 '사실 그대로의 이해로 인한 개인과 세상의 이로움'을 누리려는 것에 초점을 두는 수행〉이다. 그리고 마음수행은, 〈'변화·관계의 차이현상'과 접속을 유지한 채, '재인지 사유로서의 마음작용'에 의거하여 '차이현상들에 대한 기존의 느낌·이해·인식·경험을 붙들지 않는 마음 국면'을 열어, '기존의 느낌·이해·인식·경험 계열에서 빠져나오는 마음 국면'에서 '사실 그대로에 부합하는 느낌·이해·인식·경험'으로 바꾸고 내면화시켜, '사실 그대로에 부합하는 느낌·이해·인식·경험'에서 발생하는 개인과 세상의 이로움을 누리려는 것에 초점을 두는 수행〉이다.

그런데 '사실 그대로에 상응하는 이해의 수립과 내면화'에 초점을 두는 이해수행은 실질적으로는 '재인지 사유로서의 마음작용'이 열어주는 '기존의 이해를 붙들지 않는 인지적 좌표'에 의거하여 '잘못된 이해의 수정'과 '사실에 부합하는 이해의 수립'을 이루어 낸다. 그러나 '이해수행자' 자신은 이러한 마음작용을 모른 채 수행에 전념할 수 있다. 또한 '마음수행자'도 '기존의 이해를 붙들지 않는 인지적 좌표를 열어주는 마음 국면의 확보'에만 초점을 맞추고 '잘못된 이해의 수정'과 '사실에 부합하는 이해의 수립'에는 힘을 싣지 않는 경우가 있을 수 있다. 모든 이해를 붙들지 않는 '무분별의 풀려남'(근본지根本智·근본무분별지根本無分別智·무분별지無分別智·여리지如理智)에만 치우쳐 '사실 그대로에 부합하는 이해로 판단·평가하는 분별하는 지혜'(후득지後得智·후득차별지後得差別智·분별지分別智·여량지如量智)의 성취와 운용에 대한 관심과 노력은 결핍될 수 있는 것이다. 따라서 이렇게 말할 수 있다. 〈'마음으로서의 재인지 사유'와 '이해 사유'는 구조적으로 '같은 것은 아니지만 다른 것도 아닌 관계'(不一而不二)를 맺고 있는 것이지만, 이해수행과 마음수행의 수행 현장에서는 양자의 상호관계와 상호작용이 결합적이지 않을 수도 있다.〉

이렇게 보면 이해수행(觀)과 마음수행(止)의 관계는 실제 수행과 관련하여 두 유형으로 구분할 수 있다. 이해수행(觀)과 마음수행(止)의 '비非결합적 유형'과 '결합적 유형'이 그것이다.

비非결합적 유형은, 이해와 마음의 결합적 구조에도 불구하고, 이해수행과 마음수행 각각의 일면적 특징에 치우쳐 있는 경우이다. 이때 이해수행에 치우쳐 있는 경우는 '수단이 되는 이해수행'(方便觀)이고, 원효에 의하면 보살 수행의 십지十地 이전 단계에서 작동한다. 또 마음수행에 치우쳐 있는 경우는 '공관空觀을 안지 못하는 유식관唯識觀'에 의거한 마음수행이다. 이에 비해 결합적 유형은, 이해와 마음의 결합적 구조에 상응하여, 이해수행과 마음수행 각각의 특징이 융합적으로 결합되는 경우이다. 이해수행과 마음수행의 '분리될 수 없는 상호 의존'이 실제 수행에서도 양자의 융합으로 구현되는 단계이다. 이때의 이해수행은 '온전한 이해수행'(正觀)에 해당하고, 보살 수행의 십지十地 이후에 작동한다. 이 단계는 〈이해수행과 마음수행의 융합이 고도화되는 '상호관계의 정점 범주'〉를 지향하게 된다.

이해수행과 마음수행의 융합 단계에서는 〈그 어떤 이해도 붙들거나 그에 머물러 제한받지 않으면서 이해를 굴리는 인지능력 지평〉, 〈'사실 그대로에 부합하는 이해'에도 갇히거나 붙들어 집착하지 않는 좌표에 역동적으로 자리 잡으면서 '사실 그대로에 부합하는 이해'를 운용하는 인지능력 지평〉, 〈모든 유형의 관념·느낌·욕망·행위·의지·심리·이해 양상에서 끝없이 풀려나면서 '사실 그대로에 부합하는 이로운 관념·느낌·욕망·행위·의지·심리·이해 양상'을 역동적으로 조정하면서 펼치는 인지능력 지평〉이 밝아지면서 고도화되어 간다. 모든 이해를 붙들지 않는 '무분별의 풀려남'(근본지根本智·근본무분별지根本無分別智·무분별지無分別智·여리지如理智)과 '사실 그대로에 부합하는 이해로 판단·평가하는 분별하는 지혜'(후득지後得智·후득차별지後得差別智·분별지分別智·여량지如量智)의 결합적 성취와 운용이, '변화·관계의 차이현상들'과 접속을 유지한 채, 역동적으로 향상해 가는 향상일로向上一路의 단계라 하겠다.

원효에 따르면, 정관正觀/진관眞觀은 지止와 관觀을 하나의 지평에서 융합적으로 펼쳐가는 수행단계이다. '그침(止)과 이해(觀)를 결합적으로 운용하는 수행단계'(止觀雙運)라야 '온전한 이해수행'(정관正觀·진관眞觀)이 된다는 것이다. 그럴진대 이 지관쌍운止觀雙運은 앞서 거론한 이해수행(觀)과 마음수행(止) 관계의 '결합적 유형'에 해당할 것이다. 이해수행(觀)과 마음수행(止)의 '분리될 수 없는 상호 의존'이 실제 수행에서도 융합으로 구현되는 단계이며, 〈이해수행과 마음수행의 융합이 고도화되는 '상호관계의 정점 범주'〉로 나아갈 수 있는 단계라 하겠다.

원효는 '그침(止)과 이해(觀)를 결합적으로 운용하는 수행단계'(止觀雙運)인 '온전한 이해수행'(정관正觀·진관眞觀)의 토대를 〈[인간의 지각 경험에서 모든 현상은] 오로지 마음[에 의한 구성]일 뿐 [마음과 무관한] 독자적 객관대상은 없다〉(唯識無境)는 유식관唯識觀이라 한다. 왜 유식관이 지관쌍운止觀雙運의 '온전한 이해수행'(정관正觀·진관眞觀)의 토대가 되는 것일까? 원효의 의중을 탐구하려면 통과해야 할 관문이다. 유식학에 대한 학계의 일반적 시선으로는 통과할 수 없는 문이다. 〈유식학의 교학적 위상에 대한 원효의 각별한 평가 때문이다〉라는 대답으로는 철학적 갈증을 해소할 수가 없다. 원효가 유식학에 대한 각별한 관심과 탐구 성과를 보여주는 것은 분명하다. 그러나 유식학에 대한 종래의 교학적 시선이나 근대 이후의 탐구 내용만으로는, 원효가 '유식무경唯識無境의 유식관唯識觀'을 '지관쌍운止觀雙運의 정관正觀/진관眞觀을 가능케 하는 토대 조건'으로 간주하는 의중에 접근하는 데 한계가 명백하다. 특히 '지관쌍운止觀雙運의 정관正觀/진관眞觀'이라는 현상을 발생시키는 인과적 조건들과 그 의미를, 이해수행(觀)과 마음수행(止)의 특징 및 내용과 관련시키면서 성찰해 보려는 연기적 탐구의 갈증 해소에는 도움을 주지 못한다. '유식무경唯識無境의 유식관唯識觀'이 지니는 불교철학적 의미를 기존의 교학적 해석에 매이지 말고 새롭게 읽어 볼 필요가 있다. 원효는 왜 '유식무경唯識無境의 유식관唯識觀'에 그토록 중요한 위상을 부여하고 있는 것일까? 앞 장에서 거론한 '유식무경唯識無境과 알아차림(正知, sampajānāti)'은 이 질문에 대답해 본 것이다.

3) 이해수행과 마음수행 그리고 일심一心

일심一心 현상을 발생시키는 조건들로서 세 가지를 주목하였다. '공관空觀을 품은 유식관唯識觀', '방편관方便觀과 정관正觀', '지관쌍운止觀雙運'이 그것이다. 그렇다면 이 세 가지를 원인 조건으로 삼아 발생하는 일심의 내용과 의미는 무엇일까?

가. '공관空觀을 품은 유식관唯識觀'의 의미

원효에 따르면, 〈[인간의 지각 경험에서 모든 현상은] 오로지 마음[에 의한 구

성]일 뿐 [마음과 무관한] 독자적 객관대상은 없다〉(唯識無境)는 유식관唯識
觀에 의거하여 '그침'(止) 국면과 '살핌/이해'(觀) 국면을 동시적으로 펼쳐
가는 수행단계가 '온전한 이해수행'인 정관正觀/진관眞觀이다. 그런데 원
효의 유식관은 '공관을 안은 유식관'이다. '공관을 안은 유식무경唯識無
境의 유식관唯識觀'을 '지관쌍운止觀雙運의 정관正觀/진관眞觀을 가능케
하는 토대 조건'으로 보는 것이다. '공관을 안은 유식관'은 '이해/이해수
행을 안은 마음/마음수행'을 의미한다. 따라서 **'이해/이해수행을 안은
마음/마음수행' 수준이어야 〈'그침(止)과 이해(觀)를 결합적으로 운용하
는 수행단계'(止觀雙運)인 '온전한 이해수행'(正觀, 眞觀)〉이 된다**는 것이다.

나. '방편관方便觀과 정관正觀'의 의미

자리행과 이타행을 하나로 결합시킬 수 있는 관행이면 '온전한 이해
수행'(正觀)이며, 그렇지 못하면 그런 경지에 접근하기 위해 '수단이 되
는 이해수행'(方便觀)이다. '수단이 되는 이해수행'(方便觀)은 자아를 포함
한 대상들(所取)에 대한 '실체 관념'(相)의 제거를 겨냥하는 것이고, '온전
한 이해수행'(正觀)은 대상들에 대한 실체 관념뿐 아니라 '실체 관념을 제
거하는 마음(能取) 자체에 대한 실체 관념'마저 제거하는 것이다. '공관의
이해수행'은 '수단이 되는 이해수행'(方便觀), '공관空觀을 안은 유식관唯識
觀의 마음수행'은 '온전한 이해수행'(正觀, 眞觀)에 해당한다고 볼 수 있다.

다. '지관쌍운止觀雙運'의 의미

이해수행(觀)은 '수단이 되는 이해수행'(方便觀)과 '온전한 이해수행'(正
觀)의 두 가지로 구분할 수 있고, '온전한 이해수행'(正觀)은 자리행과 이

타행을 하나로 결합시키는 동시에 '그침(止)과 이해(觀)를 결합적으로 운용'(止觀雙運)하는 수준이며, 그것을 가능하게 하는 조건은 '공관空觀을 안은 유식관唯識觀'이라는 것은 무엇을 의미하는가? 이해수행(觀)과 마음수행(止)의 관계는 실제 수행과 관련하여 '비非결합적 유형'과 '결합적 유형'으로 구분할 수 있다는 것이다.

이해수행과 마음수행의 의미에 관해 앞서 거론한 내용을 다시 확인해 본다. – 이해수행은, 〈'변화·관계의 차이현상'과 접속을 유지한 채, '동일성·불변성·독자성·절대성 관념에 의거한 환각적 행복의 무지와 허구에 대한 이해'(苦觀)와 '변화·무본질·무실체·관계·조건인과적 발생에 대한 이해'(무상관無常觀·무아관無我觀·공관空觀·연기관緣起觀)를 수립하여 내면화시켜 개인과 세상의 이로움을 누리려는 것에 초점을 맞추는 수행〉이다. 또 마음수행은, 〈'변화·관계의 차이현상'과 접속을 유지한 채, '재인지 사유로서의 마음작용'에 의거하여 '차이현상들에 대한 기존의 느낌·이해·인식·경험을 붙들지 않는 마음 국면'을 열어, '기존의 느낌·이해·인식·경험 계열에서 빠져나오는 마음 국면'에서 '사실 그대로에 부합하는 느낌·이해·인식·경험'으로 바꾸고 내면화시켜, '사실 그대로에 부합하는 느낌·이해·인식·경험'에서 발생하는 개인과 세상의 이로움을 누리려는 것에 초점을 두는 수행〉이다. 이해수행은 실질적으로는 '재인지 사유로서의 마음작용'이 열어주는 '기존의 이해를 붙들지 않는 인지적 좌표'에 의거하여 '잘못된 이해의 수정'과 '사실에 부합하는 이해의 수립'을 이루어 낸다. 그러나 '이해수행자' 자신은 이러한 마음작용을 모른 채 수행에 전념할 수 있다. 또한 '마음수행자'도 '기존의 이해를 붙들지 않는 인지적 좌표를 열어주는 마음 국면의 확보'에만 초점을 맞추고 '잘못된 이해의 수정'과 '사실에 부합하는 이해의 수립'에는 힘을 싣지 않는 경우가 있을 수 있다. 모든 이해를 붙들지 않는 '무분별의 풀려남'(근본지根本智·근본무분별지根本無分別智·무분별지無分別智·여리지如理智)에만 치우쳐 '사실 그대로에 부합하는 이해로 판단·평가하는 분별하는 지혜'(후득지後得智·후득차별지後得差別智·분별지分別智·여량지如量智)의 성취와 운용에 대한 관심과 노력은 결핍될 수 있는 것이다. 따라서 이렇게 말할 수 있다. 〈'마음으로서의 재인지 사유'와 '이해 사유'는 구조적으로 '같은 것은 아니지만 다른 것도 아닌 관계'(不一而不二)를 맺고 있는 것이지만, 이해수행과 마음수행의 수행 현장에서는 양자의 상호관계와 상호작용이 결합적이지 않을 수도 있다.〉

'이해수행(觀)과 마음수행(止)의 비非결합적 유형'은, 이해와 마음의 결합적 구조에도 불구하고, 이해수행(觀)과 마음수행(止) 가운데 한쪽에 치우쳐 있는 경우이다. 이해수행에 치우쳐 있는 경우는 '수단이 되는 이해수행'(方便觀)이다. 자리행과 이타행을 하나로 결합시키지 못하며, 자아를 포함한 대상들(所取)에 대한 '실체 관념'(相)의 제거를 주된 목표로 하는데, 보살 수행의 십지十地 이전 단계에서 작동한다. 또 마음수행에 치우쳐 있는 경우는 '공관空觀을 안지 못하는 유식관唯識觀'에 의거한 마음수행이다.

이에 비해 '이해수행(觀)과 마음수행(止)의 결합적 유형'은, 이해수행(觀)과 마음수행(止)이 융합적으로 결합되는 경우이며, 이해와 마음의 결합적 구조에 상응하는 단계이다. 이해수행(觀)과 마음수행(止)의 '분리될 수 없는 상호 의존'이 실제 수행에서 구현되는 단계이다. 이때의 이해수행은 '온전한 이해수행'(正觀)에 해당하고, 보살 수행의 십지十地 이후에 작동한다. '이해수행(觀)과 마음수행(止)의 결합적 유형'은 '그침(止)과 이해(觀)를 융합적으로 운용하는 수행단계'(止觀雙運)이고, 〈이해수행과 마음수행의 융합이 고도화되는 '상호관계의 정점 범주'〉를 지향하게 된다.

라. '일심一心'의 내용과 의미

일심一心이라는 인지적 현상이 '공관空觀을 품은 유식관唯識觀'과 '방편관方便觀과 정관正觀' 및 '지관쌍운止觀雙運'을 발생 조건으로 삼는다는 것은, 〈'이해/이해수행'과 '마음/마음수행'의 상호관계와 상호작용을 고도화시켜 가는 과정에서 생겨나는 것이 '일심'이라 부르는 현상〉이라는 것을 의미한다. 일심이라 부르는 현상은 〈이해/이해수행과 마음/마음수행의 상호관계와 상호작용이 고도화되는 과정에서 역동적으로 펼쳐지는 인지적 국면〉이라 하겠다.

이해/이해수행과 마음/마음수행의 '분리될 수 없는 상호관계와 상호작용'은 양자의 융합 수준이 높아감에 따라 역동적으로 고도화되어 간다. 〈그 어떤 이해도 붙들거나 그에 머물러 제한받지 않으면서 이해를 굴리는 인지능력 지평〉, 〈'사실 그대로에 부합하는 이해'에도 갇히거나 붙들어 집착하지 않는 좌표에 역동적으로 자리 잡으면서 '사실 그대로에 부합하는 이해'를 운용하는 인지능력 지평〉, 〈모든 유형의 관념·느낌·욕망·행위·의지·심리·이해 양상에서 끝없이 풀려나면서 '사실 그대로에 부합하는 이로운 관념·느낌·욕망·행위·의지·심리·이해 양상'을 역동적으로 조정하면서 펼치는 인지능력 지평〉이, 양자의 융합 수준에 상응하여 밝아져 간다. 그리하여 모든 이해를 붙들지 않는 '무분별의 풀려남'(근본지根本智·근본무분별지根本無分別智·무분별지無分別智·여리지如理智) 과 '사실 그대로에 부합하는 이해로 판단·평가하는 분별하는 지혜'(후득지後得智·후득차별지後得差別智·분별지分別智·여량지如量智)의 결합적 성취와 운용이 역동적으로 향상해 간다. 그리하여 **'변화·관계의 차이현상들'** 과 접속을 유지한 채 '사실 그대로에 의거하여 발생하는 개인과 세상의 이로움'을 고도화시켜 가는 일심 현상이 전방위적으로 번져간다.

8. 선종의 돈오견성頓悟見性 : 마음수행의 창발적 전개

1) 돈오견성頓悟見性을 읽는 두 시선 : 이해 독법과 신비주의 독법

근대 이후 불교학과 학인들이 '한꺼번에 깨달아서 [사실 그대로 보는] 본연에 눈뜸'(頓悟見性)의 의미를 읽는 시선은 크게 두 유형이다. 〈불변·독자의 본질/실체 없음'(空) 및 돈오견성 언구言句의 뜻을 이해하는 것〉이라는 시선이 하나이고, 〈성性·자성自性·본심本心·본심眞心·자성청정심自性淸淨心 등으로 지칭되는 궁극실재를 한꺼번에 체득하는 것〉이라는 시선이 다른 하나이다. 전자는 '이해 독법', 후자는 '신비주의 독법'이라 불러 본다. 근대 이전의 학인들 가운데서도 이러한 두 시선이 널리 채택되었을 것으로 보이지만, 중의적重義的인 한문으로 된 문장만으로는 유형 간별이 쉽지 않다는 난점이 있다.

'한꺼번에 깨달아서 [사실 그대로 보는] 본연에 눈뜸'(頓悟見性)을 읽는 이해 독법은, 위빠사나 이해수행과 반야공·중관 공 사상 계열의 연장에 있다. 이해수행은 언어인간이 어렵지 않게 수용할 수 있기에 남전과 북전, 근대 이전과 이후의 학인들이 가장 널리 채택한다. 그러나 이해 독법은 붓다의 선 수행을 이루는 두 축인 '위빠사나 이해수행'과 '사마타 마음수행' 가운데 하나일 뿐이다. 선종 선불교 이전의 남전·북전 학인들은 심일경성心一境性을 근거로 삼아 '사마타 마음수행'을 '대상에 대한 마음집중'으로 간주하는 태도가 일반적이었다. 그런데 선종 선불교 등장 이후에는 '한꺼번에 깨달아서 [사실 그대로 보는] 본연에 눈뜸'(頓悟見性)을 오로지 이해 독법으로 읽는 시선들이 자주 목격된다. 〈오로지 이해하여 돈오견성한다〉라는 이해 지상주의가 횡행한다. 이해 지상주의자들은 선문禪門의 언구들을 일관되게 '공에 대한 이해를 깨우치게 하는 언어'로 읽는 동시에, 간화선의 화두 참구법과 간화선 수행자들에 대해서는 '이해수행의 합리성을 상실한 수행론'이라는 비판적 시선을 보낸다. '위빠사나 이해수행'과 '사마타 마음수행'을 모두 인지하면서 '사마타 마음수행'을 '대상에 대한 마음집중'으로 간주하는 학인들은 '사마타 마음수행'에 대한 시선의 타당성 문제를 안고 있고, '이해 독법' 내지 '이해 지상주의'는 '사마타 마음수행'을 간과하거나 외면하는 문제점을 보여준다. 특히 이해 지상주의는 선문의 연구에 나타나는 마음수행 관련 내용을 모두 이해수행으로 해석하는 무리를 행하고 있는가 하면, 이해수행으로 해석하기 어려운 연구는 아예 외면해 버리기도 한다.

'신비주의 독법'은 불변·절대의 궁극실재 혹은 본체로서의 마음을 설정한 후 그 마음을 체득하려는 시선이다. 그러나 혜능과 그의 가르침을 전승해 간 선사들은 신비주의의 길과 무관하다. 이에 비해 '이해 독법'은 '이해를 통한 돈오견성'을 주장한다. 선종의 법문에 등장하는 공空의 도리, 돈오의 이치, 무념이나 마음의 도리를 '이해'하면 깨닫는다고 한다. 이러한 이해 독법을 선택하는 사람들은, 앞서 거론한 '이해/이해수행과 마음/마음수행의 차이과 관계'를 놓치고 있다. 그리고 혜능을 비롯한 선종은, 선 수행의 두 축인 이해수행과 마음수행 가운데, 마음수행의 의미와 가치를 집중적으로 부각하고 있다. 마음수행의 의미가 왜곡되어 있다는 문제의식 때문이다. 원효는, '공관空觀의 이해수행을 품은 유식관唯識觀의 마음수행'에 의거하여, '이해/이해수행과 마음/마음수행의 관계'를 그 정점인 '일심一心이라는 마음 지평'으로 이끌어 간다. 선종은, 이해/이해수행을 기본으로 하면서도 마음/마음수행의 의미와 가치를 천명하는 데 집중하고 있다. 〈이해만 하면 돈오견성하여 깨달음을 성취한다〉라는 이해 독법의 시선은, 마음수행의 의미를 간과하는 무지와 편향성 때문에, 선종의 선문禪門에서는 길을 잃을 수 있다. 이해의 길라잡이 역할은 필수적이고 이해수행의 치유력은 강력한 것이지만, 마음수행의 길을 잃으면 이해의 한계와 무력감에 노출된다. **이해 독법을 채택하는 시선은 〈이해수행과 마음수행의 차이와 관계도 '이해'하면 된다〉라고 주장할 것이다. 그러나 이 글에서 거론하는 마음수행은 '차이현상들을 붙들지 않는 마음 국면'을 경험 범주에서 확보해야 제대로 이해가 된다.**

신비주의 독법은, '마음집중수행관'과 '궁극실재를 향한 갈증'이 결합한 것이다. 〈마음집중의 수행으로 궁극실재를 직접 한꺼번에 체득하여 완전하고 변치 않는 궁극실재와의 합일을 이루는 것이 돈오견성〉이라는 관점이다. 이 신비주의 독법은 혜능의 '한꺼번 깨달아서 [사실 그대로 보는] 본연에 눈뜸'(頓悟見性)에 관한 설법에서 등장하는 '견성見性, 자성심지自性心地, 자본심自本心, 상정자성常淨自性' 등의 표현에서 '성性' '자성自性' '본심本心'이라는 용어를 궁극실재에 관한 표현으로 읽는다. **그럴진대 혜능의 법문은 '궁극실재에 관한 불교적 변주'가 되어 아트만 사상과의 차별화가 어렵게 된다. 혜능을 설법을 따라 전개된 선종 선불교도 '불교 내부의 신흥 아트만 사상'으로 읽히게 된다. 선종의 언어가 구사하는 공, 무아, 연기 등의 불교 언어들은 궁극실재를 꾸미는 장식물이 되고**

만다. 붓다의 길, 그 중도를 탐구하여 걷고자 하는 구도자라면, 면밀하게 살펴 풀어야 할 사유의 덫이 아닌가.

성性·자성自性·본심本心 등을 궁극실재로 읽는 신비주의 독법은, 〈견성見性은 궁극실재를 직접 보는 것이고, 돈오頓悟는 그 궁극실재를 한꺼번에 체득하는 것〉이라고 생각한다. 궁극실재는 '변화·관계·차이의 현상 이면이나 너머에 실재하는 불변·동일·순수·독자·절대의 속성을 지닌 참된 존재나 상태'를 말하는데, 그런 궁극실재는 원래 없다. 궁극실재에 관한 주장은 경험적 근거를 지닐 수가 없는 공허한 명제이다. 그렇다면 돈오견성頓悟見性의 기치 아래 궁극실재의 체득을 추구하는 구도 행각은 성공할 수가 없다. 세속을 뒤로 하고 모든 관심과 노력을 온통 돈오견성에 쏟아붓는 구도행이, 목적지에 도달할 수 없는 방황의 여정이 되고 만다. 길을 잘못 선택한 것이 아니라, 목적지와 이정표를 잘못 읽었기 때문이다.

'궁극실재와의 합일을 추구하는 신념'을 신비주의라고 한다면, 돈오견성을 궁극실재의 체득으로 읽는 경향이 커질수록 선종 선불교에서는 신비주의가 득세하기 마련이다. 그리하여 궁극실재에 관한 다양한 착각과 허세가 설 자리를 얻는다. 특히 비일상적 경험이나 능력을 궁극실재의 체득과 연관 짓는 무지가 자신과 세상을 기만적으로 농락한다. **이런 신비주의 풍토에서는 '현상의 조건인과적 발생'을 성찰하려는 연기적 지성이 '쓸모없는 지식놀음' '무지의 알음알이' '궁극실재를 가리는 분별'로서 경멸의 대상이 된다.** 〈한 소식 했다〉〈깨달음을 맛보았다〉〈신비 체험을 했다〉라는 식의 체험 주장이, 연기적 성찰이 열어주는 지성과 합리의 자리를 차지해 버린다. 그리하여 그런 체험 현상을 발생시키는 조건들과 그 인과적 연관의 성찰에 대해서는 무관심하다.

궁극실재 관념이 전능의 절대자 관념과 결합하여 종교 제도를 구축한 현장에서는, 종교를 빙자한 세속적 야욕, 종교 권력과 권좌를 향한 탐욕과 무지, 허세와 기만, 선동과 들뜸과 세뇌, 다양한 종교적 폭력이 활개를 친다. 이런 현장에서는 흔히 치유 능력, 예지 능력 등의 비일상적 현상이 기만의 무기가 된다. 그런 비일상적 현상이 발생하는 조건들에 관한 연기적 성찰력은 집단적으로 마비되어 버린다. '경험할 수 없기에 검증할 수 없는 궁극실재'를 내세워 성聖의 권좌를 차지하려는 속俗은 간교할 뿐 아니라 뻔뻔하다. 이 '성聖의 가면 뒤에 숨은 속俗'은 성찰 지성의 빛을 가장 두려워하고 적대시한다. 연기적 사유의 성찰 지성은 모든 주장의 전제와 내용을 발생시킨 조건들의 인과관계를 비추어 내기 때문이다. 한국을 비롯한 지구촌 전역에서 종교 언어로 포장된 무지와 기만, 종교 언어 뒤에 숨은 폭력이 여전히 활개를 친다는 것은, 연기적 성찰 지성의 개인적·사회적 축적과 연대의 힘이 아직도 태부족임을 증언한다. 변화·관계·차이의 세계를 떠나지 않으면서도 변화·관계·차이의 현상에서 발생하는 문제를 '조건인과적 사유'로써 풀어가려는 길은 아직도 한산하다.

2) 돈오견성頓悟見性과 마음수행

선종 특유의 입장으로 회자되는 '문자를 세우지 않음'(不立文字)·'교학 외에도 별도로 전한 것'(敎外別傳)·'곧바로 사람의 마음을 가리킴'(直指人心)·'견성하여 부처를 이룸'(見性成佛)의 핵심은, '곧바로 사람의 마음을 가리킴'(直指人心)과 '한꺼번에 깨달아 견성함'(頓悟見性)에 있다고 하겠다. '문자를 세우지 않음'(不立文字)과 '교학 외에도 별도로 전한 것'(敎外別傳)이라는 말의 의미는 그 행간의 의미를 추정하기가 어렵지 않다. 선종의 전개 내용을 볼 때, 불립문자不立文字·교외별전敎外別傳은, 언어와 이론의 전면적 부정이 아니라, 〈언어적 설명에 대한 이해만으로는 부족하다〉라는 문제의식을 드러낸 것으로 보는 것이 타당할 것이다. 기실 선사들은 언어의 달인達人이고 귀재鬼才였다. 그러나 '곧바로 사람의 마음을 가리킴'(直指人心)과 '한꺼번에 깨달아 견성함'(頓悟見性)이라는 말이 어떤 내용, 어떤 국면, 어떤 의미를 지시하는 것인지에 대해서는 의견이 분분하다. 이 말을 읽는 독법에 따라 선종에 대한 이해, 나아가 불교 자체에 대한 이해가 결정될 정도이다. 이 말을 읽는 시선에 따라 선종의 돈오견성 언구 및 간화선看話禪의 관련 언구들에 대한 파악 내용이 결정된다. 따라서 **선종 선문禪門의 특징과 내용에 대한 탐구는 '곧바로 사람의 마음을 가리킴'(直指人心)과 '한꺼번에 깨달아 견성함'(頓悟見性) 이 두 명제에 집중된다. 그런데 이 두 명제는 '한꺼번에 깨달아 견성함'(頓悟見性)이 바로 마음수행(直指人心)의 문제라는 것을 알려주고 있다. 결국 〈돈오견성이라는 마음수행은 어떤 것인가?〉라는 물음에 답하는 것이 선종 선불교 탐구의 핵심 과제이다.**

돈오견성을 거론할 때 유념해야 할 문제가 있다. **선 수행의 두 축은 이해수행과 마음수행이며, 이해수행의 성취와 마음수행의 성취가 결합하고 상호작용하여 완전한 깨달음의 장場을 구현한다. 그리고 선종의 수행체계는 이해수행을 포함하지만, 마음수행의 맥락인 돈오견성에 목표와 초점이 맞추어져 있다.** 아래에서 거론하겠지만, 혜능과 선종은 '무념無念의 돈오견성頓悟見性'을 통해, '육근수호의 알아차림(sampajānāti)과 사마타 마음수행 → 유식사상의 유식무경唯識無境 → 공관을 품은 유식관에 의거한 원효의 일심一心'을 관통해 온 마음수행의 본령을 이어가고 있다. 따라서 돈오견성만으로 부처가 되는 완전한 깨달음을 성취한다고 말하기는 어려울 것이다. 더 이상 퇴행하지 않는 수준인 '완결형 돈오견성'을 성취한 것이 바로 부처의 경지라고 보는 것은 무리다. 돈오견성은 완전한 깨달음을 성취하여 부처가 되는 중요한 필요조건이지 충분조건은 아니라고 본다.

가) 혜능慧能과 돈오견성

인도에서 온 것으로 전해지는 보리달마菩提達磨, 『능가경』에 의거하는 달마-혜가慧可 계열의 선 수행집단인 능가종楞伽宗, 선종의 사조四祖로 일컬어지는 도신道信(580-651)이 기주蘄州 쌍봉산雙峯山을 중심으로 개창한 새로운 선 수행집단, 오조五祖 홍인弘忍(601-674)이 쌍봉산의 동산으로 옮겨 도신의 선법을 계승하면서 펼친 동산법문東山法門에 이르기까지 축적되면서 대두하던 선종 선불교의 안목과 개성은, 홍인의 제자 육조六祖 혜능慧能(638-713)에 이르러 확립된다. 『육조단경』이 전하는 혜능의 전기와 사상 및 선종의 주류가 된 남종선南宗禪의 확립과정에는 혜능의 제자 하택신회荷澤神會(684-758)의 역할이 결정적이었을 것으로 보는 것이 학계의 통설이다. 혜능이 홍인 문하의 수제자였던 신수神秀(606-706)를 제치고 홍인의 전법 제자가 되는 드라마틱한 전기는 『신회어록神會語錄』 「혜능전」의 반영이다. '신회의 혜능 이해'와 '혜능의 전기 및 사상'이 얼마나 부합하는가를 판단하기는 어렵다. 분명한 것은 혜능에 대한 거의 모든 자료는 '신회의 혜능 이해'에 크게 의존하고 있다는 점이다. 혜능을 탐구할 때는 언제나 신회의 역할을 고려해야 한다. 지해종사知解宗師라는 비판적 평가는 후대 조사선 계보의 수립 과정에서 부여된 것이어서 신회에 대한 평가도 더욱 적극적일 필요가 있다는 것이 학계의 중설衆說이다.

『육조단경』에 따르면, 혜능은 홍인 문하에 있을 때만 해도 한문 해독과 작문 능력이 없었던 인물로 기록되어 있다. 그런데 홍인의 전법 제자이자 6대 조사로서 펼치는 상당上堂 법문을 보면 당시 유행하던 교학 이론과 개념을 능숙하게 구사하면서 그에 대한 새로운 해석을 개진하고 있다. 홍인 화상의 전법 제자가 된 후 홍인의 당부대로 기주蘄州 황매현黃梅縣 동빙묘산東憑墓山을 떠나 최소 3년 동안은 법을 설하지 않았다고 한다면, 소주韶州 대범사大梵寺에서 설법을 시작하기까지 최소 3년 동안, 당시 유행하던 교학에 대한 탐구가 있었던 것으로 보인다. 『역대법보기歷代法寶記』에 따르면 혜능은 17년간의 은거 생활 끝에 인종印宗(627-713)과의 문답을 통해 공식 활동을 개시한다. 아마도 상당 기간의 교학적 탐구가 혜능의 은거 생활 동안 이루어졌을 것이다. 깨달았기에 저절로 교학도 알게 되었다고 보는 것은 비현실적이다. 그 어떤 생이지지生而知之 근기일지라도 현재의 지식마저 학습 없이 저절로 습득한다는 것은 이치에 맞지 않는다.

돈황본 『육조단경』 가운데 혜능 선 사상의 요결을 잘 담아내고 있는 세 가지 법문을 선택하여 음미하면서 논지를 전개하겠다. 혜능 이후 선종의 전개와 선사들의 법문은 이 세 법문의 취지를 고스란히 계승하고 있다. 또한 이 법문들에는 선종 돈오견성에 대한 탐구와 관련하여 이해가 갈리거나 통과하기 어려운 문(關門)들이 집중되어 있다. 이 문을 열고 어느 길에 올라서는가에 따라 앞서 거론한 '신비주의 독법의 길'이나 '이해 독법의 길'로 접어든다. 그리고 이 두 길은 모두 이 법문의 문門이 이끌려는 길이 아니다.

i) 돈오頓悟와 무념無念 법문

"선지식들이여, 나는 홍인 화상의 처소에서 한 번 듣자 말끝에 그게 깨달아 '참 그대로를 보는 본연의 면모'(眞如本性)에 '한꺼번에 눈 떴다'(頓見). 그러므로 [이] 가르침을 후대에 퍼뜨려 이제 도를 배우는 사람들이 **깨달음(菩提)을 '한꺼번에 깨달아'(頓悟) 각자 스스로 마음을 관觀하여 '[사실 그대로'와 만나는] 자기 본연의 면모'(自本性)를 '한꺼번에 깨닫게'(頓悟) 하려고 한다.** 만약 스스로 깨닫고자 하는 사람이라면 반드시 큰 선지식을 찾아가서 가르침을 받아 '[사실 그대로'와 만나는] 본연에 눈떠야 한다.'(見性) (…) '[사실 그대로'와 만나는] 자기 본연의 마음자리'(自性心地)에서 [사실 그대'로 보는] 지혜로써 관조觀照하여 '[자신과 세상에] 안팎으로 환히 밝으면'(內外明徹) [분별망상으로 '사실 그대로'를 등지지 않는] '자기 본연의 마음'(自本心)을 알게 된다. 만약 [분별망상으로 '사실 그대로'를 등지지 않는] '본연의 마음'(本心)을 알면 곧 해탈이고, 이미 해탈을 성취하면 바로 반야삼매般若三昧이며, 반야삼매를 깨달으면 곧 '잘못 분별하는 생각이 없음'(無念)이다. 무엇을 '잘못 분별하는 생각이 없음'(無念)이라 하는가? '잘못 분별하는 생각이 없음'(無念)의 도리는 '모든 현상'(一切法)을 보면서도 [그] '모든 현상'(一切法)에 집착하지 않고, 모든 곳에 이르면서도 [그] 모든 곳에 집착하지 않아 〈항상 "[사실 그대로 보는] 자신의 본연'(自性)[91]을 온전하게 간직하는 것이니〉(常淨自性), 여섯 도적[인 형상

---

91) '자성自性'이라는 용어는 맥락에 따라 전혀 반대되는 의미로 사용된다. '[사실 그대

(色)·소리(聲)·냄새(香)·맛(味)·감촉(觸)·개념(法)]들로 하여금 여섯 문[인 눈(眼)·귀(耳)·코(鼻)·혀(舌)·몸(身)·마음(意)]을 좇아 '여섯 대상'(六塵)으로 달려 나가게 하지만 ['여섯 대상'(六塵)을] 떠나지도 않고 ['여섯 대상'(六塵)에] 물들지도 않아 오고 감에 자유로운 것이다. 이것이 바로 반야삼매般若三昧이며 자재해탈自在解脫이니, '잘못 분별하는 생각이 없는 수행'(無念行)이라 부른다. 모든 사물을 생각하지 않거나 생각(念)을 끊어야 한다고 하지 말지니, 그것은 바로 '현상에 묶인 것'(法縛)이며 '치우친 견해'(邊見)라 한다. '잘못 분별하는 생각이 없음'(無念)의 도리를 깨달은 이는 '모든 현상'(萬法)에 다 통하고, '잘못 분별하는 생각이 없음'(無念)의 도리를 깨달은 이는 모든 부처의 경지를 보며, 〈'잘못 분별하는 생각이 없음'(無念)이라는 '한꺼번에 [닦는] 도리'(頓[修]法)〉(無念頓法)를 깨달은 이는 부처의 지위에 이른다."92)

로 보는] 자신의 본연'(自性)을 지칭하기도 하고, 무아·공 사상이 부정하는 '불변·독자의 본질'을 지시하기도 한다. '성性'이라는 용어도 마찬가지이다. '본연'이라는 긍정 면모를 뜻하기도 하고 '불변·독자의 본질'이라는 부정 면모를 가리키기도 한다. 『대승기신론』이나 원효 저술에서도 마찬가지이다. 개념의 의미를 풀어쓰기 어려운 한자와 한문의 특성 때문에 같은 용어가 다양한 의미로 구사된다. 원효나 선 어록을 비롯한 한문 문헌들을 탐구하거나 번역할 때는 맥락별 의미를 간별해 주어야 한다. 그렇지 않으면 오해나 오역의 덫에 휘말리게 된다.

92) 『돈황본 육조단경』. "善知識, 我於忍和尚處, 一聞言下大悟, 頓見眞如本性. 是故以教法, 流行後代, 今學道者, 頓悟菩提, 各自觀心, 令自本性頓悟. 若能自悟者, 須覓大善知識, 示道見性. (…) 自性心地, 以智慧觀照, 內外明徹, 識自本心. 若識本心, 即是解脫, 既得解脫, 即是般若三昧, 悟般若三昧, 即是無念. 何名無念? 無念法者, 見一切法不着一切法. 遍一切處不着一切處, 常淨自性, 使六賊從六門, 走出於六塵中, 不離不染, 來去自由. 即是般若三昧, 自在解脫, 名無念行. 莫百物不思, 當令念絕, 即是法縛, 即名邊見. 悟無念法者, 萬法盡通, 悟無念法者, 見諸佛境界, 悟無念頓法者, 至佛地位." 『돈황본 육조단경』은 『육조단경』 판본들 가운데 최고본最古本이라는 점에서 후대의 첨삭 이전의 내용에 접근하는 데 유용한 자료이다. 이 글에서의 『돈황본 육조단경』의 원문은 『4본대조 돈황본 육조단경』(조영미·최연식·김종욱·김천학·박인석 역주, 운주사, 2021)을 참조하였다. 『4본대조 돈황본 육조단경』은 현존하는 돈황본 네 가지를 꼼꼼히 대조·교감하면서 정본화定本化를 시

이 법문에서는 학인들이 자칫 '신비주의 독법의 길'에 접어드는 분기점 역할을 하는 대표적인 개념들이 등장한다. '진여본성眞如本性·자본성自本性·자성심지自性心地·자본심自本心·본심本心·자성自性'으로 표현되는 긍정 기호들이 그것이다. 문맥으로 볼 때 이 용어들은 같은 의미맥락에서 채택된 다채로운 표현들이다. 만약 이 용어들을 '가변적 현상 이면에 있는 불변·독자의 완전한 궁극실재'로 읽는다면, 혜능과 선종의 가르침은 '불변·독자의 완전한 궁극실재와의 합일을 추구하는 신비주의'가 된다. 선종을 마음수행의 가르침이라 간주하는 경우, 이때의 '마음수행'은 궁극실재인 마음과의 합일을 추구하는 '마음 신비주의 수행'이 된다. 실제로 학계나 구도학인들 사이에서 어렵지 않게 목격되는 사례이다.

이런 독법은, 비록 명쾌하여 이해하기 쉬울지 몰라도, 불교의 사상적 정체성과는 명백히 충돌한다. 아트만 신비주의 사유를 불교 언어로 포장만 바꾼 '불교 내부의 아트만 사상'이라는 비판에서 벗어날 수가 없다. 붓다는 명백히 불멸의 완전한 궁극실재를 설정하는 아트만·브라흐만 신비주의를 부정하고 있지 않은가. 원효나 대승불교에서 등장하는 긍정형 기호들에 대한 신비주의 독법처럼, 만약 혜능 법문에 등장하는 긍정 기호들을 '신비주의 길의 목적지인 궁극실재로 안내하는 이정표'로 읽는다면, 혜능과 선종의 길은 '본래부터 실재하지 않고 그래서 경험할 수 없는 허상'(망상 희론)을 좇아가는 공허한 여정이 된다. 이런 궁극실재를 체득했다는 사람의 경험적 근거를 갖춘 증언은 없다. 궁극실재는 경험의 대상이 아니기 때문이다. 유일·절대·전능·창조의 신을 만난 사람이 없는 것처럼, 이런저런 비일상적 체험을 궁극실재와의 만남으로 착

도한 것이다. 원문은 이 책을 참고하고 번역은 필자의 견해에 따른 것이다.

각하는 무지만 확인할 뿐이다. 선종 내부에서 등장하는 '깨달음 소식'은 궁극실재와의 합일 징표나 체득이 아니다. 무지와 착각, 헛된 기대와 허세에 들뜬 이들의 어지러운 행보가 깨달음이라는 이름 아래 횡행한다.

그렇다면 이들 긍정형 기호들은 무엇을 지시하는 것일까? 법문의 전후 맥락을 고려하면, 이 기호들은 분명 '마음' 및 '마음현상'과 관련된 것이다. 그러나 그 마음은 '불변·독자의 완전한 궁극실재'가 아니며, 마음현상은 그 궁극실재의 작용을 가리키는 것이 아니다. 그 마음은 동일 내용을 타자 배제적으로 보존하는 '명사형 마음'이 아니다. 변화와 관계에 열린 채 역동적으로 흘러가는 '동사형 마음'이다. '닫혀 있고 정지해 있는 명사형 마음'을 지시하는 것이 아니라 '열려 있고 움직이는 동사적 마음 국면'을 지시하는 것이다.

불교 문헌에 등장하는 용어·개념들을 탐구할 때 가장 조심해야 할 점은 모든 용어·개념을 '명사형'으로 읽는 태도이다. 불교 용어와 이론뿐 아니라, 인간이 구사하는 모든 언어를 읽을 때는 '명사형 용법이 지시하는 현상의 실제는 동사적 사태'라는 점을 유념해야 한다. 명사형 언어가 지시하는 내용을 '불변·동일·독자의 정지된 사태'로 간주하는 것은 인간이 품은 언어적 환각이고, 이로부터 인간 세상 특유의 양지와 음지 현상이 모두 발생하였다. 붓다는 〈인간의 모든 언어 용법이 지시하는 현상을 '변화·관계의 동사적 사태'로 읽어야 언어 환각의 덫에서 풀려난 이로움을 누리게 된다〉라는 것을 설한 최초의 선각자였던 것으로 보인다.

개념이라는 것은 '다수의 차이현상이 어울려 유사한 특징이나 패턴을 보여주는 역동적 현상'을 '단일한 단위'로 처리하기 위해 채택된 언어적 장치이다. 역동적 현상들이 보여주는 특징적 양상을 언어라는 기호에 담아 구분하면, 현상에 대한 이해와 대응능력이 고도화되기 때문이다. 이런 까닭에 인간의 언어는, '다수가 얽혀 역동적으로 전개되는 현상의 특징적 양상'을 분명하게 구획하는 명사형 단위들이 기본이 된다. 동사, 형용사, 부사, 접속사 등은 이 '명사형 단위'(개념)로 묶어 구획한 현상의 특징을 설명하는 보조 장치이기도 하다. 모든 현상의 특징은 본래 '다수가 얽힌 역동적 사태'이다. 그러나 '명사형 단위'(개념)에 담긴 특징은 '단수의 정지된 사태'로 간주된다. 언어인간이 문제 해결력을 고도화시키기 위해 선택한 인위적 왜곡이다.

이런 '명사형 단위'(개념)의 속성 때문에, 인간은 개념화된 모든 것을 '불변의 단일 내용을 지시하는 명사적 사태'에 관한 기호로 간주한다. 그러나 현상의 실제에는 명사형 사태가 존재하지 않는다. 변화·관계·다수의 역동적 사태만이 존재한다. '명사형의 불변성·단일성·동일성'은 문제 해결을 위해 요청된 허구일 뿐이다. 현상의 논리적 이해와 문제 해결에 강력한 효용성을 지녔기에, 허구를 사실처럼 용인할 뿐이다. 그러나 **그 강력한 효용성에도 불구하고, 언어능력에서 발생한 명사형 허구는 인간 특유의 폭력적 타자 배제, 독점적 소유욕과 권력적 지배욕의 발생 및 무한 증폭의 원천 조건이 되어 도리어 인간과 자연계를 할퀸다. 인간종 DNA의 절망적 면모는 언어능력에서 발생한 명사형 허구 관념의 구조화로 볼 수 있다.**

그러나 흥미롭게도 바로 이 '명사형 사태를 구획하는 언어능력'에서 발생하는 '괄호 치기 능력'으로 인해 인간은 희망의 가능성을 품었다. 기존의 관점과 이해, 행동을 괄호 치고 성찰하여 수정하는 세간의 '비판적 성찰'의 힘에서부터, 붓다의 위빠사나 이해수행, '모두 묶어서 앞으로 둔 채 아는 인지국면'을 일깨워 '마음 수준에서의 현상들과의 새로운 관계'의 길을 여는 '알아차림(sampajānāti)'과 사마타 마음수행, 유식사상의 유식무경唯識無境, 원효의 일심一心, 선종의 돈오견성에 이르기까지, 인간종 DNA의 절망적 면모를 희망의 DNA로 재구조화할 수 있는 능력의 원천도 모두 언어능력에서 발생하였다. 연기緣起나 무아無我를 비롯한 붓다의 모든 통찰과 법설은 일관되게 '명사형 허구'를 깨뜨려 '동사형 사실'을 드러내는 것으로 읽을 수 있다. 그리고 붓다의 그러한 성취와 행보 역시 언어능력에서 발생하는 희망의 면모를 활용한 것이다. 언어에 대한 무조건적 긍정이나 부정은 연기적 사유가 아니다. 언어에 대한 불교와 선종의 태도는 '언어에 대한 태도를 발생시키는 조건들을 고려하는 연기적 사유'로써 읽어야 한다. 선종은 '불립문자不立文字·교외별전敎外別傳의 언어관'과 '모든 언구가 곧 실상實相'이라는 언어관을 모두 보여준다. 그리고 이 상이한 언어관은 충돌하는 것이 아니다.

그렇다면 혜능이 구사하는 긍정형 기호들은 마음의 어떤 역동적 국면, 어떤 동사적 사태를 일러주려는 것일까? 이 법문에 등장하는 〈'한꺼번에 보았다'(頓見), '한꺼번에 깨닫는다'(頓悟)〉는 말, "무엇을 '잘못 분별하는 생각이 없음'(無念)이라 하는가? '잘못 분별하는 생각이 없음'(無念)의 도리는 '모든 현상'(一切法)을 보면서도 [그] '모든 현상'(一切法)에 집착하지 않고, 모든 곳에 이르면서도 [그] 모든 곳에 집착하지 않아 항상 '[사실 그대]와 만나는] 자신의 본연'(自性)을 온전하게 간직하는 것이니(常淨自性), 여섯 도적[인 형상(色)·소리(聲)·냄새(香)·맛(味)·감촉(觸)·개념(法)]들로 하여금 여섯 문[인 눈(眼)·귀(耳)·코(鼻)·혀(舌)·몸(身)·마음(意)]을 좇아 '여섯 대상'(六塵)으로 달려나가게 하지만 ['여섯 대상'(六塵)을] 떠나지도 않고 ['여섯 대상'(六塵)에] 물들지도 않아 오고 감에 자유로운 것이다."라는 구절에서 실마리가 잡힌다.

· **'돈頓'의 의미와 번역어**

돈오頓悟의 '돈頓'은 흔히 〈단번에, 단밖에, 몰록, 문득, 갑자기〉 등으로 번역되곤 하는데 필자는 〈한꺼번에, 통째로〉라고 번역해 본다. 〈단번에, 단밖에, 몰록, 문득, 갑자기〉 등은 시간적 이미지와 연관되기 쉽기 때문이다. 시간 계열에서 읽을 때 돈頓과 점漸의 대비는 '수행의 시간적 축적을 건너뛰는 것'(頓)과 '오랜 시간에 걸친 수행의 연속적 축적'(漸)의 차이가 된다. 그리하여 깨달음의 문제와 관련하여 돈頓과 점漸을 대비시킬 때는 '일시에/단번에 깨달아 마침'(頓)과 '점차 연속적으로 깨달아 감'(漸)의 차이가 된다. 그러나 돈頓과 점漸이라는 개념에 담긴 문제의식의 초점은 시간적 문제가 아닌 '범주 안팎'의 문제로 보인다. 예컨대 '불변·독자의 본질/실체 관념이 유효한 인식·욕망·행위의 범주 내에서의 변화'라면 점漸이고, '불변·독자의 본질/실체 관념이 유효한 인식·욕망·행위의 범주 밖으로의 변화'라면 돈頓이다. 이와 관련하여 필자는 이렇게 거론한 바 있다. 길지만 그대로 소개한다.

"돈오사상의 연원을 중국불교사, 특히 돈오성불론頓悟成佛論을 천명한 도생(竺道生, 약 372-434)에서 찾는 것이 학계의 관행이다. 도생에 의해 불교사상의 핵심을 돈오로 파악하는 물꼬가 트였으며, 이후 중국불교가 돈오라는 창을 통해 불교를 소화하여 발전시키고, 돈점頓漸 논쟁이 펼쳐졌으며, 급기야 선종禪宗의 돈오사상이 출현하게 되었다는 것이다. 인도불교의 중국적 수용을 파악하는 대표적 통로가 돈오사상이며, 중국적 불교를 가능케 한 주역이 바로 도생이라는 관점은 통설적 지위를 누리고 있다. 또한 깨달음과 수행의 돈점 문제에서 인도불교는 차제次第적 점문漸門이므로, 중국불교의 돈오사상은 인도불교와 불연속 관계에 있다는 견해가 일반적이다. 티베트에서 벌어진 돈점 논쟁의 구도도 이러한 맥락에서 음미되고 있다. 그러나 돈오사상이 실제로 인도불교의 전통과 불연속적 차별성을 지니는 것일까? 그렇지 않다고 본다. 오히려 돈오사상은 초기불교 이래의 불교적 통찰의 보편적 핵심을 고스란히 계승하고 있다고 본다. 그런 점에서 도생을 비롯하여 불교 사상의 핵심을 돈오에서 포착하고자 했던 중국과 한국 불교인들은, 불교적 통찰의 보편적 핵심을 연속적으로 계승하고 있다고 생각한다. 붓다 사상의 핵심을 돈오의 문제로 포착하여 붓다 사상의 생명력을 성공적으로 확인/부각/전승시켰다는 점에서, '돈오'라는 언어를 선택/발전시킨 불교인들의 탁월한 천재성과 업적이 평가되어야 할 것이다.

'돈頓'과 '점漸'은 상반된 의미를 나타내기 위해 선택된 개념조합이다. '돈'은 분명 '점'의 대칭어로 채택된 용어인데, '차츰차츰/점차로/차례대로/단계적으로'의 점漸에 맞서는 의미로서 선택한 것이 '단박에/몰록/단번에/한꺼번에/갑자기'의 돈頓이다. 이 돈/점이 내포하는 대칭적 의미는 크게 두 가지 관점에서 이해될 수 있다. 하나는 시간의 관점이고, 다른 하나는 범주/계열/지평의 관점이다. 시간의 시선으로 읽는다면, '점'은 시간의 연속성에 의거한 단계적 진행을, '돈'은 시간적 비약과 그에 의한 일회적 완결을 각각 의미하게 된다. '점차적 수행의 시간적 축적이 있어야 깨달음을 성취한다'고 주장하는 것은 점문漸門이 되고, '한 번의 깨달음으로 수행은 완결된다'고 하는 것은 돈문頓門의 입장이 된다. 이와는 달리 범주/계열/지평의 시선으로 본다면, '점'은 동일 범주/계열/지평 내에서의 연속적 이행과 변화를, '돈'은 한 범주/계열/지평에서의 이탈적 전의轉依를 지칭하게 된다. '실체적 자아 관념을 전제로 하는 범주/계열/지평' 내에서 존재 향상을 위해 노력하는 것은 점문이고, 아예 '실체적 자아 관념을 전제로 하는 범주/계열/지평'에서 통째로 빠져나와 '무아/공의 무실체적 통찰에 의거하는 계열/지평'으로 자리 바꾸는 것은 돈문이다. 그런데 이 두 관점은 수행의 실제에 있어서는 별개의 것으로 분리되는 것이 아니라 사실상 상호 연관되어 있다. 점문이 주장하는 시간적 연속과 단계적 축적에 의한 깨달음은 궁극적으로 돈문이 강조하는 '범주/계열/지평의 통째적 전의轉依'가 있어야 완결되는 것이고, 돈문의 '범주/계열/지평의 통째적 전의'는 시간적 연속의 점문적 축적과 무관할 수 없기 때문이다.

돈점을 시간의 시선으로 본다면, 돈과 점은 '한번에/단박에'와 '천천히/순차적으로'의 대립이 될 것이다. 그리고 돈점 논쟁을 바라보는 시각들의 대다수는 돈점을 시간의 문제로 파악하는 경향이 있다. 그러나 돈오를 시간의 문제로만 읽으면 돈점은 '더 이상의 수행(혹은 사전 수행)이 필요한가, 아닌가?'의 문제로 귀결되며, 그럴 경우 '범주/계열/지평의 시선'을 놓치기 쉽다. 그러나 돈오의 내용은 결국 '돈오'라는 말의 의미를 읽어 내는 사람들의 시선에 의해 구성되는 것이므로, 돈오를 '더 이상의 수행(혹은 사전 수행)이 필요한가, 아닌가?'의 시선으로 바라보는 관점의 역사가 실재한다는 점 또한 돈점론 탐구에서 배제할 수 없다. 돈오 및 돈점론 구성의 역사에는 두 시선이 동시에 행적을 남기고 있다.

필자가 보건대, 선종 내의 돈점론이나 티베트에서의 돈점 논쟁은 결국 이 두 관점의 문제로 귀결된다. '시간의 관점'과 '범주/계열/지평의 시선'이라는 상이한 관점의 어느 한 입장에 서거나, 혹은 양자를 결합시킨 형태로, 깨달음 및 수행의 문제를 처리하는 다양한 태도들의 대립과 충돌이 바로 돈점론이다. 돈과 점을 보는 이 두 가지 시선은 때로는 분리되고 때로는 혼합되어 나타나는데, 이 두 시선의 차이와 결합을 명료하게 인지하면 돈점론의 핵심 파악이 용이하게 된다. 티베트 쌈예의 돈점 논쟁에서 돈문파와 점문파 쌍방이, 돈점을 구성하고 있는 이 두 시선을 명료하게 인지하였다면 불필요한 반목이나 배타적 대립은 해소될 수 있었을 것으로 생각한다.

기존의 돈점 논쟁에서는 돈과 점의 개념 대비를 대부분 시간의 의미로 읽는다. 그러나 이와 같은 시간적 접근만으로는 돈점론의 본의에 접근하기가 어렵다. 오히려 돈점에 관한 수많은 혼란과 오해, 불필요한 논쟁, 겉도는 논란의 원인이 되곤 한다. 돈점론적 통찰의 불교적 핵심은 시간의 시선보다는 범주/지평/계열의 시선으로 포착하는 것이 더 적절하다. 돈점론의 수행론적 초점은, 수행과 깨달음의 관계가 시간적으로 '단번에' 맺어지는가, 아니면 '점차로' 이어지는가의 문제가 아니다. 시간의 문제와 무관하다고는 할 수 없지만, 돈점론의 의미맥락과 초점을 시간보다는 '범주/지평/계열의 통째적 전의轉依'에서 읽어 내는 것이 돈점의 수행론적 생명력에 부응하는 것이라 생각한다.

'돈'과 '점'의 대비는 그 의미의 초점을 '연속'과 '불연속'의 대비로 압축할 수 있다. 연속은 '어떤 전제가 유효할 수 있는 범주의 지속적 유지와 연장'이고, '그 전제에 의해 구성된 체제/계열/지평/틀/문법들 안에서 그 전제가 유효할 수 있는 인과관계'를 지칭한다고 정의해 두자. 그렇다면 불연속은, '어떤 전제가 더 이상 유효할 수 없는 범주적 이탈'이고, '그 전제에 의해 구성되어 그 전제가 유효할 수 있는 인과관계를 전개하는 체제/계열/지평/틀/문법 자체와의 결별'이다. 그리고 돈점론 의미맥락의 초점은 어떤 범주/체계/계열/지평/틀/문법의 수용 여부와 관련된 '통째적 전의轉依'의 문제에 있다."[93]

이런 관점에 따라 필자는 '돈頓'의 한글 번역어로 '한꺼번에'를 채택한다. 흥미롭게도 원효도 돈점의 문제를 거론한다. 특히 『본업경소』에서는 『본업경』에 등장하는 '한꺼번에 깨달음'(頓覺)·'한꺼번에 이해함'(頓解)·'한꺼번에 끊어짐'(頓斷)·'한꺼번에 끊어져 남는 것이 없음'(頓斷無餘) 등 '돈頓'과 연관된 개념들을 해석하면서 자신의 견해를 밝히고 있어 주목된다.[94] 돈점에 관한 원효의 논의도 '돈頓'을 '한꺼번에'로 번역하면 그 의미가 잘 통한다.

'한꺼번에'(頓)라는 개념은 이해수행과 마음수행에 모두 유효하다. 따라서 '한꺼번에 깨달음'(頓悟)은 '이해수행에서의 돈오'와 '마음수행에서의 돈오'로 구분된다. 이해수행의 경우에, '변함·무본질·무실체·관계·조건인과적 발생에 대한 이해'(무상관無常觀·무아관無我觀·공관空觀·연기관緣

---

93) 『돈점 진리담론』(2017, 세창출판사), pp.9-13.
94) 『본업경소』(H1, 502a21-b7).

起觀)나 '본질/실체 관념에 매인 삶과 세상은 괴로움이라는 이해'(苦觀)를 수립한다는 것은, '한꺼번에'(頓)라고 부를 수 있는 이해 지평의 변화를 의미한다. '이해 발생의 토대가 되는 조건'을 바꾸어 '그 발생 조건이 더 이상 유효할 수 없는 범주적 이탈', '그 발생 조건이 유효할 수 있는 인과관계를 전개하는 체제/계열/지평/틀/문법 자체와의 결별'이 발생하기 때문이다. 마음수행의 경우에는, 지각과 인식의 대상을 불변성·독자성·절대성 관념으로 채색하여 '사실 그대로'를 왜곡·오염시켜 가는 마음 방식 자체를 바꾸어, 대상인 '특징적 차이'(相)들과의 관계 방식을 '한꺼번에'(頓) 바꾼다. '돈오견성이라는 마음수행'의 의미를 탐구하기 위해서는, 선종에서 추구하는 깨달음이 이러한 의미의 '한꺼번에 깨닫는/깨달은 것'(頓悟)이라는 점을 먼저 유념해야 한다.

· **'무념無念'의 의미**

무념無念은 일반적으로 '분별하는 생각이 없는 것'으로 이해된다. 무념무상無念無想도 같은 의미로 간주된다. '념念'은 '마음작용'으로서 흔히 '생각'이라 풀이된다. 그리고 '무념無念'은 '념念의 부재 상태' 혹은 '념念의 극복 상태'를 지시하는 용어이다. 그렇다면 무념의 의미를 파악하기 위해서는 〈념念은 어떤 생각, 어떤 마음작용인가?〉를 물어야 한다. '모든 마음작용의 부재 상태'를 일컫는 것은 분명 아닐 것이기 때문이다. 만약 무념이 모든 유형의 마음작용이 없는 상태를 지시하는 것이라면, 살아있는 인간에게는 불가능한 상태다. 살아있는 한, 인간의 마음작용을 끊임이 없기 때문이다. 따라서 무념은 〈마음이 작용하는가, 아닌가? 생각이 있는가, 없는가?〉의 문제가 아니라, 〈어떤 마음작용, 어떤 생각이 없는 것인가?〉의 문제이다. 다시 말해, '무념에 해당하는 마음작용' '무념에 해당하는 '생각'의 발생 조건을 주목해야 하는 것이다. 이렇게 물어야 〈모든 현상은 조건에 따라 발생한다〉라는 연기법의 취지에 상응한다. 무념이라는 마음작용 혹은 생각을 발생시키는 조건을 선택해야 무념의 의미가 포착된다.

무념의 발생 조건을 '분별심이 없는 것'이라거나 '번뇌 망상이 없는 것'으로 설명하는 것은 무념의 의미 탐구에 실익이 없다. 〈무엇이 분별심이고 번뇌 망상인가?〉에 대한 대답이 되어야 무념 탐구에 유효하다. 이 질문에 대해 〈무명에 매인 마음작용, 무명에 오염된 생각이 분별심이고 번뇌 망상이다〉라고 하는 통상적 답변 역시 사실상 모호한 답변이다. '무명에 매인 마음작용, 무명에 오염된 생각'에 어떤 맥락과 방식으로 접근할 것이냐에 따라 교학의 차이들이 발생하였기 때문이다. 그 접근 맥락과 방식의 차이들은 크게 '이해'와 '마음'으로 나뉜다. **이해 맥락은 〈'무아의 이해'**(무아관)**·'무상의 이해'**(무상관)**·'연기의 이해'**(연기관)**에 상응하지 못하면 '무명에 매인 마음작용, 무명에 오염된 생각'이다〉라고 접근하는 방식이다. 수긍하기가 쉽기에 가장 일반화된 방식이다.** 위빠사나 이해수행과 공관空觀의 계열을 관통하는 '이해 독법'이 그런 입장을 대변한다. 이에 비해 마음 맥락은 앞서 거론한 '육근수호의 알아차림(sampajānāti)과 사마타 마음수행 → 유식사상의 유식무경唯識無境 → 공관을 품은 유식관에 의거한 원효의 일심一心 → 선종의 돈오견성'의 계열에서 접근하는 방식이다.

마음 맥락의 방식은 이해 독법의 시선, 사마타 수행에 대한 전통적 시선이나 유식 및 원효, 선종 탐구자들에게도 간과되거나 낯선 것이다. '이해 독법 지상주의' '마음집중의 사마타관'이나 '관념론 계열의 유식

이해' '궁극실재로서의 마음을 설정하는 신비주의 독법'으로는 포착되지 않는 방식이기 때문이다. 필자는 붓다의 마음수행 법설의 의미에 접근하려면 '육근수호의 알아차림(sampajānāti)과 사마타 마음수행 → 유식사상의 유식무경唯識無境 → 공관을 품은 유식관에 의거한 원효의 일심一心 → 선종의 돈오견성'을 관통하는 마음수행 통찰을 포착해야 한다고 본다. 이 글의 초점이 여기에 있고, 필자가 선종의 선관을 보는 관점이다. 원효의 일심이 '공관을 품은 유식관' 다시 말해 '이해수행을 품은 마음수행'인 것과 마찬가지로, 선종의 돈오견성은 '공관의 이해에 기초한 유식무경의 유식관'에 의거한다고 본다. 다만 선종은 유사한 통찰을 창발적인 개성을 반영한 방식으로 개진하고 있다. 이하의 논의에서 계속 추가로 상론할 것이다.

혜능의 설법은 '무념에 대한 마음 맥락의 접근'을 잘 드러내고 있다. 그리고 혜능이 설하는 돈오견성이 '육근수호의 알아차림(sampajānāti)과 사마타 마음수행 → 유식사상의 유식무경唯識無境 → 공관을 품은 유식관에 의거한 원효의 일심一心'을 관통해 온 마음수행의 의미와 정확하게 맞닿아 있음을 알려준다. 그의 말을 다시 들어 보자.

"무엇을 '잘못 분별하는 생각이 없음'(無念)이라 하는가? '잘못 분별하는 생각이 없음'(無念)의 도리는 '모든 현상'(一切法)을 보면서도 [그] '모든 현상'(一切法)에 집착하지 않고, 모든 곳에 이르면서도 [그] 모든 곳에 집착하지 않아 항상 '[사실 그대로 보는] 자신의 본연'(自性)을 온전하게 간직하는 것이니(常淨自性), 여섯 도적[인 형상(色)·소리(聲)·냄새(香)·맛(味)·감촉(觸)·개념(法)]들로 하여금 여섯 문[인 눈(眼)·귀(耳)·코(鼻)·혀(舌)·몸(身)·마음(意)]을 좇아 '여섯 대상'(六塵)으로 달려나가게 하지만 ['여섯 대상'(六塵)을] 떠나지도 않고 ['여섯 대상'(六塵)에] 물들지도 않아 오고 감에 자유로운 것이다."(何名無念? 無念法者, 見一切法不着一切法. 遍一切處不着一切處, 常淨自性, 使六賊從六門, 走出於六塵中, 不離不染, 來去自由.)

혜능에 따르면, 무념은 〈모든 현상을 무아나 공으로 이해하여 '실체 관념에 의한 판단과 평가'(분별)를 그치는 마음이나 생각〉이 아니다. 무념은 '모든 현상과 만나면서도 그 현상들을 붙들지 않는 마음이나 생각'이다. 그리하여 〈모든 현상에 불변·독자의 실체/본질이 있다는 생각으로 현상을 가공하던 마음작용의 계열을 멈추고 '실체/본질 관념의 왜곡이 사라진 사실 그대로'를 보는 마음자리를 회복하여 보전하는 것〉이 무념 수행이다. '현상의 사실 그대로'는 본래부터 무실체·무본질·관계·변화의 사태이다. 이 '본래의 그러함'(本然), 그 상실된 고향으로 회귀하는 수행이 '무념無念이라는 마음수행'이다. 무념은, '불변성·동일성·독자성을 부여하는 언어의 속성에 지배된 인식작용'(分別)으로 인해 잊혀진 '현상의 본래 그러한 고향'을 되찾는 발길이다. 이 귀향의 발길은, 〈현상에 대한 '마음의 왜곡적 인지 작용'(분별)을 그치는 마음 국면〉을 열어 확립하는 행로이다. 〈모든 현상에 불변·독자의 실체/본질이 있다는 생각으로 현상을 가공하던 마음작용의 계열을 멈추는 것〉이 무념의 행각이다. 이 무념의 마음 국면에서는 현상의 '본래 그러함'(本然)을 만날 수 있다. 그래서 〈'실체/본질 관념의 왜곡이 사라진 사실 그대로'를 보는 마음자리를 회복하여 보전하는 것〉이다.

혜능 설법에서 '념念'은 〈감관능력(六根)으로 대상(六境)들을 만나 느끼고 판별하고 평가하는 인식작용의 범주 전체〉를 지칭한다. '무념無念'은 이 인식작용 전체를 제거하는 것이 아니다. 무념은, 〈인식작용의 전체 범주 속에 있으면서도 '인식 능력과 대상들과의 관계 방식 변경'을 통해 이 전체 범주의 내용을 바꾸는 것〉이다. 이런 방식을 유식에서는 '전의轉依'라 부른다. 〈인식의 대상이 되는 주·객관의 모든 현상에 불변성·동일성·독자성을 부여하면서 관계 맺는 마음 방식〉을, 새로운 마음 국면의 선택과 수립을 통해 〈변화·관계의 사실 그대로와 관계 맺는 마음 방식〉으로 바꾸는 마음수행이 무념의 수행이다. 다시 말해, 주·객관의 모든 현상과 만나면서도, '불변성·동일성·독자성을 부여하는 방식을 붙들지 않는 마음 국면'을 수립하여 '[사실 그대로 보는] 자기 본연의 마음자리'(自性心地)에 역동적으로 위치하는 것이 무념행無念行이다.

'모든 현상에 불변·독자의 실체/본질이 있다는 생각으로 현상을 가공하던 마음작용의 계열'을 멈추는 무념은, 〈'불변성·동일성·독자성을 부여하면서 차이현상들을 왜곡하는 인식작용'(分別)의 계열과 범주에서 한꺼번에(頓) 빠져나오는 국면〉이다. 따라서 무념無念의 마음수행으로 분별을 그치는 것은 '한꺼번에(頓) 그침'이다. 마찬가지로, '현상을 사실 그대로 보는 본연의 마음자리에 눈뜨는 국면'인 견성見性은, '한꺼번에 눈뜨는 국면'(頓見)이라 해야 한다. 이렇게 견성과 돈오는 그 속성상 결합되어 있다. 그래서 '돈오견성頓悟見性'이다.

혜능의 무념 설법을 이렇게 읽으면, 혜능과 선종은 돈오견성이라는 말을 통해, '육근수호의 알아차림(sampajānāti)과 사마타 마음수행 → 유식사상의 유식무경唯識無境 → 공관을 품은 유식관에 의거한 원효의 일심一心'을 관통해 온 마음수행의 의미를 계승하고 있음을 알 수 있다.

무념에 대한 혜능 설법의 취지를 반영하면, '무념無念'은 '잘못 분별하는 생각이 없음', '자성自性'은 '[사실 그대로 보는] 자신의 본연', '견성見性'은 '[사실 그대로 보는] 본연에 눈뜸', '돈오견성頓悟見性'은 '한꺼번에 깨달아서 [사실 그대로 보는] 본연에 눈뜸'(頓悟見性)이라 번역하는 것이 적절하다. 또한 '진여본성眞如本性'은 '참 그대로를 보는 본연의 면모', '자본성自本性'은 '[사실 그대로 보는] 자기 본연의 면모', '자성심지自性心地'은 '[사실 그대로 보는] 자기 본연의 마음자리', '본심本心'은 '[분별망상으로 '사실 그대로'를 등지지 않는] 본연의 마음', '자본심自本心'은 '[분별망상으로 '사실 그대로'를 등지지 않는] 자기 본연의 마음'(自本心)으로 번역할 수 있다. 이렇게 번역하면 혜능의 법문과 이후 선종에서 등장하는 긍정형 기호들의 동사적 의미를 살릴 수 있다.

유념해야 할 것은, '현상을 사실 그대로 보는 본연의 마음자리'는 불변의 명사형 좌표가 아니라 역동적으로 수립되는 동사형 좌표라는 점이다. 마음을 비롯한 모든 현상은 역동적이기 때문에, '견성의 마음자리'(自性心地)에 자리 잡는 것도 역동적 선택과 지속적 간수 능력의 문제이다. 만약 '견성의 마음자리'(自性心地)를 불변의 명사형 좌표로 읽으면, 견성은 '불변의 좌표에 안착하여 정지하는 국면'이 된다. 삶과 죽음을 비롯하여 세계와 우주의 모든 현상은 예외 없이 생멸의 역동적 변화를 겪는다. 변화와 관계는 우주 만물 현상의 '스스로 그러함'(自然)이다. 예외는 없다. 정지와 불변, 독자적 절대를 속성으로 갖는 실재는 우주 어디에도 없다. **불변의 거주처에 대한 기대와 상상은 명사형 개념을 구사하는 언어인간이 언어능력의 부산물로 품게 된 환각일 뿐이다. 동시에 인간은, 언어능력으로 인해 가능케 된 괄호 치기 능력을 통해, 변화·관계의 현상을 겪는 '경험 방식'을 선택할 수 있게 된 특이한 생명체이다.**

궁극실재라 부르건 신선이라 부르건 사후 영생이라 부르건 간에, 불변의 완전한 거주지에 안기려는 기대와 상상은 '변화와 관계 그 자체인 현상의 스스로 그러함' 위에다 '불변과 독자라는 허구적 인위'를 덮어씌워 가리는 일이다.

ii) 무념無念·무상無相·무주無住 법문

혜능은 무념의 의미를 무상無相과 무주無住라는 개념과 연관시켜 부연 설명한다. 무상無相과 무주無住는 대승 경론에서 즐겨 채택하는 핵심 개념이다. 혜능은 이 두 개념이 모두 무념無念과 연관되어 있음을 밝힌다.

"선지식들이여, **나의 법문은 옛적부터 '한꺼번에 닦는 것'(頓)과 '점차로 닦는 것'(漸)을 모두 세우면서, '잘못 분별하는 생각이 없음'(無念)을 으뜸(宗)으로 삼고 '[불변·독자의 본질/실체로서 차별된] 차이가 없음'(無相)을 토대(體)로 삼으며 '[집착하여] 머물지 않음'(無住)을 근본(本)으로 삼는다.
무엇을 차이(相)이면서 '[불변·독자의 본질/실체로서 차별된] 차이가 없음'(無相)이라 하는가? '차이에 있으면서도 차이[에 대한 차별]에서 벗어나는 것'(於相而離相)이다. [또] '잘못 분별하는 생각이 없음'(無念)이란 것은 '생각하면서도 [사실을 왜곡하면서] 생각하지 않는 것'(於念而不念)이다. '[집착하여] 머물지 않음'(無住)이란 것은 '인간의 [사실 그대로 보는] 본연의 면모'(人本性)가 되어 생각마다 [집착으로 현상에] 머물지 않는 것이다.** 이전 생각과 현재 생각과 뒷 생각이 생각마다 서로 이어지면서 끊어짐이 없으니, 만약 한 생각이라도 끊어져 버리면 '진리 몸'(法身)은 곧 육신(色身)에서 벗어난다. **생각하는 때마다 모든 현상에 [집착하여] 머묾이 없어야 한다. 한 생각이라도 [집착하여] 머문다면 생각마다 곧 [집착하여] 머무르니, 이것을 [현상에] 묶임(繫縛)이라 한다. 모든 현상에 생각마다 [집착하여] 머무르지 않으면 곧 묶임이 없다. 이런 까닭에 '[집착하여] 머물지 않음'(無住)을 근본으로 삼는 것이다.** 선지식들이여, 밖으로 '모든 [불변·독자의 본질/실체로서 차별된] 차이'(一切相)에서 벗어나는 것이 '[불변·독자의 본질/실체로서 차별된] 차이가 없음'(無相)이다. 단지 '[불변·독자의 본질/실체로서 차별된] 차이'(相)에서 벗어날 수 있으면 '[사실 그대로 보는] 본연으로서의 토대'(性體)가 온전(淸淨)하니, 그러므로 '[불변·독자의 본질/실체로서 차별된] 차이가 없음'(無相)을 토대(體)로 삼는다.

모든 대상을 [잘못 분별하는 생각으로] 오염시키지 않으면 '잘못 분별하는 생각이 없음'(無念)이라 한다. 자기 생각에서 대상[에 대한 잘못된 분별]을 벗어나면 현상에서 '[잘못 분별하는] 생각'(念)이 일어나지 않는다. 모든 사물을 아예 생각하지 않거나 생각을 모두 없애려 하지 말라. 한 생각이라도 [완전히] 끊어지면 곧 죽어, 다른 곳에서 삶을 받는다. 도를 배우는 사람은 명심하라. 가르침(法)의 의미를 알지 못하여 자기가 착각하는 것을 오히려 옳다고 하면서 다시 타인에게 권하여 미혹하게 하지 말아야 하니, 스스로 미혹을 보지 못하는 것일 뿐 아니라 또한 경전의 가르침을 비방하는 것이다. 그러므로 '잘못 분별하는 생각이 없음'(無念)을 세워 으뜸(宗)으로 삼는다.

인연에 접했을 때 미혹한 사람은 대상에 대해 '[잘못 분별하는] 생각'(念)을 내고 [그] '[잘못 분별하는] 생각'(念) 위에서 곧 '삿된 견해'(邪見)를 일으키니, 모든 번뇌 망상이 이로부터 생겨난다. 그러므로

이 가르침은 '잘못 분별하는 생각이 없음'(無念)을 세워 으뜸(宗)으로 삼는다. 세상 사람들은 대상(境)에서 떠나 생각(念)을 일으키지 않지만, 만약 생각함(有念)이 없다면 '생각이 없음'(無念) 역시 성립하지 않는다.

[무념無念이라는 말에서] 〈없다〉(無)는 것은 어떤 일이 없는 것이고, 〈생각한다〉(念)는 것은 어떤 것인가? 〈없다〉(無)는 것은 〈'[불변·독자의 본질/실체로서 차별되어] 나누어진 차이'(二相)에서 생겨난 모든 번뇌〉(二相諸塵勞)에서 벗어나는 것이다. [〈'[불변·독자의 본질/실체로서 차별되어] 나누어진 차이'(二相)에서 생겨난 모든 번뇌〉(二相諸塵勞)에서 벗어나면] '참 그대로'(眞如)가 생각함의 토대(體)이고, 생각함(念)은 '참 그대로'(眞如)의 작용(用)이다. ['참 그대로'(眞如)를 보는] 본연(性)에서 생각을 일으키기에 비록 ['여섯 가지 감관능력'(六根)으로] 보고(見) 듣고(聞) 느끼고(覺) 인지하여도(知) 모든 대상을 오염시키지 않고 늘 [왜곡하는 분별에서] 자유롭다. 『유마경維摩經』에서는 〈밖으로는 '모든 현상의 차이/특징'(諸法相)을 잘 구분하고, 안으로는 [현상의 '참 그대로'(眞如)를 보는] '궁극적 관점'(第一義[諦])에서 움직이지 않는다〉라고 하였다."[95]

---

95) 『돈황본 육조단경』. "善知識, 我自法門, 從上已來, 頓漸皆立, 無念爲宗, 無相爲體, 無住爲本. 何名爲相無相? 於相而離相. 無念者, 於念而不念. 無住者, 爲人本性, 念念不住. 前念今念後念, 念念相續, 無有斷絶, 若一念斷絶, 法身卽離色身. 念念時中, 於一切法上無住. 一念若住, 念念卽住, 名繫縛. 於一切法上, 念念不住, 卽無縛也. 以無住爲本. 善知識, 外離一切相, 是無相. 但能離相, 性體淸淨, 是以無相爲體. 於一切境上不染, 名爲無念. 於自念上離境, 不於法上念生. 莫百物不思, 念盡除却, 一念斷卽無, 別處受生. 學道者, 用心. 莫不識法意, 自錯尙可, 更勸他人迷, 不自見迷, 又謗經法. 是以立無念爲宗. 卽緣迷人於境上有念, 念上便起邪見, 一切塵勞妄念, 從此而生. 然此敎門立無念爲宗. 世人離境, 不起於念, 若無有念, 無念亦不立. 無者, 無何事, 念者, 何物? 無者, 離二相諸塵勞. 眞如是念之體, 念是眞如之用. 性起念, 雖卽見聞覺知, 不染萬境而常自在. 維摩經云, 〈外能善分別諸法相, 內於第一義而不動〉"

혜능은 '잘못 분별하는 생각이 없음'(無念)을 으뜸(宗), '[불변·독자의 본 질/실체로서 차별된] 차이가 없음'(無相)을 토대(體), '[집착하여] 머물지 않 음'(無住)을 근본(本)이라 부르면서 세 가지의 내용을 연관시킨다. **혜능의 설법에서 특히 주목되는 내용은 무념**無念**·무상**無相**·무주**無住**에 대한 정 의**定義**이다.** 그에 따르면, **무념**無念은 〈생각하면서도 [사실을 왜곡하면서] 생 각하지 않는 것〉(於念而不念)이고, **무상**無相은 〈차이에 있으면서도 차이[에 대한 차별]에서 벗어나는 것〉(於相而離相)이며, **무주**無住는 〈'인간의 [사실 그 대로 보는] 본연의 면모'(人本性)가 되어 생각마다 [집착으로 현상에] 머물지 않는 것〉(爲人本性, 念念不住)이다. 각각의 정의와 그에 대한 혜능의 부연 설명을 재분류하여 종합한 다음 그 의미를 짚어본다.

【**무념**無念은 〈생각하면서도 [사실을 왜곡하면서] 생각하지 않는 것〉(於 念而不念)이다. 모든 대상을 [잘못 분별하는 생각으로] 오염시키지 않으 면 '잘못 분별하는 생각이 없음'(無念)이라 한다. 자기 생각에서 대 상[에 대한 잘못된 분별]을 벗어나면 현상에서 '[잘못 분별하는] 생각'(念) 이 일어나지 않는다. 모든 사물을 아예 생각하지 않거나 생각을 모두 없애려 하지 말라. 인연에 접했을 때 미혹한 사람은 대상에 대해 '[잘못 분별하는] 생각'(念)을 내고 [그] '[잘못 분별하는] 생각'(念) 위 에서 곧 '삿된 견해'(邪見)를 일으키니, 모든 번뇌 망상이 이로부터 생겨난다. 그러므로 이 가르침은 '잘못 분별하는 생각이 없음'(無念) 을 세워 으뜸(宗)으로 삼는다. 세상 사람들은 대상(境)에서 떠나 생 각(念)을 일으키지 않지만, 만약 생각함(有念)이 없다면 '생각이 없 음'(無念) 역시 성립하지 않는다. '무無'라는 것은 〈'[불변·독자의 본질/ 실체로서 차별되어] 나누어진 차이'(二相)에서 생겨난 모든 번뇌〉(二相 諸塵勞)에서 벗어나는 것이고, 〈'[불변·독자의 본질/실체로서 차별되어]

나누어진 차이'(二相)에서 생겨난 모든 번뇌〉(二相諸塵勞)에서 벗어나면] '참 그대로'(眞如)가 생각함의 토대(體)이며, 생각함(念)은 '참 그대로'(眞如)의 작용(用)이다. ['참 그대로'(眞如)를 보는] 본연(性)에서 생각을 일으키기에 비록 [여섯 가지 감관능력'(六根)으로] 보고(見) 듣고(聞) 느끼고(覺) 인지하여도(知) 모든 대상을 오염시키지 않고 늘 [왜곡하는 분별에서] 자유롭다.}

인간의 모든 느낌·지각·인식·경험은 현상의 '특징적 차이'(相)와 접속하면서 발생한다. 따라서 **무념無念은 〈현상의 '특징적 차이'(相)에 대한 인지 자체를 제거하는 것〉이 아니라 〈현상의 '특징적 차이'(相)의 사실 그대로를 왜곡하지 않는 인지 작용을 펼치는 것〉이다.** 무념은 사유의 제거나 멈춤이 아니다. 만약 사유 자체를 제거하거나 그치는 것을 무념의 경지라고 생각한다면, 삶 자체를 증발시키는 것을 깨달음으로 여기는 어리석음이다. – "세상 사람들은 대상(境)에서 떠나 생각(念)을 일으키지 않지만, 만약 생각함(有念)이 없다면 '생각이 없음'(無念) 역시 성립하지 않는다." "모든 사물을 아예 생각하지 않거나 생각을 모두 없애려 하지 말라. 한 생각이라도 [완전히] 끊어지면 곧 죽어, 다른 곳에서 삶을 받는다."(莫百物不思, 念盡除却. 一念斷卽無, 別處受生.) **상수멸정想受滅定을 '지각과 느낌의 완전한 소멸 경지'로 보는 류類의 선정관禪定觀에 대한 명백한 비판이다.**

생각 혹은 사유는 단일 차원의 현상이 아니다. 생각·사유라는 현상을 발생시키는 조건을 달리하면 다른 차원, 다른 내용의 것이 된다. **생각·사유 역시 그 발생 조건에 따라 내용이 달라지는 연기적 현상이다.** 혜능의 무념 설법은 이 점을 통찰하고 있다. '생각 자체를 없애는 것'이 아니라 '생각 발생의 조건을 바꾸는 것'이 무념이라 보는 것이다. – "자기 생각에서 대상[에 대한 잘못된 분별]을 벗어나면 현상에서 '[잘못 분별하는] 생각'(念)이 일어나지 않는다." "미혹한 사람은 대상에 대해 '[잘못 분별하는] 생각'(念)을 내고 [그] '[잘못 분별하는] 생각'(念) 위에서 곧 '삿된 견해'(邪見)를 일으키니, 모든 번뇌 망상이 이로부터 생겨난다."

'인식대상이 되는 주관적 현상이나 객관적 현상'(境)을 불변·독자의 본질/실체로 간주하여 왜곡하고 차별하는 것이 '번뇌'라 부르는 생각의 현상이다. 따라서 번뇌로서의 생각을 발생시키는 조건은, 〈변화·관계의 차이현상을 불변·독자의 본질/실체로 여겨 '별개의 것으로 나뉜 차이'(二相)〉이다. 만약 이 조건을 바꾸면 '번뇌라는 생각과 그 작용'이 '지혜라는 생각과 그 작용'으로 바뀐다. 그것이 '잘못 분별하는 생각이 없음'(無念)이고, 그 바뀐 조건의 핵심은, 〈생각마다 [집착으로 현상에] 머물지 않는 것〉(念念不住)과 그로 인한 〈차이에 있으면서도 차이[에 대한 차별]에서 벗어나는 것〉(於相而離相)이다. 생각마다 불변·독자의 본질/실체 관념으로 대상을 오염시키는 일을 붙들어 머물지 않는 것이, 〈생각마다 [집착으로 현상에] 머물지 않는 것〉(念念不住)이다. 이 '[집착하여] 머물지 않음'(無住)이 조건이 되어, 〈차이현상들과 접속해 있으면서도 차이[에 대한 차별]에서 벗어남〉(於相而離相)이 발생한다. 그리하여 차이현상 위에 본질이나 실체의 옷을 입혀 오염시키던 차별의 번뇌에서 벗어나면, 생각(念)을 발생시키는 토대는 '참 그대로, 사실 그대로'(眞如)가 되고 생각(念)은 '참 그대로, 사실 그대로'(眞如)의 작용(用)이 된다. 그럴 때는 감관능력(六根)에서 발생하는 모든 인지 현상이 '현상의 사실 그대로'에 상응한다. – "'무無'라는 것은 〈'[불변·독자의 본질/실체로서 차별되어] 나누어진 차이'(二相)에서 생겨난 모든 번뇌〉(二相諸塵勞)에서 벗어나는 것이고, 〈'[불변·독자의 본질/실체로서 차별되어] 나누어진 차이'(二相)에서 생겨난 모든 번뇌〉(二相諸塵勞)에서 벗어나면] '참 그대로'(眞如)가 생각함의 토대(體)이며, 생각함(念)은 '참 그대로'(眞如)의 작용(用)이다. ['참 그대로'(眞如)를 보는] 본연(性)에서 생각을 일으키기에 비록 [여섯 가지 감관능력'(六根)으로] 보고(見) 듣고(聞) 느끼고(覺) 인지하여도(知) 모든 대상을 오염시키지 않고 늘 [왜곡하는 분별에서] 자유롭다."

【무주無住는〈'인간의 [사실 그대로 보는] 본연의 면모'(人本性)가 되어 생각마다 [집착으로 현상에] 머물지 않는 것〉이다. 생각하는 때마다 모든 현상에 [집착하여] 머묾이 없어야 한다. 한 생각이라도 [집착하여] 머문다면 생각마다 곧 [집착하여] 머무르니, 이것을 [현상에] 묶임(繫縛)이라 한다. 모든 현상에 생각마다 [집착하여] 머무르지 않으면 곧 묶임이 없다. 이런 까닭에 '[집착하여] 머물지 않음'(無住)을 근본으로 삼는 것이다.】

'경험을 발생시키는 여섯 가지 감관능력을 잘 간수해 가는 방법에 관한 설법'인 육근수호 법설은, 감관능력이 '특징적 차이'(相)와 어떤 방식으로 관계 맺는가에 따라 '해로움과 이로움' '무명의 길'과 '지혜의 길'로 갈라진다는 것을 설하고 있다. '사실 왜곡으로 인해 삶과 세상을 오염·훼손하는 길'과 '사실 그대로를 이해하여 삶과 세상을 이롭게 하는 길'은, 감관능력의 대상인 '특징적 차이'(相)들과 관계 맺는 인식적 선택이 결정한다는 것이다. 눈·귀·코·혀·몸·의식/마음이 그에 상응하는 대상과 관계 맺을 때, 대상의 '전체적 차이/특징'(nimitta, 相)과 '부분적 차이/특징'(anuvyañjana, 細相)을 움켜쥐면 감관능력을 수호하지 못하게 되어 해로움이 삶과 세상에 밀려든다. 반면에 움켜쥐지 않으면 감관능력을 수호하게 되어 이로움이 삶과 세상을 채운다. 그리고 움켜쥐지 않을 수 있는 방법의 핵심은 알아차림(正知, sampajānāti)이라는 것이다.

앞에서 거론했듯이, 〈생각마다 불변·독자의 본질/실체 관념으로 대상을 오염시키는 일을 붙들어 머물지 않는 것〉(念念不住)이 발생 조건이 되어, 〈차이현상들과 접속해 있으면서도 차이에 대한 본질·실체주의적 차별에서 벗어남〉(於相而離相)이 가능해진다. 그리하여 감관능력(六根)과 대상과의 관계는 이로움을 발생시킨다. '사실 그대로의 차이들과의 만남으로 인한 이로움', '진실에 기반한 이로움'을 발생시킨다. 감관능력(六根)에서 발생하는 모든 인지 현상이 '현상의 사실 그대로'에 상응하기 때문이다.

이렇게 보면, **혜능의 '[집착하여] 머물지 않음'(無住) 설법은 이러한 붓다의 육근수호六根守護 법설과 그대로 통하고 있다. 혜능과 선종의 선관禪觀이 붓다의 선관에 상응하는 것이다.** 그런 점에서 혜능을 비롯한 선종은 '육근수호의 알아차림(sampajānāti)과 사마타 마음수행 → 유식사상의 유식무경唯識無境 → 공관을 품은 유식관에 의거한 원효의 일심一心'을 관통해 온 마음수행의 의미를 계승하여 개성적으로 전개하고 있다.

【무상無相은 〈차이에 있으면서도 차이[에 대한 차별]에서 벗어나는 것〉(於相而離相)이다. 밖으로 '모든 [불변·독자의 본질/실체로서 차별된] 차이'(一切相)에서 벗어나는 것이 '[불변·독자의 본질/실체로서 차별된] 차이가 없음'(無相)이다. 단지 '[불변·독자의 본질/실체로서 차별된] 차이'(相)에서 벗어날 수 있으면 '['사실 그대로 보는'] 본연으로서의 토대'(性體)가 온전(淸淨)하니, 그러므로 '[불변·독자의 본질/실체로서 차별된] 차이가 없음'(無相)을 토대(體)로 삼는다.】

붓다의 길(中道)은 변화·관계의 차이현상과 접속을 끊는 길이 아니다. 인간의 인식과 경험은 처음부터 끝까지 '변화·관계의 차이현상과의 만남'을 그 발생 조건으로 삼는다. 차이현상이 제거되면 인식과 경험의 내용도 비게 된다. 지각·인식·경험이라는 인지 현상 자체가 불가능해진다. 붓다는 이 점을 꿰뚫어 보았다. 육근수호 법설을 비롯한 붓다의 모든 법설은 이러한 통찰을 다양하게 변주하고 있다. 붓다의 길은 '변화·관계의 차이현상과 접속한 채 자유·평안·진실의 이로움을 구현하는 길'이다. 이해수행(위빠사나)과 마음수행(사마타)이라는 붓다 선禪 수행의 두 축도 이 길을 제대로 끝까지 가게 하는 동력이다. 혜능은 '무상無相'을 〈차이에 있으면서도 차이[에 대한 차별]에서 벗어나는 것〉(於相而離相)이라 설한다. 붓다의 길이 어떤 특징을 지닌 것인지 정확하게 파악하고 있다.

혜능(638-713)의 이러한 안목은 흥미롭게도 거의 동시대 인물인 원효(617-686)의 안목과 겹친다. 〈'특징적 차이현상'(相)에 대한 인식적 왜곡 및 그로 인한 개인적/사회적 불화와 고통〉이 원효의 저술을 관통하고 있는 문제의식이고, 〈'특징적 차이현상'(相)들과의 접속을 유지하면서 차이로 인한 개인적/사회적 불화와 고통을 극복할 수 있는 통찰과 방법론〉이 원효사상의 일관된 지향이기 때문이다. 원효사상은 '언어·사유·욕구와 접속해 있는 차이'(相)에 관한 통찰을 구심점으로 삼는다. 원효는 차이(相)를 '불변·독자의 본질/실체 관념에 포획되어 왜곡·오염된 차이'와 '불변·독자의 본질/실체 관념에서 벗어난 차이'로 구분하여 삶과 세상을 치유하려 한다. 원효의 평생 탐구는, '왜곡·오염되어 부당하게 차별된 차이와 그 해로움' 및 '제대로 이해된 사실 그대로의 차이와 그 이로움'에 관한 통찰로 귀결된다. 그의 화쟁사상도 그 연장선에 있다.

〈차이에 있으면서도 차이[에 대한 차별]에서 벗어나는 것〉(於相而離相)이라는 혜능의 무상無相 법문은, 선종 선 사상을 신비주의 독법으로 읽는 것이 얼마나 일탈적인가를 확인시켜 준다. 궁극실재는 가변적 차이현상 이면에 있거나 모든 차이를 초월한 주소지에 있으면서 차이현상의 모든 한계를 벗어나 있다는 것이 신비주의 독법의 전제이다. 따라서 신비주의가 추구하는 '변하지 않고 독자적이며 완전한 내용을 지닌 궁극실재'는, 초월적 방식이든 본체적 방식이든, '관계 속에서 끊임없이 변하는 차이현상'과의 접속을 끊은 자리에 존치된다. 그 초월 및 이면의 자리에서 자기 동일성을 절대적으로 유지하면서, 가변적 차이현상을 창조한 후 좌지우지하는 군림자 능력을 발휘하던가, 가변적 차이현상의 근거가 되는 본체적 능력을 펼치고 있다는 것이, '궁극실재와 차이현상의 관계'에 관한 신비주의 독법의 논리이다. 그러므로 선종의 돈오견성을 '궁극실재로서의 마음과의 합일적 체득'으로 읽는다면 전형적인 신비주의 독법이다. 〈차이에 있으면서도 차이[에 대한 차별]에서 벗어나는 것〉(於相而離相)이라는 혜능의 무상無相 법문과는 전혀 상응하지 못하는 시선이다.

〈밖으로 '모든 [불변·독자의 본질/실체로서 차별된] 차이'(一切相)에서 벗어나는 것이 '[불변·독자의 본질/실체로서 차별된] 차이가 없음'(無相)이다. 단지 '[불변·독자의 본질/실체로서 차별된] 차이'(相)에서 벗어날 수 있으면 '['사실 그대로 보는'] 본연으로서의 토대'(性體)가 온전(淸淨)하니, 그러므로 '[불변·독자의 본질/실체로서 차별된] 차이가 없음'(無相)을 토대(體)로 삼는다〉라는 혜능의 말은, 신비주의가 추구하는 '모든 차이현상과의 절연을 통한 궁극실재와의 합일'을 설하는 것이 아니다. 감관능력의 인지 대상이 되는 주관적·객관적 현상에 본질·실체 관념을 덧씌워 '변화·관계의 차이현상'을 '불변·독자의 차별 현상'으로 비틀어 버리는 인식적 왜곡과 오염을 그치는 것, 그리하여 '차이현상을 사실 그대로 볼 수 있는 마음자리'(청정淸淨한 성체性體)를 확보하는 것이, 〈차이에 있으면서도 차이[에 대한 차별]에서 벗어나는 것〉(於相而離相)이라는 부연 설명이다.

iii) 무념無念·무상無相·무주無住 법문의 시사점

불교에 대한 시선의 전반적 문제이기도 하지만, 특히 선종의 선 사상을 읽을 때 '차이 초월의 신비주의 독법'을 채택할 경우, 깨달음과 차이현상에 대한 무관심은 근원적 수준에서 결합한다. 무상無常·무아無我·공空에 대한 이해를 통해 깨달음을 이루어 해탈하려는 이해 독법의 경우에도 유사한 현상이 목격된다. '무상無常·무아無我·공空에 대한 이해'가 자칫 '차이현상과 결합되어 있는 현실의 증발'로 이어지곤 한다. 그리고 그 결과는 '차이에서 발생하는 현실문제에 대한 근원적 무관심'이다. 그리고 이것은 '차이 문제로 채워진 삶과 세상'에 대한 성찰 지성과 문제 해결 의지에 대한 무관심으로 이어지고, 심지어 그런 성찰 지성과 문제 해결 의지를 '분별을 키우는 일'이라며 경시하는 경향까지 부추긴다. 깨달음과 세간의 근원적 불화이다. 존재하지도 않는 궁극실재에 시선이 박혀 '차이현상에서 발생한 문제로 채워진 세간 자체'를 송두리째 초월하려 하거나, 무상無常·무아無我·공空에 대한 이해를 '세간 문제를 일거에 내려놓는 해법'으로 소화하기 때문이다.

이것은 무지이고 기만이다. 붓다의 길, 공空과 마음에 관한 대승교학의 통찰, 원효, 선종의 선문禪門을 '차이현상의 부정이나 초월의 길'로 읽는 것은 오독誤讀이다. 딛고 있는 땅은 보지 않고, 먼 하늘만 쳐다보며 딴청을 부리는 어리석음이다. 기만적 내려놓기이고, 도피적 초월이다. 혜능의 무념無念·무상無相·무주無住 법문은 이해 독법과 신비주의 독법의 이런 문제점을 비추는 거울이다.

인간 세상의 차이 문제는 언어·사유·욕구와 결합되어 발생한다. 그리고 인간의 인식과 경험은 처음부터 끝까지 '언어·사유·욕구와 결합된 차이'(相)들을 조건으로 삼아 발생한다. 붓다의 길(中道)은 이 차이들과의 만남을, '불변성·동일성·독자성·절대성 환각의 덫'을 풀고 '변화·관계의 차이들과 사실 그대로 관계 맺기'로 바꾸는 길이다. 중도의 길에서 이해수행과 마음수행은, 차이현상 및 그로부터 발생한 문제 자체를 내려놓는 것이 아니라, 문제 해결을 방해하는 '차이현상에 대한 무지의 왜곡과 가공'을 내려놓고 문제를 제대로 푸는 능력을 확보하는 것이다. 무지의 환각에 가려 제대로 보지 못하고 엉뚱한 길에서 헤매던 무거운 발걸음을, 사실 그대로 밝게 보면서 진실의 이로움을 향해 나아가는 경쾌한 발걸음으로 바꾸는 것이다.

원효는 붓다의 길을 탐구하여 '언어·사유·욕구와 접속해 있는 차이'(相)를 성찰하고, 이 차이(相)를 '불변·독자의 본질/실체 관념에 포획되어 왜곡·오염된 차이'와 '불변·독자의 본질/실체 관념에서 벗어난 차이'로 구분하는 동시에, '왜곡·오염되어 부당하게 차별된 차이와 그 해로움' 및 '제대로 이해된 사실 그대로의 차이와 그 이로움'에 관한 통찰을 밝혀 삶과 세상을 치유하는 길을 자신의 언어와 몸짓으로 펼쳤다. 혜능은, 무념無念·무상無相·무주無住 법문을 통해 기존의 선관禪觀과 마음수행에 대한 통념의 문제점을 지적하면서, 깨달음과 차이현상을 재결합시키고 있다. 붓다와 불교를 따라 원효와 혜능이 걸어간 길에 대한 시선과 탐구는 전면적으로 재검토할 대목이 많다.

iv) 좌선坐禪 법문

선종 연구자들은 흔히 〈선종은 좌선을 부정한다〉라고 말한다. 선종 선사상에 대한 '이해 독법'은 이에 덧붙여 〈선종은 원래 선정 수행을 거부하고 이해를 통한 견성을 강조한 것이다. 간화선 이전의 조사선은 이해를 통한 깨달음을 설했는데, 간화선에 오면서 선정 수행으로 풍토가 바뀐 것이다. 그러므로 선종의 원래 정신과 수행법을 회복하려면 간화선 이전의 이해 깨달음으로 돌아가야 한다.〉라고 주장하기도 한다. 과연 그럴까? 이런 소견들에 대해 필자는 동의하지 않는다. 혜능의 좌선 법문, 회양(南嶽懷讓, 677-744)이 좌선하는 마조(馬祖道一, 709-788)의 문제점을 짚어 깨닫게 한 일화의 내용에 대한 오독誤讀으로 빚어진 부정확한 관점이라 생각한다. 혜능은 좌선에 대해 이렇게 설한다.

"선지식들이여, **이 가르침에서의 좌선坐禪**은 본래 '마음을 보지 않고'(不看心) '온전함도 보지 않으며'(不看淨) 움직임(動)을 말하지도 않는다. 만약 〈마음을 본다〉(看心)라고 말한다면 마음은 원래 '실체가 없는 것'(妄)이니, '실체가 없는 것'(妄)이 마치 허깨비와 같은 것이기 때문에 '보이는 것'(所看)이 없다. [또] 만약 〈온전함을 본다〉(看淨)라고 말한다면 '사람의 본연'(人性)은 '본래 온전한 것'(本淨)이니, '잘못 분별하는 생각'(妄念) 때문에 '참 그대로'(眞如)를 덮었지만 '잘못 분별하는 생각'(妄念)에서 벗어나면 〈'[사실 그대로 보는] 본연의 면모'(本性)는 [본래대로] 온전함이다〉(本性淨). '[사실 그대로 보는] 자신의 본연'(自性)이 '본래 온전하다는 것'(本淨)을 알지 못하고 '마음을 일으켜 온전함을 보려고 하기에'(起心看淨) 도리어 '온전함이라는 망상'(淨妄)을 일으키지만, 망상[인 온전함(淨)]은 있는 곳이 없다.

그러므로 [온전함(淨)을] '보려는 자'(看者)의 봄(看)은 도리어 망상이라고 알아야 한다. 온전함(淨)에는 '[실체나 본질로서의] 형태나 특징'(形相)이 없지만 도리어 '온전함이라는 [실체나 본질로서의] 특징'(淨相)을 세우고 [그것을 보는 것을] 공부라고 말하니, 이런 견해를 짓는 자는 '[사실 그대로 보는] 자기 본연의 면모'(自本性)를 가리고 도리어 온전함(淨)에 묶인다.

'움직이지 않음'(不動)이라는 것은, 모든 사람의 허물을 보더라도 이 '[사실 그대로 보는] 본연'(性)에서 움직이지 않는 것이다. 미혹한 사람은 자기 육신을 움직이지 않으면서 입만 열면 다른 사람들의 '옳고 그름'(是非)을 말하니 도와는 어긋난다. '마음을 보는 것'(看心)과 '온전함을 보는 것'(看淨)은 도리어 도를 가로막는 인연이다.

이제 이미 이와 같다면, 이 가르침에서는 무엇을 좌선坐禪이라 부르는가? **이 가르침에서는 모든 것에 [미혹으로] 걸림이 없으니, 밖으로 모든 대상에 대해 '[잘못 분별하는] 생각'(念)을 일으키지 않음이 앉음(坐)이 되고 [안으로] '[사실 그대로 보는] 본연의 면모에 눈뜸'(見本性) 어지럽지 않음이 선禪이 된다.** [이 가르침에서는] 무엇을 선정禪定이라 부르는가? 밖으로 '[불변·독자의 본질/실체로서 차별된] 차이'(相)에서 벗어남을 선禪이라 말하고, 안으로 어지럽지 않음을 정定이라 말한다. 밖으로 [대상들의] 차이(相)가 있어도 안으로 '[사실 그대로 보는] 본연'(性)이 어지럽지 않아 '[사실 그대로 보는] 본연의 면모'(本性)가 '스스로 온전함'(自淨)을 정定이라 말한다. 단지 대상과의 접촉을 인연 삼아 접촉하면 곧 어지러워지니, '[불변·독자의 본질/실체로서 차별된] 차이'(相)에서 벗어나 어지럽지 않음이 곧 정定이다. 밖으로 '[불변·독자의 본질/실체로서 차별된] 차이'(相)에서 벗어남이 곧 선禪이고, 안으로 어지럽지 않음이 곧 정定이니, 밖으로 선禪이고 안으로 정

定이기 때문에 선정禪定이라 한다. 『유마경維摩經』에서는 〈곧바로 환하게 트여 '본연의 마음'(本心)을 되찾는다.〉라고 하였고, 『보살계경菩薩戒經』에서는 〈본래의 근원인 '[사실 그대로 보는] 자신의 본연'(自性)은 온전하다.〉라고 하였다.

선지식들이여, '[사실 그대로 보는] 자기 본연의 스스로 온전함'(自性自淨)을 보아라. [그 '[사실 그대로 보는] 자기 본연의 스스로 온전함'(自性自淨)을] 스스로 닦고 스스로 이루는 것이 '[사실 그대로 보는] 자기 본연으로서의 진리 몸'(自性法身)이고, '[사실 그대로 보는] 자기 본연의 스스로 온전함'(自性自淨)을 '스스로 행함'(自行)이 '부처의 행함'(佛行)이며, '[사실 그대로 보는] 자기 본연의 스스로 온전함'(自性自淨)을 스스로 이루고 스스로 완성하는 것이 '부처의 길'(佛道)이다."[96]

이 법문을 두 부분으로 나누어 음미해 보자.

【이 가르침에서의 좌선은 본래 '마음을 보지 않고'(不看心) '온전함도 보지 않으며'(不看淨) 움직임(動)을 말하지도 않는다. 만약 〈마음을 본다〉(看心)라고 말한다면 마음은 원래 '실체가 없는 것'(妄)이

---

96) 『돈황본 육조단경』. "善知識, 此法門中坐禪, 元不看心, 亦不看淨, 亦不言動. 若言看心, 心元是妄, 妄如幻故, 無所看也. 若言看淨, 人性本淨, 爲妄念故, 蓋覆眞如, 離妄念, 本性淨. 不見自性本淨, 起心看淨, 却生淨妄, 妄無處所. 故知看者看, 却是妄也. 淨無形相, 却立淨相, 言是工夫, 作此見者, 鄣自本性, 却被淨縛. 若不動者, 見一切人過患, 是性不動. 迷人自身不動, 開口卽說人是非, 與道違背. 看心看淨, 却是障道因緣. 今旣如是, 此法門中, 何名坐禪? 此法門中, 一切無礙, 外於一切境界上, 念不起爲坐, 見本性不亂爲禪. 何名爲禪定? 外離相曰禪, 內不亂曰定. 外若有相, 內性不亂, 外若離相, 本性自淨曰定. 只緣境觸, 觸卽亂, 離相不亂卽定. 外離相卽禪, 內不亂卽定, 外禪內定, 故名禪定. 維摩經云, 〈卽時豁然, 還得本心〉菩薩戒云, 〈本源自性清淨〉善知識, 見自性自淨. 自修自作, 自性法身, 自行, 佛行, 自作自成, 佛道."

니, '실체가 없는 것'(妄)이 마치 허깨비와 같은 것이기 때문에 '보이는 것'(所看)이 없다. [또] 만약 〈온전함을 본다〉(看淨)라고 말한다면 '사람의 본연'(人性)은 '본래 온전한 것'(本淨)이니, '잘못 분별하는 생각'(妄念) 때문에 '참 그대로'(眞如)를 덮었지만 '잘못 분별하는 생각'(妄念)에서 벗어나면 〈'[사실 그대로 보는] 본연의 면모'(本性)는 [본래대로] 온전함이다.〉(本性淨). '[사실 그대로 보는] 자신의 본연'(自性)이 '본래 온전하다는 것'(本淨)을 알지 못하고 '마음을 일으켜 온전함을 보려고 하기에'(起心看淨) 도리어 '온전함이라는 망상'(淨妄)을 일으키지만, 망상[인 온전함(淨)]은 있는 곳이 없다. 그러므로 [온전함(淨)을] '보려는 자'(看者)의 봄(看)은 도리어 망상이라고 알아야 한다. 온전함(淨)에는 '[실체나 본질로서의] 형태나 특징'(形相)이 없지만 도리어 '온전함이라는 [실체나 본질로서의] 특징'(淨相)을 세우고 [그것을 보는 것을] 공부라고 말하니, 이런 견해를 짓는 자는 '[사실 그대로 보는] 자기 본연의 면모'(自本性)를 가리고 도리어 온전함(淨)에 묶인다. '움직이지 않음'(不動)이라는 것은, 모든 사람의 허물을 보더라도 이 '[사실 그대로 보는] 본연'(性)에서 움직이지 않는 것이다. 미혹한 사람은 자기 육신을 움직이지 않으면서 입만 열면 다른 사람들의 '옳고 그름'(是非)을 말하니 도와는 어긋난다. '마음을 보는 것'(看心)과 '온전함을 보는 것'(看淨)은 도리어 도를 가로막는 인연이다.】

선정 수행에 관한 통상적 시선은 대상집중을 통해 '움직이지 않는 부동不動의 마음상태'를 이루려 한다. 혜능의 표현으로는 '부동심不動心을 보려 하는 것'(看心)이다. 또 오염된 마음을 버리고 청정한 마음을 이루려 한다. '온전함을 보려 하는 것'(看淨)이다. 그런데 혜능은 〈이 가르침에서의 좌선은 본래 '마음을 보지 않고'(不看心) '온전함도 보지 않으며'(不

看淨) 움직임(動)을 말하지도 않는다〉라고 말한다. 움직임과 움직이지 않음, 오염과 온전함은 불변·독자의 본질이나 실체가 아니기 때문이라는 것이다. 움직임·움직이지 않음·오염·온전함 등은 현상의 특징적 차이에 대한 언어적 호칭일 뿐, 그 호칭에 해당하는 불변·독자의 본질이나 실체는 없다. 그러나 선정 수행으로 버리거나 이루려는 마음상태에 대한 호칭의 내용을 명사형 독법으로 읽는 시선은, 자칫 그 호칭들에 본질이나 실체 관념을 투사시켜 '버리거나 얻어야 할 명사형 본질'로 처리하기 쉽다. 이런 경우에는 선정 수행 역시 '감관능력의 인지 대상을 본질이나 실체 관념으로 왜곡시켜 붙들고 인식을 펼쳐가는 사유 작용'(分別心, 념念)의 범주에 놓이게 된다. 분별심에서 벗어나려는 마음수행이 오히려 분별심의 덫에 걸려버리는 것이다.

【이제 이미 이와 같다면, 이 가르침에서는 무엇을 좌선坐禪이라 부르는가? 이 가르침에서는 모든 것에 [미혹으로] 걸림이 없으니, 밖으로 모든 대상에 대해 '[잘못 분별하는] 생각'(念)을 일으키지 않음이 앉음(坐)이 되고 [안으로] '[사실 그대로 보는] 본연의 면모에 눈떠'(見本性) 어지럽지 않음이 선禪이 된다. [이 가르침에서는] 무엇을 선정禪定이라 부르는가? 밖으로 '[불변·독자의 본질/실체로서 차별된] 차이'(相)에서 벗어남을 선禪이라 말하고, 안으로 어지럽지 않음을 정定이라 말한다. 밖으로 [대상들의] 차이(相)가 있어도 안으로 '[사실 그대로 보는] 본연'(性)이 어지럽지 않아 '[사실 그대로 보는] 본연의 면모'(本性)가 '스스로 온전함'(自淨)을 정定이라 말한다. 단지 대상과의 접촉을 인연 삼아 접촉하면 곧 어지러워지니, '[불변·독자의 본질/실체로서 차별된] 차이'(相)에서 벗어나 어지럽지 않음이 곧 정定이다. 밖으로 '[불변·독자의 본질/실체로서 차별된] 차이'(相)에서 벗어남이 곧 선禪이고, 안으로

어지럽지 않음이 곧 정定이니, 밖으로 선禪이고 안으로 정定이기 때문에 선정禪定이라 한다. 『유마경維摩經』에서는 〈곧바로 환하게 트여 '본연의 마음'(本心)을 되찾는다.〉라고 하였고, 『보살계경菩薩戒經』에서는 〈본래의 근원인 '[사실 그대로 보는] 자신의 본연'(自性)은 온전하다.〉라고 하였다. 선지식들이여, '[사실 그대로 보는] 자기 본연의 스스로 온전함'(自性自淨)을 보아라. [그 '[사실 그대로 보는] 자기 본연의 스스로 온전함'(自性自淨)을] 스스로 닦고 스스로 이루는 것이 '[사실 그대로 보는] 자기 본연으로서의 진리 몸'(自性法身)이고, '[사실 그대로 보는] 자기 본연의 스스로 온전함'(自性自淨)을 '스스로 행함'(自行)이 '부처의 행함'(佛行)이며, '[사실 그대로 보는] 자기 본연의 스스로 온전함'(自性自淨)을] 스스로 이루고 스스로 완성하는 것이 '부처의 길'(佛道)이다.】

혜능의 좌선 법문은 무념無念·무상無相·무주無住 법문의 변주變奏다. 좌선의 의미와 내용을 채우는 것은 〈'생각하면서도 [사실을 왜곡하면서] 생각하지 않는'(於念而不念) 무념無念〉과 〈'차이에 있으면서도 차이[에 대한 차별]에서 벗어나는'(於相而離相) 무상無相〉 및 〈'인간의 [사실 그대로 보는] 본연의 면모가 되어 생각마다 [집착으로 현상에] 머물지 않는'(爲人本性, 念念不住) 무주無住〉이다. 〈'변화·관계의 차이현상'을 떠나지 않은 채〉(無相), 〈그 차이현상들을 불변·독자의 본질/실체 현상으로 오염시켜 차별 세상으로 만들어 버리는 인식적 왜곡(분별)에 머물지 않아 분별을 그치고〉(無住), 그리하여 〈차이현상을 사실 그대로 볼 수 있는 마음자리'(本心, 自性, 本性)에 눈떠(見性), 그 자리에서 차이현상들에 대한 왜곡과 오염 없이 사유 작용을 펼치는 것〉(無念). – 이것이 좌선과 선정 수행의 의미이자 내용이다. 무념無念·무상無相·무주無住 법문의 내용을 '좌坐'와 '선禪', '선禪'과 '정定'의 의미 해석으로 변용하고 있다.

혜능은 좌선에 몰두하는 수행자들의 선정 수행이 마음수행의 본령에서 벗어나고 있다는 비판 의식을 지니고 있던 것으로 보인다. 그래서 좌선 수행의 본령을 일깨워 주려고 한다. 좌선이나 선정 수행을 부정하는 것이 아니라, 좌선과 선정 수행 본연의 맥락과 내용을 밝혀준다. '변화·관계의 차이현상'(相)과 접속을 유지한 채, '차이현상에 대한 왜곡·오염의 분별을 발생시키는 마음의 조건들'을, '차이현상을 사실 그대로 보는 인식과 사유를 펼치는 마음의 조건들'로 바꾸는, 무념無念·무상無相·무주無住의 마음수행이 좌선이고 선정이라는 것이다.

후일 마조 선사는 이러한 좌선관坐禪觀을 계승한다. 혜능이 펼친 무념無念·무상無相·무주無住의 마음수행을 이렇게 읽는다면, 널리 알려진 황벽과 마조의 좌선 법담의 의미는 어렵지 않게 드러난다. 이 법담을 〈선종은 좌선을 부정한다. 선종은 원래 선정 수행을 거부하고 이해를 통한 견성을 강조한 것이다〉라는 주장의 논거로 삼는 것은 법담의 맥락을 크게 벗어난다. 혜능의 무념無念·무상無相·무주無住 법문에 대한 앞의 논의를 참고하면 이 일화의 맥락을 어렵지 않게 포착할 수 있기에, 해설 없이 그대로 소개한다.

당唐나라 개원開元[97]의 시기에 형악衡嶽[98]의 전법원傳法院에서 선정을 닦다가 회양懷讓[99] 화상을 만났다. [회양은 도일이] '진리를 담아 낼 그릇'(法器)임을 알고는 물었다. "대덕은 좌선으로 무엇을

---

97) 개원開元은 당唐 현종玄宗의 연호年號(713-741)이다.
98) 남악南嶽이라고도 한다. 이 산에 머물렀기 때문에 회양 선사를 남악회양이라 부른다.
99) 남악회양과 청원행사를 육조 혜능의 양대 제자로 꼽는다.

꾀하시오?" 도일이 말했다. "부처 되기를 꾀합니다." 회양은 이에 벽돌 하나를 가져와 그 암자 앞에서 갈았다. 도일이 말했다. "벽돌을 갈아 무엇을 하려 합니까?" 회양이 말했다. "갈아서 거울을 만들려 합니다." 도일이 말했다. "벽돌을 갈아본들 어찌 거울이 됩니까?" 회양이 말했다. "벽돌을 갈아 거울을 만들지 못할진대, 좌선으로 어찌 부처를 이룹니까?" 도일이 말했다. "어찌해야 맞습니까?" 회양이 말했다. "만일 소수레가 가지 않는다면, 수레를 때려야 맞습니까, 소를 때려야 맞습니까?" 도일이 대답이 없자 회양이 또 말했다. "당신은 '앉아 있는 참선'(坐禪)을 배우려 합니까, '앉아 있는 부처'(坐佛)를 배우려 합니까? 만약 '앉아 있는 참선'(坐禪)을 배우는 것이라면 참선은 앉거나 눕는 것이 아니요, 만약 '앉아 있는 부처'(坐佛)를 배우는 것이라면 부처는 정해진 모습이 아닙니다. 머무름이 없는 현상에서는 [특정한 모습을] 취하거나 버리지 말아야 합니다. 당신이 만약 '앉아 있는 부처'(坐佛)라면 곧 부처를 죽이는 것입니다. 만약 '앉은 모습'(坐相)에 집착한다면 그 도리에 통달한 것이 아닙니다." 도일이 [회양의] 가르침을 들으니 마치 제호(醍醐)를 마신 것과 같았다. [회양에게] 절하고 물었다. "어떻게 마음을 써야 곧 '모습이 없는 삼매'(無相三昧)에 부합합니까?" 회양이 말했다. "당신이 '마음의 터전에 관한 법문'(心地法門)을 배우는 것은 종자를 뿌리는 것과 같고, 내가 '진리의 요점'(法要)을 설하는 것은 저 하늘이 [비로] 적셔주는 것과 같습니다. 당신은 인연이 부합하였기 때문에 진리를 볼 것입니다."[100]

---

100) 『마조도일선사광록馬祖道一禪師廣錄』(X1321, 0002a10). "唐開元中, 習定於衡嶽傳法院, 遇讓和尚, 知是法器, 問日. 大德坐禪圖什麼? 師日. 圖作佛, 讓乃取一磚, 於彼菴前磨. 師日. 磨磚作麼? 讓日. 磨作鏡. 師日. 磨磚豈得成鏡? 讓日. 磨

v) 혜능 선 사상의 전승

　혜능의 선 사상은 이후 선종 전개의 길라잡이 역할을 한다. 혜능 이후의 기라성 같은 선사들의 설법은 혜능 선 사상의 취지와 의미를 고스란히 계승하고 있다. 마조(馬祖道一, 709-788)와 임제(臨濟義玄, ?-867)를 혜능의 정법 적손嫡孫으로 간주하는 것은 학인들 사이에 이의가 없을 것이다. 마조는 혜능 – 회양(南嶽懷讓, 677-744)을 이으면서 남종선을 이른바 조사선祖師禪으로 대성시킨 인물이다. 조사선祖師禪은 강서江西의 마조도일과 호남湖南의 석두희천石頭希遷(700-790) 및 그들의 문하에서 배출된 선사들의 활동에 의해 형성된 선종의 특징을 일컫는 말이다. 이 조사선의 특징으로는 흔히 '인간 본연에 대한 긍정적 표현', '깨달음의 생활세계적 구현' 등을 꼽는다. 그리고 조사선의 이러한 특징은 '인도 선불교의 중국적 토착화'를 의미한다는 것이 일반화된 관점이다. 그러나 필자는 **혜능이 무념無念·무상無相·무주無住 법문을 통해 천명한 선관禪觀의 요점을 만개시킨 양상이 조사선이며, 조사선이 드러낸 마음 수행은 '육근수호의 알아차림(sampajānāti)과 사마타 마음수행 → 유식사상의 유식무경唯識無境 → 공관을 품은 유식관에 의거한 원효의 일심一心'을 통해 포착되어 온 마음수행의 본령을 잇는 연속선상에 있다**고 본다.

　磚既不成鏡, 坐禪豈得成佛耶? 師曰. 如何卽是? 讓曰. 如牛駕車, 車不行, 打車卽是, 打牛卽是? 師無對, 讓又曰. 汝爲學坐禪, 爲學坐佛? 若學坐禪, 禪非坐臥, 若學坐佛, 佛非定相. 於無住法, 不應取捨. 汝若坐佛, 卽是殺佛. 若執坐相, 非達其理. 師聞示誨, 如飮醍醐. 禮拜問曰. 如何用心, 卽合無相三昧? 讓曰. 汝學心地法門, 如下種子, 我說法要, 譬彼天澤. 汝緣合故, 當見其道."

'언어·사유·욕구를 발생 조건으로 삼는 인간세계의 차이현상'과 접속을 유지한 채, '차이현상의 사실 그대로'와 관계 맺어, '진실 및 진실에 의거한 이로움'(해탈)을 '지금 여기의 경험세계' 속에서 누리게 하는, 붓다의 길(중도)과 그 길을 걷게 하는 마음수행. – 이 마음수행의 본령은, '육근수호의 알아차림(sampajānāti)과 사마타 마음수행 → 유식사상의 유식무경唯識無境 → 공관을 품은 유식관에 의거한 원효의 일심一心'을 통해 간수되어 온 것으로 보인다. 그러나 불교의 역사에서는, 교학과 수행론 전반에 걸쳐, 붓다가 일러준 마음수행의 의미와 내용은 왜곡되거나 간과되어 온 측면이 있다. 혜능과 그를 계승한 선종은 마음수행의 의미와 내용이 왜곡되어 있다는 문제의식을 강하게 품었으며, 마음수행에 대한 그들의 안목을 돈오견성頓悟見性의 선관禪觀으로 드러내었다. 그리고 혜능과 선종의 선관은, 흥미롭게도 '육근수호의 알아차림(sampajānāti)과 사마타 마음수행 → 유식사상의 유식무경唯識無境 → 공관을 품은 유식관에 의거한 원효의 일심一心'을 통해 간수되어 온 마음수행의 본령을 계승하는 것이었다. 조사선은 이러한 선종의 선관이 만개한 양상이다. 이 만개 양상이 지닌 특징을 '인간에 대한 본연적 긍정' '깨달음의 생활세계적 구현' 등 무엇이라 규정할지라도, 기존 불교와는 전혀 다른 불교의 등장은 결코 아니다. **조사선의 의의는, 불연속적 특징에 있는 것이 아니라, 마음수행의 본령을 포착해 온 일련의 흐름을 계승하는 '연속성에서의 개성'에 있다고 본다.**

마조와 더불어, 마조 – 백장(百丈懷海, 749–814) – 황벽(黃檗希運, ?–850)을 이은 임제는, 조사선 개성의 정점을 보여준 인물로 평가받는다. 마조와 임제의 법문 몇 대목을 소개하여 이들이 혜능의 선 사상을 어떻게 계승하고 있는지 확인해 본다. 앞에서 자세히 음미한 혜능의 무념無

念·무상無相·무주無住 법문의 내용을 참고하면, 이들 법문에 대한 의미 해석을 별도로 덧붙이지 않아도 이들이 혜능의 선 사상을 고스란히 계승하고 있음을 어렵지 않게 알 수 있을 것이다.

· **마조 선사의 경우**

혜능의 선 사상을 계승하는 마조 선사의 법문에서는 다음과 같은 개념과 문구들이 시선을 끈다. 마조의 안목과 개성이 잘 반영되어 있기 때문이다.

【'[사실 그대로 보는] 근원으로 돌이킴'(返源), '한 생각을 돌이켜 비춤'(一念返照), 〈'여섯 가지 감관능력'(六根)의 운용과 모든 행위가 다 '현상의 [사실 그대로'로서의] 본연'(法性)인 것이다.〉(六根運用, 一切施為, 盡是法性), 〈'[사실 그대로 보는] 근원으로 돌이킴'(返源)을 알지 못하여 이름을 따르고 형상을 좇아가면 미혹한 생각이 망령되이 일어나 갖가지 행위를 짓게 되지만, 만약 '한 생각을 돌이켜 비출 수'(一念返照) 있다면 모든 것이 '성스러운 마음'(聖心)[의 드러남]이다.〉(不解返源, 隨名逐相, 迷情妄起, 造種種業, 若能一念返照, 全體聖心), 〈평상심平常心이 도이다.〉(平常心是道), 〈한 번 깨달으면 영원히 깨달아서 다시는 미혹하지 않는다.〉(一悟永悟, 不復更迷), 〈마음과 대상(境界)을 알아차리면(了) 망상은 곧 생기지 않는다.〉(了心及境界, 妄想即不生), 〈'도 닦음'(修道)도 하지 않고 좌선도 하지 않는 바로 이것이 바로 여래청정선如來淸淨禪이다.〉(不脩不坐, 即是如來淸淨禪)】

다시 물었다. "어떤 견해를 지어야 곧 진리를 통달합니까?" 마조가 말했다. "'[사실 그대로 보는] 자신의 본연'(自性)은 본래 다 갖추고 있으니, 단지 선악의 일에 빠져들지만 않으면 도 닦는 사람이라 부를 것이다. 선함을 취하고 악함을 버리거나, 공空이라 이해하고 선정에 들어가는 것은 바로 [사실 그대로를 등진] 조작에 속한다. 만약 [대상을 향해] 바깥으로 달려 나가 구한다면 멀어질수록 [도道에서는] 더욱 아득해지니, 단지 욕망세계(欲界)·유형세계(色界)·무형세계(無色界)의 모든 대상세계를 [밖으로 좇아가면서] 마음으로 헤아리는 것을 그쳐라. [대상을 향해 바깥으로 달려 나가는] 한 생각의 망령된 마음이 바로 욕망세계(欲界)·유형세계(色界)·무형세계(無色界)에서 [근본무지(無明)에 매여] 나고 죽는 근본이니, 단지 [대상을 향해 바깥으로 달려 나가는] 한 생각이 없으면 곧 [근본무지(無明)에 매여] 나고 죽는 근본을 없애어 곧바로 부처님의 최고의 진귀한 보배를 얻는다.'"[101]

"그러므로 성문은 깨달았다가도 미혹해지고, 범부는 미혹하다가 깨닫게 된다. 성문은, 성스러운 마음에는 본래 지위나 인과나 계급이 없다는 것을 모르고 마음으로 [지위·인과·계급을] 헤아려 망상으로 원인을 닦아 결과를 얻으려 한다. [그리하여] '아무것도 없다는 선정'(空定)에 머물러 무수한 시간을 보내니, 비록 이미 깨달은 것이 있어도 깨달음이 다하고 다시 미혹해진다. 모든 보살이 [이러한 성문의 경지를] 지옥의 고통과 같이 여기는 것은, '아무것도 없음'(空)에 빠지고 고요함(寂)에 머물러서 '부처 면모'(佛性)를 보지 못

---

101) 『마조도일선사광록』(X1321, 0002c07). "又問. 作何見解, 即得達道? 祖曰. 自性本來具足, 但於善惡事中不滯, 喚作修道人. 取善捨惡, 觀空入定, 即屬造作. 更若向外馳求, 轉疎轉遠, 但盡三界心量. 一念妄心, 即是三界生死根本, 但無一念, 即除生死根本, 即得法王無上珍寶."

하기 때문이다. 만약 '탁월한 자질'(上根)의 중생이라면 문득 선지식의 가르침을 만나 말끝에 바로 알아차려 다시는 계급과 지위를 거치지 않고 '[사실 그대로 보는] 본연의 면모'(本性)를 '한꺼번에 깨닫는다'(頓悟). 그러므로 경전에 말하길, 〈범부에게는 되돌려 뒤집는 마음이 있으나 성문에게는 없다〉라고 하였다. 미혹에 대응하여 깨달음을 말하는 것이니, 본래 미혹이 없다면 깨달음 또한 있을 수 없다. 모든 중생은 무량한 시간으로부터 '현상의 본연을 유지하는 삼매'(法性三昧)를 벗어난 적이 없으니, 늘 '현상의 본연을 유지하는 삼매'(法性三昧) 속에서 옷 입고 밥 먹고 말하고 응답하고 있다. '여섯 가지 감관능력'(六根)의 운용과 모든 행위가 다 '현상의 [사실 그대로'로서의] 본연'(法性)인 것이다. '[사실 그대로 보는] 근원으로 돌이킴'(返源)을 알지 못하여 이름을 따르고 형상을 좇아가면 미혹한 생각이 망령되이 일어나 갖가지 행위를 짓게 되지만, 만약 '한 생각을 돌이켜 비출 수'(一念返照) 있다면 모든 것이 '성스러운 마음'(聖心)[의 드러남]이다."[102]

대중에게 말했다. "도는 닦음이 필요하지 않으니, 다만 오염시키지만 말라. 어떤 것이 오염시키는 것인가? 단지 '생겨났다 사라지는 [분별하는] 마음'(生死心)으로 조작하고 추구하는 것이 모두 오염

---

102) 『마조도일선사광록』(X1321, 0002c07), "所以聲聞悟迷, 凡夫迷悟. 聲聞不知聖心本無地位因果階級, 心量妄想脩因證果. 住於空定, 八萬劫二萬劫, 雖即已悟, 悟已却迷. 諸菩薩, 觀如地獄苦, 沈空滯寂, 不見佛性. 若是上根眾生, 忽爾遇善知識指示, 言下領會, 更不歷於階級地位, 頓悟本性. 故經云, 凡夫有反覆心, 而聲聞無也. 對迷說悟, 本既無迷, 悟亦不立. 一切眾生, 從無量劫來, 不出法性三昧, 長在法性三昧中, 著衣喫飯, 言談祇對. 六根運用, 一切施爲, 盡是法性. 不解返源, 隨名逐相, 迷情妄起, 造種種業, 若能一念返照, 全體聖心."

시키는 것이다. 만약 그 도를 곧바로 알고자 한다면, 평상심平常心이 도이다. 무엇을 일러 평상심이라 하는가? [사실 그대로와는 다르게] 조작함이 없고, [실체나 본질인] 옳거나 그름이 없으며, [실체나 본질을] 취함이나 버림이 없고, '아무것도 없음'(斷)이나 '변치 않고 있음'(常)이 없으며, [실체나 본질인] 범부도 없고 성인도 없는 것이다. 경전에서는, 〈범부의 행위도 아니고 성현의 행위도 아닌 것이 보살의 행위이다〉라고 하였다. 다만 지금 가고 머물며 앉고 눕고 인연 따라 사물을 대함이 모두 도이다. 도는 바로 '모든 현상세계'(法界)이니, 강의 모래알처럼 많은 묘한 작용이 [도道인] '모든 현상세계'(法界)를 벗어나지 않는다. 만약 그렇지 않다면, 어떻게 '마음 땅의 가르침'(心地法門)이라 말하고 어떻게 '다함이 없는 [진리의] 등불'(無盡燈)이라 말하겠는가? 모든 현상은 다 '마음의 현상'(心法)이고, 모든 이름은 다 '마음의 이름'(心名)이다. '온갖 현상'(萬法)은 다 마음을 따라 생겨나니 마음이 '온갖 현상'(萬法)의 근본이다. 경전에서는, 〈마음을 알아 본래의 근원을 통달하니, 따라서 사문이라고 부른다〉라고 하였다. ['평상심平常心이 바로 도道'인 국면에서는 차이(相)에 대한 분별의 차별이 없어] 이름 붙인 것들이 같고 [이름들의] 뜻도 같으니, 모든 것들이 다 같아서 '순일하여 섞임이 없다'(純一無雜)."103)

---

103) 『마조도일선사광록』(X1321, 0003a12). "示眾云. 道不用脩, 但莫汙染. 何為汙染? 但有生死心, 造作趣向, 皆是汙染. 若欲直會其道, 平常心是道. 何謂平常心? 無造作, 無是非, 無取捨, 無斷常, 無凡無聖. 經云, 非凡夫行, 非聖賢行, 是菩薩行. 只如今行住坐臥, 應機接物, 盡是道. 道即是法界, 乃至河沙妙用, 不出法界. 若不然者, 云何言心地法門, 云何言無盡燈? 一切法, 皆是心法, 一切名, 皆是心名. 萬法皆從心生, 心為萬法之根本. 經云, 識心達本源, 故號為沙門. 名等義等, 一切諸法皆等, 純一無雜."

"[본질·실체로서 다른] 둘이 없음을 분명히 통달한 것을 '평등한 면모'(平等性)라고 부른다. [이 평등한] '[사실 그대로'로서의] 면모'(性)에는 다름이 없으나 작용하면 같지가 않다. [사실 그대로'로서의 면모가] 미혹에 있으면 [잘못 분별하는] 식識이 되고 깨달음에 있으면 지혜가 되며, 도리를 따르면 깨달음이 되고, 일을 따르면 미혹이 된다. **미혹함은 곧 '[사실 그대로 보는] 자기 본연의 마음'(自家本心)에 미혹한 것이고, 깨달음은 곧 '[사실 그대로 보는] 자기 본연의 면모'(自家本性)를 깨달은 것이다. '한 번 깨달으면 영원히 깨달아서 다시는 미혹하지 않는다'(一悟永悟, 不復更迷). 마치 태양이 떠올랐을 때 어둠과 화합하지 않는 것처럼, 지혜의 태양이 떠오르면 번뇌의 어둠과 함께 하지 않는다. 마음과 대상(境界)을 알아차리면(了) 망상은 곧 생기지 않는다. 망상이 이미 생기지 않으면 이것이 바로 '생겨남이 없음을 감당하는 경지'(無生法忍)이다. '본래 있음'(本有)이 '지금 있음'(今有)이니, '도 닦음'(修道)이나 좌선坐禪에 의지하지 않는다. '도 닦음'(修道)도 하지 않고 좌선도 하지 않는 바로 이것이 바로 여래청정선如來淸淨禪이다.** 만약 지금 이 이치가 진실하고 올바른 것임을 안다면 갖가지 [무지와 분별에 의한] 행위(業)를 짓지 않고 분수껏 삶을 보낼 것이니, 한 벌의 누추한 옷을 입고 앉거나 일어서면서 계행戒行이 갈수록 익어져 [지혜에 따르는] '온전한 행위'(淨業)를 쌓을 것이다. 단지 이처럼 할 수 있다면, 어찌 [깨달음에] 통하지 못할까 염려하겠는가? 오랫동안 서 있었으니 대중은 쉬도록 하게나."[104]

---

104) 『마조도일선사광록』(X1321, 0003a12). "了達無二, 名平等性. 性無有異, 用則不同. 在迷為識, 在悟為智, 順理為悟, 順事為迷. 迷即迷自家本心, 悟即悟自家本性. 一悟永悟, 不復更迷. 如日出時不合於暗, 智慧日出, 不與煩惱暗俱. 了心及境界, 妄想即不生. 妄想既不生, 即是無生法忍. 本有今有, 不假修道坐禪. 不修不

· 임제 선사의 경우

임제 선사는 누구보다 뚜렷한 형태로 그의 개성을 반영하면서 혜능의 선 사상을 계승하고 있다. 임제 선사의 안목과 개성을 보여주는 것으로 다음과 같은 개념과 문구들이 시선을 끈다.

【'평생 일없는 사람'(一生無事人), '일상에서 [대상을 붙들고 쫓아나가 구하지 않는] 일없는 것'(平常無事), 〈다만 '일상에서 [대상을 붙들고 쫓아나가 구하지 않는] 일없는 것'(平常無事)이니, 똥 누고 오줌 누며, 옷 입고 밥 먹으며, 피곤하면 곧 눕는다.〉(祇是平常無事, 屙屎送尿, 著衣喫飯, 困來即臥), 〈곳곳마다 [외부 대상에 묶이지 않는] 주인이 된다면, 서 있는 곳이 모두 참이다.〉(隨處作主, 立處皆眞), '바로 지금 내 앞에서 밝고 뚜렷하게 듣고 있는 자'(即今目前孤明歷歷地聽者), '[대상을 붙들고 쫓아나가는 것에] 의존함이 없는 도인'(無依道人), 〈현재 지금 내 앞에서 법문을 듣는 '[대상을 붙들고 쫓아나가는 것에] 의존함이 없는 도인'(無依道人)은 뚜렷하게 분명하여 일찍이 조금도 모자람이 없다.〉(現今目前聽法無依道人, 歷歷地分明, 未曾欠少), 〈부처와 조사는 [대상을 붙들고 쫓아나가 구하지 않는] '일없는 사람'(無事人)이다.〉(佛與祖師是無事人), 〈'마음과 마음이 [대상을 붙들고 쫓아나가면서] 달라지지 않음'(心心不異)을 '살아 있는 조사'(活祖)라고 한다.〉(心心不異, 名之活祖), 〈그대들이 만약 부처를 구하면 즉시 '부처라는 마구니'(佛魔)에 포섭되고, 그대들이 만약 조사를 구하면 즉시 '조사라는 마구니'(祖魔)에 묶인다. 그

坐, 即是如來清淨禪. 如今若見此理眞正, 不造諸業, 隨分過生, 一衣一衲, 坐起相隨, 戒行增薰, 積於淨業. 但能如是, 何慮不通? 久立, 諸人珍重."

대들이 만약 무엇인가 구하는 것이 있으면 모두가 괴로움이니, [대상을 붙들고 좇아나가 구하지 않는] '일없는 것'(無事)만 같지 않다.〉(爾若求佛, 卽被佛魔攝, 爾若求祖, 卽被祖魔縛. 爾若有求, 皆苦, 不如無事), 〈그대들이 '진리에 부합하는 견해'(如法見解)를 얻고자 한다면 단지 '타인으로 인한 미혹'(人惑)을 받지 말라. 안으로나 밖으로나 만나면 바로 죽여라. 부처를 만나면 부처를 죽이고, 조사를 만나면 조사를 죽이며, 나한을 만나면 나한을 죽이고, 부모를 만나면 부모를 죽이며, 친척 권속을 만나면 친척 권속을 죽여라. [그러면] 비로소 해탈을 얻어 대상(物)에 붙들리지 않고 훌쩍 벗어나 자유자재하게 된다.〉(爾欲得如法見解, 但莫受人惑. 向裏向外, 逢著便殺. 逢佛殺佛, 逢祖殺祖, 逢羅漢殺羅漢, 逢父母殺父母, 逢親眷殺親眷. 始得解脫, 不與物拘, 透脫自在)】

"그대들이 만약 생각마다 '밖에서 달려나가 구하는 마음'(馳求心)을 쉴 수 있다면 곧바로 조사나 부처와 다름이 없다. 그대들은 조사와 부처를 알고자 하는가? 다만 그대들이 내 앞에서 법문을 듣는 것이 바로 그것이다. 학인이 [이 사실에 대해] 믿음이 미치지 못하기 때문에 곧 밖으로 달려 나가 구하는 것이다. 설혹 구하여 얻은 것일지라도 모두 '문자를 통해 얻은 그럴듯한 내용'(文字勝相)이어서 끝내 저 살아 있는 조사의 뜻을 얻지 못한다. 착각하지 말라, 선수행하는 모든 이들이여. 지금 [이 도리를] 만나지 못하면 무량한 세월의 수많은 삶을 욕망세계·유형세계·무형세계(三界)에 거듭 돌아다니면서 좋아하는 대상을 좇아 붙들다가 당나귀나 소의 뱃속에 태어나게 된다. 도 닦는 이들이여. 산승의 견해로 본다면 [여러분들은] 석가와 다르지 않다. ['여섯 가지 감관능력'(六根)을 가지고] 오늘 여러 가지로 쓰는데 모자라고 부족한 것이 무엇인가? '여섯 가지 감관능력'(六根)의 신통한 작용은 일찍이 잠시도 쉰 적이 없다. 만일 이와 같은 견해를 갖출 수 있다면, 이 사람이야말로 [대상을 붙들고 쫓아나가 구하지 않는] '평생 일없는 사람'(一生無事人)이다."105)

임제 선사가 대중에게 말했다. "도 닦는 이들이여. '부처님의 진리'(佛法)에는 [바깥 대상을 좇아] 힘을 쓰는 것이 없다. 다만 '일상에서 [대상을 붙들고 쫓아나가 구하지 않는] 일없는 것'(平常無事)이니, 똥 누고 오줌 누며, 옷 입고 밥 먹으며, 피곤하면 곧 눕는다. 어리석은 사람은 [이런] 나를 비웃겠지만 지혜로운 이는 곧 안다. 옛사람은 말하길, 〈밖으로 공부를 짓는 자는 모두 어리석고 미련한 사람이다〉라고 하였다. 그대들이 '곳곳마다 [외부 대상에 묶이지 않는] 주인이 된다면, 서 있는 곳이 모두 참'(隨處作主, 立處皆眞)일지니, 어떤 대상이 와도 [그 주인 자리를] 바꿀 수 없다. 설령 과거로부터의 [해로운] 습기와 무간지옥에 떨어지는 다섯 가지 무거운 죄업이 있을지라도, 스스로 해탈의 큰 바다가 된다. 오늘날의 학인들은 모두 [이런] 도리를 알지 못하여, 마치 코를 대는 양이 [코에] 와닿는 것은 모두 입안에 집어넣는 것과도 같다. 하인과 주인을 구별하지 못하고, 손님과 주인을 구분하지 못한다. 이와 같은 무리가 삿된 마음으로 도 닦는 길에 들어 시끄러운 곳에 바로 들어가니, '참 출가인'(眞出家人)이라 할 수 없고 바로 '진짜 속인'(眞俗家人)이다."106)

---

105) 『진주임제혜조선사어록鎭州臨濟慧照禪師語錄』(T47, 0497b07-14). "爾若能歇得念念馳求心, 便與祖佛不別. 爾欲得識祖佛麼? 祇爾面前聽法底是. 學人信不及, 便向外馳求. 設求得者, 皆是文字勝相, 終不得他活祖意. 莫錯, 諸禪德. 此時不遇, 萬劫千生, 輪回三界, 徇好境掇去, 驢牛肚裏生. 道流. 約山僧見處, 與釋迦不別. 今日多般用處, 欠少什麼? 六道神光, 未曾間歇. 若能如是見得, 祇是一生無事人."
106) 『진주임제혜조선사어록』(T47, 0498a16-24). "師示衆云. 道流, 佛法無用功處. 祇是

"도 닦는 이들이여. 바로 지금 내 앞에서 밝고 뚜렷하게 듣고 있는 자, 이 사람은 어디에도 막히지 않고 시방세계에 통하며 욕망세계·유형세계·무형세계(三界)에서 자유자재하다. 모든 대상세계에 들어갈지라도 차별에 떨어지지 않고, 한 찰나 사이에 '모든 현상세계'(法界)에 통하여 들어간다. 부처를 만나면 부처에게 설법하고, 조사를 만나면 조사에게 설법하며, 아라한을 만나면 아라한에게 설법하고, 아귀를 만나면 아귀에게 설법한다. 모든 곳에 나아가 국토를 돌아다니며 중생을 교화하면서도 일찍이 [밖으로 달려 나가지 않는] '한 생각'(一念)에서 벗어난 적이 없어, 가는 곳마다 '온전한 지혜의 빛'(淸淨光)이 시방세계에 통하여 '모든 현상과 하나처럼 통하여 같아진다.'(萬法一如)"[107]

"그대들과 제방諸方에서는 〈닦음도 있고 얻음도 있다〉라고 말한다. 착각하지 말라. 설사 닦아 얻은 것이 있다고 해도 모두 [무명의 번뇌에 이끌려] 나고 죽는 행위이다. 그대들은 '보살의 여섯 가지 수행'(六度)과 온갖 수행을 모두 닦는다고 말하지만, 내가 보기에는 모두 [무명의 번뇌에 이끌리는] 행위(業)를 짓는 것이다. 부처를 구하고 진리(法)를 구하는 것도 바로 지옥에 떨어지는 행위이고, 보살 되

平常無事, 屙屎送尿, 著衣喫飯, 困來卽臥. 愚人笑我, 智乃知焉. 古人云, 向外作工夫, 總是癡頑漢. 爾且隨處作主, 立處皆眞, 境來回換不得. 縱有從來習氣五無間業, 自爲解脫大海. 今時學者, 總不識法, 猶如觸鼻羊逢著物安在口裏. 奴郎不辨, 賓主不分. 如是之流, 邪心入道, 鬧處卽入, 不得名爲眞出家人, 正是眞俗家人."

107) 『진주임제혜조선사어록』(T47, 0498b08-13). "道流. 卽今目前孤明歷歷地聽者, 此人處處不滯, 通貫十方, 三界自在. 入一切境, 差別不能回換, 一刹那間, 透入法界. 逢佛說佛, 逢祖說祖, 逢羅漢說羅漢, 逢餓鬼說餓鬼. 向一切處游履國土, 教化衆生, 未曾離一念, 隨處淸淨光透十方, 萬法一如."

기를 구하는 것도 역시 [무명의 번뇌에 이끌리는] 행위(業)를 짓는 것이며, 경전을 보거나 교학을 탐구하는 것도 역시 [무명의 번뇌에 이끌리는] 행위(業)를 짓는 것이다. **부처와 조사는** [대상을 붙들고 쫓아나가 구하지 않는] **'일없는 사람'(無事人)이다.** 그러므로 [그들에게는] '번뇌가 스며듦'(有漏)과 '행위를 함'(有爲), '번뇌가 스며들지 않음'(無漏)과 '행위를 하지 않음'(無爲)이 '온전한 행위'(淸淨業)가 된다. 어떤 안목없는 수행자는 배불리 밥 먹고는 좌선이나 '이해수행'(觀行)을 하면서 '스며드는 생각'(念漏)을 꽉 붙잡아 움직이게 하지 않게 하며, 시끄러움을 싫어하면서 고요함을 구하니, 이것은 외도의 가르침이다. 조사가 말하기를, 〈그대들이 만약 마음을 멈추게 하여 고요함을 보거나, 마음을 일으켜 외부 대상세계를 비추거나, 마음을 거두어들여 내면을 맑히거나, 마음을 집중시켜 선정에 들려고 하거나, 이와 같은 것들은 모두 억지로 조작하는 일이다〉라고 하였다. 그대들의 지금 이처럼 법문을 듣고 있는 그것, 그것을 어떻게 닦고 증득하고 '멋지게 꾸미려'(莊嚴) 하는가? 그것은 닦을 수 있는 것도 아니고 멋지게 꾸밀 수 있는 것도 아니다. 만약 그것을 멋지게 꾸밀 수 있다면, 모든 것들을 곧 멋지게 꾸밀 수 있을 것이다. 그대들은 착각하지 말아야 한다."[108]

---

108) 『진주임제혜조선사어록』(T47, 0499b08-19). "爾諸方言道, 有修有證. 莫錯. 設有修得者, 皆是生死業. 爾言六度萬行齊修, 我見皆是造業. 求佛求法, 卽是造地獄業. 求菩薩亦是造業. 看經看教亦是造業. 佛與祖師是無事人. 所以有漏有爲, 無漏無爲, 爲淸淨業. 有一般瞎禿子, 飽喫飯了, 便坐禪觀行, 把捉念漏不令放起, 厭喧求靜, 是外道法. 祖師云, 爾若住心看靜, 擧心外照, 攝心內澄, 凝心入定, 如是之流, 皆是造作. 是爾如今與麼聽法底人, 作麼生擬修他證他莊嚴他? 渠且不是修底物, 不是莊嚴得底物. 若教他莊嚴, 一切物卽莊嚴得. 爾且莫錯."

"여러분, 무엇을 찾는가? **현재 지금 내 앞에서 법문을 듣는 '[대상을 붙들고 쫓아나가는 것에] 의존함이 없는 도인'**(無依道人)**은 뚜렷하게 분명하여 일찍이 조금도 모자람이 없다.** 그대들이 만약 조사 및 부처와 다르지 않기를 바란다면, 단지 이처럼 보고 의심이나 오해를 하지 말아야 한다. **그대들의 '마음과 마음이 [대상을 붙들고 쫓아나가면서] 달라지지 않음'**(心心不異)**을 '살아 있는 조사'**(活祖)**라고 한다. 마음에 만약 '[대상을 붙들고 쫓아나가면서] 달라짐'**(異)**이 있다면 곧 '[사실 그대로'로서의] 본연'**(性)**과 '[현상의] 특징적 차이'**(相)**가 다른 것이 된다. 마음이 '[대상을 붙들고 쫓아나가면서] 달라지지 않기'**(不異) **때문에 '[사실 그대로'로서의] 본연'**(性)**과 '[현상의] 특징적 차이'**(相)**가 달라지지 않는 것이다.**" [어떤 이가] 물었다. "어떤 것이 '마음과 마음이 [대상을 붙들고 쫓아나가면서] 달라지지 않는 국면'(心心不異處)입니까?" 임제 선사가 말했다. "**그대가 질문을 헤아리는 순간 벌써 달라져 버렸다.** '[사실 그대로'로서의] 본연'(性)과 '[현상의] 특징적 차이'(相)가 각각 나뉘었다. 도 닦는 이들이여, 착각하지 마라. 세간과 출세간의 온갖 현상에는 모두 '[불변·독자의] 자기 본질'(自性)이 없고 또한 '[불변·독자의] 본질을 생겨나게 함'(生性)도 없다. 단지 '불변·독자의 본질/실체가 아닌 이름'(空名)이 있을 뿐이고, [그] 이름 역시 '불변·독자의 본질/실체가 없는 것'(空)이다. 그대들은 단지 저 실체 없는 이름을 실체로 여길 뿐이니, 크게 착각한 것이다. 설혹 있는 것일지라도 모두 '[대상을 붙들고 쫓아나가는 것에] 의존하여 바뀐 대상'(依變之境)이니, '깨달음이라는 것에 의존한 것'(菩提依)·'열반이라는 것이 의존한 것'(涅槃依)·'해탈이라는 것에 의존한 것'(解脫依)·'부처의 세 가지 몸이라는 것에 의존한 것'(三身依)·'객관과 주관이라는 것에 의존한 것'(境智依)·'보살이라는 것에 의존한 것'(菩薩依)·'부처라는 것에 의존한 것'(佛依)이다. 그대들은 '[대상을 붙들고 쫓아나가는 것에] 의존하여 바뀐 국토'(依變國土) 가운데서 무엇을 찾는가? '성문·연각·보살을 위한 세 가지 가르침'(三乘)과 '12부류로 구분한 부처님 가르침'(十二分敎)도 모두 더러운 것을 닦는 휴지이다. 부처는 '헛것으로 나타낸 몸'(幻化身)이고, 조사는 늙은 비구이다. 그대들은 오히려 어머니가 낳아 주지 않았는가? **그대들이 만약 부처를 구하면 즉시 '부처라는 마구니'(佛魔)에 포섭되고, 그대들이 만약 조사를 구하면 즉시 '조사라는 마구니'(祖魔)에 묶인다. 그대들이 만약 무엇인가 구하는 것이 있으면 모두가 괴로움이니, [대상을 붙들고 쫓아나가 구하지 않는] '일없는 것'(無事)만 같지 않다."**[109]

"그대들은 말하길, 〈부처에게는 여섯 가지 신통이 있으니 불가사의하다〉라고 한다. [그렇다면] 일체의 모든 천인과 신선, 아수라, 큰 힘을 지닌 귀신도 신통력이 있으니, 응당 부처가 아니겠는가? 도 닦는 이들이여, 착각하지 말라. 예컨대, 아수라가 제석천과 싸웠는데 전쟁에서 패하여 팔만사천 권속을 거느리고 연뿌리 실 구멍 속으로 들어가 숨었으니, 이 또한 성인이 아니겠는가? 내가 거론하는 것과 같은 것들은 모두 '[무명 번뇌에 매인] 행위의 신통'(業通)

---

[109] 『진주임제혜조선사어록』(T47, 0499c9-23). "大德, 覓什麼物? 現今目前聽法無依道人, 歷歷地分明, 未曾欠少. 爾若欲得與祖佛不別, 但如是見, 不用疑誤. 爾心心不異, 名之活祖. 心若有異, 則性相別. 心不異故, 卽性相不別. 問, 如何是心心不異處? 師云. 爾擬問早異了也. 性相各分. 道流, 莫錯. 世出世諸法, 皆無自性, 亦無生性. 但有空名, 名字亦空. 爾秖麼認他閑名爲實, 大錯了也. 設有, 皆是依變之境, 有箇菩提依涅槃依解脫依三身依境智依菩薩依佛依. 爾向依變國土中, 覓什麼物? 乃至三乘十二分敎, 皆是拭不淨故紙. 佛是幻化身, 祖是老比丘. 爾還是娘生已否? 爾若求佛, 卽被佛魔攝, 爾若求祖, 卽被祖魔縛. 爾若有求, 皆苦, 不如無事."

이고 '[대상을 붙들고 쫓아나가는 것에] 의존하는 신통'(依通)이다. **부처님의 여섯 신통이란 것은 그렇지 않다.** [눈에 보이는] '유형적인 것의 세계'(色界)에 들어가도 '유형적인 것에 의한 미혹'(色惑)에 묶이지 않고, '소리의 세계'(聲界)에 들어가도 '소리에 의한 미혹'(聲惑)에 묶이지 않으며, '냄새의 세계'(香界)에 들어가도 '냄새로 인한 미혹'(香惑)에 묶이지 않고, '맛의 세계'(味界)에 들어가도 '맛으로 인한 미혹'(味惑)에 묶이지 않으며, '감촉의 세계'(觸界)에 들어가도 '감촉으로 인한 미혹'(觸惑)에 묶이지 않고, '개념적 현상의 세계'(法界)에 들어가도 '개념적 현상으로 인한 미혹'(法惑)에 묶이지 않는다. '유형적인 것'(色)·소리(聲)·냄새(香)·맛(味)·감촉(觸)·'개념적 현상'(法) 여섯 가지가 모두 '불변·독자의 본질/실체가 없는 양상'(空相)이라는 것을 깨달았기 때문에, 이 '[대상을 붙들고 쫓아나가는 것에] 의존함이 없는 도인'(無依道人)을 얽어맬 수가 없는 것이다. [그는] 비록 '번뇌가 스며드는 [색色·수受·상想·행行·식識] 다섯 가지로 이루어진 무더기'(五蘊漏質)이지만 곧 '땅 위를 걸어 다니는 신통'(地行神通)[을 행하는 자]이다."110)

"도 닦는 이들이여. 그대들이 '진리에 부합하는 견해'(如法見解)를 얻고자 한다면 단지 '타인으로 인한 미혹'(人惑)을 받지 말라. 안으로나 밖으로나 만나면 바로 죽여라. 부처를 만나면 부처를 죽이고, 조사를 만나면 조사를 죽이며, 나한을 만나면 나한을 죽이

---

110) 『진주임제혜조선사어록』(T47, 0500a02-12). "爾道, 佛有六通, 是不可思議. 一切諸天神仙阿修羅大力鬼亦有神通, 應是佛否? 道流, 莫錯. 祇如阿修羅與天帝釋戰, 戰敗, 領八萬四千眷屬, 入藕絲孔中藏, 莫是聖否? 如山僧所擧, 皆是業通依通. 夫如佛六通者, 不然. 入色界不被色惑, 入聲界不被聲惑, 入香界不被香惑, 入味界不被味惑, 入觸界不被觸惑, 入法界不被法惑, 所以達六種色聲香味觸法皆是空相, 不能繫縛此無依道人. 雖是五蘊漏質, 便是地行神通."

고, 부모를 만나면 부모를 죽이며, 친척 권속을 만나면 친척 권속을 죽여라. [그러면] 비로소 해탈을 얻어 대상(物)에 붙들리지 않고 훌쩍 벗어나 자유자재하게 된다. 제방諸方의 도 닦는 이들 가운데 대상(物)에 의지하지 않고 오는 사람이 아직 없다. 나는 이 사람들 속에서 [의지하는] 첫머리를 따라 때려 부순다. 손에 의지하면서 오면 손에 의지하는 것을 때려 부수고, 입에 의지하면서 오면 입에 의지하는 것을 때려 부수며, 눈에 의지하면서 오면 눈에 의지하는 것을 때려 부순다. 지금까지 한 사람도 [의지하는 것에서] 혼자 벗어나서 오는 자는 없었다. 모두 자기 아닌 옛사람들의 쓸데없는 기교와 경지에 의존하고 있다."[111]

나. '무념無念의 돈오견성頓悟見性'과 붓다의 마음수행

혜능은 '돈오頓悟'와 '견성見性' 및 '무념無念'을 하나로 묶어서 돈오견성의 내용을 설한다. '무념'이라야 '견성'하는 것이고, 그 '무념으로 이룬 견성'은 곧 '돈오'라는 것이다. 따라서 '무념'의 내용이 돈오견성의 핵심이 된다. 앞에서 소개한 혜능의 돈오견성 설법을 다시 들어 보자.

"선지식들이여, 나는 홍인화상의 처소에서 한 번 듣자 말끝에 크게 깨달아 '참 그대로를 보는 본연의 면모'(眞如本性)에 '한꺼번에

---

[111] 『진주임제혜조선사어록』(T47, 0500b21-28). "道流. 爾欲得如法見解, 但莫受人惑. 向裏向外, 逢著便殺. 逢佛殺佛, 逢祖殺祖, 逢羅漢殺羅漢, 逢父母殺父母, 逢親眷殺親眷. 始得解脫, 不與物拘, 透脫自在. 如諸子學道流, 未有不依物出來底. 山僧向此間, 從頭打. 手上出來, 手上打, 口裏出來, 口裏打, 眼裏出來, 眼裏打. 未有一箇獨脫出來底. 皆是上他古人閑機境."

눈 떴다'(頓見). 그러므로 [이] 가르침을 후대에 퍼뜨려 이제 도를 배우는 사람들이 깨달음(菩提)을 '한꺼번에 깨달아'(頓悟) 각자 스스로 마음을 관觀하여 '[사실 그대로 보는] 자기 본연의 면모'(自本性)를 '한꺼번에 깨닫게'(頓悟) 하려고 한다. 만약 스스로 깨닫고자 하는 사람이라면 반드시 큰 선지식을 찾아가서 가르침을 받아 '[사실 그대로 보는] 본연에 눈떠야 한다.'(見性) (…) '[사실 그대로 보는] 자기 본연의 마음자리'(自性心地)에서 [사실 그대로 보는] 지혜로써 관조觀照하여 '[자신과 세상에] 안팎으로 환히 밝으면'(內外明徹) '[분별망상으로 '사실 그대로'를 등지지 않는] 자기 본연의 마음'(自本心)을 알게 된다. 만약 '[분별망상으로 '사실 그대로'를 등지지 않는] 본연의 마음'(本心)을 알면 곧 해탈이고, 이미 해탈을 성취하면 바로 반야삼매般若三昧이며, 반야삼매를 깨달으면 곧 '잘못 분별하는 생각이 없음'(無念)이다. **무엇을 '잘못 분별하는 생각이 없음'(無念)이라 하는가? '잘못 분별하는 생각이 없음'(無念)의 도리는 '모든 현상'(一切法)을 보면서도 [그] '모든 현상'(一切法)에 집착하지 않고, 모든 곳에 이르면서도 [그] 모든 곳에 집착하지 않아 〈항상 '[사실 그대로 보는] 자신의 본연'(自性)을 온전하게 간직하는 것이니〉(常淨自性), 여섯 도적[인 형상(色)·소리(聲)·냄새(香)·맛(味)·감촉(觸)·개념(法)]들로 하여금 여섯 문[인 눈(眼)·귀(耳)·코(鼻)·혀(舌)·몸(身)·마음(意)]을 좇아 '여섯 대상'(六塵)으로 달려 나가게 하지만 ['여섯 대상'(六塵)을] 떠나지도 않고 ['여섯 대상'(六塵)에] 물들지도 않아 오고 감에 자유로운 것이다. 이것이 바로 반야삼매般若三昧이며 자재해탈自在解脫이니, '잘못 분별하는 생각이 없는 수행'(無念行)이라 부른다.** 모든 사물을 생각하지 않거나 생각(念)을 끊어야 한다고 하지 말지니, 그것은 바로 '현상에 묶인 것'(法縛)이며 '치우친 견해'(邊見)라 한다. '잘못 분별하는 생각이 없음'(無念)의 도리를 깨달은 이는 '모든 현상'(萬法)에 다 통하고, '잘못 분별하는 생각이 없음'(無念)의 도리를 깨달은 이는 모든 부처의 경지를 보며, 〈**'잘못 분별하는 생각이 없음'(無念)이라는 '한꺼번에 [닦는] 도리'(頓[修]法)**〉**(無念頓法)를 깨달은 이는 부처의 지위에 이른다."**

이 설법에 따르면, '한꺼번에 눈 뜸'(頓見)·'한꺼번에 깨달음'(頓悟)·'[사실 그대로 보는] 본연에 눈뜸'(見性)이라는 깨달음은 '잘못 분별하는 생각이 없음'(無念)의 결과이다. 그러므로 돈오견성을 이루려면 '잘못 분별하는 생각이 없는 수행'(無念行)을 해야 한다. 그리고 무념행의 내용은 〈'모든 현상'(一切法)을 보면서도 [그] '모든 현상'(一切法)에 집착하지 않고, 모든 곳에 이르면서도 [그] 모든 곳에 집착하지 않아 항상 '[사실 그대로 보는] 자신의 본연'(自性)을 온전하게 간직하는 것〉(見一切法不着一切法, 遍一切處不着一切處, 常淨自性)이다. 더 구체적으로는, 〈여섯 도적[인 형상(色)·소리(聲)·냄새(香)·맛(味)·감촉(觸)·개념(法)]들로 하여금 여섯 문[인 눈(眼)·귀(耳)·코(鼻)·혀(舌)·몸(身)·마음(意)]을 좇아 '여섯 대상'(六塵)으로 달려 나가게 하지만 ['여섯 대상'(六塵)을] 떠나지도 않고 ['여섯 대상'(六塵)에] 물들지도 않아 오고 감에 자유로운 것〉(使六賊從六門, 走出於六塵中, 不離不染, 來去自由)이다.

'잘못 분별하는 생각이 없는 수행'(無念行)은 〈모든 현상에 불변성·동일성·독자성을 부여하면서 관계 맺는 마음 방식〉을 그치고, 그 그친 마음 국면에서 〈현상의 사실 그대로와 관계 맺는 마음 방식〉으로 바꾸는 마음수행이다. 주·객관의 모든 현상과 만나면서도 '불변성·동일성·독자성을 부여하는 방식을 붙들지 않는 마음 국면'을 수립하여 '[사실 그대로 보는] 자기 본연의 마음자리'(自性心地)에 역동적으로 위치하는 것이 무념행無念行이다. 이때 '불변성·동일성·독자성을 부여하는 방식을 붙들지 않는 마음 국면'은 〈'차이현상들을 왜곡하는 인식작용'(分別)의 계열과 그 범주에서 한꺼번에(頓) 빠져나오는 국면〉이다. 따라서 무념無念의 마음수행으로 분별을 그치는 것은 '한꺼번에(頓) 그침'이고, '현상을 사실 그대로 보는 본연의 마음자리에 눈뜨는 국면'인 견성見性은 '한꺼번에 눈뜨는 국면'(頓見)이다. 그래서 '돈오견성頓悟見性'이다. 이렇게 '돈오頓悟'와 '견성見性'과 '무념無念'은 하나로 결합된다. '무념無念의 돈오견성頓悟見性'인 것이다.

이 '무념無念의 돈오견성頓悟見性'은 붓다가 설한 육근수호 법설과 그대로 통한다. 인지능력(六根, 마음)이, '현상(차이)들을 왜곡시키던 관계 방식'(분별)을 붙들지 않아 그치고, 〈현상(차이)들의 '참 그대로'(眞如)와 관계 맺는 방식〉으로 바꾸는 것이 '무념의 마음수행'이다. 놀랍게도 육근수호 법설이 펼치는 마음수행 법설의 재현이 아닌가. 마음수행은, 〈'변화·관계의 차이현상'과 접속을 유지한 채, '재인지 사유로서의 마음작용'에 의거하여 '차이현상들에 대한 기존의 느낌·이해·인식·경험을 붙들지 않는 마음 국면'을 열어, '기존의 느낌·이해·인식·경험 계열에서 빠져나오는 마음 국면'에서 '사실 그대로에 부합하는 느낌·이해·인식·경험'으로 바꾸고 내면화시켜, '사실 그대로에 부합하는 느낌·이해·인식·경험'에서 발생하는 개인과 세상의 이로움을 누리려는 것에 초점을 두는 수행〉이다. '무념無念의 돈오견성頓悟見性'은 전형적인 마음수행이다.

'차이들을 왜곡하던 마음 방식을 붙들지 않는 마음 국면'인 무념無念은, 붓다가 설한 정념正念과 육근수호 법설의 알아차림(sampajānāti)을 다시금 변주하고 있다. 〈생각하면서도 [사실을 왜곡하면서] 생각하지 않는 무념無念〉, 〈차이에 있으면서도 차이[에 대한 차별]에서 벗어나는 무상無

相〉, 〈[사실 그대로 보는] 본연의 면모가 되어 생각마다 [집착으로 현상에] 머물지 않는 무주無住〉가 결합된 '무념無念의 돈오견성頓悟見性'은, 붓다가 설한 마음수행의 본령을 잘 포착하여 계승하고 있다. 혜능과 선종은 '무념無念의 돈오견성頓悟見性'을 통해, '육근수호의 알아차림(sampajānāti)과 사마타 마음수행 → 유식사상의 유식무경唯識無境 → 공관을 품은 유식관에 의거한 원효의 일심一心'을 관통해 온 마음수행의 본령을 이어가고 있다.

다. 돈오견성의 두 유형 : 미완결형과 완결형

i) 돈오 범주에 관한 선행 담론

혜능의 돈오견성 사상 이전, 동북아시아 돈오사상의 서막序幕을 열었다고 평가받는 도생竺道生, 약 372-434)과 그의 시대에서 목격되는 돈오론頓悟論은 돈오의 범주를 둘러싼 견해들의 담론이었던 것으로 보인다. 이것을 '돈오 범주의 담론'이라 한다면, 이 담론에서는 분증分證의 돈오를 소돈오小頓悟, 전증全證의 돈오를 대돈오大頓悟라 불렀으며, 도생은 전증의 돈오를 주장하였다고 한다.

"육조六朝시대의 장소章疎는 돈頓을 대大와 소小로 나눈다. 혜달惠達의 『조론소肇論疎』에서는 〈돈오에 두 가지 해석이 있으니, 축도생竺道生은 대돈오大頓悟를 잡고 있고 지도림支道林(314-366), 도안道安(312-385), 혜원慧遠(335-417), 타陲 법사法師, 승조僧肇(384-414)는 모두 소돈오小頓悟에 속한다〉라고 하였다. 수隋나라 석碩 법사法師의 『삼론유의의三論游意義』 역시 이렇게 말한다. 〈소돈오小

頓悟를 주장하고 있는 법사에 육가六家가 있다. 첫째 승조僧肇 법사, 둘째 지도림支道林 법사, 셋째 진안眞安 타埵 법사, 넷째 사통邪通 법사, 다섯째 여산廬山의 혜원慧遠 법사, 여섯째 도안道安 법사이다. 이 법사들은 '칠지七地 이상에서 무생법인無生法忍을 깨닫는다'라고 말한다. 축도생 법사는 대돈오의 뜻을 주장하기 때문에 금강지金剛地 이전은 모두 대몽大夢이고 금강지 이후는 모두 대각大覺이라고 했다.〉"112)

"도생道生 이전에 점漸과 돈頓 두 글자는 늘 경권經卷에 보이는데, 동진東晉 시기에는 십주十住와 삼승三乘의 설을 연구했기 때문에 돈오의 설이 있게 되었다. 남제南齊 유규劉虯(436-495)의 『무량의경서無量義經序』에 따르면, 돈과 점의 변별辨別은 지도림支道林과 도안道安으로부터 시작되었다. 『세설신어世說新語, 문학편주文學篇注』에서는 이렇게 말한다. 〈『지법사전支法師傳』에서는 '법사가 십지十地를 연구했는데 칠주七住에서 돈오를 알았다'고 하였다.〉 (…) 지도림支道林 등은 경문經文에 근거해 칠지에서 번뇌가 소진消盡하여 처음으로 무생無生을 본다고 함으로써 돈오가 칠주에서 존재한다고 여겼으며, 그래서 구경究竟에서 체體를 증득하려면 세 개의 지위를 닦아 나가야 했다."113)

"혜달惠達의 『조론소肇論疏』에서는 도생道生의 종지宗旨를 이렇게 서술하고 있다. 〈돈오에 대해서는 양자兩者의 해석이 동일하지 않

---

112) 탕용동湯用彤, 『한위양진남북조불교사漢魏兩晉南北朝佛敎史』3(장순용 옮김, 학고방, 2014), pp.1166-1167.
113) 같은 책, pp.1205, pp.1212-1213.

다. 첫째는 축도생竺道生 법사의 대돈오大頓悟이다. 무릇 돈頓이라 칭하는 것은, 이理는 분리할 수 없고 깨달음은 극조極照를 말함을 밝히는 것이다.〉 (…) 도생은 십지十地 이후에 대오大悟가 있다고 주장했는데, 길장吉藏의 『이제의二諦義』에서 그 말을 인용했다. (…) 〈생사生死로부터 금강심金剛心에 이르기까지가 다 꿈이며, 금강 후의 마음이 활연히 대오하면 다시 보는 바가 없다.〉"114)

"(혜달惠達의 『조론소肇論疏』에 인용된 혜관慧觀의 말) 석혜관釋慧觀 법사는 점오설漸悟說을 주장했기 때문에 이렇게 비유하여 말했다. '낙양洛陽의 숭산崇山에서 출발하여 남쪽 형양衡阳의 형산衡山으로 가는데, 백 리의 산길은 마치 구름 속 봉우리 같아서 새벽에 길을 떠나 험준한 산속을 유행遊行하며 밟아 나갔다. 오늘 발심하여 남쪽을 향하는데, 천자天子의 구계九階는 있는 듯이 보이고 수행의 십주十住는 보이는 산이 되고 위대한 행위는 유행하며 밟아 나가는 것이 된다. 만약 발로 비유한다면 남쪽을 가고 있지만 도달하지는 못했고, 눈으로 말한다면 보기는 하지만 분명하지 못하다. 하지만 종지宗旨를 변론하는 변종자辯宗者는 발을 얻은 것을 오도(五度; 보시/지계/인욕/정진/선정 바라밀)를 이루었다고 생각하며, 점오漸悟를 주장하는 자는 눈으로 본 것을 반야로 여긴다. 남쪽으로 가서 얻으려고 한 뜻은 특수하니, 마치 손이 트는 것을 치료하는 약처럼 사용하는 방식에 따라 기능이 다른 것이다.'"115)

---

114) 같은 책, pp.1216, pp.1221–1222.
115) 같은 책, pp.1236–1237.

돈오는 그 초점을 '한꺼번에'(頓)라는 말에 맞추어 그 의미를 읽어야 한다. 그런데 '범주나 차원 혹은 계열의 바꿈과 연관된 돈오'를 수행의 핵심으로 인정하고 있는 사람들 내부에서도 다시 '한꺼번에'(頓)와 '점차'(漸)로 입장이 갈린다. '분증分證의 돈오'를 주장하는 사람들은 돈오 이후의 점차적 수행이 필요하다는 입장이다. 이 경우, 점차적 수행은 시간과 관계되는 문제이므로, 분증分證과 전증全證 사이를 메워야 하는 '돈오적 점수'와 그에 필요한 시간을 설정하게 된다. 이에 비해 '전증全證의 돈오'를 주장하는 사람들은 돈오 이후에는 더 이상의 점수漸修가 있을 수 없다는 입장이다. 따라서 점수에 필요한 시간을 인정하지 않는다. 이와 관련해 필자는 다음과 같이 거론한 바 있다.

"〈전증全證이라야 돈오〉라는 관점은, 분증과 전증의 경계선으로써 돈오 여부를 구획하려는 것이다. 이러한 관점은 돈오와 비非돈오의 경계를 마치 빛과 어두움의 차이로 생각하는 것으로 보인다. 도생처럼 〈이理를 알면 곧 전리全理〉라는 시선이 그 전형이다. '범주/지평/계열 차원의 전의轉依'로서의 돈오 국면은 어두움에서 밝음으로 바뀐 것처럼 비연속적 변화이다. 그러나 빛과 어두움의 비유와 같은 불연속적 전환은, 철학적 의미로는 그대로 유효하지만, 실존 현장에서는 고스란히 적용하기가 어렵다. 수행 현장을 보거나 역사적 증언을 보더라도, 돈오를 곧장 전증의 궁극경지(究竟覺)와 동일시하기는 어렵다. 돈오와 구경각 사이의 중간지대가 존재한다고 보는 것이 수행의 실제와 현실에 부응하는 것으로 보인다.

이 중간지대에는 '분별 문법에서 통째로 빠져나온 국면/자리를 지속적으로 간수해 갈 수 있는 정도나 수준의 편차'들이 배열되어 있다. 돈오의 '통째로 빠져나옴/휘말리지 않음'이 선명하고 강할수록 그 국면을 지속시켜 가기도 용이할 것이다. '휘말려 들어감과 휘말리지 않음'의 분기점과 차이가 직접 체험으로 지각(揀別)되지만, 방심하는 순간 또다시 마음 범주의 분별 문법 소용돌이에 빠져 버리는 경우가 대부분의 현실일 것이다. 그렇게 놓쳤다가도 언제든지 반조返照하여(알아차려, 화두 의심 국면을 챙겨) 분별하는 마음 범주에 '말려들지 않는 국면/자리'를 다시 확보할 수 있는 정도의 돈오가, 아마도 돈오와 구경각 사이 그 중간지대의 대부분을 차지할 것이다. 문득 '통째로 빠져나온 국면'을 챙긴 사람이라 해도, 그 빠져나옴의 선명도와 강도가 아직 미흡하여, 방심하면 곧 빠져들고 챙기면 곧 다시 빠져나오는 정도의 돈오가 일반 유형일 것이다. 그러나 일단 '통째로 빠져나오는 국면'을 열고 그 자리를 확보할 수 있다는 점에서는, 모두가 돈오로서의 정체성을 지닌 '돈오 군群'에 속한다.

선문禪門 전통에서 본분종사本分宗師로 평가되는 분들도 돈오 이후의 수행 노력을 역설하는 경우가 많고, 간화선을 집대성한 대혜 선사 역시 오매일여寤寐一如로까지 나아가야 함을 설하는 동시에 돈오 이후 돈오에 의거한 점수라 할 수 있는 오후보임悟後保任의 필요성을 설한다. 선종 내부의 이러한 역사적 사례들을 감안하면, 돈오의 범주 문제는 두 가지로 나누어 생각하는 것이 가능하다고 생각한다. 하나는 철학적 지평이고, 다른 하나는 현실적 지평이다. 철학적 지평으로서의 돈오는, 중간지대를 설정할 필요가 없이 한꺼번에 이루어지는 불연속적 전환이다. 마치 어두운 방에서 밝은 마당으로 나가는 것과 같은, 중간 영역이 없는 변화로 설명해도 적절하다. 그러나 현실적 지평에서의 돈오는, 동일한 정체성을 지닌 다양한 수준의 돈오들이 그 좌표와 위상을 달리하면서 배열해 있는 범주가 있다고 보는 것이 타당하지 않을까? 돈오 지평에 올라선 다양한 돈오 군群이 배열된 '돈오 범주의 영역/지대地帶/폭'을 설정하는 것이 수행 현실에 더욱 적합할 것이다."[116]

ii) 미완결형 돈오견성과 완결형 돈오견성

돈오 범주에 관한 이상과 같은 선행 담론은, 혜능이 천명한 '무념의 돈오견성'에도 적용된다. '특징적 차이'(相)를 불변성·동일성·독자성 관념으로 왜곡시켜 가는 방식을 붙들지 않는 무념無念의 마음 국면은, 왜곡하는 분별 과정과 그 범주에서 '한꺼번에 빠져나오는 마음자리에 자리 잡는 국면'(돈頓)이다. '현상을 사실 그대로 보는 마음자리에 눈뜸'인 견성見性은 '한꺼번에 빠져나오는 깨달음'(頓悟)이고 '한꺼번에 눈뜸'(頓見)이다. '무념無念의 돈오견성頓悟見性'은 〈분별 계열과 범주에서 한꺼번에 빠져나오는 마음자리'에 '한꺼번에 눈떠' 그 자리를 확보하는 것〉이다. '무념無念의 돈오견성頓悟見性'은 이처럼 '한꺼번'(頓)을 특성으로 삼는다.

그런데 **돈오견성에 대한 경험적 근거를 확보하면, 그 체득으로 완결되는 것일까? '한꺼번에 빠져나옴'에도 혹 수준 차이나 지속성의 차이는 없는 것일까?** 이와 관련하여 두 가지 질문이 가능할 것이다. 〈돈오견성, 다시 말해 '한꺼번에 빠져나오는 마음자리에 한꺼번에 눈뜸'은, 폭 없는 경계선을 한꺼번에 넘는 것과 같은 것인가, 아니면 돈오견성이라 할 수

---

116) 『돈점 진리담론–지눌과 성철을 중심으로』(세창출판사, 2016), pp.142–144.

있는 영역 범주에 한꺼번에 들어서는 것인가?〉라는 것이 하나의 질문이고, 〈'폭 없는 경계선을 한꺼번에 넘는 것'이건 '돈오견성이라 할 수 있는 영역 범주에 한꺼번에 들어서는 것'이건, 한 번 넘거나 들어서면 그 경계선이나 영역 범주 이전으로 퇴행하는 일은 더 이상 없는 것인가, 아니면 그 경계선이나 영역 범주 이전으로 되돌아가는 일이 발생할 수 있는 것인가?〉라는 것이 또 하나의 질문이다. 이 두 가지 질문에 어떻게 답하느냐에 따라 돈오견성을 향한 구도의 걸음과 목표가 달라진다. 이 두 질문은 마음수행인 돈오견성뿐만 아니라 이해수행에도 적용된다.

앞서 거론한 바에 따르면, 이해수행은, 〈'변화·관계의 차이현상'과 접속을 유지한 채, '동일성·불변성·독자성·절대성 관념에 의거한 환각적 행복의 무지와 허구에 대한 이해'(苦觀)와 '변화·무본질·무실체·관계·조건인과적 발생에 대한 이해'(무상관無常觀·무아관無我觀·공관空觀·연기관緣起觀)를 수립하여 내면화시킴으로써, '차이현상의 사실 그대로'(如實相, 眞如相)를 이해하여 '사실 그대로의 이해로 인한 개인과 세상의 이로움'을 누리려는 것에 초점을 두는 수행〉이다. 따라서 이해수행에 대해서도 두 가지로 질문할 수 있다. 하나는 〈'차이현상의 사실 그대로에 대한 이해의 수립'은, 그 이해 전후를 나누는 폭 없는 경계선을 넘는 것인가, 아니면 '사실 그대로에 상응하는 이해'라 할 수 있는 영역 범주에 들어서는 것인가?〉라는 것이고, 다른 하나는 〈'폭 없는 경계선을 넘는 것'이건 '사실 그대로에 상응하는 이해'라 할 수 있는 영역 범주에 들어서는 것'이건, 한 번 넘거나 들어서면 그 선이나 영역 범주 이전의 상태로 퇴행하는 일은 더 이상 없는 것인가, 아니면 그 선이나 영역 범주 이전의 상태로 되돌아가는 일이 발생할 수 있는 것인가?〉라는 것이 또 하나의 질문이다.

만약 돈오견성이 〈폭 없는 경계선을 한 번 넘거나 돈오견성이라 할 수 있는 영역 범주에 한 번 들어가기만 하면, 더 이상 퇴행이 없는 것〉이라면, 돈오견성은 1회의 체득으로 완결된다. '완결형 돈오견성'이다. 이와는 달리, 돈오견성이 〈폭 없는 경계선을 넘거나 돈오견성이라 할 수 있는 영역 범주에 들어갈지라도, 이전으로 퇴행할 수 있는 것〉이라면, 돈오견성은 더 이상 퇴행하지 않을 수 있는 수준이 될 때까지 성숙시켜 가는 지속적 노력을 요구하게 된다. '미완결형 돈오견성'이다. '이해수행으로 수립한 이해'에 대해서도 마찬가지로 말할 수 있다. 지눌(普照知訥, 1158-1210)의 돈오점수頓悟漸修 천명과 성철(退翁性徹, 1912-1993)의 돈오점수 비판은 모두 이 두 가지 질문에 대한 나름의 대답이다. 두 사람의 대답에 대한 음미는 장章을 바꿔 다시 거론할 것이다.

필자는, 붓다의 길에서 이루는 '이해 깨달음과 마음 깨달음을 통한 향상의 여정'이, '깨달음이라 할 수 있는 영역 범주로의 진입'과 '마지막 경계선을 넘는 것'을 모두 포함한다고 본다. 또한 마지막 경계선을 넘기 이전까지는, 누구나 언제든지, 변화되기 이전의 상태로 퇴행할 수 있다고 본다. 이해수행으로 수립한 '사실 그대로에 상응하는 이해'와 마음수행으로 체득한 '붙들지 않는 마음자리'는, 모두 깨달음 영역 범주로의 진입이 선행되고 이후 마지막 경계선을 넘어섬으로써 완결된다고 본다. 따라서 깨달음 영역 범주에 진입한 이후로는, 마지막 경계선으로 나아가는 '익힘의 행보'가 필요하다. 돈오견성의 경우, '돈오견성 영역 범주 진입 이후 마지막 경계선 문턱'까지의 범위에 해당하는 돈오견성은 '미완결형 돈오견성'이다. 그러나, 퇴행을 부추기는 환경적 조건과 맞물려, 이 '익힘의 노력'을 스스로 포기하거나 약화시킬 때는, 누구나 언제든지, 진입한 '돈오견성 영역 범주' 이전으로 퇴행할 수 있다. 또한 언제든지 노력에 따라 재진입할 수도 있다. 그러나 마지막 경계선을 넘어서면 더 이상의 퇴행은 없다. 이해수행으로 수립한 '사실 그대로에 상응하는 이해'와 마음수행으로 체득한 '붙들지 않는 마음자리'의 결합 및 상호작용 수준이 정점에 이를 때, 이 마지막 경계선을 넘어선다. 깨달음의 완결적 이룸이다. 붓다가 된다.

그런데 이 '깨달음 영역 범주로의 진입'과 '이후의 마지막 경계선 넘기' 과정에는, 특히 금생에서 이루어지는 과정에는, 개인별 편차가 있는 것으로 보인다. 고타마 싯닷타의 경우에는 이 두 단계를 단기간에 연속적으로 성취한 사례이다.[117] 고타마 싯닷타가 붓다가 된 이후의 행적은, 그에 상응하는 유사한 사례를 발견하기 어려운 수준이다. 붓다가 된 이후의 생애가 보여주는 그의 언어·생각·행위·욕구·관계의 수준와 양상은 가히 완결형의 표준이자 정점이다. 그러나 구도 학인의 대부분은, '깨달음 영역 범주로의 진입' 이후 '마지막 경계선 넘기'까지 부단한 익힘과 성숙의 노력이 필요한 미완결형 깨달음에 해당할 것으로 보는 것이 현실적이다. 따라서 대부분의 수행자는, 이해수행에 의한 성취이든 마음수행에 의한 성취이든, '깨달음 영역 범주 진입' 이후에도 언제든지 깨달음 영역 이전으로 퇴행할 수 있으며 또 재진입할 수 있다.

앙굿따라 니까야의 『코끼리 조련사의 아들 경(Hatthisāriputta-sutta)』 (A6:60)[118]은 〈사선四禪과 무상無相삼매를 얻는 자도 언제든지 퇴행할 수 있으며, 또 언제든지 이전 성취 영역으로 재진입할 수 있다〉라는 것

---

117) 고타마 싯닷타가 붓다가 되는 과정에 대한 필자의 소견은 부록으로 덧붙인 「고타마 싯닷타는 어떻게 붓다가 되었나?」에 피력되어 있다.
118) 대림 번역본(제4권), pp.230-239; 전재성 번역본(제6권), pp.226-234.

을 설하고 있다. 필자가 보기에, 니까야가 전하는 사선四禪 정형구에서, 초선初禪은 이해수행에 의한 성취 내용인 '일으킨 생각'(vitakka, 尋)과 '지속적인 고찰'(vicāra, 伺)이, 제2선에서는 마음수행에 의한 성취내용인 삼매(samādhi)가 각 단계 선정의 특징을 발생시키는 핵심 조건으로 언급된다. 그리고 제3선은 이해수행의 성취와 마음수행의 성취가 결합되는 정념正念의 단계, 제4선은 정념이 무르익은 단계를 언급하고 있다. 이런 이해가 타당하다면, 사선四禪의 성취는 '이해수행과 마음수행에 의한 깨달음 영역 범주로의 진입'을 의미한다. 따라서 이 경에서 말하는 〈사선四禪과 무상無相삼매를 얻는 자도 언제든지 퇴행할 수 있으며, 또 언제든지 이전 성취 영역으로 재진입할 수 있다〉라는 것은 전형적인 '깨달음의 미완결형'에 해당한다. 그리고 이런 유형의 깨달음 범주에 속해 있으면서, 이미 확보한 깨달음을 간수하여 퇴행하지 않으려 하고, 그 깨달음을 거듭 익혀가며 '마지막 경계선 넘기'를 향해 나아가는 것(정진)이, 수행자 대부분의 경우였을 것이라 본다.

선 수행의 두 축은 이해수행과 마음수행이다. 이해수행의 성취와 마음수행의 성취가 결합하고 상호작용하여 완전한 깨달음을 이룬다. 선종의 수행체계는 이해수행을 포함하지만, 돈오견성에 목표와 초점이 있고 돈오견성은 마음수행의 맥락에 있다. 따라서 돈오견성만으로 완전한 깨달음을 성취하여 부처가 된다고 하기는 어렵다. 돈오견성은 부처가 되는 충분조건이 아니라 중요한 필요조건이라 해야 할 것이다. **마음수행인 돈오견성의 길에서 '돈오견성 영역 범주로의 진입'과 '이후의 마지막 경계선 넘기'의 두 단계를 모두 성취한 것이 '완결형 돈오견성'이다.** '완결형 돈오견성'이라 할지라도, 두 단계의 성취를 단기간에 연속적으로 성취하는 경우도 있고, '돈오견성 영역 범주로의 진입' 이후 '익힘의 시간'을 두면서 성취한 경우도 있을 것이다. 그러나 마지막 경계선을 넘어 더 이상 퇴행함이 없는 '완결형 돈오견성'을 성취했다고 해도, 그것을 부처가 되는 완전한 깨달음을 성취한 것이라고 보기는 어렵다. 부처의 경지에 매우 근접한 것이라 보는 것이 무난할 것이다.

단기간의 연속적 성취에 해당하는 경우이든, '돈오견성 영역 범주 진입' 이후 '마지막 경계선 넘기'까지 상당 기간의 '익힘의 시간'이 있는 경우이든, '돈오견성 영역 범주로의 진입'과 '마지막 경계선 넘기'의 두 단계를 모두 성취한 것이 '완결형 돈오견성'이다. 〈한 번 깨달으면 영원히 깨달아서 다시는 미혹하지 않는다〉(一悟永悟, 不復更迷)라는 마조 선사의 말은 '완결형 돈오견성'의 사례에 해당할 것이다.

"[본질·실체로서 다른] 둘이 없음을 분명히 통달한 것을 '평등한 면모'(平等性)라고 부른다. [이 평등한] '[사실 그대로'로서의] 면모'(性)에는 다름이 없으나 작용하면 같지가 않다. ['사실 그대로'로서의 면모가] 미혹에 있으면 [잘못 분별하는] 식識이 되고 깨달음에 있으면 지혜가 되며, 도리를 따르면 깨달음이 되고, 일을 따르면 미혹이 된다. **미혹함은 곧 '[사실 그대로 보는] 자기 본연의 마음'(自家本心)에 미혹한 것이고, 깨달음은 곧 '[사실 그대로 보는] 자기 본연의 면모'(自家本性)를 깨달은 것이다. '한 번 깨달으면 영원히 깨달아서 다시는 미혹하지 않는다'(一悟永悟, 不復更迷).** 마치 태양이 떠올랐을 때 어둠과 화합하지 않는 것처럼, 지혜의 태양이 떠오르면 번뇌의 어둠과 함께 하지 않는다. 마음과 대상(境界)을 알아차리면(了) 망상은 곧 생기지 않는다. 망상이 이미 생기지 않으면 이것이 바로 '생겨남이 없음을 감당하는 경지'(無生法忍)이다. '본래 있음'(本有)이 '지금 있음'(今有)이니, '도 닦음'(修道)이나 좌선坐禪에 의지하지 않는다. '도 닦음'(修道)도 하

지 않고 좌선도 하지 않는 바로 이것이 바로 여래청정선如來淸淨禪
이다. 만약 지금 이 이치가 진실하고 올바른 것임을 안다면 갖가
지 [무지와 분별에 의한] 행위(業)를 짓지 않고 분수껏 삶을 보낼 것이
니, 한 벌의 누추한 옷을 입고 앉거나 일어서면서 계행戒行이 갈수
록 익어져 [지혜에 따르는] '온전한 행위'(淨業)를 쌓을 것이다. 단지 이
처럼 할 수 있다면, 어찌 [깨달음에] 통하지 못할까 염려하겠는가?
오랫동안 서 있었으니 대중은 쉬도록 하게나."[119]

'돈오견성 영역 범주로의 진입'은 이루어졌지만 아직 '마지막 경계선
넘기'에는 성공하지 못한 경우는 '미완결형 돈오견성'이다. 이 경우는 '마
지막 경계선 넘기'까지 상당 기간의 '익힘의 시간'이 필요하고, '익힘의
노력'이 지속되지 않거나 해이해지면 '영역 범주' 이전으로 퇴행할 수 있
다. 마조 선사의 문하에서 돈오견성을 성취한 제자들 가운데서는 다음
의 두 경우가 이에 해당할 것으로 보인다.

석공혜장石鞏慧藏 선사는 본래 사냥을 직업으로 삼았기에 출가
사문을 좋지 않게 여겼다. 사슴의 무리를 뒤쫓다가 마조의 암자
앞을 지나가게 되었다. 마조가 그를 맞으니 혜장이 물었다. "화상
은 사슴이 지나가는 것을 보지 못했습니까?" 마조가 말했다. "당
신은 어떤 사람입니까?" 혜장이 말했다. "사냥꾼입니다." 마조가

---

119) 『마조도일선사광록』(X1321, 0003a12). "了達無二, 名平等性. 性無有異, 用則不
同. 在迷爲識, 在悟爲智, 順理爲悟, 順事爲迷. 迷即迷自家本心, 悟即悟自家本
性. 一悟永悟, 不復更迷. 如日出時不合於暗, 智慧日出, 不與煩惱暗俱. 了心及境
界, 妄想即不生. 妄想既不生, 即是無生法忍. 本有今有, 不假脩道坐禪. 不脩不
坐, 即是如來淸淨禪. 如今若見此理眞正, 不造諸業, 隨分過生, 一衣一衲, 坐起
相隨, 戒行增薰, 積於淨業. 但能如是, 何慮不通? 久立, 諸人珍重."

말했다. "당신은 활을 쏠 줄 압니까?" 혜장이 말했다. "쏠 줄 압니다." 마조가 말했다. "당신은 하나의 화살로 몇 마리를 쏩니까?" 혜장이 말했다. "하나의 화살로 한 마리를 쏩니다." 마조가 말했다. "당신은 활을 쏠 줄 모르네." 혜장이 말했다. "화상은 활을 쏠 줄 압니까?" 마조가 말했다. "쏠 줄 알지." 혜장이 말했다. "화상은 하나의 화살로 몇 마리를 쏩니까?" 마조가 말했다. "하나의 화살로 한 무리를 쏩니다." 혜장이 말했다. "저들이나 우리나 모두 생명인데, 어찌 저들을 한 무리나 쏩니까?" 마조가 말했다. "그대가 이미 이와 같이 안다면 어찌하여 자신을 쏘지는 않는가?" 혜장이 말했다. "만약 누군가에게 자신을 쏘라고 한다면 그렇게 할 자는 없을 것입니다." 마조가 말했다. "이 사람아, 끝없는 세월 동안의 무명번뇌를 오늘 한꺼번에 그치게나." 혜장은 그때 활과 화살을 꺾어버리고는, 스스로 칼로 머리카락을 자르고 마조에게 몸을 맡겨 출가하였다. 하루는 [혜장이] 부엌에서 일하고 있던 차에 마조가 물었다. **"무엇을 하는가?" 혜장이 말했다. "소를 키우고 있습니다." 마조가 말했다. "어떻게 키우는가?" 혜장이 말했다. "풀밭으로 들어갈 때마다 바로 콧구멍을 붙잡고 끌어냅니다." 마조가 말했다. "그대는 참으로 소를 키우는구나!"**[120]

---

120) 『마조도일선사광록』(X1321, 0003c24), "石鞏慧藏禪師, 本以弋獵爲務, 惡見沙門. 因逐羣鹿, 從祖菴前過. 祖乃迎之, 藏問. 和尙見鹿過否? 祖曰. 汝是何人? 曰. 獵者. 祖曰. 汝解射否? 曰. 解射. 曰. 汝一箭射幾箇? 曰. 一箭射一箇. 曰. 汝不解射. 曰. 和尙解射否? 祖曰. 解射. 曰. 和尙一箭射幾箇? 曰. 一箭射一羣. 曰. 彼此是命, 何用射他一羣? 祖曰. 汝既知如是, 何不自射? 曰. 若教某甲自射, 即無下手處. 祖曰. 這漢, 曠劫無明煩惱, 今日頓息. 藏當時毀棄弓箭, 自以刀截髮, 投祖出家. 一日在厨作務次, 祖問曰. 作什麼? 曰. 牧牛. 祖曰. 作麼生牧? 曰. 一迴入草去, 便把鼻孔拽來. 祖曰. 子真牧牛."

대매산大梅山 법상法常 선사가 처음 마조를 찾아뵙고는 물었다. "무엇이 부처입니까?" 마조가 말했다. "바로 이 마음이 부처다." 법상은 곧 크게 깨달았다. 그 후 대매산에 거주하였는데, 마조는 선사가 대매산에 머문다는 소식을 듣고는 한 승려를 보내어 묻게 했다. "화상께서는 마조 선사를 뵙고 무엇을 얻었기에 곧 이 산에 머무십니까?" 법상이 말했다. "마조 선사는 나에게 말씀하시길, 〈이 마음이 바로 부처다〉라고 하셨습니다. 그래서 나는 곧 여기에 머무릅니다." 승려가 말했다. "마조 선사의 요즘 불법은 또 다릅니다." 법상이 말했다. "어떻게 다릅니까?" 승려가 말했다. "요즘에는 다시 말하길, 〈마음도 아니고 부처도 아니다〉라고 하십니다." 법상이 말했다. "이 노인네가 사람을 미혹시키는 것이 끝날 날이 없구나. 〈마음도 아니고 부처도 아니다〉라는 것은 그대에게 맡기고, 나는 단지 〈이 마음이 바로 부처다〉라고 하리라." 그 승려가 돌아와 이것을 마조에게 아뢰자, 마조가 말했다. **"매실이 익었구나!"**[121]

마조 선사와 석공혜장石鞏慧藏의 일화에서는 〈"무엇을 하는가?" 혜장이 말했다. "소를 키우고 있습니다." 마조가 말했다. "어떻게 키우는가?" 혜장이 말했다. "풀밭으로 들어갈 때마다 바로 콧구멍을 붙잡고 끌어냅니다." 마조가 말했다. "그대는 참으로 소를 키우는구나!"〉라는 대목이 시선을 끈다. 소가 풀밭으로 들어가는 것은, 마음이 '차이를 지닌 대

---

121) 『마조도일선사광록』(X1321, 0004a19). "大梅山法常禪師, 初參祖, 問. 如何是佛? 祖云. 即心是佛. 常即大悟. 後居大梅山, 祖聞師住山, 乃令一僧到問云. 和尚見馬師, 得箇什麼, 便住此山? 常云. 馬師向我道, 即心是佛. 我便向這裏住. 僧云. 馬師近日佛法又別. 常云. 作麼生別? 僧云. 近日又道, 非心非佛. 常云. 這老漢惑亂人, 未有了日. 任汝非心非佛, 我只管即心即佛. 其僧回舉似祖, 祖云. 梅子熟也."

상'(相)을 '불변성·동일성·독자성을 설정하는 관념'으로 채색시켜 '현상의 사실 그대로'를 왜곡·오염시키는 국면이다. 석공은 마조의 가르침을 통해 '잘못 분별하는 생각이 없음'(無念)의 마음수행 도리에 눈떴다. 혜능의 설법대로, 〈'모든 현상'(一切法)을 보면서도 그 '모든 현상'(一切法)에 집착하지 않고, 모든 곳에 이르면서도 그 모든 곳에 집착하지 않아 항상 '[사실 그대로 보는] 자신의 본연'(自性)을 온전하게 간직하고(常淨自性), 여섯 도적[인 형상(色)·소리(聲)·냄새(香)·맛(味)·감촉(觸)·개념(法)]들로 하여금 여섯 문[인 눈(眼)·귀(耳)·코(鼻)·혀(舌)·몸(身)·마음(意)]을 좇아 '여섯 대상'(六塵)으로 달려나가게 하지만 ['여섯 대상'(六塵)을] 떠나지도 않고 ['여섯 대상'(六塵)에] 물들지도 않아 오고 감에 자유로운〉, 무념의 마음자리에 '한꺼번에 눈떴다.'(頓見). 그러나 **돈오견성의 국면을 체득하여 '돈오견성 영역 범주로의 진입'은 이루어졌지만, 퇴행하지 않을 수 있는 '마지막 경계선'은 아직 넘지 못한 것으로 보인다. 그래서 아직은 수시로 '소가 풀밭으로 들어가고', 그럴 때마다 즉시 '콧구멍을 붙잡고 끌어낸다.' 미완결형 돈오견성에 필요한 '익힘 노력'의 구체적 내용이다. 마음수행 맥락에서 '돈오 이후의 점수'를 말할 수 있다면 이 경우에 해당할 것이다. 그런 점에서 석공의 돈오견성은, 적어도 이 대화가 이루어질 때는, 미완결형 돈오견성의 사례라 하겠다.**

흥미롭게도 니까야가 전하는 붓다의 설법에도 유사한 비유와 내용이 등장한다. 『류트 비유 경(Vīṇopama-sutta)』(S35:246)[122])과 『여섯 동물 비유 경(Chappāṇakopama-sutta)』(S35:247)[123])이 그것이다. 『류트 비

---

122) 각묵 번역, 상윳따 니까야 제4권, pp.409-415.
123) 각묵 번역, 상윳따 니까야 제4권, pp.415-419.

유 경』에서는, 시각능력(眼根)·청각능력(耳根)·후각능력(鼻根)·미각능력(舌根)·촉각능력(身根)·인식능력(意根)이라는 '여섯 가지 지각 및 인식능력'(六根)이, 각각의 능력에 상응하는 형상(色)·소리(聲)·냄새(香)·맛(味)·접촉대상(觸)·'언어/개념적 현상'(法)이라는 여섯 가지 대상을 만날 때, 탐욕·분노·무지를 일으키지 않기 위해 마음의 고삐를 잘 조여 삼매에 드는 것을 '밭에 들어가는 황소의 고삐를 잡아 끌어내는 것'에 비유하고 있다.

또 『여섯 동물 비유 경』에서는, 정념正念 수행으로 '여섯 가지 지각 및 인식능력'(六根)을 단속하여 '마음을 통한 해탈'(心解脫)과 '이해를 통한 해탈'(慧解脫)을 이루는 것을, 여섯 가지 동물들을 튼튼한 밧줄로 묶어 튼튼한 말뚝이나 기둥에 매어놓는 것에 비유하고 있다. 붓다는 말뚝이나 기둥이 정념正念에 해당한다고 말한다. 니까야 주석서나 남방불교 해석학에서는 붓다의 선 수행을 위빠사나 이해수행을 중심으로 이해하는 시선이 일반적이기 때문에 정념을 위빠사나 관점에서 이해하고 주석한다. 그러나 붓다의 선 수행 법설과 정념 법설은 위빠사나 이해수행과 사마타 마음수행을 모두 내용으로 삼는다. 이렇게 보아야 정념正念 수행으로 '여섯 가지 지각 및 인식능력'(六根)을 단속하면 '마음을 통한 해탈'(心解脫)과 '이해를 통한 해탈'(慧解脫)을 이룬다는 말이 자연스럽게 이해된다.

마조 선사와 법상 선사의 일화에서는 〈매실이 익었구나!〉라는 말이 시선을 끈다. 노력 끝에 매실이 열린 것은 '돈오견성의 영역 범주에 진입한 것'이다. 그러나 매실이라는 점에서는 같아도, 풋 매실과 익은 매실은 다르다. 법상 선사는 마조 선사의 대화로 '돈오견성의 영역 범주에 진입한 이후 다시 대매산大梅山으로 돌아가 '익힘의 노력'을 기울였던 것으로 보인다. 그렇다면 법상 선사의 돈오견성은 '미완결형'에서 출발했다고 할 수 있겠다.

3) 마음수행의 창발적 전개

혜능이 〈생각하면서도 [사실을 왜곡하면서] 생각하지 않는 무념無念〉, 〈차이에 있으면서도 차이[에 대한 차별]에서 벗어나는 무상無相〉, 〈[사실 그대로 보는] 본연의 면모가 되어 생각마다 [집착으로 현상에] 머물지 않는 무주無住〉를 결합시켜 천명한 '무념無念의 돈오견성頓悟見性'은, 후학들의 계승 과정에서 '창발적'이라 부를 만한 특징을 보여준다. '마음수행의 창발적 전개'라고 할 이 특징적 양상으로 필자는 크게 두 가지를 지목한다. 하나는 '일깨우고 드러내는 대화법에서의 창발적 특징'이고, 다른 하나는 '화두話頭 의심과 돈오견성을 결합시킨 간화선看話禪의 등장'이다.

가. 일깨우고 드러내는 대화법에서의 창발적 특징 :
직지인심直指人心·견성성불見性成佛의 대화법

'무념無念의 돈오견성頓悟見性'은 강서江西의 마조도일과 호남湖南의 석두희천 및 그들의 문하에서 배출된 선사들의 활동에 의해 조사선祖師禪이라 일컫는 특징적 양상의 전개로 이어진다. '인간 본연에 대한 긍정적 표현들', '깨달음의 생활세계적 구현' 등이 두드러지는 **조사선의 전개 과정에서는, 스승과 제자, 혹은 선승들 사이에서 이루어지는 '특징적인 대화법'이 있다. 돈오견성 깨달음을 돈발頓發시키거나 드러내기 위해 사용되는** 이들의 대화법은 일반적 대화법이나 기존 불교 전통의 대화법과는 차별화되는 특징을 보여준다. 가히 창발적이라 할 만한 이 특징은 새로움을 더해 가면서 이어지는데, 크게 두 단계의 양상으로 구분할 수 있다. 하나는 '간화선 이전의 대화법'이고, 다른 하나는 '간화선 이후 공안公案 연구들을 채택하면서 전개되는 대화법'이다.

여기서는 조사선의 특징을 본격적으로 출발시킨 마조, 그리고 조사선의 특징을 만개시킨 임제, 이 두 선사가 학인들과 나눈 대화 속에서 그 특징을 짚어본다. 그리하여 선종이 보여주는 특징적 대화법의 토대가 되는 '간화선 이전 대화법의 창발적 개성'을 확인해 본다.

대주혜해大珠慧海가 처음으로 마조를 찾아뵈었다. 마조가 물었다. "어디에서 왔는가?" 대주가 대답했다. "월주越州의 대운사大雲寺에서 왔습니다." "이곳에 와서 무엇을 하려 함인가?" 대주가 대답했다. "불법을 구하러 왔습니다." 마조가 말했다. "자기 집 보물 창고는 돌아보지 않고 집을 버리고 이리저리 다니면서 무엇을 하려는가? 나의 이곳에는 한 물건도 없는데, 어떤 불법을 구한다는 것인가?" 대주가 이에 절하고 물었다. "무엇이 저 혜해慧海의 제 집 안 보물 창고입니까?" 마조가 말했다. "지금 나에게 묻는 바로 그것이 그대의 보물 창고이다. [거기에는] 모든 것이 갖추어 있고 조금의 부족함도 없으며 사용이 자유자재한데, 어찌 밖을 향하여 구하고 찾는가?" 대주가 말끝에 '[사실 그대로를 보는] 본래의 마음'(本心)은 [외부 대상에 대한] 지각知覺으로부터 말미암지 않음을 스스로 알고, 뛸 듯이 기뻐하며 절을 하여 감사를 표했다. 스승을 6년 동안 모시다가 돌아갔는데, 스스로 『돈오입도요문론頓悟入道要門論』 1권을 지었다. 마조가 그 책을 보고는 대중에게 말했다. "월주에

큰 구슬이 있으니, 두루 밝은 광명이 자재하게 통하여 막거나 가리는 곳이 없구나."[124]

늑담법회泐潭法會 선사가 마조에게 물었다. "서쪽에서 오신 조사의 뜻이 무엇입니까?" 마조가 말했다. "목소리를 낮추고 가까이 오라." 법회가 곧 가까이 다가가자, 마조가 한 번 때리고는 말했다. "다른 사람들이 있어서 말하지 못하겠다. 내일 오너라." 법회가 다음 날 와서 오히려 법당에 들어가 말했다. "화상께서는 말씀해 주십시오." 마조가 말했다. "다시 갔다가, 내가 법당에 오를 때를 기다려서 나오너라. 그대에게 증명하겠다." 법회가 이에 깨닫고는 말했다. "대중이 증명해 주셔서 감사드립니다." 그리고 법당을 한 바퀴 돌고는 곧 가 버렸다.[125]

분주汾州의 무업無業 선사가 마조를 찾아뵈었다. 마조는 그의 풍채가 훌륭하고 말소리가 마치 종소리 같은 것을 보고는 말했다. "어마어마한 불당佛堂이지만 그 속에 부처가 없구나." 무업이 절을 하고 꿇어앉아 물었다. "삼승三乘의 학문은 대충이나마 그 뜻을

---

[124] 『마조도일선사광록』(X1321, 0003c08). "大珠初參祖. 祖問曰. 從何處來? 曰. 越州大雲寺來. 祖曰. 來此擬須何事? 曰. 來求佛法. 祖曰. 自家寶藏不顧, 拋家散走作什麽? 我這裏, 一物也無, 求甚麽佛法? 珠遂禮拜, 問曰. 阿那箇是慧海自家寶藏? 祖曰. 即今問我者, 是汝寶藏. 一切具足, 更無欠少, 使用自在, 何假向外求覓? 珠於言下, 自識本心, 不由知覺, 踊躍禮謝. 師事六載, 後歸, 自撰頓悟入道要門論一卷. 祖見之, 告眾云. 越州有大珠, 圓明光透自在, 無遮障處也."
[125] 『마조도일선사광록』(X1321, 0003c16). "泐潭法會禪師, 問祖云. 如何是西來祖師意? 祖曰. 低聲近前來. 會便近前, 祖打一摑云. 六耳不同謀. 來日來. 會至來日, 猶入法堂云. 請和尚道. 祖云. 且去, 待老漢上堂時出來. 與汝證明. 會乃悟云. 謝大眾證明. 乃繞法堂一帀, 便去."

궁리해 보았습니다만, 늘 듣기로 선문禪門에서는 〈바로 이 마음이 부처다〉라고 한다는데, 실로 아직 알 수가 없습니다." 마조가 말했다. "다만 아직 알지 못하는 마음이 바로 이것이다. 다시 다른 물건은 없다." **무업이 다시 물었다. "어떤 것이 조사가 서쪽에서 와서 비밀리에 전한 '마음의 증명'(心印)입니까?" 마조가 말했다. "스님은 지금 들떠 있으니 갔다가 다른 때 오시게." 무업이 막 나가려는데 마조가 불렀다. "스님!" 무업이 머리를 돌리자 마조가 말했다. "이것이 무엇인가?" 무업이 바로 '알아차려 깨닫고는'(領悟) 절을 하였다. 마조가 말했다. "이 둔한 사람아, 절은 무엇 하려고 하는가?"**126)

홍주洪州의 수로水老 화상이 처음 마조를 찾아뵙고 물었다. "어떤 것이 [달마 조사가] 서쪽에서 오신 바른 뜻입니까?" **마조가 말했다. "절하시오!" 수로 화상이 막 절을 하는데, 마조가 곧 한 번 밟아 버렸다. 수로 화상이 크게 깨닫고는 일어나 손뼉을 치면서 크게 웃고는 말했다. "참으로 기이하다! 참으로 기이하다! 온갖 삼매와 헤아릴 수 없이 많은 묘한 뜻을 다만 한 털끝 위에서 곧 근원까지 알아 버렸구나!" 곧 절을 하고는 물러갔다. 뒤에 대중들에게 말했다. "마조 선사에게 한 번 밟힌 이래로 지금까지 웃음이 그치질 않는구나."**127)

---

126) 『마조도일선사광록』(X1321, 0004b02). "汾州無業禪師參祖. 祖觀其狀貌瓌偉, 語音如鐘. 乃曰. 巍巍佛堂, 其中無佛. 業. 禮跪而問曰. 三乘文學, 粗窮其旨, 常聞禪門即心是佛, 實未能了. 祖曰. 只未了底心即是. 更無別物. 業又問. 如何是祖師西來密傳心印? 祖曰. 大德正鬧在, 且去, 別時來. 業纔出, 祖召曰. 大德! 業迴首, 祖云. 是什麼? 業便領悟, 禮拜. 祖云. 這鈍漢, 禮拜作麼?"
127) 『마조도일선사광록』(X1321, 0004c08). "洪州水老和尚初參祖, 問. 如何是西來的

방거사龐居士가 마조에게 물었다. "온갖 것들과 짝하지 않는 자는 어떤 사람입니까?" 마조가 말했다. "그대가 한입에 서강西江의 물을 다 마시기를 기다려서 그대에게 말해 주겠다."[128]

어떤 승려가 물었다. "어떻게 도에 합할 수 있습니까?" 마조가 말했다. "나는 일찍이 도에 합한 적이 없다." [승려가] **물었다. "어떤 것이** [달마 조사가] **서쪽에서 오신 뜻입니까?" 마조가 곧 때리고는 말했다. "내가 만약 그대를 때리지 않는다면, 여러 곳에서 나를 비웃을 것이다."**[129]

탐원耽源이라는 제자가 있었는데, 행각行脚에서 돌아와 **마조 앞에 '원 모양'(圓相)**[130]**을 하나 그리고는, 그 위로 나아가 절을 마치고는 섰다.** 마조가 말했다. "너는 부처가 되고 싶지 않은 것이냐?" 탐원이 말했다. "저는 눈을 비빌 줄 모릅니다." 마조가 말했다. "내가 너만 못하다." 제자는 대꾸하지 않았다.[131]

的意? 祖云. 禮拜著. 老纔禮拜, 祖便與一踢. 老大悟, 起來撫掌呵呵大笑云. 也大奇! 也大奇! 百千三昧, 無量妙義, 只向一毛頭上, 便識得根源去. 便禮拜而退. 後告眾云. 自從一喫馬師蹋, 直至如今笑不休."

128) 『마조도일선사광록』(X1321, 0004c13). "龐居士問祖云. 不與萬法為侶者, 是甚麼人? 祖曰. 待汝一口吸盡西江水, 即向汝道."

129) 『마조도일선사광록』(X1321, 0004c24). "僧問. 如何得合道? 祖曰. 我早不合道. 問. 如何是西來意? 祖便打曰. 我若不打汝, 諸方笑我也."

130) 『조정사원祖庭事苑』 제2권 '설두염고雪竇拈古' 편에 따르면, 〈원상圓相은 남양혜충南洋慧忠에서 비롯되었고, 이를 탐원耽源에게 전해 주었으며, 탐원은 이를 앙산仰山에게 전하여 마침내 위앙종潙仰宗의 가풍이 되었다.〉라고 한다. "圓相之作, 始於南陽國師, 付授侍者耽源, 源承讖記, 傳于仰山, 今遂目為潙仰家風."(X1261, 0332a19)

131) 『마조도일선사광록』(X1321, 0005a02). "有小師耽源, 行脚回, 於祖前畫箇圓相, 就上拜了立. 祖曰. 汝莫欲作佛否? 曰. 某甲不解揑目. 祖曰. 吾不如汝. 小師不對."

어떤 강승講僧이 와서 물었다. "선종에서는 어떤 도리(法)를 전하고 지니는 것인지 아직 모르겠습니다." 마조가 되물었다. "좌주座主께선 어떤 도리를 전하고 지닙니까?" "감히 경론 이십여 권을 강講할 수 있습니다." 마조가 말했다. "사자 새끼가 아닌가?" 좌주가 말했다. "별말씀을 다 하십니다." 마조가 "허! 허!" 하였다. 좌주가 말했다. "이것이 도리(法)이군요." 마조가 말했다. "이것이 무슨 도리입니까?" 좌주가 말했다. "사자가 굴에서 나오는 도리입니다." 이에 마조는 잠잠히 있었다. 좌주가 말했다. "이것 역시 도리이군요." 마조가 말했다. "이것은 무슨 도리입니까?" 좌주가 말했다. "사자가 굴속에 있는 도리입니다." **마조가 말했다. "[사자가 굴에서] 나가지도 않고 [사자가 굴로] 들어가지도 않는 것은 무슨 도리입니까?"** 좌주는 대답하지 못하였다. 이윽고 하직 인사를 하고 문을 나섰다. [그때] 마조가 불렀다. "좌주!" 좌주가 머리를 돌리자, 마조가 말했다. "이것은 무엇인가?" 좌주가 역시 대답이 없자, 마조가 말했다. "이 둔근기 스님아!"[132]

마조 선사와 학인들의 대화에서 두드러지는 것은, 일대일 대면 대화에서, '무념의 마음 국면'을 '바로 그때 그 자리'(即今)에서 일깨워 주는 독특한 화법이다. 예컨대 〈지금 나에게 묻는 자는 누구인가?〉〈듣는 이것은 무엇인가?〉라는 식이다. 상대방이 그 자리에서 펼치고 있는 마음

---

[132] 『마조도일선사광록』(X1321, 0005a11). "有講僧來問曰. 未審, 禪宗傳持何法? 祖却問曰. 座主傳持何法? 主曰. 忝講得經論二十餘本. 祖曰. 莫是獅子兒否? 主曰. 不敢. 祖作噓噓聲. 主曰. 此是法. 祖曰. 是甚麼法? 主曰. 獅子出窟法. 祖乃默然. 主曰. 此亦是法. 祖曰. 是甚麼法? 主曰. 獅子在窟法. 祖曰. 不出不入, 是甚麼法? 主無對. 遂辭出門. 祖召曰. 座主! 主回首. 祖曰. 是甚麼? 主亦無對. 祖曰. 這鈍根阿師!"

작용을 바로 지적하여, '대상을 붙들고 나가는 마음'을 알아차려 그치고 '붙들고 나가는 마음 행보를 그친 마음자리', 그 무념의 마음 국면을, '바로 그때 그 자리'(卽今)에서 포착하게 한다. 이런 대화법에 사용되는 것은 음성 언어에 국한되지 않는다. 때리거나 발로 밟는 등의 몸짓 언어도 거리낌 없이 동원하여 '무념의 마음 국면'을 '바로 그때 그 자리'(卽今)에서 알게 한다. 〈한입에 서강西江의 물을 다 마시면 알려 주겠다〉라는 식의 비非일상적·비非논리적 언어를 동원하기도 한다. '대상을 붙들고 나가면서 왜곡시키는 분별의 가공 작업'에서 작동하는 일상화된 논리와 언어방식을 차단하고, 무념 국면을 펼치는 논리와 언어로 자리를 옮기게 하려는 언어 기법이다. 또 '원 모양'(圓相)과 같은 시각 언어를 사용하여 무념의 마음자리에 대한 서로의 안목(見處)을 확인하기도 한다.

혜능은 무념에 대해 〈'잘못 분별하는 생각이 없음'(無念)의 도리는 '모든 현상'(一切法)을 보면서도 [그] '모든 현상'(一切法)에 집착하지 않고, 모든 곳에 이르면서도 [그] 모든 곳에 집착하지 않아 항상 '['사실 그대'와 만나는] 자신의 본연'(自性)을 온전하게 간직하는 것이니(常淨自性), 여섯 도적[인 형상(色)·소리(聲)·냄새(香)·맛(味)·감촉(觸)·개념(法)]들로 하여금 여섯 문[인 눈(眼)·귀(耳)·코(鼻)·혀(舌)·몸(身)·마음(意)]을 좇아 '여섯 대상'(六塵)으로 달려나가게 하지만 ['여섯 대상'(六塵)을] 떠나지도 않고 ['여섯 대상'(六塵)에] 물들지도 않아 오고 감에 자유로운 것이다〉라고 설법하며, 또 〈생각하면서도 [사실을 왜곡하면서] 생각하지 않는 무념無念〉, 〈차이에 있으면서도 차이[에 대한 차별]에서 벗어나는 무상無相〉, 〈[사실 그대로 보는] 본연의 면모가 되어 생각마다 [집착으로 현상에] 머물지 않는 무주無住〉를 결합시켜 설법하여 '무념無念의 돈오견성頓悟見性'을 학인들에게 일러 준다. 그런데 **마조에 이르면, 대중 집회에서의 상당上堂 법문은 혜능의 설법 방식**

과 같지만, 일대일 대면 상황에서는 일상 화법은 물론 몸짓 언어와 시각 언어까지 채택하여 '무념의 마음 국면'을 '바로 그때 그 자리'(卽今)에서 일깨워 주는 창발적 언어방식을 펼치고 있다.

임제 때에는 고함(喝)이나 몽둥이질(棒), 주먹질, 일상의 도구(拂子) 등을 사용하는 방식이 부각된다. 고함 소리 듣는 마음, 몽둥이 맞아 아픈 줄 아는 마음, 주먹질에 아픈 줄 아는 마음, 먼지털이 채를 보는 마음을, '바로 그때 그 자리'(卽今)에서 알아차리게 한다. 그리하여 그 마음들이 소리·아픔 등과 관련된 분별 과정에 빠져드는 것을 그치게 하고, 분별 과정에 빠져들지 않는 마음 국면에 눈뜨게 하여 그 마음자리를 챙기게 한다. '생각하면서도 분별에 빠져들지 않는 마음 국면'(無念)에 눈떠 돈오 깨달음 영역에 들게 한다.

어떤 스님이 물었다. "어떤 것이 이 불법의 큰 뜻입니까?" 임제 선사가 곧 고함(喝)을 질렀다. 그 스님이 예배하니, 임제 선사가 말했다. "이 스님은 논의를 감당할 만 하구나." 어떤 스님이 물었다. "선사께서는 누구의 가풍을 노래하며, 종풍은 누구를 이었습니까?" 임제 선사가 말했다. "내가 황벽 스님의 처소에서 세 차례 묻고 세 차례 얻어맞았다." 그 스님이 [뜻을] 헤아려 말하려 하자 임제 선사는 곧바로 고함(喝) 지르고, 뒤이어 [주장자를] 내리치면서 말했다. "허공에 못을 박아서는 안 된다."[133]

---

133) 『진주임제혜조선사어록』(T47, 0496b18-23). "僧問. 如何是佛法大意? 師便喝. 僧禮拜. 師云. 這箇師僧, 却堪持論. 問. 師唱誰家曲, 宗風嗣阿誰? 師云. 我在黃蘗處, 三度發問, 三度被打. 僧擬議, 師便喝, 隨後打云. 不可向虛空裏釘橛去也."

[임제 선사가] 법당에 오르자 어떤 스님이 물었다. "어떤 것이 불법의 큰 뜻입니까?" 임제 선사가 불자拂子를 일으켜 세우니, 그 스님이 곧바로 고함(喝)을 질렀다. 임제 선사는 바로 [그 스님을] 때렸다. 또 어떤 스님이 물었다. "어떤 것이 불법의 큰 뜻입니까?" 임제 선사가 역시 불자拂子를 일으켜 세우니, 그 스님이 바로 고함을 질렀다. 임제 선사도 고함을 질렀다. 그 스님이 헤아려 말하려 하자 임제 선사는 곧바로 때렸다.[134]

'간화선 이후의 대화법'은 기본적으로 간화선 이전의 대화법이 지닌 특징적 양상을 계승하면서 공안公案 연구들과 관련한 대화법을 추가하고 있는데, 필자가 보기에는 지나칠 정도로 이중, 삼중의 관문關門을 시설하는 양상을 보여준다. 이러한 현상은 '간화선 이전의 대화법'이 보여주는 간명한 양상의 효용성을 망가뜨리는 부작용이 있다.

관문을 겹겹이 두르는 것은 '총명으로 어림짐작한 것을 돈오견성한 것으로 착각하는 일'을 방지하려는 취지일 것이다. 그러나 분별 이해의 대상이 되는 것을 막기 위해 관문으로 두른 난해한 언구들은, 깨닫지 못했으면서도 말만 흉내 내어 도인 행세하려는 앵무새 도인들에게 좋은 먹거리를 제공하는 부작용도 있다. 남들이 쉽게 알아듣지 못하는 언구言句일수록, 그런 언구를 흉내 내어 행세하려는 앵무새 도인들의 입지는 튼튼해지기 때문이다. 관문을 겹겹이 둘러치는 '간화선 이후의 대화법'에 수반하는 또 하나의 부작용은 반反지성·반反언어의 신비주의 풍

---

[134] 『진주임제혜조선사어록』(T47, 0496c23-26). "上堂, 僧問. 如何是佛法大意? 師竪起拂子, 僧便喝. 師便打. 又僧問. 如何是佛法大意? 師亦竪起拂子, 僧便喝. 師亦喝, 僧擬議, 師便打."

토이다. 돈오견성의 길을, 언어를 통한 지적 성찰과 합리의 장場에서 빼 버리는 신비주의가 선문禪門 안에서 득세하고, 그로 인해 반反지성·반反 언어의 풍조가 선종의 생명력을 훼손시킨다.

'간화선 이후의 대화법'이 새롭게 추가한 특징은 오히려 선종의 발목을 잡고 생명력을 해치는 족쇄가 된 측면이 있다. 돈오견성에 대한 경험적 근거를 확보하지 못했으면서도 난해한 언구를 흉내 내어 도인 행세하려는 앵무새 현상, 선종을 반反지성·반反언어의 지적知的 불모지不毛地로 만들어 버리는 신비주의의 늪이 선문禪門 내에 자리 잡으면서, 선종의 생명력은 간화선 말기로 갈수록 훼손된다. **현재의 한국불교 선종은, 이 '간화선 이후의 대화법'이 현장에서 작동하는 유일한 권역이다.** 선종이 그 특유의 창발성으로 선종 내부에 누적된 자기 훼손 요인들을 극복하고 새로운 모습으로 부활하기를 기대하는 시선들이 많다. 선종의 재부흥을 위해서 반드시 갖추어야 할 조건들은 단기간에 확보하기가 결코 쉽지 않은 것들이다.

필자는 선종의 부활이 두 자기 방식으로 가능할 것으로 생각한다. 하나는, '무념無念의 돈오견성頓悟見性'을 통해 계승한 마음수행의 본령을 재확인하고 현재의 언어로 확산시키는 방식이다. 다른 하나는, 향후 모습을 드러낼 새로운 불교 나이테에 선종 자신의 생명력을 이월시키는 방식으로 부활하는 방식이다. 이 두 가지 부활 방식이 성공하려면 선종 생명력의 내용을 확인하는 탐구와 성찰이 필수적이다. 그러나 현재의 탐구 방법론과 내용으로는 이러한 요청에 충분히 응하기가 어렵다.
첫 번째 방식이 성공하려면, 무엇보다도 '육근수호의 알아차림(sampajānāti)과 사마타 마음수행 → 유식사상의 유식무경唯識無境 →

공관을 품은 유식관에 의거한 원효의 일심一心'을 관통해 온 마음수행의 본령이 돈오견성頓悟見性을 통해 전승되고 있다는 확신을 다질 수 있는 탐구와 성찰이 충분히 확보되어야 한다.

두 번째 방식은, 선종 이후 다시 새로운 생명력을 확보하려는 불교의 자기 전개에 선종 고유의 생명력을 이월시키는 것이다. 남전南傳과 북전北傳의 불교 전통이 본격적으로 상호작용하고, 거기에 서구의 불교 수용방식이 가세하면서, 작금에는 불교의 새로운 나이테 형성이 다층적으로 진행되고 있다. 이 새로운 나이테 형성에는, 돈오견성을 통해 전승한 마음수행 및 그에 대한 선종의 창발적 전개가 중요한 역할을 할 수 있다.

나. 화두話頭 의심과 돈오견성의 결합 : 간화선看話禪

초기불교 이래 전개된 선 사상의 계보에서 간화선 사상은 독특한 위상을 지닌다. 중국에서 싹터 전개된 선종禪宗의 사상은 강한 개혁적 면모를 지니고 있다. 선종의 이 개혁성은 크게 두 가지 측면에서 표현된다. 하나는 '성불成佛의 주체적 구현에 관한 초기불교적 태도의 회복'이고, 다른 하나는 '이론불교의 번성 이면에서 현저하게 취약해진 참선 영역의 정당한 위상 회복'이다.

대승불교의 연장선에서 발전한 중국불교는 '대중성를 지향하는 신앙불교 및 세속화 경향'과, 이론불교의 번성에 따른 '성불과 교학의 벌어짐 현상'이 불교계 전반에 뿌리내린다. 그 결과, 초기불교에서 천명된 '성불의 주체적 자기구현'과 '지금 여기에서의 성불' 정신이 퇴색 내지 변질된다. 불교가 중국 종교·사상·문화를 주도하게 되었지만, 초기불교적 정체성은 오히려 위기를 맞게 된 것이다. 이러한 상황에서 불교 고유의 정체성 회복을 강렬한 개성으로 추구한 것이 선종이다. 선종은, '불립문자不立文字·교외별전敎外別傳·직지인심直指人心·견성성불見性成佛'의 기치처럼, 번쇄한 이론불교의 부작용과 의존적 신앙성 및 세속성을 털어내는 동시에, 성불의 능동적 자기구현에 필요한 선禪 수행의 위상을 성공적으로 부각시킨다.

그런데 선禪의 위상 부각 작업 과정에서, 선종은 외견상 불연속으로 보일 정도의 개성적 선사상을 수립한다. '선종禪宗'이라는 말에서도 확인되듯이, '선禪을 최고·최우선·근본 과제로 삼는 것'이 선종이다. '선종'의 표방標榜은 이론불교의 범람에 의해 퇴색되어 버린 불교 본연의 선 위상을 부활시키고자 함이었다. 천태사상의 경우, 선 수행의 핵심인 지관止觀의 문제를 치밀하게 거론하여 초기불교 선사상의 계보를 잇고 있는 것처럼 보이지만, 사실은 선에 대한 과도할 정도의 이론적 서술로 인해 선 본연의 생명력이 희석되고 있다. 기본적으로 선을 이론불교의 연장선에서 다루고 있는 측면이 강하다. 중국불교에 만연한 이러한 이론불교의 범람에 따른 불균형과 부작용을 비판적으로 인지하면서 선禪 본연의 생명력과 위상을 회복시키고자 등장한 것이 선종이다. 그런데 선종은 자신의 문제의식과 과제를 풀어가는 과정에서 매우 강한 개성을 확보한다. 그 개성을 대변하는 것이 '돈오견성頓悟見性'과 '간화선看話禪'이다.

선종이 제시하는 돈오견성과 간화선 사상은, 외견상 불교의 전통적 정체성의 연장선에서 음미하기 어려울 정도의 차별적 개성들을 간직하고 있다. 특히 '화두에서 수립한 의심을 간수해 가는 방법을 통한 돈오견성'을 천명하는 간화선은, 초기불교 참선법 전통과는 불연속적으로 보일 정도의 색다른 개성을 보여준다. 그로 인해 선종은 가장 '중국적인' 불교 형태로 평가받는 동시에, 불교 참선법의 전통에 전혀 새로운 면모를 추가한 '독창적인' 불교로 간주되곤 한다.

i) 돈오견성 방법론의 창발적 전개 - 화두話頭 의심

혜능이 설한 '무념의 돈오견성'을 계승하면서 조사선의 특징까지 추가하면서 전개해 가던 선종은, 송대宋代의 대혜종고(大慧宗杲, 1089-1163)에 이르러 돈오견성 방법론에서 과거와는 다른 새로운 면모를 갖추게 된다. '화두話頭 의심과 돈오견성을 결합시킨 간화선看話禪의 등장'이 그것이다. 혜능 이래 조사선까지의 선문禪門에서는, 돈오견성으로 이끄는 법문을 듣고 말 끝나자마자(言下) '바로 그때 그 자리'(卽今)에서 돈오견성하는 사례만 전할 뿐, 돈오 견성을 위한 별도의 수행 방법이 제시되지는 않는다. 대중 집회에서는 법문을 통해 깨달음에 대한 선종의 관점을 설하여 돈오견성으로 이끌고, 일대일 대면 상황에서는 몸짓 언어와 시각 언어까지 채택한 일상 화법을 펼쳐 '무념의 마음 국면'을 '바로 그때 그 자리'(卽今)에서 일깨워 주는 창발적 언어방식을 펼치고 있을 뿐이다.

'화두 의심을 통한 돈오견성'이라는 간화선의 등장은 돈오견성의 방법론을 제시하였다는 점에서 실로 획기적 전환이다. 스승으로부터 설법을 듣거나 일대일 대화를 통해 그 자리에서 돈오견성하는 것이 아니라, 그 뜻을 쉽게 헤아리기 어려운 '선사들의 깨달음과 관련된 일화나 언구'(機緣)들을 표준(公案)으로 삼아 그 공안에서 의심/의정疑情을 일으켜 돈오견성을 체득하는 방법이다. 공안에서 일으킨 의심을 '화두話頭 의심'이라 하고, 화두話頭 의심을 간직해 가는 것을 〈화두를 간看한다〉라고 한다. 그래서 간화선看話禪이다. 화두 의심/의정을 오롯하게 챙겨

가다가, 마침내 더 이상 오도가도 못하는 은산철벽銀山鐵壁에 갇힌 것과 같은 상태와 같은 된 '의심 덩어리'(疑團)가 되었을 때, 어떤 계기를 만나 홀연 이 의심 덩어리를 깨뜨리면 돈오견성하게 된다는 것이, 간화선이 수립한 돈오 견성 방법론의 요점이다.

간화선 맥락의 화두 법문은 당대唐代 조주종념(趙州從諗, 778-897)과 비슷한 시기의 인물인 황벽희운(黃檗希運, ?-850)의 『황벽단제선사완릉록黃檗斷際禪師宛陵錄』에 이미 등장하지만, 이때까지만 해도 의심/의정疑情은 부각되지 않고 있다. 적어도 임제의현(臨濟義玄, ?-867)까지만 해도, 〈화두에서 의심/의정을 일으켜 '의심 덩어리'(疑團)로 만들고 그 의심 덩어리를 깨뜨려 마침내 돈오견성하는 방법〉은 형성되고 있지 않다. 이후 오조법연(五祖法演, ?-1104)에 이르러 무자無字 화두를 통한 화두 참구법이 본격적으로 등장하였고, 마침내 대혜 선사가 〈오직 공안公案 화두에서 의심/의정을 일으켜 그 화두 의심을 타파하는 것〉을 요점으로 하는 '의심/의정을 통한 화두 참구법'을 확립시킨다.

선종 전개의 어느 시점부터 선종 구성원들 사이에서는 '누구나 공유할 수 있는 돈오견성 방법론'에 대한 요구가 비등하였을 것으로 추정된다. 설법이나 대화를 통해, 말 끝나자마자 '바로 그때 그 자리'(卽今)에서 돈오견성하는 것은 사실상 매우 희소한 경우였다. 따라서 공유할 수 있는 '돈오견성 방법론'에 대한 갈증이 고조되었을 것이다. 이 요청에 대한 응답이 화두 의심을 방법론으로 주목하는 통찰들로 방향을 잡았고, 이러한 흐름을 계승·종합하여 집대성한 인물이 대혜였던 것으로 보인다.

화두 의심을 주목하게 된 시대적 배경도 있다. 송대宋代의 선종에서는 활발한 어록語錄 편찬 등 이른바 문자선文字禪 및 선구禪句의 뜻을 문자로 풀어내는 의리선義理禪의 풍조가 유행하였다. 이러한 경향은 사대부士大夫들의 취향에 부합하는 것으로서, '문文의 부흥'이라는 시대적 풍조에 선종이 응한 것이기도 하다. 그런데 선禪을, 세련된 문文 교양의 연장선에서 다분히 지적 관심의 대상으로 접근했던 사대부들은, 쉽사리 의리선 풍조에 휘말려 들어 선사들의 돈오견성 법문을 사유능력으로만 해석하여 분별 지식의 범주에서 다루는 경향이 고조되었다. 그러한 **송대 선종의 문자선과 의리선 풍조에 수반되는 부작용을 극복하려고 '분별 사유를 끊고 막는 방법'을 모색하던 끝에 화두 의심을 주목하게 된 것으로 보인다. 그러한 문제의식과 화두 의심에서 대안을 확보하려는 일련의 흐름을 집대성하여, 대혜는 '화두 의심을 돈오견성의 방법론으로 채택하는 간화선'을 확립한 것이다.**

간화선의 돈오견성 방법에 대한 대혜의 말을 몇 마디 확인해 보자.

"요즘 사대부들은 대부분 성미가 급하여 곧 선禪을 알고자 경전의 가르침에서나 조사들의 언구 중에서 널리 헤아려 분명히 알아 말하고자 하니, 분명히 아는 곳이 도리어 분명히 알지 못하는 일임을 너무 모르는 것입니다. 만약 '무자無字' 화두를 뚫어낸다면 분명히 앎과 분명히 알지 못함을 다른 사람에게 묻지 않아도 됩니다."[135]

---

[135] 대혜, 『서장書狀』(T47, 933c22-25). "而今士大夫, 多是急性便要會禪, 於經敎上及祖師言句中, 搏量要說得分曉, 殊不知分曉處却是不分曉底事. 若透得箇無字, 分曉不分曉, 不著問人矣."

"〈어떤 스님이 운문雲門에게 물었다. 무엇이 부처입니까? 운문이 말했다. '마른 똥막대기'(乾屎橛)로다.〉 단지 이 화두를 들어서 홀연히 기량이 다할 때에 문득 깨닫습니다. 제발 문자를 찾아 인용하여 증거로 삼거나 어지러이 헤아리며 풀어내는 것을 피하십시오. 이리저리 풀어내어 분명해지고 설명이 딱 떨어지더라도 모두가 다 귀신들이 살아가는 궁리입니다."[136]

"어떤 스님이 조주에게 묻기를 〈개에게도 도리어 '부처 면모'(佛性)가 있습니까, 없습니까?〉하니 조주가 말하길 〈없다(無)〉라고 하신 화두만을 살펴보십시오(看). 청컨대 다만 부질없이 헤아리는 마음을 잡아서 〈없다(無)〉라는 글자 위에 돌이켜 두고 그 헤아림을 살펴보십시오(看). 홀연히 헤아림이 미치지 못하는 곳을 향하여 이 [헤아리는] 한 생각을 깨뜨린다면, 바로 이것이 [과거·현재·미래] 삼세 三世를 통달한 것입니다."[137]

"저번에 편지를 받아보니, 그 가운데 갖가지 취향들이 모두 내가 평소에 꾸짖는 병들이더이다. 이 같은 일들을 안다면 머리 뒤로 던져버리고, 근거(巴鼻)도 없는 곳과 잡거나 더듬을 수도 없는 곳과 맛도 없는 곳을 향하여 공부를 지어 보십시오. 어떤 스님이 조주에게 〈개에게도 또한 '부처 면모'(佛性)가 있습니까?〉하고 물으

---

136) 『서장』(T47, 930b21-24). "〈僧問雲門. 如何是佛? 門云. 乾屎橛〉但舉此話, 忽然伎倆盡時, 便悟也. 切忌尋文字引證, 胡亂搏量註解. 縱然註解得分明, 說得有下落, 盡是鬼家活計."
137) 『서장』(T47, 928c05-08). "但看, 僧問趙州, 狗子還有佛性也無? 州云無. 請只把閑思量底心, 回在無字上, 試思量看. 忽然向思量不及處, 得這一念破, 便是了達三世處也."

니, 조주께서 말하길 〈없다〉라고 하신 것과 같은 것입니다. 언제나 총명한 사람은 언구 드는 것을 듣자마자 곧 마음과 의식意識으로써 이해하고 널리 헤아려 [관련 언구들을] 인용하여 증명하고는 남을 설득시키려 하니, [관련 언구들을] 인용하여 증명하는 것을 용납하지 않고 널리 헤아림을 용납하지 않으며 마음과 의식意識으로써 이해하는 것을 용납하지 않음을 크게 알지 못합니다. 비록 인용하여 증명하고, 널리 헤아리며, 이해하더라도, 모두 아무 쓸데가 없는 '분별로 헤아리는 일'(情識邊事)이니, 생사의 언덕에서는 정녕코 힘을 얻을 수 없습니다. 요즘 온 세상에서 선사니 장로라고 일컫는 자들이 알아내어 밝힌 것은 편지에 써서 보내온 소식에서 벗어나지 않으며, 그 나머지 갖가지 삿된 알음알이는 말에 있지 않습니다."[138]

"'능히 어리석고 둔함을 아는 자'는 결정코 어리석고 둔하지 않으니, 다시 어느 곳을 향하여 뛰어난 깨달음을 구하고자 합니까? 사대부가 이 도를 배움에 곧 반드시 어리석고 둔함을 빌려 들어가야 합니다. 만약 어리석고 둔함에 집착하여 스스로 말하길 〈나는 감당할 것이 없다〉라고 한다면, 곧 어리석고 둔함이라는 마장魔障에 걸리게 됩니다. **대개 평소에 '아는 견해'(知見)가 많으면 '깨달음의 증득을 구하는 마음'(求證悟之心)이 앞서 장애를 이루기 때문**

---

[138] 『서장』(T47, 934b29-c10). "頃蒙惠教, 其中種種趣向, 皆某平昔所訶底病. 知是般事, 颺在腦後, 且向沒巴鼻處沒撈摸處沒滋味處, 試做工夫看. 如僧問趙州, 〈狗子還有佛性也無? 州云無〉 尋常聰明人, 纔聞擧起, 便以心意識領會搏量引證, 要説得有分付處, 殊不知不容引證, 不容搏量, 不容以心意識領會. 縱引證得搏量得領會得, 盡是髑髏前情識邊事, 生死岸頭定不得刀. 而今普天之下, 喚作禪師長老者, 會得分曉底, 不出左右書中寫來底消息耳, 其餘種種邪解, 不在言也."

에 자기의 바른 지견知見**이 드러나지 못합니다.** 이 장애 역시 밖에서 온 것이 아니며, 또한 [바깥의] 다른 것이 아닙니다. 다만 이 '능히 어리석고 둔할 줄 아는 주인공'(能知昏鈍底主人公)일 뿐입니다. (…) 단지 〈이처럼 어리석고 둔함을 능히 아는 것은 필경 무엇인가?〉를 살펴보십시오(看). 다만 이곳을 향하여 살펴볼지언정(看), 뛰어난 깨달음을 구할 필요가 없습니다. 오며 가며 살펴보다가(看) 홀연 크게 웃게 되리니, 이 밖에는 가히 말할 게 없습니다."[139]

"의정疑情을 깨뜨리지 못하면 생사가 서로 두려움을 더하지만, 의정을 만약 깨뜨리면 '[분별에 매여] 나고 죽는 마음'(生死心)이 끊어집니다. '[분별에 매여] 나고 죽는 마음'(生死心)이 끊어지면 '부처의 견해'(佛見)나 '진리다운 견해'(法見)라는 것도 없어집니다. '부처의 견해'(佛見)나 '진리다운 견해'(法見)라는 것도 오히려 없는데, 하물며 다시 중생의 '번뇌에 물든 견해'(煩惱見)를 일으키겠습니까? 다만 '미혹하고 깨닫지 못한 마음'(迷悶底心)을 [운문雲門이 설한] '마른 똥 막대기'(乾屎橛) 화두 위로 옮겨 내던져 자리 잡게 하면, '나고 죽음을 두려워하는 마음'(怖生死底心), '미혹하고 깨닫지 못한 마음'(迷悶底心), '헤아려 분별하는 마음'(思量分別底心), '총명을 짓는 마음'(作聰明底心)을 자연히 행하지 않습니다. 행하지 않음을 알 때는, '아무 것도 없음'(空)에 떨어질까 두려워하지 말아야 합니다. 홀연히 [화두

---

139) 『서장』(T47, 935b25-c16), "能知昏鈍者, 決定不昏鈍, 更欲向甚處求超悟? 士大夫學此道, 却須借昏鈍而入. 若執昏鈍, 自謂我無分, 則爲昏鈍魔所攝矣. 蓋平昔知見多, 以求證悟之心, 在前作障故, 自己正知見不能現前. 此障亦非外來, 亦非別事. 只是簡能知昏鈍底主人公耳. (…) 但只看能知得如是昏鈍底, 畢竟是箇甚麽? 只向這裏看, 不用求超悟. 看來看去, 忽地大笑去矣, 此外無可言者."

위로] '내던져 자리 잡은 곳'(抵住處)을 향해 가서 소식을 끊으면, 평생토록 경쾌함을 이기지 못할 것입니다. [화두 위에 자리 잡아] 소식을 끊음을 얻으면, '부처의 견해'(佛見)나 '진리다운 견해'(法見)나 '중생의 견해'(衆生見)를 일으키고, '헤아려 분별하며'(思量分別), '총명을 지어 도리를 설할지라도'(作聰明說道理), 모두 서로 방해하지 않으니, 일상의 행위(四威儀) 가운데서 단지 언제나 가르침을 끝없이 펼칩니다. (…) 무엇보다 먼저 바깥 대상을 향하여 별도로 의심을 일으키지 말아야 합니다. '마른 똥막대기'(乾屎橛) 화두 위에서 의심을 깨뜨리면 갠지스강 모래알처럼 많은 의심을 한꺼번에 깨뜨립니다."140)

"천가지 만가지 의심이 단지 이 하나의 의심이니, 화두 위에서의 의심을 깨뜨리면 천가지 만가지 의심이 한꺼번에 부서집니다. 화두를 깨뜨리지 못하였다면 다시 화두 위에 나아가서 의심과 더불어 하십시오. 만약 화두를 버리고 도리어 다른 문자 위에 나아가 의심을 일으키거나, 경전의 가르침 위에서 의심을 일으키거나, 옛사람의 공안公案 위에서 의심을 일으키거나, 일상의 세속 일 가운데 의심을 일으킨다면, 모두가 삿된 마구니의 권속입니다. 무엇보다도 먼저 [화두 의심을] 들어 일으키는 곳을 향하여 [어떤 것이라며]

---

140) 『서장』(T47, 930b25-c07). "疑情不破, 生死交加疑. 情若破, 則生死心絕矣. 生死心絕, 則佛見法見亡矣. 佛見法見尚亡, 況復更起衆生煩惱見耶? 但將迷悶底心, 移來乾屎橛上, 一抵抵住, 怖生死底心, 迷悶底心, 思量分別底心, 作聰明底心, 自然不行也. 覺得不行時, 莫怕落空. 忽然向抵住處絕消息, 不勝慶快平生. 得消息絕了, 起佛見法見衆生見, 思量分別, 作聰明說道理, 都不相妨, 日用四威儀中, 但常放教蕩蕩地. (…) 第一不得向外面別起疑也. 乾屎橛上疑破, 則恒河沙數疑一時破矣."

수긍하려 하지 말고, 또한 생각으로 헤아려 짐작하지 마십시오. 다만 뜻을 붙여 가히 생각할 수 없는 곳으로 나아가서 생각하면 마음이 [더 이상] 갈 곳이 없으니, 노련한 늙은 쥐가 소뿔에 들어가 문득 [더 이상 나아갈 곳이] 끊어졌음을 보는 것과 같습니다. 또 마음이 만약 시끄럽거든 단지 〈개에게는 '부처 면모'(佛性)가 없다〉라는 화두를 드십시오. 부처의 말씀, 조사의 말씀, 각지 노화상들의 말씀이 보여주는 온갖 차이들을, 만일 이 무자 화두를 꿰뚫는다면 한꺼번에 꿰뚫어 통과하여 다른 이에게 묻지 않게 됩니다. 만약 언제나 다른 사람들에게 〈부처님 말씀은 또한 어떤 것이고, 조사의 말씀은 또한 어떤 것이며, 각지 노화상들의 말씀은 또한 어떤 것인가?〉를 묻는다면, 영원토록 깨달을 때가 없을 것입니다."[141]

대혜의 사상으로 보나, 그가 간화선 체계를 확립할 수 있었던 인맥으로 보나, 간화선이 혜능의 사상적 정체성을 계승한 것은 분명해 보인다. 대혜의 사상은 혜능이 천명한 '무념의 돈오견성'을 고스란히 계승하고 있다. 또 그가 확립한 간화선 체계는, 임제의 가풍을 이어간 '임제종臨濟宗 양기파楊岐派의 오조五祖 법연法演 - 원오극근(圓悟克勤, 1063-1135) - 대혜종고'라는 인맥에서 뚜렷해지고 완성되었다. 혜능 가르침의 정수를 정통적으로 계승해 갔다고 평가받는 '강서江西의 마조도일馬祖道一

---

141) 『서장』(T47, 930a14-24). "千疑萬疑, 只是一疑, 話頭上疑破, 則千疑萬疑一時破. 話頭不破, 則且就上面, 與之廝捱. 若棄了話頭, 却去別文字上起疑, 經教上起疑, 古人公案上起疑, 日用塵勞中起疑, 皆是邪魔眷屬. 第一不得向擧起處承當, 又不得思量卜度. 但著意就不可思量處思量, 心無所之, 老鼠入牛角, 便見倒斷也. 又方寸若鬧, 但只擧狗子無佛性話. 佛語祖語諸方老宿語, 千差萬別, 若透得個無字, 一時透過, 不著問人. 若一向問人佛語又如何, 祖語又如何, 諸方老宿語又如何, 永劫無有悟時也."

과 그의 법맥을 계승하는 백장회해(百丈懷海, 749-814) – 황벽희운 – 임제의현' 계열에서 간화선이 등장하고 있다는 것은, **간화선이 혜능 사상의 연장에서 돈오견성의 방법론으로 형성된 것임을 추정케 한다.** 간화선이 돈오견성의 남종선 계열에서 확립되었기에, 간화선 이후 선종 구성원들에게는 〈화두 의심을 타파하면 돈오견성한다〉라는 것이 확고한 신념으로 뿌리내렸다. 〈화두 의심/의정을 간절히 챙겨 가다가 깨뜨리는 순간 돈오견성의 장場에 진입한다〉라는 이해와 신념이, 돈오견성 깨달음의 방법론이 되어 부동의 지위를 확보하게 되었다.

ii) 화두 의심疑心은 왜 돈오견성으로 이어지는가?

· 화두 의심과 돈오견성의 인과관계에 관한 문제

〈화두에서 의심/의정을 일으켜 '의심 덩어리'(疑團)로 만들고 그 의심 덩어리를 깨뜨려 돈오견성한다〉라고 하는 간화선의 돈오견성 방법론은, 대혜 선사 이후 선종의 수행론을 장악한다. 간화선과는 결이 다른 묵조선默照禪도 나름의 영향력을 발휘하였지만, 간화선의 위세와는 비교가 안 된다. 그런데 **간화선이 부동의 지위를 확보할수록, 〈화두 의심을 깨뜨리면 돈오견성한다〉라는 명제 자체에 대한 성찰의 노력은 미약해진 것으로 보인다.** 구도자적 학인이라면, 간화선의 길에 들기 전에, 〈화두 의심을 깨트리면 돈오견성한다〉라는 명제 자체의 의미와 타당성을 먼저 성찰해야만 한다. 삶의 모든 것을 걸고 도전하는 돈오견성의 길이기에, '화두 의심을 통한 돈오견성'이라는 방법론이 성공을 보장할 수 있다는 지적 전망을 확보해야 한다. 간화선의 의미와 타당성에 대한 성찰적 신뢰를 먼저 미련해야 한다.

선종 구성원들이나 선사상에 관한 탐구들은, 〈화두 의심을 참구하면 돈오견성하게 된다〉라는 것을 되물을 필요도 없는 당연한 전제로 간주한다. 화두 의심/의정을 간절히 챙겨가다가 깨뜨리는 순간 돈오견성의 장場이 열린다는 이해와 신념은, 간화선의 확고한 토대가 되었다. 그런데 언제부턴가 중요한 문제 하나가 간과되고 있다. 〈화두 의심/의정을 깨뜨리면 왜 돈오 견성하게 되는가?〉를 묻고 답하는 성찰이 사라졌다. 화두 의심과 돈오견성의 인과적 상관성에 대한 물음과 대답의 필요성이 건성으로 취급된다. 오직 〈화두 의심을 참구하면 돈오견성하게 된다〉라는 명제만이 정답이 되어 더 이상의 성찰을 거부한다. 〈화두 의심을 들어 깨치면 돈오견성하게 된다〉라는 신념이 합리적이려면, 화두 의심과 돈오견성의 인과관계에 대한 적절하고도 섬세한 해명이 필요하다.

　'화두 의심과 돈오견성의 인과관계'를 성찰하려는 의지가 마비된 것에는, 화두 의심과 언어·사유의 관계에 대한 타당치 못한 이해도 큰 역할을 한다. '화두 의심과 돈오견성의 인과관계'에 대한 성찰과 해명은 사유와 언어의 길에서 이루어진다. 따라서 〈화두 의심은 모든 언어와 사유의 길을 끊는다고 하는데, 언어와 사유의 성찰을 통해 간화선의 본령을 밝히는 것은 불가능한 일이 아닌가?〉라는 의문이 있을 수 있다. 그러나 〈간화선 화두 의심은 언어와 사유의 행로를 끊는다〉라는 것과 〈언어와 사유로 성찰하여 간화선 수행법을 제대로 이해한다〉라는 것은 충돌하는 명제가 아니다. '간화선 화두 의심'과 '이해·판단·평가하는 사유와 언어'의 관계는 맥락에 따라 긍정이나 부정 관계로 결정된다. 이들의 긍정 관계와 부정 관계는 '조건들에 따라 생겨나는 연기적 현상'이지, 일의적一義的으로 결정되는 무조건적 현상이 아니다.

〈변화·관계·차이의 현상세계와 접속하면서도 현상세계가 지닌 변화·관계·차이의 속성을 '사실 그대로, 있는 그대로'(yathābhūta, 如實) 이해하여 관계 맺는 길〉이 붓다의 중도中道이다. 그리고 인간의 언어·사유·욕구는 변화·관계·차이현상을 조건 삼아 발생한다. 그런 점에서 **중도는 〈변화·관계·차이의 현상세계와 접속하면서도 현상세계가 지닌 변화·관계·차이의 속성을 '사실 그대로, 있는 그대로'(yathābhūta, 如實) 이해하여 관계 맺는 언어·사유·욕구의 주인공이 되는 길〉이다. 따라서 붓다의 길에서는, 언어·사유·욕구의 중도적 주인공이 되는데 필요한 맥락과 조건에 따라, 언어·사유·욕구가 부정적으로 다루어지기도 하고 긍정적으로 취급되기도 한다. 그리고 선종도 이러한 태도를 고스란히 계승하고 있다.** 혜능과 이후의 조사선 거장들, 대혜와 후대의 간화선 거장들은 모두 언어의 긍정·부정을 자유롭게 구사한 언어의 주인공이었다. 언어·사유·욕구와 깨달음을 상호부정적으로 취급하는 것은 신비주의 독법의 시선이지 선종이나 불교의 시선이 아니다.

간화선을 확립하여 널리 알리려는 대혜에게도 최우선적으로 필요한 것은 '화두 의심과 돈오견성의 인과적 설명'이었을 것이다. 그가 당시의 지식인 세간 대중들과 간화선 수행에 대해 주고받은 편지들은, 대혜가 봉착한 문제가 간화선에 대한 오해의 제거와 이해의 제고提高였음을 확인시켜 준다. 『서장書狀』은 당시 최고 수준의 사회 지성인들이 사신私信을 통해 털어놓는 '간화선 수행에 대한 그들의 생각과 수행 체험들 및 그에 대한 대혜의 조언'을 전하고 있다. 특히 간화선 수행과 화두 의심에 대해 당시의 지식인들이 실존적 관심과 실천을 통해 지녔던 생각들은 지금도 이어지는 것이어서 시선을 끈다. **간화선과 화두 의심에 대해 현재도 흔히 발생하는 오해들은 간화선 초기부터 이어지는 지속적 문**

제임을 알려준다. 또한 '화두 의심에 대한 갖가지 오해들과 그에 대한 비판' 및 '제대로 화두 의심을 간수看守하는 법'에 대한 대혜의 조언은, 봉착했던 문제 상황과 그에 대한 대혜의 대응을 알려준다. 그는 '화두 의심의 특성'과 '화두 의심을 간수함의 의미'를 밝혀 간화선 수행에 대한 오해들에 대응하고 있다. **대혜의 이러한 대응은, '화두 의심과 돈오견성의 인과관계'를 밝혀 간화선의 의미와 가치를 확립하려는 노력이라 할 수 있다.**

〈화두 의심을 깨트려 돈오견성한다〉라는 간화선 방법론의 설득력은 그 핵심이 '화두 의심과 돈오견성의 인과관계 해명'에 있다. 〈화두 위에서 생겨나는 의심疑心·의정疑情·의단疑團이 왜 돈오견성으로 이어지는가?〉라는 의문에 대해 얼마나 설득력 있는 답변을 제시하는가에 따라 간화선의 설득력이 결정된다.[142] 대혜는 그 시대의 언어와 한문 불교 개념들을 통해 나름대로 최대한 설득력 있게 답변하고 있다. 대혜 이후, 간화선의 길에서 득력得力한 공부인들도 주로 대혜의 설명을 채택하면서 간화선과 화두 의심을 설명하고 있다.

〈간화선 화두 의심은 왜 돈오견성으로 이어지는가?〉라는 의문에 대한 대혜와 간화선문看話禪門 선사들의 답변에도 불구하고, 현재까지도 학인들의 간화선 화두 의심에 대한 이해는 여전히 대혜가 『서장』에서 비판하는 내용을 답습하고 있다. 이러한 판단의 근거는 후술하겠다. 만약 필자의 판단이 타당하다면, 의아疑訝한 일이 아닌가? 대혜와 선사들

---

[142] 이와 관련한 필자의 선행 연구로는 「화두를 참구하면 왜 돈오견성하는가?」(『철학논총』 58, 새한철학회, 2009)와 「간화선 화두간병론과 화두 의심의 의미」(『불교학연구』 27, 불교학연구회, 2010)가 있다.

이 누누이 간화선 화두 의심에 대한 오해와 잘못된 화두 참구를 밝혔음에도 불구하고, 왜 아직도 같은 오해가 반복되는 것인가? 두 가지 이유를 생각해 볼 수 있다. 하나는, 대혜와 선사들의 설명이 잘못되었을 가능성이다. 그러나 그럴 가능성은 없다. 그들의 설명이 잘못되었다면 간화선 자체와 역사가 증발해 버리기 때문이다. 그렇다면 남은 이유는 분명하다. 대혜와 선사들의 설명에 대한 학인들의 이해가 부적절하거나 불충분하였기 때문이다. **'화두 의심의 특성에 대한 설명'이나 '화두 의심에 대한 오해 비판'이 지닌 뜻을, 학인들이 쉽게 놓치거나 이해하지 못하기 때문이다.** 이 두 번째 이유가 여전히 반복되고 있는 것으로 보인다. 그리고 오해가 반복되는 가장 큰 요인은 '의심疑心'이라는 말에 대한 일상언어적 선입견 때문이다.

〈간화선 화두 의심은 왜 돈오견성으로 이어지는가?〉라는 문제에 대한 종래의 전형적인 대답은 크게 두 유형이다. 하나는, 〈모든 문제 해결은 의심에서 비롯된다. 부처님이 깨달은 것도 결국 인생사에 대한 궁극적 의심에서 비롯된 것이다. 돈오견성을 지향하는 수행자들이 화두에 대해 품는 의심도 결국 그러한 것이다. 그러므로 화두에 대해 크게 의심을 내어 몰두하면 그 해답으로서의 돈오견성이 성취된다〉라는 식의 설명이다. 화두 의심을 '인생의 궁극적 과제에 관한 근원적 의문의 연장선'에 있는 것으로 보는 시선의 설명 방식이다. 다른 하나는, 〈화두 의심에만 집중하면 모든 분별심이 억제되니, 이런 집중 상태가 지속되다 보면 어느 순간 탁 트여 돈오견성의 국면에 돌입하게 된다〉라는 식의 설명이다. 화두 의심을 '분별심을 제어하기 위한 마음집중의 통로나 매개'로 보는 시선이 채택하는 설명 방식이다. '인생의 궁극 과제에 대한 답을 알고자 하는 근원적 문제의식'과 '일체 사량분별심을 조복하는 몰입/집중을 위한 방편'이라는 두 가지 관점이, 화두 의심에 관한 종래의 이해와 설명을 장악하고 있다.

 첫 번째 설명 방식은 '의심'이라는 말의 일상적 용법과 의미에 의거하여 화두 참구와 돈오견성의 인과관계를 설명하려는 것이다. 〈모르는 것을 알고자 하는 강렬한 의문의 마음이 원인이 되어, 해답으로서의 돈오견성이 결과물로 성취된다〉라는 해명이다. 아마도 가장 일반화된 설명일 것으로 보인다. 그러나 이러한 설명은 너무도 성글어서 실제로는 화두 참구와 돈오견성의 인과관계 이해에 기여하는 것이 거의 없다. **모르는 것을 알고자 하는 의심이 해답의 성취를 보장하지는 않는다.** 답을 알고자 하는 탐구적 의심이나 그 강렬함의 정도는 해답의 성취를 위한 최소한의 필요조건일 뿐이다. 더욱 중요한 것은 '탐구적 의심과 해답을 연결해 주는 조건들'의 확보이다. 어떤 문제를 풀 때, 해답을 알고 싶은 탐구적 의심만으로는 더 이상 전진할 수 없는 한계에 곧 봉착한다. 이 한계를 넘어서게 하는 것은 문제 풀이를 가능케 하는 조건들 혹은 방법론이다. 어떤 방법론을 채택하는가에 따라 정답을 얻기도 하고 오답에 빠지기도 한다.

 붓다 역시 '삶의 근원적 불안'(苦)이라는 문제의 궁극적 해법을 추구하는 탐구적 의심에서 출발했을 것이다. 그러나 그 탐구적 의심의 역할은, 그를 구도의 여정에 오르게 한 발심發心의 동력이 되는 정도에 그친다고 보아야 한다. 탐구적 의심과 해법을 이어주는 적절한 도구 및 방법론이 확보되고 나서야, 붓다는 그가 추구하던 목표에 도달할 수 있었다. 붓다의 가르침이, 그가 문제를 해결할 수 있었던 방법론에 가장 큰 비중을 두고 있는 이유도 여기에 있다. 8정도八正道는 붓다가 제시하는 문제 해결의 구체적 방법론을 대표한다. 이렇게 볼 때 화두 의심과 돈오견성의 인과 관계를, '문제를 풀려는 탐구적 의심'으로써 설명하려는 것은 적절치 않다. **간화선에서의 화두 의심은 '문제를 풀려는 탐구적 의심'이 아니라 '문제를 푸는 방법론'에 해당한다. 따라서 〈왜 화두 의심은 문제를 푸는 방법일 수 있는가?〉에 답해야 한다.**

화두 참구와 돈오견성의 인과적 상관성을 해명하려는 두 번째 설명 방식은, 〈일념으로 집중하다 보면 깨친다〉라는 식의, 일종의 '집중을 통한 신비주의적 도약'으로 대답을 대신하는 것이다. 마음수행을 집중수행으로 보는 관점과 신비주의 독법이 결합한 형태이다. 이 설명 방식은, 화두 의심을 돈오견성의 방법이나 수단으로 본다는 점에서는, 화두 의심의 방법론적 성격을 제대로 이해한 것이라 할 수 있다. 그러나 집중과 돈오견성의 인과관계를 밝히는 데는 비약적 논증이 불가피하다는 점에서 수긍하기 어렵다.

대혜를 비롯한 역대 선장들의 화두 참구 법문을 볼 때, 화두 의심이 분별심 제어의 힘을 지니는 것은 분명하다. 화두 의심이 분별심을 원천적으로 막아 준다는 점은 분명하기에, 화두 의심과 돈오견성의 인과관계에서 '분별심의 제어'를 주목하는 것은 적절하다. 그런데 집중으로 화두 의심과 돈오견성의 인과관계를 설명하려는 견해는, 〈분별심이 제어되는 것은 화두 의심에 대한 집중의 산물이며, 따라서 화두 의심과 돈오견성 사이의 연결고리는 '화두 의심에 대한 집중'이다〉라고 주장한다. 〈화두에서 발생한 의심에 집중하면 다른 분별심이 일어나지 않는다. 그리고 이러한 집중 상태가 강렬하고도 순일하게 지속되다 보면 마침내 분별심을 넘어 무분별의 경지에 이르러 깨달음을 성취한다.〉라는 것이다. 그런데 화두 의심의 성격이나 역할을 '마음을 산란하게 흩어지지 않게 하는 몰입적 집중'으로만 이해한다면, 몰입적 집중의 매개로서 굳이 의심을 선택한 이유를 설명하기가 곤란해진다. 사실, 〈일념으로 집중하면 분별심이 제어되고 마침내 깨달음을 성취한다〉라는 관점은, 수행과 관련하여 가장 널리 공유되고 있는 신념일 것이다. 〈마음을 산란시키지 않는 순일한 집중 상태는 곧 분별심의 억제 상태이고, 깨달음은 이러한 일념 집중의 산물이다〉라는 생각은, 불교의 참선 수행을 이해하는 데에도 가장 널리 적용되고 있는 관점이라 할 수 있다.

그러나 불교 참선의 내용과 구조를 이처럼 일념 집중에 초점을 두어 이해하는 것은 충분치 않다. 그저 어느 한 대상에 집중하는 것이 참선의 핵심이라면, 불교 참선의 고유성이나 변별적 개성은 사실상 확보하기 어렵다. '대상을 향한 흐트러짐 없는 마음집중'은 굳이 불교가 아니라도 수행과 관련된 모든 전통에서 공히 채택하고 있는 발상이기 때문이다. 모든 종교의 기도 수행, 기공氣功 수련, 서도, 무술, 독송이나 독경 등도 모두, 그 대상과 정도의 차이는 있을지라도, 공히 '마음집중'을 요구한다. 일념 집중이 되어야 각자 추구하는 목표와 최고의 경지가 성취된다고 생각하기 때문이다. 그렇다면 그들도 '마음집중'으로 인해 돈오견성이 가능하다고 해야 하지 않은가? 굳이 화두 의심으로 마음을 집중하는 것만이 돈오견성으로 이어진다고 주장할 수는 없지 않은가? 화두 의심에 의한 집중의 확보가 다른 매개들을 통한 의심보다 훨씬 효율적이어서 돈오견성하게 된다는 말인가?

집중을 매개로 삼아 화두 의심과 돈오견성의 인과적 연결을 설명하려는 관점은, 〈왜 하필 화두 의심에 대한 집중이 돈오견성으로 이어지는가?〉라는 질문에 답하기가 어렵다. 화두 참구와 돈오견성의 인과적 연관을 적절히 설명할 수가 없다. 간화선이 화두 의심을 돈오견성의 방법론적 매개로 채택한 이유를 파악하려면, 화두 의심을 '마음집중을 위한 수단'으로 이해하는 것으로는 충분하지 못하다. 앞서 사마타 마음수행을 '마음집중수행'으로 간주하는 시선을 비판하면서 소개한 내용이지만, 다시 일부를 인용해 본다.

"정학/선 수행의 초점과 내용을 이렇게 본다면, 〈선 수행으로 깨달음을 성취했다〉든가 〈선정의 힘을 얻었다〉라는 말의 의미도 달리 생각해야 한다. 선정의 힘이나 깨달음의 힘은 '집중력의 유지로 동요하지 않을 수 있는 경지'가 아니다. 이런 부류의 시선은 선정이나 깨달음을 일종의 기능적 힘으로 처리한다. 견해·이해·관점을 선택하여 판단과 평가를 펼치는 '사유와 언어의 힘'은 무시하기 십상이다. 좋은 이해와 가치를 선택하여 추구할 수 있는 지성과 성찰의 힘은 흔히 '쓸데없는 세속의 분별'로 치부된다. 과연 그럴까? 만약 선정이나 깨달음의 힘이 그런 것이라면 추구할 가치가 있기는 할까? '집중력'이라는 힘은 양날의 검이다. 이로움 추구의 집중력으로 쓸 때는 활인活人의 날이 되지만, 해로운 신념과 의지를 집중력을 가지고 흔들림 없이 추구할 때는 살인과 살생의 날이다. 사유의 힘, 이해·판단·성찰의 힘과 무관한 집중력은 매우 위험하다. '대상집중' 훈련을 통해 성취한 집중력이 궁극적 지혜/이해나 해탈지평과 인과적으로 연결될 것이라는 기대는 얼마나 타당한 것일까? 무지의 뻔뻔함, 기만과 폭력의 당당함을 지탱해 주는 '흔들림 없는 집중력'은 '대상집중의 힘'과 무관할까?

선정이나 깨달음의 힘은 '집중력의 유지로 동요하지 않을 수 있는 실력'이 아니라, '그 어떤 이해·욕구·감정·행동도 붙들지 않고

빠져나오는 자리를 확보하여 그 자리에 관계 맺으면서 더 좋은 이해·욕구·감정·행동을 선택하고 수립하는 힘'이다. 아무리 강력하게 안정화된 견해나 이론, 이해와 욕구일지라도 그것들에 갇히지 않는 마음자리로 이전할 수 있는 힘을 얻어, 그 풀려난 마음자리에서 접속하면서, 허물은 고치고 장점은 살려내며 부족한 것은 채워 더 이로운 내용으로 바꾸어가는 실력이다. 그러하기에 선 수행을 통해 득력得力하거나 깨달음이라 할 만한 변화를 성취했다면, 수행하지 않은 사람들보다 '성찰과 지성의 능력'을 향상시켜 가는 힘이 수승해야 한다. 자신의 견해에 집착하지 않고 특정한 이해를 고집하지 않는 힘, 언제든지 기꺼이 더 좋은 견해로 옮겨 갈 수 있는 힘, 얼마든지 다른 이들의 더 좋은 이해를 수용할 수 있는 힘이, 범부들보다는 나아야 한다. 만약 수행 이력을 내세우면서도 자기 견해에 대한 배타적 고집이 강하고, 이해를 바꾸고 향상시키는 능력이 저하되어 있으며, 성찰하고 판단하는 실력이 수준 이하임에도 부끄러워할 줄 모르고 뻔뻔하다면, 그의 선 수행은 길을 잘못 든 것이다. **집중력은 돋보이지만 좋은 이해를 가꾸어가는 지성의 힘에 관심 없거나 무능하다면 정학의 힘은 아니다. 모든 지적知的 관행과 욕구 전통 및 행동 양식에도 갇히지 않는 자리에 서는 힘, 그 자리에서 이해·욕구·행동과 접속하면서 더 좋은 것들로 바꾸어 가는 힘 – 정학의 힘은 이런 실력으로 표현되어야 한다.**"[143]

간화선 화두 의심과 돈오견성의 인과관계에 대한 근대 이후 학계와 학인들의 설명은 이 두 유형을 통합하거나 그중 하나를 선택하는 것으

---

143) 『원효의 통섭철학』, pp. 268-269.

로 보인다. 그러나, 화두 의심과 돈오견성의 인과관계를 설명하기 위해, 화두 의심을 '모르는 해답을 알고자 하는 탐구적 의심'으로 보거나 '분별심 억제를 위한 마음집중'으로 보는 것은, 모두 성공할 수 없다. 두 가지 견해 모두 화두 의심과 돈오견성의 인과적 상관성을 파악하는 데는 부적절하거나 불충분하다.

간화선에 관한 연구나 글들은, 공안 언어나 화두 수행법의 특징을 초논리성超論理性이나 무분별성無分別性 등의 개념을 동원하여 다양한 논리로 풀어보고 있다. 하지만 간화선 수행과 돈오견성의 결정적 연결고리인 화두 의심 자체를 성찰하는 경우는 찾아보기 어렵다. 가장 중요한 '화두 의심과 돈오견성의 인과적 상관성'에 관한 탐구는 발견하기 어렵다. 〈왜 화두 의심은 문제를 푸는 방법일 수 있는가?〉에 답하려는 성찰을 만나기 어렵다. 문제 풀이의 방법론으로 화두 의심을 주목하는 경우에도, 주로 화두 의심의 효과인 '사량분별심思量分別心의 조복'이나 간화선 실참實參의 수행 지침으로서의 화두 의심의 중요성을 거론하는 수준에 그치고 있다.

화두 참구와 돈오견성의 인과적 상관성을 해명하려면, 먼저 〈돈오견성은 무엇인가?〉에 대한 관점을 수립한 후, 그에 의거하여 〈간화선의 화두 참구에서 역설하는 의심/의정疑情**은 왜 돈오견성의 통로가 될 수 있는가?〉에 대답하여야 한다. 그럴 때라야 '화두 의심이 문제를 푸는 방법이 될 수 있는 이유'가 밝혀진다.** 화두 참구와 돈오견성의 상관관계를 설명하는 종래의 견해들은 이러한 두 가지 질문을 동시에 결합시켜 탐구하지 않았기에 상술上述한 한계를 넘어서지 못했던 것으로 보인다. 이 글에서 혜능이 천명한 '무념無念의 돈오견성'의 내용과 의미에 대한 음미를 선행한 까닭도 여기에 있다.

· **화두 의심과 분별 사유의 덫**

대혜의 법문을 비롯한 간화선의 모든 화두 참구 법문에서 예외 없이 역설되는 것은 바로 '화두 의심으로 일체 분별심을 막는 것'이다. 바로 이 점 때문에 흔히 화두 의심을 '산란한 마음을 하나로 통일하여 분별심을 제어하는 집중의 장치'로 파악하고 화두 의심을 통한 집중의 결과로 돈오견성을 성취한다는 생각이 힘을 얻었다.

송대宋代의 선종에서 발흥한 어록語錄 편찬, 송고頌古 문학, 경전 읽기 등의 경향을 문자선文字禪이라 부른다. 문자선의 경향은 사대부士大夫들의 취향에 부합하는 것이었는데, 송대 문자선의 출현은 '문文의 부흥'이라는 시대적 풍조에 선종이 응한 것으로도 볼 수 있다. 문자선의 경향은 문文을 숭상하던 사대부 계층의 풍조가 선종과 결합하여 나타난 현상이다. 선구禪句의 뜻을 문자로 풀어내는 의리선義理禪은 문자선과 불가분의 관계에 있다. 문자선의 언어 신뢰는 선구禪句들의 의미를 세련된 언어와 분별 사유로 해석하려는 의리선의 태도와 쉽게 결합한다. 특히 선禪을, 해탈의 돈오 견성을 위해서가 아니라, 세련된 문文 교양의 연장선에서 다분히 지적 관심의 대상으로 접근했던 사대부들은, 쉽게 의리선 풍조에 휘말려 들었다. 그리하여 돈오견성 법문과 선구禪句들을 분별 사유의 범주에서 다루는 것을 즐겼다. **대혜는 송대 선종의 문자선과 의리선 풍조에 드리운 이러한 문제점을 지적하고 비판하면서 그 대안으로 '화두 의심을 돈오견성 방법론으로 채택하는 간화선'을 제시한다.**

"요즘 사대부들은 대부분 성미가 급하여 곧 선禪을 알고자 경전의 가르침에서나 조사들의 언구 중에서 널리 헤아려 분명히 알아 말하고자 하니, 분명히 아는 곳이 도리어 분명히 알지 못하는 일임을 너무 모르는 것입니다. 만약 '무자無字' 화두를 뚫어낸다면 분명히 앎과 분명히 알지 못함을 다른 사람에게 묻지 않아도 됩니다."[144]

"〈어떤 스님이 운문雲門에게 물었다. 무엇이 부처입니까? 운문이 말했다. '마른 똥막대기'(乾屎橛)로다.〉 단지 이 화두를 들어서 홀연히 기량이 다할 때에 문득 깨닫습니다. 제발 문자를 찾아 인용하여 증거로 삼거나 어지러이 헤아리며 풀어내는 것을 피하십시오. 이리저리 풀어내어 분명해지고 설명이 딱 떨어지더라도 모두가 다 귀신들이 살아가는 궁리입니다."[145]

"저번에 편지를 받아보니, 그 가운데 갖가지 취향들이 모두 내가 평소에 꾸짖는 병들이더이다. 이 같은 일들을 안다면 머리 뒤로 던져버리고, 근거(巴鼻)도 없는 곳과 잡거나 더듬을 수도 없는 곳과 맛도 없는 곳을 향하여 공부를 지어 보십시오. 어떤 스님이 조주에게 〈개에게도 또한 '부처 면모'(佛性)가 있습니까?〉하고 물으니, 조주께서 말하길 〈없다〉라고 하신 것과 같은 것입니다. 언제

---

144) 『서장』(T47, 933c22-25). "而今士大夫, 多是急性便要會禪, 於經教上及祖師言句中, 搏量要說得分曉, 殊不知分曉處却是不分曉底事. 若透得箇無字, 分曉不分曉, 不著問人矣."
145) 『서장』(T47, 930b21-24). "〈僧問雲門. 如何是佛? 門云. 乾屎橛〉但舉此話, 忽然伎倆盡時, 便悟也. 切忌尋文字引證, 胡亂搏量註解. 縱然註解得分明, 說得有下落, 盡是鬼家活計."

나 총명한 사람은 언구 드는 것을 듣자마자 곧 마음과 의식意識으로써 이해하고 널리 헤아려 [관련 연구들을] 인용하여 증명하고는 남을 설득시키려 하니, [관련 연구들을] 인용하여 증명하는 것을 용납하지 않고 널리 헤아림을 용납하지 않으며 마음과 의식意識으로써 이해하는 것을 용납하지 않음을 크게 알지 못합니다. 비록 인용하여 증명하고, 널리 헤아리며, 이해하더라도, 모두 아무 쓸데가 없는 '분별로 헤아리는 일'(情識邊事)이니, 생사의 언덕에서는 정녕코 힘을 얻을 수 없습니다. 요즘 온 세상에서 선사니 장로라고 일컫는 자들이 알아내어 밝힌 것은 편지에 써서 보내온 소식에서 벗어나지 않으며, 그 나머지 갖가지 삿된 알음알이는 말에 있지 않습니다."[146]

송대 사대부들이 세련된 '문文의 능력'을 갖추었다는 것은 언어 지성이 발달하였음을 의미한다. 대혜는 문文 부활 시대의 주역들인 사대부들과 적극적으로 교제하며 그들과 더불어 선종의 본령과 생명력을 공유하려고 하였다. 선의 본령인 돈오견성을 삶의 축으로 삼고 있는 대혜로서는, 언어 지성의 발달이라는 긍정적 측면에도 불구하고 문자선과 의리선에 드리운 분별 지성의 덫을 극복의 과제로 삼을 수밖에 없었을 것이다.

---

[146] 『서장』(T47, 934b29-c10). "頃蒙惠教, 其中種種趣向, 皆某平昔所訶底病. 知是般事, 颺在腦後, 且向沒巴鼻處沒撈摸處沒滋味處, 試做工夫看. 如僧問趙州, 〈狗子還有佛性也無? 州云無〉 尋常聰明人, 纔聞擧起, 便以心意識領會搏量引證, 要說得有分付處, 殊不知不容引證, 不容搏量, 不容以心意識領會. 縱引證得搏量得領會得, 盡是髑髏前情識邊事, 生死岸頭定不得刀. 而今普天之下, 喚作禪師長老者, 會得分曉底, 不出左右書中寫來底消息耳, 其餘種種邪解, 不在言也."

돈오견성은, 언어에 수반하는 불변성·동일성·독자성 관념으로 '현상의 사실 그대로'를 왜곡·오염시키는 분별 사유의 계열과 범주에서 빠져나온 마음 국면이다. 그런데 돈오견성으로 안내하는 선의 언어에 탐닉하는 사대부들은, 발달한 분별 사유로써 돈오견성에 관한 언어들의 의미를 나름대로 논리적 정합성을 가지고 풀어낸다. 그러나 아무리 그럴듯한 풀이일지라도, 풀이의 주체는 여전히 분별 사유의 계열과 범주에 빠져 있다. 언어 지성이 발달한 사대부들은, 그 언어 총명에 수반하여 발달한 분별 사유로 인해, 오히려 돈오견성의 문턱에 더 두꺼운 언어의 장벽을 쌓고 있다.

그러나 언어 지성의 발달이 반드시 돈오견성의 장애만은 아니다. 분별 사유의 운용 능력이 발달할수록 분별 지성의 한계도 분명해지는 법이다. 역설적으로 말해, 분별 지성이 발달하면 할수록 그 분별 지성의 덫에서 풀려날 가능성도 높아진다. 그런데 **언어의 덫에서 풀려나는 것은, '언어 능력의 포기'가 아니라 '새로운 언어 능력의 계발'로써 이루어진다. '언어 이전'으로 퇴행하는 것이 아니라, '언어 이후의 언어'로 나아가는 길이다**. '언어에 수반하는 불변성·동일성·독자성 관념'에서 풀려난 채 언어를 굴리는 지평이다. 분별 사유의 덫에서 해방된 이 새로운 언어 지평에서는, '현상의 사실 그대로'를 드러내는 언어 능력과 그 운용이 빛난다. 그렇게 언어의 덫을 풀어버린 자는, 타인이 걸려 있는 언어의 덫을 풀어주기 위해 언어를 자유롭게 운용한다. 그는 언어의 덫에서 풀려나 언어를 구사하는 자이기에, 언어적 속성을 속속들이 세밀하게 알고 있다. 그리고 그런 만큼 언어의 구제적救濟的 활용에 능숙하다. 불교가 택한 '언어와 분별 사유의 극복'은 이 노선에 놓여 있다.

돈오견성의 성취를 통해 언어와 분별 사유의 덫에서 탈출한 대혜. 그는 사대부들의 발달한 언어 지성에서 빛과 그늘의 양면을 동시에 보았을 것이다. 그는 혐오와 회피의 방식이 아닌, 만남의 방식을 선택한다. 사대부들과 적극적으로 교제하며, 그들이 세속의 일상에서 돈오견성 국면을 열고, 그것을 다시 세속 일상에서 운용할 수 있게 안내하는 노선을 택한다. 그리하여 사대부 지성들이 돈오견성 국면에 돌입하는데 가장 장애가 되는 분별지分別知의 대목을 집중적으로 일깨워준다. 그들은 분별 언어지성이 발달한 만큼, 언어 분별의 덫에 잘 걸리는 동시에 언어 분별의 속성과 내용 및 한계를 절감하여 그로부터의 해방을 추구할 수 있는 가능성도 함께 고조되어 있기 때문이다. 그리고 분별 지성의 덫에서 해방되는 방법으로서 그들에게 제시한 것이 바로 간화선의 화두 의심이었다.

불변성·동일성·독자성 관념으로 '현상의 사실 그대로'를 왜곡·오염시키는 분별 사유는, 사람마다 비록 정도의 차이는 있을지 몰라도, 중생 사유의 보편적 특징이다. '현상의 사실 그대로'를 왜곡·오염시키는 모든 유형과 수준의 분별 사유에서 탈출하고, '현상의 사실 그대로'를 직시하는 돈오견성 마음자리를 확보하는 가장 확실하고 효과적인 방법을, 대혜는 간화선의 화두 의심 참구參究라고 자신 있게 역설한다. 그런데 분별 사유의 덫을 푸는 방법론을 제시할 때는, 그 방법론이 왜 효과를 발휘하는지 그 이유도 밝혀야 한다. 방법론의 효과를 신뢰할 수 있어야 방법론을 채택하기 때문이다. 그런데 개인적 관계나 종교적 권위에서 발생하는 정서적 신뢰는 한계가 분명하다. 효과의 인과관계에 대한 합리적 신뢰라야 보편적일 수 있다. 분별 사유의 덫을 푸는 방법을 제시할 때는, 그 방법이 문제 해결에 유효하다는 합리적 신뢰의 근거를 아울러 밝혀야 한다. 화두 의심이 왜 분별사유의 덫을 푸는 효과를 발생시킬 수 있는지 그 근거를 밝혀주어야 한다. 대혜는 이 근거를 나름의 방식으로 밝히고 있다. 화두 의심을 간수看守해 갈 때 범하지 말아야 할 잘못들을 밝히는 것이 바로 그 방식이다.

· **화두 의심을 잘못 간수하는 오류의 원천**
 – '모르는 답을 알려고 하는 마음으로 깨달음을 기다리는 병'(將迷待悟病)

대혜는 『서장』에서 화두 의심을 간수해 갈 때 흔히 범하는 잘못들을 누차 역설하고 있다. 이른바 '간병론揀病論'(화두 수행의 잘못을 간별해 주는 이론)의 원형이다.

"만약 바로 잘라서 도리를 알고 싶으면, 반드시 이 한 생각을 탁하고 깨트릴 수 있어야 바야흐로 생사를 마칠 수 있고, 비로소 깨달아 들어갔다고 부르게 됩니다. 그러나 1) 〈마음으로 깨트리기를 기다려서는 결코 안 됩니다〉(切不可存心待破)[147]. 만약 〈마음을 '깨트리는 곳'에 둔다면〉(存心在破處) 영원토록 깨트려질 때가 없을 것입니다. 다만 '망상으로 뒤바뀐 마음'과 '헤아려 분별하는 마음'

[147) '不可存心待破'의 번역에서 '不可'는 〈하지 말라, 해서는 안 된다〉의 뜻이지만 '存心待破'는 구문상 두 가지로 해석할 수 있다. 하나는 '存'을 동사로 보고 '心待破'를 목적어로 보는 것이다. 이럴 때 '不可存心待破'를 직역하면 〈'마음이 깨트림을 기다리는 것'(心待破)을 '두어서는 안 된다'(不可存)〉가 될 것이다. 다른 하나는 '存心'과 '待破'로 구분하여 모두 동사+목적어로 번역하는 것이다. 이럴 경우 '不可存心待破'를 직역하면 〈'마음을 두어서'(存心) '깨트림을 기다리는 것'(待破)을 '해서는 안 된다'(不可)〉가 된다. 두 가지 번역 모두 가능하며 동일한 뜻을 전하고 있다. 그래서 〈마음으로 깨트리기를 기다려서는 안 된다〉로 번역하였다.

과 '삶을 좋아하고 죽음을 싫어하는 마음'과 '견해로 이해하여 알려는 마음'과 '고요함을 좋아하고 시끄러움을 싫어하는 마음'을 한꺼번에 내버려 두고, 단지 내버려 둔 곳에 나아가 화두를 살펴보십시오(看). 어떤 스님이 조주에게 〈개에게도 도리어 '부처 면모'(佛性)가 있습니까, 없습니까?〉라고 물었는데, 조주는 〈없다(無)〉라고 말하였으니, 이 한 글자는 곧 허다한 나쁜 견해와 나쁜 앎을 꺾는 무기입니다. 2) 〈[조주가 말한 〈없다(無)〉에 대해] '있음이나 없음으로 해석하는 이해'(有無會)를 짓지도 말며〉(不得作有無會), 3) 〈'도리가 어떻다는 이해'(道理會)를 짓지도 말며〉(不得作道理會), 4) 〈'생각으로 헤아려 짐작하는 짓'(意根下思量卜度)을 하지도 말며〉(不得向意根下思量卜度), 5) 〈'눈썹을 치켜올리고 눈을 깜박거리는 [생각이 미치지 못하는 짧은] 곳'(揚眉瞬目處)에 뿌리를 내리지도 말며〉(不得向揚眉瞬目處埣根), 6) 〈'언어의 길'(語路)에서 살 궁리를 하지도 말며〉(不得向語路上作活計), 7) 〈'아무 일도 없는 갑옷 안'(無事甲裏)에 갇혀버리지도 말며〉(不得颺在無事甲裏), 8) 〈[화두 의심을] '들어 일으키는 곳'(擧起處)을 향하여 [어떤 것이라며] 수긍하려 하지도 말며〉(不得[148]向擧起處承當), 9) 〈문자 가운데서 인용하여 증명하려 하지도 마십시오〉(不得向文字中引證). 단지 하루 내내 모든 행위에서 〈개에게도 도리어 '부처 면모'(佛性)가 있습니까, 없습니까?[라는 질문에 대해] '없다'(無)라고 대답하였다〉라는 화두를 수시로 잡아 수시로 알아차리십시오. 평상시에 여의지 말고 이와 같이 공부를 지어 살핀다면 때가 되면 문득 스스로 보아 얻으리니, 한 고을 천 리의 일이 모두 서로 방해가 되지 않을

---

148) 대정장에 실린 『서장』에는 '得'이 아니라 '語'(T47, 921c12)인데 오기誤記로 보인다. 『서장』의 다른 곳에서는 같은 내용이 '又不得向擧起處承當'(941b13)으로 나온다. '得'으로 교감하여 번역한다.

것입니다."¹⁴⁹⁾

이 구절에서 등장하는 화두 수행의 병은 총 9가지이다. 1) 〈마음으로 깨트리기를 기다리지 말 것〉(不可存心待破), 2) 〈[조주가 말한 〈없다(無)〉에 대해] '있음이나 없음으로 해석하는 이해'(有無會)를 짓지 말 것〉(不得作有無會), 3) 〈'도리가 어떻다는 이해'(道理會)를 짓지 말 것〉(不得作道理會), 4) 〈'생각으로 헤아려 짐작하는 짓'(意根下思量卜度)을 하지 말 것〉(不得向意根下思量卜度), 5) 〈'눈썹을 치켜올리고 눈을 깜박거리는 [생각이 미치지 못하는 짧은] 곳'(揚眉瞬目處)에 뿌리를 내리지 말 것〉(不得向揚眉瞬目處垜根), 6) 〈'언어의 길'(語路)에서 살 궁리를 하지 말 것〉(不得向語路上作活計), 7) 〈'아무 일도 없는 갑옷 안'(無事甲裏)에 갇혀버리지 말 것〉(不得颺在無事甲裏), 8) 〈[화두 의심을] '들어 일으키는 곳'(擧起處)을 향하여 [어떤 것이라며] 수긍하려 하지 말 것〉(不得向擧起處承當), 9) 〈문자 가운데서 인용하여 증명하려 하지 말 것〉(不得向文字中引證)이 그것이다. 또 다음과 같이 무자 화두 수행의 병들을 지적하기도 한다.

"'잘못 분별하는 알음알이'(情識)가 아직 깨뜨려지지 않았으면 곧 마음의 [번뇌 망상] 불꽃이 번쩍거릴지니, 바로 이러한 때를 당하여

---

149) 『서장』(T47, 921c02-16). "若要徑截理會, 須得這一念子㗳地一破, 方了得生死, 方名悟入. 然切不可存心待破. 若存心在破處, 則永劫無有破時. 但將妄想顛倒底心, 思量分別底心, 好生惡死底心, 知見解會底心, 欣靜厭鬧底心, 一時按下, 只就按下處看箇話頭. 僧問趙州, 〈狗子還有佛性也無?〉, 州云, 〈無〉, 此一字子, 乃是摧許多惡知惡覺底器仗也. 不得作有無會, 不得作道理會, 不得向意根下思量卜度, 不得向揚眉瞬目處垜根, 不得向語路上作活計, 不得颺在無事甲裏, 不得向擧起處承當, 不得向文字中引證. 但向十二時中四威儀內, 時時提撕, 時時擧覺, 〈狗子還有佛性也無? 云無〉不離日用, 試如此做工夫看, 月十日便自見得也, 一郡千里之事, 都不相妨."

단지 의심하는 화두를 드십시오. 어떤 스님이 조주에게 묻되 〈개에게도 도리어 '부처 면모'(佛性)가 있습니까, 없습니까?〉하니 조주께서는 〈없다〉라고 하신 것에 대해, 오직 [화두 의심을] 알아차리는 것만을 잡아 들어야지, 왼쪽으로 와도 옳지 않고 오른쪽으로 와도 옳지 않습니다. 또한 1) 〈마음으로 깨달음을 기다리지 말며〉(不得將心等悟), 2) 〈[화두 의심을] 들어 일으키는 곳을 향하여 [어떤 것이라며] 수긍하려 하지도 말며〉(不得向擧起處承當), 3) 〈현묘한 이해를 짓지도 말며〉(不得作玄妙領略), 4) 〈[조주가 말한 〈없다(無)〉에 대해 '있다는 것'(有)이라거나 '없다는 것'(無)이라는 헤아림을 짓지도 말며〉(不得作有無商量), 5) 〈[조주가 말한 〈없다(無)〉에 대해] '아무것도 없다는 없음'(眞無之無)[의 뜻]이라는 헤아림을 짓지도 말며〉(不得作眞無之無卜度), 6) 〈'아무 일도 없는 갑옷 안'(無事甲裏)에 앉지도 말며〉(不得坐在無事甲裏), 7) 〈돌을 두드려 일어나는 불꽃이나 번쩍하는 번갯불과 같은 [생각이 미치지 못하는] 곳에서 알려고도 하지 마십시오〉(不得向擊石火閃電光處會). [또] 8) 〈오로지 마음 쓸 곳이 없어져 마음이 갈 곳이 없어질 때는, '아무것도 없음'(空)에 떨어질까를 두려워하지 마십시오〉(直得無所用心, 心無所之時, 莫怕落空). 여기가 바로 좋은 곳이니, 노련한 늙은 쥐가 소뿔에 들어가 문득 [더 이상 나아갈 곳이] 끊어졌음을 보는 것입니다."[150]

---

150) 『서장』(T47, 941b09-18). "情識未破, 則心火熠熠地, 正當恁麽時, 但只以所疑底話頭提管. 如僧問趙州, 狗子還有佛性也無? 州云無, 只管提撕擧覺, 左來也不是, 右來也不是. 又不得將心等悟, 又不得向擧起處承當, 又不得作玄妙領略, 又不得作有無商量, 又不得作眞無之無卜度, 又不得坐在無事甲裏, 又不得向擊石火閃電光處會. 直得無所用心, 心無所之時, 莫怕落空. 這裏却是好處, 驀然老鼠入牛角, 便見倒斷也."

여기서는 총 8가지의 화두 수행 병들이 열거되고 있다. 1) 〈마음으로 깨달음을 기다리지 말 것〉(不得將心等悟), 2) 〈[화두 의심을] 들어 일으키는 곳을 향하여 [어떤 것이라며] 수긍하려 하지 말 것〉(不得向舉起處承當), 3) 〈현묘한 이해를 짓지 말 것〉(不得作玄妙領略), 4) 〈[조주가 말한 〈없다〉(無)〉에 대해] '있다는 것'(有)이라거나 '없다는 것'(無)이라는 헤아림을 짓지 말 것〉(不得作有無商量), 5) 〈[조주가 말한 〈없다〉(無)에 대해] '아무것도 없다는 없음'(眞無之無)[의 뜻]이라는 헤아림을 짓지 말 것〉(不得作眞無之無卜度), 6) 〈'아무 일도 없는 갑옷 안'(無事甲裏)에 앉지 말 것〉(不得坐在無事甲裏), 7) 〈돌을 두드려 일어나는 불꽃이나 번쩍하는 번갯불과 같은 [생각이 미치지 못하는] 곳에서 알려고 하지 말 것〉(不得向擊石火閃電光處會), 8) 〈오로지 마음 쓸 곳이 없어져 마음이 갈 곳이 없어질 때는, '아무것도 없음'(空)에 떨어질까를 두려워하지 말 것〉(直得無所用心, 心無所之時, 莫怕落空)이 그것이다. 또 화두 의심을 간수할 때의 잘못을 다음과 같이 지적하기도 한다.

"천가지 만가지 의심이 단지 이 하나의 의심이니, 화두 위에서의 의심을 깨뜨리면 천가지 만가지 의심이 한꺼번에 부서집니다. 화두를 깨뜨리지 못하였다면 다시 화두 위에 나아가서 의심과 더불어 하십시오. **만약 화두를 버리고 도리어 다른 문자 위에 나아가 의심을 일으키거나, 경전의 가르침 위에서 의심을 일으키거나, 옛사람의 공안公案 위에서 의심을 일으키거나, 일상의 세속 일 가운데 의심을 일으킨다면, 모두가 삿된 마구니의 권속입니다. 무엇보다도 먼저 [화두 의심을] 들어 일으키는 곳을 향하여 [어떤 것이라며] 수긍하려 하지 말고, 또한 생각으로 헤아려 짐작하지 마십시오.** 다만 뜻을 붙여 가히 생각할 수 없는 곳으로 나아가서 생각하면 마음이 [더 이상] 갈 곳이 없으니, 노련한 늙은 쥐가 소뿔에 들어가 문득 [더 이상 나아갈 곳이] 끊어졌음을 보는 것과 같습니다. 또 마음이 만약 시끄럽거든 단지 〈개에게는 '부처 면모'(佛性)가 없다〉라는 화두를 드십시오. 부처의 말씀, 조사의 말씀, 각지 노화상들의 말씀이 보여주는 온갖 차이들을, 만일 이 무자 화두를 꿰뚫는다면 한꺼번에 꿰뚫어 통과하여 다른 이에게 묻지 않게 됩니다. 만약 언제나 다른 사람들에게 〈부처님 말씀은 또한 어떤 것이고, 조사의 말씀은 또한 어떤 것이며, 각지 노화상들의 말씀은 또한 어떤 것인가?〉를 묻는다면, 영원토록 깨달을 때가 없을 것입니다."[151]

이상에서 거론된 사례들에서 내용상 중복되는 것을 하나로 모으면, '화두 의심을 간수해 가는 수행을 할 때 범하기 쉬운 잘못'은 총 11가지가 된다. 1) 〈마음으로 깨트리기를 기다리지 말 것〉(不可存心待破)/〈마음으로 깨달음을 기다리지 말 것〉(不得將心等悟), 2) 〈[조주가 말한 〈없다(無)〉에 대해] '있음이나 없음으로 해석하는 이해'(有無會)를 짓지 말 것〉(不得作有無會), 3) 〈[조주가 말한 〈없다(無)〉에 대해] '아무것도 없다는 없음'(眞無之無) [의 뜻]이라는 헤아림을 짓지 말 것〉(不得作眞無之無卜度), 4) 〈'도리가 어떻다는 이해'(道理會)를 짓지 말 것〉(不得作道理會)/〈현묘한 이해를 짓지 말 것〉(不得作玄妙領略), 5) 〈'생각으로 헤아려 짐작하는 짓'(意根下思量卜度)을 하지 말 것〉(不得向意根下思量卜度), 6) 〈눈썹을 치켜올리고 눈을 깜박거

---

[151] 『서장』(T47, 930a14-24). "千疑萬疑, 只是一疑, 話頭上疑破, 則千疑萬疑一時破. 話頭不破, 則且就上面, 與之廝捱. 若棄了話頭, 却去別文字上起疑, 經敎上起疑, 古人公案上起疑, 日用塵勞中起疑, 皆是邪魔眷屬. 第一不得向擧起處承當, 又不得思量卜度. 但著意就不可思量處思量, 心無所之, 老鼠入牛角, 便見倒斷也. 又方寸若鬧, 但只擧狗子無佛性話. 佛語祖語諸方老宿語, 千差萬別, 若透得個無字, 一時透過, 不著問人. 若一向問人佛語又如何, 祖語又如何, 諸方老宿語又如何, 永劫無有悟時也."

리는 [생각이 미치지 못하는 짧은] 곳'(揚眉瞬目處)에 뿌리를 내리지 말 것〉(不得向揚眉瞬目處垜根)/〈돌을 두드려 일어나는 불꽃이나 번쩍하는 번갯불과 같은 [생각이 미치지 못하는] 곳에서 알려고 하지 말 것〉(不得向擊石火閃電光處會), 7)〈'언어의 길'(語路)에서 살 궁리를 하지 말 것〉(不得向語路上作活計), 8)〈'아무 일도 없는 갑옷 안'(無事甲裏)에 갇혀버리지 말 것〉(不得颺在無事甲裏)/〈'아무 일도 없는 갑옷 안'(無事甲裏)에 앉지 말 것〉(不得坐在無事甲裏), 9)〈[화두 의심을] '들어 일으키는 곳'(舉起處)을 향하여 [어떤 것이라며] 수긍하려 하지 말 것〉(不得向舉起處承當), 10)〈문자 가운데서 인용하여 증명하려 하지 말 것〉(不得向文字中引證), 11)〈오로지 마음 쓸 곳이 없어져 마음이 갈 곳이 없어질 때는, '아무것도 없음'(空)에 떨어질까를 두려워하지 말 것〉(直得無所用心, 心無所之時, 莫怕落空)이 그것이다.

대혜가 『서장』에서 거론하는 '화두 의심을 간수해 가는 수행을 할 때 범하기 쉬운 잘못'(看話禪病)의 유형은 이상의 11가지이다. 그리고 대혜 이후 간화 선문禪門에서는 1)에서 10)까지를 '간화看話 선병禪病'의 대표적 유형으로 간주하여, '간화십종병看話十種病'(화두 의심을 간수해 가는 수행을 할 때 반드시 피해야 할 열 가지 잘못들)이라 부른다.[152] 이러한 '간화看話 선병禪病'들을 일일이 적시하여 그 뜻을 설명해 주는 것이 '간병론揀病論'(화두 수행의 잘못을 간별해 주는 이론)이다. 대표적인 간병론으로는 고려 지눌知訥(1158-1210)의 법을 이은 진각국사眞覺國師 혜심慧諶(1178-1234)

---

[152] 『서장』에서 대혜가 거론하는 간화 선병들 가운데, 〈단지 마음 쓸 곳이 없어져 마음이 갈 곳이 없어질 때는 '아무것도 없음'(空)에 떨어질까를 두려워하지 말라〉(直得無所用心, 心無所之時, 莫怕落空)는 것은 허무주의적 단견斷見을 경계하는 것이므로 〈아무 일도 없는 갑옷 안(無事甲裏)에 갇혀버리지도 말라〉(不得颺在無事甲裏/不得坐在無事甲裏)는 것과 내용상 통한다. 이렇게 보면 대혜가 거론하는 간화 선병 유형은 10가지로 볼 수 있다. 지눌과 혜심도 이러한 분류를 택하고 있다.

의 『구자무불성화간병론狗子無佛性話揀病論』(무자 화두를 들 때 피해야 할 선병들을 간별하는 글)이 있다.

대혜가 '화두 의심을 간수해 가는 수행을 할 때 범하기 쉬운 잘못'(看話禪病)을 나열하여 거론하는 의도는 무엇일까? 단지 수행의 기술적 지침을 제시하려는 것일까? 필자는 대혜의 의도를, '화두 의심이 분별 사유의 덫을 풀 수 있는 근거 혹은 이유'를 밝히려는 것이라 본다. '화두 의심을 간수해 가는 수행을 할 때 범하기 쉬운 잘못'(看話禪病)들을 지적함으로써 반사적으로 화두 의심의 특성을 밝히려는 의도로 보인다. 'A가 아닌 것'을 밝혀 'A인 것'을 드러내는 방식이다. 그렇다면 **대혜가 거론하는 '화두 의심을 간수해 가는 수행을 할 때 범하기 쉬운 잘못'(看話禪病)들은 화두 의심의 어떤 특성을 드러내는 것일까?**

화두 의심이 분별 사유의 덫을 푸는 이유는 화두 의심의 특성에서 찾아야 한다. 이와 관련하여 필자는 간화 선병禪病들 가운데 특히 〈마음으로 깨트리기를 기다리는 것〉(存心待破)/〈마음으로 깨달음을 기다리는 것〉(將心等悟), 즉 '모르는 답을 알려고 하는 마음으로 깨달음을 기다리는 병'(將迷待悟病)을 주목한다. 이 병이 '화두 의심을 잘못 간수하는 오류'의 원천인 동시에, 화두 의심의 특성이 무엇인지를 비추어 내는 거울이라 보기 때문이다. 화두 의심을 간수해 가는 수행에서 범하기 쉬운 잘못들을 몇 가지로 분류하든 간에, 모두가 '모르는 답을 알려고 하는 마음으로 깨달음을 기다리는 병'(將迷待悟病)의 다양한 변주라 할 수 있다. 그런 점에서 장미대오병은 화두 의심이 어떤 것이며 왜 분별 사유의 덫을 풀 수 있는가를 가장 압축적으로 일러준다. 대혜의 다음과 같은 말은 이러한 이해의 근거를 제공한다.

"'능히 어리석고 둔함을 아는 자'는 결정코 어리석고 둔하지 않으니, 다시 어느 곳을 향하여 뛰어난 깨달음을 구하고자 합니까? 사대부가 이 도를 배움에 곧 반드시 어리석고 둔함을 빌려 들어가야 합니다. 만약 어리석고 둔함에 집착하여 스스로 말하길 〈나는 감당할 것이 없다〉라고 한다면, 곧 어리석고 둔함이라는 마장魔障에 걸리게 됩니다. **대개 평소에 '아는 견해'(知見)가 많으면 '깨달음의 증득을 구하는 마음'(求證悟之心)이 앞서 장애를 이루기 때문에 자기의 바른 지견知見이 드러나지 못합니다.** 이 장애 역시 밖에서 온 것이 아니며, 또한 [바깥의] 다른 것이 아닙니다. 다만 이 '능히 어리석고 둔할 줄 아는 주인공'(能知昏鈍底主人公)일 뿐입니다. (…) 단지 〈이처럼 어리석고 둔함을 능히 아는 것은 필경 무엇인가?〉를 살펴보십시오(看). 다만 이곳을 향하여 살펴볼지언정(看), 뛰어난 깨달음을 구할 필요가 없습니다. 오며 가며 살펴보다가(看) 홀연 크게 웃게 되리니, 이 밖에는 가히 말할 게 없습니다."¹⁵³⁾

"일상의 인연에 응하는 곳에서 차별 경계를 만나 겪을 때는, 단지 차별하는 곳에 나아가 〈개에게는 '부처 면모'(佛性)가 없다는 화두〉(狗子無佛性話)를 드십시오. '[차별 경계를] 깨뜨려 없앤다는 생각'(破除想)도 짓지 말고, '[차별 경계에] 물든 생각'(情塵想)도 짓지 말며, '차별이라는 생각'(差別想)도 짓지 말고, '불법佛法에 대한 생

---

153) 『서장』(T47, 935b25-c16). "能知昏鈍者, 決定不昏鈍, 更欲向甚處求超悟? 士大夫學此道, 却須借昏鈍而入. 若執昏鈍, 自謂我無分, 則爲昏鈍魔所攝矣. 蓋平昔知見多, 以求證悟之心, 在前作障故, 自己正知見不能現前. 此障亦非外來, 亦非別事. 只是箇能知昏鈍底主人公耳. (…) 但只看能知得如是昏鈍底, 畢竟是箇甚麼? 只向這裏看, 不用求超悟. 看來看去, 忽地大笑去矣, 此外無可言者."

각'(佛法想)도 짓지 말며, 단지 〈개에게는 '부처 면모'(佛性)가 없다는 화두〉(狗子無佛性話)만을 살펴보십시오(看). **다만 '무자無字' 화두를 들지언정, 〈마음으로 깨달음을 기다리지 마십시오〉(不用存心等悟). 만약 깨달음을 기다리는 마음을 두면, 경계도 차별이며, 불법佛法도 차별이며, [차별 경계에] 물들었다는 것'(情塵)도 차별이며, 〈개에게는 '부처 면모'(佛性)가 없다는 화두〉(狗子無佛性話)도 차별이며, [차별 경계가] '끊어지는 곳'(間斷處)도 차별이며, '끊어짐이 없는 곳'(無間斷處)도 차별이며, '[차별 경계에] 물든 생각'(遭情塵)이 몸과 마음을 미혹하고 어지럽게 하여 안락하지 못한 곳도 차별이며, 능히 허다한 차별을 아는 것도 차별이니, 만약 이 병을 제거하고자 한다면 단지 '무자無字' 화두를 살펴보십시오(看)."**[154]

지눌도 이러한 대혜의 의중을 계승하여 장미대오병을 '화두 의심을 잘못 간수하는 오류'의 원천으로 보고 있다.[155] 그는 "열 가지 병이라 말하는 것은 '깨달음의 증득'(證悟)을 구하는 마음으로써 근본을 삼는다."(所言十種病 以求證悟之心爲本)라고 말한다. 화두 의심을 간수하여 수행해 갈 때 빠지기 쉬운 병들은 모두 '깨달음을 구하는 마음'에서 비롯된다는 것이다. 지눌이 말하는 '증오證悟를 구하는 마음'(求證悟之心)은 대

---

154) 『서장』(T47, 933b08-17). "日用應緣處, 纔覺涉差別境界時, 但只就差別處, 舉狗子無佛性話. 不用作破除想, 不用作情塵想, 不用作差別想, 不用作佛法想, 但只看狗子無佛性話. 但只舉箇無字, 亦不用存心等悟. 若存心等悟, 則境界也差別, 佛法也差別, 情塵也差別, 狗子無佛性話也差別, 間斷處也差別, 無間斷處也差別, 遭情塵惑亂身心不安樂處也差別, 能知許多差別底亦差別, 若要除此病, 但只看箇無字."
155) 지눌, 『간화결의론看話決疑論』(H4, 732c15). "열 가지 병이라 말하는 것은 '깨달음의 증득'(證悟)을 구하는 마음으로써 근본을 삼는다."(所言十種病 以求證悟之心爲本)

혜의 말을 그대로 인용한 것이다. 화두 의심을 간수해 가는 수행에서 범하기 쉬운 열 가지 잘못은 결국 '미혹함을 가지고 깨달음을 기다리는 마음의 잘못'(將迷待悟病)에 의거하여 생겨난다는 것이다.

'장미대오병將迷待悟病'을 직역하면 '미혹함을 가지고 깨달음을 기다리는 잘못'이 된다. 이때 '미혹'(迷)이란 '깨달음에 대한 미혹'이다. 따라서 장미대오將迷待悟란 〈'아직 깨달음을 몰라 미혹하다'는 생각으로 깨달음을 알려고 하는 마음상태〉를 지칭하는 말이다. '장미대오將迷待悟'라는 말은, 대혜가 말하는 〈마음으로 깨트리기를 기다리는 것〉(存心待破)/〈마음으로 깨달음을 기다리는 것〉(將心等悟)을 달리 표현한 것이다. 그러므로 '장미대오병將迷待悟病'을 뜻으로 풀어 번역하면, '모르는 답을 알려고 하는 마음으로 깨달음을 기다리는 잘못'이라 할 수 있다.

장미대오병을 주목할 때 필요한 것은, 〈'모르는 답을 알려고 하는 마음으로 깨달음을 기다리는 잘못'이라는 말의 의미는 무엇인가?〉를 묻고 답하는 일이다. 다시 말해, **돈오견성을 위한 화두문話頭門 마음수행에서, 〈'아직 깨달음을 몰라 미혹하다'는 생각으로 깨달음을 알려고 하는 마음상태〉(將迷待悟)가 어째서 잘못된 것인지를 밝혀야 한다.** 그래야 〈장미대오병이 모든 간화 선병의 원천이고, 화두 의심의 특성을 반사적으로 드러내며, 화두 의심이 왜 분별 사유의 덫을 풀 수 있는가를 가장 압축적으로 일러준다〉라는 관점이 설득력을 확보한다.

장미대오병은 〈'아직 깨달음을 몰라 미혹하다'는 생각으로 깨달음을 알려고 하는 마음상태는 돈오견성의 방해물이다〉라는 비판이다. 그런데 화두 의심을 간수하여 돈오견성하려는 수행자라면 누구나 '아직 깨달음을 몰라 미혹한 상태'이다. 따라서 돈오견성을 성취하려는 수행자는 모두 〈'아직 깨달음을 몰라 미혹하다'는 생각으로 깨달음을 알고자 하는 마음〉을 품는다고 해야 하지 않는가? 간화선 화두 의심과 돈오견성의 인과관계를 설명하기 위해 화두 의심을 '모르는 해답을 알고자 하는 탐구적 의심'으로 이해하는 것도, 그런 점에서는 자연스러운 해석이다.

화두 의심을 '모르는 해답을 알고자 하는 탐구적 의심'으로 간주하여 화두 의심과 돈오견성의 인과관계를 설명하는 관점을, 풀어서 다시 부연하면 이렇게 된다. — 〈의심이란 문제의 정답을 알지 못할 때 그 정답을 알고자 하는 마음상태이다. 그리고 화두 의심은, 자질구레한 세속사 문제의 답을 알고자 하는 의심이 아니라, 돈오견성이라는 깨달음을 알고자 하는 근원적 의심이다. 세속사 문제에 대해 답을 알려고 하는 의심을 지속시켜 가다 보면 언젠가 답을 알게 된다. 마찬가지로 돈오견성과 같은 궁극적 문제에 대한 답을 알려고 하는 근원적 의심을 화두 의심을 통해 간직해 가면, 시절 인연이 도래할 때 홀연 그 답을 알게 된다. 돈오견성하여 깨달음을 성취하는 순간이다. 따라서 화두 의심은 돈오견성으로 이어진다.〉 이런 설명이 지닌 문제점은 앞에서 이미 거론하였다. 그러나 〈화두 의심은 모르는 것을 알고자 하는 강렬한 의문의 마음으로서, 그것이 원인이 되어 해답인 돈오견성이 성취된다〉라는 설명과 이해가 '화두 의심과 돈오견성의 인과관계'에 대해 지금도 널리 채택된다. 그런데 대혜와 간화선 선장禪杖들은, 바로 이런 이해와 설명을 '장미대오병將迷待悟病'이라 부르면서 '모르는 답을 알려고 하는 마음으로 깨달음을 기다리는 잘못'이라고 비판하지 않는가? 〈'아직 깨달음을 몰라 미혹하다'는 생각으로 깨달음을 알려고 하는 마음상태〉(將迷待悟)야말로 화두 의심에 대한 갖가지 오해의 근본이고, 화두 의심을 간수해 가지 못하게 하여 돈오견성을 가로 막는 장애물의 핵심이라고 비판하지 않는가? 그 비판의 이유를 밝혀야 실마리가 잡힌다.

- **화두 의심이 돈오견성의 방법인 이유**
  – 화두 의심의 특성과 돈오견성의 인과적 연결

간화선에서의 화두 의심은 '문제를 풀려는 탐구적 의심'이 아니라 '문제를 푸는 방법론'에 해당한다. 그리고 풀려고 하는 문제는 돈오견성이다. 화두 의심은 돈오견성을 성취하게 하는 방법인 것이다. 따라서 화두 의심이 돈오견성의 방법이 될 수 있는 이유를 밝히려면, 무엇보다도 우선 돈오견성의 내용을 주목해야 한다. 혜능이 설하는 '무념無念의 돈오견성'이 지닌 내용을 생겨나게 할 수 있는 것. – 그것이 화두 의심이어야 하기 때문이다. 앞서 음미해 본, '무념의 돈오견성'과 관련한 내용의 핵심을 다시 확인해 보자.

이해수행과 마음수행의 차이가 있는 동시에 불가분의 관계를 맺고 있다. 이해수행은 〈'변화·관계의 차이현상'과 접속을 유지한 채, '동일성·불변성·독자성·절대성 관념에 의거한 환각적 행복의 무지와 허구에 대한 이해'(苦觀)와 '변함·무본질·무실체·관계·조건인과적 발생에 대한 이해'(무상관無常觀·무아관無我觀·공관空觀·연기관緣起觀)를 수립하여 내면화시킴으로써, '차이현상의 사실 그대로'(如實相, 眞如相)를 이해하여 '사실 그대로의 이해로 인한 개인과 세상의 이로움'을 누리려는 것에 초점을 두는 수행〉이다. 또 마음수행은, 〈'변화·관계의 차이현상'과 접속을 유지한 채, '차이현상들에 대한 기존의 느낌·이해·인식·경험을 붙들지 않는 마음 국면'을 열어, '기존의 느낌·이해·인식·경험 계열에서 빠져나오는 마음 국면'에서 '사실 그대로에 부합하는 느낌·이해·인식·경험'으로 바꾸고 내면화시켜, '사실 그대로에 부합하는 느낌·이해·인식·경험'에서 발생하는 개인과 세상의 이로움을 누리려는 것에 초점을 두는 수행〉이다.

혜능이 설한 '무념의 돈오견성'은 '무념에 대한 마음수행 맥락의 접근'이다. 혜능에 따르면, 무념無念은 '모든 현상과 만나면서도 그 현상들을 붙들지 않는 마음이나 생각'이다. 그리하여 무념 수행은 〈모든 현상에 불변·독자의 실체/본질이 있다는 생각으로 현상을 가공하던 마음작용의 계열을 멈추고 '실체/본질 관념의 왜곡이 사라진 사실 그대로'를 보는 마음자리를 회복하여 보전하는 것〉이다. 다시 말해, 무념 수행이란 〈현상에 대한 '마음의 왜곡적 인지 작용'(분별)을 그치는 마음 국면을 열어 확립하는 것〉이다. 그런데 무념은, 〈불변성·동일성·독자성을 부여하면서 차이현상들을 왜곡하는 인식작용'(分別)의 계열과 범주에서 한꺼번에(頓) 빠져나오는 국면〉이다. 따라서 무념無念의 마음수행으로 분별을 그치는 것은 '한꺼번에(頓) 그침'이다. 마찬가지로, '현상을 사실 그대로 보는 본연의 마음자리에 눈뜨는 국면'인 견성見性은, '한꺼번에 눈뜨는 국면'(頓見)이다. 이처럼 견성과 돈오는 모두 '한꺼번에'(頓)를 그 속성으로 한다. 따라서 '돈오견성頓悟見性'이다. 〈'변화·관계의 차이현상'과 접속을 유지한 채, '차이현상들에 대한 기존의 느낌·이해·인식·경험을 붙들지 않는 마음 국면'을 열어, '기존의 느낌·이해·인식·경험 계열에서 빠져나오는 마음 국면'에서 '사실 그대로에 부합하는 느낌·이해·인식·경험'으로 바꾸는 마음수행〉을, 혜능은 '무념'과 '돈오견성'으로 계승한 것이다.

간화선은 이러한 내용의 돈오견성을 성취하는 방법론이다. 따라서 화두 의심은 '무념의 돈오견성'이 지닌 내용을 생겨나게 하는 원인 조건이어야 한다. 이때 주목해야 할 것은, 무념의 돈오견성이 〈'불변성·동일성·독자성을 부여하면서 차이현상들을 왜곡하는 인식작용'(分別)을 그쳐, 그 계열과 범주에서 한꺼번에(頓) 빠져나오게 한다〉라는 점을 주목해야 한다. 화두 의심은 이러한 돈오견성의 두 가지 특징적 내용을 모두 발생시킬 수 있어야 한다. '불변성·동일성·독자성을 부여하면서 차이현상들을 왜곡하는 인식작용'(分別)을 그치게 할 수 있어야 하는 동시에, 분별의 계열과 범주에서 한꺼번에(頓) 빠져나오게 할 수 있어야 한다. 화두 의심이 이러한 역할을 할 수 있어야 돈오견성을 성취하는 방법이 된다.

 화두 의심은 어떤 특성을 지닌 것이기에 돈오견성의 이러한 두 가지 특징적 내용을 모두 발생시킬 수 있을까? 화두 의심의 특성을 '모르는 해답을 알고자 하는 탐구적 의심'으로 보거나, 화구 의심의 역할을 '일념 집중'에서 찾아서는 풀 수 없는 문제이다. 화두 의심의 특성을 다른 관점에서 보아야 해결된다. 필자 보기에, 장미대오병이 화두 의심의 특성을 포착하게 하는 실마리이다. 장미대오병은 무엇을 알려주려는 것일까? 장미대오병이 알려주려는 화두 의심의 특성은 무엇일까?

 장미대오병은 왜 '모르는 답을 알려고 하는 마음으로 깨달음을 기다리는 것'을 치명적 장애(病)라고 할까? 〈'아직 깨달음을 몰라 미혹하다'는 생각으로 깨달음을 알려고 하는 마음상태〉(將迷待悟)가 돈오견성의 길에서는 왜 잘못이고 장애일까? '의심'이라는 말이 무엇을 탐구하는 맥락에서 사용될 때, 그 일상 언어적 의미는 분명 '알지 못하는 것을 알고자 하는 마음'이다. 탐구의 의지나 열정이 강하면 강할수록 그 '의심'은 해답을 향한 조준력이나 집중력을 높여간다. 화두 의심에 대한 종래의 두 가지 시선은 각각 조준력과 집중력에 착안한 것이다. 그런데 탐구하는 의심을 구성하는 것은 두 가지이다. 하나는 '알지 못함'이고 다른 하나는 '알려고 함'이다. 일상적 의미에서 의심을 '알지 못하는 것을 알고자 하는 마음'이라 할 때는, '알지 못함'과 '알려고 함'을 결합시키고 있다. 탐구적 의심으로 답을 얻으려면 당연히 '알지 못하는 것을 알고자 하는 마음'이어야 한다고 여기기 때문이다. 이러한 탐구적 의심은 바로 〈'아직 깨달음을 몰라 미혹하다'는 생각으로 깨달음을 알려고 하는 마음상태〉(將迷待悟)이다. 그런데 간화선에서는 이러한 의심은 화두 의심이 아니라고 하지 않는가?

그렇다면 간화선에서 말하는 의심은 어떤 것인가? 〈일상적 의미에서의 의심인 '알지 못하는 것을 알고자 하는 마음'은 두 가지 측면이 결합되어 있다〉라는 점을 주목하면 해답의 실마리가 잡힌다. '알지 못함'과 '알려고 함'을 구분하여 '알지 못함'의 측면만을 주목할 때는, '의심'이라는 현상이 지니는 또 하나의 면모가 포착된다. '답을 확정하지 않는 측면'·'내용을 규정하지 않는 측면'이 그것이다. 아직 해답이 확정되지 않아 개념적 구획이 설정되지 아니한 '무규정의 마음상태'가, 탐구적 의심이 지니는 또 하나의 면모이다. 의심이라는 말의 통상적 용법에서는 간과하고 있는 면모이다. 돈오견성의 방법론을 수립하려는 선사들이 주목한 것이 바로 의심이 지닌 '답을 확정하지 않는 마음 국면'이었고 '내용을 규정하지 않는 마음 국면'이었다고 생각한다.

간화선의 화두 의심이 지닌 특성은, '답을 확정하기를 거부함'이고

'내용을 규정하기를 거부함'이다. 화두에서 솟구치는 의심에서, '답을 정하려 하지 않는 마음 국면'/'내용을 결정하지 않는 마음 국면'을 확보하는 것이, 간화선 화두 참구의 첫걸음이다. '알지 못하는 마음'에만 그치고, '답을 알려고 하는 마음'과의 연결을 자발적으로 끊는 것. – 이것이 간화선 화두 의심의 길이다. 〈오직 모를 뿐!〉의 마음 국면만을 지속적으로 간수해 가는 것. – 이것이 화두 의심 공부의 행보이다. 대혜는 이 소식을, 〈다만 뜻을 붙여 가히 생각할 수 없는 곳으로 나아가서 생각하면 마음이 [더 이상] 갈 곳이 없으니, 노련한 늙은 쥐가 소뿔에 들어가 문득 [더 이상 나아갈 곳이] 끊어졌음을 보는 것이다〉(老鼠入牛角, 便見倒斷也)라고 전한다.

"천가지 만가지 의심이 단지 이 하나의 의심이니, 화두 위에서의 의심을 깨뜨리면 천가지 만가지 의심이 한꺼번에 부서집니다. 화두를 깨뜨리지 못하였다면 다시 화두 위에 나아가서 의심과 더불어 하십시오. 만약 화두를 버리고 도리어 다른 문자 위에 나아가 의심을 일으키거나, 경전의 가르침 위에서 의심을 일으키거나, 옛사람의 공안公案 위에서 의심을 일으키거나, 일상의 세속 일 가운데 의심을 일으킨다면, 모두가 삿된 마구니의 권속입니다. **무엇보다도 먼저 [화두 의심을] 들어 일으키는 곳을 향하여 [어떤 것이라며] 수긍하려 하지 말고, 또한 생각으로 헤아려 짐작하지 마십시오. 다만 뜻을 붙여 가히 생각할 수 없는 곳으로 나아가서 생각하면 마음이 [더 이상] 갈 곳이 없으니, 노련한 늙은 쥐가 소뿔에 들어가 문득 [더 이상 나아갈 곳이] 끊어졌음을 보는 것과 같습니다.** 또 마음이 만약 시끄럽거든 단지 〈개에게는 '부처 면모'(佛性)가 없다〉라는 화두를 드십시오. 부처의 말씀, 조사의 말씀, 각지 노화상들의 말씀이 보여주는 온갖 차이들을, 만일 이 무자 화두를 꿰뚫는다면 한꺼번에 꿰뚫어 통과하여 다른 이에게 묻지 않게 됩니다. 만약 언제나 다른 사람들에게 〈부처님 말씀은 또한 어떤 것이고, 조사의 말씀은 또한 어떤 것이며, 각지 노화상들의 말씀은 또한 어떤 것인가?〉를 묻는다면, 영원토록 깨달을 때가 없을 것입니다."**156)**

장미대오병將迷待悟病을 통해 알려주려고 하는 화두 의심의 특성은 밝혀진 셈이다. 남은 질문이 있다. 〈화두 의심의 특성이 '답을 정하려 하지 않는 마음 국면'/'내용을 결정하지 않는 마음 국면'에 있고, '답을 알려고 하는 마음'과의 연결을 자발적으로 끊는 것이라면, 이러한 화두 의심이 어떻게 돈오견성을 가능하게 하는가? 화두 의심이 어떻게 분별分別을 그치게 하는 동시에 분별의 계열과 범주에서 한꺼번에(頓) 빠져나오게 하는가?〉에 답해야 한다.

붓다의 통찰 전통에 따르면, 인간의 인식은 두 계열로 구분할 수 있다. 무명 계열과 지혜 계열이 그것이다. 현상에 대한 근본무지(無明)의 개입 여부에 따라 '인지능력(意根)과 대상(境)들과의 관계'에서 발생하는 느낌·지각·인식의 내용이 이 두 계열로 구분된다. 무명 계열은 〈'현상의 사실 그대로에 대한 무지'(無明) → 인지능력(意根)과 대상(境)들과의

---

156) 『서장』(T47, 930a14-24). "千疑萬疑, 只是一疑, 話頭上疑破, 則千疑萬疑一時破. 話頭不破, 則且就上面, 與之廝捱. 若棄了話頭, 却去別文字上起疑, 經教上起疑, 古人公案上起疑, 日用塵勞中起疑, 皆是邪魔眷屬. 第一不得向舉起處承當, 又不得思量卜度. 但著意就不可思量處思量, 心無所之, 老鼠入牛角, 便見倒斷也. 又方寸若鬧, 但只舉狗子無佛性話. 佛語祖語諸方老宿語, 千差萬別, 若透得個無字, 一時透過, 不著問人. 若一向問人佛語又如何, 祖語又如何, 諸方老宿語又如何, 永劫無有悟時也."

관계 오염 → 삶과 세상의 해로움 발생〉이 상호인과적相互因果的으로 전개되는 인과계열이다. 이에 비해 지혜 계열은 〈'현상의 사실 그대로 이해'(明) → '현상의 사실 그대로'(如實, 眞如)와 상응하는 '인지능력(意根)과 대상(境)들과의 관계' → 삶과 세상의 이로움 발생〉이 상호인과적相互因果的으로 전개되는 인과계열이다. 붓다의 12연기 법설은 '인간이 선택할 수 있는 인식의 두 계열'에 관한 붓다의 통찰을 드러내고 있다.

붓다는 무명 계열을 지혜 계열로 바꾸는 데 성공하여 그와 관련된 통찰을 세상과 공유하려고 했던 분이다. 현재 전승되는 자료에 의하면, '무명 계열을 지혜 계열로 바꾸는 방법'에 관한 붓다 법설의 유형과 내용은 다채롭다. 전통 교학에서는 그 유형과 내용을 37가지로 분류하여 종합하고 있다. 37조도품助道品이 그것이다. 그리고 '무명 계열을 지혜 계열로 바꾸는 수행 방법'으로서 37조도품을 관통하는 두 가지 핵심이 있다. 이해수행과 마음수행이 그것이다. 위빠사나는 이해수행, 사마타는 마음수행에 상응하는 교설敎說이라 할 수 있다. 이해수행은 근본무지(無明)가 지닌 지적知的 속성을 주목한다. 그리하여 '현상을 사실 그대로를 왜곡하는 잘못된 이해'를 '현상의 사실 그대로에 상응하는 온전한 이해'로 바꾸는 데 초점을 맞춘다. 인식의 지적知的 측면을 바꾸는 것이 무명 계열에서 벗어나는 데 근원적 효과를 발휘한다는 관점이다. 구체적 방법으로는 '성찰·학습·관찰을 통한 이해의 수정이나 대체'를 채택한다. 이에 비해 마음수행은 근본무지(無明)를 수립한 마음을 주목한다. 무지나 지혜를 비롯한 '온갖 이해를 수립·유지·수정·대체하는 근거로서의 마음'을 주목한다. 무명 계열의 원초적 발생조건인 근본무지(無明)를 마음의 층위層位와 범주에서 다룰 수 있어야 인식의 '무명 계열'을 '지혜 계열'로 전환시킬 수 있다는 시선이다. 붓다는 이러한 이해수행과 마음수행을 모두 정학定學의 선禪 수행에 포함시킨다. 그리하여 이해수행과 마음수행을 두 축으로 삼고 여기에 행위수행을 추가함으로써, 무명 계열로부터 지혜 계열로의 자리바꿈이 구현될 수 있는 길을 열어준다.

붓다 이후 그의 교설에 대한 '해석 체계'(敎學)에서는 '무명 계열을 지혜 계열로 바꾸는 방법'인 이해수행과 마음수행에 대한 나름의 해석을 축적한다. 이해수행 해석학은 '무지에 의거한 행복의 허구에 대한 이해를 수립하여 간수해 가는 노력'(苦觀), '모든 것은 변한다는 이해를 수립하여 간수해 가려는 노력'(無常觀), '그 어떤 자아 현상에도 불변·동일·독자의 실체나 본질은 없다는 이해를 수립하여 간수해 가려는 노력'(無我觀), '모든 현상은 조건에 따라 인과적으로 발생한다는 이해를 수립하여 간수해 가려는 노력'(緣起觀)을 이해수행의 요점으로 간주한다. 대승불교의 공空사상은 이러한 이해수행들을 공空이라는 개념으로 통합한다. 이에 비해 마음수행 해석학 전통은 사선四禪에 관한 정형구에서 등장하며 삼매三昧(samādhi)에 대한 간단한 정의定義로도 언급되는 '심일경성心一境性(cittekaggatā)을 주목하는 한편, 심일경성의 의미를 '대상에 대한 마음집중 상태'로 이해한다. 그리하여 마음수행은 선정禪定 수행이며 그 내용은 '대상에 대한 마음집중'이라고 본다. 마음수행에 대한 이러한 해석학은 아비담마 교학 이래 대승불교 전반에 걸친 주류 해석학으로 작동한다. 그러나 마음수행에 대한 이러한 해석학의 타당성에 대해서는 의문이다. 비판의 논거와 대안적 해석학에 앞에서도 누차 거론하였다.

필자의 소견으로는, 붓다가 설한 마음수행의 요점은 육근수호 법설과 8정도 정념 수행의 사념처 법설에서 설하는 알아차림(正知,

sampajānāti)에 담겨 있다. 붓다가 설한 알아차림(正知, sampajānāti)은 〈붙들지 않고 빠져나와 이해를 비롯한 모든 경험현상들과 만나는 마음자리'로 옮겨가는 것〉이다. 그리고 이 정지正知의 마음 국면이 '잘못된 이해'를 '사실 그대로에 부합하는 이해'로 바꿀 수 있는 근거이다. 〈붙들거나 갇히지 않는 마음자리'에서의 '매이지 않는 힘'으로써 잘못된 이해를 성찰하고 '사실에 부합하는 이해'를 선택하거나 수립하는 능력〉을 확보해야 이해 바꾸기 수행이 완성된다는 것, 그리고 이것이 붓다가 설한 마음수행의 핵심이라는 점을 포착한 통찰들이 불교 해석학 전통 내부에서 목격된다. 대승의 유식관唯識觀, 그에 의거한 원효의 일심一心, 선종 선불교의 돈오견성이 그것이다.

앞서 거론한 내용의 요점만을 추려 '알아차림(正知, sampajānāti) → 유식관唯識觀 → 원효의 일심一心 → 돈오견성頓悟見性'의 연속성을 다시 확인하면 다음과 같다.

【'모든 것을 괄호 치듯 대상화시켜 놓고 재검토할 수 있는 마음 좌표로 끊임없이 미끄러지듯 옮겨가는 것'이 알아차림(正知, sampajānāti)이다. 이 알아차림의 의미를 유식학의 유식무경唯識無境은 〈식識 내면에 심층적으로 누적된 '근본무지로 인한 동일성·불변성·독자성·절대성의 허구 관념과 그에 의거한 이해방식'(분별망상)이 인간의 모든 주·객관 경험을 구성적으로 왜곡·오염시키고 있으며, 인식의 모든 주·객관 경험은 식識 자신의 왜곡적 구성물을 대상(境)으로 삼고 있다〉라는 통찰로 계승한다. 따라서 알아차림(正知, sampajānāti)과 유식무경唯識無境은 '기존의 인식·경험·이해 계열에서 빠져나오는 마음 국면'에 눈뜨게 해 주는 언어적 장치

라는 점에서 상통한다.

원효는 알아차림(正知, sampajānāti)과 유식무경唯識無境의 마음 수행을 계승하면서 '공관空觀을 품은 유식관唯識觀'과 '방편관方便觀과 정관正觀' 및 '지관쌍운止觀雙運'을 발생조건으로 삼는 일심一心의 통찰을 펼친다. 일심이라 부르는 현상은 〈이해/이해수행과 마음/마음수행의 상호관계와 상호작용이 고도화되는 과정에서 역동적으로 펼쳐지는 인지적 국면〉이다.

혜능은 〈'불변성·동일성·독자성을 부여하면서 차이현상들을 왜곡하는 인식작용'(分別)의 계열과 범주에서 한꺼번에(頓) 빠져나와〉(頓悟)〈현상을 사실 그대로 보는 본연의 마음자리에 눈뜸〉(見性)을 무념無念의 마음수행으로 설한다. 〈'변화·관계의 차이현상'과 접속을 유지한 채, '차이현상들에 대한 기존의 느낌·이해·인식·경험을 붙들지 않는 마음 국면'을 열어, '기존의 느낌·이해·인식·경험 계열에서 빠져나오는 마음 국면'에서 '사실 그대로에 부합하는 느낌·이해·인식·경험'으로 바꾸는 마음수행〉을, 혜능은 '무념'과 '돈오견성'으로 계승하고 있다.】

이렇게 보면, 〈화두 의심이 어떻게 분별分別을 그치게 하는 동시에 분별의 계열과 범주에서 한꺼번에(頓) 빠져나오게 하는가?〉에 답할 수 있다. **알아차림(正知, sampajānāti)과 유식무경唯識無境, 원효의 일심, 혜능의 무념을 관통하는 것은, 〈'불변성·동일성·독자성 관념에 오염된 인식·경험·이해'(分別)의 인과계열 및 범주에서 한꺼번에 통째로 빠져나오는 마음 국면에 눈뜨게 하는 것〉이다. 그리하여 〈현상의 차이(相)들을 왜곡하여 차별하지 않고 '사실 그대로' 관계 맺을 수 있는 마음자리에 역동적으로 자리 잡을 수 있는 능력〉을 열어주는 것이다.** 그런데 일상의 탐구적 의심은 '알지 못하는 것을 알고자 하는 마음'인 동시에, 대부분 '불변성·동일성·독자성 관념에 오염된 인식·경험·이해'(分別)의 인과계열 및 범주 안에서 작동한다. 따라서 '모르는 것을 알고자 하는 의심'을 통해 결정하는 답 역시 '불변성·동일성·독자성 관념에 오염된 인식·경험·이해'(分別)의 변주變奏가 된다. 그 답은, '불변성·동일성·독자성 관념에 오염된 인식·경험·이해를 수립하고 변형·발전시키면서 관리해 가는 마음 방식'(心生滅門)에 종속되어 있다. '모르는 것을 알고자 하는 의심'(將迷待悟)으로써 확보하는 어떤 해답도, '분별의 인과계열'을 전개하는 '심생멸문心生滅門의 마음 방식' 손아귀에 있다. 대혜는 이 소식을 이렇게 말한다.

"일상의 인연에 응하는 곳에서 차별 경계를 만나 겪을 때는, 단지 차별하는 곳에 나아가 〈개에게는 '부처 면모'(佛性)가 없다는 화두〉(狗子無佛性話)를 드십시오. '[차별 경계를] 깨뜨려 없앤다는 생각'(破除想)도 짓지 말고, '[차별 경계에] 물든 생각'(情塵想)도 짓지 말며, '차별이라는 생각'(差別想)도 짓지 말고, '불법佛法에 대한 생각'(佛法想)도 짓지 말며, 단지 〈개에게는 '부처 면모'(佛性)가 없다는 화두〉(狗子無佛性話)만을 살펴보십시오(看). **다만 '무자無字' 화두를 들지언정, 〈마음으로 깨달음을 기다리지 마십시오〉(不用存心等悟).** 만약 깨달음을 기다리는 마음을 두면, 경계도 차별이며, 불법佛法도 차별이며, '[차별 경계에] 물들었다는 것'(情塵)도 차별이며, 〈개에게는 '부처 면모'(佛性)가 없다는 화두〉(狗子無佛性話)도 차별이며, [차별 경계가] '끊어지는 곳'(間斷處)도 차별이며, '끊어짐이 없는 곳'(無間斷處)도 차별이며, '[차별 경계에] 물든 생각'(遭情塵)이 몸과 마음을 미혹하고 어지럽게 하여 안락하지 못한 곳도 차별이며, 능히 허다한 차별을 아는 것도 차별이니, 만약 이 병을 제거하고자 한다면 단지 '무자無字' 화두를 살펴보십시오(看)."[157]

그렇다면 '분별 계열'의 덫에서 벗어나는 방법, '심생멸문心生滅門 마음 방식'의 성城에서 탈출하는 방법은 분명하다. '알지 못하는 것을 알고자 하는 마음'으로 이런저런 해답을 기웃거리는 마음의 행로를 그치지 않으면 출구로 다가설 수 없다. 출구로 나아가려면, 의심에서 '알고자 하는 마음'으로의 연결고리를 끊고, 오직 '알지 못하는 마음 국면'을 지켜 갈 수 있어야 한다. '알고자 하는 마음'에 끌려 그 어떤 그럴듯한 답을 마련한다 해도 '분별 계열'의 덫에 걸려드는 행보이다. 분별 계열의 덫에 걸리지 않으려면 '알고자 하는 마음'을 자발적으로 거부해야 한다. 그리고는 '모르는 마음 국면'만을 지켜 가야 한다.

화두 의심을 간수한다는 것은, '모르는 것을 알려고 애쓰는 마음'도 아니고, '의심하는 마음의 집중력을 간수해 가는 일'도 아니다. '변화·관계의 차이현상들'을 '불변·독자의 본질이나 실체'로 왜곡하는 분별 관념의 소용돌이 안에 빨려 들어가기를 거부하는 것이, 화두 의심을 지켜 가는 것이다. '불변성·동일성·독자성 관념에 의한 규정 짓기'를 거부하는 '오직 모를 뿐'의 의심 국면을 지켜 가는 것이, 화두 참구이다. 〈'불변성·동일성·독자성 관념에 의한 해답 마련'을 거부하는 '오직 모를 뿐'의 마음 국면〉을 지켜 감으로써, 분별 관념의 회오리바람 안에 끌려들지

---

157) 『서장』(T47, 933b08-17), "日用應緣處, 纔覺涉差別境界時, 但只就差別處, 舉狗子無佛性話. 不用作破除想, 不用作情塵想, 不用作差別想, 不用作佛法想, 但只看狗子無佛性話. 但只舉箇無字, 亦不用存心等悟. 若存心等悟, 則境界也差別, 佛法也差別, 情塵也差別, 狗子無佛性話也差別, 間斷處也差別, 無間斷處也差別, 遭情塵惑亂身心不安樂處也差別, 能知許多差別底亦差別, 若要除此病, 但只看箇無字."

않는 힘을 확보해 가는 것이, 화두 의심의 간수이다.

화두 언구에서 돈발頓發한 의심에서, '답을 결정하려는 것을 거부하는 마음 국면'에 초점을 맞추어 순일하게 지켜 가면, 대상을 불변성·동일성·독자성 관념으로 처리하는 분별의 범주에 휘말려 들지 않는 마음 국면이 드러난다. 분별적 구성 체계에서 빠져나오는 마음 국면, 혹은 빠져나온 마음자리가 포착된다. 이 마음자리는 불변의 좌표가 아니라, 관계 속에서 끊임없이 변하는 현상들과의 관계 속에서 역동적으로 확보되는 자리이다. 그리고 이 지점은, 8정도 정념正念 수행 및 육근수호六根守護 법설에서의 '알아차림'(正知, sampajānāti)으로 수립되는 '분별 범주/체계에 휘말려 들지 않는 마음자리'와 같다. 8정도의 정념正念은, 인간의 경험현상들, 즉 '호흡·동작 등 신체의 현상'(身)·'느낌'(受)·'마음 상태'(心)·'이해·판단·평가·관점·이론 등 개념적·법칙적 경험현상'(法)을 '괄호 치듯 알아차려', 경험현상들에 대한 분별적 구성에 휘말려 들지 않는 마음 국면을 수립하는 길을 설한다. 그리고 간화선은, 의심에서 '답안 결정을 거부하는, 오직 모르는 마음 국면'을 포착하고, 이를 통해 '분별 계열에 휘말려 드는 마음을 그치는 마음 국면'과 '분별 범주에서 빠져나오는 마음 국면 및 빠져나온 마음자리'를 수립하게 하고 있다. 이렇게 정념과 화두는 그 긴 시공의 거리에도 불구하고 경이롭게 통한다.

화두 의심에서 '오직 모를 뿐'의 마음 국면을 놓치지 않고 빈틈없이 간수해 가면, 화두 의심을 지켜 가는 힘이 세질수록 출구에 다가선다. '분별 계열 내에서의 답안 작성' 유혹을 거부하고 '오직 모를 뿐'을 지속시켜 가다 보면, 어느덧 '분별의 심생멸문心生滅門 마음 방식'이 통치하는 성城에서 탈출하는 문 앞에 도달한다. 더욱 힘내어 한 걸음 더 나아가 성문을 밀치고 나간다. 화두 의심으로써 분별의 덫을 한꺼번에 풀고 돈오견성의 장場에 몸을 싣는 순간이다. – 이렇게 하여 화두 의심은 돈오견성의 방법적 소임所任을 다하고, 화두 의심과 돈오견성의 인과적 연결이 완성된다.

분별의 족쇄가 채워져 있던 심생멸문心生滅門 성안에서는 '불변성·동일성·독자성을 지닌 본질이나 실체로서 취급되어 차별받던 차이현상들'(分別相)이, 성문 밖에서는 '변화·관계의 사실 그대로인 차이현상들'(眞如相)로서 각자의 자리에서 빛난다. 성문 밖에 나서면, 불변성·동일성·독자성 관념에서 해방된 차이현상들과의 새로운 관계가 펼쳐진다. 차이현상들을 '사실 그대로' 판단하고 평가하며 관계 맺는, 언어·사유·감정·욕구·행동의 새로운 춤사위가 서로 어우러진다. 원효가 추던 무애無碍의 춤판, 차이들이 서로 이로움을 주고받는 '호혜互惠와 통섭通攝과 화쟁和諍의 축제'에 참여하게 된다. 대혜는 이 소식을 이렇게 전한다.

"만약 바로 잘라서 도리를 알고 싶으면, 반드시 이 한 생각을 탁하고 깨트릴 수 있어야 바야흐로 생사를 마칠 수 있고, 비로소 깨달아 들어갔다고 부르게 됩니다. 그러나 〈마음으로 깨트리기를 기다려서는 결코 안 됩니다〉(切不可存心待破). 만약 〈마음을 '깨트리는 곳'에 둔다면〉(存心在破處) 영원토록 깨트려질 때가 없을 것입니다. 다만 '망상으로 뒤바뀐 마음'과 '헤아려 분별하는 마음'과 '삶을 좋아하고 죽음을 싫어하는 마음'과 '견해로 이해하여 알려는 마음'과 '고요함을 좋아하고 시끄러움을 싫어하는 마음'을 한꺼번에 내버려 두고, 단지 내버려 둔 곳에 나아가 화두를 살펴보십시오(看). 어떤 스님이 조주에게 〈개에게도 도리어 '부처 면모'(佛性)가 있습니까, 없습니까?〉라고 물었는데, 조주는 〈없다(無)〉라고 말하였으니, 이 한 글자는 곧 허다한 나쁜 견해와 나쁜 앎을 꺾는 무기입니다. 〈[조주가 말한 〈없다(無)〉에 대해] '있음이나 없음으로 해석하는 이해'(有無會)를 짓지도 말며〉(不得作有無會), 〈'도리가 어떻다는 이해'(道理會)를 짓지도 말며〉(不得作道理會), 〈'생각으로 헤아려 짐작하는 짓'(意根下思量卜度)을 하지도 말며〉(不得向意根下思量卜度), 〈'눈썹을 치켜올리고 눈을 깜박거리는 [생각이 미치지 못하는 짧은] 곳'(揚眉瞬目處)에 뿌리를 내리지도 말며〉(不得向揚眉瞬目處垜根), 〈'언어의 길'(語路)에서 살 궁리를 하지도 말며〉(不得向語路上作活計), 〈'아무 일도 없는 갑옷 안'(無事甲裏)에 갇혀버리지도 말며〉(不得颺在無事甲裏), 〈[화두 의심을] '들어 일으키는 곳'(舉起處)을 향하여 [어떤 것이라며] 수긍하려 하지도 말며〉(不得向舉起處承當), 〈문자 가운데서 인용하여 증명하려 하지도 마십시오〉(不得向文字中引證). **단지 하루 내내 모든 행위에서 〈개에게도 도리어 '부처 면모'(佛性)가 있습니까, 없습니까?[라는 질문에 대해] '없다'(無)라고 대답하였다〉라는 화두를 수시로 잡아 수시로 알아차리십시오. 평상시에 여의지 말고 이와 같이 공부를 지어 살핀다면 때가 되면 문득 스스로 보아 얻으리니, 한 고을 천 리의 일이 모두 서로 방해가 되지 않을 것입니다."**[158]

---

158) 『서장』(T47, 921c02-16), "若要徑截理會, 須得這一念子㘞地一破, 方了得生死, 方名悟入. 然切不可存心待破. 若存心在破處, 則永劫無有破時. 但將妄想顚倒底心, 思量分別底心, 好生惡死底心, 知見解會底心, 欣靜厭鬧底心, 一時按下, 只就按下處看箇話頭. 僧問趙州,〈狗子還有佛性也無?〉, 州云,〈無〉, 此一字子, 乃是摧許多惡知惡覺底器仗也. 不得作有無會, 不得作道理會, 不得向意根下思量卜度, 不得向揚眉瞬目處垜根, 不得向語路上作活計, 不得颺在無事甲裏, 不得向舉起處承當, 不得向文字中引證. 但向十二時中四威儀內, 時時提撕, 時時舉覺,〈狗子還有佛性也無? 云無.〉不離日用, 試如此做工夫看, 月十日便自見得也, 一郡千里之事, 都不相妨."

9. 성철은 왜 돈오점수를 비판했을까?

혜능의 돈오견성頓悟見性에서 부각되는 '돈오頓悟'의 중국적 기원은 돈오성불론頓悟成佛論을 천명한 축도생竺道生(약 372-434)으로 소급할 수 있다. 〈도생에 의해 불교사상의 핵심을 돈오로 파악하는 길이 열렸고, 이후 중국불교에서는 돈점頓漸 논쟁이 펼쳐졌으며, 마침내 선종禪宗의 돈오사상이 출현하게 되었다. 그리고 중국불교의 돈오사상은 인도불교와 불연속적 관계에 있다.〉라고 하는 것이 학계의 일반적 시선이다. 그러나 **돈오사상의 연원은 붓다라고 보아야 한다. 돈오사상은 붓다 이래 불교적 통찰의 보편적 핵심을 고스란히 계승하고 있다.**[159) 동북아시아 불교인들은 불교사상의 보편적 핵심을 연속적으로 계승하면서도 돈오의 문제를 부각시켰다. 그리하여 돈오를 통해 붓다 사상의 생명력을 새롭게 확인하고 전승시켰다. 그런 점에서 '돈오'라는 문제를 선택하여 발전시킨 동북아시아 불교인들의 천재성과 업적은 높이 평가되어야 한다.

동북아시아 돈점頓漸 담론談論 속에서 돋보이는 두 분의 한국 구도자가 있다. 지눌(普照知訥, 1158-1210)과 성철(退翁性徹, 1912-1993)이다. 지눌은, 선종의 돈점론을 체계적으로 종합하여 돈오점수頓悟漸修, 즉 '한꺼번에 깨닫고 점차 닦음'을 깨달음(悟)과 닦음(修)의 선불교적 표준으로 확

---

159) 필자의 「돈오의 의미지평-돈오의 두 시원을 중심으로-」(『철학논총』 제49집, 새한철학회, 2007)는 이와 관련된 논의이다.

립한 분이다. 그리고 성철은, 한국 선불교의 수행 표준으로 수용되어 온 지눌의 돈오점수를 비판하면서 '간화선 돈오돈수頓悟頓修', 즉 '간화선 화두 참구를 통해 한꺼번에 깨닫고 한꺼번에 닦음'을 천명한 분이다. 두 분의 사유로 인해 물꼬가 트인 돈점 담론의 전개는 현대 한국사상계가 자부할 만한 진리 담론이다.

지금까지 '이해수행과 마음수행의 차이와 관계'에 대한 다층의 성찰을 통해 〈선 수행이란 무엇인가?〉에 답해 보았다. 이러한 성찰을 토대로 삼아, 성철이 돈오점수를 비판한 의중을 '이해수행과 마음수행의 차이'에서 헤아려 본다. 지눌의 돈오점수론頓悟漸修論과 성철의 돈오점수 비판 및 돈오돈수론頓悟頓修論을 '이해수행과 마음수행의 차이와 관계'에 대한 성찰에 의거하여 접근하면, 두 분의 의도가 더욱 분명해질 수 있다. 또한 '돈오 유형 구분론'을 통해 돈점 논쟁을 다루는 새로운 독법을 제시해 본 필자의 선행 연구성과를[160], 보강된 내용으로 발전적으로 계승할 수 있다.

지눌과 성철 및 이들의 시선 차이를 읽는 학계의 돈점 논쟁은, 그 논점의 출발과 귀결이 '이해에 의한 깨달음(解悟)'의 문제에 있다. 〈지눌이 말하는 돈오는 '지적 이해'(知解)에 의한 깨달음'인 해오解悟라는 것이 성철의 판단이다. 〈'지적 이해'(知解)는 분별 알음알이에 불과한 것이므로 '이해에 의한 깨달음'(解悟)은 분별 알음알이 범주에 놓인다. 따라

---

[160] 『돈점 진리담론-지눌과 성철을 중심으로』(세창출판사, 2016)에는 이에 대한 필자의 소견이 담겨 있다. 돈점 담론과 관련된 내용은 이 연구성과를 계승하여 발전시킨 것이다. 돈점 논쟁의 전개와 핵심 및 과제 등에 관한 상세한 논의는 이 책을 참고할 수 있다.

서 선종의 돈오를 '이해에 의한 깨달음'(解悟)이라고 하는 지눌의 생각은 잘못이다〉라는 것이, 성철 비판의 요점이다. 성철에 의하면, 지눌의 돈오점수론頓悟漸修論은 〈돈오는 '이해에 의한 깨달음'(解悟)〉이라는 판단의 귀결이다. '지적 이해'(知解)에 의거한 깨달음은 여전히 분별에서 풀려나지 못한 것이므로 돈오 이후의 '점차적인 닦음'(漸修)이 필연적 요청이라는 것이다. 이러한 돈오점수는 〈'이론불교'(敎家)의 수행방법인 '이해에 의한 깨달음과 그에 의한 점차적 닦음'(解悟漸修)일 뿐〉[161] 선문禪門의 돈오견성이라 할 수 없다는 것이 성철의 비판이다.

성철의 비판에 대하여 지눌 연구자들은 '이해에 의한 깨달음'(解悟)과 '지적 이해'(知解)의 차이를 강조한다. 그러면서도 〈'이해에 의한 깨달음'(解悟)의 기본 성격은 '지적 이해'이기 때문에 지적 이해의 요소에서 자유롭지 못하며, 따라서 '지적 이해로 인한 한계와 장애'(解碍)를 안고 있다〉라는 것을 인정한다. 〈'해오解悟/지해知解/해애解碍'라는 용어에 등장하는 '해解'라는 말의 의미는 '지적 이해나 파악'이다〉라는 관점, 또한 〈'이해에 의한 깨달음'(解悟)으로서의 돈오는 선 수행의 지적 기초이며, 그러한 돈오를 성취하는 관건은 반조返照/회광반조廻光返照에 있다〉라고 하는 관점도 지눌 연구자 사이에 일반화되어 있다. '해오解悟의 문제'를 둘러싼 지눌과 성철의 시선 차이를 심도 있게 읽기 위해서는 돈오점수와 돈오돈수의 언어를 읽는 새로운 독법이 필요하다. 이와 관련하여 필자는 이렇게 의견을 개진한 바 있다.

---

[161] 성철, 『선문정로禪門正路』(불광출판사, 1981), p.154.

"이처럼 돈오점수에 대한 성철의 비판으로 전개된 돈점 논쟁에는 그 핵심 논점을 둘러싸고 혼란이 존재한다. 〈지눌의 돈오는 화엄적華嚴的 해오解悟이다〉라는 명제를 공유하고 있는 기존의 돈점 논쟁에는 아직 해소되지 못한 논리적 혼란과 관점 기술記述의 모호함이 내재하고 있는 것이다. 특히 지눌의 돈오점수를 수긍하여 옹호하려는 관점들이 그러한 문제점을 안고 있다. 해오와 지해의 차이를 설정하면서도 그 차이의 내용을 의미 없는 수사적 어법으로써 대체하는 모호함이 있고, 돈오/해오와 지해의 차이를 주장하면서도 돈오/해오의 내용을, 지해知解의 해애解碍를 지닌 화엄의 원돈신해圓頓信解로 채우고 있는 논리적 모순을 안고 있는 것이다.

이러한 혼란을 수습하기 위해서는 돈점 논쟁을 다루는 틀과 방식을 바꾼 새로운 독법이 요청된다. 돈점 논쟁의 핵심 논점을 둘러싼 모호함과 모순을 극복할 수 있는 새로운 독법이 마련되어야 한다. 그 새로운 독법의 구성은 기존의 논의 구조를 지탱하는 핵심 명제들을 재검토하는 데에서 출발해야 한다. 특히 〈지눌의 돈오는 화엄의 원돈신해적圓頓信解的 해오解悟〉라는 명제를 재검토해야 한다. 만약 이 전제에 갇히지 않을 수 있다면 논의의 틀 자체를 바꿀 수 있고, 그 결과 지눌의 선사상, 그의 돈오점수와 성철의 돈오돈수, 돈점 논쟁의 의미, 간화선의 의미, 불교 수행론 등, 연관된 모든 주제를 재검토/재음미할 수 있는 길도 열리게 된다.

필자는 지눌의 돈오가 두 가지 유형으로 구성되어 있다고 본다. 굳이 이름 붙이자면, 하나는 기존에 널리 인지되고 있는 '화엄적 돈오/해오'이고, 다른 하나는 '선문禪門/정학적定學的 돈오'이다. 돈오/해오에 관한 지눌의 언어들 속에는 이 두 유형이 혼재한다. 그리고 이 두 유형은 삼학三學 수행론에서 각각 혜학慧學과 정학定學

계열에 속한다. 정학의 맥락에 놓여 있는 '선문/정학적 돈오'는 '지적 이해나 이지적 파악'이라는 혜학적 맥락과는 구별되는 의미를 지니고 있는데, 이 '선문/정학적 돈오'를 성취하는 통로가 바로 '반조返照/회광반조廻光返照'이며 간화선의 '화두 의심 참구'이다. 지눌의 돈오가 혜학과 정학의 두 가지 맥락에서 펼쳐진다는 것, 그의 돈오는 두 지평으로 구성되어 있으므로 구별하여 접근해야 한다는 관점이 타당하다면, 돈점 논쟁을 다루는 틀과 방식을 바꿀 수 있다. 돈오의 의미를 혜학과 정학이라는 불교 수행론의 보편적 구조 속에서 파악하는 동시에, 그것을 '반조/회광반조'의 의미와 연관시켜 음미한다면, 돈오의 지평을 두 가지로 구별하여 접근할 수 있는 '새로운 독법의 구성'이 가능해진다."[162]

1) 두 가지 쟁점 담론과 성철

돈점 담론의 핵심을 탐구하려면, 쟁점이 내재하는 두 가지 담론을 주목해야 한다. 하나는 '이해수행과 마음수행의 차이에 관한 담론'이고, 다른 하나는 '돈오 범주에 관한 담론/미완결형 돈오견성과 완결형 돈오견성에 관한 담론'이다. 성철의 '간화선 돈오돈수론頓悟頓修論'에는 이 두 가지 쟁점 담론이 혼합되어 있다. 두 쟁점 담론의 내용과 의미는 앞에서 이미 논의하였다. 여기서는 이른바 '티베트 돈점 논쟁'의 요지를 소개하여 '이해수행과 마음수행의 차이에 관한 담론'에 대한 설명을 보완한다. 선 수행을 보는 '이해방식의 전통적 시선'과 '마음 방식에 관한 선

---

[162] 『돈점 진리담론-지눌과 성철을 중심으로』, pp.49-50.

종의 시선'이 충돌하여 끝내 소통하지 못한 담론이 '티베트 돈점 논쟁'이기 때문이다.[163]

〈티베트 논쟁은 인도불교의 점문漸門과 중국 선종의 돈문頓門의 대립이며, 점문은 '연속적 수행법에 의한 점차적 성취'를, 돈문은 '비연속적인 수행법에 의한 한꺼번의 성취'를 지칭한다〉라는 것이, 티베트 논쟁에 관한 학계의 일반적 시선이다. 그래서 '티베트 돈점 논쟁'이라 부르곤 한다. 그러나 논쟁의 실제 내용을 보면, 인도불교 측에서는 '대상(所緣) 집중수행법(무분별영상, 사마타)과 이해사유 수행법(유분별영상, 위빠사나)의 지속적 축적을 통한 무분별지의 성취'를 선 수행이라 주장하는 것이고, 선종 측에서는 '분별의 개념환각을 붙들고 쫓아가는 마음지평/계열/범주로부터의 비연속적 일탈'을 '마음시선 바꾸기 행법(看心)을 통해 생각마다 단박에 성취하기'를 선 수행이라 주장하는 것이다. 이 두 시선의 차이가 끝내 소통하지 못한 것이 티베트 논쟁의 사상적 전말顚末이다. 두 시선의 차이가 드러내는 문제는 '선 수행에 있어서 이해방식과 마음 방식'의 차이이다. 까말라실라(Kamalaśīla 蓮華戒) 등의 인도 측은 이해방식, 마하연摩訶衍의 선종 측은 마음 방식의 선 수행을 대변하고 있다.

"티베트 논쟁은 수행, 특히 선 수행을 보는 유가행중관파瑜伽行中觀派의 '이해방식' 시선과 선종의 '마음 방식' 시선이 직접 조우한 것이다. 그리고 유가행중관파의 '이해방식' 시선은, 선종의 '마음 방식' 행법行法이 낯설고 이해하기 어려운 선관禪觀이었기에, 왜곡

---

163) 이에 관해서는 『돈점 진리담론-지눌과 성철을 중심으로』에서 「티베트 돈점논쟁과 선 수행 담론」이라는 장章을 통해 상론한 바 있다.

에 가까운 오해와 비난에 가까운 비판으로 대응했다. 반면, 마하연은 선종의 '마음 방식' 행법을 상대측에 이해시키는 데 실패하였다. 티베트 논쟁은 우열이나 승패를 가려야 할 논쟁이 아니라, 선수행을 보는 상이한 두 시선이 만나 그 시선 차이의 내용과 의미를 확인하고 탐구해야 하는 '차이 접속의 장場'이었다. 그러나 유가행중관파의 전통은 선종의 선관을 이해할 역량이 부족하였고, 마하연은 선종의 관점을 피력하는 데 그쳤지 유가행중관파를 이해시키는 역량은 보여주지 못했다. 그 결과 티베트 논쟁은 '불통不通의 담론談論'이 되고 말았지만, 선관의 중요한 차이를 확인시켜 후학들에게 정학定學과 선 수행의 이해 및 탐구에 요긴한 자료를 남겼다."164)

성철의 '간화선看話禪 돈오돈수론頓悟頓修論'에는 두 가지 비판 담론이 얽혀 있다. '해오解悟를 비판하는 담론'과 '분증分證을 비판하는 담론'이 그것이다. 성철이 역설하는 증오證悟는 이 두 비판 담론이 수렴되는 곳이다. 해오와 분증의 허물과 한계가 모두 극복된 증오를 천명하는 것이 성철의 '간화선 돈오돈수론'이다. 이러한 성철의 돈오돈수론은 '이해수행과 마음수행의 차이에 관한 담론'과 '돈오 범주에 관한 담론/미완결형 돈오견성과 완결형 돈오견성에 관한 담론'을 결합하고 있다. 지눌의 화엄적 해오解悟를 '지적 이해'(知解)로 규정하여 비판하는 '해오 비판 담론'은, '이해수행과 마음수행의 차이에 관한 담론'에 속한다. 또 그 어떤 분증分證도 돈오로 인정하지 않고 오직 삼관三關(動靜一如/夢中一如/熟眠一如)을 돌파한 전증全證만을 돈오로 인정하는 '분증 비판 담론'은, '돈오 범

---

164) 『돈점 진리담론-지눌과 성철을 중심으로』, pp.124-125.

주에 관한 담론/미완결형 돈오견성과 완결형 돈오견성에 관한 담론'에 해당한다.

2) 지눌의 문제의식과 돈오점수

지눌은 화엄과 선종의 접점을 마련하기 위한 탐구에 진정성과 열정을 보여준다. 그의 이러한 그의 태도는 화엄종에 대한 선종의 우월적 지위를 자부하는 선문禪門의 일반적 태도에 비추어 볼 때 이색적이다. 선종의 유력 인물이 보여주는 이 남다른 행보에는 여러 문제의식이 복합적으로 작용하고 있을 것이다. 지눌이 품었던 문제의식에 대해 그간 학계에서 추정해 온 내용을 종합하면 다음과 같다.

〈지눌은 무엇보다도 선종과 화엄종의 배타적 불화를 제거하고 싶었을 것이다. 특히 선종에 대한 화엄종의 불신과 비판에 대응하려 했을 것이다. 그리하여 선종의 길이 화엄의 길과 이어지고 있다는 점을 화엄 구도자들에게 이론적으로 설득시켜, 선종의 길에 대한 화엄 교가敎家들의 의구심과 오해 및 비판을 해소시키려 했을 것이다. 또한 마음(달)은 보지 않고 언어(달)만 붙들고 씨름하는 교가의 '마른 지혜'(乾慧) '미친 지혜'(狂慧) 문자법사文字法師의 헛발질을 선문禪門의 돈오견성법으로 그치게 하고 싶었을 것이다. 그리고 선종의 초심初心 학인들을 수행에서 물러나지 않게 하려면 화엄적 원돈해오圓頓解悟가 필요하다는 판단 아래 원돈해오의 역할을 인정하려 했을 것이다. 동시에, 화엄 원돈문圓頓門에 대한 간화선看話禪의 우위도 분명히 함으로써 선종 본연의 생명력을 확산시키고 선종을 반석 위에 올려놓고 싶은 의욕도 있었을 것이다. 그리하여 '화엄의 원돈신해圓頓信解가 안고 있는 해애解礙'와 '그 해애를 넘어서는 '간화선'이 만나고 갈라지는 분기점을 밝혔을 것이다. 수행의 지적知的 토대와 이론적 소양을 외면하여 치선癡禪·광선狂禪의 폐해가 범람하는 선종 내부의 병폐를 치유하려는 문제의식도 강했을 것이다. 아울러 세상을 향한 이타利他의 서원과 실천이 소홀하게 다루어지는 선종의 수행 풍토를 치유하려고 자비의 보살행을 합리적 수행 이론으로 뒷받침하려 했을 것이다.〉

"화엄과 선문의 연결고리를 적극적으로 탐구해 가는 지눌의 행보에는 이러한 다양한 문제의식들이 복합적으로 작용하고 있을 것이다. 그러나 그의 탐구에는, 사상적/종파적으로 당시 최대 경쟁자였던 화엄종과의 종파적 화해나 선종의 지위 확보를 겨냥하는 종파적 관심보다는, 불교를 통해 인간과 세상의 궁극적 해법을 성취하려는 구도자로서의 진지한 실존적 탐구 의지가 선행한다는 것을 무엇보다도 주목해야 할 것이다. 〈선문의 즉심즉불卽心卽佛 도리를 체득하기 위해 몰두하면서도 화엄교의 오입문悟入門은 어떤 것인지 알고 싶었다〉[165]고 하는 지눌의 진솔한 자기 고백도, 그의 간절한 실존적 맥락에서 읽어야 적절할 것이다. 구도자로서의 지눌은, 비록 선문에 몸담아 돈오 견성의 길을 걷고 있지만, 화엄도 부처님 가르침이니만큼 그 안에 선문의 돈오견성에 해당하는 깨달음과 수행의 도리가 있어야 마땅하다고 여겼을 것이고, 화엄을 위시한 교가에 대해 강한 비판과 부정의 태도로써 경멸하는 선종 구성원들의 태도에서 불합리한 독단과 독선의 그림자를 발견하고서 구도자

---

[165] 『화엄론절요서華嚴論節要序』(H4, 767c), "大定乙巳秋月, 余始隱居下柯山, 常以禪門卽心卽佛冥心, 以謂非遇此門, 徒勞多劫, 莫臻聖域矣. 然終疑華嚴敎中悟入之門, 果如何耳."

본연의 자유로운 무전제의 비판 정신으로 그것을 극복하고 싶었을 것이다. 선문과 화엄의 소통적 관계를 집요하게 천착해 가는 그의 의지는, 근원적으로 구도자로서의 진솔한 실존적 성찰에서 비롯되고 있음을 놓치지 말아야 한다. 그럴 때라야 그의 언어에 담긴 성찰의 무게에 제대로 감응할 수 있을 것이다."[166]

이런저런 문제의식 아래 화엄과 선문禪門의 연결고리를 포착하려 한 지눌. 그는 마침내 화엄의 성기사상性起思想, 특히 이통현李通玄(635-730) 『신화엄경론新華嚴經論』의 성기性起 및 신해信解사상에서 단서를 확보한다. 화엄의 십신초위十信初位에서 '자기 마음의 근본보광명지'(自心根本普光明智)를 깨닫는 것과 선문의 돈오가 상통할 수 있다는 확신을 얻는다. 그러나, 이 '십신초위에서 자기 마음의 근본보광명지를 깨닫는 것'은 '점수漸修의 공을 들인 후에 깨달은 것'이 아니므로 돈오적頓悟的이지만, 아직 '지적知的 이해의 범주에서 탈피하지 못하는 한계'(解碍處)가 있다. 그리하여 다생의 무명無明 습기가 수시로 침범한다. 그러나 이미 '무명이 본래 참된 근본보광명지根本普光明智'라는 것을 알았기 때문에, '닦아 없애야 할 것이 있다고 여기지 않으면서 수행하는 방편지관方便止觀'을 닦아 정혜定慧가 완전해져 간다. 지눌은 이것이 발심주發心住의 단계라고 보았다.[167] 또한 지눌은 돈오 이후의 점수, 즉 '깨달음 이후의 닦음'(悟後

---

[166] 『돈점 진리담론-지눌과 성철을 중심으로』, pp.38-39.
[167] 『원돈성불론圓頓成佛論』(H4, 730a). "是知此一乘圓頓門假者, 十信心初得根本智果海, 非由十千劫歷修然後, 至十信滿心明矣. 論中但明一生功終, 本無十千劫之文也. 但初心凡夫會緣, 方自心根本普光明智, 非由漸修功至然後悟也. 故理智雖現, 而多生習氣念念猶侵, 有爲有作, 色心未殄, 是謂十信凡夫爲解碍處也. 然以悟自無明本神本眞, 無功大用, 恒然之法故, 自修十信中方便止觀, 任運功成, 定慧圓明, 便名發心住."

修)이 필요하다는 점을 자비의 서원誓願 및 보살행과 관련시켜 역설하는데, 이때도 역시『신화엄경론』을 논거로 삼고 있다.[168] 그리고 '깨달음 이후의 닦음'(悟後修)인 보살행은 화엄의 보현행普賢行과 맞닿아 있다.

지눌의 돈오점수는, 화엄과 선문의 상호 소통과 접점을 확보하려는 탐구 및 그 성과와 일정 부분 맞물려 있다. 〈화엄의 십신초위十信初位에서 '자기 마음의 근본보광명지'(自心根本普光明智)를 깨닫는 것〉은 돈오頓悟에 해당하고, 〈닦아 없애야 할 것이 있다고 여기지 않으면서 수행하여 정혜定慧를 완성시켜 가는 과정〉은 점수漸修에 해당한다. 그런데 '자기 마음의 근본보광명지'(自心根本普光明智)를 깨닫는 돈오는 '이해를 통한 돈오'(理智現의 돈오)이다. 따라서, 적어도 화엄과 선문의 접점 확보와 관련하여 펼치는 지눌의 돈오점수론은 이해수행의 맥락에 있다. 즉 화엄과의 관계에서 그의 돈오는 '이해수행에서의 돈오'이다. 그런 점에서 '마음수행에서의 돈오'를 강조하는 성철의 비판 근거가 된다.[169]

'한꺼번에, 통째로'(頓)라는 용어가 지닌 의미는 이해수행과 마음수행 모두에 적용된다. 따라서 돈오는 '이해수행에서의 돈오'와 '마음수행

---

168) 『법집별행록절요병입사기法集別行錄節要竝入私記』(H4, 755b-c). "此悟後修門, 非唯不污染, 亦有萬行熏修, 自他兼濟矣. 今時禪者, 皆云但明見佛性然後, 利他行願自然成滿. 牧牛子以謂非然也. 明見佛性, 則但生佛平等彼我無差, 若不發悲願, 恐滯寂靜. 華嚴論云, 智性寂靜, 以願防智, 是也. 故知悟前惑地, 雖有志願, 心力昧略故, 願不成立, 悟解後, 以差別智觀衆生苦, 發悲願心, 隨力隨分, 行菩薩道, 覺行漸圓, 豈不慶快哉."

169) 필자는 이 책에서 거론하는 '이해수행'과 '마음수행'을『돈점 진리담론』에서는 '혜학적 돈오'와 '정학적 돈오'로 지칭하였다. 그런데 정학定學인 선 수행에는 이해수행과 마음수행이 모두 포함된다는 점에서, '마음수행'을 '정학적 돈오'라 부르는 것이 적절치 않다. 그런 점을 고려하여 이 책에서는 '이해수행'과 '마음수행'으로 고쳐 부르고 있다.

에서의 돈오'로 구분할 수 있다. 이에 대해 앞에서 이렇게 거론한 바 있다. ─ 〈'한꺼번에'(頓)라는 개념은 이해수행과 마음수행에 모두 유효하다. 따라서 '한꺼번에 깨달음'(頓悟)은 '이해수행에서의 돈오'와 '마음수행에서의 돈오'로 구분된다. 이해수행의 경우에, '변함·무본질·무실체·관계·조건인과적' 발생에 대한 이해'(무상관無常觀·무아관無我觀·공관空觀·연기관緣起觀)나 '본질/실체 관념에 매인 삶과 세상은 괴로움이라는 이해'(苦觀)를 수립한다는 것은, '한꺼번에'(頓)라고 부를 수 있는 이해 지평의 변화를 의미한다. '이해 발생의 토대가 되는 조건'을 바꾸어 '그 발생 조건이 더 이상 유효할 수 없는 범주적 이탈', '그 발생 조건이 유효할 수 있는 인과관계를 전개하는 체제/계열/지평/틀/문법 자체와의 결별'이 발생하기 때문이다. 마음수행의 경우에는, 지각과 인식의 대상을 불변성·독자성·절대성 관념으로 채색하여 '사실 그대로'를 왜곡·오염시켜 가는 마음 방식 자체를 바꾸어, 대상인 '특징적 차이'(相)들과의 관계 방식을 '한꺼번에'(頓) 바꾼다. '돈오견성이라는 마음수행'의 의미를 탐구하기 위해서는, 선종에서 추구하는 깨달음이 이러한 의미의 '한꺼번에 깨닫는/깨달은 것'(頓悟)이라는 점을 먼저 유념해야 한다.〉

지눌은, 화엄의 십신초위十信初位에서 '자기 마음의 근본보광명지'(自心根本普光明智)를 깨닫는 것을 돈오頓悟에 배정시키고 이에 의거하여 점수漸修를 설명한다. 그런데 '자기 마음의 근본보광명지'(自心根本普光明智)를 깨닫는 것은 '이해를 통한 돈오'(理智現의 돈오)라는 점에서 이 경우의 돈오는 '이해수행에서의 돈오'라 할 수 있다. 그렇다면, 돈오라는 창窓을 매개로 삼아 화엄과 선의 통로를 마련하는 맥락에서는, 지눌의 돈오점수론頓悟漸修論은 이해수행의 맥락이다. 즉 화엄과의 관계에서 그의 돈오는 '이해수행에서의 돈오'이다. 성철이 지눌의 돈오점수를 〈'이론불교'(敎家)의 수행방법인 '이해에 의한 깨달음과 그에 의한 점차적 닦음'(解悟漸修)〉이라고 평가한 근거가 여기에 있는 것으로 보인다. 그렇다면 이 점에서 성철의 비판은 정확하다.

그러나 지눌의 돈오가 '이해수행에서의 돈오'에 한정되는 것으로 보이지는 않는다. 그의 돈오는 '이해수행에서의 돈오'와 '마음수행에서의 돈오' 두 층으로 이루어져 있다고 하는 것이 타당하다고 본다. 그가 『수심결修心訣』에서 개진하는 돈오 설명은 '마음수행에서의 돈오'를 선종 선문禪門의 방식으로 표현한 전형으로 보인다.

"'한꺼번에 깨닫는다'(頓悟)는 것은, 범부가 미혹할 때는 '네 가지 물질적 요소'(四大)를 몸이라 하고 망상妄想을 마음이라 하기에 '[사실 그대로 보는] 자신의 본연'(自性)이 참된 '진리의 몸'(法身)인 줄 모르며 자기의 '신령스럽게 아는 것'(靈知)이 참된 부처인 줄 몰라 마음 밖으로 부처를 찾아 이리저리 달리다가, 문득 선지식의 가리켜 보임을 만나 길에 들어 '한 생각에 마음의 시선을 돌려'(一念廻光) '[사실 그대로 보는] 자기 본연의 면모'(自本性)에 눈뜨면, 이 '[사실 그대로 보는] 본연의 자리'(性地)에는 본래 번뇌가 없고 '번뇌가 스며들지 않는 지혜 성품'(無漏智性)이 본래 스스로 갖추어져 있어서 곧 모든 부처님과 조금도 다르지 않으니, 그러므로 '한꺼번에 깨닫는다'(頓悟)라고 한다."[170]

---

170) 『수심결修心訣』(H4, 709c). "頓悟者, 凡夫迷時, 四大爲身, 妄想爲心, 不知自性是眞法身, 不知自己靈知是眞佛, 心外覓佛, 波波浪走, 忽被善知識指示入路, 一念廻光, 見自本性, 而此性地, 元無煩惱, 無漏智性, 本自具足, 卽與諸佛, 分毫不殊, 故云頓悟也."

또 『수심결』의 다음과 같은 내용은, 선종이 천명하는 '마음수행에서의 돈오'를 설하는 선문禪門 대화법의 전형이다. 혜능의 돈오견성을 계승하는 조사선의 대화법 유형이다.

"그리고 진리에 들어가는 문은 많지만, 그대에게 한 문을 가리켜서 그대로 하여금 근원으로 되돌아가게 하겠노라. 〈그대는 저 까마귀 우는 소리와 까치 지저귀는 소리를 듣는가?〉 〈듣습니다.〉 〈그대는 그대가 듣고 있는 성품을 돌이켜 들어 보아라. [듣는 것을 돌이켜 듣는 자리에도] 다시 많은 소리가 있는가?〉 〈이곳에 이르러서는 일체의 소리, 일체의 분별을 모두 얻을 수가 없습니다.〉 〈기특하고 기특하다. 이것이 '소리를 돌이켜 알아'(觀音) 진리에 들어가는 문이다.〉 내가 다시 그대에게 묻는다. 〈그대가 말하길, '이곳에 이르러서는 일체의 소리, 일체의 분별을 모두 얻을 수가 없다'고 했는데, 이미 [일체를] 얻을 수가 없다면 그러한 때는 허공이 아니겠는가?〉 〈원래 아무것도 없음이 아니며, 밝고 밝아 어둡지 않습니다.〉 〈그러한 [작용을] 일으키는 것이 '아무것도 없음이 아닌 것'의 바탕인가?〉 〈[이것은] 또한 형태 있는 모습이 없으니, 말로 표현할 수가 없습니다.〉 〈이것이 모든 부처님과 조사들의 생명이니, 다시는 의심하지 말라.〉"[171]

---

[171] 『수심결』(H4, 710b-c). "且入理多端, 指汝一門, 令汝還源. 〈汝還聞鴉鳴鵲噪之聲麽?〉 曰, 〈聞.〉 曰, 〈汝返聞汝聞性. 還有許多聲麽?〉 曰, 〈到這裏, 一切聲, 一切分別, 俱不可得.〉 曰, 〈奇哉奇哉. 此是觀音入理之門.〉 我更問儞. 〈儞道, '到這裏, 一切聲, 一切分別, 總不可得, 旣不可得, 當伊麽時, 莫是虛空麽?〉 曰, 〈元來不空, 明明不昧.〉 曰, 〈作麽生, 是不空之體?〉 曰, 〈亦無相貌, 言之不可及.〉 曰, 〈此是諸佛諸祖壽命, 更莫疑也.〉"

지눌의 돈오가 선종이 천명하는 '마음수행으로서의 돈오'를 안고 있다는 것은, 『간화결의론看話決疑論』에서 보여 주는 간화선에 대한 깊은 이해가 결정적 근거이다. 『간화결의론』이 지눌 사후死後에 그의 제자 혜심慧諶에 의해 발견되어 세상에 알려졌다는 점 때문에 실제 저자를 혜심으로 추정하는 견해도 있으나, 장미대오병將迷待悟病에 대해 보여주는 견해 차이를 고려하면 지눌의 저술로 보는 것이 자연스럽다.172) 성철의 지적처럼, 지눌의 말기 사상은 간화선 지향을 보이고 있다.

지눌은 선종의 기치旗幟인 돈오와 통하는 길이 화엄의 길에 있다면, 선종과 화엄종의 불화와 배타적 대립이 해소될 수 있다고 여긴 것으로 보인다. 또한 정교한 이론을 펼치는 화엄의 길에서 선종의 돈오와 만날 수 있는 내용이 있다면, 선종 내부의 문제인 '이해와 이론의 결핍 현상'을 극복할 수 있는 '돈오에 관한 지적 이해'를 확보할 수 있다고 생각한 것으로 보인다. 그러한 문제의식의 산물이 화엄 십신초위十信初位에서 '자기 마음의 근본보광명지'(自心·根本普光明智)를 깨닫는 '이해를 통한 돈오'(理智現의 돈오)였고, 이것은 지눌이 선호한 선종의 돈오점수 이론과 통하는 것이었다. **비록 화엄과 통하는 돈오점수가, 내용적으로는 선종의 '마음수행에서의 돈오'가 아니라 '이해수행에서의 돈오'에 의거한 것이었지만, '동일한 돈오점수 구조'라는 점이 중요하다고 판단했을 것이다.**

---

172) 지눌은 '화두 의심을 간수해 갈 때 반드시 피해야 할 열 가지 잘못들'(看話十種病)이 결국은 〈모르는 답을 알려고 하는 마음으로 깨달음을 기다리는 잘못〉(將迷待悟病)에 의거하여 생겨난 것으로 본다.(『간화결의론』, H4, 732c.) 그런데 혜심은 지눌과 달리 장미대오병을 나머지 9가지 병통의 귀결로 파악하고 있다.(『구자무불성화간병론狗子無佛性話揀病論』, H6, 70c.)

지눌은 선문의 길에서도 돈오점수 이론에 대한 선호를 보여 준다. 선종이 역설하는 '마음수행에서의 돈오'에서, 〈한꺼번에/통째로 깨달은 후에 점차 닦는다〉(頓悟漸修)는 관점은 '미완결형 돈오견성'에 무게 중심을 두는 시선이다. 지눌 자신의 구도 여정이 '미완결형 돈오견성'에 그친 것인지, 아니면 '미완결형 돈오견성'에서 시작하여 '완결형 돈오견성'에 이른 것인지는 알 수 없다. 다만 '미완결형 돈오견성'에서 시작하여 '완결형 돈오견성'까지 나아가는 것이 구도의 현실을 더 충실히 반영하는 것으로 판단했을 가능성은 높아 보인다. 그리고 이런 관점은, 비록 비非궁극적이라는 한계를 지니지만, 현실적 타당성과 호소력에서는 장점이 돋보인다. 『간화결의론』을 저술한 시기는 지눌의 말년으로 추정된다. 돈오점수라는 '미완결형 돈오견성'은 간화선에도 적용될 수 있는 것이기 때문에, 만약 지눌이 『간화결의론』을 저술할 때도 돈오점수를 선호하였다면, 그의 말기 사상은 '간화선 돈오점수'인 셈이다. 그리고 이 점에서 성철의 '간화선 돈오돈수'와 대비된다.

3) 성철의 문제의식과 돈오점수 비판

선종의 돈오가 '마음수행에서의 돈오'라는 점을 선문禪門 내에 못 박아 두려는 것이, 성철이 지닌 문제의식의 핵심으로 보인다. 성철은 그 문제의식을 두 가지 쟁점과 관련하여 양면으로 펼친다. '이해수행과 마음수행의 차이' 및 '미완결형 돈오견성과 완결형 돈오견성의 차이'가 두 가지 쟁점이다. 그리하여 '이해수행과 마음수행의 차이에 관한 문제의식'은 돈오점수 비판으로 펼치고, '미완결형 돈오견성과 완결형 돈오견성의 차이에 관한 문제의식'은 오직 삼관三關(動靜一如/夢中一如/熟眠一如)을 돌파한 전증全證만을 돈오로 인정하는 돈오돈수로 펼친다. 성철 문제의식의 이러한 양면적 전개가 귀결되는 곳이 '간화선看話禪 돈오돈수론頓悟頓修論'이다.

성철은 지눌이 말하는 돈오를 해오解悟, 즉 '지적 이해'(知解)에 의한 깨달음으로 판단한다. 그리고 '지적 이해'(知解)는 '마음수행에서의 돈오'에서 극복의 대상인 '분별 알음알이'(分別知)이다. 따라서 '지적 이해'(知解)에 의한 깨달음인 해오解悟도 분별 알음알이 범주를 벗어나지 못한다고 비판한다. 해오解悟는 아직 분별 범주 안에 있는 것이므로 '점차적 수행'(漸修)이 필요할 수밖에 없다. 그러므로 지눌의 돈오점수는 점수를 수반해야 하는 〈'이론불교'(敎家)의 수행방법인 '이해에 의한 깨달음과 그에 의한 점차적 닦음'(解悟漸修)일 뿐〉173) 결코 선문禪門의 돈오견성이라 할 수 없다는 것이다.

성철에 의하면, '지적 이해'(知解)나 그에 의거한 깨달음(解悟)은 '참 그대로'(眞如)에 대한 지적 이해에 불과하다. 그리고 '글을 읽거나 강의를 들어 이해를 키우는 것'(廣學多聞)만으로는 지적 이해에서 벗어나지 못한다. 그러나 선문禪門의 돈오견성은 '지적知的 판단과 평가'(分別)의 덫에서 풀려난 마음 지평이다. 화두 공안公案에서 의심을 수립하여 간수하는 간화선이야말로 이 마음 지평에 오르게 하는 최적의 길이다. 〈지눌은 『정혜결사문定慧結社文』이나 『수심결修心訣』에서 돈오점수를 역설하다가, 『절요節要』에서는 하택신회荷澤神會(670~762)와 규봉종밀圭峰宗密(780~841)을 지해종도知解宗徒라 규정한다. 그리하여 돈오점수를 '말에 의거하여 이해를 일으키는'(依言生解) '지적 이해'(知解)이고 '이해에 의거하

---

173) 성철, 앞의 책, p.154.

는 이론불교'(敎家)에 속한다고 하면서 선문의 간화 경절문徑截門을 천명하는 사상 전환을 보이고 있다. 하지만 『절요節要』나 『원돈성불론圓頓成佛論』 등에서는 화엄의 원돈해오圓頓解悟사상에 연연하고 있으므로, 지눌은 선문의 본분종사本分宗師라 하기 어렵다. 지눌의 사상적 주체는 화엄선華嚴禪으로 보아야 한다.〉 – 이것이 지눌에 대한 성철의 평가이고 돈오점수 비판의 요점이다.[174]

성철은 '이해수행과 마음수행의 차이'를 선명하게 구분했던 것으로 보인다. 또한 〈선종의 돈오는 '마음수행에서의 돈오'이며, 선문의 이 마음수행 돈오는 '완결형 돈오견성'이어야 한다〉라는 점을 분명히 해야 한다는 문제의식으로 일관하고 있다. 그래야 〈이해수행과 마음수행이 분간 없이 뒤섞여 어지러워진 선종 선문의 길이 말끔해지고, 선종 돈오 본연의 생명력이 부활한다〉라는 신념이 성철의 문제의식을 떠받치고 있다. 그리고 한국 선불교의 경우, 이해수행과 마음수행이 구분되지 않고 뒤섞여 버린 시발始發로서 지눌의 화엄적 돈오점수를 지목하여 비판에 나선 것이다.

4) 돈오점수 비판의 의미 : '이해수행과 마음수행의 차이'와 관련하여

가. 의미 도출을 위한 방법론

지눌의 화엄적 돈오점수에 대한 성철의 비판은 탄탄한 논거 위에 진

---

[174] 같은 책, pp.198-209, pp.217-220.

행된 것이다. 지눌 저술에 대한 정밀한 음미, 불교 교학에 대한 해박하고도 심도 있는 탐구와 거시적 안목, 이해수행과 마음수행의 차이에 대한 명료한 인식, 선종이 펼치는 '마음수행에서의 돈오'에 대한 간화선문看話禪門 수행의 치열한 탐구와 성취에 의해 확보된 논거 위에 주장한 것이, 성철의 돈오점수 비판이다.

이러한 성철의 돈오점수 비판이 갖추고 있는 논거들은 아직 학계에서 충분히 인지되거나 음미되지 못하고 있다. 한국 선불교 전통에서 차지하는 지눌과 돈오점수론의 지배적 위상과 영향력도 성철 주장을 탐구하는 데 일정한 장애로 작용했을 것이다. 지눌의 돈오점수를 근본적 수준에서 비판하였기 때문에, 성철의 주장은 많은 학인에게 충분히 이해되지도 공감받지도 못한 측면이 있다. 지눌에 대한 학인들의 기존 변론 내용도 성철의 비판에 대한 타당한 반론 수준으로 평가하기가 어렵다. 〈'화엄적 근거 위에 수립하는 돈오점수'는 분별 범주에서 벗어나지 못하는 '지적 이해를 통한 깨달음'(解悟)〉이라고 비판하는 성철의 논거와 의중에 접근하려면, 성철의 주장을 수립하고 있는 조건들의 지형地形을 선명한 해상도解像度로써 가급적 높은 곳에서 넓게 살펴보아야 한다.

필자가 그 지형을 조망하기 위해 선택한 조건들은, 〈'이해와 마음의 차이와 관계', '이해수행과 마음수행의 차이와 관계', '붓다 이래 마음수행에 대한 시선의 굴절', '알아차림(正知, sampajānāti)이 알려주는 마음수행의 본령本領', '마음수행의 본령을 계승하는 유식무경唯識無境 → 원효 → 선종의 연속성'〉 등이었다. 지눌과 성철의 문제의식과 관점을 이러한 조건들로 이루어진 지형도地形圖 위에 올려놓고 세밀하게 살필 때라야 그들의 의중에 접근할 수 있다고 판단했기 때문이다. 또 이런 방법론으로 탐구하면, 그들의 문제의식과 주장을 보편적 의제議題로 올려놓고 오늘의 관심과 언어로 성찰할 수 있으며, 그들의 문제의식과 관점이 현재적 문제 해결력을 발휘하게 할 수 있다고 판단했기 때문이다.

나. 이해수행과 마음수행의 차이 구분과 성철

지눌은 화엄적 해오解悟가 돈오와 통한다고 보고 이에 의거하여 돈오점수를 설명한다. 〈화엄의 사상과 수행론에 돈오점수의 근거가 있다면 선종의 돈오점수와 통한다. 따라서 화엄종과 선종의 반목反目은 해소될 수 있다〉라고 판단한 것으로 보인다. 그런데 지눌 자신이 밝히고 있듯이, 화엄의 십신초위十信初位에서 '자기 마음의 근본보광명지'(自心根本普光明智)를 깨닫는 것은 돈오이지만 '이해가 드러낸 것'(理智現)이므로 '이해를 통한 돈오'이다. 그리고 '지적知的 이해로 인한 돈오'는 분별사유의 범주에서 벗어난 것이 아니기에 '분별사유로 인한 번뇌 망상을 다스리려는 지속적 수행'(漸修)이 필요하다. 그래서 돈오점수가 수행의 준칙準則이 된다는 것이다.

성철은 지눌 사유의 이 대목이 지닌 문제점을 꿰뚫어 본다. 성철이 '화엄적 해오에 의거한 돈오점수'의 문제점을 간파할 수 있었던 것은, 그가 불교 교학과 수행론을 관통하고 있는 '이해수행과 마음수행의 차이'를 인지하고 있었기 때문으로 보인다. 그리고 '이해수행과 마음수행의 차이'에 대한 성철 안목의 수립에는, 그의 선문禪門 탐구와 간화선 수행 체험이 결정적 조건으로 작용했을 것으로 보인다. 불교사상사에 대한 탐구에서 얻어진 교학적 안목과 선종사상 탐구 및 화두 참구에서의 체득이 결합되어 수립된 것이, '이해수행의 길'과 '마음수행의 길'을 식별하는 그의 안목이었다. 성철은 두 수행 길의 구분에 그치지 않는다. 〈이해수행과 마음수행은 구별되어야 한다. 그리고 선종의 선문에서는 '마음수행의 길'이 종요宗要라는 점을 분명히 해야 한다. '이해수행의 길'과 '마음수행의 길'을 뒤섞어 버리면 선종의 생명력이 훼손된다〉라는 주장으로 나아간다.

"무릇 이설異說 중의 일례一例는 돈오점수頓悟漸修이다. 선문禪門의 돈오점수頓悟漸修 원조元祖는 하택荷澤이며 규봉圭峯이 계승하고 보조普照가 역설力說한 바이다. 그러나 돈오점수의 대종大宗인 보조도 돈오점수를 상술詳述한 그의 『절요節要』 벽두에서 〈하택은 지해종사知解宗師이니 조계曹溪의 적자嫡子가 아니다〉라고 단언하였다. 이는 보조의 독단이 아니요 육조六祖가 수기授記하고 총림叢林이 공인한 바이다. 따라서 돈오점수 사상을 신봉하는 자는 전부 지해종도知解宗徒이다. 원래 지해知解는 정법正法을 장애하는 최대의 금기이므로 선문의 정안조사正眼祖師들은 이를 통렬히 배척하였다. 그러므로 선문에서 지해종도知解宗徒라 하면 이는 납승衲僧의 생명을 상실한 것이니, 돈오점수사상은 이렇게 가공한 결과를 초래한다."[175]

이해수행과 마음수행을 구분하는 성철의 안목은, 혜능의 '무념無念의 돈오견성頓悟見性' 법문이 지닌 의미를 정확하게 포착하고 있다. 그리고 성철의 상당上堂 법문은, 그가 혜능의 돈오견성을 계승하는 간화看話

---

175) 『선문정로』, pp.3-4.

선문禪門이 펼치는 '마음수행의 길'에 얼마나 정통하고 있는지를 확인시켜 준다. 혜능의 길을 따르는 조계曹溪의 적자嫡子 여부를 판별하는 기준은 시종始終 '마음수행의 길'이어야 한다는 것이 성철의 확신이었다.

그가 '간화선 돈오돈수'로 정리하는 '마음수행의 길'은 혜능을 계승한 것이다. 마음수행에 대한 성철의 안목을 '이해수행의 길'과 대비시켜 음미하기 위해서는, 무엇보다도 혜능의 '무념의 돈오견성'이 지니는 수행론적 의미를 성찰해야 한다. '무념의 돈오견성'이 지니는 의미의 요점을 다시 정리하면 다음과 같다.

【무념은 〈무아나 공의 이해로 분별이 그친 마음이나 생각〉이 아니다. 무념은 〈모든 현상과 만나면서도 그 현상들을 붙들지 않는 마음이나 생각〉이다. 〈모든 현상에 불변·독자의 실체/본질이 있다는 생각으로 현상을 가공하던 마음작용의 계열〉에서 벗어나, 〈실체/본질 관념의 왜곡이 사라진 사실 그대로를 보는 마음자리(性)〉를 회복하여 보전하는 것이 무념 수행이다. 〈인식의 대상이 되는 주·객관의 모든 현상에 불변성·동일성·독자성을 부여하면서 관계 맺는 마음 방식〉을, 새로운 마음 국면의 선택과 수립을 통해 〈변화·관계의 사실 그대로와 관계 맺는 마음 방식〉으로 바꾸는 마음수행이 무념의 수행이다. 주·객관의 모든 현상과 만나면서도, 〈불변성·동일성·독자성을 부여하는 방식을 붙들지 않는 마음 국면〉을 수립하여 〈[사실 그대로 보는] 자기 본연의 마음자리'(自性心地)에 역동적으로 위치하는 것〉이 무념행無念行이다.
〈모든 현상에 불변·독자의 실체/본질이 있다는 생각으로 현상을 가공하던 마음작용의 계열〉을 멈추는 무념은, 〈불변성·동일성·독자성을 부여하면서 차이현상들을 왜곡하는 인식작용'(分別)의 계열과 범주에서 한꺼번에(頓) 빠져나오는 국면〉이다. 따라서 무념無念의 마음수행으로 분별을 그치는 것은 '한꺼번에(頓) 그침'이다. 마찬가지로, 〈현상을 사실 그대로 보는 본연의 마음자리에 눈뜨는 국면〉인 견성見性은, '한꺼번에 눈뜨는 국면'(頓見)이라 해야 한다. 그래서 '돈오견성頓悟見性'이다. 혜능과 선종은 돈오견성이라는 말을 통해, '육근수호의 알아차림(sampajānāti)과 사마타 마음수행 → 유식사상의 유식무경唯識無境 → 공관을 품은 유식관에 의거한 원효의 일심一心'을 관통해 온 마음수행의 의미를 계승하고 있다.}

혜능이 펼친 '무념의 돈오견성'의 내용과 의미를 이렇게 읽으면, 성철이 왜 그토록 '이해수행을 토대로 하는 화엄적 해오점수解悟漸修/돈오점수頓悟漸修'를 비판하였는지 그 의중을 헤아릴 수 있다. 앞에서 〈사마타 마음수행은 집중수행인가?〉라는 주제를 거론하면서 이렇게 언급한 바 있다. "붓다의 사마타 마음수행은 불교 내부에서도 그 본령을 포착하기 어려운 영역이다. '대상에 대한 집중수행'이라는 해석이 남방과 북방의 교학에서 일반화된 것도, 그런 해석이 이해하기 쉬웠기 때문이다. 붓다의 마음수행을 '대상집중수행'으로 간주하면, 붓다 교설의 고유성固有性과 차별성을 확인할 수 있는 영역은 '무아·연기·공의 이해'가 된다. '대상에 대한 마음집중'이라는 수행·수양은, 세간을 포함한 모든 영역에서 목표 달성을 위한 방법으로 채택되기 때문이다. 그리하여 불교 내부에서 '마음수행에 관한 붓다 법설의 고유성과 차별성'은 왜곡된 해석에 의해 묻혀 버리고, 이해수행은 과도한 지위를 차지하며 교학과 수행론을 장악하였다."

'무아·연기·공의 이해수행'은 이렇게 불교 수행의 중심부에 서게 되었다. 그러나 붓다의 마음수행을 '대상집중수행'으로 보지 않고, 마음수행의 목표를 신비능력의 성취나 '궁극실재와의 합일'로도 보지 않는 안목들은 불교 내부에 존재하였다. 비록 주류는 아니었고, 또 그런 안목들의 의미가 제대로 이해되지도 못했지만, 꾸준히 연속성을 이어나갔다. '육근수호의 알아차림(sampajānāti)과 사마타 마음수행 → 유식사상의 유식무경唯識無境 → 공관을 품은 유식관에 의거한 원효의 일심一心 → 선종의 돈오견성'을 관통하는 연속성이 그것이다. 성철은 선종의 돈오견성, 특히 간화선의 길에서 마음수행에 대한 이런 안목을 확보했던 것으로 보인다.

이렇게 본다면, 성철이 〈'이해수행을 통한 깨달음'(解悟)의 돈오적 측면에 의거하여 수립하는 돈오점수〉를 강하게 비판하는 이유가 드러난다. 〈선문禪門의 마음수행은 불교 교학뿐 아니라 선종 내부에서도 제대로 간수되지 못하고 있다. 이런 상황에서 이해수행을 선문禪門의 마음수행과 섞어 버리면, 마음수행의 길이 혼탁하고 어지러워져 더욱 제 길을 보전하기가 어렵게 된다. 이해수행과 마음수행의 차이를 분명히 해야 마음수행의 길이 드러난다. 그런데 지눌이 역설하는 돈오점수는 화엄의 '이해수행에 의한 깨달음'(解悟)을 선문의 돈오에 연결시키려는 시도이다. '이해수행에 의한 돈오점수'가 선문 안에 득세하는 상황을 그대로 방치하면, 선종이 소중히 복원하여 간수해 온 '마음수행의 길'이 다시 막힌다. 이해수행과 마음수행을 결합시키려는 해오점수解悟漸修는 선종을 살리는 것이 아니라 죽일 수 있다. 차이를 분명히 가려내어 마음수행의 길을 보존해야 하겠다.〉 – 필자가 헤아려 보는 성철의 의중이다.

다. '돈오점수 비판'과 '간화선 돈오돈수'
그리고 현대 한국 선불교의 문제 상황

성철의 '돈오점수 비판'과 '간화선 돈오돈수'는 현대 한국 선불교의 사상적 문제 상황과도 맞물려 있다. **선종에 대한 학계나 학인들의 시선을 장악한 것은 사실상 '이해 독법'과 '신비주의 독법'이다.** '이해 독법'은 선종의 마음수행을 이해수행으로 치환하고 있고, '신비주의 독법'은 마음수행을 〈집중수행을 통해 불변·절대의 궁극실재인 마음과의 합일을 성취하는 길〉로 읽고 있다. 선종 선문이 애써 밝히고 간수해 온 마음수행의 본령이 이 독법들에 의해 지속적으로 굴절되고 있다. 성철의 돈오점수 비판과 간화선 돈오돈수는 '이해 독법과 신비주의 독법에 의한 선종 왜곡'에 제동을 건다는 의미를 지닌다.

성철의 '간화선 돈오돈수' 천명은 불교 본연의 중도中道**에 관한 성철의 선구적 탐구와 탁견을 토대로 삼고 있다.** 성철은 아마도 근대 한국 불교계에서 출·재가를 통틀어 가장 일찍 불교의 중도中道를 초기불전에 의거하여 음미하였고, 대승교학을 일관되게 중도라는 창으로 읽었다. 중도는 붓다의 길이 인도 전통 신비주의의 길과 다르다는 것을 분명하게 알려준다. 인도 신비주의는, 〈변화·관계·차이의 현상세계를 초월한 궁극실재(아트만·브라흐만)가 실재하며 그 궁극실재와의 합일을 경험할 수 있다〉라고 주장한다. 이에 비해 붓다의 중도는, 〈변화·관계·차이의 현상세계와 접속을 유지하면서 현상세계가 지닌 변화·관계·차이의 속성을 '사실 그대로, 있는 그대로'(yathābhūta, 如實) 이해하여 관계 맺는 길〉이다. 성철은 붓다의 길이 바로 이러한 내용의 중도라는 점을 꿰뚫고 있다.[176] 성철의 '간화선 돈오돈수'는 중도 위에 꽂은 이정표이다. 혜능의 돈오견성은 이 중도의 길을 걷는 마음수행을 포착하고 있으며, 간화선은 화두 의심을 돈오견성의 방법론으로 채택하고 있다. 그리고 성철은 이 간화선의 길에서 득력得力한 거인이다. 따라서 그의 '간화선 돈오돈수'는 신비주의의 길이 아니다. 성철의 돈오돈수 언어를 신비주의 독법으로 처리하는 것은 명백한 오독誤讀이다. 그의 '간화선 돈오돈수'는 오히려 신비주의 독법에 대한 근본적 비판이자 해독제라는 의미를 지닌다.

'이해 독법'과 '신비주의 독법'은 한국 선불교에서 목격되는 현실 문제들의 해법으로 제시되기도 한다. 아직은 선종이 주도하는 한국 불교계는, 불교의 강점인 지성과 합리의 길을 가로막는 이런저런 장애들 앞에 주춤거리고 있다. 또 한국 구도자 특유의 강렬한 구도의 열정이나 수행력은 수행법의 혼란으로 인해 방황하고 있다. 이런 문제 상황에 대응하여 〈무아·연기·공의 이해 독법〉으로 선종의 언어들을 해석하고, '이해 수행'을 선문 안에 안치시켜야 한국불교의 지성과 합리가 살아난다〉라는 주장이 꾸준히 제기된다. 또 〈궁극실재와의 합일을 체득한 확실한 도인道人이 등장하면 수행법의 혼란으로 인한 방황이 끝난다〉라는 도인주의道人主義가 구도 현장에서 회자膾炙되곤 한다. **성철의 '돈오점수 비판'과 '간화선 돈오돈수'는, 이해 독법과 신비주의 독법이 한국 선불교가 처한 문제 상황의 해법이 될 수 없다는 점을 일깨워 준다.**

---

176) 필자는 「중도의 철학적 의미」라는 글에서 원효와 성철의 중도관中道觀을 다룬 바가 있다. 이 글은 『원효의 통섭철학』에 부록으로 실려 있다.

라. 지눌과 성철이 함께 열어주는 길

'이해수행에 의거한 돈오적 깨달음'(解悟)을 선문의 돈오견성 마음수행 길에 끌어들이려 했던 지눌. 그의 시도는 정밀한 이론적 근거와 논리를 갖추었다. 그러나 성철은 날카롭게 문제점을 파고들어 지눌의 시도를 무력화無力化시키려고 하였다. **이해수행과 마음수행의 차이를 기준으로 보면, 〈이해수행과 마음수행을 뒤섞으면 마음수행에 대한 왜곡이 지속되어 마음수행의 길이 혼란해지고, 그것은 마음수행의 본령을 애써 복원하여 간수해 온 선종의 생명력 훼손을 의미한다〉라는 의미에서, 성철의 비판은 타당하다. 그럼에도 불구하고 지눌의 시도는, 〈선종 구성원으로서 이해수행의 의미와 가치를 인식하고 그것을 선문禪門 안에 품으려 했다〉라는 점에서 각별하고 유의미**有意味**하다.** 특히 반지성反知性·반언어反言語의 경향을 악화시켜 온 선종의 어제와 오늘을 고려할 때, 이해수행의 중요성을 인지하고 그에 의한 깨달음(解悟)을 선문의 돈오견성 마음수행 길과 이어보려고 있던 지눌의 문제의식은, 현대 한국 선불교의 문제 치유에도 상당 부분 유효하다.

지눌의 문제의식과 대안은 타당한 맥락이 있다. 또한 성철의 지눌 비판과 대안도 타당한 맥락이 있다. 문제의식 등 '각자의 관점과 견해를 발생시킨 조건들의 인과 계열'(門)을 구분하여 성찰하면, 두 경우 모두 간과해서는 안 될 '나름의 타당성'(一理)을 지닌다. 이 '나름의 타당성'(一理)들은 모두 현대 한국불교가 안고 있는 문제들에 대한 적실한 해법이기에 더욱 소중하다. 외견상 대립하고 충돌하는 내용으로 보이지만, 사실상 지눌과 성철은 합세하여 새로운 길을 열어주고 있는 셈이다. 그들이 함께 열어주는 길을 포착하여 가세하는 것은 우리의 몫이다. 지금까지 성찰해 본 '이해수행과 마음수행의 차이와 관계'가 그 길의 내용과 의미를 알려준다.

지눌이 가리키는 길은, '이해와 마음의 관계'가 선 수행의 길에서 활발하게 상호작용하는 전망에 초점이 맞추어져 있다. '이해의 의미 규정력'이 없다면 마음이 비게 되고, 마음의 '이해 구성력'이 없다면 이해의 물이 썩는다. 지눌의 시도는, 이해수행과 마음수행이 역동적으로 상호작용하면서 서로에게 힘을 보태는 길을 전망하게 해 준다. 이에 비해 성철이 가리키는 길은, '마음이 차지하는 근원적 상위上位의 역할'이 선 수행의 길에서 제대로 작용하는 전망에 초점이 맞추어져 있다. 마음은 '모든 이해현상을 가능케 하는 근거로서 이해를 포괄하고 있는 상위의 지위'이기에, 마음수행은 이해수행으로는 이르지 못하는 상위 범주에서의 성취를 가능케 한다. 성철의 길은 굴절되고 묻혀온 마음수행의 길에 눈뜨게 한다. 오염되고 가려진 마음수행의 길을 다시 드러내고 보전해 가게 한다.

지눌과 성철이 합세하여 열어주는 길은, 〈이해수행과 마음수행이 각자의 구분되는 역할을 제대로 보전하면서도 상호관계와 상호작용이 고도화되는 길〉이다. 이해수행과 마음수행은 각자의 구분되는 역할을 제대로 드러내면서 활발하게 상호작용해야 한다. 그래야 이해수행은 '사실 그대로에 부합하는 이해'를 향해 머물지 않고 나아갈 수 있고, 마음수행은 그 창발적 이해 구성력을 '사실 그대로에 부합하는 이해'라는 구체적 내용으로 실현할 수 있다. 이해수행과 마음수행이 이렇게 상호작용하면, 양자兩者의 차이가 통섭通攝되고 고도화되면서 정점을 향한다. 그리고 정점의 융합 단계에서는, 〈그 어떤 이해도 붙들거나 그에 머물러 제한받지 않으면서 이해를 굴리는 인지능력 지평〉, 〈'사실 그대로에 부합하는 이해'에도 갇히거나 붙들어 집착하지 않는 좌표에 역동적으로 자리 잡으면서 '사실 그대로에 부합하는 이해'를 운용하는 인지능력 지평〉, 〈모든 유형의 관념·느낌·욕망·행위·의지·심리·이해 양상에서 끝없이 풀려나면서 '사실 그대로에 부합하는 이로운 관념·느낌·욕망·행위·의지·심리·이해 양상'을 역동적으로 조정하면서 펼치는 인지능력 지평〉이 밝아진다. 지눌과 성철이 함께 열어주는 길에서 피어나는 만다라曼陀羅의 장관壯觀이다. 오래전 붓다가 열어준 중도中道의 길이면서 지금 우리가 넓혀 가야 할 길. – 그 '오래된 새길'의 풍경이다.

【부록 1】[177]

고타마 싯다르타(Gotama Siddhartha)는 어떻게 붓다가 되었나?
- 네 가지 성공 요인 -

1. 중요한, 그러나 간과되고 있는 문제 하나

29세의 청년 고타마 싯다르타는 35세까지 6년 동안 수행했다. 그리고 붓다가 되었다. 그 6년 수행은 고타마 싯다르타/붓다의 삶에서 가장 중요한 시기이다. 보장된 사회적 특권도 내려놓고, 사랑하는 가족도 뒤로 하고 감행한, 그러나 성공을 장담할 수 없는 모험의 기간이다. 모든 것 걸었지만 앞이 보이지 않는 길. 아무 것도 기약할 수 없는 그 길에서, 오직 구도의 열정 하나로 모든 역량을 불태웠던 기간. 성공했기 망정이지 실패했다면 허무의 늪에 빠져들었을 도박 같은 기간이다. 그 6년은 남은 45년 생애의 내용을 더없이 특별하게 만든 전환의 시절이다.

---

[177] 『철학논총』 88(새한철학회, 2017)에 발표한 글이다.

고타마 싯다르타를 붓다로 만든 그 6년간의 체험은 고스란히 붓다 법설의 근거이고 토대였다고 보아야 한다. 붓다는 그 기간의 실패와 성공 사이에서 발생했던 사색과 수행, 체득과 재성찰의 모든 것을 설법에 반영했을 것이다. 초전법륜을 비롯한 최초기의 설법은 6년 동안의 경험이 막 정리된 것이었을 것이다. 교육을 위해 최초로 정리된 경험이 8정도였고, 6년 수행으로 성취한 능력으로 성찰하여 12연기 법설을 수립했다. 45년간의 설법은 6년 체득의 다양한 교육적 변주이다. 붓다라는 인간과 그의 가르침을 이해하기 위해 가장 먼저 주목해야 할 대목은 6년간의 경험에 대한 붓다 자신의 회고回顧이다.

붓다의 법설을 탐구하려 할 때 흔히 초전법륜初轉法輪 등 붓다가 된 이후의 설법을 주목하지만, 먼저 주목해야 할 것은 고타마 싯다르타의 수행과정, 붓다 이전 6년의 경험이다. 그 6년을 이해한 만큼 붓다가 보이고 붓다의 법문이 이해된다. 붓다와 대화하고, 그의 법설과 삶을 이해하기 위해서는, 그가 회고하는 6년 수행을 최우선으로 음미해야 한다. 고타마 싯다르타의 수행경험과 붓다의 법설은 직결되어 있다. 6년 수행경험과 붓다의 모든 법설은 연결시켜 음미해야 한다. 필자 개인적으로 나름대로 큰 그림은 그려놓고 세부 그림을 그려가고 있다.

〈고타마 싯다르타는 29세에 네 성문 밖에서 병자, 노인, 죽은 사람, 출가 수행자와 조우하면서 인생의 근원적이고도 보편적인 문제에 눈떴고, 궁극적 해답을 구하고자 출가수행의 길에 나섰다. 먼저 두 사람의 선정 대가를 차례로 스승으로 삼아 선정 수행을 하였고, 자신도 스승들이 성취한 경지에 올랐지만 그 경지는 고타마가 추구하던 목표가 아니었다. 그래서 선정 수행에서 고행 수행으로 방법을 바꾸었다. 극한의 고행에서도 목표 달성이 되지 않자 고행도 그만두었다. 그리고 다시 선정에 들어 마침내 추구하던 목표를 성취하였다.〉 - 고타마 싯다르타에서 붓다로 바뀌는 과정을 묘사하는 일반 서사敍事이다.

〈붓다는 쾌락주의, 선정주의, 고행주의를 모두 넘어선 중도에 의해 마침내 추구하던 깨달음을 성취하였다. 그 중도를 8정도로 설하셨다. 선정주의와 고행주의는 각각 브라흐만 전변설轉變說과 요소적취설要素積聚說을 배경으로 하는 수행법으로, 고타마가 선정과 고행을 모두 그만둔 것은 브라흐만 전통과 사문 전통 모두를 극복한 것을 의미한다. 붓다의 연기설은 전변설과 적취설을 모두 넘어선 것이다. 붓다는 연기를 성찰하여 깨달았다. 그러므로 논리적 성찰이 깨달음의 방법이다.〉 - 붓다가 될 수 있었던 이유를 읽는 시선들이다.

그런데 이런 서사와 독법에서 우리는 고타마 싯다르타의 수행경험과 붓다 깨달음의 인과적 연관을 얼마나 확보할 수 있는가? 고타마 싯다르타와 붓다 사이의 6년에 대한 이런 기술이 우리의 현재 실존에 어떤 의미로 다가오며, 어떤 유익함을 줄 수 있을까? 6년 경험에 대한 붓다의 회고에서 '우리의 지금 여기의 삶'에도 적용시킬 수 있는 것을 얼마나 건져내고 있을까? 너무 익숙하지만, 너무나 먼 전설로 다가오는 것은 아닌가? 가장 절실하고 요긴하게 간수해야 할 것을, 과도한 종교적 시선과 타성적 독법으로 진열장 안에 박제화剝製化 시키고 있는 것은 아닌가?

전인미답前人未踏의 길을 걸어 성공한 인간이 자신의 성공을 타인과 공유하려고 할 때, 무엇을 교육 자료로 쓸까? 〈어떻게 하면 저분처럼 성공할 수 있을까?〉 하며 눈망울 초롱초롱한 이들에게, 그는 무슨 말을 할까? 한 사람이라도 더 자신처럼 성공하길 바라는 그가 일러주는 성공 방법에는 무슨 내용이 담길까? 그의 가르침은 일차적으로 자신의 실패와 성공 경험에서 나올 것이다. 자신의 경험담이야말로 가르침에 설득력을 부여하는 가장 결정적인 근거일 것이다. 그는 필요할 때마다 자신의 실패와 성공 경험, 그 전 과정에 대해 자세히 일러주려고 할 것이다. 진정 제자를 사랑하는 스승이라면.

하물며 인천人天의 스승, 지혜와 자비의 완벽한 결합과 일관성을 기적처럼 온몸으로 증언하는 붓다일진대 어떠했겠는가. 사람들을 가르칠 때, 6년 수행경험을, 직접 겪었던 실패와 성공 경험을, 중요하게, 자세하게, 수시로 설했을 것으로 보아야 상식이다. 6년 동안의 수행과정에서 직접 확인한 실패와 성공의 이유에 대한 회고적 증언이야말로 제자들에게도 가장 중요하고 호소력 넘치는 가르침이었을 것이다.

붓다의 제자들은 그 회고를 얼마나 그대로 기억하여 전하고 있는 것일까? 이해하기 어려운 대목, 소화 안 되는 내용은 혹 빠져버리지 않았을까? 자신의 이해나 기대를 투영해 추가하거나 변형하지는 않았을까? 또 후학들은 기록된 그 회고를 어떻게 소화하고 있는 것일까? 그 내용과 의미를 붓다의 의도에 맞게 읽어내고 있는 것일까? 붓다의 수행담 회고에서 실패와 성공의 이유를 포착하여 자신의 현재 실존에 적용하고 있는 것일까?

궁금하다. 아니, 궁금해야 한다. 고타마 싯다르타라는 청년이 붓다로 바뀐 과정이 우리 삶에 무슨 선물을 줄 수 있는 것인지 궁금해야만 한다. 그런데 이 궁금증을 채우려 하는 즉시 강력한 장애물에 맞닥뜨린다. 고타마의 수행과정을 보는 시선이 너무 종교화되어 버린 것이다. 청년 고타마의 성찰과 실험은 '당연히 성공할 수밖에 없는' '특별한 인간의 특별한 과정'이 되어 버렸다. 지금 여기를 살아가는 사람들로서는 감히 흉내도 내보지 못할 특별한 것이 되어 버렸다. 따라 할 수 있는 모범이 아니라, 그저 받들어야 할 숭배와 신앙의 대상이 되어 버렸다.

고타마의 수행과정을 이렇게 종교화된 시선으로 보게 되면, 붓다가 제자들에게 들려주는 회고는 성자의 특별함을 확인하는 '종교적 전설'로 받아들이게 된다. 그럴 때는 붓다의 회고에서 '지금 여기 자신의 실존'에 적용할 수 있는 내용을 읽어내기가 원천에서부터 제한된다. 우러러 존중할 뿐 감히 넘볼 수 없는 '특별한 초인의 전설'은 우리의 실존과 접속하기가 불가능해진다. 실패와 성공에 대한 자신의 경험을 알려주어 자신의 성취를 개방하고 공유하려던 붓다의 회고는, 종교적 외투가 입혀질수록 본래의 생명력을 상실해 버리고 만다.

두텁게 입혀놓은 종교적 외투는 과감하게 벗겨보고, 그러나 삶의 깊은 치유력을 전수받으려는 경건한 태도는 종교적 수준으로 간직한 채, 청년 고타마 싯다르타의 수행시절을 세심하게 들추어 보아야 한다. 그 수행과정을 현재실존의 관심으로 음미하는 것이 붓다를 제대로 대접하는 길이다. 이 글은 붓다와 그렇게 만나보려는 넘치는 의욕의 어설픈 표현이다.

우리의 관심은 고타마 싯다르타의 어떤 선택과 노력이 붓다로의 변환을 가능케 했는가에 집중될 수밖에 없다. 그의 성공 요인이 궁금한

것이다. 12연기가 대변하는 연기법에 대한 성찰 과정은 붓다가 된 직후에 펼쳐지고 있기에, 〈연기법을 성찰해서 깨달음을 성취하여 붓다가 되었다〉라는 이해는 타당하지 않다. 적어도 현존 기록에 의하는 한, 고타마 싯다르타의 수행과정은 〈선정 수행(1, 2) → 고행 → 선정(3) → 깨달음 완성〉의 순서이고, 고행 이후의 선정과 깨달음 완성 사이에 세 가지 특별한 체득(삼명三明; 숙명통宿命通, 천안통天眼通, 누진통漏盡通)이 언급되고 있다. 〈선정 수행(1, 2) → 고행 → 선정(3) → 삼명三明 → 깨달음 완성〉의 과정에 관한 회고를 통해 붓다는 자신의 성공 요인을 알려주려 한다. 생략된 내용이 있건, 변형, 추가된 내용이 있건 간에, 우리는 현재 주어진 자료에서 그 성공 요인을 탐색해 갈 수밖에 없다.

고타마 싯다르타의 수행과정은 니까야/아함 문헌에서 두 유형으로 전해진다. 붓다가 자신의 수행경험을 회고하는 유형[178]이 하나이고, 자신의 수행과정을 구도자의 표준 모델로 일반화시켜 설하는 유형[179]이 다른 하나이다. 특히 구조와 내용에서 정합성整合性을 보여주는 일반화 유형이 자주 설해지고 있다는 것은, 붓다가 자신의 깨달음을 세상과 공

---

178) 『고귀한 구함의 경(Ariyapariyesanāsutta)』(M1:160); 『쌋짜까에 대한 큰 경(Mahāsaccakasutta)』(M1:237); 『왕자 보디의 경(Bodhirājakumārasutta)』(M2:91); 『쌍가라바의 경(Saṅgāravasutta)』(M2:209)
179) 『코끼리 발자취에 비유한 작은 경(Cūḷahatthipadopamasutta)』(M1:175); 『갈애의 부숨에 대한 큰 경(Mahātaṇhāsaṅkhayasutta)』(M1:256); 『앗싸뿌라 설법의 큰 경(Mahāssapurasutta)』(M1:469); 『깐다라까의 경(Kandarakasutta)』(M1:339); 『학인의 경(Sekhasutta)』(M1:353); 『논파할 수 없는 가르침에 대한 경(Apaṇṇakasutta)』(M1:400); 『싼다까의 경(Sandakasutta)』(M1:513); 『훌륭한 가문의 우다인에 대한 작은 경(Cūḷasakuludāyisutta)』(M2:29); 『데바다하의 경(Devadahasutta)』(M2:214); 『가나까 목갈라나의 경(Gaṇakamoggallānasutta)』(M3:1); 『여섯 가지 청정의 경(Chabbisodhanasutta)』(M1:29); 『자기학대 경(Attantapa-sutta)』(A4:198); 『우빨리 경(Upālisutta)』(A10:99)

유하기 위해 수행과정의 경험을 적극적으로 활용했음을 의미한다.

그런데 니까야/아함을 통해 붓다와 대화하려는 학인들을 곤혹스럽게 만드는 문제가 있다. 현존 니까야/아함의 형성과 전승 과정에서 추가 내지 변형된 내용을 붓다의 육성과 구별해 내는 일이 그것이다. 붓다의 육성 내용을 단지 언어학적 기준과 문헌학적 방법의 적용으로 선별해 내는 것은 곧 한계에 부딪힌다. 붓다와 대면한 다양한 개인과 집단에 의해 기억으로 공유되고 암송으로 전승되던 붓다의 육성이, 제한된 사람들에 의한 1차 결집으로 완전하게 수합되었다고 볼 수도 없고, 결집된 내용이 문자기록 이전 몇 백 년 동안 원형을 그대로 유지했다고 볼 수도 없다. 또 설법 형태의 소박성이나 단순성이 육성의 근거일 수도 없으며, 고층의 언어로 먼저 기록되었다고 해서 육성이라 할 수도 없다.

기억 자체의 숙명인 '이해 편차에 따른 취사 선별 및 굴절'이 붓다의 육성을 직접 들은 사람들의 기억 내용에 미치는 영향은 생각보다 큰 것일 수 있다는 것도 간과할 수 없는 문제이다. 지금도 같은 강의를 들은 학생들에게 강의내용을 기억하는 대로 적어보라고 하면, 강의 직후에도 흥미로울 정도의 편차를 확인하게 된다. 기억의 해석학적 속성, 기억 전승의 다양한 경로, 개인과 집단의 기대와 선호 등, 니까야/아함 문헌 형성에 개입한 변수들을 모두 고려하면, 현존 니까야/아함 문헌에서 붓다의 육성만을 선별해 내기란 거의 불가능해 보인다. 게다가 예상보다 많았을 수 있는 유실분遺失分과 추가분 및 변형을 고려하면, 니까야/아함의 성격은 복잡해진다. 그럼에도 불구하고 니까야/아함에 붓다의 육성이 원형에 가장 가깝게 보존되어 있다는 점도 결코 과소평가할 수 없다. 학인들은 이 복잡한 변수와 다양한 가능성을 균형 있게 고려하면서 붓다의 육성에 접근해 가야 하는 난제를 안고 있다.

붓다의 육성에 접근하는 방법으로써 필자는 정합성整合性을 주목한다. 내용상 강한 정합성을 보여주는 법설들을 선택하여 일정한 범주를 구성한 후, 그 범주를 기준으로 니까야/아함 문헌의 기록과 붓다 육성과의 거리를 판정하려고 노력한다. 이처럼 정합성으로 선별기준을 마련하려는 시도에는, 정합성 범주를 구성하는 해석학적 선택이 선행될 수밖에 없다. 그 해석학적 선택의 타당성 여부는 공유지대共有地帶를 형성해 가는 담론에 의해 결정될 것이다. 그 지대가 넓다고 타당성이 높은 것도 아니고, 좁다고 타당성이 떨어지는 것도 아니겠지만.

2. 붓다가 될 수 있었던 조건들 – 네 가지 성공 요인

붓다가 연기법緣起法으로 알려주는 것처럼, 모든 현상은 그것을 발생시키는 조건들에 의해 발생한다. 현상을 볼 때는, 그것을 발생시킨 원인 조건들을 동시에 고려해야 진실에 접근할 수 있고, 또 문제를 제대로 풀 수 있다. 실존의 근원적이고도 궁극적인 문제를 풀려는 청년 고타마 싯다르타의 모험적 도전이 성공할 수 있었던 것도, 성공할 수 있는 조건들을 확보하였기 때문이다. **고타마 싯다르타의 수행과정을 주목한다는 것은, 깨달음의 발생과 인과적 연관을 맺는 조건들이 무엇인가를 읽어내려는 것이다.** 붓다가 사람들에게 자신의 수행과정을 회고해 준 것도, 자신이 성공할 수 있었던 요인들, 그 '깨달음의 발생 조건들'을, 체험적 증언을 통해 알려주려는 것이었을 것이다. 제자들의 기억과 후인들의 전승을 통해 전해지고 있는 수행 회고담의 행간을 읽어, 고타마 싯다르타의 성공 요인 네 가지를 추적해 본다.

니까야/아함이 전하는 내용을 종합해 볼 때, 네 가지 조건들을 주목해야 할 것으로 생각한다. 〈1) '이해/언어'와 '탈脫이해/탈脫언어'의 차이 및 관계에 대한 개안, 2) 조건적 발생에 대한 개안 – 이지적理智的 연기 깨달음, 3) 모든 조건과 경험에 갇히지 않는 능력의 확보 – 새로운 선禪, 4) '조건인과적 발생'에 대한 직접지直接知 성취 – 체득적 연기 깨달음〉이 그것이다. 수행과정에 대한 붓다의 회고들에서 공통되는 내용 가운데 이와 관련된 부분을 「쌋짜까에 대한 큰 경(Mahāsaccakasutta)」(M1:237)을 중심으로 음미해 본다. 같은 내용이 「왕자 보디의 경(Bodhirājakumārasutta)」(M2:91)에도 나온다. 대화 상대가 '악기베싸나'에서 '보디 왕자'로 바뀌어 있을 뿐이다.

【첫 번째 성공 요인; '이해/언어'와 '탈脫이해/탈脫언어'의 차이 및 관계에 대한 개안】

"악기베싸나여, 나는 오래지 않아 그 가르침을 배웠습니다. 악기베싸나여, 나는 스승이 말하는 것과 똑같을 정도로 그 지혜의 이론을 말하고 그 장로의 이론에 대해 말했습니다. 나와 남이 모두 '나는 알고 또한 본다'라고 인정했습니다. 악기베싸나여, 그 때 나에게 이와 같은 생각이 떠올랐습니다. 〈깔라마는 자신의 가르침에 대해 '나는 스스로 알고 깨달아 성취했다'라고 단지 확신만으로 주장한 것이 아니다. 실제로 깔라마는 이 가르침을 알고 본다.'〉 그래서 나는 알라라 깔라마가 있는 곳을 찾아갔습니다. 가까이 다가가서 알라라 깔라마에게 말했습니다. 〈존자 깔라마여, 그대는 어떻게 '나는 스스로 알고 깨달아 성취했다'라고 주장합니까?〉 악기베싸나여, 이와 같이 말하자 알라라 깔라마는 '아무것도 없는 세계'에 관해 알려주었습니다. 악기베싸나여, 그러자 나에게 이와 같은 생각이 떠올랐습니다. 〈깔라마에게만 믿음이 있는 것이 아니라, 나에게도 믿음이 있다. 깔라마에게만 정진이 있는 것이 아니라, 나에게도 정진이 있다. 깔라마에게만 새김이 있는 것이 아니라, 나에게도 새김이 있다. 깔라마에게만 집중이 있는 것이 아니라, 나에게도 집중이 있다. 깔라마에게만 지혜가 있는 것이 아니라, 나에게도 지혜가 있다. 자, 이제 깔라마가 스스로 알고 깨달아 성취한 그 가르침을 스스로 성취하기 위해 노력해 보면 어떨까?〉 그 뒤에 악기베싸나여, 나는 머지않아 곧 그 가르침을 스스로 알고 깨달아 성취했습니다. (이어 웃다까 라마뿟따의 가르침에 따라 '지각하는 것도 아니고 지각하지 않는 것도 아닌 세계'를 깨달아 성취하는 과정에서도 동일한 내용이 반복된다.)"[180]

"악기웻사나여, 그런 나는 오래지 않아 즉시에 그 법을 증득했다. 악기웻사나여, 그런 나는 입술을 두드리자마자 말하자마자 지혜로운 말과 확신에 찬 말을 했다. 그래서 나는 〈나는 알고 본다〉라고 선언했고 다른 사람들도 그렇게 말했다. 악기웻사나여, 그런 내게 이런 생각이 들었다. 〈알라라 깔라마는 단순히 믿음만으로 '나는 이 법을 스스로 최상의 지혜로 알고 실현하고 증득하여 머문다'라고 선언하는 것이 아니라, 참으로 알라라 깔라마는 이 법을 알고 보면서 머문다.〉 악기웻사나여, 그러자 나는 알라라 깔라마를 만나러 가서 이렇게 말했다. 〈깔라마 존자시여, 어떻게 이 법

---

[180] 전재성 번역, 『맛지마 니까야』 제2권(한국빠알리성전협회, 2009), pp.443-444.

을 스스로 최상의 지혜로 알고 실현하고 증득하여 머문다고 선언하십니까?〉 악기웻사나여, 이렇게 말하자 알라라 깔라마는 무소유처에 대해 설명해 주었다. 악기웻사나여, 그런 내게 이런 생각이 들었다. 〈알라라 깔라마에게만 믿음이 있는 것이 아니라 나에게도 믿음이 있다. 알라라 깔라마에게만 정진이 있는 것이 아니라 나에게도 정진이 있다. 알라라 깔라마에게만 마음챙김이 있는 것이 아니라 나에게도 마음챙김이 있다. 알라라 깔라마에게만 삼매가 있는 것이 아니라 나에게도 삼매가 있다. 알라라 깔라마에게만 통찰지가 있는 것이 아니라 나에게도 통찰지가 있다. 참으로 나는 알라라 깔라마가 스스로 최상의 지혜로 알고 실현하고 증득하여 머문다고 선언하는 그 법을 실현하기 위해 정진하리라.〉 악기웻사나여, 그런 나는 오래지 않아 즉시에 그 법을 스스로 최상의 지혜로 알고 실현하고 증득하여 머물렀다."[181]

· **요점**

고타마 싯다르타는 알라라 깔라마가 설하는 깨달음과 그에 대한 가르침을 단기간에 '이해'한다. 고타마 싯다르타가 확보한 이론적 이해는 동료 수행자들이 〈당신도 깨달았다〉라고 인정할 정도였다. 그러나 고타마 싯다르타는 '이해'만으로는 부족하다는 정직한 성찰을 일으키고 선정 수행에 몰입한다. 마침내 알라라 깔라마의 언어가 어떤 경험적 체득을 기반으로 하는 것인지를 직접 확인한다.

---

[181] 대림 번역, 『맛지마 니까야』 제2권(초기불전연구회, 2012) pp.163-165.

'(알라라 깔라마는) 단지 확신만으로'(전재성)/'단순히 믿음만으로'(대림)라는 말에 대해 주석서는, "'단순히 믿음만으로'라는 것은 통찰지로써 실현하지 않고 단순히 청정한 믿음만으로 그렇게 주장하는 것이 아닐 것이라고 생각하는 말이다."(대림 번역본 역주 117)라고 해석한다. 붓다와 그의 법설을 읽는 위빠사나 시선의 전형이다. 구도의 길에서 이런저런 성찰과 시도를 감행하는 고타마 싯다르타의 모습을, 붓다를 기준으로 삼아, 그것도 위빠사나 시선을 적용하여 풀이하는 방식이다. 청년 고타마 싯다르타의 행적 위에 붓다에 대한 후학의 그림을 씌우는 방식으로는 고타마 싯다르타의 수행과정이 제대로 읽혀지기가 어렵다. 개인적 소회로는, 니까야를 통해 붓다와 대화해 보려고 할 때, 주요 개념과 문장의 의미에 대한 주석서들의 해석이 그다지 도움이 되지 못한다. 이미 선택한 특정한 해석학적 시선, 지나친 현학화, 종교적 사변화, 맥락에 상응하지 않는 엉뚱한 이해들을 도처에서 만나게 된다. 주석서들의 해석학적 타당성은 생각보다 훨씬 제한적인 것으로 보인다.

니까야/아함이 전하는 이 수행 회고담의 문장에도, 이미 후인들이 구축한 교리적 체계와 해석학적 선택이 개입하고 있다고 보는 것이 합리적일 것이다. 그런 덮어씌우기와 치장하기의 옷들을 벗기고 본다는 태도로 이 구절을 통해 붓다의 육성에 접근해 본다면, 우리의 경험에 호소할 수 있는 '사실'은 적어도 이런 것일 것이다.

〈나는 스승 알라라 깔라마의 가르침을 지적으로는 충분히 이해한 것 같았다. 말로는 스승처럼 가르칠 수도 있었다. 그러나 스승의 말은 논리적 이해만으로는 다 담을 수 없는 그 어떤 경험의 원천에서 비롯된다는 것을 알았다. 그것이 선정 수행을 통해 체득되는 경험이라는 것을

알고는 나도 선정 수행을 했다. 그리고는 스승의 말이 비롯되는 그 경험의 원천을 나도 체득했다.〉

· **음미**

약 138억 년 전에 빅뱅으로 우주가 생겨나고, 약 47억 년 전에 지구라는 행성이 생성되었다. 이 행성에서 인간이 살 만한 환경이 갖춰진 시기는 불과 수천만 년 전이다. 생명현상의 연기적 전개과정에서 약 6-8백만 년 전에 인류의 조상인 유인원으로의 진화가 이루어졌고, 약 360만 년 전에 유인원 중 하나가 두 발로 걷기 시작한다. 두 발로 걷게 되자 두 손의 자유를 얻었고 발성 기관의 변화로 목소리가 나왔으며 말하는 능력이 발달하게 된다. 현생 인류의 조상이라 할 만한 인간이 출현한 것은 대략 4-7만 년 전으로 추정된다. 인간 고유의 특별한 인지능력을 기준으로 현생 인류의 조상을 거론하는 것이라면, 감관을 통해 접수된 정보들을 분류·비교·평가하면서 처리하며 기억하고 예상하는 등의 인지능력이 가동될 수 있는 초기조건들이 돌연변이처럼 등장한 시점이 길게 잡아 7만 년 전의 일이 된다.

7만 년 전의 인지혁명 이후 인간은 환경에 성공적으로 적응하기 위해 누적적으로 인지능력을 발달시켜 간다. 인지능력 발달과정은 언어능력 발달과정이기도 하였다. 음성의 분절을 통한 차이를 활용하여 지각정보를 분류하고, 의미를 구획하며, 이익을 위해 비교·판단·평가하는 방식의 정밀도와 체계성을 높여갔다. 음성의 분절과 결합을 활용하여 발달시킨 지각정보 처리방식과 의미체계의 구성은 집단경험을 통해 누적적으로 발달하면서 계승된다.

지각정보의 인지적 처리능력 발달과 음성언어의 발달은 맞물려 진행되었을 것이다. 그러던 그 어느 시점에, 유형의 기호에다가 음성언어의 의미를 반영하려는 시도가 시작된다. 그림문자의 출발이다. 확인되는 상형 그림문자에 의해 추정하면 약 5-6천 년 이전의 일이다. 그때야 비로소 가장 단순한 형태의 그림문자가 일반화된 것으로 보인다. 그림문자가 표의문자가 되고 다시 표음문자로 발전하면서 마침내 현재 우리가 구사하는 고도의 문자언어가 자리 잡는다. 이렇게 보면 현재 인간이 구사하는 언어능력의 나이는 지구와 인간의 나이에 비교할 때 매우 젊다. 단기간에 역동적으로 발전해 온 특수한 현상이다.

음성언어와 부호언어가 결합하게 된 이후, 인간의 인지능력과 언어능력은 급속도로 고도화된 것으로 보인다. 지금 우리가 대화하려는 붓다는 지금부터 약 2550여 년 전의 인물이다. 그런데 붓다, 그리고 그와 대화하는 사람들이 구사하는 언어와 사유능력은 현재 우리의 수준이다. 그 시대 사람들이 사유력과 언어력은 현재인들의 그것과 고스란히 같은 차원이다. 우리가 현재 구사하는 사유력과 언어력의 수준이 이미 그 시대에 안착되었다는 것을 의미한다.

칼 야스퍼스(Karl Theodor Jaspers, 1883~1969)는 기원전 8세기에서 기원전 3세기를 제1차 '지식의 폭발'이 일어난 '축軸의 시대'라고 부른다. 그 축의 시대 중에서도 기원전 6세기 즈음은 가히 중심에 해당한다. 인류가 영성의 원천으로 삼는 고전 지혜들이 집중적으로 등장한 것은 대략 지금부터 약 2550년 전(B.C 6세기) 무렵의 일이다. 이 시기에 각 문명권에서는 심오한 혜안을 지닌 인물들이 앞서거니 뒤서거니 등장하는 흥미로운 일들이 벌어진다. 불교권 국가들의 합의된 산정방식에 따르면,

붓다(Buddha)는 기원전 624년에 출생하여 80년을 살다가 기원전 544년에 삶을 마감하였다. 노자老子(기원전 6세기경)나 공자孔子(기원전 551-479)의 활동 시기도 거의 겹친다. 기원전 5세기 후반에 활동했던 소크라테스(기원전 470년경), 기원전 4세기 후반으로 추정되는 장자莊子까지 고려하면, 기원전 6세기를 전후한 1-2 백 년간은 동/서양 보편지혜의 원천들이 앞다투어 지혜의 감로수를 흘리기 시작한 각별한 시대이다.

주목되는 것은 이 시기 영성들이 구사한 언어의 수준이다. 개념 선택, 명제 설정, 분석과 추론, 상징과 비유, 의미 지평 등에 있어서 그들의 언어능력이 보여주는 수준은 '언어적 인간'의 고도 단계에 있음을 보여준다. 우리가 현재 구사하는 언어능력은 기본적으로 그 시기 그들이 보여준 수준과 별 차이가 없다. 이것은 무엇을 의미하는가? 약 5-6천 년 전에 문자언어와 결합하기 시작한 인간의 언어능력이, 그로부터 약 2500년이 지난 붓다의 시대에서는 현재 우리가 구사하는 정도의 고도 언어능력을 보여주는 수준에 이미 진입했다는 것을 의미한다. 그 시기의 인간은, '사유와 욕구가 언어와 한 몸처럼 결합하고 상호작용하는 길', '언어의 성채를 짓고 그 안에 거주하는 길'에 이미 올라 있었고, 또 그 길을 질주하는 존재가 되어 있었다는 것을 의미한다.

야스퍼스의 분석을 수용한다면, 붓다가 등장하기 이전 200여 년 이전부터 '지식의 폭발' 현상이 목격된다. 그리고 이 '지식의 폭발 현상'이라는 것은 인간의 인지능력이 언어적 고도화 단계에 접어들었다는 것을 의미한다. 기원전 6세기 즈음의 인류가 보여주는 고도의 사유·언어능력이 현재인들의 그것과 기본적으로 유사한 수준이라는 점을 감안하면, 붓다가 등장하기 이전 약 200여 년부터 인간은 '언어인간'으로의 진화에 안착한 것으로 보인다. 그 이후 지금까지의 인간 행보는 그때 확보한 언어·사유능력 수준의 연장선에서 진행된 셈이다.

약 7만 년 전에 발생한 인간 특유의 인지 현상은 계속 진화하다가, 붓다 시대 이전 그리 멀지 않은 시기에 마침내 '언어인간'이 등장한다. 언어에 의한 개념적 사유로써 세계와 만나고, 개념의 틀로써 지각정보를 선택·분류·비교·분석·종합·판단·평가하는 인간이 등장한 것이다. 언어라는 주물鑄物로써 세계를 가공하고 재처리하면서 반응하는 새로운 인류로 진화한 것이다.

'언어인간'의 특징은 '언어와 사유 및 욕망의 일체화'이다. 인간의 사유와 욕망은 언어관념과 분리시킬 수 없을 정도로 상호 결합한다. 사유와 욕망이 언어를 만들고, 언어가 사유와 욕망을 만든다. 이들의 상호 관계와 상호작용은 너무 밀접하여 분리시키기가 어렵다. '언어인간'에게는 언어관념과 무관한 순수사유나 순수욕망이 없다고 보아야 한다.

'언어인간'의 운명인 '언어/사유/욕망의 일체화'는 크게 두 가지 현상을 발생시킨다. '사유와 욕망이 무한 증식되고 한없이 복잡해지는 것'이 그 하나이고, '사유와 욕망 및 행위가 언어의 속성에 지배받는 것'이 다른 하나이다. 이 두 현상은 다시 결합하여 '사유와 욕망의 배타적 증식'으로 나타난다. 언어와 결합한 사유와 욕망의 무한증식과 고도화는 문화와 문명의 원동력으로 대접받아 왔고, 언어의 속성인 개념적 사유는 이성과 합리성의 원천으로 상찬되었다.

'언어인간'의 면모는 인간 존재의 자부심과 자존감의 가장 강력한 근거로 채택되었다. 그런데 '언어인간'으로의 진화가 정착되자마자 인간의 '언어적 성찰력'은 새로운 능력을 가동하기 시작한다. '언어인간'이 연출해 내는 두 가지 특징적 현상들을 경계하고 비판하는 자각과 성찰이 대두한 것이다. '언어인간'의 '욕망 증폭과 분출' 및 '언어 속성에 상응한 인위적 배제와 분리'의 문제점을 성찰하는 영성이 가동되기 시작한다. '언어인간'의 두 가지 현상을 방치하면 인간은 다른 생명체들보다 더 괴롭고 위험한 괴물이 될 수 있다는 성찰이 다양한 유형과 수준으로 뿌리를 내린다. 그 영성적靈性的 언어인간들은 또 한 번의 새로운 진화를 전망한다. '사유와 욕망의 배타적 증식과 폭력화'에 제동을 걸고 극복하여 '언어인간의 새로운 면모'를 확보하고자 한다. 그들의 선택은 '수행'이었다. 그런 점에서 수행은 기본적으로 금욕주의적 태도를 취할 수밖에 없었다. 수행에 대한 선호들이 결집하여 '수행문화와 전통'을 형성해 갔는데, 그것은 아마 언어인간의 등장과 시기적으로 거의 맞물려 있을 것으로 본다.

'수행'은 인간의 언어적 면모와 이중적 관계를 맺고 있다. 인간의 모든 성찰은 언어에 기대어 있다. 그 어떤 비판적 성찰도 현상을 언어로 분류하고 개념을 통해 반성함으로써 이루어진다. 인간이 '언어인간의 면모'를 비판적으로 인식할 수 있었던 것도 고도화된 언어능력 때문이다. 인간의 언어능력은 자신의 언어능력을 포함한 모든 것을 재성찰할 수 있는 '성찰적 면모'를 지니고 있다. 수행을 선택한 영성들은 이 언어능력의 자기 성찰력을 가동하여 '언어인간'의 문제점을 성찰한 것이다. 그런 점에서 수행은 일차적으로 '언어의 안내'를 받고 있다. 언어를 '안아야' 수행 길이 보인다.

그런데 수행 영성은 언어능력을 통해 언어의 지배적 속성을 비판적으로 성찰한다. 동시에 언어의 안내를 받은 언어적 성찰만으로는 언어 속성에서 해방되기가 어렵다는 점도 자각한다. 언어의 안내를 받지만,

언어 안내만으로 언어의 덫에서 풀려나올 수는 없다는 점을 성찰하고 있다. 이 지점에서는 언어를 '밀쳐내야' 한다. 그렇다고 언어와의 전면적 결별은 사실상 불가능하다. 언어의 폐기는 경험의 백지화를 의미하기 때문이다. '깨달음' '진리'라는 이름으로 언어적 경험의 백지상태로 향하는 시선은 공허한 망상이다.

수행으로 새로운 진화를 전망하는 영성은 이 이중적 관계를 동시에 소화해야 하는 과제를 안고 있다. 이 딜레마는 양자택일로 풀리는 것이 아니라 양자 통섭通攝으로 벗어날 수밖에 없다. 언어와 '만나면서도 헤어지고' '안으면서도 밀쳐내는', 두 행위가 '서로 열고 서로 껴안는', 통섭通攝의 길에 올라야 한다. 이 통섭은, 마치 동아줄 잡고 오르는 것처럼, 한 손으로는 언어를 잡되 다른 한 손으로는 언어를 놓아야 하는 것이다. 그것은, 진흙소가 물속을 다니는 것처럼, 언어를 굴리면서도 언어 흔적을 지워내는 것이다. 언어를 붙잡고 껴안는 일에 치우치면 이해 지상주의에 빠지기 쉽고, 언어를 밀어내는 일에 치우치면 언어 부정주의에 휘말리기 쉽다. 이해 지상주의는 흔히 합리주의로 포장되고, 언어 부정주의는 신비주의로 미화되곤 한다. 이 두 치우침으로부터 얼마나 자신을 지켜낼 수 있는가 하는 것이 수행문화와 그 전통의 근원적 과제이다. 붓다가 보여주는 완벽한 사례가 이후 불교 전통에서 얼마나 제대로 계승되었는지는 의문이다. **수행 영성은 '언어 이전의 인간'으로 퇴행하는 것이 아니라 '차원 높은 언어인간'을 겨냥해야 한다. 언어에 끌려다니지도 않고, 언어를 버리지도 않는, 언어인간의 새로운 진화가 목표여야 한다.**

붓다는 수행문화와 그 전통 속에서 등장한다. 기원전 8세기부터 목격되는 '지식 폭발' 현상이 '언어인간'의 본격적 활동을 의미하는 것이고, '언어인간'의 면모를 극복하고자 하는 새로운 영성이 그에 맞물려 등장한 것이라면, 붓다가 등장한 기원전 6세기의 수행문화는 근 200여 년의 전통을 지닌 셈이다. 수행문화의 연원을 충분히 올려 본다고 해도, 고타마 싯다르타가 만난 수행문화와 그 전통은 아득히 오래된 것은 아니다. **고타마 싯다르타가 만난 수행전통은 '언어인간'이 보여주는 '욕망의 무한증폭과 배타적 분출'을 주된 문제로 삼았던 것으로 보인다. 그리고 그 치유와 극복을 위해 선택한 수행법은 크게 두 가지이다. 하나는 선정禪定 수행이고, 다른 하나는 고행苦行이다.**

고타마 싯다르타는 실존의 근원적/궁극적 치유를 위해 먼저 선정수행 전통을 채택하여 실험하였다. 그 실험에서 자신이 채택한 문제의 풀이에는 성공하지 못하지만, 지적/언어적 이해로 환원될 수 없는 경험 지평이 있으며, 수행을 통해 그 지평을 체득할 수 있다는 것을 확인한 것으로 보인다. 이것은 그가 '이해와 탈脫이해 지평', 달리 말해 '언어와 탈脫언어 지평'의 차이에 눈뜨게 되었으며, 양자의 관계를 어떻게 처리해야 하는가에 대한 문제의식을 지니게 되었다는 것을 의미한다.

고타마 싯다르타는 선정수행 전통을 소화한 이후 다시 고행 전통을 수용하여 실험한다. 이후 자신이 새로 확립한 선정 수행을 기반으로 마침내 추구하던 궁극해법/깨달음을 성취한다. 그리고는 깨달아 확보한 능력으로 연기를 성찰하고, 연기 통찰을 다양하고도 정밀한 언어에 담아내어 자신이 성취한 해법을 세상과 공유하려는 행보를 펼친다. 붓다로서의 삶, 그리고 붓다가 되어 펼친 법설에서 확인할 수 있는 것은, '이해/언어'와 '탈脫이해/탈脫언어'의 이상적인 통섭이다. 붓다가 언어와 탈

脫언어를 통섭적으로 결합하는 '새로운 언어인간'이 될 수 있었던 것은, 출가 직후에 실험한 선정 수행을 통해 '이해/언어'와 '탈脫이해/탈脫언어'의 차이와 관계에 눈떴기 때문일 것이다.

【두 번째 성공 요인; 사유의 반전 – 조건적 발생에 대한 개안, 이지적理智的 연기 깨달음】

"〈나는 이러한 고행의 실천으로도 인간을 뛰어넘는 법, 고귀한 님들이 갖추어야 할 탁월한 앎과 봄을 성취하지 못했다. 깨달음에 이르는 다른 길이 있지 않을까?〉 악기베싸나여, 그러한 나에게 이와 같은 생각이 떠올랐습니다. 〈나의 아버지 싸끼야 족의 왕이 농경제 행사를 하는 중에, 나는 장미사과나무의 서늘한 그늘에 앉아 감각적 쾌락에 대한 욕망을 여의고 악하고 불건전한 상태를 떠나서, 사유를 갖추고 숙고를 갖추어, 멀리 여읨에서 생겨나는 희열과 행복으로 가득한 첫 번째 선정을 성취했는데, 이것이 깨달음에 이르는 길일까?〉 악기베싸나여, 그러한 나에게 이 길은 깨달음에 이르는 길이라고 새김에 따른 의식이 생겨났습니다. 악기베싸나여, 그러한 나에게 이와 같은 생각이 떠올랐습니다. 〈나는 감각적 쾌락에 대한 욕망이나 악하고 불건전한 상태와는 관계없는 즐거움에 대하여 두려워할 필요가 있을까?'〉 그래서 악기베싸나여, 나는 이와 같이 생각했습니다. 〈나는 감각적 쾌락에 대한 욕망이나 악하고 불건전한 상태와는 관계가 없는 즐거움에 두려워할 필요가 없다.〉"[182]

---

182) 전재성 번역, 『맛지마 니까야』 제2권, p.451.

"〈그러나 나는 이런 극심한 고행으로도 인간의 법을 초월했고 성자들에게 적합한 지와 견의 특별함을 증득하지 못했다. 깨달음을 얻을 다른 길이 없을까?〉 악기웻사나여, 그런 내게 이런 생각이 들었다. 〈아버지가 삭까족의 농경제 의식을 거행하실 때 나는 시원한 잠부 나무 그늘에 앉아서 감각적 욕망을 완전히 떨쳐버리고 해로운 법들을 떨쳐버린 뒤 일으킨 생각과 지속적 고찰이 있고, 떨쳐버렸음에서 생긴 희열과 행복이 있는 초선初禪을 구족하여 머물렀던 적이 있었는데, 혹시 그것이 깨달음을 위한 길이 되지 않을까?〉 악기웻사나여, 그런 내게 그 기억을 따라서 이런 알음알이가 [즉시에] 일어났다. 〈이것이 깨달음을 위한 길이다.〉 악기웻사나여, 그런 내게 이런 생각이 들었다. 〈이 행복은 감각적 욕망들과도 상관없고 해로운 법들과도 상관없는데, 그것을 내가 왜 두려워하는가?〉 악기웻사나여, 그런 내게 이런 생각이 들었다. 〈나는 감각적 욕망들과도 상관없고 해로운 법들과도 상관없는 그런 행복을 두려워하지 않는다.〉"[183]

· **요점**

전통적 선정수행에서 만족스러운 해법/깨달음을 확보하지 못한 고타마 싯다르타는 당시의 수행 전통에서 채택되던 또 하나의 수행법인 고행에 몰입한다. 고행은 '감관적 쾌락에 대한 욕망'에서 벗어나기 위해 감관의 욕구를 자발적으로, 격렬한 방식으로 거세시키려 한다. '감각적 쾌락'과 그에 대한 욕망 자체를 아예 지우려 한다. 모든 즐거움은 거부

---

[183] 대림 번역, 『맛지마 니까야』 제2권, pp.179-181.

하고 부정해야 할 감관적 쾌락으로 간주된다. 그러나 극한의 고행에도 불구하고 고타마 싯다르타는 아무런 소득이 없었다. 고행의 한계와 문제점을 체험적으로 확인한 그는 새로운 돌파구를 모색한다. 사유의 반전을 시도한다. 어릴 적 나무 밑에 앉아서 경험했던 즐거움을 떠올린 것이 반전의 계기였다.

니까야는 어릴 적 경험했던 즐거움이 초선初禪의 즐거움이었다고 하면서 초선의 정형구로 기술하고 있다. 붓다의 사선四禪 설법을 고타마 싯다르타의 수행과정에 소급 적용한 윤색으로 보인다. 어릴 적 즐거움에 대한 붓다의 회고를, 고타마 싯다르타가 아닌 붓다를 기준으로 삼아 각본화시키고 싶은 후인들의 태도가 반영된 것이다. 후인들에 의한 윤색이나 각색 이전의 붓다 육성은 아마 이런 정도가 아니었나 싶다. 〈어릴 적 나무 밑에서 경험했던 즐거움은 감관 쾌락을 추구한 결과도 아니고 해로운 것도 아니었다. 그런 즐거움이라면 거부하거나 부정할 필요가 없다는 생각이 들었다.〉

고행의 길을 걸을 때, 모든 즐거움은 '무조건' 거부해야 할 감관적 쾌락으로 생각했었다. 그러나 어릴 적 나무 밑에서 경험했던 즐거움은 감관적 쾌락에 대한 욕망으로 얻어진 즐거움이라 할 수 없었다. 어린애가 무슨 감관 쾌락을 추구했겠는가. 또 심신의 평안과 수준을 훼손하는 해로운 즐거움도 아니었다. 그렇다면 그런 즐거움마저 '무조건' 부정적으로 보거나 거부해야 할까? 그럴 필요가 없지 않은가? **위대한 반전의 순간이다. 바로 이 대목이야말로 고타마 싯다르타가 붓다가 될 수 있었던 결정적 분기점이라 생각한다.** 실패의 길에서 성공의 길로 접어드는 반전이었다. 이 사고의 반전이 깨달음을 예비한다. 연이어 성취하는 사선四禪, 삼명三明은 이 생각의 반전이 실마리가 되어 발생한다. 어떻게 그런 일이 생겼을까? 이 생각의 반전은 무엇을 의미하는가?

· **음미**

선정의 두 대가가 인정하는 성취로도 원하는 바를 이룰 수 없었던 고타마 싯다르타. 그는 새로운 실험에 착수한다. 고행이다. 감관을 토대로 무한히 증폭하는 쾌락의 불안과 오염에서 벗어나기 위해 감관욕구를 가학적으로 거부하는 방식을 채택한다. 그렇게 하면 깨닫는다고 하니 망설일 필요가 없다. 〈과거·현재·미래의 그 누구라도 나만큼 하기는 어려울 것〉이라고 말할 정도의 극한 고행이었다. 겨우 목숨만 근근이 유지될 정도의 고행이었다. 죽음 문턱에까지 밀어붙인 고행이었지만, 소득은 없고 몸만 망가졌다.

진퇴양난의 고비에 봉착했다. 가던 길은 끊어졌고, 새 길은 보이지 않는다. 그러나 새 길을 찾아야 한다. 못 찾으면 인생 실패다. 환속해서 세간 관행에 묻혀 살며 허무에 시달리거나, 제 길 못 찾아 방황하는 유랑자가 되어야 한다. 가히 절체절명絕體絕命의 기로岐路이다. 모든 것 걸고 감행한 여정인데, 목적지에 도달하지 못하고 이대로 주저앉아야 하나. 청년 고타마 싯다르타의 불안과 고뇌가 전해진다.

구도의 길에 올라 남들 하는 대로 다 해보았다. 남들 하라는 대로 격렬하게 끝까지 해보았다. 그러나 실패했다. 하라는 대로, 체득해 보라는 대로, 해보지 못해서가 아니다. 길 따라 끝까지 갔는데 도달한 곳이 엉뚱했다. 길에 문제가 있었다. 목적지로 이어지는 길이 아니었다. 기대와는 다른 곳으로 안내한 길 끝에 앉아 황망한 고타마 싯다르타. 온갖 사념이 덮쳐왔을 것이다. 좌절에 따른 회한悔恨과 불안이 엄습했을 것이다. 그러나 영웅의 면모는 항상 낭떠러지 앞에 설 때 빛을 발하는 법. 그럴 때 영웅은, 후회와 체념, 절망과 포기의 념念이 아니라 해법을 찾으려는 용기와 의욕에 몸을 맡긴다. 과거에 연연하지 않는 것이 모든 영웅의 공통점이다.

새 길을 찾으려는 형형한 눈빛으로 그때까지의 경험을 복기復棋했을 것이다. 무엇을 추구했던가, 어떤 방법을 선택했는가, 그 방법으로 무엇을 성취했는가, 성취한 것의 의미와 가치는 무엇인가, 무엇이 문제이고 원인은 무엇인가를, 거듭 숙고하고 성찰했을 것이다. 그 성찰적 복기는 아마도 이런 내용이었을 것이다.

〈늙어가고 병들고 죽어가는 자연현상 앞에서 유달리 커다란 정신적 불안과 공포를 경험하며 어쩔 줄 몰라 하는 것이 인간이다. 복잡다단한 욕망을 무한히 증폭시키면서 채워보려 안달하다가 모두를 불필요하게 고통받게 하는 것이 인간이다. 나는 인간이 왜 이런 모습을 보이는지 궁금했고, 그런 불안과 고통에서 벗어난 새로운 인간이 되려고 했으며, 그렇게 될 수 있는 방법을 알고 싶었다. 그래서 시간과 노력을 집중하기 위해 가정과 사회적 역할까지 포기하고 탐구했다. 이미 나와 같은 문제의식을 지니고 해법을 추구해 온 사람들을 만나 배우고 그들의 가르침을 경청하고 수용해 보았다.

그들이 하나같이 문제 삼고 있는 것은 '감관적 쾌락에 대한 인간의 반응'이었다. 몸/감관에서 발생하는 인간의 욕망이 유별나다는 것, 인간은 그 유별난 감관욕망에 노예적으로 끌려다니고 있다는 것, 따라서 감관욕망에 대한 노예적 반응을 극복해야 인간 특유의 혼란과 고통이 해결될 수 있다는 것이 선현들의 통찰이다. 그리고 그 극복 방법으로 채택되어 온 것이 선정 수행과 고행이었다.

마음을 흐트러지지 않게 집중해 가는 노력을 통해, 감관욕망으로 향하는 마음을 다잡아 마침내 감관욕망으로부터 자유로운 인간이 될 수 있다는 발상이 선정 수행이었다. 또 감관욕망의 토대인 감관 기능 자체에 따르기를 거부하며 감관의 본능적 요구를 최대한 거세시켜 가다 보면, 감관욕망에서 풀려나고 진리를 만날 수 있을 것이라는 발상이 고행이었다. 나는 이러한 문제의식과 방법론을 수용하여 철저히 실험해 보았다. 그들의 노력과 성취의 정점까지 가보았다. 그러나 목표 달성에는 실패였다. 문제를 보는 시선, 해법으로 채택한 방법론 모두에 흠결이 있다고 보아야 한다. 제대로 보지 못한 것은 무엇일까? 무엇을 놓쳤던 것일까?〉

그때 섬광처럼 올라오는 기억이 있었다. 어릴 적 부친을 따라 그해 농사를 여는 농경제에 참석했다가 홀로 나무 밑에 앉아 마치 선정과도 같은 마음상태를 경험했던 기억이 떠올랐다. 기억한 그 경험은 분명 감관이 작동하는 살아있는 몸에서 발생한 어떤 '즐거움'이었다. 그러나 보고 싶은 것 보거나 먹고 싶은 것 먹었을 때 경험하는 '감관욕구 충족의 즐거움'은 아니었다. 또 자신의 몸과 마음을 들뜨게 하거나 불안하게 하는 것도 아니었고, 타인의 손해나 희생을 요구하는 즐거움도 아니었다. 감관적 쾌락을 추구해서 생겨난 즐거움도 아니었고, 자신이나 타인에게 해로움을 끼치는 즐거움도 아니었다.

생각이 여기에 미치자, 기존의 사고방식을 전복시키는 반전이 일어났다. 그때까지는 '모든 즐거움'을 극복의 대상으로 삼았었다. 감관적 욕망에 대한 노예적 반응에서 풀려나려면 당연히 감관과 연관된 '모든 즐거움'을 부정해야 한다고 여겼다. 그런데 '모든 즐거움'을 거부한다고 해서 감관욕망에으로부터 자유로울 수 있을까? 발상의 전제가 잘못된 것은 아닐까? 감관에 기초한 '모든 즐거움'을 '무조건' 부정하는 것과, 감관적 욕망에 대한 노예적 종속에서 풀려나는 것이, 인과적으로 연결되지 않는 것은 아닐까?

'모든 즐거움'을 장애와 오염으로 간주하여 '무조건' 거부하려는 발상 자체가 잘못일 수 있다. – "악기베싸나여, 그러한 나에게 이와 같은 생각이 떠올랐습니다. 〈나는 감각적 쾌락에 대한 욕망이나 악하고 불건전한 상태와는 관계없는 즐거움에 대하여 두려워할 필요가 있을까?〉 그래서 악기베싸나여, 나는 이와 같이 생각했습니다. 〈나는 감각적 쾌락에 대한 욕망이나 악하고 불건전한 상태와는 관계가 없는 즐거움에 두려워할 필요가 없다.〉"

이 발상의 전환이야말로 고타마 싯다르타가 붓다로 바뀔 수 있었던 결정적 실마리였던 것으로 보인다. 왜 그런가? 이 발상의 전환이 어떻게 깨달음과 연관되는가? 이것은 모든 현상을 '조건적 발생'으로 보는 사유 방식으로의 전환을 의미하기 때문이다. 연기緣起 깨달음의 초기 형태, 이지적理智的 연기 깨달음이 이렇게 밝아졌다.

고타마 싯다르타는 '즐거움'이라는 경험현상을 '조건적'으로 보기 시작했다. '감관적 쾌락에 대한 욕망이나 해로움과 연관되는 즐거움'과 '감관적 쾌락에 대한 욕망이나 해로움과 무관한 즐거움'을 구분해서 생각한다는 것은, '즐거움'이라 지칭하는 현상을 '조건에 따라' 달리 판단·평가한다는 것을 의미한다. 다시 말해, '즐거움'이라는 경험을 제대로 이해하기 위해서는 '즐거움을 발생시킨 조건들'을 이해해야 한다는, 실로 위대한 사고의 전환을 의미한다. 모든 현상은 '조건에 따라' 발생한다는 것, 발생시키는 '조건'이 무엇이냐에 따라 현상의 내용이 결정된다는 것, 같은 용어로 지칭되어도 '그 현상을 발생시킨 조건에 따라' 내용이 다르다는 것, 따라서 어떤 현상을 이해하거나 문제 삼을 때는 〈지칭하는 용어보다도 발생 조건을 주목해야 한다〉라는 것에 눈뜨게 되었다는 것을 의미한다.

'즐거움'은 '확정된 동일한 내용'이 아닌 '조건에 따라 발생하는 가변적 현상'이며, 따라서 '조건이 달라지면 내용이 달라지는 현상'으로 보게 된 고타마 싯다르타. 그는 즐거움뿐 아니라 모든 경험현상을 그렇게 보게 되었을 것이다. 이것은 가히 파천황破天荒의 개안이다. 이 개안이 지니는 의미는 여러 측면에서 음미할 수 있다. 그중 하나는 '문제 이해와 해결의 과학적 방식'이다. 현대과학의 성과와 불교와의 공유분共有分을 주목하여 '불교의 과학성'을 말하는 것이 아니다. **현상과 문제를, 그것을 발생시킨 조건들과의 인과적 연관에서 이해하고 풀어가는 태도와 방법**을 '과학적'이라 부른다면, 고타마 싯다르타의 이 개안은 분명 '과학적'이다. 다만 그 과학적 사유를 적용한 대상과 목표가 '세간 과학'과 다를 뿐이다.

지복至福의 길을 보여주는 대문이 열리기 시작했다. 세간 일상의 고품질 행복을 성취하는 것에서부터 진리 지평의 궁극적 행복까지 모두 이 길에 닿아있다. 개인 치유와 사회 치유의 다층 다양한 성취가 이 길에서 이루어진다. '언어인간'이 된 이후 아직까지도 맹위를 떨치는 '언어 환각'에서 깨어날 수 있는 명약도 이 길에서 얻을 수 있다. 집단과 국가, 문명의 요구에 따르다가 병들어 버린 실존의 깊은 병을 근치할 수 있는 영약靈藥도 이 길에서 제조할 수 있다. 이후 고타마 싯다르타가 깨달음을 성취해 가는 과정은, 초기 형태의 이 이지적 연기緣起 개안을 더욱 완전하게 하고 체득을 통해 확인하는 것이었다. 그리고 붓다로서 펼친 모든 법설은, 완전해진 연기 깨달음의 다채로운 변주였다. 인류가 누려야 할 모든 지복이, 이 사고의 전환에서 비롯되었다고 해도 지나치지 않다. 인간의 마지막 진화의 길이 열리기 시작하는 영성적 돌연변이 현상이 막 생겨나기 시작한 것이다. 니체가 꿈꾸었던 '마지막 인간'은 그의 상상보다 훨씬 높은 수준에서 이미 그렇게 등장했다.

【세 번째 성공 요인; 모든 조건과 경험에 갇히지 않는 능력의 확보
– 새로운 선법禪法의 수립】

"이제 나는 단단한 음식이나 끓인 쌀죽을 먹어 힘을 얻어서 감각적 쾌락에 대한 욕망을 여의고 악하고 불건전한 상태를 떠나서, 사유를 갖추고 숙고를 갖추어, 멀리 여읨에서 생겨나는 희열과 행복으로 가득한 첫 번째 선정을 성취했습니다. 그러나 악기베싸나여, 나의 안에서 생겨난 그러한 즐거운 느낌은 나의 마음을 사로잡지 않았습니다. 나는 사유와 숙고가 멈추어진 뒤, 내적인 평온과 마음의 통일을 이루고, 사유를 뛰어넘고 숙고를 뛰어넘어, 삼매에서 생겨나는 희열과 행복으로 가득한 두 번째 선정을 성취했습니다. 그러나 악기베싸나여, 나의 안에서 생겨난 그러한 즐거

운 느낌은 나의 마음을 사로잡지 않았습니다. 나는 희열이 사라진 뒤, 새김을 확립하고 올바로 알아차리고 평정하게 지내고 신체적으로 행복을 느끼며, 고귀한 님들이 평정하고 새김 있는 행복한 삶이라 부르는 세 번째 선정을 성취했습니다. 그러나 악기베싸나여, 나의 안에서 생겨난 그러한 즐거운 느낌은 나의 마음을 사로잡지 않았습니다. 나는 즐거움과 괴로움이 버려지고 만족과 불만도 사라진 뒤, 괴로움을 뛰어넘고 즐거움을 뛰어넘어, 평정하고 새김 있고 청정한 네 번째 선정을 성취했습니다. 그러나 악기베싸나여, 나의 안에서 생겨난 그러한 즐거운 느낌은 나의 마음을 사로잡지 않았습니다."[184)

"악기웻사나여, 그런 나는 덩어리진 음식을 먹고 감각적 욕망을 완전히 떨쳐버리고 해로운 법[不善法]들을 떨쳐버린 뒤 일으킨 생각과 [尋]과 지속적인 고찰[伺]이 있고, 떨쳐버렸음에서 생긴 희열[喜]과 행복[樂]이 있는 초선(初禪)을 구족하여 머물렀다. 악기웻사나여, 내게 비록 이러한 즐거운 느낌이 일어났지만 그것이 내 마음을 제압하지는 못했다. 그런 나는 일으킨 생각과 [尋]과 지속적인 고찰[伺]을 가라앉혔기 때문에 더 이상 존재하지 않으며] 자기 내면의 것이고, 확신이 있으며, 마음의 단일한 상태이고, 일으킨 생각과 지속적 고찰은 없고, 삼매에서 생긴 희열과 행복이 있는 제2선(二禪)을 구족하여 머물렀다. 악기웻사나여, 내게 비록 이러한 즐거운 느낌이 일어났지만 그것이 내 마음을 제압하지는 못했다. 그런 나는 희열이 빛바랬기 때문에 평온하게 머물렀고, 마음 챙기고

---

184) 전재성 번역, 『맛지마 니까야』 제2권, p.452.

알아차리며[正念正知]몸으로 행복을 경험했다. 이 [禪 때문에] '평온하고 마음 챙기며 행복하게 머문다'고 성자들이 묘사하는 제3선(三禪)을 구족하여 머물렀다. 악기웻사나여, 내게 비록 이러한 즐거운 느낌이 일어났지만 그것이 내 마음을 제압하지는 못했다. 그런 나는 행복도 버리고 괴로움도 버리고, 아울러 그 이전에 이미 기쁨과 슬픔을 소멸하였으므로 괴롭지도 즐겁지도 않으며, 평온으로 인해 마음챙김이 청정한 제4선(四禪)을 구족하여 머물렀다. 악기웻사나여, 내게 비록 이러한 즐거운 느낌이 일어났지만 그것이 내 마음을 제압하지는 못했다."[185]

· 요점

⟨감각적 쾌락에 대한 욕망이나 악하고 불건전한 상태와는 관계가 없는 즐거움에 두려워할 필요가 없다⟩라는 자각 다음에는 어떤 노력이 이어졌을까? 기록에는, 고타마 싯다르타가 적절한 식사를 통해 단식고행으로 쇠약해진 체력을 회복한 후 네 가지 선정 경험의 변화를 성취하는 것으로 되어 있다. 생략 내지 유실된 내용이 있을 것으로 보인다. 그 부분을 추정으로라도 채워보아야 맥락이 통한다.

'감관적 쾌락에 대한 욕망'에서 발생하지 않는 즐거움, '해로움'과 무관한 즐거움을 적극적으로 모색하는 과정이 이어졌을 것이다. 달리 말해, 그러한 즐거움을 발생시키는 조건들을 탐구했을 것이다. 그것은 '더 좋은 즐거움' '더 유익한 즐거움' '더 수준 높은 즐거움'을 발생시키는 조

---

185) 대림 번역, 『맛지마 니까야』 제2권, pp.182-183.

건들의 탐색이다. 〈'어떤 조건'을 선택했더니 '어떤 즐거움'이 발생한다. '다른 조건'을 선택했더니 '그보다 더 좋은/유익한/수준 높은 즐거움'이, 혹은 '덜 좋은/덜 유익한/수준 낮은 즐거움'이 발생한다.〉 – 이런 성찰 실험이 이어졌을 것이다. 즐거움을 발생시키는 조건들의 선택과 비교, 성찰의 과정이 한동안 지속되었을 것이다. 그 과정에서 〈더욱더 좋은/유익한/수준 높은 즐거움을 발생시키는 조건들〉에 대한 개안과 체험이 **계속 향상되었을 것이다.** 맥락으로 볼 때 이런 정도의 추정은 무리가 아니다.

· 음미

즐거움이라는 경험은 윤리적 조건들의 선택에서만 발생하는 것은 아니다. 오히려 더 많은 경우는 비윤리적 조건들에서 발생하는 것인지도 모른다. 우리는 타인을 칭찬하면서 즐거워하기도 하지만, 비방하고 험담함으로써 즐거워하기도 한다. 칭찬하며 즐거워할 때도, 자기 자식만 칭찬해서 즐거운 경우와 남의 자식을 칭찬하면서 즐거워하는 경우가 있다. 이때 두 즐거움은 질이 다르다고 보아야 한다. 고타마 싯다르타가 진행했을 〈더욱더 좋은/유익한/수준 높은 즐거움을 발생시키는 '조건들'〉에 대한 모색·실험·비교·성찰은, 후일 붓다가 되어 설한 법설에 그대로 반영되었을 것이다. 다음과 같은 설법은 단적인 사례로 보인다.

"수행승들이여, 잘못된 사유란 어떠한 것인가? 수행승들이여, 감각적 쾌락에 대한 욕망에 매인 사유, 분노에 매인 사유, 폭력에 매인 사유이다. 이것이 잘못된 사유이다. 수행승들이여, 올바른 사유란 어떠한 것인가? 수행승들이여, 올바른 사유에 대하여 나는 두 가지가 있다고 말한다. 수행승들이여, 번뇌에 영향을 받기 때문에, 일정한 공덕이 있어도 집착의 결과가 따르는 올바른 사유가 있고, 수행승들이여, 번뇌에 영향을 받지 않기 때문에, 세상을 뛰어넘고 고귀한 길의 경지에 드는 올바른 사유가 있다.

수행승들이여, 번뇌에 영향을 받지만, 일정한 공덕이 있고, 집착의 대상에 의존하기 때문에 그 과보가 따르는 올바른 사유는 어떠한 것인가? 욕망을 여의는 사유, 분노를 여의는 사유, 폭력을 여의는 사유이다. 이것이 번뇌에 영향을 받기 때문에, 일정한 공덕이 있어도 집착의 대상에 의존하기 때문에 그 과보가 따르는 올바른 사유이다.

수행승들이여, 번뇌에 영향을 받지 않기 때문에, 세상을 뛰어넘고 고귀한 길의 경지에 드는 올바른 사유란 무엇인가? 수행승들이여, 고귀한 마음, 번뇌에 영향을 받지 않는 마음, 고귀한 길을 갖추고, 고귀한 길을 닦은 결과로서 탐구, 사고, 사유, 전념, 몰두, 마음의 지향, 언어적 형성이 생겨나는데, 이것들이 수행승들이여, 번뇌에 영향을 받지 않기 때문에 세상을 뛰어넘는 고귀한 길의 고리인 올바른 사유이다."[186]

〈더 좋은/유익한/수준 높은 즐거움을 발생시키는 조건들〉에 대한 일련의 탐구는 마침내 '새로운 선정의 즐거움'을 발생시키는 조건들의 확보로 이어진 것으로 본다. 정형구로 전해지는 '네 가지 부류의 선정 경험'(四禪)의 원형이 이때 확보된 것으로 보인다. 붓다는 이 선정의 즐거움

---

[186] 전재성 번역, 『맛지마 니까야』 제3권, 「커다란 마흔의 경(Mahācattārīsakasutta)」, p.1296.

이 감관적 쾌락/행복감보다 수승한 '즐거움/행복감'이며, 선정의 즐거움들 가운데서도 수준 차이가 있다고 말한다.

고타마 싯다르타는 '즐거움'을 '조건에 따라 발생하는 것'으로 보게 되었다. 곧이어 '더 좋은 즐거움을 발생시키는 조건들'을 상향적으로 탐구하였다. 그리고 마침내 '선정의 즐거움'을 발생시키는 조건들을 확보하기에 이른다. 이때의 선정은 출가 직후에 배우고 체득했던 전통 선정과는 전혀 다른 것이었던 것으로 보인다. '선정의 즐거움'을 발생시키는 새로운 조건들을 알게 되었고, 그 새로운 조건들을 확보함에 따라 새로운 내용의 선정 수행법을 확보한 것이다. 전통 선정 수행법과는 차별화되는 붓다의 선禪, 새로운 선법禪法의 기초가 마련되는 순간이다.

그런데 이 과정에서 눈여겨보아야 할 대목이 있다. 고타마 싯다르타는 더 수승한 즐거움을 발생시키는 조건들의 탐구를 〈멈추지 않고 지속했다〉라는 점이다. 이것은 무엇을 의미하는가? 즐거움이라 부르는 경험현상은 '조건에 따라' 발생한다. 특정한 내용의 즐거움은 그것을 발생시키는 특정한 조건에 따라 발생하는 것이다. 그렇다면 〈특정 즐거움에 머물지 않고 더 수승한 즐거움을 탐구했다〉라는 것은, 어떤 즐거움을 발생시키는 〈특정 조건을 붙들어 그것에 머물려고 하지 않았다〉라는 **것을 의미한다.** 사람들은 대개 특정 즐거움에 쉽사리 안주한다. 다시 말해, 특정 즐거움을 발생시킨 '어떤 조건들'에 안주하고자 한다. 트럼프를 지지해서 즐거움을 누리던 사람이 그 즐거움에서 떠나 샌더스를 지지해서 발생하는 즐거움으로 옮아가는 일이 쉽겠는가? 지금 경험하는 즐거움을 붙들고 그것의 발생 조건들에 머물려는 것이 보통 인간의 본능적 경향이다. 그런 점에서 고타마 싯다르타의 경우는 매우 특별하다.

현재 경험하는 특정한 내용의 즐거움에 머물지 않으려면, 그 즐거움 현상과의 밀착을 스스로 거부하고 거리를 확보할 수 있어야 한다. 이 자발적 거리두기 능력은 두 가지 조건에서 생겨난다. 하나는, 그 즐거움의 속성과 그것을 발생시킨 조건들을 성찰하는 '이해능력'이다. 다른 하나는, 그 즐거움과 발생조건들을 붙들지 않는 '마음능력'이다. 고타마 싯다르타는 특정 즐거움에 머물지 않고 더 수승한 즐거움을 탐구하는 과정에서, 다시 말해 '더 수승한 즐거움을 발생시키는 새로운 조건들'을 지속적으로 탐구하는 과정에서, 이 두 가지 능력에 눈떠 발전시켜 갔던 것으로 보인다. 그리고 붓다가 된 후의 설법은 이러한 '이해능력'과 '마음능력'을 열어주는 데 초점을 두었고, 사람들을 가르치면서 그 내용과 방식이 갈수록 풍요로워졌을 것이다.

이 '이해'와 '마음'의 문제는, 붓다의 모든 법설뿐만 아니라 붓다 이후 불교의 모든 교학과 수행을 관통하는 요추腰椎라고 생각한다. 연기 깨달음과 연기 구현, 혜학과 정학, 위빠사나와 사마타, 관觀과 지止, 선종의 무념無念, 돈오견성, 화두 참구, 보살행 등은 모두 이 문제와 직결된다고 생각한다. 니까야/아함을 통해 붓다와 대화하는 작업, 남전南傳과 북전北傳의 대화, 북전 내부의 대화, 붓다의 정학定學과 선종禪宗 선학禪學의 연관을 통섭적通攝的으로 탐구하여 불교 고유의 문제 해결력을 확인·발전·구현해 가는 전망도, 결국 이 문제로 수렴되고 이로부터 발산된다. 〈'이해능력'과 '마음능력'에 의한 거리두기〉가 무엇을 의미하며, 삶의 근원적 치유와 행복, 깨달음의 개인적·사회적 구현과 어떤 인과적 연관이 있는지, 그에 대한 관점과 탐구과정을 언어에 담아보는 것이 필자 개인의 최고 관심사이다. 나름대로 가꾸어가는 생각을 기회 되는대로 피력하면서 지혜공동체와 상호작용해 보고 싶다. 붓다가 알려준 '이해능력'과 '마음능력' 그리고 그에 수반하는 '행위능력'이야말로, 인간 진화의 궁극, 그 마지막 진화를 가능케 하는 조건이라고 생각한다.

고타마 싯다르타는 이전의 수행으로는 확보할 수 없었던 새로운 '이해능력과 마음능력'에 개안했으며, 그 핵심은 〈모든 경험현상과 그것을 발생시키는 조건들을 만나고 보면서도, 그것들에 갇히지 않을 수 있는 능력〉이었다. '어떤 즐거움도 붙들지 않는 이해와 마음' '어떤 즐거움에도 갇히지 않을 수 있는 이해와 마음'을 포착하여, 그 지평에서 모든 즐거움과 관계 맺는 새로운 국면을 연 것이다. 〈어떤 즐거움도 붙들지 않고 어떤 즐거움에도 갇히지 않는다〉라는 것은 〈즐거움을 발생시키는 그 어떤 조건들도 붙들지 않아 그것들에 안주하거나 갇히지 않는다〉라는 것을 의미한다. 그리고 이것은 〈모든 경험/체험과 그 발생 조건들을 붙드러가 그것들에 갇히지 않을 수 있는 지평을 확보하는 것이 선禪 수행이고 해탈 수행이다〉라는 것을 의미한다. 달리 말해, 〈모든 해탈 수행과 선 수행은 특정 현상/경험/체험을 확보하는 것을 목표로 하는 것이 아니다〉라는 것이다.

마침내 기존의 선정 수행법과 차별화되는 붓다의 선법禪法이 완성되었다. 붓다의 선禪은 〈그 어떤 경험/체험과 그 발생 조건들에도 갇히지 않을 수 있는 능력을 이해와 마음의 지평에서 열어주고 확립시켜 주는 길〉이다.

【네 번째 성공 요인; '조건인과적 발생'에 대한 직접지直接知 성취 – 삼명三明, 체득적體得的 연기 깨달음】

"이와 같이 마음이 통일되어 청정하고 순결하고 때 묻지 않고 오염되지 않고 유연하고 유능하고 확립되고 흔들림이 없게 되자, 나는 마음을 전생의 기억에 대한 앎으로 향하게 했습니다. 이와 같이 나는 전생의 여러 가지 삶의 형태에 관하여 '한 번 태어나고 두 번 태어나고 세 번 태어나고 네 번 태어나고 다섯 번 태어나고 열 번 태어나고 스무 번 태어나고 서른 번 태어나고 마흔 번 태어나고 쉰 번 태어나고 백 번 태어나고 천 번 태어나고 십만 번 태어나고, 수많은 세계가 파괴되고 수많은 세계가 생성되고 수많은 세계가 파괴되고 생성되는 시간을 지나면서, 당시에 나는 이러한 이름과 이러한 성을 지니고 이러한 용모를 지니고 이러한 음식을 먹고 이러한 괴로움과 즐거움을 맛보고 이러한 목숨을 지녔었고 나는 그 곳에서 죽은 뒤에 나는 다른 곳에 태어났는데, 거기서 나는 이러한 이름과 이러한 성을 지니고 이러한 용모를 지니고 이러한 음식을 먹고 이러한 괴로움과 즐거움을 맛보고 이러한 목숨을 지녔었다. 그 곳에서 죽은 뒤에 여기에 태어났다'라고 기억했습니다. 이와 같이 나는 나의 전생의 여러 가지 삶의 형태를 구체적으로 상세히 기억했습니다.

악기베싸나여, 이것이 내가 밤의 초야에 도달한 첫 번째 앎입니다. 참으로 방일하지 않고 열심히 정진하고 스스로 노력하는 자에게 그것이 나타나듯, 무명이 사라지자 명지가 생겨났고 어둠이 사라지자 빛이 생겨났습니다. 그러나 악기베싸나여, 나의 안에서 생겨난 그러한 즐거운 느낌은 나의 마음을 사로잡지 않았습니다. 이와 같이 마음이 통일되어 청정하고 순결하고 때 묻지 않고 오염되지 않고 유연하고 유능하고 확립되고 흔들림이 없게 되자 나는 마음을 뭇 삶들의 삶과 죽음에 대한 앎으로 향하게 했습니다. 이와 같이 나는 인간을 뛰어넘는 청정한 하늘눈으로 뭇 삶들을 관찰하여, 죽거나 다시 태어나거나 천하거나 귀하거나 아름답거나 추하거나 행복하거나 불행하거나 업보에 따라서 등장하는 뭇 삶들에 관하여 '어떤 중생들은 신체적으로 악행을 저지르고 언어적으로 악행을 저지르고 정신적으로 악행을 저지르고 고귀한 님들을 비난하고 잘못된 견해를 지니고 잘못된 견해에 따라 행동했다. 그래서 그들은 몸이 파괴되고 죽은 뒤에 괴로운 곳, 나쁜 곳, 타락한 곳, 지옥에 태어난 것이다. 그러나 다른 중생들은 신체적으로 선행을 하고 언어적으로 선행을 하고 정신적으로 선행을 하고 고귀한 님들을 비난하지 않고 올바른 견해를 지니고 올바른 견해에 따라 행동했다. 그래서 그들은 육체가 파괴되고 죽은 뒤에 좋은 곳, 하늘나라에 태어난 것이다'라고 분명히 알았습니다. 이와 같이 나는 인간을 뛰어넘는 청정한 하늘 눈으로 뭇 삶들을 관찰하여, 죽거나 다시 태어나거나 천하거나 귀하거나 아름답거나 추하거나 행복하거나 불행하거나 업보에 따라서 등장하는 뭇삶들에 관하여 분명히 알았습니다.

악기베싸나여, 이것이 내가 밤의 중야에 도달한 후 두 번째의 앎입니다. 참으로 방일하지 않고 열심히 정진하고 스스로 노력하는 자에게 그것이 나타나듯, 무명이 사라지자 명지가 생겨났고 어둠이 사라지자 빛이 생겨났습니다. 그러나 악기베싸나여, 나의 안에서 즐거운 느낌이 생겨나더라도 그것이 나의 마음을 사로잡지 않았습니다. 이와 같이 마음이 통일되어 청정하고 순결하고 때묻지 않고 오염되지 않고 유연하고 유능하고 확립되고 흔들림이 없게 되자 나는 마음을 번뇌의 소멸에 대한 앎으로 향하게 했습니다. '이것이 괴로움이다'라고 나는 있는 그대로 알았습니다. '이것이 괴로움의 발생이다'라고 나는 있는 그대로 알았습니다. '이것이 괴로움의 소멸이다'라고 나는 있는 그대로 알았습니다. '이것이 괴로움의 소멸에 이르는 길이다'라고 나는 있는 그대로 알았습니다. '이것이 번뇌이다'라고 나는 있는 그대로 알았습니다. '이것이 번뇌의 발생이다'라고 나는 있는 그대로 알았습니다. '이것이 번뇌의 소멸이다'라고 나는 있는 그대로 알았습니다. '이것이 번뇌의 소멸에 이르는 길이다'라고 나는 있는 그대로 알았습니다. 내가 이와 같이 알고 이와 같이 보자, 감각적 쾌락에 대한 욕망에 의한 번뇌에서 마음이 해탈되었고 존재에 의한 번뇌에서 마음이 해탈되었고, 무명에 의한 번뇌에서 마음이 해탈되었습니다. 해탈되었을 때에 나에게 '해탈되었다'는 앎이 생겨났습니다. 나는 '태어남은 부서지고 청정한 삶은 이루어졌다. 해야 할 일은 다 마치고 더 이상 윤회하지 않는다'라고 분명히 알았습니다.

악기베싸나여, 이것이 내가 밤의 후야에 도달한 세 번째 앎입니다. 참으로 방일하지 않고 열심히 정진하고 스스로 노력하는 자에게 그것이 나타나듯, 무명이 사라지자 명지가 생겨났고 어둠이 사라지자 빛이 생겨났습니다. 그러나 악기베싸나여, 나의 안에서 생겨난 그러한 즐거운 느낌은 그것이 나의 마음을 사로잡지 않았습니다."[187]

"그런 나는 이와 같이 마음이 집중되고, 청정하고, 깨끗하고, 흠이 없고, 오염원이 사라지고, 부드럽고, 활발발하고, 안정되고, 흔들림이 없는 상태에 이르렀을 때 전생을 기억하는 지혜[宿命通]

---

[187] 전재성 번역, 『맛지마 니까야』 제2권, pp.452-454.

로 마음을 향하게 했다. 그런 나는 한량없는 전생의 갖가지 삶들을 기억했다. 즉 한 생, 두 생, 세 생, 네 생, 다섯 생, 열 생, 스무 생, 서른 생, 마흔 생, 쉰 생, 백 생, 천 생, 십만 생, 세계가 수축하는 여러 겁, 세계가 팽창하는 여러 겁, 세계가 수축하고 팽창하는 여러 겁을 기억했다. '어느 곳에서 이런 이름을 가졌고, 이런 종족이었고, 이런 용모를 가졌고, 이런 음식을 먹었고, 이런 행복과 고통을 경험했고, 이런 수명의 한계를 가졌고, 그곳에서 죽어 다른 어떤 곳에 다시 태어나 그곳에서는 이런 이름을 가졌고, 그곳에서 죽어 다른 어떤 곳에 다시 태어나 그곳에서는 이런 이름을 가졌고, 이런 종족이었고, 이런 용모를 가졌고, 이런 음식을 먹었고, 이런 행복과 고통을 경험했고 이런 수명의 한계를 가졌고, 그곳에서 죽어 다시 여기 태어났다'라고. 이처럼 한량없는 전생의 갖가지 모습들을 그 특색과 더불어 상세하게 기억해냈다.

악기웻사나여, 이것이 내가 밤의 초경初更에 증득한 첫 번째 명지明智이다. 마치 방일하지 않고 열심히, 스스로 독려하며 머무는 자에게 무명이 제거되고 명지가 일어나고 어둠이 제거되고 광명이 일어나듯이, 내게도 무명이 제거되고 명지가 일어났고 어둠이 제거되고 광명이 일어났다. 악기웻사나여, 내게 비록 이러한 즐거운 느낌이 일어났지만 그것이 내 마음을 제압하지는 못했다. 그런 나는 이와 같이 마음이 집중되고, 청정하고, 깨끗하고, 흠이 없고, 오염원이 사라지고, 부드럽고, 활발발하고, 안정되고, 흔들림이 없는 상태에 이르렀을 때 중생들의 죽음과 다시 태어남을 [아는] 지혜[天眼通]로 마음을 향하게 했다. 그런 나는 청정하고 인간을 넘어선 신성한 눈[天眼]으로 중생들이 죽고 태어나고, 천박하고 고상하고, 잘생기고 못생기고, 좋은 곳[善處]에 가고 나쁜 곳[惡處]에 가는 것을 보고, 중생들이 지은 바 그 업에 따라 가는 것을 꿰뚫어 알았다. '이들은 몸으로 못된 짓을 골고루 하고 말로 못된 짓을 골고루 하고 또 마음으로 못된 짓을 골고루 하고, 성자들을 비방하고, 아주 나쁜 견해를 지니어 사견업邪見業을 지었다. 이들은 몸이 무너져 죽은 뒤 처참한 곳[苦界], 불행한 곳[惡處], 파멸처, 지옥에 태어났다. 그러나 이들은 몸으로 좋은 일을 골고루 하고 말로 좋은 일을 골고루 하고 마음으로 좋은 일을 골고루 하고 성자들을 비방하지 않고 바른 견해를 지니고 정견업正見業을 지었다. 이들은 몸이 무너져 죽은 뒤 좋은 곳[善處], 천상세계에 태어났다'라고. 이와 같이 나는 청정하고 인간을 넘어선 신성한 눈으로 중생들이 죽고 태어나고, 천박하고 고상하고, 잘생기고 못생기고, 좋은 곳[善處]에 가고 나쁜 곳[惡處]에 가는 것을 보고, 중생들이 지은 바 그 업에 따라 가는 것을 꿰뚫어 알았다.

악기웻사나여, 이것이 밤의 이경(二更)에 내가 증득한 두 번째 명지明知이다. 마치 방일하지 않고 열심히, 스스로 독려하여 머무는 자에게 무명이 제거되고 명지가 일어나고 어둠이 제거되고 광명이 일어나듯이, 내게도 무명이 제거되고 명지가 일어났고 어둠이 제거되고 광명이 일어났다. 악기웻사나여, 내게 비록 이러한 즐거운 느낌이 일어났지만 그것이 내 마음을 제압하지는 못했다. 그런 나는 이와 같이 마음이 집중되고, 청정하고, 깨끗하고, 흠이 없고, 오염원이 사라지고, 부드럽고, 활발발하고, 안정되고, 흔들림이 없는 상태에 이르렀을 때, 모든 번뇌를 소멸하는 지혜[漏盡通]로 마음을 향하게 했다. 그런 나는 '이것이 괴로움이다'라고 있는 그대로 꿰뚫어 알았고, '이것이 괴로움의 일어남이다'라고 있는 그대로 꿰뚫어 알았고, '이것이 괴로움의 소멸이다'라고 있는 그대로 꿰뚫어 알았고, '이것이 괴로움의 소멸에 인도하는 도닦음이다'라고 있는 그대로 꿰뚫어 알았다. '이것이 번뇌다'라고 있는 그대로 꿰뚫어 알았고, '이것이 번뇌의 일어남이다'라고 있는 그대로 꿰뚫어 알았고, '이것이 번뇌의 소멸이다'라고 있는 그대로 꿰뚫어 알았고, '이것이 번뇌의 소멸에 인도하는 도닦음이다'라고 있는 그대로 꿰뚫어 알았다. 내가 이와 같이 알고 이와 같이 볼 때 나는 감각적 욕망에 기인한 번뇌[欲漏]에서 마음이 해탈했다. 존재에 기인한 번뇌[有漏]에서도 마음이 해탈했다. 무명에 기인한 번뇌[無明漏]에서도 마음이 해탈했다. 해탈했을 때 해탈했다는 지혜가 생겼다. '태어남은 다했다. 청정범행은 성취되었다. 할 일을 다 해 마쳤다. 다시는 어떤 존재로도 돌아오지 않을 것이다'라고 꿰뚫어 알았다.

악기웻사나여, 이것이 밤의 삼경三更에 내가 증득한 세 번째 명지明知이다. 마치 방일하지 않고 열심히, 스스로 독려하여 머무는 자에게 무명이 제거되고 명지가 일어나고 어둠이 제거되고 광명이 일어나듯이, 내게도 무명이 제거되고 명지가 일어났고 어둠이 제거되고 광명이 일어났다. 악기웻사나여, 내게 비록 이러한 즐거운 느낌이 일어났지만 그것이 내 마음을 제압하지는 못했다."[188]

- **요점**

수승한 즐거움과 그 발생 조건들을 향상적으로 포착하는 동시에, 모든 즐거움과 발생 조건들에 갇히지 않는 능력을 확보해 가던 고타마 싯다르타. 그는 그 과정의 정점인 선정의 궁극경지에서 문득 과거생過去生

---

[188] 대림 번역, 『맛지마 니까야』 제2권, pp.183-186.

으로 관심을 기울인다. 그러자 과거생의 개별화된 삶들을 관심 가는 대로 추급하여 확인할 수 있었다〈숙명통宿命通〉. 이어서 수많은 개별 과거생들의 상호 연관으로 관심을 기울이자, 삶의 연속적 전개 사이에 인과적 연관이 있음을 확인할 수 있었다〈천안통天眼通〉.

그렇게 '직접 알게 된 앎'(直接知)으로써 성취한 '조건인과적 발생에 대한 통찰'(연기 깨달음)을 현재 실존에 적용하였다. 그러자 '삶의 괴로움 및 그것과 맞물려 있는 번뇌라는 현상'(苦), '그 현상을 발생시키는 인과적 조건들'(集), '고통과 번뇌를 발생시키는 인과적 조건들에서 풀려난 지평'(滅), '풀려난 지평을 성립시키는 조건들'(道)이 확연해졌다. 이어서 '더 이상 고통과 번뇌의 발생 조건들에 매이지 않는 지평'(해탈)이 완벽해졌고, '그런 성취가 구현되었다는 것을 스스로 확인하는 능력'(解脫知)이 밝아졌다〈누진통漏盡通〉.

이 모든 과정에서도 그런 능력들을 조건으로 즐거움이 발생했지만, 그 즐거움도 붙들지 않고 그 발생 조건들에 갇히지 않을 수 있었다. '풀려남'(解脫)의 상위上位 지평이 완벽하게 현현이다. 붓다가 되었다.

· 음미

이른바 '세 가지 특별한 능력이 밝아졌다'(三明)는 회고이다. 세 가지 가운데 숙명통과 천안통은 과거 전생의 삶을 읽을 수 있는 능력이라는 점에서 경험의 일상성을 벗어난다. 그런 점에서 고타마 싯다르타에게 실제로 이런 능력이 생겼는지, 아니면 붓다에 대한 존경과 숭배의 념念이 입혀놓은 신비의 옷인지 의견이 분분하게 된다. 모두 열어두어야 할 가능성이다. 기록이 전하는 내용과 같은 숙명통과 천안통을 직접 체득하여 경험으로 증언하는 사례가 재현된다면 결정적일 것이나, 그런 증명은 기대하기 어려워 보인다. 누구나 자발적 노력으로 성취 가능한 능력이라 해도, 또 이런저런 유사 사례를 인정한다고 해도, 붓다의 경우와 같은 사례의 반복은 기대하기 어려울 정도로 특별한 일이라는 것을 부인할 수 없다.

개인적으로는 긍정 쪽이다. '아마도' 그랬을 것으로 생각하고 있다. 붓다로서의 45년 행적이 보여주는 그 밑 모를 깊이를 이해하기 위해서라도, 그렇게 보고 있다. 그렇게 보는 합리적 이유도 있다. **'숙명통 → 천안통 → 누진통'**의 전개에서 목격되는 일련의 인과적 구조 때문이다. 고타마 싯다르타는 이 과정에서 '조건인과적 발생'의 연기 법칙을 직접 경험을 통해 확인하고 있다. '숙명통 → 천안통 → 누진통'의 과정은, '조건인과적 발생'에 대한 직접지直接知의 성취과정을 보여준다. 연기 깨달음이 경험적 근거를 통해 체득적으로 입증되고 그로 인해 완성되고 있다는 점이 눈길을 끈다.

〈조건 A가 갖추어지면 현상 B가 발생하고, 조건 A가 갖추어지지 않으면 현상 B가 발생하지 않는다.〉 – 이런 현상이 충분한 사례를 통해 예외 없이 반복될 때, 〈B는 A를 조건으로 발생한다〉거나 〈A와 B는 조건인과적 관계를 맺고 있다〉라고 말한다. 이러한 인과관계를 말할 수 있으려면, 표본들 사이의 조건인과적 관계가 충분한 사례를 통해 반복적으로 목격되어야 한다. 숙명통에서 천안통으로의 전개는 이러한 의미를 지닌다.

선정의 정점에서 고타마 싯다르타는 전생의 삶에 대한 관심을 일으킨다. 그러자 원하는 대로 소급해 가면서 수많은 전생의 개별사례들을 확인한다. 일종의 '필요한 만큼의 표본 확보과정'에 해당한다. 이어 고타마 싯다르타는 그 수많은 개별적 삶들이 〈생生의 연속계열에서 일정한 법칙성을 보이고 있다〉라는 것을 확인한다. 〈'A라는 내용의 삶'(조건 A)이 있게 되면 'B라는 내용의 삶'(현상 B)이 발생하는 유사 사례들〉을 충분한 경우의 수만큼 알게 되었다. 인과적 발생을 말할 수 있을 정도의 반복 사례들을 보면서, 고타마 싯다르타는 전생 사례들을 통해 '조건인과적 발생'의 법칙성을 경험적으로 확인한다. 마치 자연과학자들이 현상들을 관찰하여 현상들의 조건인과적 발생을 확인하고 그 조건인과 법칙을 수식數式에 반영하려는 것처럼, 고타마 싯다르타는 수많은 전생 사례들을 관찰함으로써 삶의 조건인과적 발생과 연속을 확인한다. 그것이 천안통의 내용이자 의미로 보인다. 이때 고타마 싯다르타는 조건인과적 발생이 모든 현상에 적용할 수 있는 보편적 법칙이라는 것을 확연히 깨달았던 것 같다.

이렇게 포착한 '조건인과적 발생의 보편적 법칙성'을 고타마 싯다르타는 현재 실존에 적용시켜 본다. 그랬더니 고통이라는 현상은 조건인과적으로 발생하는 것이며(고품-집集 연기), 그 고통의 치유도 조건인과적으로 성취할 수 있는 것(멸滅-도道 연기)이라는 점이 확연하게 되었다. 이미 가장 수승한 즐거움과 그것을 발생시키는 조건들을 알게 되었고, 동시에 모든 경험과 그 발생조건들에 갇히지 않을 수 있는 자유의 능력을 확보한 고타마 싯다르타. 그는 고통과 행복의 조건인과적 면모를 선명하게 볼 수 있었다. 또 성찰하기만 하면, 그 조건인과를 '필요에 따라 적절하게' 포착하고 설명할 수 있는 능력도 확립되었다.

어릴 적 체험했던 즐거움에 대한 기억을 단서로 삼아 모든 현상을 '조건적 발생'으로 보는 관점을 수립하였던 고타마 싯다르타. 그때 성취한 것은, 성찰적 사색을 통해 확보한 '이지적理智的 연기 깨달음'이었다. 그 이지적 연기 깨달음에서 출발하여 새로운 선정 현상을 발생시키는 조건에 눈뜰 수 있었다. 그리고 그 조건들의 선택을 통해 확립한 새로운 선정을 토대로 '연기 깨달음'을 체득적으로 완성시켰다. 성찰을 통한 '이지적 연기 깨달음'에서 출발하여, 선정을 통한 '체득적 연기 깨달음'으로 나아간 것이다. – "'이것이 괴로움이다', '이것이 괴로움의 발생이다', '이것이 괴로움의 소멸이다', '이것이 괴로움의 소멸에 이르는 길이다'라고 나는 있는 그대로 알았다. '이것이 번뇌이다', '이것이 번뇌의 발생이다', '이것이 번뇌의 소멸이다', '이것이 번뇌의 소멸에 이르는 길이다'라고 나는 있는 그대로 알았다."

이미 모든 경험현상과 그 발생 조건들에 매이지 않고 갇히지 않을 수 있는 능력을 완성시킨 터였다. 삶의 미혹과 오염, 불안과 고통의 조건인과 계열에서 탈출할 수 있는 능력을 성취한 터였다. 그러기에 즉시 삶의 모든 번뇌로부터 완전한 자유를 구현할 수 있었다. 그리고 궁극적 자유의 지평이 드러났다는 것을 스스로 아는 '자기 증명'이 발생했다. – "'감각적 욕망에 기인한 번뇌'(欲漏)에서 마음이 해탈했다. '존재에 기인한 번뇌'(有漏)에서도 마음이 해탈했다. '무명에 기인한 번뇌'(無明漏)에서도 마음이 해탈했다. 해탈했을 때 '해탈했다는 지혜'(解脫智)가 생겼다."

다 해결했다. 더 이상 풀어야 할 문제는 없다. 고타마 싯다르타를 혼란과 불안, 고통으로 짓누르던 근원적·궁극적 문제 상황이 완전하게 해소되었다. 붓다, 이제 무엇을 할 것인가. 세상이 보지 못하는 높이,

세상이 알기 어려운 깊이를 품게 된 이들에게 운명처럼 엄습하는 짙은 고독. 차라리 이대로 끝낼까.

조건에 따라 발생한 모든 현상, 모든 경험과 현상을 발생시킨 조건들에, '매이지 않고 갇히지 않는 자유의 지평'이 활짝 열렸다. 그리고 그 지평에 서서 '빠져들지 않으면서 만나는' 연기緣起의 세상. – 그 속에는 예전의 자신처럼 혼란과 불안, 고통과 번민의 가시덤불을 어지럽게 헤매는 사람들이 있다. 빠져나온 자의 무관심을 선택할 것인가, 연민을 선택할 것인가.

'무조건적·절대적 자아 및 존재'라는 환각 현상을 발생시키던 조건들에서 완전히 자유로워진 인간은, 세상을 '하나처럼' 경험한다. 절대 자아, 실체 존재라는 환각이 구축했던 격리와 배제가 해체된 세상을 만난다는 의미에서의 '하나로 만남'이다. 이 '하나 됨'의 경험을 조건으로 삼아 발생하는 '제한 없는 연민', 그 광대한 자애는, 붓다의 운명으로, 붓다의 속성으로 솟구친다. 붓다, 그는 고독을 넘어 만남을 선택한다.

【부록 2】[189]

무아는 1인칭의 삭제인가, 새로운 1인칭의 등장인가?
- 화쟁과 무아 그리고 원효 -

1. 화쟁과 무아 그리고 1인칭의 문제

쟁론諍論은 자기주장의 무조건적/절대적 타당성을 추구하는 언어 주체들의 상호 배제적 충돌이다. 이에 비해 화쟁和諍은 자기와 타자의 주장이 지닌 타당성과 부당성을 조건적/연기적으로 포착하고 타당성들을 서로 어울리게 하여 더 좋은 합리성을 추구하는 상호 포섭적 언어능력이자 태도이다. 이 화쟁은 〈모든 현상은 조건에 따라 발생한다〉라고 하는 붓다의 연기 통찰을 계승하는 것이기도 하다. **특히 원효는 '주장을 성립시키는 조건들의 인과계열'(門)의 식별과 상호 포섭을 화쟁의 주요 원리로 제시하는데, 이는 연기 통찰의 핵심을 쟁론의 문제 상황에 적용시키는 원효 특유의 역량이다.**

---

189) 영산대 화쟁연구소 2022년 전반기 학술대회(7월 2일)에서 발표한 글이다.

화쟁은 붓다의 연기법이 지닌 합리성과 문제 해결력에 새롭게 접근하게 한다. 연기법에 대해 기존의 교학이 보여주는 해석학적 면모에 새로움을 추가할 수 있게 하기 때문이다. 연기법에 대한 교학적 이해는 붓다의 연기 통찰이 추구하는 '삶과 세상의 연기적 합리화'를 제한하거나 심지어 굴절시키는 경우도 있다. 연기 통찰을 발원으로 하는 붓다의 모든 법설은 근원에서부터 새롭게 읽어 볼 필요가 있다. 연기 통찰과 직접 맞물려 있는 무아 통찰은 그 출발점이다.

모든 정신적/물리적 현상은 그것을 발생시키는 조건들이 있다. 그리고 발생 원인이 되는 모든 조건은 예외 없이 변화하며, 원인 조건들의 변화에 따라 발생하는 현상 역시 그 내용이 변한다. 또 어떤 현상의 발생에 연관되는 원인 조건은 단수가 아니며, 원인 조건들과 발생 현상들 사이의 인과적 거리나 양상도 다채롭다. 아울러 인간 스스로 선택 가능한 조건들이 있고 선택 불가능한 조건들이 있다. 선택 가능한 조건들 가운데 '사실 그대로에 의거한 이로움'을 발생시킬 수 있는 내적/외적 조건들을 성찰하여 선택해 가는 노력과 과정이 공부요 수행이다. 연기 성찰과 무아 통찰 그리고 화쟁은 바로 그런 공부와 수행의 길라잡이다.

인간은 관심과 주장을 언어에 담아 논리를 갖춘 이론으로 펼친다. 논리와 이론의 양상이나 수준은 천차만별이지만, 언어를 매개로 관심과 주장을 펼친다는 점은 인간의 보편적 사태이다. 침묵이나 몸짓도 언어와 무관하지 않다. 그런 점에서 쟁론과 화쟁인 인간사를 관통하는 근본 문제이다. 쟁론은 언어인간 특유의 문제이고, 화쟁은 언어인간 고유의 가능성이다.

쟁론과 화쟁은 모두 언어 주체의 문제이다. 쟁론은 자기 관심과 주장의 조건적 발생에 무지한 비非연기적 언어 주체의 불합리한 태도이고, 화쟁은 관심과 주장의 조건적 발생을 인지한 언어 주체의 합리적 역량이다. 따라서 쟁론과 화쟁은 공히 1인칭 언어 주체를 조건으로 발생하는 현상이다. 쟁론은 관심과 주장의 조건성을 외면하는 1인칭의 불합리한 태도이고, 화쟁은 관심과 주장의 조건성을 성찰하여 '현상 발생의 사실성'을 추구하는 1인칭의 합리적 역량이다. 그런데 화쟁의 철학적 근거는 연기법이지만, 연기 통찰의 존재론적 표현인 무아 법설에 대한 붓다 후학들의 시선에서는 '무아와 1인칭의 문제'에 관해 혼란이 목격된다.

2. 무아는 1인칭의 삭제인가, 새로운 1인칭의 등장인가? – 붓다의 오온五蘊/오취온五取蘊과 '관점적 1인칭 주체/주관성'

경험은 예외 없이 변화하는 현상과 맞닿아 있다. 경험 범주에서 포착되는 정신적·신체적·물질적 현상들에서 불변의 것은 목격되지도 확보되지도 않는다. 만약 경험에 대한 현상학적 탐구가 그 시선을 불변자아나 불변 존재로 향한다면 성공할 수 없다. 1인칭 주체에 해당하는 불변·독자의 지속적 실체나 본질은 없다. 붓다 무아 법설의 핵심이기도 하다. 아마도 붓다는 이 점을 가장 철저한 수준에서 설득력 있는 방식으로 밝혀낸 최초의 사례에 해당할 것이다. 붓다의 무아 통찰은 1인칭 주체/자아에 대한 통념적 시선과 기대에 반한다. 철학적 통념과도 충돌한다. 그런 만큼 충격적이다. 이해와 수용이 어렵다. 더욱이 이 무아 통찰은, 어떻게 해서든 불변·독자·순수·절대·전능의 궁극실재를 수립하려는 선행 인도 전통철학·종교의 태도와 주장을 뿌리째 전복시키는 내용이어서, 인도철학과 문명의 기득권을 장악한 주류에게는 더욱 충격적이었다.

〈모든 현상은 조건에 따라 발생·유지·변화·소멸한다. 그리고 모든 조건은 관계 속에 변화한다〉라는 연기 법칙은 모든 현상에 보편적으로 적용된다. 따라서 연기법 통찰에 의거하고 있는 〈1인칭 주체/자아에 불변·독자의 지속적 실체나 본질은 존재하지 않는다〉라는 붓다의 무아 통찰은, 비단 자아뿐만 아니라 모든 현상에 적용해야 한다. 붓다의 계승전통에서 거론되는 〈자아에 불변·독자의 본질이나 실체는 없다는 인무아人無我/인공人空〉과 〈모든 현상에 불변·독자의 본질이나 실체는 없다는 법무아法無我/법공法空〉의 문제는 모두 무아 통찰에 속한다. 특히 붓다 법설에 대한 아비달마의 해석학에서 '무상한 현상들을 발생시키는 무수한 불변 실재인 자성自性(svabhāva)들'을 설정하는 비非연기법적 사고가 교리로 수립된 것은 '법무아法無我/법공法空' 문제를 거론하게 된 결정적인 교학사적 배경으로 보인다. 원효는 불교 교학/해석학 전통에서 등장한 이 문제를 주목하여 삶과 세상을 왜곡·오염시키는 두 가지 장애를 인집人執과 법집法執의 문제로 총괄한 후, 번뇌장煩惱障과 소지장所知障의 범주로 구분하여 그 내용과 치유방식에 대해 상세히 논한다. 『이장의二障義』라는 저술은 원효의 탐구력과 성취가 얼마나 탁월한 것인지를 단적으로 보여준다.

붓다의 무아 통찰은 이른바 '오온 무아五蘊無我' 법설로 제시된다. 1인칭 주체의 구성물을 설명하는 통념적 방식은 '정신·마음·영혼(心)'과 '물질·신체(身)'의 결합으로 설명하는 심신론이다. 심신의 본질적 차이를 설정하는 심신이원론이든 신심의 상호교섭을 인정하는 심신융합론이든,

1인칭 주체를 두 가지 구성물의 결합으로 설명하는 방식은 일반적이다. 세속적 상식과 철학적 시선이 공유하는 방식이다. 그런 점에서 1인칭 주체를 '변화와 상호관계가 적용되는 다섯 가지 현상적 요소들의 상호 결합체'로 분석하는 붓다의 오온설은 관행과는 다른 특이한 방식이다.

오온의 내용물인 '색깔과 모양을 지닌 신체적 현상들'(色蘊)·'느낌 현상들'(受蘊)·'개념적 지각 현상들'(想蘊)·'의도적 선택작용 현상들'(行蘊)·'의식 현상들'(識蘊)은 모두 1인칭 주체의 고유한 정체성(인격)이나 '타자와 구별되는 자기'를 성립하는 핵심 현상들이다. 인간은 신체에 해당하는 '색깔과 모양을 지닌 현상들'(色蘊)의 개별적 특성을 근거로 삼아 '자기 감각'을 경험한다. 또 '느낌 현상들'(受蘊)을 통해 대상과 환경에 대한 호감(끌림과 긍정)·비호감(거부와 부정)·'쏠리지 않는 느낌'(안정감)들을 매개로 '반응 주체인 자기'를 확인하고, '언어로 분류된 개념적 차이에 대한 지각 현상들'(想蘊)을 통해 '구분된 범주에 대한 지각 주체'인 '자기'를 경험한다. 아울러 여러 선택지 가운데 자신이 원하는 특정한 것을 선택하는 의도들(行蘊)을 매개로 '선택 주체인 자기'를 확인하고, 기억·비교·분석·판단·평가·추리·반성하는 의식작용을 통해 '관점적 주체로서의 1인칭 자기'를 경험한다. 그런데 이들 오온 현상 그 어떤 것에도 불변의 동일성을 유지하는 독자적 본질이나 실체는 없다. 심신 형상을 통제하거나 주관하는 불변의 단독자도 없다. '나' 및 '나의 것'은 그에 속하는 그 어떤 불변 실재도 없이 역동적·관계적으로 형성되는 '차이 정체성'이다. 오온 구성물의 의미를 이렇게 보면 오온 법설의 수립 취지가 분명해진다. 오온 법설은, '1인칭 자아감을 형성하는 인간 몸의 핵심 조건 다섯 가지'에 대한 연기적 성찰로써 '사실 그대로의 1인칭 주체'를 설명하는 이론이다. 동시에 1인칭 자아감에 불변·독자의 본질/실체를 부여하는 '1인칭 주체에 대한 허구 관념'을 비판하기 위한 이론 장치이다.

그런데 붓다의 연기 통찰에 따르면, 오온을 구성하는 다섯 가지 현상 범주는 모두 내적 상호관계와 상호작용을 통해 형성·유지·변화되는 동시에, 오온 각각의 현상은 타인·대상·사회·환경 등 외부세계와의 상호관계·상호작용을 통해 역동적으로 형성·유지·변화된다. 인간의 경험 구성과 경험 범주를 '내부 감관능력과 외부 대상세계의 상호관계·상호작용'를 통해 설명하는 '오온五蘊·12처處·18계界 이론'은 그러한 통찰을 담고 있다. 12처處는, 오온으로 구성된 몸의 '6가지 감관능력'(육근六根/육내처六內處, 눈·귀·코·혀·신체·의식의 능력)과 각각의 감관능력에 상응하면서 상호작용하는 '6가지 대상세계'[육경六境/육외처六外處, '유형적 대상'(色)·소리(聲)·냄새(香)·맛(味)·감촉(觸)·'개념화된 현상'(法)]을 합한 개념이다. 내부 감관능력과 외부 대상세계는 언제나 연접하면서 상호관계·상호작용하고 있다는 통찰의 표현이다. 그리고 18계界, 12처에 '눈 능력을 매개로 발생하는 의식 현상'(眼識)·'귀 능력을 매개로 발생하는 의식 현상'(耳識)·'코 능력을 매개로 발생하는 의식 현상'(鼻識)·'혀 능력을 매개로 발생하는 의식 현상'(舌識)·'신체 능력을 매개로 발생하는 의식 현상'(身識)·'의식능력을 매개로 발생하는 의식 현상'(意識)의 '6가지 의식적 현상'(육식六識)을 더한 것이다. 즉 감관능력과 감관대상이 관계 맺을 때는 언제나 '의식능력'(識)이 결합되어야 인간의 경험현상이 발생한다는 성찰이 18계界설이다.

'오온五蘊·12처處·18계界 이론'에서는 두 가지 의미가 주목되어야 한다. 첫 번째 의미는, 세계 경험을 포함한 인간의 모든 경험현상은 몸(五蘊)의 내부 능력(六根)과 외부세계(六境)의 연접連接과 상호관계 및 상호작용에 의해 발생·형성·유지·변화·소멸한다는 것이다. '신체 현상들'(色蘊)을 유지하려면 내부 오온들과 외부세계의 연접·상호관계·상호작용이 '모두 그리고 동시적으로' 이루어져야 한다. '눈 능력'(眼根)과 '눈을 매개로 한 경험'(眼識)의 발생에는 여러 '신체 현상들'(色蘊)과의 상호관계·상호작용이 필요하고, '느낌 현상들'(受蘊)·'개념적 지각 현상들'(想蘊)·'의도적 선택작용 현상들'(行蘊)·'의식 현상들'(識蘊)과의 상호관계·상호작용이 있어야 하며, 환경·타인·사회 등 외부세계와의 접속과 적절한 상호관계·상호작용이 동시에 필요하다. '느낌 현상들'(受蘊)·'개념적 지각 현상들'(想蘊)·'의도적 선택작용 현상들'(行蘊)·'의식 현상들'(識蘊)의 형성과 유지 및 변화 역시 마찬가지다. **두 번째 의미는, 인간의 경험은 모든 감관능력에 예외 없이 '의식능력'(意根)이 결합되어야 발생한다는 점에서 주관적/관점적 속성을 지닌다는 것, 그래서 인간은 '모든 것을 관점적/주관적으로 경험할 수밖에 없는 존재'라는 것이다.** 인간은 언어를 통해 현상들의 차이를 분류·기억·비교·판단·평가·분석·추리·반성하는 의식능력을 발전시킴으로써 고도화된 의식 주체인 언어인간이 되었다. 그런데 인간이 언어적 의식능력을 지니게 되었다는 것은, 모든 현상을 '관점적 시선' 아래 경험하게 되었다는 것을 의미한다. 따라서 모든 감관능력의 작용에 의식능력을 결합시킨다는 것은, 〈모든 것을 관점적으로 경험한다〉라는 것을 의미한다. '관점적'이라는 개념을 '주관적'이라는 개념과 호환시켜 사용한다면, 인간은 '모든 것을 관점적/주관적으로 경험할 수밖에 없는 존재'라 할 수 있다.

그러므로 **오온으로 설명되는 인간은 이렇게 정의할 수 있을 것이다. 〈오온 인간에서는, 몸 내·외부의 조건들이 상호관계 맺고 상호작용함으로써 오온 현상의 발생·형성·유지·변화·소멸이 이루어진다. 그리고 오**

온 인간은, 특유의 의식능력으로 인해, 그 현상들을 '관점적/주관적 경험'으로 처리한다.〉 이러한 오온 주체들의 상호 개방과 접속, 상호관계 및 상호작용에 의해 형성·전개되는 '다층·다체계적 열린 역동체'가 인간 개인이자 인간 세상이다. 따라서 오온이라는 연기적 인간관은, '독자·불변·단수·단층의 닫힌 개체'로 보는 인간관을 '관계·역동·다층·다체계·복합의 열린 주체'로 보는 인간관으로 대체하고 있다.

또한 오온 인간의 이러한 의미는 무아·깨달음·해탈·열반과 관련해서는 이렇게 번역할 수 있다. 〈인간은 고도화시켜 온 언어적 의식능력을 포기하거나 삭제할 수 없다. 죽음이 아니고서는 포기나 삭제 자체가 불가능하다. 그리고 언어적 의식능력에서 물러나려는 퇴행적 방식으로는 의식능력에서 발생한 문제들을 해결할 수가 없다. 인간의 선택은 의식능력을 더 고도화시키는 것, '의식능력의 새로운 진화'를 추구하는 것이어야 한다. 무아·깨달음·해탈·열반은 그런 선택이다. 따라서 무아·깨달음·해탈·열반은 '관점적 1인칭 주체/주관성의 삭제'가 아니라 '새로운 관점적 1인칭 주체/주관성의 구현'이다.〉

다섯 가지로 분류된 오온 현상들은 끊임없이 변하고 상호작용하면서 각자의 특성을 발현한다. 어느 하나라도 변하지 않거나 상호작용하지 않으면, 1인칭 주체의 생명 활동과 정체성 형성·유지는 어렵다. 게다가 그 상호작용의 범주는 개인의 몸 내부에 국한되는 것이 아니라 타자 및 세계를 포함한다. 내·외부세계에 모두 접속하여 상호작용 속에 역동적으로 구성·전개되는 '오온'은, 타자 및 세계와 연접하면서도 경계 지어지는 '관점적 1인칭 범주'에 관한 지칭이다. 오온은 자아감의 영역이고, 타자의 인격과는 구별되는 자기 인격이나 자기 정체성을 지칭한다. 오온 가운데서도 특히 '의식 현상들'(識蘊)이 지닌 통합작용은 오온을 '통합된 자아 감각'으로 경험하게 하는 구심점이고, 관찰자로서의 '관점적 자아 감각'을 발생시키는 원심점이다.

현대철학이 주목하는 '서사적 자아 구성' 역시 이러한 오온을 매개로 삼아 이루어진다고 볼 수 있다. 〈현존 자아는 자신이 속한 사회문화적·언어적 공동체의 선행 서사에 의해 구성된다〉라는 측면을 주목하는 것이 '서사적 자아' 담론의 초점이다. 나의 자기 이해는 자기가 속한 사회문화적 그물망의 자아 스토리텔링에 의해 구성된다는 '이야기로서의 자아'는, 자아가 불변의 본질을 지닌 지속적 실체 자아가 아니라 사회·문화·언어적 관계망과 상호작용하면서 역동적으로 구성된다는 점을 밝히는 통찰이다. 그런 점에서 무아 통찰의 현대적 유형이다. 서사적 자아 담론에도 〈자아는 우리 자신에 대해 말하고/말했던 이야기로만 엮어진 것〉이라는 주장과, 〈자아는 다양한 서사로만 구성되는 것은 아니며, 서사와 관련되지만 서사 이전의 어떤 종류의 전前 서사적 자아가 존재한다〉라는 주장으로 갈라지지만, 모두 '역동적/관계적으로 구성되는 자아'를 주목한다. 그런데 **사회·문화·언어 공동체의 자아 관련 스토리텔링이 개인 자아의 구성에 개입할 때, 그 매개로 오온을 주목하게 된다.** '신체적 현상들'(色蘊)·'느낌 현상들'(受蘊)·'개념적 지각 현상들'(想蘊)·'의도적 선택작용 현상들'(行蘊)·'의식 현상들'(識蘊)에 관한 다양한 스토리텔링이 서로 엮이어 '자아 감각'과 '자기에 대한 이해'를 역동적으로 구성하는 것으로 분석할 수 있기 때문이다.

인간에게 모든 경험은 '각자가 겪는 관점적/주관적 현상'으로 주어진다. 인간의 자아감은 이 관점적 주관성으로 구성된다. 그런데 이 관점적 주관성은, 개체의 몸 안에 닫혀 발생하는 폐쇄적 현상이 아니라, 몸 내·외부에 활짝 열린 상호관계에서 역동적으로 발생하는 개방적 현상이고, 개인의 안과 밖 전방위의 상호관계에서 역동적으로 발생하는 '인과적 응집성'이다. 인간은 생명을 유지하는 한, 모든 것을 관점적 주관 현상으로 경험하는 1인칭 주체일 수밖에 없다. 이 1인칭적 주관성은, 진화 과정에서 인간에게 발현되었고 언어능력으로 인해 관점적으로 고도화된, 인간 생명 특유의 현상이며, '스스로 그러하게 된'(自然) 우주적 이법의 표현이다. 그래서 인간으로 살아가는 한, 이 관점적 1인칭 주체/주관성을 포기하거나 삭제하는 것은 불가능하다. 가능한 포기 방식은 오직 죽음뿐이다.

〈모든 현상은 관계와 변화 속에 상호조건적으로 발생한다〉라는 연기 법칙성은 오온 현상을 관통한다. 따라서 오온은 '관계와 변화에 열린 관점적 1인칭 주체/주관성'을 지시하며, 오온 무아 법설은 그 '관점적 1인칭 주체/주관성'을 '현상의 사실 그대로' 이해하게 하는 새로운 인간관이다. 무아(無我, anattan)는 '아트만(ātman)으로서의 자아'를 비판적으로 겨냥하는 개념으로서, 아트만적 자아를 대체하는 새로운 1인칭 개념으로 보는 것이 적절할 것이다. 필자는 오온 무아 통찰을 '사실 그대로의 관점적 1인칭 주체/주관성'을 드러내는 새로운 인간관이라 본다.

붓다는 '관점적 1인칭 주체/주관성을 구성하는 다섯 가지 현상들의 무더기'인 오온(五蘊, pañcakkhandhā)과 '집착에 물든 오온'인 오취온(五取蘊, pañcupādānakkhanda)이라는 개념을 구분한다. 오온은 '변화와 관계의 오온 현상들'로서 '사실 그대로의 관점적 1인칭 주체/주관성'이고, 오취온은 '불변·동일·독자적 본질/실체 관념을 덧씌운 오온'으로서 '무지로 왜곡/오염된 허구적 자아'이다. **붓다의 오온 무아 법설은 '무지가 세운 허구적 1인칭 자아'(오취온)을 '사실 그대로의 관점적 1인칭 주체/주관성'(오온)으로 바꾸려는 새로운 인간 이해이다.** 〈현재의 현상적 주체에서 열반이 구현된다〉라는 니까야/아함의 현법열반現法涅槃 개념은 이 '사실 그대로의 관점적 1인칭 주체/주관성'(오온)이 구현되는 새로운 지평을 지시한다. 그러므로 관점적 1인칭 주체/주관성의 인과적 연속은 두 유형으로 구분된다. 〈'허구적 불변자아를 수립하는 무지'를 조건으로 삼아 전개되는 '1인칭 자아의 인과적 연속'〉(오취온의 인과계열, 윤회)가 하나이고, 〈'현상의 연기적 발생에 대한 사실 그대로의 이해'를 조건으로 삼아 펼쳐지는 '관점적 1인칭 주체/주관성의 인과적 연속'〉(오온의 무아적 인과계열, 진여법계眞如法界)가 다른 하나이다. 관점적 1인칭 주체/주관성의 인과적 연속을 이렇게 구분하면 이른바 '무아윤회' 논란의 난점을 해소하는 길도 열린다. 이 점은 다시 후술한다.

고유대명사로 호명되는 '1인칭 자아'에 대한 통념은 본질/실체론의 다양한 변주들이다. 인도 전통의 아트만을 비롯하여 데카르트의 자아에 이르기까지, '1인칭 대명사'에게는 불변의 동일성을 지닌 본질이나 실체가 내재적 혹은 초월적인 다양한 방식으로 부여되었다. 고유대명사나 인칭대명사로 지칭되는 1인칭 자아는 개별 자아들의 특징적 차이들을 명확히 구분하여 문제를 해결해 가는 유용한 언어 용법일 수 있다. 오온 무아의 '관점적 1인칭 주체/주관성'에도 그러한 인칭대명사의 효용과 필요는 유효하다. 이에 관한 붓다 자신의 직접적 언명도 확인된다. 다만 **통속적 인칭대명사 용법이 대명사에 해당하는 불변·독자의 본질이나 실체를 상정하는 것과는 달리, 오온 무아의 관점적 1인칭 주체/주관성을 본질/실체를 부여하지 않고 차이 구분의 실용적 필요에 따라 인**

칭 언어기호를 사용할 뿐이다. 그러므로 오온 무아는 새로운 언어 용법과 언어 주체를 등장시킨다. 언어에 본질/실체를 상정하지 않고 실용적 필요에 응하여 사용하는 이 새로운 언어 용법과 언어 주체는 비단 인칭 대명사 용법에 국한되지 않는다. 그것이 명사이거나 서술적 기술이거나 간에, 언어를 사용하는 모든 유형의 내용규정(개념화)을 본질화/실체화 없이 펼쳐낸다. 필자가 보기에, 선종 선불교에는 이 새로운 언어 용법과 언어 주체를 창발적으로 드러내는 통찰과 사례들이 널려 있다. 선불교를 언어 초월적 신비주의 깨달음의 체계로 읽어내는 시선으로는 이 면모가 포착되지 않는다.190)

그런데 무아에 대한 붓다 후학들의 이해 가운데는 혼란이 목격된다. 크게 두 유형의 혼란이 있다. ('혼란'이라 표현한 것은 그런 현상이 오해나 일탈이라고 보는 필자의 관점을 반영한 것이다.) 하나는, 오온 무아 법설을 '1인칭 주체의 완전한 해체나 삭제'로 간주하는 시선이다. 무아에 대한 환원론적 이해와 허무주의적 이해가 이에 속한다. 다른 하나는, 오온 무아를 '변화와 관계에서 벗어난 불변·독자의 궁극 자아에 관한 소식'으로 보는 시선이다. 인도 전통 아트만 관념의 연장선에서 '참 자아'(眞我)를 추구하는 시선이다. 불교 내부의 변형 아트만 사상이다.

붓다는, 자아를 비롯한 모든 존재나 현상을 '전혀 없음'(無)의 측면에 치우쳐 이해하는 관점과 '항상 있음(有)'의 측면에 치우쳐 이해하는 관점을 각각 '단견斷見/무견無見 및 상견常見/유견有見의 오류'라고 비판한다. 전자는 허무주의의 오류이고, 후자는 초시간적 영원주의의 오류이다.

---

190) 필자는 이 문제를 석사 논문(「불교의 언어 이해와 불립문자」)에서 다룬 이후 꾸준히 관련 논의를 진행한 바 있다.

이 두 가지 관점은 모두 '불변의 본질/실체에 대한 기대'에 연루되어 있으며 〈조건에 따라 발생·유지·소멸한다〉라고 보는 연기적 이해에 어긋난다는 것이, 붓다가 비판한 이유이다. 붓다 이후에는 이러한 통찰이, '단상斷常/유무有無 이견二見의 변견邊見'과 '비단비상非斷非常/비유비무非有非無의 중도中道'를 대비시켜 존재와 현상의 '허구'와 '사실 그대로'를 거론하는 사유방식의 원형이 되어 다양한 논리 방식으로 계승된다.

'허무주의(斷見, 無見)와 초시간적 영원주의(常見, 有見)의 오류'는 '변화에 대한 인간의 대응'에서 발생하는 문제이기도 하다. 인간의 본능적 자아 감각은 '불변자아'로 치우쳐 있다. '자아감의 안정'은 생물학적 본능이자 요청인데, 변화로 인한 상실과 좌절은 안정적 자아감을 상시적으로 훼손하고 위협하기 때문이다. 인간의 행보는 일관되게 '자아감 안정을 위협하는 변화의 훼손과 불안에 대응하는 과정'으로 읽을 수 있다. 언어·종교·철학·관습·제도·문화의 발달 과정을 일관하는 것은 '변화의 자아 위협에 대한 대응'이다. 그리고 이 대응의 본능적·일반적 방식은 '불변 주소지의 확보를 통한 변화 위협의 방어'이다. **안정적 자아감이 변하지 않고 지속하기를 희구하는 본능적 기대는, '시간을 초월한 불변 자아/세상/존재의 주소지 설정'으로 이어진다.** 초시간적 영원주의(常見, 有見)의 오류는 그렇게 발생한다. 반면, '불변 거주지'를 희구하다가 그 부재만 확인할 뿐 새로운 대응을 확보하지 못하면, 모든 현상과 존재의 '허무 심연'에 빠져들곤 한다. 허무주의(斷見, 無見)의 오류가 발생하는 지점이다.

'안정을 위한 불변'을 추구하는 본능적·일반적 방식은 세 가지 오류를 범하고 있다. 첫 번째는 '경험의 발생 구조'에 관한 무지의 오류이다.

모든 경험은 반대항들의 상호 지지에 의해 발생한다. 불안·고통·불만·불행을 경험하지 못하면 안정·즐거움·만족·행복의 경험도 없다. 모든 경험은 반대항들과 운명적으로 짝지어 있다. 반대항들과의 동거와 상호 의존은 경험 구조의 '본래 그러함'(本然)이다. 따라서 '안정 경험'만의 독자적 불변과 영속을 추구한다면, 안정 경험의 발생 구조 자체가 허물어져 어떤 안정 경험도 불가능하다. '안정을 위한 불변·독자의 추구'가 오히려 안정 경험을 박탈하는 오류가 발생한다.

두 번째는 '변화의 의미'에 대한 편향적 파악의 오류이다. 변화는 삶과 자아감의 안정을 위협하고 박탈하기도 하지만, 훼손되거나 불안한 삶과 자아감을 복구하거나 치유하기도 한다. 삶·세상·자아감들의 실제는 그 어느 시·공간에서도 완전하게 안정적이거나 만족한 상태가 아니다. 안정과 불안, 만족과 불만, 즐거움과 고통, 행복과 불행이 언제나 짝지어 있고 동거한다. 비중의 차이가 있을 뿐이다. 해로움의 비중은 줄이고 이로움의 비중은 늘려가려는 노력은 인간을 포함한 모든 생명의 생물학적 본능이다. 그리고 그 노력을 성공시키는 조건 가운데 하나는 바로 '변화'이다. 모든 현상이 예외 없이 변하기 때문에 '해로움의 감소와 이로움의 증대'가 가능하다. 인간의 경우, 변화는 모든 희망의 근거이다. 불행을 행복으로 바꾸어 주는 것도 변화 때문에 가능하고, 악인을 성인으로 변신시키는 것, 중생이 부처가 되는 것도 변화가 주는 선물이다. 붓다가 무상을 고통의 문제와 연결시켜 자주 언급하는 것은, 변화하는 현상을 불변의 것으로 움켜쥐고 그것에서 안정과 행복을 확보하려는 태도를 비판하고 반성시키기 위한 언어적 수단이지 변화를 버리고 불변을 추구하라는 것은 아니다. 따라서 **변화로 인한 불이익과 해로움'만을 주목하여 그 대안으로 '불변'을 추구하는 것은 편향의 오류이다.**

세 번째는 '경험 불가능한 불변자아/삶/세계'를 경험 가능한 것으로 설정하고 추구하는 오류이다. '변화와 관계 및 반대항들과의 상호 지지'는 경험의 본연적 범주이자 구조이다. 그럼에도 불구하고 '불변·독자의 완벽한 안정과 절대 행복의 영속'이라는 유령 거주지를 찾아 헤매는 행렬은 길게 이어진다. 현세에서의 영생불사를 꿈꾸며 수련하는 신선神仙·진인眞人 추종자들, 불멸의 완전한 존재로의 변신을 꿈꾸는 신비주의 깨달음 추종자들, 불변의 순수 행복만으로 가득한 사후 영생의 세상을 꿈꾸는 추종자들은 여전히 진지한 열정을 불사르고 있다. 플라톤의 이데아 철학은 이 반反경험주의적 오류와 공허한 열정을 철학 이론으로 옹호하는 것이기도 하다.

'변함'은 곧 '작용함'이고 '살아있음'이며, '변하지 않음'은 '작용의 그침'이고 '죽음'이다. 모든 생명은 작용하고 변해야만 한다. 변할 수 있어야 내적/외적 상호작용이 가능하며, 작용해야 환경에 적응하면서 생명 활동을 이어간다. 그러기에 '변화와 상호작용'은 오온을 관통하는 생명현상이다. 붓다 법설에 대한 해석학의 하나인 설일체유부說一切有部의 현상 분류법에서, 무위법(無爲法, asaṅkāta)으로 분류한 열반을 '변화와 무관한 비非시간적 현상으로서 인과율이 적용되지 않는 것'으로 간주하는 것이라면, 일종의 '초시간적 영원주의'(常見, 有見) 및 '인과 초월적 절대주의'의 오류를 범한 것이다. 그런 시선은 붓다의 연기법에 대한 해석학적 일탈이다. 그런 열반은 변하는 경험 범주에서는 실현되지 않는 '부동의 무덤'이자 '비非생명의 사막'이다. 마치 죽음과도 같은 '불변과 정적의 허무'일 뿐이다. 그런 의미에서는 일종의 허무주의의 오류에도 빠져 든 것이다. 그런 열반은 '변하는 경험의 관점적 주체인 살아있는 인간'에게는 불가능하다. **그 어떤 성찰과 수행, 깨달음과 행복도 변화와 접속한 채**

이루어지며, 변화 때문에 가능하다. 인간이 맞닥뜨리는 모든 유형의 문제는 예외 없이 변하는 현상과 접속해 있고, 그 풀이 역시 변화 때문에 가능하다. 만일 '일체 번뇌의 소멸', '궁극적 깨달음', '영원한 행복' 등의 수사를 덧붙이면서 열반을 불변의 주소지로 간주하고 비非시간적 영역으로 처리한다면, 불교가 지닌 문제 해결력은 원천에서부터 박탈된다. 해탈·열반을 경험이 닿지 않는 저 높은 허공에 올려놓고 숭배의 대상으로 만드는 일은 성공할지 몰라도, 불교의 생명력을 뿌리째 뽑아 버리는 일이다.

열반을 불변의 주소지로 간주하여 시간성과의 접속을 끊는 것처럼, 무아나 열반의 경지를 '1인칭의 완전한 소거'로 간주하는 시선도 불교 내/외부에서 목격된다. 열반이나 무아 깨달음을 몰자아沒自我의 영역으로 간주하는 것은, 비非시간적 해석과 마찬가지로, 붓다 법설의 문제 해결 방식과 범주에서 일탈하여 문제 풀이 능력을 원천에서 거세시켜 버린다. 인간세계는 관점적 1인칭 주체/주관성들의 내적·외적 관계에서 발생하는 문제들의 집적소이다. 인간의 모든 문제는 인간 특유의 언어·개념적 경험과 관점적 자기의식에서 발생하고 또 귀결된다. 세간의 개인적·사회적 문제뿐 아니라 깨달음·해탈·열반과 같은 궁극적 문제의 해결도 관점적 1인칭 주체/주관성을 원점으로 한다. 따라서 무아를 '1인칭 주체의 완전한 소거'로 이해하여 추구하는 자는, 1인칭 주체들이 빚어낸 인간사 모든 문제에 근원적으로 무관심하다. 무아나 열반을 읽는 비시간非時間/몰자아沒自我의 해석학이 보여준 '무관심의 도피 행각'은 도처에 역력하다.

붓다는 오온과 오취온의 '발생 조건들'(緣起)을 밝혀 '오취온의 주체인 중생 인간'이 '새로운 1인칭 주체인 오온'으로 바뀔 수 있음을 알려준다. 그러나 오온이 '1인칭 자아'라는 점을 명시적으로 거론하지는 않는다. 인칭대명사에 해당하는 불변자아를 상정하는 것이 일상언어의 지배적 경향이며, 그 불변자아를 철학과 종교의 핵심과제로 설정한 아트만 전통이 오랫동안 인도인들의 사유를 장악해 왔기에, 1인칭 주체에 대한 어떤 방식의 명시적 긍정기술도 기존의 아트만 관념과 결합되어 버릴 가능성이 높다는 점을 고려한 것이었을 것이다. 〈인칭대명사에 해당하는 불변자아가 존재하지 않으며, 자아는 관계와 변화를 속성으로 하는 여러 심신 조건들의 '개별화된 인과적 응집'〉이라는 연기적 자아관은 결코 쉽게 이해되거나 수용되기 어려운 새로운 인간관이다. 붓다의 언어 전략은 이런 점들을 충분히 고려한 선택이었을 것이다. 따라서 오온 무아가 1인칭 주체에 대한 새로운 연기적 통찰이라는 점을 분명히 하는 것은 후대의 과제로 이월되었다. 무아·열반을 '비시간적 불변실재나 범주'로 보는 변형 아트만론 및 플라톤주의 류類의 초시간적 영원주의(常見, 有見), '1인칭의 삭제'로 읽는 허무주의(斷見, 無見)가 등장한 것은 그 이월된 과제를 풀어가는 과정에서 발생한 현상이다.

'관계 속에서 변하는 역동의 세계와 접속을 유지한 채 문제를 해결하는 것'이 붓다의 경험주의적 진리관이다. 붓다의 문제 풀이는 처음부터 끝까지 시간성 내에 있다. 니까야/아함이 전하는 붓다의 법설은 그 점을 충분히 입증한다. 그런 붓다 법설의 최상위 위상인 열반을 불변의 비시간적 주소지로 간주하는 것은, 불교 내부의 변형 아트만론이고 불교적 플라톤주의다. 아트만 사유전통이 설정하는 불변·절대·독자·순수의 궁극실재는 시간성에서 벗어나려는 공허한 초월이다. 변화와 관계의 시간적 경험현상과 접속한 채 문제를 푸는 해법을 찾지 못한 도피 행각이다. 관건은 〈관계·변화의 현상세계와 접속한 채 문제를 해결하는 방법은 과연 무엇인가?〉에 있다. 붓다 법설과의 대화는 결국 이 문제에 대한 탐구 여정일 수밖에 없다. 필자는 파도타기(surfing)의 비유가 적절하다고 본다.

"경험 주체도 변하고 경험 대상도 변하면서 양자의 관계에서 주체가 평안과 자유를 누릴 수 있는 것은, 마치 파도를 타고 즐기는 서핑(surfing)과도 같다. 서핑하는 사람(주체)이 부침·생멸하는 파도에 빠지지 않으려면, 변화하는 파도에 맞추어 끊임없이 자신의 몸과 정신 상태를 변화시켜야 한다. 서핑 능력자는 자신이 변하면서도, 변하는 파도와 접속한 채 자유와 평온을 즐긴다. 부침하고 변화하는 파도를 버리지도 않고 빠져들지도 않으면서, 역동하는 파도를 타고 자유와 즐거움과 평안을 누리고, 파도와의 만남과 헤어짐을 동시에 이루어 내는, 그런 능력을 확보했기 때문이다. 그는 '파도가 잔잔한 상태'나 '파도에서 아예 떠난 평온'을 구하는 것이 아니다. '파도를 타고 가면서도 파도에 빠져들지 않아 자유와 평안과 즐거움을 누릴 수 있는 능력', '파도를 있는 그대로 만나면서도 파도 상태를 제대로 파악하여 파도에 빠지지 않는 능력'은, 깨달음의 내용과 흡사하다. 생멸·변화하는 파도와 같은 현상과 세계에 몸담을 수밖에 없는 인간, 파도를 떠나면 삶도 없어지는 인간 – 그런 인간이 세계 속에서 추구해야 할 힘은 '파도타기의 능력'이고, 누려야 할 안락은 '파도 타고 노는 유희'이다."[191]

---

191) 『원효의 통섭철학』, pp.218-219.

'의식능력'(意根)은 인간이 진화적으로 발현시켰고 언어능력을 장착함으로써 고도화시킨 것이며, 오온의 '의식 현상들'(識蘊)은 '의식능력'의 작용이다. '의식능력'을 통해 인간 특유의 문화·문명을 지속적으로 고도화시킬 수 있었던 것은, 의식능력에 장착된 언어능력의 '개념적 분류 능력' 때문이다. '언어능력과 결합한 의식'이 복잡하고 혼란스러운 현상들을 개념으로 분류하여 그 차이를 분명히 구분해 주었고, 이로써 차이들의 관계·비교·분석·판단·평가·추리·기억·성찰이 가능해졌기 때문이다. 의식은 언어능력과 결합함으로써 문제 해결력을 비약적으로 고도화시켰지만, 동시에 자아와 세계에 '불변·독자의 본질/실체 관념'을 부가하였다. 선명한 빛에 동반한 짙은 그늘이었다. 언어적 의식의 양지에서 인간은 먹이사슬의 최강자가 되어 화려한 외양을 뽐냈지만, 불변·독자의 본질/실체 관념 그늘 속에서 인간 특유의 개인적·사회적·환경적 고통과 재앙에 신음하게 되었다.

인간은 스스로 만든 그늘의 어둠에서 탈출해야 하는 새로운 과업을 안게 되었다. 언어적 의식능력을 갖추어 차원 다른 진화적 변신을 했던 인간은, 또 한 번의 차원 도약적인 향상 진화에 나선다. 붓다가 그 선봉에 선 인간이다. 노자·장자도 그 길에 동참하였다. 한반도에서는 원효가 우뚝하다. 목표는 분명하다. 언어능력 때문에 발생한 '본질/실체 관념'에서 탈출하는 것이다. 그 탈출 방법과 탈출하면 펼쳐질 세상에 대한 통찰을 마련하여 제시하는 것이 과제이다. 그런데 이 과제는 인간의 어떤 능력으로 가능할까? '언어능력과 결합한 의식'의 역량에 의거해야 한다. 언어적 의식 때문에 발생한 문제라는 이유로 이 능력을 억제하거나 제거하려는 퇴행적 방식으로는 실패한다. '언어능력과 결합한 의식'의 역량 속에서 새로운 가능성을 발굴하여 구현해야 한다. 붓다를 위시하여 이 문제 풀이에 성공한 것으로 보이는 이들이 선택한 방식이다. 그리고 '언어능력과 결합한 의식'이 지닌 마음의 면모에서 그 새로운 가능성이 확보된다. 마음은 '이해 사유와 재인지 사유의 역동적 상호작용'으로 그 내용이 형성된다.[192] 또 인간 최고의 가능성을 구현하는 방법이 수행론인데, 그 수행에 관한 붓다의 법설 가운데서도 특히 주목되는 것은 '육근수호의 법설'이다.[193] '육근수호'에 의해 이 최고의 가능성을 구현하려면, '이해 사유와 재인지 사유의 역동적 상호작용'으로 드러나는 마음의 면모를 의지대로 계발할 수 있는 심신과 환경의 적절한 조건들이 필요하다. 다복한 조건이라 해서 꼭 유리한 것도 아니고, 박복한 조건이라 해서 반드시 해로운 것도 아니다. 변화·관계의 현상세계와 접속한 채 변화·관계의 물결에 허우적거리지 않을 수 있는, 그 파도타기 능력을 확보할 수 있는 조건들을 갖추어 향상 노력할 수 있는 것은 실로 희유한 지복至福이다.

3. 무아 해석학/교학과 1인칭 주체·주관성 그리고 원효

1) 무아 해석학의 두 가지 경향

붓다 후대의 무아 해석학은 두 가지 구별되는 양상을 보여준다. 하나는 1인칭 주체·주관성의 삭제로 해석될 수 있는 아비달마의 '환원론적 오온 다발이론'이고, 다른 하나는 중관·유식을 필두로 목격되는 '1인칭 주체·주관성의 긍정' 흐름이다. 아비달마는 오온 법설을, 자아를

---

[192] 같은 책, pp.233–314.
[193] 같은 책, pp.367–419.

무수한 요소들의 다발로 환원시켜 주재적主宰的 자아를 해체시키는 이론으로 이해한다. 따라서 이러한 견해에서는 '1인칭 주체·주관성'이 긍정되기가 어렵다. 아비달마의 환원론적 다발이론이 1인칭 주체·주관성의 부정으로 기울고 있는 것과는 대조적으로, 중관이나 유식불교에서는 '1인칭 주체·주관성의 긍정'으로 기울고 있다. 이 점은 '자아와 무아의 문제'에 대한 분석철학이나 현상학에서의 논의에서 적절히 지적되고 있다. 관련 시선의 일부를 소개한다.

"일부 불교논사들이 자아 부정을 주관성 부정과 반드시 연결시켜 주장하지 않았다는 사실은 잘 알려져 있을 것이다. 이 논사들은 현상 의식의 특징을 고정적·지속적·무위적 주체의 존재에 의존하는 것을 부정하면서도 그 현상적 특징을 보존하는 의식 유형을 제시한다. (…) 다르마끼르티는 의식의 주관적·자기반영적 특성을 수용하는 것은 불교의 핵심 관념인 무아론과 양립할 수 있음을 강조한다. 그는 자기의식이 우리 자신의 경험 흐름 위에 갖는 현상적으로 계속되는 1인칭 관점이어서 그렇다고 촉구한다. 하지만 의식의 중심이 되는 1인칭 관점이나 경험 차원은 자아 자체가 아니다. 그것은 경험 흐름이라는 특성이지 경험 뒤에 서 있는 자아가 아니다."[194]

"아비달마의 철저한 환원론 견해에서는 인과적 상호관계에는 오직 찰나적 사태만 있을 뿐이다. 만약 어떤 정신적 사태도 한 찰

---

[194] Joel W. Krueger, 「경험의 주체와 방법」(『자아와 무아』, 마크 시더리츠/에반 톰슨/단 자하비 편저, 이산 통광/김태수 번역, 씨아이알, 2022), pp.49, p.53.

나 이상 지속되지 않는다면, 어떻게 개별적 일련의 심적 사태들이 인과상속 개념을 형성하는가? (…) 후기 발전을 제외하고 아비달마의 철저히 환원적이고 비인격적인 인과주의가 인간 경험의 1인칭 소여所與나 1인칭적 연속성을 수용할 수 있는지는 불확실하다."[195]

"불교 환원론 구상은 인격을 비인격적 용어로, 즉 유동적 심신 사건들 간의 인과관계의 측면에서 기술하는 것이다. 비인격적이고 비관점적 관점으로 옮겨 가면서 환원론자는 1인칭 관점을 잃는다. 이 경우, 어떻게 비관점적인 것으로부터 관점적인 것을 끌어오는지 불분명하다. (…) 인격의 동일성에 대한 환원론적 기술의 문제는 그들이 1인칭 관점의 중요성을 부정한다는 점이다. 중관학파 접근의 한 가지 유익하고 중요한 측면은 자아들과 인격들의 존재에 대한 3인칭, 형이상학적 쟁점들과 관련한 관심에서 1인칭적 체험된 자아감각에 대한 관심으로 논의를 전환한다는 점이다. (…) 공한 최소자아에 대한 중관논사의 기술은 체험적, 실제적 현실의 측면에서 주어진다. 그것은 근본적으로 1인칭 관점의 구조와 연속성에 관한 문제이다."[196]

"창발적이고 연기적이며 공한 자아 – '자기 전유 행위의 소용돌이'–는 자신을 한정되고 영속하는 실체적 개체로 오인한다. 자아가 구축되고 재구성될 수 있는 방식들을 망각하는, 즉 자기중심성과 자기망각을 향한 우리의 뿌리 깊은 경향은 우리를 개인적·전체

---

[195] Mattew Mackenzie, 「자아를 상호구성하기 : 자아 창발에 대한 불교의 접근과 상호구성주의 접근」, 같은 책, pp.388-389, p.391.
[196] 같은 논문, pp.408-409.

적으로 '윤회하는 서사들'을 상호구성하도록 이끈다."[197]

"아뢰야식설이 전통적으로 대두된 이유는, 우리가 자아가 없는 마음의 단순한 정신 상태의 연속이라면 과연 우리의 정신생활에 연속성이 있을 수 있을지에 대한 답변이기 때문이다. 만일 마음이 단지 무상한 심적 상태의 연속이라면 경향성과 습관은 과연 어떻게 전달되는가? 또 더 중요하게는 그렇게 고정되지 않은 형태 속에서 불교도들은 여러 생에 걸친 연속성을 전제하는 업설을 어떻게 설명할 수 있는가? 아상가는 이를 여전히 찰나적이고 보다 영구적·중립적 의식 형태로 있지만, 잠재적 기저의식 형태로 매 순간 새롭게 창조된다고 대답했다. 아뢰야식은 현행식이라고 기술한 6식들과 구별될 것이다. 잠재적 기저의식(문자 그대로, 불분명한)으로서 아뢰야식은 통상 눈에 띄지 않고 흘러간다. 그 현존이 주목받거나, 적어도 추리될 수 있는 것은, 오직 혼절이나 숙면 같은 특수한 상황 속에서이다. 중립적인 이 의식은 개인에게 축적된 모든 기본적 습관, 성향, 경향성 및 업의 잠재력(습기)의 저장창고로 역할할 수 있으므로 어느 정도의 연속성을 부여한다. 이에 따라 그것을 근본식이라고 일컫는다."[198]

"아뢰야식은 또한 앞서 언급한 다발이론을 넘어서는 인격에 관한 표현을 제공한다. 유가행파의 관점으로는, 아뢰야식은 인격 관념의 핵심에 서 있다. 인격(the person)이 그(녀) 자신을 하나의 인

---

[197] 같은 논문, p.420.
[198] Georges Dreyfus, 「자아와 주관성 – 중도적 접근」, 같은 책, p.221.

격(a person)으로 이해하는 것은 그 토대 위에서이다. 왜냐하면 인격이 그(녀) 자신을 마음이나 신체와 동일시하든 상관없이, 이러한 동일시가 일어나는 것은 항상 아뢰야식의 배경에서이기 때문이다. (…) 유가행파는 제8 아뢰야식을, 제7 마나스식이 자아로 오인하는 토대라고 이해한다. (…) 아뢰야식이 인격 관념과 긴밀한 연계가 있더라도, 그것은 (계기초월적인) 지속하는 것도 아니며 경계지어지거나 주재자(agency) 감각이 부여된 것도 아니다."[199]

"유가행파에게 이 아뢰야식은 가장 근원적인 수준의 의식이 아니라는 점은 확실히 해 둘 필요가 있다. 아뢰야식은 필자가 처음에 말했던 알아차림의 이원론적 왜곡의 일부이다. (현상학적으로 말해서) 의식이 비이원적 방식으로 자기를 의식하는 더 깊은 수준이 있다. 유가행파와 여타 관련 전통은 이러한 형태의 비이원적 알아차림을 확대된 명상 수행을 통해 체험 및 실현할 수 있다고 말한다. 이로써 모든 의식 형태로부터 제약받지 않고 알아차리는 명징성뿐인 아뢰야식이 이원성에 의해 창출된 의식적, 능동적, 정서적 실타래를 풀 수 있는 지혜로 전환된다."[200]

2) 원효철학에서의 '관점적 1인칭 주체/주관성'과 화쟁

원효는 아비달마를 포함하여 거의 모든 유형의 불교해석학/교학을 통섭적通攝的으로 탐구하여 관점의 개성을 확보한다. 대승교학에 대

---

[199] 같은 논문, pp.225-226.
[200] 같은 논문, p.232.

해 높은 평가를 내리는 그는, 무아에 대한 이해에서도 중관이나 유식의 경향과 호흡을 같이 한다. 특히 유식학에서 확보한 마음에 관한 통찰을 축으로 삼아, '마음·이해·행위의 상호포섭적/통섭적(不二而不一) 향상'[201]을 통한 '관점적 1인칭 주체/주관성의 새로운 수립'에 관한 통찰의 체계를 마련한다. 그리고 이 과정에서 원효 특유의 '일심一心철학'도 수립된다.

(1) 허무주의(斷見/無見)와 초시간적 영원주의(常見/有見)에서 벗어난 '사실 그대로의 자아(眞我, 大我)'

대승『열반경』이 천명하는 '열반의 네 가지 능력(涅槃四德, 常·樂·我·淨)'은 불교가 추구하는 가치를 긍정형 언어로 기술하려는 대승불교의 경향을 압축하고 있다. 특히『열반경』의 상常·낙樂·아我·정淨은, 무상無常·고苦·무아無我·부정不淨이라는 부정형 언어를 선호하고 있는 아비달마 류類의 시선을 긍정형 언어로 대치하는 것이어서 아비달마의 불교 이해에 대한 대승의 비판적 태도를 압축하고 있다. **원효는『열반종요涅槃宗要』를 통해 대승불교의 관점에 적극적으로 동의하고 있다. 특히 허무주의(斷見/無見)와 초시간적 영원주의(常見/有見)에서 벗어난 '사실 그대로의 자아'에 대해 '참된 자기'(眞我)·'모든 것을 얻는 크나큰 자기'(大我)·'참된 사실 그대로인 자기'(眞實我)·'열반으로서의 자기'(涅槃我)·'자유자재한 자기'(自在我)·'깨달음으로서의 자기'(菩提我) 등의 표현을 채택하면서 그 이유를 상론하고 있다. '참된 자기'(眞我)·'모든 것을 얻는 크나큰 자기'(大我)** 등은 오온五蘊을 '사실 그대로의 관점적 1인칭 주체/주관성'으

---

[201] 박태원, 위의 책, pp.279-287.

로 보는 시선의 대승불교적 표현으로 볼 수 있다. 열반이 지니는 '네 가지 능력'(四德)에 관한 원효의 해설은 그 논의가 치밀하고 풍부한데, 관련 내용 일부를 소개한다.

"[열반문涅槃門의] 여섯 번째인 '[열반의] 네 가지 능력'(四德)[인 상락아정常樂我淨]을 나누어 구별하면 대략 네 가지 부문이 있다. 첫 번째는 '[4덕德의] 특징을 드러내는 부문'(顯相門)이고, 두 번째는 '[4덕德을] 세운 뜻에 관한 부문'(立意門)이며, 세 번째는 '[4덕德 각각의] 구별에 관한 부문'(差別門)이고, 네 번째는 '배타적 말다툼을 통하게 하는 부문'(和諍門)이다.

묻는다. '진리의 몸'(法身)이라면 곧 '[상락아정常樂我淨의] 네 가지 능력'(四德)을 갖추었다고 말하는 것인가? [답한다.] '[상락아정常樂我淨이라는] 네 가지 능력'(四德)의 뜻에는 '[서로] 통하는 [측면]'(通)도 있고 '[각각] 구별되는 [측면]'(別)도 있다.

[각각] 구별되는 [측면]에서 말하면, '늘 [본연에] 머무름'(常)은 '진리 몸의 면모'(法身之義)이니, 〈저 '색깔이나 모양 있는 몸'(色身)은 '늘 변하는 [면모]'(無常)이다〉라는 것에 대응하기 때문이다. 안락함(樂)은 '열반의 면모'(涅槃之義)이니, 〈저 '[근본무지에 따라] 태어나고 죽는 것'(生死)은 '바다처럼 큰 괴로움'(苦海)이다〉라는 것에 대응하기 때문이다. '[참된] 자기'(我)는 '부처의 면모'(佛義)이니, 〈중생은 '[참된] 자기가 아니다'(不自)〉라는 것에 대응하기 때문이다. 청정함(淨)²⁰²⁾

---

202) '淨'은 본 번역본에서 문장의 의미맥락에 따라 '온전함'과 '청정함'의 두 가지로 번역하고 있다. 열반의 사덕四德과 관련해서는. 사덕四德의 전반적 의미를 거론할 때에는 '온전함'이 더 적절해 보이고 이 문장처럼 '탁함'과 대비시켜 사용할 때에는 '청정함'이 적합해 보인다.

은 '진리의 면모'(法義)이니, 〈'진리가 아닌 것'(非法)은 '오염되고 혼탁하다'(染濁)〉는 것에 대응하기 때문이다. 『열반경』「애탄품哀歎品」에서 〈'[참된] 자기'(我)는 바로 '부처의 면모'(佛義)이고, '늘 [본연에] 머무름'(常)은 '진리 몸의 면모'(法身之義)이며, 안락함(樂)은 '열반의 면모'(涅槃之義)이고, 청정함(淨)은 '진리의 면모'(法義)이다〉라고 말하는 것과 같다. 우선 [구별되는] '한 측면'(一邊)에 의거하여 이와 같이 [4덕德의 특징을] 배당한 것이다.

[그런데] 실제에 의거하여 [4덕德의 구별을 서로] 통하게 하여 말하자면 [상락아정常樂我淨의 4덕德 각각이 법신法身·열반涅槃·불佛·법법의 어디에나] 배당되지 않음이 없으니, 앞의 '[법신法身, 반야般若, 해탈解脫이라는] 세 가지 항목을 총괄적인 것과 개별적인 것으로 [밝히는] 부문'(三事總別門)에서 말한 것과 같다. 그러므로 '[상락아정常樂我淨의] 네 가지 능력'(四德)은 [모두] '진리 몸의 면모'(法身義)이기도 하고 또 이 '네 가지 능력'(四德)이 [모두] '열반의 면모'(涅槃義)이기도 하니, 나머지[인 불의佛義와 법의法義]에 대해서도 모두 이와 같다. 『열반경』「덕왕품德王品」에서 〈'부처 [본연의] 면모를 봄'(見佛性)으로써 열반涅槃을 얻으니, '늘 [본연에] 머무름'(常)·안락함(樂)·'[참된] 자기'(我)·온전함(淨)[의 4덕德]을 [모두] '완전한 열반'(大涅槃)이라고 부른다〉라고 말하는 것과 같다."203)

"'[참된] 자기일 수 있는 능력의 두 가지 면모'(我德二義)라는 것은, '자아가 있다는 견해의 측면'(我見邊)과 '자아가 없다는 견해의 측면'(無我見邊)에서 [모두] 벗어나는 것을 말하니, **'자아가 있다는 것**

---

203) 원효, 『열반종요』(H1, 533a13-b3).

도 아니고 자아가 없다는 것도 아닌 것'(非我非無我)이라야 '크나큰 자기'(大我)를 얻기 때문이다. 논서(『보성론寶性論』)에서 〈'두 가지 이치'(二種法)에 의거하여 여래如來의 '진리 몸'(法身)에는 '[참된] 자기[의 능력을 얻는] 보살수행'(我波羅蜜)이 있다. 어떤 것들이 두 가지인가? 첫 번째는 '[불교와는] 다른 가르침'(外道)들의 온갖 극단[적 견해]에서 멀리 벗어나는 것이니 '허구의 자아에 대한 확산된 분별망상'(虛妄我戲論)에서 벗어나기 때문이고, 두 번째는 '가르침을 들어서 혼자 깨달으려는 수행자'(聲聞)들[인 소승小乘]의 온갖 극단[적 견해]에서 멀리 벗어나는 것이니 '자아가 없다는 것에 대한 확산된 분별망상'(無我戲論)에서 벗어나기 때문이다.〉라고 말한 것과 같다. 이러한 뜻이기 때문에 『능가경楞伽經』에서는 〈'[불교와는] 다른 가르침'(外道)의 허물[인 유아견有我見]에서도 벗어나고 [성문聲聞의 허물인] '자아가 없다는 견해'(無我見)도 불살라 태워버리니, '자아에 관한 [잘못된] 견해'(我見)들이 맹렬한 것을 마치 '오랜 시간이 지난 뒤 타오르는 [세상을 무너뜨리는] 화재'(劫盡火)가 [온 세상을] 태워버리는 것과 같다고 보아야 하네.〉라고 말한다."[204]

"[4덕문四德門의] 두 번째인 [열반의 능력(德)으로서 상락아정常樂我淨의] 네 가지를 세운 그 뜻을 밝히는 것은 다음과 같다. [열반의] '온갖 능력'(萬德)은 이미 [모두가] 완전한 것인데 어찌하여 유독 [상락아정常樂我淨] 네 가지만을 세우는가? 네 가지를 세우는 이유로는 대략 네 가지 뜻이 있다. '네 가지 장애'(四障)를 없애기 때문이고, '네 가지 불만'(四患)을 뒤집어 [바로잡기] 때문이며, '네 가지 왜곡'(四倒)을

---

[204] 『열반종요』(H1, 533b19-c2).

상대하기 때문이고, '네 가지 양상'(四相)에서 벗어나기 때문이다.

'네 가지 장애'(四障)를 없애는 것은 [다음과 같다.] 범부凡夫[의 두 부류인 천제闡提 및 외도外道]와 성인聖人[의 두 부류인 성문聲聞과 연각緣覺]의 네 부류 사람에게는 각각 하나의 장애가 있다. 첫 번째로 '좋은 능력이 끊어진 자'(闡提)는 [부처님의] 진리(法)를 비방하여 '온전할 수 있는 능력'(淨德)을 가로막으니, '나고 죽는 것에 탐내는 것'(貪生死)을 '온전한 진리'(淨法)라고 여기기 때문이다. **두 번째로 '[부처님의 것과는] 다른 가르침을 따르는 자'(外道)는 '[불변·독자의] 자아'(我)에 집착하여 '[참된] 자기일 수 있는 능력'(我德)을 가로막으니, '참된 자기'(眞我)를 깨닫지 못하여 허망한 [자아]에 집착하기 때문이다.** 세 번째로 '가르침을 들어서 혼자 깨달으려는 수행자'(聲聞)는 괴로움(苦)을 두려워하여 '안락할 수 있는 능력'(樂德)을 가로막으니, 저 괴로움(苦)이 바로 '크나큰 안락'(大樂)임을 알지 못하기 때문이다. 네 번째로 '연기를 이해하여 혼자 깨달으려는 수행자'(緣覺)는 '[늘 머무는] 마음'(心)을 버려 '늘 머무는 능력'(常德)을 가로막으니, '늘 머무는 이로움'(常利)을 버리고 '[모든 것은 변하여] 없어진다[는 견해]'(斷滅)를 취하기 때문이다. 이와 같은 '네 가지 장애'(四障)를 없애려 하기 때문에 [대승의] 보살菩薩은 '네 가지 뛰어난 원인[이 되는 수행]'(四種勝因)을 닦아 익힌다. 이른바 [정법淨法을] '신뢰하는 마음'(信心)과 [진아眞我에 대한] 지혜(般若)와 [대락大樂을 얻는] 선정禪定(三昧)과 [상리常利를 위한] '크나큰 자비'(大悲)가 그것이니, [이 네 가지 수행으로써] 차례대로 온전함(淨)과 '[참된] 자기'(我)와 안락함(樂)과 '늘 [본연에] 머무름'(常)[의 능력]을 증득한다. 『보성론寶性論』에서 게송으로 〈'네 가지의 장애'(四種障礙)가 있으니, '[부처님의] 진리를 비방하는 것'(謗法)과 '[불변의 독자적] 자아에 집착하는 것'(着我)과 '세간의 괴로움을 두려워하는 것'(畏怖世間苦)과 '모든 중생[의 이로움]'을 버리는 것'(捨離諸衆生)이라네. '좋은 능력이 끊어진 자'(闡提)와 '[부처님의 것과는] 다른 가르침을 따르는 자'(外道)와 '가르침을 들어서 혼자 깨달으려는 수행자'(聲聞)와 '연기를 이해하여 혼자 깨달으려는 수행자'(緣覺)[의 장애]이다. [정법淨法에 대한] 신뢰 등의 네 가지'(信等四種法)가 '온전하게 되는 원인'(清淨因)임을 알아야 하리.〉라고 말한 것과 같다."²⁰⁵⁾

"'두 가지의 [참된] 자기'(二種我)라는 것은 '[불변·독자의 실체가 없는] 현상으로서의 자기'(法我)와 '[불변·독자의 실체가 없는] 주체로서의 자기'(人我)이다. '[불변·독자의 실체가 없는] 현상으로서 자기'(法我)라고 말하는 것은 '본연이 사실 그대로인 면모'(體實義)이다. 『열반경』「애탄품哀歎品」에서 〈[참된 자기는] 참(眞)이고 '사실 그대로'(實)이며 의지처(依)이고 '늘 [본연에] 머무는 것'(常)이어서 [그 면모가] '변하여 바뀌지 않는다'(不變易).〉라고 말한 것과 같다. '[불변·독자의 실체가 없는] 주체로서의 자기'(人我)라고 말하는 것은 [참된 자기가] '자유자재한 면모'(自在義)이다. (…) 여섯 번째는 '얻는 것에 자유자재한 것'(得法自在)이니, 경전(『열반경』)에서 [다음과 같이 말한 것과 같다.] 〈[여래如來는] 자유자재하기 때문에 모든 것을 얻지만, 여래如來의 마음에는 또한 '얻었다는 생각'(得想)이 없다. 어째서인가? 만약 [얻은 것이 실체로서] 있는 것이라면 '얻는다'(得)고 말할 수 있겠지만, 실제로는 '[실체로서] 얻어서 지닌 것'(所有)이 없는데 어떻게 '얻는다'(得)고 말하겠는가? 만약 여래如來가 [실체를] 얻은 것이 있다는 생각'(有得想)을 한다면 이는 곧 모든 부처님이 열반涅槃을 얻지 못한 것이니, '[실체를] 얻는

---

205) 『열반종요』(H1, 533c10-23).

것이 없기'(無得) 때문에 '열반涅槃을 얻었다'(得涅槃)고 말하는 것이다. [여래如來는 '얻는다'는 생각에 걸림 없이] 자유자재하기 때문에 모든 것을 얻는 것이니, 모든 것을 얻기 때문에 '크나큰 자기'(大我)라고 부른다.〉 이 뜻은 모든 것이 '그러하지 않으면서도 그러하지 않은 것도 아님'(非然而非不然)을 온전히 드러낸 것인데, '그러하지 않기'(不然) 때문에 끝내 '얻은 것이 없고'(無所得) '그러하지 않은 것도 아니기'(非不然) 때문에 '얻지 못한 것도 없다'(無所不得). 이와 같이 장애가 없기 때문에 '크나큰 자유자재'(大自在)라고 부른다. 일곱 번째는 '[진리를] 연설함에 자유자재한 것'(演說自在)이니, 경전(『열반경』)에서 [다음과 같이 말한 것과 같다.] 〈여래如來가 연설한 한 구절 게송의 뜻은 헤아릴 수 없이 많은 시간이 지나도 [그] 뜻이 사라지지 않지만 '[여래如來인] 내가 말하고 [중생인] 저들이 듣는다'는 생각을 일으키지 않으니, 모든 가르침(法) 또한 설한 것이 없다. ['내가 설하고 저들이 듣는다'는 생각에 걸림 없이] 자유자재하기 때문에 여래如來가 연설하는 것을 '크나큰 자기'(大我)라고 부른다.〉 (…) [법아法我와 인아人我라는 '두 가지의 자기'(二種我)를] '[각각] 구별하는 측면'(別門)으로 말한다면 '참된 사실 그대로인 자기'(眞實我; 法我)는 '열반으로서의 자기'(涅槃我)이고 [여덟 가지의] '자유자재한 자기'(自在我; 人我)는 '깨달음으로서의 자기'(菩提我)이지만, '실제에 의거하여 [서로] 통하게 논한다면'(就實通論) 차별(別)이나 다름(異)이 없다. 그러므로 경전(『열반경』)에서는 [진실아眞實我와 자재아自在我를] 총괄적으로 결론지어 〈이와 같은 '크나큰 자기'(大我)를 '크나큰 열반'(大涅槃)이라 부른다.〉라고 말한다."[206]

---

206) 『열반종요』(H1, 535b4-c19).

(2) 청정한 말나식

'여섯 가지 의식'(六識)에 더하여 유식학이 설정하는 제7 말나식未那識은, 제8 아뢰야식阿賴耶識을 토대로 삼고 여섯 감관의 대상세계를 직접 반연하여 자아 감각을 형성·지속시키는 역할을 한다. 이 말나식의 자아 감각을 조건으로 삼아 '네 가지 근본 번뇌'가 발생한다. '말나식의 자아 관념과 상응하는 네 가지 번뇌'(未那四惑)는 '자아가 불변·독자의 본질/실체로서 실재한다는 견해'(ātmadṛṣṭi, 我見/我執), '자아에 대한 잘못된 견해에서 비롯되는 어리석음'(ātmamoha, 我癡), '자아에 대한 잘못된 견해에서 비롯되는 오만'(ātmamāna, 我慢), '자아에 대한 잘못된 견해로 인한 애착'(ātmasneha, 我愛)을 가리킨다. 말나식은 기본적으로 아뢰야식의 종자로부터 생겨나 다시 아뢰야식을 그 형성과 유지의 토대 조건으로 반연하는 성격을 지닌다.

아뢰야식은 삶의 연속성과 통합성의 근원이지만 그 범주나 위상이 독자적·자기충족적인 것이 아니다. 아뢰야식 내용의 형성·유지·변화는 말나식과의 상호관계·상호작용에 의해 이루어진다. 말나식의 자아 감각이 대상세계와 관계 맺으면서 발생하는 현상들의 흔적/관성/경향성은 아뢰야식 층위에 종자로서 축적된다. 그리고 그 축적된 흔적/관성/경향성의 종자들은 다시 말나식의 작용에 영향을 끼친다. 그렇게 아뢰야식은 '말나식의 자아 감각이 대상세계와 관계 맺는 방식과 내용'에 개입하여 '자아적 경험의 내용 형성'에 최심층 토대 조건이 된다. 또 **제8 아뢰야식·제7말나식·육식·대상세계의 이 모든 상호관계와 상호작용은 인과적 연속성을 지니지만 역동적이며 끊임없이 변하는 것이어서, 아뢰야식·말나식·육식·대상세계의 상호관계·상호작용에 의해 형성되는**

'자아적 경험'은 그 어느 시·공간에서도 동일성을 지속적으로 확보하지는 못한다. 비록 '아뢰야식' '말나식' 등의 명칭을 사용하지만, 그 명칭에 해당하는 내용은 예외 없이 '변화·관계에 의한 역동적 형성 과정'이다.

아뢰야식·말나식·육식·대상세계의 상호관계·상호작용은 결국 말나식 층위의 핵심인 '자아 감각'을 축으로 삼아 그 내용을 형성한다. 따라서 아뢰야식·말나식·육식·대상세계의 상호관계·상호작용은 '관점적 1인칭 주체/주관성의 경험 형성' 과정이다. 그리고 이렇게 형성되는 '관점적 1인칭 주체/주관성의 경험'은 두 가지 선택지에 열려 있다. 인간 생명의 진화 과정에서 창발적으로 현출된 오온의 '의식능력'(意根)이 그 선택을 가능하게 하는 근원이다. 아뢰야식이나 말나식 층위를 설정하는 유식학의 시도는 오온의 '의식능력'(意根)을 이해하는 방식이다. '의식능력'(意根)은 언어와 결합된 언어적 의식능력이다. 언어적 의식능력은, 모든 현상을 언어의 그릇에 담아 개념으로 분류하고 비교·평가·판단·분석·추리·성찰을 통해 처리하는 능력이라는 점에서, '이해·관점·견해의 구성 및 선택능력'이기도 하다. 〈'의식능력'(意根)의 이해·관점·견해의 구성 및 선택〉이 '사실 그대로'에 부합하면서 형성된 자아 현상은 '오온五蘊', 부합하지 않으면서 형성된 자아 현상은 '오취온五取蘊'이다. 이 〈'의식능력'(意根)의 이해·관점·견해의 구성 및 선택〉 내용 여하에 따라 〈아뢰야식·말나식·육식·대상세계의 상호관계·상호작용을 통한 '관점적 1인칭 주체/주관성의 경험 형성'〉은 두 가지로 그 내용이 나누어진다. 하나는 〈사실 그대로에 부합하는 '관점적 1인칭 주체/주관성의 경험'〉이고, 다른 하나는 〈사실 그대로를 왜곡하는 '관점적 1인칭 주체/주관성의 경험'〉이다. 전자는 '사실과 부합하는 이해'(如實智)를 구성·선택하여 발생시키는 자아 경험의 계열이고, 후자는 '사실을 왜곡하는 근본무지'(無明)

를 구성·선택하여 발생시키는 자아 경험의 계열이다.

이렇게 보면 **아뢰야식과 말나식은 모두 〈'의식능력'(意根)의 이해·관점·견해의 구성 및 선택〉에 따라 두 가지 계열의 내용으로 달리 형성된다. 〈'사실 그대로'에 부합하는 내용〉과 〈'사실 그대로'를 왜곡하는 내용〉이 그것이다.** 『대승기신론』은 그 두 계열을 각각 '참 그대로인 마음 국면'(心眞如門)과 '[근본무지에 따라] 생멸하는 마음 국면'(心生滅門)으로 구분한 후 양자의 관계에 대해 논하는데, 원효는 그 관계를 불이不二·통섭通攝의 관점에서 해설한다.

아뢰야식과 말나식은 모두 〈'의식능력'(意根)의 이해·관점·견해의 구성 및 선택〉 내용 여하에 따라 〈'사실 그대로'에 부합하는 내용〉과 〈'사실 그대로'를 왜곡하는 내용〉의 두 가지 가능성을 지닌다. 유식학에서는 아뢰야식의 그 두 가지 면모를 청정분淸淨分과 잡염분雜染分이라 한다. 현장玄奘 계통의 법상종法相宗에서는 제8식이 이미 청정淸淨의 일면까지 포괄하기 때문에 별도로 제9식을 건립하지 않는데 비해, 진제眞諦 계통의 섭론종攝論宗에서는 제8아뢰야식阿賴耶識의 잡염분雜染分이 청정분淸淨分으로 바뀐 식識의 층위를 별도로 설정하여 제9아마라식阿摩羅識(아말라식阿末羅識·암마라식菴摩羅識, 무구식無垢識·청정식淸淨識·여래식如來識)이라고 한다. 진제는 의타기성依他起性 및 아뢰야식의 잡염분을 소멸시키고 청정분을 실현시킨 상태를 '제9 아마라식'이라는 별도의 층위로 구별하여 적극적으로 부각시킴으로써, 신역新譯 법상유식法相唯識에서는 망妄이, 구역舊譯 섭론유식攝論唯識에서는 진眞이 특히 부각되고 있는 것이다.

유식학에서의 궁극 목표는 아뢰야식이 지닌 두 가지 가능성 가운데

〈'사실 그대로'를 왜곡하는 내용〉(잡염분)을 〈'사실 그대로'에 부합하는 내용〉(청정분)으로 바꾸는 것이다. 그런데 아뢰야식 내용의 형성·유지·변화는 말나식과의 상호관계·상호작용에 의해 이루어진다. 따라서 **아뢰야식이 〈'사실 그대로'를 왜곡하는 내용〉(잡염분)과 〈'사실 그대로'에 부합하는 내용〉(청정분)의 두 가능성을 지녔다는 것은, 말나식도 그러한 두 가지 가능성을 지녔다는 의미가 된다. 말나식의 '자아 감각' 그 자체는 가치 중립적이다. 〈'의식능력'(意根)의 이해·관점·견해의 구성 및 선택〉에 따라 말나식의 '자아 감각'이 '자아 관념과 상응하는 네 가지 번뇌'(未那四惑, 말나식의 오염분)가 되기도 하고, '사실 그대로에 부합하는 자아적 현상'(말나식의 청정분)이 되기도 한다. 말나식이 '사실 그대로에 부합하는 자아적 현상'이 될 때, 아뢰야식은 말나식의 〈'사실 그대로'로서의 '관점적 1인칭 주체/주관성 현상'〉의 경향성이 집적되는 범주가 된다. 이 국면을 〈아뢰야식阿賴耶識의 청정분淸淨分이 구현된다〉라고도 하고 〈제9아마라식阿摩羅識이 된다〉라고도 한다. 이때 '아뢰야식의 청정분'이나 '제9아마라식'은 말나식의 청정분인 '사실 그대로에 부합하는 자아적 현상'의 경향성이 집적된 층이므로 이들 역시 '관점적 1인칭 주체/주관성 현상'의 범주로 보아야 한다. 따라서 유식학의 실제적 목표는 말나식의 청정분을 구현하는 일이다. 아뢰야식 층위의 식識 현상은 잠재적·심층적 현상이라 지각의 대상이 되지 않기 때문이다. 유식학의 목표를 이루는 관건은 말나식을 '사실 그대로에 부합하는 자아적 현상'(말나식의 청정분)으로 바꾸는 것이다. 원효는 이 점을 놓치지 않고 있다.**

"『유가사지론』은 [다음과 같이] 말한다. 〈묻는다. 만일 그 말나식이 언제나 '[자아를] 생각하고 헤아리는 것'(思量)을 특성으로 하면서 서로 이어가며 변화해 간다면, 세존이 말씀하신 '세간을 넘어

선 [경지의] 말나식'(出世末那)과 같은 것은 어떻게 성립하겠는가? 답한다. '명칭은 방편으로 시설된 것'(名假施說)이지 반드시 대상(義) 그대로인 것은 아니다. 또한 그 [말나식]을 치유하여 [자아와 관련된 번뇌에] '빠져드는 것'(顚倒)에서 멀리 떠나 [말나식이 자아를] '사실대로 생각하고 헤아리게'(正思量) 하려는 것이기 때문이다. 바로 이러한 말나식이 [제6]의식(意識)으로 하여금 분별하면서 바뀌어가게 하니, 이런 까닭에 의식의 의지처(所依)가 된다고 말한 것이다.〉207)

이 [『유가사지론』에서의] 질문의 뜻은 [다음과 같이] 말하는 것이다. 〈만약 위와 같이 말나식의 특성을 설명한다면, 이 말나식(意)은 항상 ['나에 대한 무지'(我癡)·'나에 대한 애착'(我愛)·〈'나'와 '나의 것'에 대한 집착(我我所執)〉·'비교를 통한 자기규정'(我慢), 이] 네 가지 번뇌와 상응하면서 언제나 '[자아를] 생각하고 헤아리는 것'(思量)을 특성으로 하니, 그렇다면 '세간을 넘어선 [경지의] 말나식'(出世末那)은 성립할 수 없다. 왜냐하면 언제나 자아(我)를 생각하고 헤아리기 때문이다.〉

[이 질문에 대한 『유가사지론』에서의] 대답의 뜻에는 두 가지가 있다. 첫 번째는 [다음과 같다]. 우선 '세간에서 [통용되는] 방편으로 세운 명칭과 [그] 의미'(世間施設名義)에 의거하여 〈[말나식은] 언제나 [자아를] 생각하고 헤아리는 것을 특성으로 삼는다〉라고 말하였지만, 그 실제의 의미에 의거한다면 언제나 '자아라는 대상'(我塵)을 [사실과 다르게] 생각하고 헤아리는 것은 아니다. 그렇기 때문에 〈명칭은 방편으로 시설된 것이지 모두가 다 반드시 실제의 대상과 같지는 않다.〉[라고 한 것이다]. [『유가사지론』에서의 대답 가운데 두 번째인] 뒤의

---

207) 『유가사지론』 권63 「섭결택분」(T31, 651b29-c4). "問. 若彼末那, 於一切時, 思量爲性, 相續而轉, 如世尊說, 出世末那, 云何建立? 答. 名假施說, 不必如義. 又對治彼, 遠離顚倒, 正思量故. 卽此末那, 任持意識, 令分別轉, 是故說爲意識所依."

[대답의] 의미는 [다음과 같다.] 또한 이 말나식에 [자아와 관련된 번뇌에] 빠져듦(顚倒)이 있을 때에는 '자아라는 대상'(我塵)을 [사실과 다르게] 생각하고 헤아리지만, [자아와 관련된 번뇌에] 빠져듦(顚倒)에서 떠날 때에는 '[불변·독자의] 자아가 없음'(無我)을 생각하고 헤아리면서 항상 [제6]의식과 대상(境)을 함께(共) 하면서 변해가니, 따라서 〈의식의 '인식의 근거를 함께하지 않는 의지처'〉(意識不共所依)라고 말한 것이다. 그러므로 비록 [말나식은] 언제나 '생각하고 헤아리는 것'(思量)을 특성으로 삼지만, [그렇다고] '세간을 넘어선 [경지의] 말나식'(出世末那)을 건립하는 것을 폐기하지는 않는다.

말나식이 [자기의 수행] 방편을 닦지 않고 단지 [제6의식意識의 수행인] 다른 [식識의] 수행에 의해 문득 [자아와 관련된 번뇌에] 빠져듦(顚倒)에서 떠날 수 있는 까닭은, [말나식이 의식의] '인식의 근거를 함께하지 않는 의지'(不共依)이기 때문이며, [또] [말나식의] 본연(自性)이 온전(淨)하기 때문이다. [이것은] 마치 [제8 아뢰야식인] '다르게 무르익어가는 식'(異熟識)이 [자기의 수행] 방편을 닦지 않고 의식意識[으로 익힌] '해탈 수행'(聖道)의 힘에 의해 그 '다르게 무르익어가는 식'(異熟識)이 문득 [번뇌의] 종자를 여의는 것과 같으니, '다르게 무르익어가는 식'(異熟識)은 모든 '[7가지 식식으로] 바뀌어가는 식식'(轉識)의 '공통적인 의지처'(通所依)이기 때문이다. 말나식도 그러하여, [자기의 수행] 방편을 닦지 않고서도 의식[으로 익힌] '[번뇌가] 스며들지 않게 하는 수행'(無漏道)의 힘으로 인해 [말나식에] 상응하는 '네 가지 번뇌'(我癡, 我愛, 我我所執, 我慢)에서 문득 떠나니, 이 [말나식]은 의식의 '인식의 근거를 함께하지 않는 의지'(不共依)이기 때문이다. 또한 말나식의 본연(自性)은 본래 온전(淸淨)하지만 오직 [네 가지 번뇌(我癡, 我愛, 我我所執, 我慢)에] 상응함으로 말미암아 물들여진 것일 뿐이다. 따라서

[말나식이 네 가지 번뇌에] 빠져듦(顚倒)에서 벗어날 때에는 곧 [자아에 대해] '사실대로 생각하고 헤아리게'(正思量) 된다.

이것은 『유가사지론』「사소성지(思所成地)」의 게송에서 〈'[번뇌에] 더럽혀진 말나식'(染汚意)은 언제나 모든 번뇌(惑)와 함께 생겨나고 사라지니, 만약 모든 번뇌에서 풀려난다면 ['번뇌에 더럽혀진 말나식'(染汚意)이 온전해지는 것은 '모든 번뇌'(諸惑)에서 풀려나는 것보다] 먼저도 아니고 나중도 아니다. [모든 번뇌(惑)에서 풀려나는] 그런 현상이 다 일어난 뒤에야 [말나식의] 온전함(淨)이 ['번뇌에 더럽혀진 말나식'(染汚意)과는] 다른(異) 것으로서 생겨나는 것이 아니라, 그 [번뇌에서 풀려나는 현상] 이전에 [본래부터 번뇌에] 더럽혀짐(染汚)이 없는 것을 '모든 번뇌에서 풀려난다'고 말한다. [번뇌에] 더럽혀짐(染汚)이 있는 그 [말나식]은 궁극적으로 [그] 본연(性)이 온전(淸淨)하다〉[208] 등으로 말하고, 곧이어 [이 게송의 뜻을] 해석하여 〈또한 [게송에서] 설해진 '[번뇌에서] 풀려나는 양상'(解脫之相)을 드러낸 것은 [다음과 같은 의미이다.] [모든 번뇌(惑)에서 풀려나는] 그[런 현상]이 다 일어난 뒤에야 [말나식이] 온전(淸淨)해져서 별도로 있는 ['번뇌에 더럽혀진 말나식'(染汚意)과는] 다른 '온전한 말나식'(淸淨意)이 생기는 것이 아니라, [모든 번뇌(惑)에서 풀려나는] 그[러한 현상] 이전부터 본래 [번뇌에] 더럽혀짐(染汚)이 없기 때문에 '[번뇌에서] 풀려난다'고 한다〉[209] 등으로 자세히 말한 것과 같다. 이러한 구절들에 의거하여, '세간을 넘어선 [경지의] 의식'(出世意識)에는

---

208) 『유가사지론』 권16(T30, 364a6-10). "染汚意恒時, 諸惑俱生滅, 若解脫諸惑, 非先亦非後. 非彼法生已, 後淨異而生, 彼先無染汚, 說解脫諸衆惑. 其有染汚者, 畢竟性淸淨."
209) 『유가사지론』 권16(T30, 365b28-c1). "又顯所說解脫之相, 謂非卽彼生已後方淸淨, 別有所餘淸淨意生, 卽彼先來無染汚故說爲解脫."

반드시 '세간을 넘어선 [경지의] 말나식'(出世末那)이 있다는 것을 알 아야 한다."210)

(3) '하나처럼 통하는/통하게 하는 마음'(一心)

'일심一心'은 원효사상의 근원적이고도 궁극적인 개념이다. 원효는 이 일심의 경전적 근거(經證)로 『입능가경入楞伽經』의 "寂滅者名爲一心, 一 心者名爲如來藏."211)이라는 구절을 자주 거론한다. 예컨대 『대승기신론 소』에서는 '참 그대로인 마음 측면'(心眞如門)과 〈[근본무지에 따라] 생멸하는 마음 측면〉(心生滅門)의 해설과 관련하여 이렇게 말한다.

"처음[인 '총괄적 해석'(總釋)]에서 〈'하나처럼 통하는 마음이라는 도

---

210) 원효, 『이장의』(H1, 803c17-804a24).
211) 『입능가경入楞伽經』 권1(T16, 519a1-2). "寂滅者名爲一心, 一心者名爲如來藏." 〈산 스크리트본의 해당 내용 : Laṅkāvatārasūtra, p.21. ekāgrasyaitad adhivacanaṃ tathāgatagarbhasvapratyātmāryajñānagocarasyaitat praveśo yat samādhiḥ paramā jāyata iti.; [적멸은] 하나로 집중된 [상태]의 동의어이다 : '최고의 삼매가 생겨난다'고 하는 이것은 '여래장'이라고 하는 성인들의 내적인 지혜의 경계(인식대상)에 들어가는 것이다.〉 『입능가경』의 이 인용문은 『대승기신론』에서 진여眞如·생멸生滅의 2문二門을 전개하는 근거로 제시된다. 『입능가경』의 관련 문단 전체는 다음과 같다. "楞伽王, 若能如是見如實見者, 名爲正見, 若異見者, 名爲邪見, 若分別者, 名爲取二. 楞伽王, 譬如鏡中像, 自見像, 譬如水中影, 自見影, 如月燈光在屋室中影, 自見影, 如空中響聲, 自出聲, 取以爲聲. 若如是取法與非法, 皆是虛妄妄想分別. 是故不知法及非法, 增長虛妄, 不得寂滅. 寂滅者名爲一心, 一心者名如來藏, 入自內身智慧境界, 得無生法忍三昧"(T16, 518c24-519a3.) 이 대목 전체는 능가왕과 부처님의 문답 형식으로 진행되는 『입능가경』 제1 「청불품請佛品」의 결론 부분에 해당하는 것이다. 『입능가경』에서는 무생법인삼매無生法忍三昧인 일심一心의 구체적 내용을 적멸과 여래장의 두 개념으로 포섭하는데, 적멸은 법과 비법에 대한 망상분별이 사라진 측면이고 여래장은 망상분별이 사라진 후 펼쳐지는 지혜경계의 측면이다.

리'(一心法)에 의거하여 두 가지 측면이 있다〉(依一心法, 有二種門)라고 한 것은, 『능가경』에서 〈불변·독자의 본질/실체가 없고 [불변·독자의 본질/실체로 보는 분별의] 동요가 없음'(寂滅)[212]을 '하나처럼 통하는 마음'(一心)이라고 부르며, '하나처럼 통하는 마음'(一心)을 '여래의 면모가 간직된 창고'(如來藏)라고 부른다〉라고 말하는 것과 같다. 여기 『기신론』에서 말하는 〈참 그대로인 마음 측면〉(心眞如門)이라는 것은 곧 저 『능가경』의 〈'불변·독자의 본질/실체가 없고 [불변·독자의 본질/실체로 보는 분별의] 동요가 없음'(寂滅)을 '하나처럼 통하는 마음'(一心)이라고 부른다.〉(寂滅者名爲一心)[의 의미]를 해석한 것이고, 〈[근본무지에 따라] 생멸하는 마음 측면〉(心生滅門)이라는 것은 『능가경』에서 〈'하나처럼 통하는 마음'을 '여래의 면모가 간직된 창고'라고 부른다〉(一心者名如來藏)[의 의미]를 해석한 것이다."[213]

일심一心을 경증經證하는 경우 이외에도 원효의 저술에서는 『입능가경』의 이 구절이 자주 활용되고 있다. 그런데 보리류지가 '일심一心'으로 번역한 산스크리트 원 단어는 마음 그 자체가 아니라 '삼매'의 정의인 '심일경성(心一境性, citta_eka_agratā)'을 지시하는 것이다.[214] '심일경성心一境性'의 의미를 '대상에 대해 집중하고 있는 마음상태'로 보아 선정 수행을 '대상에 대한 마음집중'으로 이해하는 것이 일반적이지만, 니까야/아함이 전하는 '심일경성心一境性'이 과연 그런 의미인지에 대해서는 재고

---

212) 적멸寂滅은 '열반涅槃'의 의역어이므로 열반의 철학적 의미를 반영하여 이렇게 번역하였다.
213) 원효, 『대승기신론소』(H1, 704c16-20).
214) 김성철, 「원효의 불성관」, 원효학토대연구소 『열반종요』 번역 출간 기념학술대회, 2019

의 여지가 있다. 필자는 정학定學 내지 선정 수행의 핵심을 '대상집중'으로 파악하는 시선에 대해 동의하지 않는다.[215] 그러나 한역漢譯『입능가경』의 '일심'에 의거하여 펼치는 원효의 일심철학이 산스크리트본『입능가경』의 해당 내용 맥락과 다른 것은 분명하다. 이 문제를 어떻게 보느냐에 따라 원효 일심철학에 대한 평가도 크게 엇갈리게 된다.

인도에서 찬술된 문헌만을 진경眞經으로 간주하려는 원전 지상주의에 입각한다면, 산스크리트 원문의 내용과는 다른 한역漢譯이나 해설은 오역이거나 오해로 간주된다. 그리하여 한역에서 목격되는 다양하고도 무수한 '번역에 의한 의미의 변이들', 그리고 그 변이된 의미에 의거한 사유와 이론의 전개들을, 모두 오역과 오해의 오류 현상으로 간주하여 평가 절하한다. 원전 지상주의자들의 이러한 태도는, '번역에 의한 의미의 변이'가 단순한 언어학적 오류가 아닌 해석학적 선택과 연루되어 있으며, 새로운 통찰과 이론의 발전은 이러한 '새로운 해석학적 선택'에 기대어 있다는 사실에 너무 인색하다. 인도에서 찬술된 문헌들 역시 붓다의 언어에 대한 새로운 해석학적 선택의 산물이었으며, 그것은 곧 기존 해석으로부터의 일탈이고 새로운 번역이다. **모든 번역은 일종의 해석학적 선택이고 그로 인한 의미의 변이는 새로운 통찰과 이론의 계기이다. 사유와 통찰의 발전과 풍요는 이런 과정에서 등장한다. 그런 점에서 '번역을 통한 해석학적 선택'을 단순한 오류 현상으로 치부하여 그 의미를 평가 절하하는 인도 원전 지상주의자들은 일종의 해석학적 폐문閉門에 갇히는 우를 범할 수 있다. 인도 불전佛典의 한역漢譯 과정에서 발생한 해석학적 선택과, 언어의 치환에 수반하는 의미의 변이**

---

[215] 박태원, 위의 책, pp.263-308.

및 해석학적 개방성은 인문학적 창발성과 발전 및 풍요의 강력한 계기가 된다.

원효의 일심一心철학은 그 대표적 사례이다. 원효가 만약 산스크리트어를 익혀 원전으로 사유했다면, 원효 일심철학의 창발적 개성과 새로운 통찰은 제한되었을 것이다. 번역 및 번역어에서 비롯된 해석학적 개방성으로 인해 원효의 일심철학은, 번역 오류로 인한 무지나 오해가 아니라, 마음에 대한 새로운 통찰의 체계가 될 수 있었다. 그리고 흥미롭게도 이 새로운 마음 통찰은 붓다의 통찰을 새롭게 읽으며 붓다 언어의 의미에 접근하는 새롭고 유익한 길을 열고 있다. 원효의 사유와 대화할 때 놓치지 말아야 할 대목이다.

원효가 채택하는 '일심'이라는 기호는 '모든 현상을 산출해 내는 실체나 본체' 혹은 '현상의 이면에 있는 불변의 어떤 기체基體'를 지시하는 것이 아니다. 그 어떤 '불변·독자의 실체가 있다는 생각'에도 막히거나 갇히지 않는 인지 지평, 그리하여 '실체나 본질의 차이로 나누는 분별'에서 풀려난 채 차이들을 만날 수 있는 마음 수준을 지시하는 기호로 보는 것이 적절하다. 이런 이해에 의거하여 필자는 '일심'을 문장의 의미 맥락에 따라 '하나처럼 통하는 마음' 혹은 '하나처럼 통하게 하는 마음'이라 번역하고 있다. '일심一心'에 대한 원효 자신의 설명, '일심'과 직결되어 있는 '일각一覺', '일미一味', '일여一如' 등에 관한 원효의 설명, 이 개념들이 등장하는 맥락 등을 종합적으로 고려한 번역이다. '일각一覺'은, 이와 관련한 원효의 설명들을 종합해 볼 때, '불변·독자의 본질/실체'라는 허구 관념으로 인해 분리되고 상호 격리되었던 존재와 현상 및 세계가, '불변·독자의 본질/실체'에 대한 무지의 착각을 떨쳐 버림으로써 분리와 격리의 벽이 무너져 '서로 열리고 만나는 온전한 지평'을 드러내는 것이다. '일심'도 이런 의미맥락을 담아내는 용어이다. 그런 점에서 '일각一覺'을, 본질/실체적 분리와 격리를 해체시켜 서로 통하게 하는 깨달음이라는 의미를 담아, '하나처럼 통하게 하는 깨달음'이라 번역해 보고 있다.

'진여眞如(tathatā)'라는 용어 역시 한자어 그대로 '진여'로 번역하면 '궁극적 실재에 관한 명사적 지칭'으로 이해되기 쉬워 마찬가지 문제가 발생한다. 이런 문제를 해결하기 위해 본 번역에서는 '진여眞如'를 '참 그대로'나 '사실 그대로'로 번역한다. 이때 '참'이나 '사실'이라는 용어로 지시하려는 것은 본체나 순수실재와 같은 존재론적 대상이 아니다. '차이들을 무지에 의해 희론적으로 굴절시키지 않고 만나는 국면이나 지평', 혹은 '희론적으로 왜곡되지 않은 채 차이들이 그대로 드러나는 국면이나 지평'을 반영한 번역이다. 이러한 '참 그대로'나 '사실 그대로'의 지평은 '변화·관계·차이를 품은 역동적 사태'를 지시한다. 『대승기신론』에서는 정념正念의 대상을 '참 그대로인 현상'(眞如法)으로 설정하는 이해가 등장하고 있다. '진여眞如'를 궁극실재나 존재로 이해하는 존재론적 시선들이 난무하고 있지만, 적어도 원효는 이 진여를 '현상의 온전한 양상'으로 보고 있다. 다시 말해 원효는, 〈본질이나 실체관념을 설정하는 근본무지에 의해 굴절 내지 오염되지 않은 변화·관계·차이의 현상들〉을 '진여眞如'로 보고 있다. 그리고 원효는 그 경험국면을 지칭하기 위해 '심진여', '일심', '본각' 등의 긍정형 기호들을 적극적으로 채택한다.

불변·독자의 본질이나 실체는 명사적 부동不動의 사태일 수밖에 없다. 그러나 그 어떤 유형의 불변·독자의 본질/실체도 모두 무지의 허구적 산물로 간주하는 것이 원효철학이다. 원효의 이러한 관점은 붓다 및 불교철학의 핵심 통찰이기도 하다. 만약 원효가 구사하는 '일심一心'·'일여一如'·'일각一覺'의 '일一'을 부동의 실재를 지시하는 수사로 읽는다면 원효가 구사하는 일심이나 일여, 일각은 불변의 궁극실재가 되고, 원효 철학은 불변·독자의 궁극실재에 관한 신비주의 철학이 되어 불교 내부의 변형 아트만 사상이 되고 만다. 그러나 '일심一心'·'일여一如'·'일각一覺' 등의 기호가 채택되는 문장에서 원효는 철저히 비非본질·비非실체의 연기적 통찰을 펼치고 있다. 따라서 '일심一心'·'일여一如'·'일각一覺' 등의 용어에서 원효가 채택하는 '일一'이라는 기호는 대부분 동사적 역동의 국면을 지시한다.

진심眞心 역시 일심과 유사한 맥락에서 이해하는 것이 적절하다. 일심의 '심'이나 진심의 '심'은 명사적 존재가 아니라 역동적으로 형성되는 '상태'나 '지평'을 지시하는 기호로 보인다. 그리고 '일심一心'의 '일一'이나 '진심眞心'의 '진'은, '심'이라는 명사적 존재를 수식하는 형용사가 아니라 '심'이라는 역동적 상태의 내용을 알려 주는 수사 용법으로 보는 것이 적절하다. 그래야 일심이나 진심이라는 용어를 채택하는 『대승기신론』이나 원효, 나아가 선종에서의 용법과 의미맥락에 상응한다고 생각한다. '진심眞心'을 문자 그대로 '참 마음'으로 번역하면, 생멸하는 현상 이면에 불생불멸의 본체本體를 설정하는 우파니샤드류類의 '본체-현상론'에 빠져들기 쉽다. 일심一心을 '한 마음'으로 번역할 때도 같은 문제에 봉착한다. 이런 문제들을 고려하면서 필자는 '진심眞心'을 '참 그대로와 만나는 마음/마음지평'으로 번역한다. 이때 〈참 그대로와 만난다〉라는 말은 '본체-현상론'을 반영한 것이 아니라 〈무지의 분별적 가공 없이 차이들과 만난다〉라는 것을 의미한다. 일심이나 진심은 모두, '불변의 동일성과 독자성' 혹은 '불변·독자의 실체나 본질'을 설정하는 근본무지

(無明) 및 그에 의한 '차이들의 왜곡'이 원점에서부터 거두어진 인지 지평으로 보인다. 그러므로 '무지의 분별적 왜곡 없이 차이들과 만나는 마음/인지 지평'으로 보는 것이 타당할 것이다.

원효는 유식학을 심층적으로 탐구하고 있다. 원효철학은 유식학적 통찰을 뼈대로 삼고 있다고 해도 지나치지 않다. 여러 저술 가운데 『이장의』는 원효의 유식학 이해가 얼마나 탁월한 수준인지를 확인시켜 주는 단적인 사례이다. 그런데 유식학의 핵심 내지 궁극 목표는 〈무지를 조건으로 삼은 식들을 '사실 그대로 이해하는 식들'로 바꾸는 것〉(식識의 전변轉變, 전식득지轉識得智)이다. 그런데 앞서 거론한 것처럼, **니까야/아함이 전하는 붓다의 '오온五蘊·12처處·18계界 이론'이 지니는 두 가지 의미 중 하나는**, 〈인간의 경험은 모든 감관능력에 예외 없이 '의식능력'(意根)이 결합되어야 발생한다는 점에서 주관적/관점적 속성을 지닌다는 것, 그래서 인간은 '모든 것을 관점적/주관적으로 경험할 수밖에 없는 존재'〉라는 것이다. 〈오온 인간에서는, 몸 내·외부의 조건들이 상호관계 맺고 상호작용함으로써 오온 현상의 발생·형성·유지·변화·소멸이 이루어진다. 그리고 오온 인간은, 특유의 의식능력으로 인해, 그 현상들을 '관점적/주관적 경험'으로 처리한다.〉 유식학은 '오온五蘊·12처處·18계界 이론'의 이러한 의미를 계승한 것으로 보인다. 인간의 모든 경험은 '의식능력'(意根)이 결합되어야 발생하기에 주관적/관점적 속성을 지니며, 따라서 '모든 것을 관점적/주관적으로 처리할 수밖에 없는 존재'이기에, 〈'무지를 조건으로 삼은 식들'을 '사실 그대로 이해하는 식들'로 바꾸는 것〉(식識의 전변轉變, 전식득지轉識得智)을 유식학의 핵심 내지 궁극 목표로 삼은 것이다.

앞서 논의한 관련 내용의 핵심을 다시 요약해 본다 : 아뢰야식·말나식·육식·대상세계의 상호관계·상호작용은 결국 말나식 층위의 핵심인 '자아 감각'을 축으로 삼아 그 내용을 형성한다. 따라서 아뢰야식·말나식·육식·대상세계의 상호관계·상호작용은 '관점적 1인칭 주체/주관성의 경험 형성' 과정이다. 그리고 아뢰야식과 말나식은 모두 〈'의식능력'(意根)의 이해·관점·견해의 구성 및 선택〉 내용 여하에 따라 〈'사실 그대로'에 부합하는 내용〉과 〈'사실 그대로'를 왜곡하는 내용〉의 두 가지 가능성을 지닌다. 그리고 유식학의 실제적 목표는 말나식의 청정분을 구현하는 일이다. 아뢰야식 층위의 식識 현상은 잠재적·심층적 현상이라 지각의 대상이 되지 않기 때문이다. 유식학의 목표를 이루는 관건은 말나식을 '사실 그대로에 부합하는 자아적 현상'(말나식의 청정분)으로 바꾸는 것이다.

원효의 일심철학은 유식학이 지니는 이러한 의미의 연장선에서 창발적으로 수립된 것으로 보인다. 원효는, 『대승기신론』과 『입능가경』에 등장하는 '일심一心'이라는 기호가 〈중관적 통찰을 품은 유식학적 시선〉[216]에서 해탈·열반의 핵심 내용과 불교철학의 체계를 압축적으로 반영할 수 있다〉라고 여긴 것으로 보인다. 그리하여 '일一'과 '심心'에 각각 그에 상응하는 압축적 의미를 배정한다.

'일一'이라는 기호에는 '하나처럼 통함'이라는 의미를 부여하는데 그 핵심은 이렇게 요약된다 : 식識도 예외 없이 변화와 관계의 현상이어서 '본질/실체에 의한 분리나 격절적隔絶的 불통'이 없기에 자신 및 타자들

---

216) 같은 책, pp.279-287.

과 마치 '하나처럼 통하는 관계'에 놓여 있다. 그런데 이 '하나처럼 통함'은 '둘로 나뉨이 없지만 하나로 통합되는 것도 아닌 통함'(不二而不一)이다. 하나처럼 통하기에 '둘로 나뉨이 없지만'(不二), 동시에 식識을 축으로 한 모든 현상은 '상호 개방과 상호 침투'(通攝)의 관계로 '서로 연접적으로 연루되어 있다'(不一). 그러나 현실의 식識은, '식 자신의 이해 결핍'(無明)에 의해, 이 '하나처럼 통하는 사실 그대로의 양상'(法界一相)을 서로 분리·격절된 본질/실체의 현상으로 오인한 후 '왜곡·오염된 식 작용'(분별·망상)을 펼치고 있다. 따라서 '일一'은 두 가지 의미를 동시에 지닌다. 하나는 본연적 의미이다. 〈식識 관련 현상들은 비본질/비실체 관계로서 '둘로 나뉨이 없지만 하나로 통합되는 것도 아닌'(不二而不一) 관계로 하나처럼 통하고 있다〉라는 것이 그것이다. 다른 하나는 현실적 의미이다. 〈인간의 현실에서 망각되고 왜곡·오염되어 있는 것은 바로 이 '하나처럼 통함'이며, 따라서 인간이 회복·구현해야 할 과제가 여기에 있다〉라는 것이 그것이다.

'심心'이라는 기호에는 인간 경험의 유식학적 특성을 나타낸다는 의미를 부여한다. 인간의 모든 경험은 '의식능력'(意根)이 결합되어야 발생하기에 주관적/관점적 속성을 지닌다. 따라서 '모든 것을 관점적/주관적으로 처리할 수밖에 없는 존재'이다. 따라서 유식학은 〈'무지를 조건으로 삼은 식들'을 '사실 그대로 이해하는 식들'로 바꾸는 것〉(식識의 전변轉變)을 목표로 삼는데, '심心'은 이러한 유식학적 시선과 목표를 잘 반영하는 기호이다.

이렇게 보면 '일심'이라는 기호에 입각한 원효 기획의 면모가 포착된다. 원효는 '중관을 품은 유식학'의 핵심과 목표를 '일심'이라는 기호에 압축시키면서 이를 통해 불교 이론 전체를 통섭적通攝的으로 재구성하는 새로운 체계 이론을 구축할 수 있다고 여겼고, 그 기획을 성공적으로 구현한다. 일심에 관한 정의적定義的 해설, 일심으로 심진여문心眞如門과 심생멸문心生滅門을 통합시키는 것, 일심으로 유식학의 전식득지를 해설하는 것 등 일심에 관한 원효의 논의와 해설은 이러한 추정을 뒷받침한다.

그런데 앞서 거론한 것처럼, 유식학의 목표를 이루는 관건은 말나식을 '사실 그대로에 부합하는 자아적 현상'(말나식의 청정분)으로 바꾸는 것이며, 이때 아뢰야식은 말나식의 〈'사실 그대로'로서의 관점적 1인칭 주체/주관성 현상〉의 경향성이 집적되는 범주가 된다. 그러므로 '제8아뢰야식의 청정분'이나 '제9아마라식' 역시 '관점적 1인칭 주체/주관성 현상'의 범주로 보아야 한다. 그리고 원효의 일심은 이러한 유식학적 통찰을 토대로 삼고 있다. 그럴진대 일심 역시 '관점적 1인칭 주체/주관성 현상'의 범주가 된다. 〈참 그대로인 국면(眞如門)으로서의 일심〉은 '무아로서의 오온'이며, '하나처럼 통하는 관점적 1인칭 주체/주관성'이다. 그것은 '1인칭의 삭제'가 아니라 '새로운 1인칭'으로 보아야 할 것이다. 이 '새로운 1인칭으로서의 일심'은 변화·관계의 현상과 접속한 채 변화·관계의 물결에 함몰되지 않는 '파도 타는 자유와 안락의 유희를 누리는 관점적 1인칭 주체/주관성'이다.

"원효의 '일심一心'은 이 '파도 타는 능력'을 마음 지평에서 일러주는 기호로 보인다. 원효가 '일심一心'이라는 기호에 담아내려는 것은, '모든 것을 지어내면서 불생불멸하는 본체로서의 한마음'이 아니다. 그에게 일심一心은, '관계 속에서 변화하는 차이현상들'에 본질·실체 관념이 덧씌워져 구축된 '차별과 배제의 장벽'에 갇히지 않을 수 있는 역동적 사유/인지능력이다. 차이(相)들이 '불변·독자·동일성의 벽을 무너뜨리고 만나'(通) '서로 열고 상호작용하면서'(攝) '더 좋은 이로움을 만들기 위해 어울릴 수 있게 하는'(和諍) 사유/인지능력의 역동적 지평 – 이것을 원효는 '일심一心'이라는 기호로 지시한다. 그렇게 보면 일심一心은 《하나처럼 통하는/통하게 하는'(一) '마음'(心)》이다. 그럴진대 일심一心은, '본질·실체 관념이 일으키는 희론분별의 파도에 빠지지 않으면서 사유와 언어의 파도를 즐기는' 파도타기 능력이다. 이 능력은, '개념과 판단에 갇히지 않으면서도 개념과 판단에 접속하여 그것들을 나와 남 그리고 세상에 이롭게 굴리는 역동적 힘'이고, '더 좋은 판단을 구성해 가는 열린 성찰의 역동적 힘'이며, 그 성찰로 '더 이로운 행위를 선택하여 펼쳐가는 역동적 힘'이다. '언제나 언어·사유·욕구·차이들과의 접속 고리를 끊지 않은 채 언어·사유·욕구·차이들에서 발생하는 허구와 오염을 치유하는 역동적 힘', '차이들과 만나는 언어·사유·욕구의 이로운 능력과 수준을 수립하고 펼쳐가는 역동적 마음의 힘' – 그것이 '하나처럼 통하는/통하게 하는 마음'인 일심一心이다."[217]

일심에 관한 이러한 이해를 뒷받침하는 관련 구절들을 『대승기신론소·별기』와 『금강삼매경론』을 위주로 소개한다.

 "'두 측면'(二門)이 [나뉘는 것이] 이와 같은데, 어째서 '하나처럼 통하는 마음'(一心)이라 하는가? 말하자면, 오염되었거나 청정하거

---

[217] 같은 책, p.219.

나 그 모든 것의 '본연적 면모'(性)는 [불변·독자의 실체나 본질로서] 둘로 나뉨이 없기에(無二), '참됨과 허구라는 두 측면'(眞妄二門)은 [본질적] 차이가 있을 수 없으니, 그러므로 '하나'(一)[처럼 통함]이라고 부른다. 이 '[불변·독자의 실체나 본질로서] 둘로 나뉨이 없는'(無二) 자리에서 모든 것을 실재대로이게 하는 것은 [이해하는 작용이 없는] 허공과는 같지 않아 '본연적 면모'(性) 자신이 지혜롭게 사실대로 이해하니, 그러므로 '마음'(心)이라 부른다. 그런데 이미 '둘'(二)[로 나뉘는 불변·독자의 실체나 본질]이 있지 않다면 어떻게 '하나'(一)[처럼 통함]이라는 [말]이 있을 수 있으며, '하나'(一)[처럼 통함]이 있지 않다면 무엇에 입각하여 '마음'(心)이라 하겠는가? 이와 같은 도리는 '언어적 규정에서 벗어나고 분별하는 생각을 끊은 것'(離言絕慮)이어서, 무엇으로써 지칭해야 할지 알 수가 없지만 억지로나마 '하나처럼 통하는 마음'(一心)이라 부른다."**218)**

"'하나처럼 통하는 마음'(一心)이 나타날 때에는 '여덟 가지 식'(八識)이 모두 바뀌어 가니, 그러므로 이때에 '[거울로 비추는 것처럼 [현상세계를] 온전하게 드러내는 지혜'(大圓鏡智)·'[불변·독자의 본질/실체라는 생각으로 비교하지 않아] 평등하게 보는 지혜'(平等性智)·'사실 그대로 이해하는 지혜'(妙觀察智)·'[중생들이 열반에 이르도록 성숙시키는] 일을 이루어 가는 지혜'(成所作智), 이 네 가지 지혜'(四智)가 완전(圓滿)해진다. 왜냐하면 이 '하나처럼 통하는 마음'(一心)이어야 [근본무지의] 암흑에서 벗어나 [지혜의] 밝음을 이루고 [그 지혜가] 명백하고 온전해져서(淸淨) [제대로] 비추어 내지 못하는 모습이 없기 때문이니,

---

218) 『대승기신론소』(H1, 705a11-16).

그러므로 〈그 경지는 청정하니 맑은 유리와 같다〉(其地淸淨, 如淨瑠璃)라고 말하였다. 이것은 '거울로 비추는 것처럼 [현상세계를] 온전하게 드러내는 지혜의 면모'(大圓鏡智之義)를 드러낸 것이다.

[또한] 이 '하나처럼 통하는 마음'(一心)이어야 '[항상 있다는 견해'(常見)와 '완전히 없어진다는 견해'(斷見) 이] 두 가지 치우친 견해'(二邊)에서 멀리 벗어나 '나와 남이 평등하여 둘이 아닌 [경지]'(自他平等無二)를 통달하니, 그러므로 〈본연은 언제나 평등하니 저 대지와 같다〉(性常平等, 如彼大地)라고 말하였다. 이것은 '[불변·독자의 본질/실체라는 생각으로 비교하지 않아] 평등하게 보는 지혜의 면모'(平等性智之義)를 나타낸 것이다.

이와 같은 '하나처럼 통하는 마음'(一心)[지평]에서는 '[불변·독자의 본질/실체가 있다는 생각으로 분별하여] 본 것'(所觀)이 없기 때문에 '모든 현상세계'(諸法門)를 [사실대로] 이해하지 못하는 경우가 없으니, 그러므로 〈깨달음은 '사실대로 이해하니', 햇빛처럼 빛나는 지혜와 같다〉(覺妙觀察, 如慧日光)라고 말하였다. 이것은 '사실 그대로 이해하는 지혜의 면모'(妙觀察智之義)를 밝힌 것이다.

[또] 이와 같은 '하나처럼 통하는 마음'(一心)[지평]에서는 [분별로] '지어내는 것'(所作)이 없기 때문에 다른 사람을 이롭게 하는 일을 지어내지 않음이 없으니, 그러므로 〈이로움이 이루어져 본연을 얻으니, 위대한 진리의 비[를 맞은 것]과 같도다〉(利成得本, 如大法雨)라고 말하였다. 비는 만물을 적셔 열매를 맺게 하는데, 이 지혜도 그와 같아 다른 사람을 이롭게 하는 일을 이루어 [그들로 하여금] '깨달음의 본연'(本覺)[인 '사실 그대로 앎']을 얻게 하니, 이것은 '[중생들이 열반에 이르도록 성숙시키는] 일을 이루어 가는 지혜의 면모'(成所作智之義)를 밝힌 것이다. [이렇게 이] 네 가지 지혜'(四智)가 완전해지면, 이것

이 '[사실 그대로'를] 비로소 깨달아 감이 완전해진 것'(始覺滿)이다.

〈이 [금강석과 같은] 지혜로 들어가는 것은〉(入是智者) 이하는, 다음으로 '모든 식이 [불변·독자의 본질/실체로서] 생겨나지 않음'(諸識不生)을 나타낸 것이다. 이 '네 가지 지혜'(四智)를 얻은 것이 바로 '[차이들을] 사실대로 함께 만날 수 있는 깨달음의 경지'(妙覺之位)이므로 〈부처님 지혜의 경지에 들어가는 것이다〉(是入佛智地)라고 말하였고, 이때에 '하나처럼 통하는 마음의 본원'(一心之源)으로 돌아가서 '여덟 가지 식'(八識)의 온갖 [분별의] 파도가 다시는 '일어나 동요하지'(起動) 않기 때문에 〈[부처님] 지혜의 경지에 들어간 사람에게는 모든 식識이 [불변·독자의 본질/실체로서] 생겨나지 않는다〉(入智地者, 諸識不生)라고 한 것이다. 이상의 [제식공적諸識空寂과 제식무생諸識無生] 두 부분으로 '[사실 그대로'를] 비로소 깨달아 감'(始覺)을 설명하는 것이 끝난다."[219]

"〈이 [중생의] 마음이 곧 [세간과 출세간의] 모든 것을 포섭하고 있다〉(是心卽攝一切)라고 한 것은, '대승[에서 말하는] 현상'(大乘法)이 '소승[에서 말하는] 현상'(小乘法)과 다름을 드러낸다. 참으로 이 [중생의] 마음이 모든 현상(法)을 '[서로] 통하게 하고 [서로] 포섭하게'(通攝) 하기 때문에 '모든 현상 자신의 [온전한] 본연'(諸法自體)은 오로지 '하나처럼 통하는 마음'(一心)이니, 소승에서 〈모든 현상에는 각각 자신의 실체가 존재한다〉(一切諸法各有自體)라고 말하는 것과는 같지 않은 것이다. 그러므로 '하나처럼 통하는 마음'(一心)이 '대승의 현

---

219) 원효, 『금강삼매경론』(H1, 633a19-b13).

상'(大乘法)이라고 말하는 것이다."[220]

"또 이 '여섯 단원'(六品)[의 제목]에는 다른 뜻도 있다. '첫 번째 단원'(初品, 無相法品)은 '이해의 대상이 되는 도리'(所觀法)를 제시한 것이니, [여기서] 도리(法)란 〈'하나처럼 통하는 마음'(一心)인 '여래의 면모가 간직된 창고'(如來藏)의 본연(體)〉(一心如來藏體)을 말한다. '두 번째 단원'(第二品, 無生行品)은 '이해해 가는 수행'(能觀之行)을 밝혔으니, [여기서] 수행이란 '여섯 단계의 수행'(六行)[221]으로서 '[불변·독자의 본질/실체로 보는 생각으로] 분별하지 않는 [사실 그대로의] 이해'(無分別觀)[를 성취해 가는 것]을 말한다. 세 번째인 '깨달음의 본연[인 '사실 그대로' 앎]이 지닌 이로움[을 주제로 하는] 단원'(本覺利品)은 '하나처럼 통하는 마음'(一心)에서의 '생멸하는 측면'(生滅門)을 나타내고, 네 번째인 '사실 그대로가 온전하게 드러나는 지평에 들어감[을 주제로 하는] 단원'(入實際品)은 '하나처럼 통하는 마음'(一心)에서의 '참 그대로인 국면'(眞如門)을 나타낸다. 다섯 번째인 '참된 면모[인 '사실 그대로']에는 불변·독자의 본질/실체가 없다는 것[을 주제로 하는] 단원'(眞性空品)은 참됨(眞)[에 대한 실체관념]과 속됨(俗)[에 대한 실체관념]을 다 버리면서도 '['세속적 관점'(俗諦)과 '진리적 관점'(眞諦), 이] 두 가지 관점'(二諦)을 무너뜨리지 않는다. 여섯 번째인 '여래의 면모가 간직된 창고[를 주제로 하는] 단원'(如來藏品)은 '[앞의] 모든 해석 방식'(諸門)을 두루 거두어 [그들이] 모두 '한 맛[처럼 서로 통하는 것]'(一味)임을 보여 준다. 이러한 [육품六品에 대한] 이중二重의 '여섯 가지 해석 방식'(六門)으로써

---

[220] 『대승기신론소』(H1, 704a11-14).
[221] '여섯 단계의 수행'(六行)은 '십신十信, 십해十解(진제역)/십주十住, 십행十行, 십회향十廻向, 십지十地, 등각等覺'을 가리킨다.

'대승[의 이치를] 포괄하는 뜻'(攝大乘義)을 두루 다하였다."222)

"총괄하여 말하면, '진리와 세속'(眞俗)은 '별개의 것이 아니지만'(無二) '같음을 지키지도 않으니'(不守一), '별개의 것이 아니기'(無二) 때문에 [진리(眞)와 세속(俗)이] 곧 '하나처럼 통하는 마음'(一心)이고, '같음을 지키지도 않기'(不守一) 때문에 '[진리(眞)와 세속(俗)이 별개의 것이 아닌] 본연에 의지하면서도'(擧體) '[진리(眞)와 세속(俗)이] 다른 것이 되니'(爲二), 이와 같은 것을 '하나처럼 통하는 마음과 [그] 두 가지 측면'(一心二門)이라고 부른다. (…) 합하여 말하자면, 〈생겨난 것이 곧 '불변·독자의 본질/실체가 없는 것'이지만 '아무것도 없음'을 지키지 않고〉(生卽寂滅而不守滅) 〈소멸한 것이 곧 [조건에 따라] 생겨나는 것이 되지만 생겨남에 머무르지 않으니〉(滅卽爲生而不住生), '생겨남과 소멸함이 [불변·독자의 본질/실체로서] 다른 것이 아니고'(生滅不二) '움직임과 고요함에도 [불변·독자의 본질/실체로서의] 차이가 없다'(動寂無別). 이와 같은 것을 〈'하나처럼 통하는 마음'이라는 도리〉(一心之法)라고 부른다."223)

"〈'불변·독자의 본질/실체가 없고 [불변·독자의 본질/실체로 보는 분별에 의한] 동요가 없는'(空寂) 마음(心)과 현상(法)을 '함께 취하는 것'(俱取)이나 '함께 취하지 않는 것'(不俱取)도 역시 '불변·독자의 본질/실체가 없고 [불변·독자의 본질/실체로 보는 분별에 의한] 동요가 없는 것'(寂滅)이겠습니다〉(空寂心法, 俱不俱取, 亦應寂滅)라는 것은, 〈'하

---

222) 『금강삼매경론』(H1, 609a2-10).
223) 『금강삼매경론』(H1, 658c14-659a9).

나처럼 통하는 마음'이라는 도리〉(一心法)는 '하나[라는 것]도 지키지 않는다'(不守一)는 것을 밝힌 것이다. '[근본무지에 매여] 태어나고 죽는 [윤회하는] 삶'(生死)과 열반(涅槃)은 [본래] '불변·독자의 본질/실체가 없고 [불변·독자의 본질/실체로 보는 분별에 의한] 동요가 없어서 둘[로 나뉨]이 없으니'(空寂無二), '[불변·독자의 본질/실체로서] 둘로 나뉨이 없는 지평'(無二之處)은 〈'하나처럼 통하는 마음'이라는 도리〉(一心法)[가 드러내는 것]이고 [또한] 〈'하나처럼 통하는 마음'이라는 도리〉(一心法)에 의거하여 [생사生死와 열반涅槃, 이] '두 가지 측면'(二種門)이 있는 것이다.

그런데 [생사生死와 열반涅槃, 이] '두 가지 측면'(二門)을 둘 다 취하면 '[하나처럼 통하는] 마음'(一心)을 얻을 수 없으니 두 가지가 동일한 것은 아니기 때문이고, 만약 [생사生死와 열반涅槃, 이] '두 가지 측면'(二門)을 버려 모두 취하지 않아도 '[하나처럼 통하는] 마음'(一心)을 얻을 수 없으니 [생사生死와 열반涅槃 모두] '[하나처럼 통하는] 마음'(一心) 아닌 것이 없기 때문이다. 이러한 뜻이기 때문에 '[불변·독자의 본질/실체로서] 둘로 나뉨이 없는 마음과 현상'(無二心法)을 '함께 취하는 것'(俱取)이나 '함께 취하지 않는 것'(不俱取)도 역시 '불변·독자의 본질/실체가 없고 [불변·독자의 본질/실체로 보는 분별에 의한] 동요가 없는 것'(寂滅)이어야 한다."[224]

"이와 같이 '하나처럼 통하는 마음'(一心)은 모든 '오염된 것과 온전한 것'(染淨)들이 다 의지(依止)하는 곳이 되므로 곧 '모든 현상'(諸法)의 근본이다. ['하나처럼 통하는 마음'(一心)의] 본래부터 [근본무지에 따

---

[224] 『금강삼매경론』(H1, 668b11-18).

른 분별에] 동요하지 않는 측면'(本來靜門)에서는 '갠지스강의 모래알만큼 [수많은] 이로운 능력'(恒沙功德)이 갖추어지지 않는 바가 없기 때문에 [앞에서 인용한 『부증불감경』에서] 〈모든 현상을 갖추었다〉(備一切法)라고 말하였고, ['하나처럼 통하는 마음'(一心)의] '조건에 따라 동요하는 측면'(隨緣動門)에서는 '갠지스강의 모래알만큼 [수많은] 오염된 현상들'(恒沙染法)이 구족되지 않은 것이 없기 때문에 [『부증불감경』에서] 〈모든 현상을 구족하고 있다〉(具一切法)라고 말하였다. 그런데 '오염된 현상'(染法)에 의거하여 '마음의 본연'(心體)을 바라보면 두루 통할 수 없기 때문에 ['참 그대로임'(眞如)에서] 분리되고 벗어나지만, 만약 '마음의 본연'(心體)에 의거하여 온갖 '오염된 현상'(染法)을 바라보면 [그] 모든 '오염된 현상'(染法)들이 두루 통하지 않음이 없다. 그러므로 〈'세간의 현상들'(世法)에서는 [이것을] 떠나거나 벗어나지 않는다〉(於世法中, 不離不脫)라고 말했으니, '이탈하지 않는다'는 뜻은 '가려져 간직되어 있다'(隱藏)는 뜻이다.

이 ['하나처럼 통하는 마음'(一心)의] '세 번째 측면'(第三門)은 '하나처럼 통하는 마음'(一心)이 '동요와 평온'(動靜) [둘 다]에 통하여 '오염된 것과 온전한 것'(染淨) [모두]의 의지처가 된다는 것을 총괄적으로 밝혔고, ['하나처럼 통하는 마음'(一心)의 '조건에 따라 동요하는 측면'(隨緣動門)인] '두 번째 측면'(第二門)은 '동요하는 측면'(動門)만을 드러내었으니 '오염된 현상들'(染法)이 의지하는 것이며, ['하나처럼 통하는 마음'(一心)의 '본래부터 동요하지 않는 측면'(本來靜門)인] '첫 번째 측면'(第一門)은 '동요하지 않는 측면'(靜門)만을 드러내었으니 '온전한 현상들'(淨法)이 의지하는 것이다."[225]

---

225) 『금강삼매경론』(H1, 615c18-616a6).

"또한 〈'목숨 바쳐 귀의한다'〉(歸命)는 것은 '근원으로 돌아간다'(還源)는 뜻이니, 왜냐하면 중생의 '여섯 가지의 인식 능력'(六根)은 '하나처럼 통하는 마음'(一心)을 따라 생겨났으면서도 자신의 근원을 등지고 '인식 능력의 여섯 가지 대상들'(六塵)로 달려나가 흩어지기 때문이다. 이제 목숨 바쳐 '여섯 가지의 인식 능력'(六情)을 '모두 다잡아'(總攝) 그 본래의 '하나처럼 통하는 마음의 근원'(一心之原)으로 되돌아가기 때문에 〈'목숨 바쳐 귀의한다'〉(歸命)라고 말했다. 돌아가는 곳인 '하나처럼 통하는 마음'(一心)이 바로 [귀의의 대상인] '세 가지 보배'(三寶)이기 때문이다."226)

"'[사실 [그대로인 것]'(實)이] 없지 않은 면모'(非無之義)는 〈마치 '왕과도 같은 불의 성질'[이 있는 것]과 같다〉(如火性王)라는 것은 [다음과 같은 뜻이다.] 마치 나무 안에는 〈'불이라는 물질적 요소'에 해당하는 성질〉(火大性)이 있지만 [나무를] 쪼개어 찾아보아도 '불의 면모'(火相)를 얻을 수 없으며, 그러나 나무 안의 '불의 성질'(火性)이 실제로 없는 것은 아니니, [나무에] 구멍을 뚫고 비벼서 구하면 불은 반드시 나타나기 때문이다. '하나처럼 통하는 마음'(一心)도 그와 같은 것이다. [마음의] '온갖 양상'(諸相)을 분석해 보아도 '마음의 본질'(心性)을 얻을 수 없지만 ['하나처럼 통하는 마음'(一心)이] 실제로 없는 것은 아니니, '모든 현상'(諸法)에서의 마음을 도를 닦아 구하면 '하나처럼 통하는 마음'(一心)이 나타나기 때문이다. 이와 같이 '불에 타는 성질'(火性)은, [그] 면모(相)는 숨어 있지만 세력은 큰 것이 마치 나라

---

226) 『대승기신론소』(H1, 700a11-15).

의 주인과 같기 때문에 왕이라고 부른 것이다."²²⁷⁾

"〈본연의 왕 노릇 하는 마음을 잃어버린다〉(失本心王)라는 것은 [다음과 같은 뜻이다.] 헤아릴 수 없는 '이로운 능력'(功德)이 곧 '하나처럼 통하는 마음'(一心)이고 [이] '하나처럼 통하는 마음'(一心)이 [모든 것의] 주인이기 때문에 〈왕 노릇 하는 마음〉(心王)이라고 불렀으며, [근본무지와 분별에 따라] 생멸하고 동요하고 어지러우면 이 '왕 노릇 하는 마음'(心王)을 등져 다시 ['하나처럼 통하는 마음'(一心)으로] 돌아갈 수 없기 때문에 〈잃어버린다〉(失)라고 말하였다."²²⁸⁾

"심왕心王의 뜻에는 대략 두 가지가 있으니, 첫째는 '[여덟 가지 식 중에서] 제8아뢰야식인 마음'(八識之心)이 '온갖 마음작용과 마음현상'(諸心數)을 거느리기 때문에 '왕 노릇 하는 마음'(心王)이라고 부른 것이고, 둘째는 '하나처럼 통하는 마음의 현상'(一心之法)이 온갖 [이로운] 능력을 거느리기 때문에 '왕 노릇 하는 마음'(心王)이라고 부르는 것이다. 이제 이 보살이 '[불변·독자의 본질/실체로서] 생겨난 것이 없다는 [이해에 의거하는] 수행'(無生行)에 들어가서 '하나처럼 통하는 마음의 왕 노릇 하는 자리'(一心王)를 증득하기 때문에 '[심왕보살의] 본연이 되는 것'(所體)에 따라 명칭을 세운 것이다. 지금 이 단원에서는 '[불변·독자의 본질/실체로서] 생겨난 것이 없다는 [이해에 의거하는] 수행'(無生行)을 밝히고 있으니, 따라서 [무생행無生行으로 증득하는 심왕의 경지를 상징하는] 심왕보살이 질문을 한 것이다."²²⁹⁾

---

227) 『금강삼매경론』(H1, 671b22-c4).
228) 『금강삼매경론』(H1, 618c).
229) 『금강삼매경론』(H1, 624a1-6).

(4) 〈하나처럼 통하는 새로운 '관점적 1인칭 주체/주관성'〉(一心)에 의한 화쟁

"원효의 화쟁 논법은 세 가지 원리로 구성되고 있다. 한 축은 '문門 구분'이고, 다른 한 축은 '무無실체/무無본질/관계의 세계를 드러내는 일심一心의 지평'이며, 나머지 한 축은 '언어에 대한 통찰'이다. 이 세 가지 원리들은 서로 연결되어 통섭적通攝的으로 관계 맺는다. 어느 하나도 다른 두 원리들에 기대어야 비로소 제 역할을 완전하게 수행할 수 있다. 세 축이 어울려 서로 힘을 보태면서, 상이한 견해들의 배타적 충돌을 '서로 통하고 서로 수용하는' 통섭적通攝的 관계로 만들어 가는 것. – 이것이 원효의 화쟁 논법이다. 그런데 필자가 특히 주목하는 것은 '문門 구분을 통한 화쟁'이다. 세간적 현실을 감안할 때는, 이 '문門 구분을 통한 화쟁'을 중심축으로 삼는 것이 적절해 보이기 때문이다. **'문門 구분을 통한 화쟁'을 중심에 두고, 다른 두 축인 '모든 쟁론의 인식적 토대에서 자유로울 수 있는 마음지평(一心) 열기'와 '언어 환각에서 풀려나 언어를 사용하기'를 양 옆에 세운 후, 이 세 축이 서로 맞물려 힘을 보태면서 끝없이 상승해 가는 구도. – 이것이 원효의 화쟁에 대한 필자의 독법이다.**"[230]

원효는 '배타적 언어 다툼의 통섭적 화해'인 화쟁和諍을 자기 철학의 한 축으로 삼는다. 그리고 그의 **화쟁 논법의 세 가지 원리 가운데 하나는 '모든 쟁론의 인식적 토대에서 자유로울 수 있는 마음지평인 일심一**

---

[230] 박태원, 위의 책, pp.44–45.

心이다. 일심은 어떻게 화쟁의 원리가 될 수 있을까?

일심—心을 '하나처럼 통하는 마음'이라 할 때, 이 말의 의미는 '하나처럼 통함'과 '마음'이라는 두 가지 개념의 의미 결합에 의해 발생한다. 따라서 일심의 의미에 접근하려면 '마음'과 '하나처럼 통함'의 의미를 선택하여 결합시켜야 한다. '마음'의 의미와 관련하여 필자의 견해를 발췌하여 요약하면 다음과 같다. 인용 분량이 길지만 '일심과 화쟁' 논의에 꼭 필요한 내용이므로 소개한다.

"인간의 인지능력이 보여주는 가장 현저한 특징은 '사유 활동'이다. 차이를 기호(언어)에 담아 분류한 후, 기호로 분류된 차이들을 비교하고 선별하는 기준을 만들며, 선별기준을 정당화시키는 논리와 이론을 마련하고, 논리·이론을 갖춘 견해와 관점을 수립하며, 그 견해와 관점에 의거하여 현상의 법칙적 의미를 파악하는 이해를 펼치는 것. – 이 모든 것이 사유 활동에 속한다. 그리고 이 사유 활동의 중심축은 단연 '이해'라 할 수 있다. 모든 사유 활동의 내용은 이해를 향하고, 이해는 다른 모든 사유 활동의 동기와 방향 및 내용을 규정한다. 이런 사유를 '이해 사유'라 불러보자. (…) 이미 선택한 기준·관점·견해·이해를 재평가하고 수정·보완하거나 새로운 것으로 대체하려면, 기존의 것들과 거리를 두려는 능력이 요청된다. 마치 떨어져서 보듯, 괄호치고 보듯, 이미 확보하여 가동하고 있는 기준·판단·평가·관점·견해·이해로부터 거리를 확보해야 한다. 대상화시켜 재음미할 수 있어야 한다. 이 대상화와 거리두기의 필요에 따라 발현된 것이 '재인지능력'이었을 것이다. 〈안전/이로움은 키우고 위험/해로움은 줄이는 더 좋은 방법과 능력을 지속적으로 향상시켜야 한다〉라는 생물학적 보편 본능의 요청에 응하는 과정에서, 인간 특유의 '재인지능력'이 발생하여 고도화된 것으로 보인다. 재인지능력은 역동적으로 변화하는 환경과 세계 속에서 〈안전/이로움과 위험/해로움의 차이를 선택하는 기준들을 더 좋은 것으로 바꾸어야 환경에 적응한다〉라는 생물학적 요청의 산물이다. 대상화/거리두기 능력이 고도화되면서 마침내 인간은 자기에게 발생하는 '모든 경험현상'을 '다시 아는 자'가 되었다. '모든 것'을 '대상'으로 괄호 치고 '그것들을 아는 자리'로 이전하여 자신의 경험을 '재인지'하는 능력자가 되었다. (…) '재인지능력'이란 자신의 경험을 괄호 치듯 대상화시켜 재인지하는 능력이다. 인간의 인지능력은 자신의 인지력 범주 안에서 이러한 '자리 이전'을 행한다. 관찰을 위해 이전하는 자리와, 그 자리에서 관찰되는 대상을, '모두 동시에' 인지경험 범주에 동거시킨다. 독특한 면모다. 경험하는/경험된 모든 것들뿐 아니라 관찰자 자신마저도 대상화시킨다. 이것은 주/객관의 모든 경험에 갇히거나 매이지 않을 수 있는 '거리의 발생'을 의미한다. 이 거리 발생은 물리적 거리의 발생이 아니다. 인지 범주 안에서 '재인지를 가능케 하는 좌표의 발생'을 의미한다. '괄호 치듯 대상화시켜 놓고 재검토할 수 있는 좌표로 끊임없이 미끄러지듯 옮겨갈 수 있는 능력'이 '재인지능력'이다. 인간은 이 재인지능력이 고도화되어 있다. (…) '재인지 현상이나 능력' 역시 사유 범주에 속한다. 그런데 이 '재인지 현상 및 능력'은 이해와 결합되어 있으면서도 이해에 갇히지 않는다. '이해조차 재인지의 대상으로 처리'할 수 있는 것이 '재인지 현상'이기 때문이다. 그런 점에서 재인지 현상과 이해현상은 같은 사유 범주에 속하면서도 동일하지가 않다. 이렇게 보면 인간의 사유에는 두 가지 다른 유형이 섞여 있다. 하나는, '이해로 수렴되고 또 이해로부터 규정되는 사유'이다. '이해 사유'가 그것이다. 다른 하나는, '기존의 이해 자체를 대상화시켜 처리하는 사유'이다. 과거와 현재의 이해에 갇히지 않고 기존의 이해들을 수정·보완·대체하는 사유이다. '재인지 사유'가 그것이다. 그리고 이 **'이해 사유'와 '재인지 사유'를 모두 품은 사유현상을 '마음'이라 부를 수 있다. 따라서 마음의 내용은, 이해 사유와 재인지 사유가 상호적으로 작용하면서 역동적으로 이루어진다.** (…) 재인지 사유와 이해 사유가 동일한 것이라 할 수 없지만, 완전히 무관한 것이라고도 할 수 없다. 이해 사유와는 다른 자리에서 발생하는 재인지 사유는 어떤 경우에도 이해 사유와 무관할 수 없다. 대상이 된 이해에 대한 그 어떤 대응과 처리도 그 이해에 기대어 있지 않을 수 없기 때문이다. 재인지 사유는 이해 사유와 언제나 서로 맞물려 있다. 재인지 사유는 언제나 이해 사유를 조건으로 삼아 발생하고 작용한다. 연기적緣起的 상호의존 관계의 전형이다. 어느 한쪽이 없으면 다른 쪽도 성립하지 못하며, 그 결과 사유 자체가 제대로 작동하지 못한다. '이해 사유의 의미 규정력'이 없다면 사유의 그릇이 비게 되고, '재인지 사유의 이해 구성력'이 없다면 사유 그릇의 내용물이 썩는다. 이해 사유와 재인지 사유는, 원효의 말을 빌리면, '같지 않으면서도 별개의 것이 아닌'(不一而不二) 관계를 맺고 있다. 이해 사유와 재인지 사유는 '같은 것도 아니고 다른 것도 아니다'(不一不異). 마음은 〈이해 사유와 재인지 사유가 '같은 것도 아니고 다른 것도 아닌 관계'로 역동적으로 상호작용하는 '사유의 장場'〉이다. (…) 기존의 관점·견해·이해를 평가하여 수정하기도 하고, 다른 것으로 대체하기도 하며, 새로운 이해를 수립하기도 하는 창발적 현상의 근거로 작용하는 것은 '재인지 사유의 창발적 구성력'이다. '이해 사유'

의 강력한 규정력에 갇히지 않고 이해 내용을 보완·수정해 가고 새로운 이해로 바꾸어 가는 것은 '재인지 사유의 창발적 구성력'이다. 이 '재인지 사유의 창발적 구성력'을 주목하여, 그것을 '선先이해체계/문법에서 풀려나는 능력' 및 '이해들을 이로운 것으로 수정하거나 수립하는 능력'으로 포착한 후, 그 능력을 의도적으로 계발하여 고도화시켜가는 길을 마련한 분이 붓다였다고 본다. 붓다와 그의 길에 동참한 전통이 주목한 '재인지 사유의 창발적 구성력'을 불교 전통에서는 '마음'이라 부르는 경우가 있다. 앞서 '이해 사유'와 '재인지 사유'를 모두 품은 사유 현상을 '마음'이라 불러 보았는데, 이 경우의 '마음'은 이해의 강력한 규정력을 거부하고 재구성할 수 있는 '재인지 사유의 창발적 구성력'을 지칭하는 것이다. 필자가 거론하는 **'마음'에 관한 정의定義는 초점에 따라 두 가지로 구분된다. 하나는 '이해 사유'와 '재인지 사유'를 모두 포괄하는 것으로서 '광의의 마음'이라 할 수 있고, 다른 하나는 특히 '재인지 사유의 창발적 구성력'에 초점을 두는 것으로서 '협의의 마음'이라 하겠다. 불교해석학/교학과 수행론의 계보 속에는 이러한 두 의미의 마음이 공존한다.** 이해를 조정하고 선택하며 수정하거나 새로운 것으로 바꾸는 위상을 지닌다는 점에서, '마음으로서의 재인지 사유'는 '이해 사유'보다 상위의 지위에 있다고 할 수 있다. **이해를 바꿀 수 있는 것은 이 '마음작용' 때문이다. 잘못된 이해를 치유할 수 있는 것도 이 마음작용 때문이고, 잘못된 이해를 선택하거나 만들어 낼 수 있는 것도 이 마음작용 때문에 가능하다. 사실에 맞지 않는 이해·관점·견해를 사실에 부합하는 것으로 바꿈으로써 삶의 근원적 치유와 행복을 구현하려는 '이해수행'**(觀, 위빠사나 행법)

도 이 마음작용이 받쳐주어야 완전해진다."²³¹⁾

"과거와 현재를 통틀어 '이해 바꾸기의 의미와 필요성 및 방법론'을 집중적으로 탐구하고 검증해 온 유일한 사례는 붓다의 전통이라고 생각한다. 붓다의 법설과 수행론은 고스란히 '이해 바꾸기의 의미와 필요성 및 방법론에 관한 가르침'이기도 하다. 붓다의 법설과 후학들의 해석학 및 수행론을 이렇게 읽으면, 놓쳤던 의미와 내용들이 새롭게 살아난다. 이른바 계戒·정定·혜慧 삼학三學은 '이해 바꾸기 방법론'의 종합체계로 볼 수 있다. 계학戒學은 '행위 선택을 통해 이해를 바꾸어가는 방법론'이다. (…) **혜학慧學은 '바른 이해에 기대어 잘못된 이해를 바꾸어가는 방법론'이다. 선각자에 의해 제시된 '사실과 부합하는 이해'를 거울로 삼아 '사실과 부합하지 않는 이해'를 반성하고 수정하는 방식이다.** (…) 이러한 '혜학 방법론'은 '이해 사유'의 역할과 '재인지 사유'의 역할이 결합해야 성공한다. (…) '바른 이해에 기대어 잘못된 이해를 바꾸어가는 혜학 방법론'에서 '바꿈'이 가능하려면 이 '재인지 사유에 의한 새로운 선택작용'이 있어야 한다. 이렇게 볼 때 '혜학 방법론'은 이해 사유가 지닌 '내용규정의 힘'과 재인지 사유의 '바꾸는 힘'이 결합시켜야 유효하다. 특히 재인지 사유의 '선택작용의 능력'을 얼마나 의도적으로 향상시켜 활용하는가에 따라 혜학의 성공 정도가 결정된다. (…) **정학定學은 '마음의 힘에 기대어 어떤 이해에도 갇히지 않으면서 이해를 가꾸어가는 방법론'이다.** 여기서 '마음'은 이해를 비롯한 모든 경험현상을 괄호 치고 거기에서 빠져나와 그것을 재처

---

231) 같은 책, pp.235-254.

리할 수 있는 재인지 사유의 면모이다. (…) **혜학에서 작용하는 재인지 사유의 힘이 '바꾸는 선택작용'에 그 초점이 있다면, 정학에서 주목하는 재인지 사유의 능력, 그 마음의 힘은, '빠져들지 않고 만나기' '갇히지 않고 접속하기' '붙들려 매이지 않고 관계 맺기'에 그 초점이 있다.** (…) 정학/선 수행의 초점과 내용은 '대상에 대한 집중'이 아니다. 정학/선 수행의 초점은, 이미 자리 잡아 안정화된 그 어떤 이해들이나 그 이해에 의거한 욕구·행동·정서들에 '붙들려 빠져들지 않는 마음자리' '매여 갇히지 않는 재인지 자리'를 자율의지에 따라 확보할 수 있는 힘을 키우는 노력에 있다. 또한 그 '붙들지 않고 갇히지 않아 빠져나온 자리'에서 그 대상들과 접속하고 관계 맺어 조정할 수 있는 힘을 키우는 노력에 초점이 있다. 그리하여 그 어떤 이해체계 안에도 매이거나 갇히지 않으면서 더 좋은 내용을 수립하고 선택하며 고쳐가는 자유의 힘을 키우는 일이 정학/선 수행이다. 불교 전통에서 입버릇처럼 사용하는 〈집착하지 않는다〉라는 말은 이런 맥락에서 유효한 것이다. 정학/선정/삼매 수행에서 힘을 얻는다는 것은 집중력이 고도화되는 일이 아니다. 집중력 향상과 무관하지는 않지만, 선 수행의 초점과 내용 및 목표가 집중력은 아니다. 〈선정의 힘을 얻어 '동요하지 않는 평온'을 성취했다〉라는 것은 마음이 분산되지 않는 집중의 힘 때문에 평온을 유지한다는 의미가 아니다. 특정한 이해나 욕구, 감정이나 행동을 집착하듯 붙들면, 그리하여 그것에 갇히거나 매이면, 그 이해·욕구·감정·행동이 기대와 달라질 때 불안하고 동요하게 된다. 그러다가 어떤 이해·욕구·감정·행동도 붙들지 않고 빠져나온 자리에서 관계 맺는 힘, 갇히지 않는 자리에서 접속하는 힘을 얻으면, 이해·욕구·감정·행동에 따른 불안과 동요가 근원적으로 잦아든다. 이 '풀려난 자유로 인한 평온'이 선정/삼매/정학의 평온이다. (…) **선정이나 깨달음의 힘은 '집중력의 유지로 동요하지 않을 수 있는 실력'이 아니라, '그 어떤 이해·욕구·감정·행동도 붙들지 않고 빠져나오는 자리를 확보하여 그 자리에 관계 맺으면서 더 좋은 이해·욕구·감정·행동을 선택하고 수립하는 힘'이다.** (…) 빠져나오고 붙들지 않아, 이해들에 갇히지 않으면서도 그것들에 기대어 발생하는 현상의 내용은, 또한 '이해의 속성'을 지닐 수밖에 없다. '이해들'에 기대어, 그것들을 조건 삼아 발생하기에, 발생하는 현상 자신도 '이해의 속성을 지닌 것'일 수밖에 없다. 그러나 **'이해를 조건으로 생겨나는 또 다른 이해'이지만 '어떤 이해에도 매이거나 갇히지 않은 채 겪는 이해 경험'**은, 매이거나 갇혀 있는 이해들에서 발생하는 경험들에 비해 전혀 새로운 지평에 놓인다. '매이고 갇힌 이해'에서 발생하는 경험은, 새로운 이해로 이전하기 어렵고 더 나은 이해를 수립해 가기 어려운 '지적 굼뜸', '부자유와 속박', '폐쇄적 협애狹隘' 등의 특성으로 점철되어 있다. 이에 비해 '이해에 기대어 있지만 매이지 않는 능력', '접속한 채 빠져나오는 자리에서 기존의 이해들을 조건으로 삼아 새로운 이해를 역동적으로 수립해 가는 능력'에서 펼쳐지는 경험은, 더 나은 이해를 향해 마음껏 옮겨가는 '역동의 활력'과 '이해력의 향상', 계속 풀려날 수 있음에서 생겨나는 '홀가분한 자유', 갇히지 않아 세상과 전면적으로 만나는 '광활한 전일감全一感과 열린 우호' 머물지 않고 만나는 '유영遊泳의 유희', 빠져나온 자리에서 접속할 수 있기에 누리는 '근원적 평온', 특정의 이해·신념·욕망·행위에 붙들려 갇히지 않기에 생겨나는 '무지·독단·편견을 자각하는 성찰력'과 '사실 이해력 및 오해의 치유력' 등을 특성으로 품는다. 이런 특징들을 압축하는 용어가 '해탈'(근원적 자유)이고 '열반'(근원적 안식)이라 읽을 수 있다. (…) 정학/선 수행에서 성취한 능력을 토대로 밝아진 '궁극적 지혜/이해'(明知, 解脫知見)는 '지고至高의 내용을 지닌 불변의 이해현상'이 아니다. 또한 '아무리 수승한 내용을 지닌 이해현상일지라도 붙들거나 매이지 않을 수 있는 자리/지평'은 '불변의 확정적 좌표'가 아니다. 그 자리/지평은 '가변적인 이해들'에 기대어 그것들을 조건 삼아 발생하기에, 그 자신도 '가변적·역동적으로 발현하는 자리/지평'이다. 그 어떤 이해·욕망·느낌·행위도 붙들지 않고 갇히지 않으며 매이지 않는 자리 역시 역동적으로 발현하는 것이고, 그 자리에서 발생하는 이해현상인 '궁극적 지혜/이해'(明知, 解脫知見)도 역동적으로 펼쳐지는 것이며, 그 자리에서 누리는 '자유와 평안의 지복至福' 그 파도타기의 유희 현상도 역시 역동적이다. 이 '역동적 현상'을 '지속적'으로 간수해 가는 것이 깨달음의 궁극이라고 본다."[232]

'하나처럼 통함'은 모든 현상의 '전방위로 열린 상호 의존적 연접 관계'와 '역동적 상호작용'을 지칭한다. 불변·독자의 실재들을 설정하여 현상들을 '본질적/실체적 분리와 격절적 불통'의 관계로 보는 본질주의나 실체주의의 시선과 대비된다. 이상에서 거론한 '마음'의 의미는 '하나처럼 통함'의 이러한 의미와 직결된다.

쟁론은 '이해의 무조건적·절대적 타당성을 배타적으로 주장하는 견해들의 충돌'이다. 그리고 화쟁은 '이해의 조건적·상대적 타당성과 부당성을 포착하고 여러 조건적 타당성을 서로 어울리게 하여 더 나은 견해

---

[232] 같은 책, pp.263-277.

를 수립해 가는 과정과 능력'이다. 따라서 **이해의 조건적·상대적 타당성과 부당성을 식별하고 타당성들을 화쟁적으로 상호포섭·상호작용 시키기 위해서는, 자신을 비롯한 타인의 이해에 집착하여 갇히지 않으면서 더 나은 이해로 옮겨가는 능력이 필수적이다. 특히 〈기존의 관점·견해·이해를 평가하여 수정하기도 하고, 다른 것으로 대체하기도 하며, 새로운 이해를 수립하기도 하는 창발적 현상의 근거로 작용하는 '재인지 사유의 창발적 구성력'〉이 핵심적이다. 원효는 필자가 거론한 '마음의 의미'와 '재인지 사유의 창발적 구성력'을 그가 접한 모든 불교해석학/교학 탐구에서 확보한 것으로 보인다. 그리고는 그 통찰을 '일심─心'이라는 기호에 압축적으로 담은 것으로 보인다. '하나처럼 통합'(─)은 원효가 성취한 '마음의 의미' 및 '재인지 사유의 창발적 구성력'의 핵심 내용이다. 그리고 이 '하나처럼 통하는' 마음으로 인해 화쟁의 원천 능력이 확보된다.** 관련 논의는 필자가 이미 개진한 견해를 소개하는 것으로 대신한다.

"특히 주목되는 것은 '치유/해탈의 방법'을 마음현상과 관련하여 밝히려는 노력들이다. 필자가 보건대, 이들은 기본적으로 유식학의 성과 위에서 등장하고 있으며, 『대승기신론』과 이에 대한 원효의 해석에서 '공관空觀을 안은 유식관唯識觀'의 방식으로 나타난다. 이에 관한 원효의 관점은 그의 말기 저술인 『금강삼매경론』에 이르러 완결적인 모습을 보여준다. '완결적'이라 표현한 것은 '치유/해탈 능력의 근거'와 '치유/해탈의 방법' 그리고 '치유/해탈된 마음의 현상이나 작용'을 가히 통섭적通攝的으로 결합시켜 종합하고 있기 때문이다. 그리고 이 '공관空觀을 안은 유식관唯識觀'은 선종이 보여주는 새로운 선관禪觀의 철학적 토대이기도 하다. 아울러 원효의 '공관空觀을 안은 유식관唯識觀'과 선종의 선관禪觀은, '붓다의 선禪/정학定學의 요점'을 잘 파악하고 있는 것으로 보인다. 이로 인해 정학·선·삼매 수행을 '대상집중'으로 읽어오던 시선들과 결별하고 붓다의 선/정학 법설과 새롭게 대화하고 제대로 소화해 낼 수 있는 전환이 이루어졌다. (…) 본각本覺·시각始覺·불각不覺의 성찰과 체득은 〈'하나처럼 통하는 깨달음' 혹은 '하나처럼 통하게 하는 깨달음'〉(一覺)을 여는 것이어야 하고, 이 '하나처럼 통하는 깨달음'(一覺)이 열릴 때 '하나처럼 통하는 마음'(一心)의 지평에 올라선다. (…) '하나처럼 통하는/통하게 하는 마음'(一心)은 '삶과 세상의 향상적 변화를 가능하게 하는 근거'(여래장如來藏으로서의 일심一心)이자 '향상변화의 목적지'이다. 원효의 모든 통찰과 언어는 이 출발지와 도착지 및 그 과정에 관한 것이다. 그런데 그 모든 과정을 관통하는 중심축은 '[사실대로] 이해하는 수행'(觀行)이다. 이 관행觀行의 요점을 『금강삼매경론』에서는 '한 맛[처럼 서로 통하는] 이해와 [그 이해에 의거한] 수행'(一味觀行)의 문제로 종합하고 있다. (…) **'공관空觀을 안은 유식관唯識觀'에 의거하여, '모든 경험현상을 괄호 치고 거기에서 빠져나오는 마음 국면/자리'를 확보하고, 그 국면/자리에서 이해들을 만나 '더 좋은 이해로 바꾸어가는 능력'을 확보한다. '공관을 안은 유식관'을 디딤돌 삼아 성취하는 이 능력을 원효는 '온전한 이해수행'(正觀)이라 부른다. 〈주·객관의 모든 현상에 '빠져들지 않고 그침'(止)〉과 〈그친 국면/자리에서 '사실대로 이해함'(觀)〉을 동시에 펼칠 수 있는 능력이다. 지관쌍운止觀雙運의 정관正觀이 그것이다. 이 '온전한 이해수행'(正觀)은 '자기를 이롭게 하는 이해의 수립 및 실천'(自利行)과 '타인들을 이롭게 하는 이해의 수립 및 실천'(利他行)을 하나로 결합시켜 펼칠 수 있는 실력을 키워가는 것이기도 하다. 개인 구제와 사회 구제가 '별개의 것이 아닌 관계'(不二, 不異)로 맺어지는 지평이 비로소 제대로 꽃을 피우는 단계이다. 이후에는 모든 차이현상과 '하나처럼 통하면서 만날 수 있는 깨달음'(一覺)이 뚜렷하게 되고, 마침내 모든 차이와 '하나처럼 통하는/통하게 하는 마음'(一心)이라 부르는 궁극의 인지능력이 성취된다. 이 모든 향상과정은 고스란히 '개인과 사회의 생활세계 문제 해결력 향상과정'이기도 하다는 점을 간과하지 말아야 한다. (…) 모든 현상을 '조건에 따라 인과적으로 발생'(緣起)한 것으로 이해하는 연기적 이해능력으로 '차이현상들의 있는 그대로'를 드러내고, 그 '본질/실체가 아닌 차이들'과 서로 막힘없이 공명共鳴하며 호혜적 관계를 만들어가는 '조건인과적 합리성의 광대한 구현과정'이 그 여정의 풍경이다. 조건인과적 합리성을 개인적·사회적으로 고도화시키는 최고 수준의 능력을 원효는 '하나처럼 통하면서 만날 수 있는 깨달음'(一覺)으로 노래한다. 그리고 '하나처럼 통하는/통하게 하는 마음'(一心)은 그 여정의 시작이고 여러 기착지이며 최종 목적지이다. 이 '일심一心 여정'에서는, 〈'어떤 이해나 경험에도 붙들려 갇히지 않고 빠져나오는 국면/자리'를 열고, 그 자리에서 이해들을 만나, 더 좋고 더 이로운 것으로 바꾸어가는 능력〉을 키워주는 붓다의 정학/선 법설이, 정교한 논리와 풍부한 이론에 담겨 재구성되고 있다. (…) 붓다는 '빠져나오는 마음자리'에 눈뜨게 하는 수행인 정지(正知, sampajānāti)의 구체적 방법을 '일상의 심신 현상에 대한 알아차림'의 방식으로 제시해 준다. 그리고 선종은, 붓다의 정학/선 법설의 취지를 계승하고 있을 뿐 아니라, 정지正知에 관한 방법론적 장치마저도 붓다의 방식을 계승하고 있다. 이에 비해 원효의 '일심 여정'에는 붓다와 선종에서 목격되는 것과 같은 '빠져나오기 방식'의 일상적 기법에 관한 언급은 없다. 그러나 정학/선의 의미와 내용을 정밀하게 밝혀주는 철학, 붓다와 선종이 제시하는 '정지正知의 일상적 방법'이 제대로 작동할 수 있는 철학적 근거와 토대는 탁월한 모습으로 펼쳐진다. (…) **일심一心은, 〈차이현상들 위에 근본무지가 실체·본질 관념을 덧씌워 수립한 '허구적 이해'(분별)의 성채에 갇히지 않고 빠져나와, 그 '잘못된 해로운 이해들'을 '사실적 차이에 부합하는 이로운 이해들'로 바꾸어, '차이들의 사실적 지위'를 살려내는 동시에 부당한 차별의 벽을 허물어 버리는 능력을 펼치는 마음〉이다. 그리하여 차이들로 하여금 '허구적 이해'(분별)로 만든 기만과 폭력의 감옥에서 풀려나게 하여, 〈왜곡과 배제를 일삼는 '본질·실체주의의 덫'에 갇히지 않은 채 서로 만나며〉(通), 〈실체·본질의 벽에 막히지 않고 공명共鳴하여 이롭게 관계 맺으며 상호작용함으로써〉(攝), '더 나은 이해'로 나아가 '더 좋은 이로움'을 만들고 '더 널리 함께 누리는 길'을 걸어갈 수 있는 사유의 수준이다. 그러기에 '하나처럼 통하는/통하게 하는'(一) '마음'(心)이다. 원효의 '일심一心'은 '파도 타는 실력'과 관련된 기호이다. 일심一心은, 차이들을 싣고 가는 '이해의 파도'에 빠지지 않으면서 '이해의 파도타기'를 즐기는 유영遊泳의 사유능력이다. '차이들의 변화와 관계에 접속한 채' '역동적이면서도 지속적으로' '자유와 평안의 유희'를 펼칠 수 있는, 사유의 새로운 능력이다."[233]**

〈하나처럼 통하는 새로운 '관점적 1인칭 주체/주관성'〉(一心)에 의한 화쟁에 대한 원효의 말 몇 구절을 확인한다.

---

233) 같은 책, pp.257-322.

"'[깨닫는] 부처면모(佛性)의 본연(體)은 바로 '하나로 보는 마음자리/마음지평'(一心)이니, '하나로 보는 마음자리/마음지평' 면모에서는 [불변의 독자적 본질/실체로 여기는] 모든 착각들(諸邊)을 멀리 떠난다. [불변의 독자적 본질/실체로 여기는] 모든 착각들(諸邊)을 멀리 떠났으므로 해당되는 것이 하나도 없고, 해당되는 것이 없기 때문에 해당되지 않음이 없다. 그렇기 때문에 [하나로 보는] 마음[자리/지평]에 나아가 말하자면, [하나로 보는] 마음[자리/지평]은 원인(因)도 아니요 결과(果)도 아니며, 성스러운 진리(眞)도 아니고 속된 것(俗)도 아니며, 사람(人)도 아니고 세계(法)도 아니며, 생겨남(起)도 아니고 사라짐(伏)도 아니다. [그러나] 만일 [하나로 보는 마음자리/마음지평을] '연기의 조건들'(緣)과 관련시켜 말하자면, [하나로 보는] 마음[자리/지평]은 생겨남(起)도 되고 사라짐(伏)도 되며, 세계(法)도 되고 사람(人)도 되며, 속된 것(俗)도 되고 성스러운 진리(眞)도 되며, 원인(因)도 짓고 결과(果)도 짓는다. 이것을 일컬어 '그렇지 않지만 그렇지 않은 것도 아닌 뜻'(非然非不然)이라 하니, 따라서 모든 주장이 다 그르기도 하고 다 옳기도 하다."[234]

"그러므로 앞에서 말한 '네 가지 맥락'(四門)에서, '오염을 따르는 맥락'(隨染門) 및 '본래면모의 온전함을 나타내는 맥락'(性淨門)의 두 가지 원인(因)과, 미래에 올 결과 및 현재 결과의 두 가지 결과(果)는, 그 본래면모가 별개의 것이 아니고 오직 '하나로 보는 마음자리/마음지평'(一心)임을 알아야 한다. '하나로 보는 마음자리/마음지평'(一心)은 오직 부처가 체득하는 것이니, 그러므로 이 마음

---

[234] 『열반종요』(H1, 538b-c).

을 일컬어 '[깨닫는] 부처면모'(佛性)라 부른다. 단지 '여러 맥락'(諸門)에 의지하여 이 '하나인 면모'(一性)를 나타낸 것이지, '서로 다른 맥락'(異門)에 따라서 '별개의 면모'(別性)가 있는 것이 아니다. 그렇다면 다를 것이 없는데, 어찌 '하나'(一)를 둘 수 있겠는가? '하나'가 아니기 때문에 여러 맥락에 해당할 수 있는 것이며, 다르지 않기 때문에 여러 맥락이 한 맛(一味)인 것이다."[235]

"오직 '과보로 받게 되는 몸'(報身)에 대해서는 두 가지 집착이 여러 가지로 일어나고 있는데, 그 여러 가지로 일어나는 말다툼(諍論)은 [결국] 두 가지에 불과하니, 상주常住를 고집하는 것과 무상無常을 고집하는 것이 그것이다. (…) 묻는다. 두 분의 주장 가운데, 어느 것이 [타당성을] 얻고 어느 것이 [타당성을] 잃는가? 답한다. 어떤 이[236]는 말하기를, '모두 [타당성을] 얻기도 하고 모두 [타당성을] 잃기도 한다'고 한다. 그 까닭은, 만약 오로지 한 쪽[의 타당성](一邊)만을 고집하면 모두 허물이 있게 되고, 만일 [어느 쪽 타당성에도] 걸림이 없이 말하면 모두 타당성(道理)이 있게 되기 때문이다. (…) 이러한 도리로 인해 두 주장이 모두 [타당성을] 얻게 된다."[237]

"묻는다. 〈남방과 북방의 이러한 주장들은 어느 것이 맞고 어느 것이 맞지 않는가?〉 답한다. 〈만일 한 쪽(一邊)[의 타당성]만을 고집해서 모든 측면에서 그런 식으로 [어느 주장이 맞고 어느 주장은 맞지 않는다고] 말하면, 두 주장들이 모두 [타당성을] 잃게 된다. 그러나 만

---

235) 『열반종요』(H1, 545c).
236) 원효 자신을 지칭하는 것으로 보인다.
237) 『열반종요』(H1, 536a-537b).

일 부분적 타당성을 인정하여 그 [어느 한 주장의] 뜻만 맞는다고 하지 않으면, 두 주장이 모두 [타당성을] 얻게 된다.〉"[238]

4. 무아·윤회와 '관점적 1인칭 주체/주관성'

1) '관점적 1인칭 주체/주관성'의 창발과 의미

· '관점적 1인칭 주체/주관성'의 창발

인간의 인지능력(의식)은 '모든 차이현상을 언어에 담아 분류·처리하는 언어능력'을 품었다. 그리고 모든 감관 경험은 이 언어적 인지능력과 결합하여 발생한다. 인간의 언어적 인지능력은 모든 현상을 '관점적 시선'으로 처리하게 한다. 그런 점에서 인간의 모든 경험은 주관적/관점적 속성을 지니며, 인간은 '모든 것을 관점적/주관적으로 경험할 수밖에 없는 존재'가 되었다. 인간은 '관점적 1인칭 주체/주관성'이다. 그런데 이 **'관점적 1인칭 주체/주관성'은 어느 순간 완결된 내용으로 불쑥 등장한 것이 아니다. '이로움은 키우고 해로움은 줄이려는 생명의 생물학적 본능'으로 환경에 대응하면서 진화하는 과정에서 발현된 자연스러운 현상이고, 시간이 지나면서 점진적으로 고도화된 것이다.** 이에 관한 필자의 기존 논의를 소개한다.

"인간이 파악하는 의미에는 차이들의 비교·종합·분석에 의한 이해·판단·평가·예측이 함께 하고 있다. 동식물은 의미를 '감지'

---

238) 『열반종요』(H1, 547c).

하지만, 인간은 의미를 '이해'한다. '인간이 파악하는 의미'는 '언어적·기호적·추상적 기준들과 논리·이론을 갖춘 견해·관점으로 짜인 이해의 그물을 통과한 것'이다. 그런 점에서 환경과의 관계에서 안위만을 기준으로 파악하는 동식물의 직감적·본능적 의미와는 내용이 다르다. '인간이 파악하는 의미'는 '논리·이론을 지닌 관점과 견해로써 직조된 이해의 그물을 통과한 것'이라는 점에서 '법칙적 현상'이다. 그런 점에서 붓다가 담마(Dhamma, 法)라는 용어로써 '가르침, 이론, 도리, 법칙'과 '현상'이라는 뜻을 모두 지칭하는 것은 주목된다. 행동과 감정을 비롯하여 인간이 보여주는 모든 현상은 '이해를 조건으로 삼는 법칙적 현상'이다. 인간의 모든 경험과 행위에서 이해는 어떤 경우라도 제외할 수 없는 요인이다. 이해는 인간 경험의 특이성을 결정하는 근원적 조건이다. 인간이 현재 보여주는 인지능력과 '이해하는 사유'는 어떻게 생겨난 것일까? 본래 있던 완결된 내용이라는 신비주의 시선, 우연히 기적적으로 생겨났을 것이라는 비합리적 상상, 창조자가 일거에 완결된 내용으로 만들어낸 것이라는 창조론적 시선에 동의하지 않는다면, 어떤 접근이 가능할까? 인간이 향상시켜 온 인과적 사유와 과학적 탐구 성과를 결합시키는 방식이 합리적이라고 본다. 지구 행성 위에서 환경에 적응하기 위해 진화해 온 변화의 과정에 집중하는 것이 맞다고 생각한다. 생물학과 인류학의 관점을 경청하면서 필자는, 〈**환경과 세계의 변화하는 차이현상들을 대면하여 안전/이로움은 선택하고 위험/해로움은 회피하려는 생물학적 보편 본능**' → '**차이를 기호**(언어)**에 담아 분류하는 능력의 발현**' → '**기호로 분류된 차이들을 비교·구분하는 기준수립 능력의 발달**' → '**논리와 이론 능력의 발현**' → '**논리와 이론을 갖춘 견해와 관점을 수립하는 능력의 발현**' →

'법칙적 의미를 파악하는 이해능력의 발현' → '이해를 직조하는 사유능력'과 '직조된 이해체계'의 정립〉이라는 조건인과적·연기적 발생의 연쇄를 추정해 본다. **재인지능력은, '차이들 → 기호·언어에 의한 분류 → 취사선택을 위한 기준의 수립 → 논리와 이론 → 관점과 견해 → 이해'의 조건인과적 연쇄에서 가장 늦게 발현되었다.**

풀어쓰면 이렇다. 〈다른 생물종들에 비해 현저한 차이를 보여주는 인간의 인지능력과 이해사유의 발생은 그 출발점이 '환경과 세계의 변화하는 차이현상들을 대면하여 안전/이로움은 선택하고 위험/해로움은 회피하려는 생물학적 보편 본능'이었다. 그리고 '차이를 기호(언어)에 담아 분류하는 능력의 발현'이 이해사유와 인지능력이라는 특이점 발생의 결정적 분기점이었다. 차이들을 기호에 담아 분류함으로써 비교가 용이하고 정밀해질 수 있었고, '안전/이로움과 위험/해로움의 차이를 구분하는 기준'을 수립하는 능력이 발달하였다. 그리고 기준들의 우열을 비교하고 선택하는 능력을 발전시키는 과정에서 기호/언어로 분류한 차이들의 특징과 관계를 파악하는 능력이 발현하였고, 그 능력에 수반하여 '논리와 이론 능력이 발현'하였으며, 급기야 '논리와 이론을 갖춘 견해와 관점'을 수립하는 능력이 발현하였다. 그리고 논리와 이론을 갖춘 견해와 관점에 의거하여 '현상의 법칙적 의미를 파악하는 이해능력'이 발현되었고, 이해능력을 기반으로 '이해를 직조하는 사유능력'과 '직조된 이해의 체계'가 정립되었다.〉 …… 재인지능력은, '차이들 → 기호·언어에 의한 분류 → 취사선택을 위한 기준의 수립 → 논리와 이론 → 관점과 견해 → 이해'의 조건인과적 연쇄에서 가장 늦게 발현되었지만, 그 계열에 배치된 모든 것들을 재인지의 대상으로 삼을 수 있게 되었다. 심지어 '대상화시켜 재인지하는 현상'마저도 다시 대상화시켜 재인지한다. 인간이 확보한 인지능력에서 가장 주목할 만한 현상이라고 생각한다. 인간의 모든 위대한 가능성과 희망이 이 재인지 면모에서 비롯된다고 생각하기 때문이다. 모든 것을 '성찰의 대상'으로 삼는 능력을 소중히 여겨 그 능력을 향상시켜 온 '성찰 지성의 진보행진'도 이 재인지능력의 표현이다."[239]

- **'관점적 1인칭 주체/주관성'의 의미**

'관점적 1인칭 주체/주관성'은 본래부터 완결된 내용으로 있던 것이거나 창조된 것은 아니지만, 다른 생명현상들의 진화계열에서는 목격되지 않는 특이한 진화적 창발 현상이다. 그리고 창발되어 고도화된 이 '관점적 1인칭 주체/주관성'을 창발 이전으로 되돌리거나 삭제하는 것은 불가능하다. 인간종이 존속하는 한, '관점적 1인칭 주체/주관성'의 내용과 수준은 더욱 고도화할 것이지만, 그 핵심 특징인 '관점적 1인칭 성격'은 지속될 것이다.

'관점적 1인칭 주체/주관성'을 인정하는 것은 불변의 독자적 실재를 인정하는 실재론이 아니다. '관점적 1인칭 주체/주관성'은 변화·관계의 역동적/세계내적 경험현상이기 때문이다. 따라서 '관점적 1인칭 주체/주관성'은 자아의 〈'세계내적 실재론적 있음'(有)이나 '세계초월적 실재론적 있음'〉(有)과 그 반대항인 '허무의 없음'(無)에 모두 속하지 않는 '연기적 중도 현상'이다. 이러한 의미에서의 '관점적 1인칭 주체/주관성' 인정은 비유비무非有非無의 중도中道 판단이라 할 수 있다.

---

239) 박태원, 위의 책, pp.238-242.

또한 이 '관점적 1인칭 주체/주관성' 현상은 어떤 경우라도 '변화라는 시간성'과 '인과적 상호관계/상호작용'에 따른다. 시간성과 인과성의 범주에 해당하는 것이다. 그것이 〈'불변의 실재라는 허구적 자아'를 수립하는 무지를 조건으로 삼아 전개되는 '1인칭 자아'〉이든 〈형성 조건과 발생 현상들에 대한 '사실 그대로의 이해'를 조건으로 삼아 펼쳐지는 '관점적 1인칭 주체/주관성'〉이든, 모두 변화하는 인과적 현상이다. 붓다의 연기법은 모든 현상을 '조건에 따른 인과적 현상'으로 보는 것이다. 그 현상이 '무지의 왜곡과 오염을 조건으로 삼는 현상'(유위법有爲法)이든 '사실 그대로의 이해를 조건으로 삼는 현상'(무위법無爲法)이든, 모두 '변화라는 시간성'과 '인과적 상호관계/상호작용'을 적용하는 것이 연기법이다. 열반을 무위법(無爲法, asaṅkāta)으로 분류하면서 '변화와 무관한 비非시간적 현상' '인과율이 적용되지 않는 범주'로 간주하는 설일체유부의 시선은, 연기법에 대한 해석학적 일탈로 보인다. 열반이나 해탈, 궁극적 깨달음의 경지를 비非시간적·비非인과적 범주로 보는 시선은 교학 탐구와 구도 현장에서 여전히 쉽게 목격된다. **시간성과 인과성 범주 내에서 열반·해탈·깨달음을 파악하고 설명할 수 있는 길이 더욱 분명해지고 넓어져야 한다.**

'관점적 1인칭' 현상 자체는 자연적 현상이며 윤리적으로 중립적이다. '관점적 1인칭' 현상 자체는 오염이거나 허구가 아니다. 인간이 그 관점적 1인칭 능력으로 수립한 것들이 가치평가의 대상이 될 뿐이다. 깨달음, 구원, 해탈·열반 등의 궁극적 관심이 만약 '관점적 1인칭 현상 자체'를 문제 삼고 삭제하거나 초월하려 한다면, 잘못된 문제 설정이며 결코 성공할 수도 없다. 세간의 이로운 합리화를 추구하는 성찰 지성이든, 더 높은 차원의 변화와 성취를 추구하는 구도 지성이든, '관점적 1인칭 주체/주관성'을 전제로 삼고 노력해야 한다. '관점적 1인칭 주체/주관성'은 출발선이다. 인간의 모든 의지와 노력은 그 지점에서 출발하여 '관점적 1인칭 능력'의 이로운 고도화와 선택지들을 문제 삼아야 한다.

어떤 계기에서 여러 조건이 '응집된 인과적 관계'로 맺어지는 것은 자연적·우주적 현상의 '스스로 그러한 이법'(自然法)이다. 모든 유형의 차이 현상과 개별화는 '일정한 범주로 응집된 조건들의 인과적 현상'이다. 우주는 이렇게 '범주적으로 구별되는 인과적 현상의 무수한 계열들'이 역동적으로 전개되는 장場이다. 그리고 이 범주화된 인과계열들은 각자의 내부 조건들이 역동적으로 변화하면서 인과적으로 상호관계를 맺고 상호작용을 한다. 뿐만 아니라 각각의 인과계열 사이에서도 역시 상호관계와 상호작용이 인과적·역동적으로 펼쳐진다. '응집된 인과계열들과 그 구성 조건들'은 경계선 안팎으로 연기적으로 연접하고 인과적으로 상호작용한다.

2) '관점적 1인칭 주체/주관성'의 두 가지 인과계열과 무아·윤회의 쟁점 해결

붓다는 무아를 설하는 동시에 삼세의 윤회 현상을 인정한다. 이에 대해 〈'자아의 부정'인 무아와 '윤회 주체의 인정'인 윤회는 서로 모순되는 것인데 어떻게 두 가지를 동시에 설하는가?〉라는 의문이다. 이른바 무아·윤회의 문제에 대한 학계의 기존 논의를 우동필은 다음과 같이 정리하면서 무아와 윤회의 관계를 업보론으로 해석하는 대안을 제시한다.

"자아가 없다는 무아설과 재생의 주체를 요구하는 윤회설은 통상적인 시각에서 양립할 수 없는 관계로 여겨지기도 한다. 이 주제를 다룬 것이 바로 무아·윤회 논쟁이다. 윤호진은 불교교학사에서 윤회 주체를 밝히려는 이론들을 검토하며 무아·윤회의 관계에는 붓다 당시부터 모순이 내포되어 있었다고 진단한다.[240] 반면에 정승석은 끊임없이 변화하는 현상에 관한 연기(緣起, paṭiccasamuppāda)의 인과율에서 무아와 윤회는 서로 양립할 수 있다고 해석한다.[241] 김 진은 모순설을 인정하며 칸트의 요청이론적 접근을 통해 새로운 해법을 시도했다.[242] 그러나 무아·윤회 논쟁에서의 무아 이해는 존재론적 혹은 실재론적 전제에 한정되어 있다는 문제가 제기되었다.[243] (…) 무아·윤회 논쟁은 자아의 부정으로서 무아론과 윤회의 주체로서 윤회론의 관계를 탐구한 논의이다. 국내에서 무아·윤회 주제가 부각된 것은 윤호진의 『무아·윤회문제의 연구』를 통해서이다. 윤호진은 윤회 주체에 관한 설명을 시도한 불교 교학의 이론들을 검토하고 이 모순이 붓다 당시부터 내포된 주제라고 평가한다. 정승석은 무아와 윤회의 양립가능성을 제안한다. 무아는 끊임없이 변화하는 연기의 실상이고 윤회는 업의 상속으로 설명되기 때문에 양자는 연기의 인과 법칙 위에서 공존이 가능하다는 것이다. 데이비즈, 라다크리슈난 등은 무아가 비아(非我)의 의미로 자아가 아닌 것을 부정했을 뿐이며 진아의 의미를 부정한 것은 아니라고 본다. (…) 붓다의 무아설과 윤

---

[240] 윤호진(1992), p.13.
[241] 정승석(1999), pp.81-151.
[242] 김 진(2000), pp.75-123.
[243] 임승택(2017), pp.101-138.

회설이 무엇보다 일반 생각에서 이해되는 인간관의 한계를 점검하고 올바른 업보론으로 이끄는 데 그 지향이 있다고 본다. 업보의 입장에서 윤회설은 '원인과 결과' 혹은 '행동과 책임'에 관한 마음의 결정적 인과 모형을 제시하는 것이고 무아설은 그 구조의 한계에 관한 이해와 관찰수행의 업을 통해 고통의 소멸이라는 과보를 얻게 하는 것이다. 무아설과 윤회설이 각각 모두 업보에 관한 해명임에도 불구하고 그 의미가 전달되지 않은 것에 대해 다음과 같은 불교 인간관에 관한 오해 때문이다. 첫째, 인간은 오온(五蘊, pañcakkhandhā)의 요소들이 임시적으로 모여 이루어진 것이다. 둘째, 오온은 인간의 개체를 가리키는 용어이다. 본 연구는 실재론에서 가정된 인간관을 벗어나는 붓다의 인간관을 해명함으로써 무아와 윤회의 관계를 업보론으로 볼 수 있는 새로운 접근을 보일 것이다. (…) 초기불교철학에서 무아·윤회는 각각 다른 업보론에 관한 설명이다. 윤회는 삼계에서 선·악의 업에 따른 과보의 영역을 보임으로써 올바른 업보론을 제공하고 무아는 삼계에 자아라고 간주할 만한 것이 없다는 무아 통찰의 업을 행하게 함으로써 고멸의 과보로 인도한다. 윤회와 무아의 업보론은 당시 업보론에 대한 반성적이면서 대안적인 해명이다. (…) 무아·윤회 논쟁의 문제는 이 주제를 해석하는 철학적 관점과 인간관 이해에 있다. 붓다는 연기를 통해 실재론적, 존재론적 관점이 지닌 한계를 해명하고 있는데 붓다가 설명한 윤회·무아를 다시 실재론적, 존재론적으로 해석하기 때문에 난제가 발생한 것이다."[244]

---

244) 우동필, 「무아·윤회의 인간관」(『무아, 1인칭의 삭제인가 새로운 1인칭인가?-무아와 화쟁 그리고 원효-』, 화쟁연구소 2022 전반기 학술대회 자료집, 2022, 7.2)

"윤호진은 이 문제가 붓다의 재세시在世時에 내포된 주제라고 진단한다. 예를 들어 『음근경』(陰根經)[245])에서 한 비구는 '무아라면 누가 업보를 받겠는가?'라는 질문을 한다. 윤호진은 붓다가 이 질문에 관한 답변을 적절하게 하지 않았기 때문에, 무아·윤회의 관계에서도 같은 방식의 문제가 발생한다고 본 것이다. (…) 임승택에 의하면 무아 해석에 관련된 견해들은 첫째, 윤회 부정의 무아, 둘째, 비아와 교체 가능한 무아, 셋째, 윤회와 공존하는 무아로 분류될 수 있다.[246]) 첫 번째 해석은 윤회를 부정하고 무아에 비중을 두는 것이다. 정세근에 의하면 힌두교의 윤회관은 태생학적 차별을 일으키는 이데올로기로 작용되고 무아는 차별의 근원인 자아 개념을 부정하는 데 그 의의가 있다. 이 경우 무아는 반윤회나 탈윤회로서의 의미로 해석할 수 있다.[247]) 그러나 윤회 부정만의 무아는 붓다가 비판한 단멸론과 동등하게 되는 한계를 보인다. 둘째, 무아는 자아가 아닌 것에 관한 부정일 뿐이며 본질로서 자아를 부정한 것은 아니다고 보는 해석이다.[248]) 그러나 무아 이면에 진아를 설정하는 해석은 붓다가 비판한 상주론과 같게 되는 문제점을 가지고 있다. 셋째, 무아와 윤회는 양립할 수 있다고 보는 것이다. 정승석에 의하면 무아는 끊임없이 이어지는 인과 관계로서의 연기에 기반을 두기 때문에 독립·고정된 주체가 없음이 설명되

---

[245]) 『음근경』의 내용은 Mahāpuṇṇama경, Puṇṇama경과 거의 동일하다. 아래 인용 단락을 참조.
[246]) 임승택(2017), pp.111–114.
[247]) 정세근(2009), pp.49–60.
[248]) Rahula(1978), pp.55–59. 라훌라(W. Rahula)에 의하면 리즈 데이비스(Mrs. R. Davids, p.55.), 라다크리슈난(S. Radhakrishnan, p.59.)은 무아에서 다시 자아 이론을 이끌어 내려고 시도한다.

고 윤회가 업보의 상속에 의해 끊임없이 이어지는 변화 과정이기 때문에 주체 없는 설명이 가능하다.249) 그러나 초기경전에서 연기는 만물의 인과법칙이나 상호의존관계에 관한 설명이 아니다. 연기는 12연기로서 인간의 지각과 의식 활동에서 발생하는 고통의 구조를 설명한 것이다. 무아윤회설은 무아와 윤회의 다른 층위를 하나의 인과 영역에 놓음으로써 무아 수행의 당위나 상태를 설명하지 못하는 한계가 있다."250)

무아·윤회 논쟁의 난점과 혼란은 두 가지 문제에 대한 성찰의 미흡이나 결핍에서 발생하고 있다. 하나는 '관점적 1인칭 주체/주관성으로서의 인간'에 대한 성찰의 부족이고, 다른 하나는, 우동필이 지적하듯이, 무아와 윤회라는 다른 층위를 하나로 결합시켜 설명하려는 방식의 무리이다. 이 두 가지 문제점은 지금까지 거론한 '관점적 1인칭 주체/주관성'의 의미를 통해 해결할 수 있다.

종래의 무아·윤회 논의는 '자아와 무아'를 '불변·독자의 실재에 대한 긍정과 부정'의 문제로 접근한다. 그러다 보니 이른바 '불변·독자의 실재'를 둘러싼 존재론적 논의가 된다. '무아를 대치하는 진아眞我'를 설정하는 입장도 일종의 초월적 실재론이어서 존재론적 시선의 범주에 속한다. 자아나 개체를 '불변·독자의 실재 유·무'를 둘러싼 존재론적 논의로 다루는 한, '자아와 무아' 탐구는 〈'자아의 실재론적 긍정'과 '주체의 존재론적 부정'〉이라는 논의 구도에서 탈출하기가 어렵다. 무아 이면의 진아眞我 설정은 또 다른 유형의 실재론적 긍정이다. 그리고 무아와 윤회

---

249) 정승석(1999), p.285.
250) 우동필, 같은 논문.

를 '주체의 부정과 긍정'의 문제로 다루게 되면, 무아·윤회는 방치된 모순 명제로 처리되거나 칸트의 요청설 같은 대안을 제시하게 된다.

 붓다의 '오온 무아' 법설은 학인들에게 너무도 익숙한 것이지만, 충분히 성찰하거나 이해되고 있는 것은 아니라는 점을 인정해야 한다. 교학적 익숙함이 새로운 탐구나 이해를 방해하는 요인이 되기도 한다. 오온과 윤회를 인과적 연속과 업보 상속의 문제로써 하나로 결합하여 설명하는 것도, 오온 무아와 윤회에 대한 '연기적 해석'으로는 충분하지 않다. '무아'와 '윤회'라는 다른 층위의 개념을 하나로 결합시키는 것도 무리다. **'오온 무아'와 '윤회'를 연기법에 의거하여 탐구하려면, 대명사로 지칭하는 '1인칭 자아 현상'을 이해하는 새로운 접근이 필요하다.** 앞서 논의한 '관점적 1인칭 주체/주관성'의 성찰은 그 대안이 될 수 있다. '관점적 1인칭 주체/주관성'을 인정하는 것은 불변의 독자적 실재를 인정하는 실재론이 아니다. 또한 '관점적 1인칭 주체/주관성'은 '변화·관계의 역동적/세계내적 경험현상'이라는 점에서 붓다의 연기 통찰에 잘 상응한다. 그리고 '윤회 주체'를 '관점적 1인칭 주체/주관성'으로, '윤회 현상'을 '관점적 1인칭 주체/주관성'이 선택할 수 있는 두 가지 인과계열 가운데 하나로 설명할 수 있다.

 '관점적 1인칭 주체/주관성'은 '일정한 범주로 응집된 조건들의 인과적 현상'이며, '범주적으로 구별되는 인과적 현상의 무수한 계열들'의 개별적 유형이다. 이 '관점적 1인칭 주체/주관성'의 범주화된 인과적 연속은 두 유형으로 구분된다. 〈'허구적 불변자아를 수립하는 무지'를 조건으로 삼아 전개되는 '1인칭 자아의 인과적 연속'〉(오취온의 인과계열, 윤회)가 하나이고, 〈'현상의 연기적 발생에 대한 사실 그대로의 이해'를 조건으로 삼아 펼쳐지는 '관점적 1인칭 주체/주관성의 인과적 연속'〉(오온의 무아적 인과계열, 진여법계眞如法界)가 다른 하나이다. 이 두 유형의 인과계열은 모두 '관점적 1인칭 현상이 짓는 마음능력'의 선택지이다. 전자는 생물의 본능적 불변자아 감각에 더하여 '언어능력을 품게 된 인간의 마음'이 선택한 '관점적 1인칭 주체/주관성의 인과계열'이고, 후자는 그 '언어능력을 품게 된 인간의 마음'이 선택한 '관점적 1인칭 주체/주관성의 새로운 인과계열'이며 깨달음·해탈·열반의 추구가 향하는 인과 범주이다. **붓다는 인간이 선택 가능한 이 두 인과계열을 설한 것이고, '무아'와 '윤회'는 이 두 계열을 지칭한다. 따라서 이 두 계열을 하나로 결합시켜 파악하려는 시도는 부적절하다.**

연기법에 관한 붓다의 법설을 대표하는 것으로 알려지는 12연기설[251]**도 이 〈'관점적 1인칭 주체/주관성'의 두 가지 인과계열〉에 관한 법설로 보인다.**

"비구들이여, 그러면 어떤 것이 연기인가? 비구들이여, 무명(無明)을 조건으로 의도적 행위(行)들이, 의도적 행위들을 조건으로

---

[251] 필자는 12연기설을 연기 법설의 유일한 형태로 보는 관점에 동의하지 않는다. "이것이 있을 때 저것이 있다((imasmiṁ sati idaṁ hoti/此有故彼有). 이것이 일어날 때 저것이 일어난다(imassuppādā idaṁ uppajjati/此生故彼生). 이것이 없을 때 저것이 없다(imasmiṁ asati idaṁ na hoti/此無故彼無). 이것이 소멸할 때 저것이 소멸한다.(imassa nirodhā idaṁ nirujjhati/此滅故彼滅)."〈상윳따『십력경1』(S12:21)〉라는 정형구가 전하는 '현상들의 조건적 발생'이라는 통찰이 연기법의 최상위 지위에 놓이며, 12연기는 이 최상위 원리의 다양한 표현 가운데 하나라고 생각한다. 니까야/아함이 전하는 붓다의 가르침과 언행은 모두 '현상들의 조건적 발생'이라는 연기법 원리의 다채로운 표현으로 읽을 수 있다. 이 연기법의 변주는 다양한 방식으로 펼쳐지고 있는데, 12연기는 연기 통찰을 삶 현상의 인과적 발생에 적용하고 있는 사례이다.

알음알이(識)가, 알음알이를 조건으로 정신·물질(名色)이, 정신·물질을 조건으로 여섯 감각장소(六入)가, 여섯 감각장소를 조건으로 감각접촉(觸)이, 감각접촉을 조건으로 느낌(受)이, 느낌을 조건으로 갈애(愛/渴愛)가, 갈애를 조건으로 취착(取)이, 취착을 조건으로 존재(有)가, 존재를 조건으로 태어남(生)이, 태어남을 조건으로 늙음(老)·죽음(死)과 근심·탄식·육체적 고통·정신적 고통·절망이 발생한다. 이와 같이 전체 괴로움의 무더기(苦蘊)가 발생한다."252)

'언어능력과 결합된 의식능력'(意根)이 품게 된 근본무지(無明)를 조건으로 발생하는 삶의 인과적 현상을 〈무명無明을 조건으로 행行이 있고 행行을 조건으로 식識이 있으며 (…) 〉라는 '조건적 발생방식'으로 12항목의 인과관계253)로 배열하는 것은, 앞서 거론한 〈'허구적 불변자아를 수립하는 무지'(無明)를 조건으로 삼아 전개되는 '1인칭 자아의 인과적 연속'〉('오취온의 윤회 인과계열')에 해당한다. 그리고 〈무명無明이 없으면 행行이 없고 행行이 없으면 식識이 없으며 (…) 〉라는 '조건적 소멸방식'으로 설하는 12항목의 인과관계는, 〈'사실 그대로의 이해'(明)를 조건으로 ('사실 그대로의 이해'를 조건으로 삼는) 의도(行)가 있고, ('사실 그대로의 이해'를 조건으로 삼는) 의도를 조건으로 ('사실 그대로의 이해'를 조건으로 삼는 의도에 의한) 의식(識)이 있으며 (…) 〉라는 '조건적 발생방식'으로 바꾸어 읽을 수 있

---

252) 『분석 경(Vibhaṅga-sutta)』(S12:2), 각묵 번역, 『상윳따 니까야』 2(초기불전연구원, 2009), p.92.
253) 니까야/아함에는 12항목으로 인과관계를 나타내는 방식만이 전해지는 것이 아니라 다양한 수의 항목들이 나타나며, 그들 사이의 인과관계 배열도 일률적이지 않다. 상황과 거론하는 주제, 상대의 이해 및 관심에 따라 다양한 항목 선택과 인과관계 배열이 나타난다. 모든 조건은 상황에 따라 그 내용이 가변적이며 다른 조건들과의 관계도 유동적이라는 점을 고려하면, 조건들의 인과관계 배열을 일률적으로 처리하는 것이 오히려 '연기적 방식'이 아닐 것이다.

다. 따라서 '조건적 소멸방식'으로 설하는 12항목의 인과관계는 〈'사실 그대로의 이해'(明知)를 조건으로 삼아 펼쳐지는 '관점적 1인칭 주체/주관성의 인과적 연속'〉('오온의 무아적 인과계열')에 해당한다.

이렇게 접근하면, 12연기에 대한 전통적인 '삼세 윤회인과' 해석에서 벗어나 현생 경험세계의 실존적 의미를 읽어낼 수 있다. 필자는 **12연기를 비롯한 모든 연기 법설이 '현생 경험세계에 대한 조건인과적 이해'를 통한 삶의 이로움 향상을 지향하는 것**으로 본다. 12연기에 대한 기존의 교학적 이해는 인도 전래의 사유전통에 묶여 붓다 연기 법설의 취지를 제대로 읽지 못하는 측면이 있다고 본다. 그러나 **삶의 조건인과적 전개가 현생에만 적용된다는 것은 아니다. 연기설이 설하는 '경험세계에 대한 조건인과적 이해'는 과거생과 미래생에도 적용되는 보편적 이법이다. 다만 12연기가 과거생·현재생·미래생의 인과적 연속을 설명하기 위한 윤회 이론은 아니라는 것이다.**

'오취온의 윤회 인과계열'로서의 12연기에서 그 항목 배열의 실존적 의미를 반영하여 각 항목들의 개념을 정의해 보면 이렇게 된다 : 〈'불변 자아/본질/실체를 설정하는 근본무지'(無明) ⇌ '근본무지를 조건으로 삼는 의도'(行) ⇌ '의도의 선택으로 구성되는 의식체계'(識) ⇌ '의식체계에 의해 규정되는 본질/실체적 정신·신체 현상'(名色) ⇌ '정신·신체를 조건으로 삼는 여섯 감관들의 작용 메커니즘'(六入) ⇌ '감관능력과 대상의 만남'(觸) ⇌ '만남에서 발생하는 느낌'(受) ⇌ '느낌에 대한 조건반응적 끌림'(愛) ⇌ '느낌을 발생시키는 차이·특징을 움켜잡기'[254]에 의한 노예

---

254) 박태원, 위의 책 '육근수호' 관련 내용, pp.367-419.

적 종속'(取) ⇄ '노예적 종속 반응 방식에 따른 삶의 예속적 구조화'(有) ⇄ '예속적으로 구조화된 삶을 조건으로 하는 현상의 인과적 발생'(生, 사실을 왜곡·오염시키는 망상분별과 희론의 개인적·사회적 전개[255]) ⇄ '삶과 현상의 불화·충돌에 의해 발생하는 인간 특유의 고통'(老死에 대한 고통 경험을 비롯한 개인적·사회적 고통들)〉

또 '오온의 무아적 인과계열'로서의 12연기를 그 항목들의 그 실존적 의미를 반영하여 각 항목들의 개념을 정의해 보면 이렇게 된다 : 〈'현상의 변화·관계에 대한 사실 그대로의 이해'(明知, 무아·연기 통찰) ⇄ '사실 그대로의 이해를 조건으로 삼는 의도'(行) ⇄ '의도의 선택으로 구성되는 의식체계'(識) ⇄ '의식체계에 의해 규정되는 비본질/비실체적 정신·신체 현상'(名色) ⇄ '정신·신체를 조건으로 삼는 여섯 감관들의 작용 메커니즘'(六入) ⇄ '감관능력과 대상의 만남'(觸) ⇄ '만남에서 발생하는 느낌'(受) ⇄ '느낌에 대해 알아차려 헤아리기'(애愛를 정지正知[256]로 대체, 마음의 '거리두기 능력'과 '이해 바꾸기' 능력으로 느낌에 빠져들지 않기[257]) ⇄ '느낌을 발생시키는 차이·특징을 움켜잡지 않기[258]'(取에서의 자유) ⇄ '움켜잡지 않는 대응 방식에 따른 삶의 재구조화'(有) ⇄ '재구조화된 삶을 조건으로 하는 현상의 인과적 발생'(生, '사실 그대로'에 상응하는 개인적·사회적 삶의 전개[259]) ⇄ '그런 삶과 현상의 화해'(변화·관계의 현상에 접속하면서도 빠져들지 않기, '파도타기의 삶'[260])〉

---

255) 같은 책, pp.420-436.
256) 같은 책, pp.367-419.
257) 같은 책, pp.235-254, pp.263-277.
258) 같은 책, pp.367-419.
259) 같은 책, pp.328-366.
260) 같은 책, pp.218-219.

항목들의 인과관계는 일방향이 아니라 '상호관계·상호작용의 쌍방향'이라는 점도 유념해야 한다. 그래서 쌍방향 화살표(⇌)를 사용했다. 근본무지(無明)는 '근본무지를 조건으로 삼는 의도(行)'를 발생시키는 동시에, 그 의도가 다시 근본무지를 형성·유지·강화하기도 한다. 두 인과계열의 모든 항목의 인과적 관계 역시 마찬가지이다.

3) 두 가지 인과계열의 특징 대조

'언어능력을 품게 된 인간의 마음'이 선택하는 '관점적 1인칭 주체/주관성'의 두 가지 인과계열의 특징은 뚜렷이 대조된다.

〈불변자아 관념을 조건으로 삼아 전개되는 '1인칭 자아의 인과적 연속'〉(윤회)의 특징은, '인간 특유의 고통 경험'(苦)과 '세상의 불합리한 왜곡과 해코지'(분별의 희론)이다. 노화·질병·죽음·이별·의 경험을 언어에 담아 동일성 상실의 상처로 새기는 자아. 언어에 담아 분류한 그 불안·아픔·상처를 장기간 기억하며 고통의 양을 누적시켜 가는 자아. 그 기억의 언어를 수시로 소환하여 반복적으로 대면하고 미래의 것도 예상하면서 거듭거듭 자해의 칼을 잡는 자아. – 이런 자아는 윤회 인과계열에 속한 인간이다.

불변자아의 철벽을 세워 타인·세상과 격절하여 불통하는 폐쇄 자아. 불변자아 관념으로 구축한 성채 속에서 타인·대상·세상을 노예로 부리는 절대권력자(주재아主宰我)가 되려는 권력 자아(탐욕 인간). 그 권력의 권역을 무한히 확장하기 위해 수단·방법 가리지 않고 공격하며 타자들을 제압·제거·추방의 대상으로 간주하는 폭력 자아(분노 인간). 자아 권력의 절대화와 영속화에 유리한 수직적 위계질서와 체계를 구축하기 위해 차이 왜곡과 차별의 이론·사상·종교·문화·관습을 수립하여 유지·강화·재생산하는 이론 자아(무지 인간). – 이런 자아가 윤회 인과계열을 펼쳐내는 인간이다. '사실 그대로'에서 일탈하여 질주하는 행보들이 분주히 오가는 인과계열이다.

〈'현상의 연기적 발생에 대한 사실 그대로의 이해'를 조건으로 삼아 펼쳐지는 '관점적 1인칭 주체/주관성의 인과적 연속'〉(오온 무아)의 특징은, '자아 및 세상과 접속하여 파도 타며 누리는 자유와 평안의 유희'(自利) 및 '세상의 합리화와 이로움의 확대 구현'(利他)이다. 관계·변화의 연기 현상에 대한 '사실 그대로의 이해'(正見, 如實知見, 般若, 後得智)에 의거하여 언어로 재처리한 차이들과 접속한 채, 그 변화의 파도를 타고 유영遊泳하는 주체. 파도타기의 유희와 안락을 마음껏 누리는 주체. 관계와 변화로 시시각각 역동적으로 출렁대는 파도의 상황에 '사실 그대로' 응하면서 유희하는 주체. – 이런 주체가 무아의 인과계열을 펼쳐가는 '관점적 1인칭 주체/주관성'이다.

노화·질병·죽음·이별. 현상을 언어에 담아 경험하면서도 그 언어에 불변의 동일성을 부여하지 않는 주체. 언어에 담아 분류한 그 불안·아픔·상처를 장기간 기억하면서도 그 기억의 노예로 전락하지 않는 주체. 그 기억의 언어들과 미래 예상으로 삶의 풍성함을 가꾸어가는 주체. – 이런 주체가 무아의 인과계열에 속한 인간이다.

타인·대상·세상과의 경계선에서 그들과 연접하여 상호관계·상호작용하면서 역동적으로 소통/공감하는 '경계 개방인'. '현상들의 조건적 발생'(緣起)에 관한 통찰과 그에 의한 '사실 그대로의 이해'로써 조건적 타당성/부당성을 식별하고 타당성들을 서로 어울리게 하는 '화쟁 지성인'. 불변의 동일성 관념으로 구축한 자아와 세상의 성채가 신기루임을 꿰뚫어 보고 그 성채를 해체하는 '실천 구도인'. 신기루 감옥의 문을 열고 그 안에 갇혀 있던 노예들을 해방시켜 자유·평등의 주체로 놓아주는 '탈脫권력 자유인'. – 이런 주체가 무아의 인과계열을 형성해 가는 인간이다.

차이들을 수직적으로 위계화하여 배열하지 않고, 수평 지대 위에서 각자의 특징을 마음껏 펼치게 하여, 다원·다층의 차이 어울림을 역동적으로 이루어 가는 데 참여하는 수평인. 차이들을 허용하고 품어 어울리며 상호작용하면서 자신과 타자의 차이와 변화에 열려 있는 자비인. 본질/실체 관념으로 구축한 차이 왜곡과 차별의 억압적 관념과 수직질서의 불합리를 '연기緣起 지성'으로 비판하고 대안 실현을 위해 노력하는 실천지성인. – 이런 인간이 무아의 인과계열을 형성해 간다.

인간의 역사가 향상 진보의 길을 꾸준히 열고 가꾸어 올 수 있었던 것은 이 '무아의 인과계열'에 속하거나 동참하려는 사람들의 노력 때문이다. 윤회 인과계열의 '사실 왜곡과 오염'을 치유해 온 그들의 행보는 동서와 고금의 장애가 없으며 현재도 진행 중이다. 우리는 그 행보에 얼마나 힘을 보탤 수 있을까.

'현상의 연기적 발생에 대한 사실 그대로의 이해'로써 인과계열을 형성하는 '관점적 1인칭 주체/주관성'의 자아감은, 그 범주가 무한히 개방되어 있다. 자아감은 본래 타인의 것과 구분되는 현상이다. 그런데 어떻게 〈범주가 무한히 개방되어 있다〉라고 말할 수 있는가? 인간의 자아감은 관계망에 대한 소통과 공감 능력에 따라 그 크기가 결정된다. 분할되지 않는 최소자아로서의 '개체 자아'(individual) 관념에 지배되는 사람은, 가족 관계망에서도 분리된 개아個我적 닫힌 자아감을 경험한다. 그의 자아감은 고립되어 있고 협소하다. 이에 비해 가족 관계를 자기

존재의 토대 조건으로 여겨 자아와 가족의 관계를 공감적으로 경험하는 사람은, 그 자아감이 가족 관계망 범주로 확장된다. 그의 자아감은 개아적 닫힌 자아감보다 크고 넓다. 이처럼 자아감은 관계망에 대한 인식과 공감 능력의 정도와 수준에 따라 그 범주와 내용이 달라진다. 그리고 자아감의 범주와 내용 역시 변화하면서 역동적으로 형성된다. 불변의 확정된 자아감은 없다.

관계망과의 공감은 노력에 따라 그 영역을 무한히 확장할 수 있다. 가족을 넘어 지역, 집단, 국가 심지어 세계적 규모로 확대될 수 있다. 붓다는 연기 깨달음에 의해 그 자아감의 범주와 수준을 극대화한 경우로 보인다. '동체대비同體大悲' 개념은 그 무한히 확대된 자아감의 표현이다. 이 무한히 개방되는 자아감은 '모든 차이현상의 세계'(法界)까지 자아감 범주에 품을 수 있을 것이다(法界—相). '관점적 1인칭 주체/주관성'은 타자·세계에 병합되지 않는 고유의 현상이지만, '관점적 1인칭 주체/주관성의 자아감'은 타자·세계를 품을 수 있다. 붓다의 자아감은 제한 없이 확장되어 있지만, 붓다는 그 어떤 자아감 범주에도 머물지 않으면서 모든 자아감의 관계망 차이에 적절히 응하는 면모를 보여준다.

'관점적 1인칭 주체/주관성'은 무아의 인과계열을 얼마나 언제까지 연속적으로 가꾸어갈 수 있을까? 연기적 성찰에 의한 노력과 수행적 실천, 각성과 깨달음의 수준과 간수 정도에 따라 다를 것이다. 일상의 비수면 상태에서는 상당한 정도로 그 연속성을 유지할 수 있다. 깊은 수면 상태에서도 가능하다면 더욱 좋을 것이나, 흔치는 않을 것이다. 그렇다면 이어지는 생에서는 어떨까? 불변의 궁극실재와의 합일이나 불변자아를 희구하는 사람들은 〈당연히 세세생생 영속되는 것이지〉라고 쉽게 답할 수 있을 것이다. 그러나 변화·관계의 경험현상과 접속한 채

'파도타기의 능력'으로 궁극적 관심을 해결하려는 이들에게는 쉽게 단언하거나 예단하기 어려운 문제이다.

붓다의 경우, 그가 붓다로서 생전에 보여주었던 행동과 말로 추정하건대, 상상하기 어려울 정도로 그 수준이 고도화되었던 것으로 보인다. 그 수준과 능력의 연장선에서, 〈'이어지는 삶의 인과적 연속'에서의 '붓다로서의 관점적 1인칭 주체/주관성'의 행보〉를 미루어 짐작할 수밖에 없다.

불교의 교학 전통에서 등장하는 '세 가지 몸'(三身, 법신法身·보신報身·화신化身/자성신自性身·수용신受用身·변화신變化身)에서의 '몸'(身)도 '무아의 인과 계열을 형성해 가는 관점적 1인칭 주체/주관성'의 의미에서 읽어 볼 수 있다. 붓다의 삶에 대한 '팔상八相 서사敍事'도 같은 맥락에서 접근해 볼 수 있다. 또한 '원력과 의지에 따라 형성하는 몸'을 지칭하는 '의생신意生身' 개념도, 금생 이후에 펼쳐가는 '1인칭 주체/주관성의 무아적 인과 계열'에 대한 통찰이 반영된 것으로 읽어 볼 수 있다. **다만 너무 고원한 경지를 앞당겨 허세의 발생 근거로 삼기보다는, 일상 세계의 대목 대목에서, 비록 연속적이지는 못하여도, 〈'현상의 연기적 발생에 대한 사실 그대로의 이해'를 조건으로 삼는 '관점적 1인칭 주체/주관성'의 선택〉에 집중하는 것이 바람직할 것이다.**

후기

출간에 즈음하여

1. 선 사상을 연구하는 종래의 선학禪學을 지배하고 있는 선 사상 독법은 크게 세 가지다. '이해 독법'과 '신비주의 독법' 그리고 '집중수행 독법'이 그것이다. 그리고 '집중수행 독법'은 '이해 독법'과 결합하는 유형과 '신비주의 독법'과 결합하는 유형으로 나뉜다.

이해 독법은 선의 언어, 특히 선종 어록의 언어를 무아나 공성空性을 이해시키는 기호들로 읽는다. 그래서 〈이해하면 깨닫는 것이다〉라고 주장한다. 이에 비해 신비주의 독법은 선 어록에 등장하는 '진여본성眞如本性·자본성自本性·자성심지自性心地·자본심自本心·본심本心·자성自性' 등의 긍정형 기호들을 '가변적 현상 이면에 있는 불변·독자의 완전한 궁극실재'를 지시하는 것으로 간주한다. 그래서 〈불변·독자의 완전한 궁극실재와 합일하는 것이 깨달음이다〉라고 주장한다. 집중수행 독법은 선정 수행을 '대상에 대한 집중수행'으로 간주한다. 그리고는 〈집중수행으로 성취한 선정의 힘으로 이해를 돕는다〉라거나 〈집중수행으로 성취한 선정의 힘으로 궁극실재와의 합일을 체득한다〉라고 주장한다.

선 사상과 선 수행에 대한 이러한 독법들을 불충분하거나 부적절해 보인다. 니까야/아함이 전하는 붓다의 선 법설, 선종 어록의 실제 내용은 이 독법들의 부당한 문제점을 넘치게 증언한다.

2. 이런 문제들을 비판적으로 성찰하고 그 대안으로 새로운 독법을 제시해 보았다. '이해수행과 마음수행의 차이와 상호관계'를 축으로 선 사상과 선 수행을 읽는 새로운 독법이다. 이 새로운 독법을 수립하기 위해, 니까야가 전하는 선禪 관련 법설과 선종의 선 법설에 대해 〈그 법설의 언어가 지시하는 내용을 '발생시키는 조건들'을 성찰하는 '연기적 사유 방법론'〉을 채택하였다. '발생 조건들을 성찰하는 연기적 사유 방법론'에 따라 음미하니, 이해와 마음, '이해수행으로서의 선 수행'과 '마음수행으로서의 선 수행'이 대비되었고, '마음수행의 길'에서는 〈정념 및 육근수호 법설에서 설하는 알아차림(正知, sampajānāti)→유식무경唯識無境의 유식관唯識觀→공관空觀을 품은 유식관에 의거한 원효의 일심一心→선종의 돈오견성頓悟見性〉을 관통하는 연속성이 눈에 들어왔다. 붓다가 설한 '마음수행의 길'은 그렇게 끊어지지 않고 이어지고 있었다.

3. 이 책에서 제시한 새로운 독법과 방법론은, 선 사상과 선 수행 및 불교학 탐구에 새로운 활력을 제공할 것으로 기대한다. 또한 붓다를 만나는 새로운 길, 붓다의 길을 펼치는 새로운 방식의 수립에도 일조할 것으로 기대한다. 흥미로운 것은, 한반도 토착 불교지성을 대표하는 원효, 지눌, 성철의 불교 이해가 이 새로운 독법을 지지하는 성찰들을 펼치고 있다는 점이다. 원효와 지눌, 성철은 한반도 토착 불교지성인 동시에 세계적 거봉들이다. 이들이 함께 열어주는 길에서 피어나는 만다라曼陀羅는, 오래전 붓다가 열어준 중도中道의 길이면서 지금 우리가 넓혀

가야 할 길. – 그 '오래된 새길'의 경이로운 장관壯觀이다.

4. 이 책이 수립하는 새로운 독법은, 지눌과 성철의 언어를 읽는 새로운 길을 연다. 이 길은, 지눌의 '이해에 의한 깨달음'(解悟)과 그에 의거한 돈오점수 그리고 그에 대한 성철의 비판을 둘러싼 학계와 불교계의 배타적 쟁론 양상을 해소하는 데 기여할 것이다. 이것은 지눌과 성철에 대한 이해와 평가의 틀을 바꾸는 것을 의미한다. 지눌과 성철이 합세하여 열어주는 길은, 〈이해수행과 마음수행이 각자의 구분되는 역할을 제대로 보전하면서도 상호관계와 상호작용이 고도화되는 길〉이다.

5. 현대 한국 불교학을 장악한 것은 일본과 서구의 불교학이다. 근래에는 남방불교의 초기불교 이해가 이식되어 위상을 확보해 가고 있다. 현대 한국불교의 속내는 사실상 외래의 관점에 종속적으로 의존하는 형태로 채워지고 있다. 능동적·자생적 축적의 단절과 결핍을 안고 있는 이런 정황의 지속은, 한국불교뿐 아니라 불교 자체를 위해서도 바람직하지 않다. 불교를 이해하는 외래적 관점과 성과를 경청하면서도 문제점들을 능동적으로 성찰하고 극복해 가야 한다. 학인들은 불교 집안에 쌓여 있는 종래의 보배들과 한반도 불교지성의 역량 및 그 성취를 잘못 다루거나 간과하는 측면이 있다. 이 책이 그런 결핍들을 채우는 데 일조하기를 바란다.

5. 일본 불교학은 현대 선학을 주도했다. 그러나 그 공과功過는 비판적으로 성찰할 필요가 있고, 극복과 대안 마련이 절실하다. 또 명상이라는 이름으로 심리학 및 심리치료와 결합하여 대중적 지지와 활력을 확보해 가고 있는 현대 선학의 새로운 동향은, 만약 선의 철학적 전망

을 확보하지 못한다면, 자칫 선 사상과 선 수행을 심리치료 기법 수준에 묶어놓을 위험을 안고 있다. 이 책이 이런 문제들을 해결해 가는 데 일조하길 바란다. 이를 위해, 본서의 일역日譯과 영역英譯에도 지속적 관심을 기울일 것이다.

6. 본서의 내용은 전문적이다. 비록 저자의 관점을 명확하게 밝히려 노력했지만, 대중적으로 쉽게 접근할 수 있는 내용은 아니다. 풀어쓰기가 필요하다. 향후의 과제다.

찾아보기

'각자의 관점과 견해를 발생시킨 조건들의 인과 계열'(門) 446

간화선 53, 55~57, 59, 62, 63, 142, 172, 278, 282, 314, 345, 357, 358, 365~388, 392, 404, 407~409, 417, 423, 424, 427, 428, 434~436, 439, 443, 445

간화선 돈오돈수 63, 65, 67, 421, 435, 441, 444, 445

간화선 돈오점수 65, 435

간화선 이전의 대화법 53, 55, 358, 365

간화선 이후 공안公案 연구들을 채택하면서 전개되는 대화법 53

간화선 이후의 대화법 55, 365, 366

'개념적 지각/인지'(想, saññā) 36, 37, 200, 203, 205, 221, 222

견성의 마음자리(自性心地) 301

공 해석학 31, 191

공관空觀을 품은 유식관唯識觀 40, 41, 252, 253, 262, 271, 275, 414

궁극실재 16, 25, 42~45, 73, 75~78, 83~89, 92, 102, 133, 156, 158, 159, 193, 243, 245, 277~281, 287, 288, 444, 497

깨달음 영역 범주로의 진입 51, 52, 348, 349, 350

'나름의 타당성'(一理) 68, 446

내용을 결정하지 않는 마음 국면 59, 60, 409, 410

내용을 규정하기를 거부함 59, 409

내용을 규정하지 않는 마음 국면 59

답을 결정하려는 것을 거부하는 마음 국면 61, 417

답을 알려고 하는 마음 58, 59

답을 정하려 하지 않는 마음 국면 59, 410

답을 확정하기를 거부함 59, 408
답을 확정하지 않는 마음 국면 59, 408
대상집중수행 26, 37, 147, 160, 211, 222, 442, 443
대상에 대한 마음집중 7, 24~26, 36, 37, 42, 149, 218~220, 224, 225, 278, 412, 442, 534
대상을 붙들고 나가는 마음 363
대혜 58, 370, 371, 376, 377, 379, 380, 388, 390, 392, 393, 399, 400, 402, 409, 415, 418
돈오견성 영역 범주로의 진입 52, 350, 351, 352
돈오견성頓悟見性 42, 43, 92, 277, 280~282, 300, 301, 323, 337, 340, 367, 368, 406, 413, 420, 442
돈오견성의 방법론 59, 377, 408, 445
돈오頓悟 43, 64, 280, 285, 291, 337, 340, 420, 430, 431
돈오점수 51, 64, 65, 67, 158, 348, 420, 422, 427, 434, 435, 440, 443
돈오점수 비판 65, 66~68, 348, 421, 435, 437, 438, 444, 445
돈점 담론 63, 421, 424
동사형 마음 45, 288
동일성·독자성·불변성의 환각 38, 234
마음/마음수행 40, 41, 254, 255, 275, 278, 279, 414
마음수행 6, 25, 26, 34, 44, 67, 69, 124, 141, 144, 146, 159, 168, 194, 198, 269, 278, 279, 281, 282, 287, 310, 323, 337, 350, 355, 367, 406, 412, 414, 430, 431, 438, 446
마음수행에서의 돈오 64, 65, 432, 434~438
마음수행의 본령 45, 47, 48, 66, 283, 320, 322, 323, 341, 366, 438, 446
마음수행의 창발적 전개 42, 53, 277, 357
마음수행인 사마타 34, 198
마음으로서의 재인지 사유 127, 132, 137, 274, 557
마음의 '이해 구성력' 68, 447
마음이 차지하는 근원적 상위上位의 역할 68, 447

'마음이 하나로 된 상태'(心一境性, cittekaggatā) 24, 144, 145
마조 54, 314, 320, 322~324, 351~354, 356, 358, 359~362
마지막 경계선 넘기 52, 349~352
명사형 마음 45, 288
모르는 것을 알고자 하는 의심 60, 415
'모르는 답을 알려고 하는 마음으로 깨달음을 기다리는 병'(將迷待悟病) 393, 400
모르는 해답을 알고자 하는 탐구적 의심 57, 387, 404, 407
무념 46, 47, 54, 296, 297, 299~302, 304~306, 337, 340, 346, 363, 406, 414, 441
무념無念·무상無相·무주無住 법문 48~50, 302, 312, 313, 319, 320, 322
무념의 돈오견성 57, 346, 369, 376, 405~407, 441, 442
무념의 마음 국면 47, 54, 299, 362~364, 369
무념의 마음자리 54, 355, 363
무분별의 풀려남 28, 167, 169, 268, 270, 274, 275
미완결형 돈오견성 50, 51, 64, 65, 346, 348, 352, 424, 426, 427, 435
'바로 그때 그 자리'(卽今) 54~56, 362~364, 369, 370
방편관方便觀 40, 261
방편관方便觀과 정관正觀 40, 41, 252, 255, 271, 272, 414
범주적 자기 조직화 능력 19~21, 104, 105, 107, 130
변화·관계의 동사적 사태 288
'변화·관계의 사실 그대로인 차이현상들'(眞如相) 63, 418
변화·관계의 차이현상 22, 26, 48, 123, 134, 136, 165, 167, 212, 267, 273, 310, 319, 347, 405, 406, 414
본연의 마음자리 406, 414
분별 계열 61, 416, 417
분별 계열 내에서의 답안 작성 62, 417
분별 계열에 휘말려 드는 마음을 그치는 마음 국면 62, 417
분별 범주/체계에 휘말려 들지 않는 마음자리 62, 417

분별 범주에서 빠져나오는 마음 국면 및 빠져나온 마음자리 417

분별심 억제를 위한 마음집중 57

분별의 심생멸문心生滅門 마음 방식 62, 417

분별의 인과계열 60, 415

불변·동일·순수·독자·절대의 주소지 15

'불변성·동일성·독자성 관념에 오염된 인식·경험·이해'(分別) 60, 415

불변성·동일성·독자성 관념에 의한 규정 짓기 416

불변성·동일성·독자성 관념에 의한 해답 마련 61

'불변성·동일성·독자성을 부여하면서 차이 현상들을 왜곡하는 인식작용'(分別) 57, 300, 407, 414, 442

'불변성·동일성·독자성을 지닌 본질이나 실체로서 취급되어 차별받던 차이현상들'(分別相) 63, 418

붓다의 길(中道) 49, 310, 313

붙들거나 갇히지 않는 자리 30, 128, 171, 182, 183

붙들고 나가는 마음 행보를 그친 마음자리 363

빠져나와 만나는 마음 국면 30

사념처 법설 33, 35, 36, 144, 149, 194, 215~217

사마타 24~26, 33, 34, 134, 139, 140~147, 149, 153~156, 158~160, 166, 197, 198, 210, 211, 218, 220, 267, 310, 425, 482

사마타 마음수행 24, 25, 42, 44, 47, 146, 151, 153, 159, 160, 205, 206, 218, 221, 235, 277, 278, 282, 290, 297~300, 309, 322, 323, 341, 366, 442, 443

'사실 그대로, 있는 그대로'(yathābhūta, 如實) 15, 79, 82, 83, 86, 91, 379, 444

사실 그대로에 부합하는 이해 21, 23, 26, 28, 69, 123, 130, 131, 134, 137, 158, 165, 269, 275, 413, 447, 448

사실 그대로에 부합하는 이해로 판단·평가하는 분별하는 지혜169, 270, 274, 275

사실 그대로에 상응하는 이해 167, 203, 268, 347~349

상호관계의 정점 범주 28, 29, 168, 169, 270, 275

'생각하면서도 분별에 빠져들지 않는 마음 국면'(無念) 364
설일체유부 84~87, 509
성철 51, 63~69, 348, 420~424, 426, 430, 432, 434~447
신비주의 25, 43, 45, 123, 133, 154~156, 158, 159, 213, 244, 278, 280, 287, 365, 366, 444, 445, 506, 538, 569
신비주의 독법 42, 43, 48, 49, 67, 277~280, 284, 287, 298, 311~313, 379, 383, 444, 445
심일경성心一境性(cittekaggatā) 34, 144, 212, 219, 220, 222, 224, 225, 534
아비달마 해석학 31, 189, 191
알고자 하는 마음 61, 404, 416
알아차림(正知, sampajānāti) 22, 33, 35, 39, 60, 66, 131, 171, 172, 194, 197, 205, 206, 209, 212, 215, 216, 221, 235, 241, 309, 412~414, 438
알아차림(正知, sampajānāti)의 마음수행 39, 235, 241
알지 못하는 것을 알고자 하는 마음 61, 408, 415, 416
알지 못하는 마음 국면 416
언어인간 19, 20, 76, 79, 80, 93, 98, 99, 101, 104, 105, 107, 108, 115, 200, 217, 277, 289, 301, 463~468, 476, 496, 501
연기적 성찰 44, 173, 280
오직 모를 뿐 62, 409, 416, 417
'오직 모를 뿐'의 마음 국면 61, 62, 416, 417
'오직 모를 뿐'의 의심 국면 61, 416
완결형 돈오견성 45, 50~52, 64, 65, 346, 350, 351, 426, 427, 435~438
원초적 창발력 19, 104, 107
원효의 일심一心 20, 23, 26, 30, 44, 47, 92, 132, 165, 171, 172, 243, 283, 290, 297, 298, 300, 309, 322, 323, 341, 367, 413, 442, 443, 536
위빠사나 21, 22, 24~26, 33, 34, 42, 87, 120, 121, 125, 130~132, 134, 139, 140~144, 146~149, 151~156, 158, 159, 165, 166, 197, 198, 206, 211, 218, 310, 356, 411, 425, 460, 482, 557
위빠사나 이해수행 24~26, 146, 149, 166, 205, 211, 215, 217, 267, 277,

278, 290, 356
위빠사나 행법 21, 120, 121, 125, 132, 557
유식무경唯識無境 30, 32, 37, 38, 39, 171, 172, 174, 175, 182, 189, 191, 192, 194, 223~225, 232~235, 241, 413
유식무경唯識無境과 알아차림(正知, sampajānāti) 29, 37, 39, 189, 222, 241, 242
유식무경唯識無境의 유식관唯識觀 20, 29, 40, 105, 170, 271, 272
육근수호 및 정념의 알아차림(正知, sampajānāti) 171
육근수호六根守護 법설 34, 62, 212, 309
이해 독법 42, 49, 67, 277~279, 284, 297, 312, 314, 444, 445
이해 독법과 신비주의 독법에 의한 선종 왜곡 68
이해 사유 107, 112~114, 124, 125, 127~130, 132, 137, 168, 268, 274, 514, 554, 556~558
이해 사유와 재인지 사유 106, 112, 114, 128, 183, 556
이해를 통한 돈오 64, 431, 439
이해수행 21, 22, 23, 25, 27, 28, 40, 69, 123, 136, 137, 160, 166~168, 267, 268, 269, 273, 277, 347, 405, 411, 442, 447
이해수행(觀)과 마음수행(止)의 관계 27, 168, 269
이해수행과 마음수행의 상호 결합 23, 137, 138
이해수행과 마음수행의 융합 단계 28, 168, 269
이해수행과 마음수행의 차이 65, 66, 166, 267, 437, 439
이해수행과 마음수행의 차이와 관계 66, 68, 267, 279, 421, 438, 447
'이해수행에 의한 깨달음'(解悟) 67, 443
이해수행에 의한 돈오점수 67, 443
이해수행에서의 돈오 64, 295, 430, 431, 432, 434
이해수행인 위빠사나 33, 34, 198
'이해에 의한 깨달음과 그에 의한 점차적 닦음'(解悟漸修) 432
이해와 마음 16, 25, 27, 33, 68, 74, 90~92, 105, 106, 128, 166, 168, 183, 198, 217, 253, 267, 269, 274, 447, 483

이해와 마음의 차이와 관계 159, 438
이해의 의미 규정력 68
익힘의 노력 348, 352, 357
일깨우고 드러내는 대화법에서의 창발적 특징 53, 357
일심 신비주의 244
일심에 대한 연기적 독법 39, 247
일심一心 16, 39, 41, 92, 243, 245~247, 251, 252, 271, 275, 279, 414, 519, 533, 534, 536, 538, 540, 542, 543, 553, 554, 562~565
임제 54, 322, 323, 329, 331, 358, 364, 376
장미대오병將迷待悟病 58, 60, 403, 404, 410, 434
재인지 마음 국면 34, 199
재인지 사유 21, 106, 107, 112, 113, 124, 125, 128~130, 135, 566, 557, 558
재인지 사유로서의 마음작용 21, 107, 132, 136, 137, 167, 268, 273, 340
재인지 사유의 위상 21, 132
재인지 사유의 창발적 구성력 20, 21, 105, 130, 132, 556, 557, 562
전증全證의 돈오 341, 344
점수漸修 64, 344, 345, 355, 430, 436
정관正觀 28, 29, 40, 41, 169, 255, 261, 267, 270, 272
정념 62, 142, 232, 350, 417, 537
정지(正知, sampajānāti) 22, 131, 564
정지正知의 마음 국면 22, 131, 413
조건인과적 사유 44, 281
중도의 길 50, 83, 90, 91, 92, 313, 445
지관쌍운止觀雙運 29, 40, 41, 169, 252, 263, 270~272, 275, 414, 563
지관止觀 24, 27, 141, 166, 225, 368
지관止觀 수행 24, 26, 143, 166, 263
지눌 51, 63~66, 68, 69, 348, 399, 420~424, 426~439, 446~448
지눌의 돈오점수 63, 64, 421, 423, 430, 431, 436, 438

'지적 이해를 통한 깨달음'(解悟) 66, 438

집중수행 67, 159, 444

차이 초월의 신비주의 독법 48, 312

'차이현상의 사실 그대로'(如實相, 眞如相) 22, 124, 136, 268, 347, 405

창발적 이해 구성력 69, 447

특징/차이(相, nimitta) 36, 203, 204, 205, 221, 235

'특징적 차이'(相) 34, 36, 212, 216, 217, 296, 306, 308, 346, 431

'특징적 차이현상'을 움켜쥐지 않는 인지적 국면 36, 215

8정도 정념 수행 146, 149

'한꺼번에 깨달아서 [사실 그대로 보는] 본연에 눈뜸'(頓悟見性) 277, 278, 301

해오점수解悟漸修 67, 442, 443

'현상을 사실 그대로 보는 본연의 마음자리' 47, 300, 301

현상의 사실 그대로 82, 148, 180, 245, 299, 307, 309, 391, 392, 411, 504

혜능 42, 43, 45, 47~50, 54, 60, 279, 283, 284, 287, 298~302, 305, 306, 309~311, 313, 314, 317, 319, 320, 322~324, 329, 337, 341, 363, 369, 376, 377, 406, 414, 420, 433, 440, 441

호혜互惠와 통섭通攝과 화쟁和諍의 축제 63, 418

화두 의심 55~62, 369, 370, 371, 375, 377~381, 383, 385, 387, 388, 392~400, 402~405, 407, 409, 410, 416, 417, 419, 424, 434, 445

화두 의심과 돈오견성의 인과적 상관성 57, 378, 387

화두 의심을 통한 돈오견성 55, 369, 377

화두 의심의 특성과 돈오견성의 인과적 연결 405

화두話頭 의심과 돈오견성을 결합시킨 간화선看話禪의 등장 53, 357, 369

화엄적 근거 위에 수립하는 돈오점수 66, 438, 439

백련불학총서 ①

이해수행과 마음수행
선禪 수행이란 무엇인가?

초판 1쇄 인쇄 2024년 3월 1일
초판 1쇄 발행 2024년 3월 10일

지은이 박태원

발행인 원택(어무의)
발행처 도서출판 장경각
등록번호 합천 제1호
등록일자 1987년 11월 30일

본사 경상남도 합천군 가야면 해인사길 118-116, 해인사 백련암
서울사무소 서울시 종로구 삼봉로 81(수송동, 두산위브파빌리온) 1232호
전화 (02)2198-5372
팩스 (050)5116-5374
홈페이지 www.sungchol.org
편집·제작 선연

ⓒ 2024, 박태원

ISBN 979-11-91868-51-7 (94220)
ISBN 979-11-91868-50-0 (세트)

값 30,000원

※이 책에 실린 내용은 무단으로 복제하거나 전재할 수 없습니다.
※잘못된 책은 교환해 드립니다.